大人

（七）

沈葦窗與《大人》雜誌

蔡登山

已故香港邵氏電影公司在台分公司總經理馬芳蹤說：「文化事業出版界，我最欽佩兩個人，一是台北《傳記文學》的社長劉紹唐兄，以單槍匹馬一個人的精力，把中國近代史的資料蒐集成庫，且絕不遜於此地的『歷史博物館』與大陸的『文史檔案館』。另一位就是香港《大成》的沈葦窗，《大成》是專門刊載藝文界的掌故與訊息，目前海峽兩岸包括海外，似乎還找不出第二本類似的刊物。」其實《大成》還有個前身就是《大人》雜誌，它創刊於一九七〇年五月十五日，至一九七三年十月十五日停刊，前後出了四十二期。一九七三年十二月一日《大成》緊接著創刊，至一九九五年九月沈葦窗病逝終刊，出了二百六十二期。兩個刊物合起來共三百零四期，前後有二十五年之久。它也是「一人公司」，香港作家古蒼梧說：「《大成》的業務，從編輯、校對到聯絡作者、郵寄訂戶，幾乎都由沈老一人包辦。每次我到龍記樓上《大成》編輯室送稿，總見到他孤單地在一堆堆雜誌與書刊中埋首工作，見我來了，便露出燦爛的笑容，跟我閒聊幾句，臉上毫無倦容。……」。當然可想見更早的《大人》的情況，亦是如此。

關於沈葦窗的生平資料不多，他是一九一八年十二月三十日出生，浙江省桐鄉烏鎮人。正如他自己說的：「我寫作至今，從未提過自己的家世。」只在〈記從兄沈泊塵〉一文中，他透露一些蛛絲馬跡：「祖父右亭公生子女九人，泊塵是三房長子，能毅、叔敖是他的胞弟。我父季璜公行九，娶我母徐太夫人，婚後居上海之台灣路，姪輩到上海求學，多住我家。我家兄弟都以『學』字排行，泊塵名學明，家兄吉誠名學謙，我名學孚。我生在台灣路，大約我出世未久，這位『明哥哥』便去世了！」沈泊塵卒於一九一九年，得年僅三十一歲。沈泊塵兄弟三人曾合辦《上海潑克》畫報，為中國漫畫報刊的始創者。作家陳定山就說：「上海報紙之有漫畫，始於沈泊塵。若黃文農、葉淺予、張光宇正宇兄弟，皆為後輩矣。」

沈葦窗畢業於上海中國醫學院，據香港的翁靈文說沈葦窗自滬來港後，雖投身出版事業，但也常應稔友們之請，望聞切問開個藥方，多能藥到病除。沈葦窗曾任香港麗的呼聲廣播有限公司金色電臺編導、電視國劇顧問。他的夫人莊元庸也一直在「麗的呼聲」工作，莊女士其實早在上海名氣就很大了，每天擁有十萬以上的聽眾，她口才好，聲音悅耳，有「電台之鶯」的雅號。後來在台灣的華視也工作過，我還看過她演出《星星知我心》的連續劇。

沈葦窗是崑曲大師徐凌雲的外甥，徐凌雲曾對寧波、永嘉、金華、北方諸崑劇，甚至京劇、灘簧、紹興大班等悉心研究，博採眾長。十八歲登臺，堅持長期練功不輟，生、旦、淨、末、丑各行兼演，「文武崑亂不擋」。後來又與俞粟廬、穆藕初等興辦蘇州崑劇傳習所，培養「傳」字輩一代崑劇藝人有功。沈葦窗說他自己：「少年時即好讀書，有集藏癖，年事漸長，更愛上了戲曲。其時崑曲日漸式微，但因我的舅父徐凌雲先生是崑曲大家，總算略窺門徑；還是和平劇接近的機會多，凡是夠得上年齡的名角，都締結了相當的友誼，搜羅有關平劇書籍更不遺餘力。」他後來將這些重要史料收藏，如《富連成三十年史》、《京戲近百年瑣記》、《清代燕都梨園史料》、《菊部叢譚》、《大戲考》等十二部珍貴或絕版史料，以「平劇史料叢刊」由劉紹唐的傳記文學社出版，嘉惠後學。

沈葦窗在上海時期，就在小報上寫文章。一九四〇年金雄白在上海創辦一份小型四開報紙，名為《海報》，當時寫稿的人可說是極一時之選，長期在《海報》撰稿的有陳定山、唐大郎、平襟亞、王小逸、包天笑、蔡夷白、吳綺緣、徐卓呆、鄭過宜、范煙橋、謝啼紅、朱鳳蔚、盧一方、沈葦窗、陳蝶衣、馮鳳三、柳絮、惲逸群等，女作家中，更有周鍊霞、陳小翠諸人。沈葦窗當年曾是金雄白辦報時的作者，沒想到幾十年後金雄白變成了是沈葦窗的作者。《大人》初創時期，就有一個非常壯觀堅強的撰稿人隊伍，這些人大多是大陸鼎革後，流寓在香港和臺灣的南下文人、名流和藝術家，大都是沈葦窗的舊識，也可見他在舊文化圈中人脈的廣博。

《大人》雜誌給這些人提供了一個發表文章的重要平臺，刊載了大量有價值的文章和重要的第一手史料。其中像被稱為「中醫才子」的陳存仁的兩本回憶錄《銀元時代生活史》、《抗戰時代生活史》，都先後在《大人》及《大成》上連載，而後才集結出書的。《銀元時代生活史》後來在一九七三年三月，由香港吳興記書報社出版，張大千題耑，沈葦窗撰序云：「一九七〇年五月，《大人》雜誌創刊，我承乏輯務，初時集稿不易，因而想到陳存仁兄，他經歷既豐，閱人亦多，能寫一手動人的文章，於是請他在百忙之中為《大人》撰稿，第一期他寫了一篇記章太炎老師，果然文筆生動，情趣盎然，大受讀者歡迎。存仁兄的文章，別具風格，而且都是一手資料，許多事情經他一寫，躍然紙上，如歷其境，如見其人，無形之中成為我們《大人》雜誌的一員大將。《銀元時代生活史》刊載以後，更是遐邇遍傳，每一段都富有人情味和親切感，存仁兄向有考證癖，凡是追本究源，文筆輕鬆，尤其餘事。綜觀全篇，包含著處世哲學、創業方法、心理衛生、生財之道，對讀者有很大的啟發性和鼓勵性，實在是老少咸宜的良好讀物。今當單行本問世，讀之更有一氣呵成之妙，存仁兄囑書數言，因誌所感，豈敢云序。」

再者在《大人》甚至後來的《大成》上，占有相當份量的，莫過於「掌故大家」高伯雨（高貞白、林熙）的文章了。一般說起「掌故」，無非是「名流之燕談，稗官之記錄」。但掌故大家瞿兌之對掌故學卻這麼認為：「通掌故之學者是能透徹歷史上各時期之政治內容，與夫政治社會各種制度之原委因果，以及其實際運用情狀。」而一個對掌故深有研究者，「則必須對於各時期之活動人物熟知其世襲淵源師友親族的各族關係與其活動之事實經過，而又有最重要之先決條件，就是對於許多重複參錯之瑣屑資料具有綜核之能力，存真去偽，由偽得真……」。能符合這個條件的掌故大家，可說是寥寥無幾，而高伯雨卻可當之無愧。高氏文章或長篇大論，或雋永隨筆，筆底波瀾，令人嘆服！難怪香港老報人羅孚（柳蘇）稱讚說：「對晚清及民國史事掌故甚熟，在南天不作第二人想。」而編輯家林道群也讚曰：「高伯雨一生為文自成一家，他的『隨筆』偏偏不如英國的essay，承繼的是中國的傳統，溶文史於一，人情練達，信筆寫人記事，俱是文學，文筆之中史識俯拾皆是。」這是高伯雨的高妙處，也是他獨步前人之處。

資深報人金雄白筆名「朱子家」，曾在《春秋》雜誌上連載《汪政權的開場與收場》而聞名。沈葦窗邀他在《大人》再寫了〈「海報」的開場與收場〉、〈委員長代表蔣伯誠〉、〈梁鴻志死前兩恨事〉、〈「入地獄」的陳彬龢〉、〈倚病榻，悼亡友〉、〈梁鴻志獄中遺書與遺詩〉等文，因大都是作者所親歷親聞，極具史料價值。一九七四年他的《記者生涯五十年》開始在《大成》雜誌第十期連載，迄於一九七七年六月的第四十三期為止，前後達兩年又十個月之久，共六十八章，幾近三十萬字。金雄白說：「七十餘年的歲月，一彈指耳，回念生平，真是如幻如夢如塵，在世變頻仍中，連建家毀家，且已記不清有多少次了，俱往矣！留此殘篇，用以自哀而自悼，笑罵自是由人，固不必待至身後。」

還有早期的老報人，著名雜誌《萬象》的第一任主編陳蝶衣，他後來來到香港，還是著名的電影編劇、流行歌曲之王。六十多年來，陳蝶衣光是歌詞的創作就有三千多首。人們尊稱他為「三千首」。周璇、鄧麗君、蔡琴、張惠妹……，中國流行音樂史上一代又一代的歌后們，都演唱過他寫的歌。他在《大人》除寫了〈一身去國八千里〉、〈舉家四遷記〉、〈我的編劇史〉、〈花窠素描〉等自身的回憶文章外，還有《銀海滄桑錄》的專欄，寫了有關張善琨、李祖永、林黛、王元龍、陳厚、胡蝶、阮玲玉、李麗華、周璇等人，所記多是外間少人知的資料。後來以《香港影壇秘錄》為名出版了。

曾經在上海淪陷時期，創刊《古今》雜誌，網羅諸多文人名士撰稿，使《古今》成為當時最暢銷也最具有份量的文史刊物的朱樸，一九四七年到了香港，早已成為一名書畫鑑賞家了，並以「省齋」為筆名撰文。沈葦窗說：「我草創《大人》雜誌，省齋每期為我寫稿，更提供許多書畫資料。那時，省齋在王寬誠的寫字樓供職，薪水甚少，但有一間寫字間卻很大，他每天下午到那裡去轉一轉，看看西報，主要的工作是為王寬誠鑑定書畫。」

當時已渡海來台的陳定山，是名小說家兼實業家天虛我生（陳蝶仙）的長子，他早年也寫小說，二十餘歲已在上海文壇成名了，他工書，擅畫，善詩文，有「江南才子」之譽。來台後長時期在報紙副刊及雜誌上寫稿，筆耕不輟，同時也為《大人》寫稿，陳定山因長居滬上，嫻熟上海灘中外掌故逸聞，一代人事興廢，古今梨園傳奇，信手拈來，皆成文章，乃開筆記小說之新局，老少咸宜，雅俗共賞。這些文章後來成為《春申舊聞》的部分篇章。

詩人易順鼎（實甫）之子，寫有《閒話揚州》引起揚州閒話的易君左，在一九四九年冬抵香江時，曾在鑽石山住過，當時那裡住有不少是國內逃避戰禍而抵港的知識份子，因此他寫有〈鑽石山頭小士多〉、〈記香港幾次文酒之會〉等文。更值得重視的是他寫的「文壇憶舊」，包括：〈我與郁達夫〉、〈曾琦與左舜生〉、〈詞人盧冀野〉、〈田漢和郭沫若〉。這些文章所寫的人物皆作者有過深交的文友，寫來自不同於一般的泛泛之論。可惜的是一九七二年易君左病逝台北，一九七二年四月十五日出版的《大人》刊出的〈田漢和郭沫若〉已註明是「遺作」了。

國民黨政要雷嘯岑，歷任南昌行營機要秘書、安徽省政府委員兼教育廳廳長、鄂豫皖三省總司令部秘書、湖北省第七區行政督察專員、重慶市教育局局長、《和平日報》社總主筆、《中央日報》社主筆。一九四九年七月去香港、任《香港時報》社總主筆。一九六〇年在港創辦《自由報》並受聘為香港德明書院新聞學系主任。他在《大人》以筆名「馬五」，寫有「政海人物面面觀」一系列文章。

他如，老報人胡憨珠長篇連載的〈申報與史量才〉，及當年曾在上海中文《大美晚報》供職的張志韓，所寫的〈血淚當年話報壇〉長文，都有珍貴的一手資料。

而沈葦窗自己也寫有〈葦窗談藝錄〉，談得較多的是京劇，這是他的本行。甚至《大人》每期有關京劇崑曲的文章，都佔有一定的比重，這也是這個雜誌的特色，同時也成為喜好京劇崑曲的讀者的重要收藏。沈葦窗的哥哥沈吉誠，在香港電影戲劇界、文化新聞界都相當吃得開，他在《大人》以「老吉」筆名，從第二期起寫有〈馬場三十年〉至第三十八期連載完畢，講的是香港的賽馬。在上世紀五〇年代，老吉的《馬經大全》，曾經風行一時。

《大人》每期約一百二十頁，用紙為重磅新聞，樸素大方。內頁和封底為名家畫作、法書或手跡，畫家有齊白石、吳湖帆、黃賓虹、張大千、溥心畬、傅抱石、關良、陳定山、黃君璧、吳作人、李可染、周鍊霞、梅蘭芳、宋美齡等。從第三期開始，每期都有四開彩色精印的銅版名家畫作或法書的插頁，精美絕倫。這些插頁除已列的上述部分畫家外，還有：邊壽民的蘆雁，新羅山人、虛谷的花鳥，沈石田、陸廉夫、吳伯滔、金拱北的山水，鄧石如、劉石庵、王文治的法書等。但由於這些插頁開本極大，採折疊方式，裝訂在雜誌的正中間，常為舊書店老闆取下，另外販售。此次復刻本，多期就沒有這些插頁，但在目錄中編有該插頁的頁碼，有時會有八頁之多，其實它是一張大畫折疊的頁碼，如今畫雖不見，但不影響內文，因該畫和內文是完全不相關的。在此聲明，希望讀者明瞭，不要以為雜誌有所「缺頁」是好。

這次能輯全整套雜誌而復刻，首先要感謝熱心協助，並提供收藏的師長好友：資深報人鑑賞家黃天才先生、收藏家董良彥（君博）先生、史料家秦賢次先生及香港的文史家方寬烈先生、學者作家盧瑋鑾（小思）女士。《大人》在臺灣流通極少，甚至國家圖書館都沒有收藏，筆者首先見到的是秦賢次兄已捐贈給中央研究院文哲研究所的部分雜誌，驚嘆之餘，才興起要收藏這份雜誌的念頭。但談何容易，歷經數載，找遍舊書攤才得不到四分之一之數。後經黃天才先生提供他的收藏，並熱心找到收藏家董良彥先生的珍貴收藏，董先生的十幾本雜誌品相極佳。在整理蒐集到手的四十二期雜誌，發現其中兩期有脫頁，於是藉著到香港開學術研討會之便，我和賢次兄又找到方寬烈先生及小思老師，經他們協助影印，補全了全套雜誌的內容。

我曾在二〇一〇年十月十七日香港的《蘋果日報》副刊寫有〈遲來的懷念〉一文，開頭說：「今年九月底，我到香港參加張愛玲誕辰九十週年國際學術研討會。十五年前的九月八日張愛玲被發現死在洛杉磯公寓，無人知曉，據推測她的死亡時間應該是九月二日或三日。而幾天之後的九月六日沈葦窗因食道癌在香港病逝。之所以將兩人並提，是他們都是『寂寞的告別』人世。正如作家穆欣欣所說的：『張愛玲走得孤寂而熱鬧。說孤寂，到底是她自己選擇的一種方式，待世人知曉，已是六七天之後；說熱鬧，是世人不甘，憐她愛她。她像中秋的月亮，走了之後，人間還得追望。比起張愛玲，另一個人走得更寂寞。起碼，他連最後的繁華都沒有。他是《大成》雜誌的主編沈葦窗先生。』是的，早在一九九三年，我籌拍張愛玲的紀錄片，次年還收到張愛玲的傳真信函。她故去之後《作家身影》紀錄片播出，之後我又寫了兩本關於她的書，並推薦李安導演拍她的〈色，戒〉。而對沈葦窗我至今無一字提及，這篇小文就算是遲來的懷念吧！」現在把這段文字轉錄於此，依舊是對他的懷念！

目錄

第二十六期（一九七二年六月十五日）：

大人

論天下大事
談古今人物

第廿五期

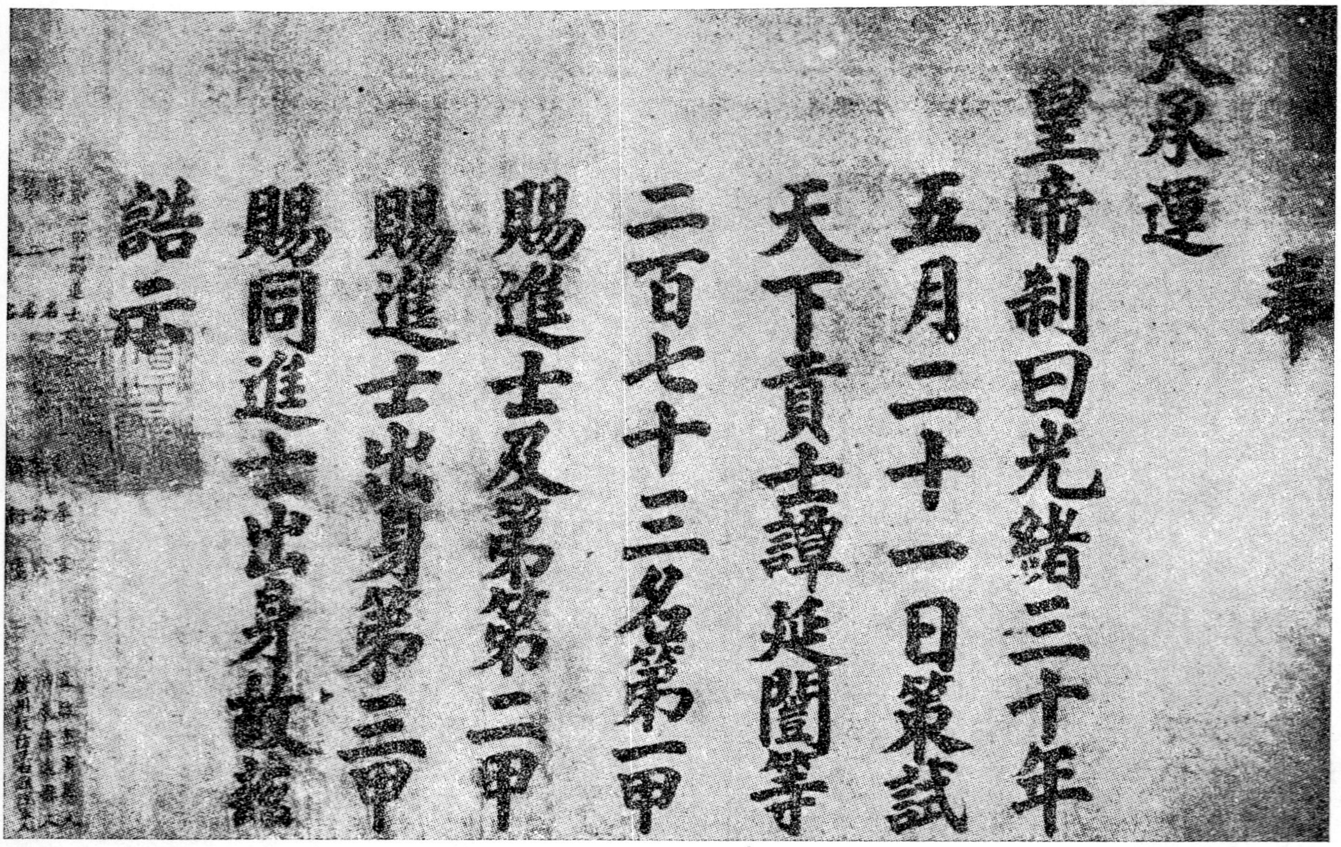

奉
天承運
皇帝制曰光緒三十年
五月二十一日策試
天下貢士譚延闓等
二百七十三名第一甲
賜進士及第第二甲
賜進士出身第三甲
賜同進士出身故茲
誥示

光緒三十年皇榜之起首：

『奉天承運皇帝制曰：光緒三十年五月二十一日，策試天下貢士譚延闓等二百七十三名，第一甲賜進士及第，第二甲賜進士出身，第三甲賜同進士出身，故茲誥示：

第一甲賜進士及第

第一名　劉春霖　直隸肅寧縣人

第二名　朱汝珍　廣東清遠縣人

第三名　商衍鎏　廣州駐防正白旗漢軍人』

詳見本期林熙先生特稿：

「清末五狀元」

封　面：吳昌碩畫壽長久圖　　封面內頁：光緒三十年皇榜
特大插頁：陸廉夫仿趙鷗波黃鶴山樵設色山水屏幅

大人　每逢月之十五日出版

出版及發行者：**大人出版社有限公司**
督印人：**王朝平**
編輯者：**大人雜誌編輯委員會**
總編輯：**沈葦窗**
社址：九龍西洋菜街三號A 即彌敦道六一〇號後座
電話：K八五五七三〇
印刷者：**立信印刷公司** 九龍新蒲崗伍芳街緯綸大厦十一樓
總代理：**吳興記書報社** 香港租庇利街十一號二樓 電話：H四五〇五六一 H四五〇七六六
星馬代理：**遠東文化事業有限公司** 新加坡厦門街十九號 檳城沓田仔街一七一號
泰國代理：**集成圖書公司** 曼谷耀華力路二三三號
越南代理：**聯興書報社** 越南堤岸新行街二十二號
其他地區代理：
澳門：司大文具店　漢城：汎亞書籍公司
亞庇：利民公司　寮國：永珍圖書公司
千里達：中華公司　斗湖：光明書店
菲律賓：華安書局　菲律賓：玲瓏書局
倫敦：東寶公司　紐約：友聯圖書公司
芝加哥：杏林春　紐約：大方圖書公司
波士頓：中西公司　洛杉磯：永安堂
三藩市：新生圖書公司　檀香山：大元公司
三藩市：益智圖書公司　三藩市：文化商店
加拿大：香港商店　加拿大：新國華公司

清末五狀元

清朝末年從張謇以後，又出了駱成驤、夏同龢、王壽彭、劉春霖四科狀元，從此中國科舉廢除，就再也沒有狀元了。

·林熙·

考狀元時，皇帝所派的讀卷官八人，皆以進士出身，學問優長者為準，但有時也「應酬」一兩個目不識丁之輩以榮寵之。乾隆二十六年（公元一七六一年）辛巳恩科，將軍兆惠平「回亂」凱旋歸來（小說家言謂其擄得香妃以進乾隆者），乾隆帝特派他為讀卷官，兆惠自言不懂漢文，乾隆帝說：「讀卷官各有圈點，圈多的就是好的卷子，你跟着就成了。」兆惠檢得詩人趙甌北（翼）一卷，有九圈之多，遂定為第一。到拆封時，乾隆帝改以陝西人王杰第一，趙第三。據說歷科狀元都中在軍機章京身上，外間頗有蜚語，趙亦官軍機章京，故易之。

狀元中後，又有一次大傳臚，則皇帝登太和殿，授三鼎甲職。翁同龢日記記之亦詳。

四月廿四日，晴。寅正，八人集景運門外朝房，起下，回到南書房。卯正，上御乾清宮西暖閣，臣等捧卷入……上諭觀第一名，問誰所取？張公以臣對。……上甚喜。退至南齋寫名單，一面遞上，一面持名單出乾清門宣呼，良久始齊，遂帶引見訖，復至南齋，以硃筆標十本，柳門書之，捧卷出，至傳心殿飯，蘭翁作東。飯畢同至內閣標二三甲，觀者如牆，汗流幾暈倒。

廿五日，晴，暖，無風。卯初，上御太和殿傳臚，讀卷官八人另班行禮。禮部堂官捧榜出，乃退。

二十六日，晴。赴禮部與恩榮宴。已初到，將至午初始出堂，甫行禮，而堂上聲如雷，宴桌空矣，遂謝恩更衣歸。

四月廿四日，由皇帝點中的狀元，在乾清宮引見，名為小傳臚，次日亦即廿五日在正殿則名為大傳臚。康熙初年，無小傳臚之禮，後來增加此項，益見繁縟。

張謇中狀元的下一年，又有一個狀元產生，此人是四川的駱成驤。本來三年出一狀元，為什麼上年中了張謇，而下一年又中駱成驤呢？原來張謇中的那一科甲午科，是恩科（西太后六十歲，加恩士子，故名恩科），而駱中的乙未科是正科。會試規定在丑、辰、未、戌之年舉行，所以兩年出了兩個狀元，使讀書人皆大歡喜。明朝是沒有恩科的，此制起自清康熙五十二年癸巳（公元一七一三年），皇帝六旬大壽，以示普天同慶之意。

沃丘仲子所作「當代名人小傳」以駱成驤列入「教育」人物一門，文曰：

駱成驤字公驌，四川資中人。少肄業導經書院，博學能文，後成進士，乙未廷試，破格式為策對，舉「主憂臣辱，主辱臣死」為辭，清德宗拔為一甲一名，授修撰。歷貴州、廣西鄉試考官。後東渡習法政，歸國，張鳴歧延主廣西法政學堂。已，簡授山西提學使。自庚子後，美教士李提摩太以賠欵所餘建大學于太原，分中西兩齋，西齋皆教士主任，所課多不中程式，成驤蒞任，乃如日制改革之。國變還蜀，當道引參民政，辭不受，乃蘄其任教育，近方聯川、黔、滇三省，議啓大學于成都。

這段文字是民國七八年間（一九一八—一九一九年）所寫的，駱的履歷中後來還要加入京師大學堂提調、國史館纂修、四川高等學校校長等。他中狀元後，到光緒廿六年庚子科才派他做貴州鄉試正考官，動身不久，因為義和團之變，臨時召回北京，這一科他沒有機會試士。到光緒廿九年癸卯鄉試，遂放廣西正考官。

駱成驤的家境並不富裕，他的父親在故鄉開猪肉舖，以屠猪為業，駱高中後，喜信報到家中，他的尊翁要做封翁了，一旦由平民升為縉紳，怎好操此「賤業」，立即歇業，謔者謂其「放下屠刀」云。駱在導經書院讀書時，與射洪縣的謝泰來最要好，兩人皆為清寒的高材生。有一次，謝說：「我們這樣貧窮，如何是好。但也不怕，最多是討飯過活吧。」因出上聯云：「至窮無非討口」，駱立即對云「不死總要出頭」。（「討口」是四川話，謂做叫化子也。）人們遂謂駱出言不凡，早有大志。

清代殿試不重文字而重書法，駱成驤不以書名，居然大魁天下，則以光緒帝特別選拔之故。其時中國新敗于日本，賠欵割地求和，光緒帝要發奮圖强，鼓勵忠義之士為國家服務，故派出讀卷八大臣時，叫他們留意那些發揮時事的人，駱成驤一卷，不止大談時事，而且說得頗為剴切，又不依照每行寫到底的風尚，多用「飛抬」（一行未寫完，即跳行抬頭，謂之飛抬。封建時代對于抬頭極重視，考試文字，凡涉及頌聖、國家，

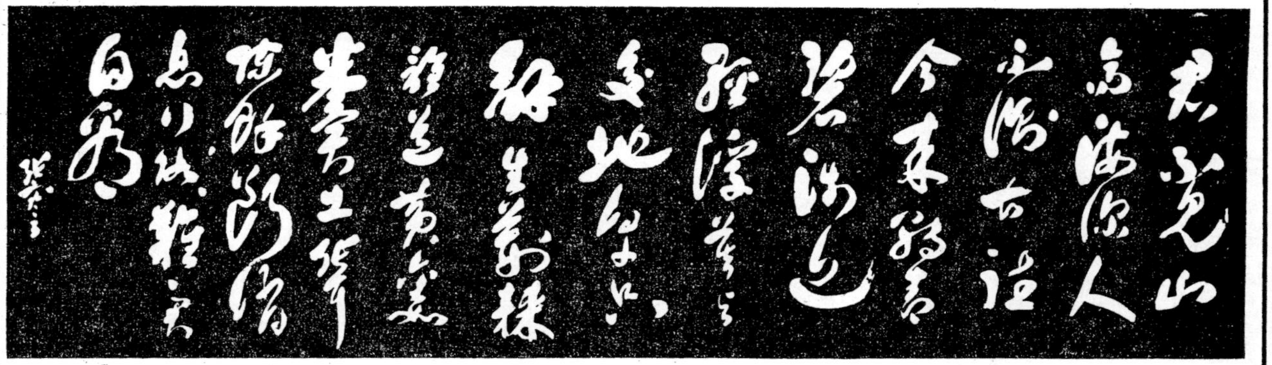

張狀元謇書行草：「君不見山高海深人不測，古往今來轉青碧。涉近輕浮莫與交，地早只解生荊棘。誰道黃金如糞土，張耳陳餘斷消息。行路難！行路難！君自看。」（吳俊升先生藏）

皆須抬頭的），此爲非常格，如列入三鼎甲內，亦只能在第三名，但光緒帝賞識他那兩句「主憂臣辱，主辱臣死」，親拔爲第一。

一九三六年我在北京與林貽書先生往還。林先生是和駱同科的翰林。他說：這科讀卷八大臣以徐桐領銜，薛允升次之，餘爲徐樹銘、汪鳴鑾等。駱成驤一卷，爲薛允升所閱，徐桐等議定爲第三本，他們認爲同治二年癸亥科探花張之洞的試卷就是飛抬，以駱爲探花，有成例可援。林貽書先生一卷，也落在薛允升手上，本有鼎甲希望（因薛爲讀卷第二人，例取榜眼），但駱成驤一卷已入鼎甲，林卷遂不得不退出，列入二甲第五了。（林先生是福建長樂人，官至江西提學使，其父天齡爲同治帝師傅。三代皆居北京，一九三七年逝世。他的一位女兒嫁沈崑三，今居九龍，亦七十餘矣。）

讀卷八大臣所定的第一本是王龍文，是徐樹銘所閱的，但樹銘非領銜的讀卷官，例不能由他取元卷，于是徐桐爲了尊重翰林前輩，自請以第一本讓給徐樹銘（樹銘長沙人，道光丁未進士，徐桐則庚戌，晚樹銘一科）。進呈時，光緒帝把第三名的駱成驤改爲第一，原定的狀元王龍文降爲探花，原定的榜眼蕭榮爵、探花吳緯炳遞降入二甲。光緒帝由原定的第十本喻長霖改爲第二。喻卷原爲汪鳴鑾所閱，已公定爲二十一名，汪力爭，乃提前爲第十一，在第十本之外，無機會進呈的。當前十本將進呈時，汪鳴鑾忽然大驚說：第十本的文中有不妥的地方，衆人連忙拿出來一看，果有疵累之處，于是臨時抽出，而以第十一本遞補，喻卷遂有機會進呈。汪此舉是特別爲喻長霖打算的，汪早已看出第十本有毛病，但不說出來，等到臨要進呈時才說，使衆人已沒有多時間爭論而以第十一卷遞補也。

喻長霖是浙江黃巖人，官至編修，他的殿試策收入其存稿中，附刊陳尙彬注云：

乙未廷對，修撰駱成驤卷，原列第三，此卷原列第十，皇上親擢駱卷第一名，此卷第二名，以獎直言，一時喧傳都下，以爲詞林佳話。

翁同龢乙未四月二十四日記云：

發下殿試前十卷，展封，則第三改第一，第十改第二，上所特拔也。閱後仍封。隨請批摺幷遞。先召讀卷官入……旋引見十本畢，始見軍機。奏事訖，諭：「今年有試策不拘舊式者，寫作均好，故拔之。」蓋自親政，試卷不發軍機，今發軍機，意在使諸臣磨勘當否也。

駱成驤雖中了狀元，但運氣幷不好，未曾有機會大展宏才，以教育終，許多迷信的人認爲清朝運氣已盡，自光緒二十年後產生那五個狀元，休說拜相，就是八座之尊都沒有一個擠得上。比起同治一朝，大有不如。同治雖然只得十三年，出了六個狀元，但有兩人拜相，元年壬戌科的徐郙，官至禮部尙書、協辦大學士；十三年甲戌科的陸潤庠，官至東閣大學士，帝師。這兩人雖未入軍機，但都是大學士，也算是宰相了。張謇的農商大臣，發表在宣統末造，且亦未曾就職，屬於例外。

光緒朝第十一個狀元是夏同龢。夏在清朝，只不過是一個六品的翰林院修撰，官幷不大，入民國後，只做過一任江西實業廳廳長，相等于清朝的勸業道，官四品，也不算大。但他的晚年却沒有經歷什麼風波，福澤尙厚，比後他一科的王壽彭好些。

夏同龢字用卿（亦作用淸），貴州麻哈州人，出身士族。貴州一向是文化水平較低的邊省，清朝最初那二百多年中，狀元幾乎盡被江南各省所包辦，直到光緒十二年丙戌（一八八六年）貴州才出了一個狀元趙以炯，到光緒廿四年戊戌，貴州又出了一個狀元，「戊」年貴州出狀元，可謂巧合。

戊戌會試正總裁孫家鼐，副徐樹銘、徐會澧

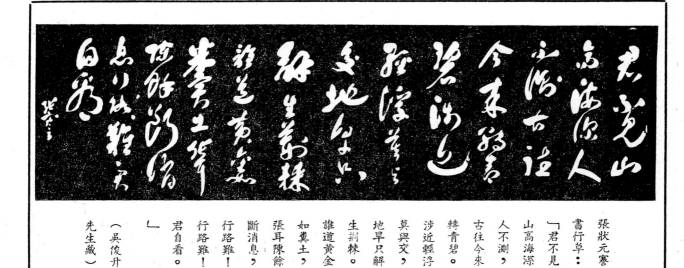

、文治。十八房同考官中有朱祖謀、吳士鑑、鄭沅、夏孫桐、駱成驤等。取中夏同龢的是那一個房考官，有兩種說法，一說是第十二房的夏孫桐，又有一說是駱成驤，幷說駱本身是狀元，而夏同龢後來點了狀元，成爲狀元的門生。

夏同龢點狀元後第三天，翁同龢爲西太后迫皇帝下諭，把他免職，驅逐回籍。兩個狀元都名同龢，新科狀元又是翁狀元的會試覆考門生。陳夔龍「夢蕉亭雜記」記云：

當戊戌廷試後，德宗御太和殿傳臚，禮成駕還宮，召見軍機，謂協揆曰：「今科狀元夏同龢與師傅同名，誠爲佳話。」

可惜這佳話後果不佳，反而被北京人士摭爲聯話材料。不久後，北京流行一聯云：

恭親王去，德親王來，見新鬼應思舊鬼；
夏同龢興，翁同龢敗，願貴人莫學常人。

原來這年閏三月德皇威廉二世之弟亨利親王來北京訪問，四月初六日離京，而十一日恭親王逝世。上聯所云，雖時日有參差之異，但不妨礙整首聯語的趣味性。下聯的「貴人」是雙關，夏狀元是貴州人，中了狀元，平地一聲雷，變爲新貴了。翁同龢是常熟人，免官之後，亦成爲平常人了。

珠巖叟「金鑾瑣記」詩及注云：

執贄摳衣大卷呈，春闈畢後避師名。
誰知臚唱魁多士，借用師名永不更。

某君大課卷，爲常熟所拔取，會試前，贄見常熟曰：「僭師相名，例應改避，禮部試前不允，請俟闈後。」常熟頷之，喜其知禮。及殿試後，常熟去位，此君遂永不改。或謂常熟丙辰得殿撰，某尚未生，非誤同名，實假借耳。今不改，是久借不歸也。余笑曰：今之久假不歸者多矣。

殿試故事，各省舉人入京應考，先經過一次覆試之後，才准許參加會試，會試中式，稱爲貢士，又要再經一次貢士覆試，始能應殿試。戊戌貢士覆試，閱卷官十二人，翁同龢第二人，崑岡領銜，共三百四十八卷，取閱一等八十四名，二等一百二十名，三等一百四十四名，無四等（凡覆試取列一二三等者准其會試，四等者停罰會試一科或二科），此次夏同龢取爲一等第一名，因翁同龢是覆試考官，夏與翁的關係是覆試師生。

有人說，如果翁同龢不是下了台，那麽，他的一個甲午狀元門生張謇和戊戌狀元門生夏同龢，一定有飛黃騰達的機會的，張可不論，夏與翁同名，改名後更得到老師的歡心，自然對他大力照拂，扶搖直上，當爲意中事。無如夏狀元考過了散館試後，碰上了庚子年八國聯軍，攻打北京，清廷下令各臣工如欲回鄉辦團練保鄉衛國者，一律給予方便。夏狀元便奏准回鄉辦團練，以備將來同洋鬼子打仗。我從前曾聽人說過，夏辦團練，其實是藉此脫離危城，他幷沒有回到貴州，到了上海便趁船來香港。據說他南下時，自稱「欽差」，燈籠牌匾大書「奉旨回鄉，辦理團練」字樣，威風十足。光緒廿八年（一九〇二年）五月廿九日，有一道諭旨說：

諭軍機大臣等：有人奏，詞臣招搖，有玷清班一摺。據稱：翰林院修撰夏同龢，鑽營招搖各節，着裕德、孫家鼐確切查明，據實具奏，毋稍隱徇。原摺着鈔給閱看。將此諭令知之！

到光緒廿九年閏五月初十日，降旨說明查辦此案經過，今錄左：

前據御史高枏奏參翰林院修撰夏同龢營鑽招搖各欵，當經諭令裕德、孫家鼐確查。茲據查明覆奏，尚無招搖確據。仍着隨時察看，嚴加訓誡。如有行止不端，玷辱清班事情，着即據實奏參，毋稍徇隱！

雖然平安無事，但還要加上一個「風流處分」的「隨時察看」，幸喜他在光緒廿八年被參時，剛發表做湖南鄉試副考官，他仍有機會去完成考試工作。光緒廿九年又有鄉試，照習慣，新狀元授職後，不待散館，常有放副考官希望，下一次就可放正考官，夏狀元散館後，第一次放湖南副考，下一科放正考却落了空，亦未有升過官，仍然是個六品的修撰，後來裁撤各省學政，改設提學使，狀元出身的如駱成驤、王壽彭都有份，獨他向隅，也許就是吃虧在「隨時察看」四個字上了。

不過，夏狀元似乎志不在此，他在高中後，在北京已常與新派人物來往，和岑春煊、張鳴歧等更稱莫逆，所以他也就安心在翰林院供職，以待機會。光緒廿九年三月，岑春煊由四川總督調任兩廣，要辦法政學堂，請夏狀元做監督（光緒廿九年末科鄉試，夏同龢沒有放主考，一說西太后一見「同龢」二字便聯想到翁同龢，十分討厭。一說則是岑春煊請他到廣東去做學堂監督，他就不考試差了。）

故友沈簡子是廣東法政學堂畢業的，先後在汕頭、廣州做律師，他同我說夏同龢的相貌極好，面團團，有長髯，身長脚短，有龜相之稱。（柴小梵「梵天廬叢錄」說夏狀元是龜形，貴不可當）。而聲音洪亮，不愧金馬玉堂人物。但我幷未見過他。小時候在香港元發行的帳房，見掛有夏的一幅相，雖然印象頗深，但現在也模糊了。（我小時候在廣州家中見夏狀元寫的字二種，一是後樓正廳上刻木橫額「抱璞含眞」四字，樓下大廳炕上的橫額是金箋的，寫「與竹爲鄰」四大字。與竹爲鄰是在澄海故鄉的書齋名，齋中亦有夏狀元所寫的字二件，一爲對聯，上欵是我的長兄繩之，句云：「思周民事道州守；功冠中興高密侯」，另一爲木刻橫額「養心若魚」四字。當時我又見書廚中有很多法政學堂講義，裝釘成冊，署夏同龢名，甚爲奇怪，不知何以狀元會談法政也。）

先父和夏狀元認識是他的舉人同年張學華介紹的，所以夏在廣州有一個時期住在我們家裏，到香港則住在元發行，三兄子固時年十二三歲，亦在此時奉命拜夏狀元爲師。故友馬武仲在此期間，亦曾以二百金爲贄敬，拜夏爲老師，馬還對我說，夏狀元與廣東人特別有緣，他賺過一個廣東有錢人鍾錫璜的錢，替他做殿試槍手，中了進士，還點了翰林。據說，戊戌殿試，鍾送給夏四萬兩銀子請他代筆，交卷時，肅親王善耆在場巡查，問夏同龢道：「你叫鍾錫璜嗎？」夏自己的一卷先交了，現在經善耆一問，作賊心虛，面色大變，只得硬着頭皮答「是。」善耆早已風聞一個廣東富人鍾錫璜買了槍手入場，他見夏交了卷在先，又再去交一次，故此起了疑心，問他是否鍾某？夏同龢變色，善耆就知道其中有古怪。光緒末年，殿試場規已沒有從前那麼嚴厲，而善耆也不想引起大獄，沒有告發。這一科夏居然中了狀元，到朝考時，又爲鍾錫璜點了翰林。

這個故事頗趣，鍾錫璜是不通文墨的，他是南海人，字彤階，散館授編修，是個十足的太史公了。廣州人流傳他一個文酒之會的故事，某日，名翰林潘衍桐宴請一班進士舉人，鍾翰林也在座，席間行酒令，以「花」字爲首，輪到鍾錫璜，他居然念出一句「花花公子遊街去」，引起人家大笑。以這樣的人而能夠在殿廷中作千言的對策，簡直是不可能，則其高科之取得，一定是出自槍手。鍾之得翰林，必另有作弊方法，殿試作弊頗難，只有那些很富有的子弟才拿得出幾萬兩銀子賄賂讀卷大臣及收掌官，待交卷後，抽出自己所作的，而以槍手的文章頂上去。廣東有許多翰林、進士都是用這方法獲雋的。今舉一顯著之例，一九六〇年有李太史死去，他的父親是著名賭商，由江孔殷太史撮合，以四萬兩銀子拜陸潤庠爲師，李某得點翰林，而這篇殿試鴻文，就是由江孔殷做槍手一手包辦的。

舊日的中國人很注重科名，廣東尤甚，那些富有人家都鼓勵子弟從考試獵取功名，一來賺錢，二來又可以揚名聲顯父母，故此對于科甲人物十分尊敬。科甲中最矜貴之品無如三鼎甲了，有個狀元在廣東出現，不是廣東人很有風光嗎？夏同龢到廣東做法政學堂監督，廣東人大表歡迎。因爲廣東自同治十年辛未出過一個狀元梁耀樞後，三十年間，後繼無人。夏狀元是貴州人，貴州在清代是一個邊省，文風向不如廣東，但光緒三十年間，貴州竟然出了兩個狀元，而廣東一個都沒有，所以夏狀元在光緒廿五年到廣東打秋風時，那批紳士把他當寶貝看待，希望沾其「文風」之光，使廣東在科舉未廢之前，出多一兩個狀元，爲廣東人爭光。怎知光緒廿九年的狀元出在山東，三十年的狀元出在直隸，末科殿試（光緒三十年甲辰爲末科，此後即廢科舉）廣東人雖然獲到一個榜眼（朱汝珍），一個探花（商衍鎏），究不如狀元之可貴也。

廣東法政學堂附近，有一家小食館名叫泉香，以及第粥著名，法政學堂的教員杜之秋、古應芬、朱執信等，每晨往校上課前，必往泉香吃一碗及第粥做早餐。同事之間在校中相遇，不道早安，而問「及第不及第？」其意謂「往泉香吃過及第粥未？」而暗中則幽默他們的夏監督以狀元及第，竟然在日本學速成法政時得到個「不及第」。原來杜、朱、古等人都是日本留學生，與夏狀元在日本留學先後不遠，故知其軼事。夏狀元在日本不到一年，雖未及格，但也混了一個資格回來了。

民國成立，狀元的官運雖然稍差，但其銜頭仍然使人歆動，總統府大都聘請在京賦閒的狀元做顧問、諮議一類的官，月致乾薪，以示「天子右文」之意。夏狀元當然也有他的一份，但他在政治上也很活躍，加入國民黨在議會中成爲議員。後來國民黨內部分裂，另有人組織五個小政團，夏同龢與郭人漳等組織超然社，雖然只有社員三十多人，而夏狀元代表該社爲衆議院議員。民國二年（一九一三年）憲法起草委員會開始工作，夏狀元被舉爲該會七理事之一。但兩年後，袁世凱厲行獨裁，視議會憲法如無物，對政黨更是

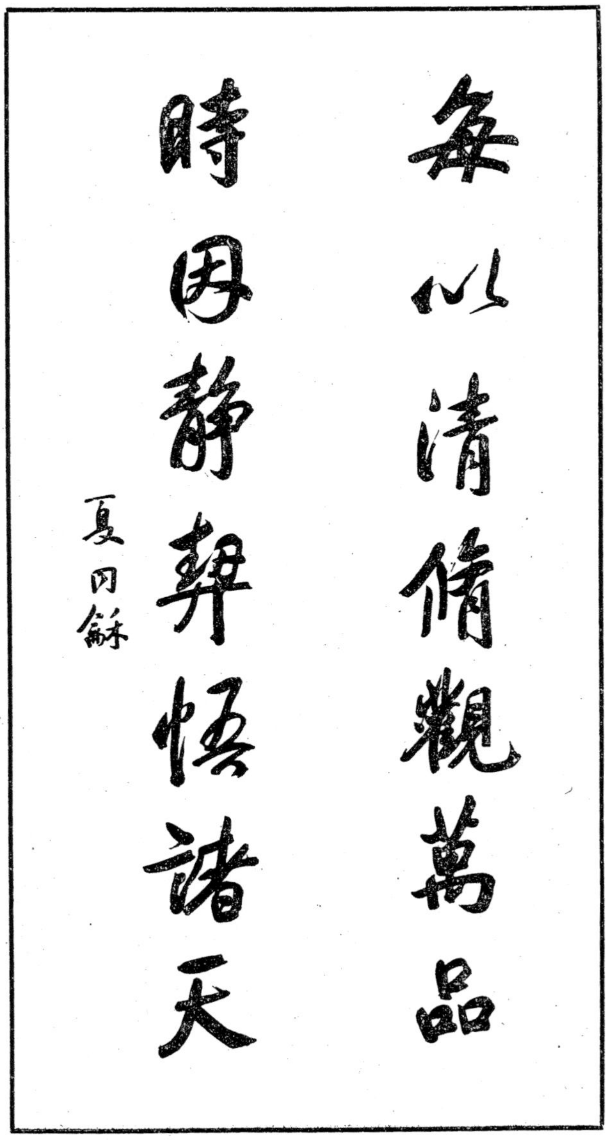

夏狀元同龢書聯（吳俊升先生藏）

大力摧殘，超然社雖有個狀元做招牌，但社務未能開展，社員寥寥，不久即自行解散。夏同龢此時對政治活動已告心灰意冷，只做做文學侍從之臣，拿乾薪過活，其間曾一度出任江西實業廳廳長，下台後就不再入政界，在北京做寓公了。

一九一七年，代理大總統馮國璋的太太周砥（字道如，是袁世凱的家庭教師，馮斷絃後，由袁竭力作伐，送周往南京督軍府成親）逝世，總統夫人也是「國母」，喪禮很是隆重，禮聘夏狀元點主。夏狀元到了總統府禮堂，見神主寫着「大總統夫人周之神王」等字樣，不覺暗中好笑，心想主持喪禮的人太胡塗了，這樣一來，已死的周女士不是可以做孫文、袁世凱、黎元洪的夫人嗎？在馮做總統以前，中國已經有過三個總統了，倒底她是那一位總統的夫人呢？死後還要夫人「失節」，辦事人無能，一至于此！後來夏狀元常與朋友談話時提到這件點主趣事，謂生平所僅見。他這番話不久後就傳入馮國璋耳中，頗覺不快，說辦事人胡塗，已成過去的事了，夏狀元何必咬文嚼字，說許多閒話。恰好民國七年三月段祺瑞組閣，農商總長是田文烈，議請用夏同龢爲次長，馮想起前事很不高興，派人向田示意，另簡他人。

夏狀元這次點主的後果雖然不很好，但他擁有狀元的銜頭，爲富貴人家點主，年中所收的禮物，倒也不俗，舊日北京人很重視點主這個禮節的（即皇帝之家也興這一套，必選擇翰林出身而官大學士的官兒點主，點後封官賜爵），長住在北京的狀元，不過兩三人，（夏同龢外，還有王壽彭、劉春霖），點主生意不愁會分薄的。到一九三〇年，狀元點主的生意便爲劉春霖獨占了。

夏同龢在廣州、香港這個期間，曾與我的表兄陳殿臣拜把子，一九二二年陰曆四月初二日，表伯陳春泉先生在香港逝世（表伯名德輝，我的祖父在香港開設元發行時，就從鄉間帶他來任事，在職五十年，死時八十二歲），殿臣兄是富商，又是太平紳士、末科舉人，爲了辦喪事盡禮就打電報給北京的老把兄，請夏狀元南下爲先人點主。夏狀元是做過主考的，經他筆下點出來的富貴人物當然很多，他一到香港，請他寫字的人踏穿了元發行的門限。他雖然沒有訂出潤格，但厚禮源源送來，收入頗有可觀。

元發行在文咸西街十號（今已改建爲廣東銀行西區分行，元發棧則在其對面，我在其地二樓出生的），與八號打通的，八號二樓叫「瀛壺」，是先父辦公的地方，自先父謝世後空置着沒有用，十號二樓，則爲「事頭廳」，夏狀元來了，就住在這個廳的後房。這時候，我的三兄子固也從廣州來香港坐鎮，（春泉伯是元發行經理，他死後，由殿臣兄繼任，殿臣兄扶柩回鄉，故三兄來「代帥」），于是有夏狀元扶乩的趣事。

民國八九年間，北京拜呂祖、設乩壇的把戲，盛極一時，當時有班失意官僚，無所寄託，就組織了一個同善社，江朝宗、陸宗輿等皆爲個中主腦人物，甚至後來外交家王正廷晚年，也參加跪拜，樂此不疲。同善社的扶乩據說是道教的，夏同龢晚年專修密宗，以佛法扶乩，和道教的那一派大不相同。我的三兄也是迷信神權的，便慫恿夏同龢設乩壇扶乩。後來三兄回鄉安葬先父時，有一晚對客人談夏狀元扶乩事，我坐在一旁靜聽，不敢問一句，因爲三兄比我大二十歲左右，時時扳起「家長」的面孔，視弟輩如路人。三兄說：初三晚，他們在元發行二樓設乩壇，由夏狀元和他的兒子肅初扶乩筆，首先請先父降壇，不久後乩筆寫出先父的名字，三兄連忙叩頭跪拜，先讓夏狀元同他死已十四年的老友筆談了一會，然後輪到三兄叩問許多事情，所問所答，皆是外人不知的，三兄認爲眞是先父的鬼魂降臨，絕不是狀元父子搗的鬼，便信以爲眞，幾乎要學這一套「絕技」了。

三兄因爲春泉表伯新死，新鬼必定生猛，就請表伯臨壇，果然一請便到。春泉伯和夏狀元也是老友，他先向狀元致謝，說經他點主後，魂魄安寧，閻王知道有狀元爲他點主，就查一下功過簿，說他爲人忠厚，好行善事，已派往跑馬地做「土地老爺」，三年一任，任滿便可托生富貴之家云云。

還有許多鬼話，三兄說得津津有味，五十年前聽過後，亦已多半遺忘了。

使我畢生最難忘的就是他們扶乩請到伍廷芳以英文對答的一事了。伍廷芳是一九二二年六月廿三日在廣州死去的，在陰曆是五月廿八日，到閏五月初三，不過三天，其爲新鬼，比春泉表伯更應生猛。三兄提議請伍廷芳降壇。夏狀元唸動佛法眞言，誠心禱拜，果然一請便到。筆談了一會後，三兄見他用中文不十分流暢，就問他改用英文如何？伍廷芳說很好，立刻用英文寫在沙盤上。但在座諸人沒有一個懂英文的，于是馬上打電話找元發行的英文文案巢瑞霖來繙譯。佛法無邊，能通世界各種言語，巢瑞霖同伍博士談得投機，他是否也相信有這樣的事，我就不得而知了。今日此地也盛行扶乩，乩筆能寫出英文、日文，甚至德法文、印度文，不一而足，比五十年前似乎進步了許多。

伍廷芳降臨元發行，賓主暢談，十分和洽，只怪三兄不好，問伍博士一句死後的葬禮如何？乩筆忽然改用中文大書「大不敬」三字，寂然不動。衆人悚然，立即焚香念咒，把伍博士送走。

這篇鬼話，聽到我半信半疑，世間竟有這樣的事情嗎？鬼神忽然也摩登起來，什麼語言文字都懂得了。三十年後，那是一九五七年了，我在香港經朋友介紹，認識一位省港報界老輩勞緯孟先生，那時他已七十多歲，交談起來，才知道他和殿臣表兄、先八叔、大兄、三兄都是老朋友，他還說光緒廿九年癸卯順天鄉試，他和我的大兄繩之一同往河南開封考試，他是替潮安庵埠鄉一個富戶王少爺做槍手的，後來王某也中了。（勞緯孟君廣東鶴山人，秀才，因爲工八股文，所以專替有錢子弟做槍手，入闈考試，每次所得的報酬，多者一萬，少亦六七千，以名次高低而定。後來他在廣州報界工作，也曾任香港華字日報主筆，一九五八年逝世。）

勞先生既然和我家的人這麼熟，又常往元發行，我就問他知道伍廷芳用英文寫乩語一事嗎？他竟然能詳詳細細的說出來，和我所知的差不多，因爲他親眼看見夏同龢扶乩的事，比我知的更清楚。于是我請他把這件事寫在他的「五十年人海滄桑錄」裏（這是勞君于一九五六年在華僑日報副刊的一個專欄，共登一年多），他答應了，現在撮其大意如左。

勞先生說：當年香港有個名流郭鳳儔居士，聽說夏狀元將在元發行扶乩，連忙趕去赴會。郭居士是篤信日本佛教的密宗法的，他扶乩之法，在乩壇一旁放一木凳，用「鳳爪印」（即以十指輕按凳上）按之，默念準提咒，然後祝道：「如果伍廷芳降壇，就請木凳移動五次。」不到五分鐘，木凳移動五次，大家都知道伍博士駕到了，夏狀元、高子固兩人輕扶乩手的橫木，寫出「伍廷芳到」四字。寫時極爲遲緩，好像不很會寫字似的。夏狀元向空中作揖道：「如果伍博士寫中國字不大方便，可否改寫慣用的英文？」乩筆立即寫出英文伍廷芳三字，運筆如飛。夏狀元問他道：「伍部長在天堂過的日子好嗎？」因爲座中的人沒有精通英文的，便打電話找巢老二來繙譯，譯出的英文是：「我現在住的是地獄，并非天堂。」大家都覺得奇怪，以伍廷芳這樣的人，也要入地獄受苦嗎？夏狀元便以此爲問。乩筆答道：「不錯，我在地獄，這又有什麼奇怪的！一個人無論他在生時是什麼身份，死後一定要先入各層地獄，細看一切景象後，才能升入天堂的。」

這時候正是陳炯明炮轟總統府，孫中山避難在上海之後，廣州政局甚爲混亂，高子固便問伍廷芳今後的國事如何？乩筆寫道：「不願多談國事。」

夏狀元此次來香港并沒有上廣州一行，如果他去，他的學生陳炯明也許會歡迎他，留他在廣東做官的（陳是廣東法政學堂畢業的）；不過夏同龢此時已對宦情看得很淡，一心一意念佛了。他回去北京後，下一年的陰曆十二月，他的學生高子固在廣州逝世，再過兩年，他也在北京一個寺院裏謝世，享壽未到六十。

繼夏同龢中狀元的是山東人王壽彭，他中的是光緒廿九年（一九〇三年）的癸卯科。戊戌下一科的會試，應該在光緒廿七年辛丑舉行，因爲辛丑年兩宮尚在西安避難，故未舉行，于是改期在癸卯年，舉行辛丑壬寅併科會試，王壽彭以優廪生中光緒庚子辛丑併科鄉試第三十五名舉人，會試中第三十七名貢士，殿試欽點狀元。

王壽彭字次籛，一字述亭，號眉軒，山東萊州府濰縣人，出身在一個貧寒的家庭，但他很用功讀書，寫得一手「黑大圓光」的字，爲讀書人所欣賞，老一輩的科舉人物都說他的書法可望點狀元。他應鄉試時，已廢止八股文，改試策論，并且廢謄錄，僅糊去卷上作者之名而已。（鄉會試制度，闈中將士子寫在試卷上的名字糊緊，不使考官知道是何人，又怕考官認出考生的字跡，特設書手數百人，在闈中將考生的文章用硃筆抄出，才送給考官閱取，這叫做「謄錄」，此種制度，在宋朝已然。）王壽彭一卷落在余際春房中。余閱後，覺得不很合意，打算不薦上去。但有人對他說，王的文章雖然平常，沒有什麼特色，不過他的字很有館閣體，最宜于殿試朝考，問鼎有望，退而求其次，亦可得翰林，你何不預收一個翰林門生呢？余際春覺得很有道理，馬上加以好評薦上去，于是王壽彭得中舉人，連捷會試。到殿試時，讀卷八大臣因爲明年是西太后七十大壽，意欲取個狀元名中有「壽」字者，以示預祝，王壽彭既有「壽」字，且含祝嘏意義，八百歲彭祖之壽，吉兆也。（王壽彭取此爲字，似有希望八百歲之意，然而他死于一九三〇年，壽止五十六而已，）而字亦復黑大圓光，允可爲元，于是王壽彭大魁天下了。

在封建時代，讀書人的最高科名是進士，所謂三考出身，指秀才、舉人、進士，從此中出者，做起官來，謂之正途出身，自然以進士爲最好，舉人次之，秀才則多如牛毛，不足貴矣，但有了這個頭銜，在鄉里教教書，或出而做小官，碰到機會也可以飛黃騰達（例如清末之劉坤一、彭玉麟，皆秀才出身）、顯親揚名的。王壽彭未中舉之前，以窮秀才在濟南候補知府朱猛家中做教師，他做夢也想不到三年後會中狀元，揚眉吐氣的。他的鄉先輩陳恒慶，在其「歸里清譚」書中記王壽彭中狀元事云：

> 王壽彭傳臚時，余正仕京曹，俗例，同鄉有應殿試者，京官必携荷包忠孝帶，以備前十名引見備用。是日辰初，讀卷大臣魚貫進內，至辰刻，大臣手捧黃紙自內出，立于乾清門丹陛上，高呼曰：「王壽彭！」王驚喜色變，同鄉京官代應曰：「在此。」乃爲之整衣，佩荷包忠孝帶，扶上丹陛，肅立大臣之後，俟前十名依次傳齊，乃帶領引見。（陳恒慶是山東濰縣人，光緒十二年丙戌進士，工部司員，考御史，歷給事中而外放錦州知府。是書作于辛亥後陳氏歸里時。）

所謂「驚喜變色」，與張謇臚唱時「喜極而踣」頗相似。狀元之榮，眞有使人驚喜失措的魔力。（甚至他的夫人，也與有榮焉。狀元高中，其夫人例在故鄉扮演一幕撤轂典禮，她到城頭撤轂時，觀者如堵，一品夫人亦無此光榮也。狀元如無妻室者，則其母代之，不如是，則秋收必歉。）有清一代，山東出了六個狀元，而且第一個還是開國狀元聊城的傅以漸（已故的傅斯年爲其後人），其餘爲聊城鄧鍾岳，濟寧孫如瑾、孫毓溎；濰縣的曹鴻勳、王壽彭。六個狀元，分配給三個縣份，而曹王兩狀元皆住濰縣南關新巷，并且比屋而居，尤爲佳話。

王壽彭以修撰入進士館肄業，結業時列最優等第一名，亦以狀元面子之故。不久，即實授湖北提學使，這完全是學部尚書榮慶提拔，才有此超擢。榮慶任山東學政時，王壽彭以歲考一等補廩，師生淵源有自。翰林院修撰舊爲正六品，光緒末，改爲正五品，以五品修撰一升便升上三品的提學使，正是讀書人得意之秋，他在上任之前，少不得要衣錦還鄉，當然要經過濟南省城，他用印有「新授湖北提學使司提學使」頭銜的名片，到處拜客，而他的舊居停朱猛，仍然在濟南候補，西席則是堂堂一品大員了。

到了湖北新任後，王狀元的官運很是亨通，署理過一任布政使（布政使爲從二品，王既署理過一次，則亦二品大員了），然而霹靂一聲，武昌起義，滿城文武，逃的逃，跑的跑，王壽彭與布政使連甲同時失蹤，死生不明，後來幸而無恙，王狀元仍然回北京求名求利，袁世凱照例優禮狀元，派他在總統府當秘書，雖然不是參與機密，只是寫應酬文字，到底還有個銜頭，較之他的難友連甲隱姓埋名欲在北京官廳中求一錄事而不可得，幸運多矣！

總統換了幾個，而王狀元的秘書不倒，安然食祿者十餘年，謹守本份，不欲有所活動。但到了晚年他又行了一個晚運，做起山東教育廳長，則仍以狀元之故。

民國十四年（一九二五年）張宗昌做山東督辦，他也知道山東還有一個狀元活着，狀元是天下第一個學問好的人，千年來已成「不爭之論」了，山東既有此文曲星，立即派人請王狀元回來做官。這時候楊度也在張幕府中，據說請王狀元回來還是楊度主張的。張問楊曰：「王狀元在前清的官是什麽？」答以湖北提學使。又問：「提學使和今日的什麽官一樣？」答道：「畧似今日的教育廳長。」張宗昌大喜，馬上打電報入京，請授王爲教育廳長，明令尚未發表，張已催王狀元走馬上任了。不久，山東開辦大學，張宗昌認爲要找一個學問最好的人才可以當校長，學問最好的，無過狀元了，即下令王壽彭兼任山東大學校長。（當時有人問楊度：「你在曹錕做總統時，曾請曹爲你活動做北京大學校長，現在你爲什麽不求張督辦做個校長呢？」楊笑曰：「不配，不配！」其人便不再問。）

王狀元就兼職之日，張宗昌親臨致訓詞，其警句有：「山東是聖人之邦，從大學到中學，應以尊孔讀經爲第一要義。我因爲王廳長是飽讀詩書的狀元，所以才委任他做大學校長，希望王校長好好的幹，切不可使到一班青年學子離經叛道，本督辦有厚望焉。」狀元校長謹守訓詞，處理校務，一切與新學相反，山東的教育界譏之爲「老古董」，而王狀元還沾沾自喜，以爲讀經尊孔，山東即可大治，唐虞盛世，重見于今日了。

要怎樣才見得是尊孔呢？王廳長有他的一套見解，他認爲曲阜孔廟的大成殿，應該修葺，即表現尊孔精神。便向張宗昌上個條陳，修大成殿，印十三經，同時並行，聖學必然昌明，南方的赤軍，共產公妻，不足與聖道敵也。張督辦大悅，馬上下令施行。親自飭令曲阜知事向富戶勸捐十萬元，用作修葺經費。這時候山東各縣皆在動亂中，富戶多半移居天津租界，當然一個大錢都捐不到。張督辦親自下令禁烟局徵收附加稅，才勉强以毒品的餕餘來尊孔，把大成殿畧爲粉飾一下，孔夫子有新房子安居，還是拜鴉片之賜，這樣尊孔，未免太那個了。

精印十三經也是王狀元建議的，因爲王廳長公務忙碌，未能集中精神辦這件事，張宗昌就指定他的謀臣楊度負責處理。楊度是個有才氣有學問的人，他主張木板一定要雕得很精美，雖然不敢與宋板書見個上下，但至少亦要在現代印刷刻書歷史上放一異采。果然印成後，立刻爲版本學者和藏書家所重，到四十年後的今日，這個山東板的十三經已成爲珍本書了。書的首頁冠有張宗昌撰寫的序文，這是楊度代他作，然後寫在紙上，張宗昌用薄紙蓋在上面，一筆一筆的描下來，像小孩子學寫描紅格紙一般。

王狀元在山東開倒車開了一年多，倒也得行其志，可惜好日子快完了，一九二八年南方的北伐軍打到山東，張宗昌逃往日本，王狀元的大名很「光榮」地被列入「張褚餘孽」之內（張宗昌、褚玉璞）通緝歸案法辦。王狀元這一嚇非同小可，怎的讀經尊孔、禁止男女同學也犯了天條，要通緝法辦呢！（其後北伐軍入北京，復將通緝範圍擴大，凡在北洋政府做大官的人，皆被通緝，著名者有：曹汝霖、顧維鈞、梁士詒、陸宗輿、章宗祥、章士釗、吳光新、王揖唐等。後經有力者疏通，又一一撤銷。）

王狀元鑒于上一年五月初三日王國維往頤和園自殺，是懼怕南軍對他不利，現在一把火又燒到他身上，不走更待何時，便溜往大連，託庇在日本人勢力之下苟活了。一九二九年春夏之間，京津人士有傳王狀元在大連自縊身死之說，聞者頗爲之惋惜，認爲他不過是一個頭腦冬烘的官吏，何必出此下策，至于他的死因則不是爲了「畏罪」，而是爲了「金錢」。據說，他一生的積蓄大概有萬金左右，存放在大連的正金銀行生息，取利度日。後來他覺得大連的生活費太高，久居不是辦法，便欲移居天津租界，辦妥一切遷移手續後，向正金銀行提取他的定期存欵，銀行的主事人欺他是「過氣」官僚，給以張宗昌在山東所發的軍用票一束，在市面價值還不到銀圓數十枚，王狀元一氣非同小可，欲與銀行理論，又自知勢力不敵，悲憤之餘，遂自殺而死。這一消息流傳了一個時期，後來查出并非事實，但一年後，王狀元在天津逝世，享年只五十六歲，死期是一九三〇年一月二十二日，陰曆爲己巳年十二月廿三日。濰縣在清末出兩狀元，「風水」甚好，曹鴻勳與王壽彭比屋而居，一則以功名終，一則在列名通緝中而死，迷信者則謂兩家的「風水」仍有優劣之別云。

封建時代的狀元，威風了一千年，到清光緒三十年甲辰（一九〇四年），清廷爲潮流所趨，不得不廢止科舉，而改以學堂選拔人才了。于是，自甲辰科後，中國即不再出產狀元，是科結千餘年科舉之局，而狀元劉春霖則結千餘年狀元之局。

甲辰殿試是五月廿一日舉行的。是科本爲正科，但因爲這年十月是西太后七十大壽，所以光緒廿九年的癸卯科作爲恩科。殿試讀卷八大臣爲：王文韶、鹿傳霖、陸潤庠、張英麟、葛寶華、陳璧、李殿林、綿文。五月二十四日進呈前十本，三鼎甲名次，光緒帝稍有更動，揭曉時是狀元劉春霖、榜眼朱汝珍、探花商衍鎏。

舊時的讀書人大部分是中了科舉之迷的，因爲要從此中出身才可以做官，現在一旦廢科舉，秀才的出路就斷絕了，故此一班讀書人都爲之「依依不捨」，那些守舊的科甲出身的官員，更覺得去之可惜，從此國亡無日了。甲辰既是末科，讀書人要碰最後一次機會，故會試時很多人報名，故此科得人頗盛。（這不止是考生作如此想，即主考官也何嘗不然呢？徐世昌于甲辰朝考，得充讀卷官，其所作「甲辰同年錄序」有云：「策論之試，甫定于寅科，科塲之制，遽迄于辰年，余于是科獲襄閱卷，含元殿上，曾瞻金鏡之持；光範門前，細數曉鐘之列；馬融晚性，惟愛琴音，徐演殘牙，猶思餠啗。……」大有感慨系之，而又有自喜之意，蓋舊時的文人以得一掌文衡爲榮，何況還是末科呢？）

狀元劉春霖是直隸肅寧縣人，字潤琴，號石貲。光緒廿八年壬寅，以拔貢中順天鄉試第一百廿三名舉人，二年後應殿試，大魁天下。這個末科狀元沒有什麽特色，論學問，遠不如洪鈞、吳其濬、張謇等人，論書法亦比不上近科的夏同龢。然而他的運氣特別好，居然以書法取勝，和他同應殿試後來以書名滿天下的會元譚延闓敵他不過，僅列二甲第三十五名進士，入翰林而已。末科三鼎甲幷沒有出色人才，反不如同科的進士出了許多著名人物。「龍頭」失色，殆可斷言。（末科進士有黃遠庸、張其鍠、沈鈞儒、蒲殿俊、湯化龍、王揖唐、顏楷、徐謙、林志煊等。）

該科爲什麽劉春霖得以高中呢？人們多歸功于他的運氣，如果不是光緒帝賞識他的字，他只是榜眼而已。又有人說，光緒帝認爲末科狀元，應給予直隸省的人，而劉的字正是齊齊整整的狀元字，便選中了他。是否眞是如此，已無可查考了。根據商探花所說，前十本試卷，列朱汝珍卷第一、劉春霖次之，張啓後第三，而商衍鎏第四，但光緒帝「倒亂乾坤」一下，他的玉手一抬，轉眼之間，龍頭龍尾之分已判然，信乎狀元之爲神秘產物，所謂一名二運三風水，四積陰功，而讀書居於第五，可以概見一斑。

甲辰會試，因北京貢院爲八國聯軍所毀，故借河南省的貢院舉行，會試後，新貢士再入京應試，所以殿試之期，遲至五月（向例爲四月廿一日，廿五日傳臚）。河南巡撫陳夔龍以外官而得充知貢舉，亦一光榮之事。其晚年所作之「夢蕉亭雜記」記此事云：

甲辰會試，借豫闈舉行，余以豫撫派充知貢舉。……揭曉日，余與諸公齊集至公堂，升座拆卷塡榜。陸文端（潤庠）手
語余曰：「此卷書法工整
廢膽錄），
劉君春霖
，謂劉君
間，張文達
鄉二百餘年
得湖南一卷
論，我班次
會難得，情商
，時官協辦大
卷作爲會元，

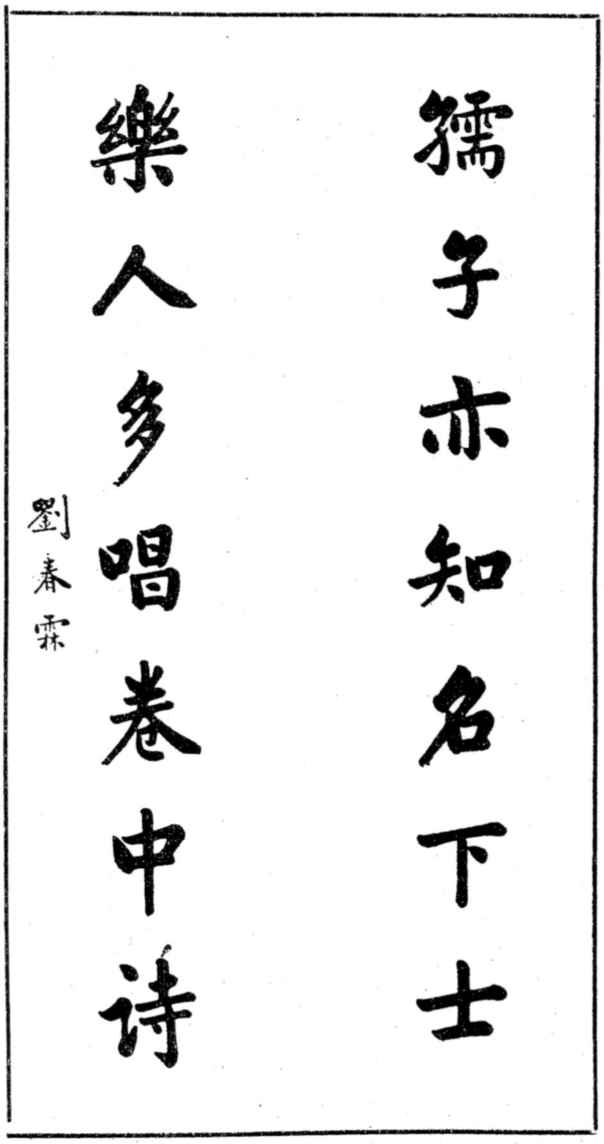

劉狀元春霖書聯

允讓，即此卷是也。揭彌封，乃茶陵譚君延闓，爲前粵督譚文卿制軍之少子，咸慶主司得人。迨殿試臚唱，劉君果獲大魁，譚君亦以高第入詞館，私揣兩君異日文章業位，正未可量，詎數年間，時局日非，國步已改，而此兩人者，一則憔悴京華，仍效牛馬之走；一則馳驅嶺表，徒爲蠻觸之爭，已忘其爲故國詞臣，先朝仙吏，國家二百年養士之報，如此結局，尚何言哉！

從這段記事，可見劉春霖在大魁之前即以寫字出名。我引陳夔龍所說的話，不單是有關劉春霖的狀元與譚延闓的會元，也想談到劉春霖眞夠運氣，如果不是張百熙力爭以其鄉人爲會元，則此科狀元不會輪到劉春霖的。

至于陳夔龍以遺老口吻來批評劉春霖、譚延闓，是不值一笑的。一九三四年後，宋哲元在北平做冀察政務委員會委員長時，就禮聘劉狀元做老師，每星期入「帥府」爲宋哲元講經書，于是華北人士皆稱宋委員長禮賢下士，又因爲他每星期入帥府授讀，宋就派「御用」汽車，由一個副官往迎接，下課後又送回，如遇宋哲元有非官式宴會，必延老師上座，每逢宋政務冗忙，未能上課，就先派人向老師請假，種種做法，無非欲博得人家稱他「尊師重道」罷了。劉狀元晚年不止行了財運，而且官運也不俗呢。（劉春霖以末科狀元，爲人點主倒也財路亨通，民國元二年間，廣東大賭商劉學詢就請他到香山縣爲其宗祠點主，至于一九三一年哈同之死，姬覺彌電請他南下點主，以榜眼、探花襄題，合送一萬元，則人多知之，此其犖犖大者也。）

劉春霖中舉後，寫字之名更著，他所寫的仿格，很多小學生學寫字都買來照描。（李伯元「南亭筆記」卷十二有一段說：「殿撰劉春霖，到處抽豐，幾幾乎腰纏萬貫矣。有見其石印殿試策者，末頁另有小字一行曰：『翻印究罰』，與新學書後列『版權所有，不准複製』八字，同一命意，眞是創聞。」）因爲他寫字出了名，中狀元之後，寫字之名更不脛而走，他竟然因寫字而得締良緣，可說是才子佳人的「佳話」了。

有直隸滄州人張慶雲者，于光緒甲辰以浙江候補知縣在寧波任釐金局差事。某日，門房送進一張尺多長白紙名刺，則新科狀元拜見同鄉也。他們雖是同鄉，但向不相識，因爲翰林隨處抽豐，是當年的一種風氣，劉是狀元，又爲同鄉，張慶雲不能不有所點綴的，就立即請入客廳相見。寒暄了一頓後，主人就恭維劉狀元的字寫得眞好，還溯說往事，謂自從他中舉後，北五省的學童，無一不以他的石印小楷爲範本，竭力模仿。狀元忙作慚愧狀，連稱「慚愧，慚愧！」主人讓客上炕坐定，見牆上掛有一把素白的紈扇，就拿下來請新科狀元即席揮毫，留作紀念。狀元聞言變色，作禮讓狀，主人還以爲他是客氣，請之愈力。新科狀元不得已，只好在扇上寫些字。忽然狀元的跟班進來附在他耳邊說了幾句話，狀元即對主人說，剛才家人來告，客寓中有要事，非立刻回去處理不可，改日再寫罷，說完馬上就走。

客人去後，張慶雲拿狀元所寫的字一看，雖然也寫得還工整，但比起劉春霖的字就有天淵之別了。原來張的女兒一向喜臨寫劉春霖的小字，他也看慣了的，所以一拿起來便知其僞。張爲人厚道，心知此乃寒士假冒新科狀元以遂其抽豐的行爲，也不深究。後來他偶然同朋友談及此事，其中有人說劉狀元喪偶不久，既然有個假劉春霖上門抽豐，何不就取個眞狀元女婿，以小姐許配眞狀元爲繼室呢。張認爲頗有道理，就拜託這個朋友寫信去北京託人向劉狀元說親事，并提到那個假狀元的故事，劉春霖立即答應，于是「寫字姻緣」就成功了。

末代狀元劉春霖

其後十餘年，劉狀元的小姐沅穎，因讀言情小說而結「良緣」，亦附帶說一下。五十年前，曾風鴛鴦蝴蝶派大師徐枕亞的小說「玉梨魂」，風魔了一些青年男女。劉沅穎讀這部小說後，對徐枕亞不知不覺發生了愛慕之情。後來徐枕亞的太太死了，徐發表悼亡詩數十首，劉小姐讀後對這位才子不止同情，而且有愛念了，于是同徐枕亞通信起來。徐枕亞託人向狀元求婚，劉春霖以爲門第不相稱，認爲徐枕亞不過舊上海一個寫小說的文人，實在配不起狀元小姐，便一口拒絕了。徐枕亞當然很失望，但仍鍥而不舍，還要託人向狀元疏通。後來有人對他說，如要成功，「乃可在此」，教他先拜老詩人樊樊山爲師，然後託老師做媒，向劉狀元求婚，必能成就好事。

徐枕亞依計行事，樊山老人恃着和劉狀元的交情，又是翰林老前輩，一力贊成，狀元尊重老前輩，女兒在家又尋死覓活的非徐枕亞不嫁，無奈就答應了。徐枕亞就北上就婚，才子佳人，成爲夫婦，小說圈中又傳佳話了。徐枕亞的小說後來乏人問津，他的生活日見拮据，遷回南方故鄉居住，節省開支。狀元小姐是過慣舒適生活的，又以南方的鄉村風俗習慣，她不甚相宜，鬱鬱不樂，生病不久就死了。劉狀元一家的韻事多，以他來結束千年狀元之局，亦頗不寂寞云。

LLOYD

HANDMADE QUALITY

World's proudest, most expensive,
elegant, comfortable & durable
men's footwear

西德名厰「利來」男裝鞋

飲誉全球·鞋中權威

大人公司 平價市場 人人百貨 大方公司 來路鞋公司有售

五屆國大花絮

·郭大猷·

第五次國民大會早已功德圓滿，第五任總統副總統亦告順利選出，並將於本月二十日宣誓就職；但大會開會期間的種種鬧劇與趣事，多姿多彩，固不可無記載以供海內外人士作爲談助。

本次會議出席代表總數爲一千三百七十六人，實際報到者爲一千三百三十餘人，在報到的一千三百三十餘位代表之中，有五位代表在會議期間，力疾從公而逝世，這是此次會議中對外未公開的一個秘密。

第一次國大係在南京國府路國民大會堂舉行，第二、三、四次會議則都在台北市中山堂舉行，這一次轉移到陽明山中山樓舉行。部份出席代表認爲會場路途遙遠，是否防止出席代表隨時開小差，認爲不敬，大會秘書處却解釋中山樓是新型建築，較之日本人時代建造的中山堂好得多，爲了離台北市約十五公里之遙，大會秘書處特地調用了近一百輛大型巴士，劃定路線每天上午七時半起，便到各代表寓所附近迎賓。每輛巴士除司機外，另備年青貌美的「小妹」二人，攙扶年老代表上車與下車，甚至有時護送到會場或代表寓所，使代表們皆大歡喜，渾忘長途跋踄之勞。

會議第一個重要節目是選舉主席團，主席團的名額共八十五人，競選主席團的最大動機是爭取榮譽，因爲一經當選主席，無形中就成爲代表中之代表，並有權簽名在總統及副總統的當選證書上，此一榮譽，非比尋常，如果自己估計有力量爭取的話，誰也不肯放棄。

每一代表只能投票選舉一人，以此次出席代表一千三百人平均計算，如能獲得十五票以上，便有希望當選。此次的主席團，得票最多的是谷正綱，共約五十票，最低的票數當選爲主席的，僅八票而已。傳說有一位熱中於競選主席的代表，賣掉了一所住宅作爲競選費用，結果住宅賣掉，價欵花盡，却祇得了七票，以一票之差，名落孫山，抱恨不已。

八十五位主席團選出之後，以八票最低票當選者共有四人，但主席團總額比規定多了一個，就以抽籤方式淘汰了一位，此人名汪祖華，未能當上主席團，十分遺憾！其中有一位以十一票當選爲主席團的唐代仁，廣西人，三月五日當選，次日還參加了第一次主席團會議，三月七日突患急病，送往醫院急救不及，當晚與世長逝，主席團便少了一名，成爲八十四人；汪祖華要求遞補，但因議事規程無此明文，結果主席團便少了一名，因此總統和副總統的當選證書上，也都祇有八十四個簽名。

這一次會議中爭得最劇烈的就是修訂憲法臨時草案，第二件事才輪到選舉總統和副總統，選選總統順利完成，而修訂憲法臨時草案却爭執不已，使得幾位大會主腦，大傷腦筋。草案中最成問題的是第三項「增加名額選出與依法行使職權之中央民意代表同爲次屆」，問題就在「次屆」二字，到台上去發表演說大事抨擊此案的第一人，是海外學人代表顧毓琇。

此一臨時條欵終於完成三讀通過，執政黨竭力讓步，代表們雖然達到了目的，但民間反應極爲不良。更有兩件事情，使人反感，其一爲某些國大代表向大會提出，建議政府飭令各級司法機構，對犯法失職的民意代表從重科刑，但此案竟因多數代表的反對而未能通過；其二爲部份代表發起向政府要求待遇平等，所謂待遇平等，那是國大代表要求與立法委員、監察委員享受同樣待遇。按國大代表現在的待遇爲每月台幣七千餘元，每一代表並得向公營銀行貸欵建造住宅一所。按最初國大代表在南京時，是沒有薪給的，到了台灣方才開始享受待遇，與立法委員、監察委員的待遇相差的是立法委員、監察委員有會議費，而國大代表沒有，所以要求將此項差額，以六年計算，每一代表應補發台幣四萬八千元，此事容政府與審計部研討後再行決定，但因有這樣一個提議，民間已爲此大譁了！

首屆國大在南京國府路國民大會堂舉行

國大代表之待遇問題：一直成爲議而不決的問題，在國大代表本身立場言，希望做到眞正和立監委員平等，而民間輿論則恰好相反，認爲中央民意代表成了終身職，本爲六年一任，現在因無法改選，他們一做就從民國三十七年做到現在，不無煩言。國大代表每月待遇七千元，與公務員比起來，亦非事理之平。自從部份國大代表要求待遇平等的新聞刊載後，各報大小文章俱不以爲然。某晚報且刊載一名公務員讀者來信，表示異議，他說他是一個中級公務員，在某政府機關幹了十五年，每月待遇還不到台幣三千元，既無貸款，反得天天上班，每日工作八小時以上，待遇却不及無所事事國大代表的一半。此君的話果然說得不錯，但有人說這是他前世未修，不自嘆命薄，却嫉妬人家，還要在報上發牢騷，誠屬多此一舉。

說實在，國大代表對此次的議案也好，對待遇問題也好，以及所謂自律自淸問題。所有的代表，其立場、看法與做法不盡相同。筆者就有不少國大代表的朋友，他們都愛國忠黨，忘私秉公，肯犧牲小我，成全大我，相信絕大多數的代表

總統候選人以一千三百〇八票獲選連任

也都如此，使人詬病的止是少數中少數，可是正因有少數代表以自私爲主，予人以對整個國大代表滋生反感。

國民黨雖然對臨時條欵修正稍受挫折，但對總統副總統之選舉不特大獲全勝，且獲得之選票大破歷屆紀錄，列表如後：

蔣總統在台歷屆的得票統計：

屆別	選舉人數	得票數字	百分率
二	一五七六	一五〇七	九五、六
三	一五〇九	一四八一	九八、一
四	一四二五	一四〇五	九八、五
五	一三一六	一三〇八	九九、三

嚴副總統在台歷屆的得票統計：

屆別	選舉人數	得票數字	百分率
四		七八二	五五、二
五	一三〇七	一〇九五	八四、〇

第五次國大代表會議，前後舉行了三十五天，已於三月二十五日閉幕，第五任總統及副總統將於五月二十日就職，海外使節僑團準備赴台祝賀者已在萬人以上，美國尼克遜總統亦已請他的兒女親家艾森豪代表赴台祝賀。

此次會議通過之憲法臨時條欵修正，增補中央民意代表的要旨之一，爲新陳代謝。由此好些老百姓，想知道當前的一千三百多位國大代表的年齡問題。從幾位國大代表友好所供應的口頭資料如後：

一、最高年齡，一百零五歲者一人，爲山東籍的韓靑碑老先生。

二、最年靑——四十歲者一人，這一位最年靑的王姓代表，於前年增選中央民意代表時，在台灣省產生的。

三、五十五歲以上，七十五歲以下者佔百分之七十至八十，也就是絕大多數。

四、平均年齡爲六十七歲半。

此次會議通過之修正臨時條欵，授權總統頒訂增補選中央民意代表，增補之數字雖尚未擬定，一般傳說，在台灣地區增選之名額，國大代表爲五十人，立法委員一百人，監察委員二十五人，這個數字雖僅是傳說，但有資格人士的看法，增補選五十位國大代表，到辦法頒佈時，只會增多，不會減少。果眞如此，那自明年起，至少有五十位新的國大代表產生，這些代表定必年輕力壯；年齡決不可能有超過花甲之年者，那時國大代表的平均年齡，也必有小小變化，但變化得不會太大。

國民大會代表，每一代表之待遇，每月約計新台幣七千多元，這七千多元的支領項目爲：

一、生活補助費三千元。

二、光復設計委員會研究費二千八百元。

三、實物配給折現二百元至一千元。

四、房租津貼四百元至八百元。

上列四個項目除生活補助及光復大陸設計委員會研究費外，房租津貼與實物配給折現，皆與普通公務員相同。光復大陸設計委員會除國大代表爲當然委員外，其中少數委員乃係聘任者。國大代表如有在行政機關任公職，則其待遇只能兩者中擇一。但國大代表之「本職」待遇較高，故多半以國大代表待遇爲「正」，但在任職機關仍得支領交通費。

關於出席費問題，此次會議揭幕後發生一條花邊新聞。按國大秘書處有一規定，凡居於海外地區之代表，專程返國出席會議者，除應領之出席費，並補償往返之飛機票價。此次有眷屬在美國之部份代表，紛紛向秘書處要求，彼等於開會前要求往美國探親，再返國出席會議，機票由秘書處補貼。秘書處是否已俯如所請，局外人不得而知，但去美國探親之代表有五十人以上，所謂要求補貼機票之消息，則已傳遍於社會，各方反應大爲不佳，輿論也有予以抨擊者。國大代表聯

誼會負責諸公，鑒於此事影响全體代表滑譽殊大，因而以國大代表聯誼會名義致書秘書處，表示該處不得補償任何出國代表之機票，消息發表於各報後，人心大快。果眞如此，去美國探親的代表，機票票價既得不到補償，却留下了一個話柄。

尚有國大代表貸欵造屋，也引起了各方的議論，其內容是一、此項貸欵總數達新台幣三億元左右。二、貸欵造屋的代表佔百分之八十以上。三、每一代表貸欵本為二十四萬元；但若建屋面積超過三十坪者，得另向土地銀行申請五萬元「額外」貸欵。此五萬元之貸欵，分五年償還，亦在所得待遇中按月扣還。四、代表們如早有住屋，不須建屋者，亦得貸欵二十四萬元，作為平等待遇，此項代表約佔百分之十五。五、不管自己有無房產，放棄此一權利者亦不乏其人，但那是少數中的少數、不出二十人以上，此類代表多半兼任最高公級，德高望重，如張岳軍、黃季陸等。六、此項貸欵，亦不能完全指責國大代表享受特權。蓋興建軍公教人員住屋及國民住宅，為政府既定政策；部份公教人員及少數國民，獲得類似貸欵者雖亦有例在前。但與國大代表之不同者，每一國大代表均獲此項權利，數字較多，償還年限較長，利息較低，就是如此，於是引起了紛紛議論，此亦國大代表被大衆又羨又妒之所由來也。

曾有人問，第一屆國大代表總額若干人？第一屆在南京第一次會議時出席代表有三千人以上，但從三十八年政府播遷台灣時，約有總額三分之一的代表未及撤走，就以隨同政府來台灣以及僑居海外的代表而言，自第一次會議迄至此次第五次會議閉幕時止，這二十四年之間，因病故出缺的代表就達四百零一人之多。

國大代表王雲五（中）投總統選舉票

由於此次在陽明山中山樓開會，一千三百多代表和四百多員工的膳食都要在會塲之三樓餐廳解決，也曾有過一個小小的統計。

（一）由餐廳至厨房，服務人員共九十四人，厨房人員四十五人。

（二）每日，除早餐外，午晚兩餐，各一百七十桌，分兩次開：第一次開一百二十桌，大多數為代表們：第二次開五十桌，多數為工作人員：每桌坐十人。

（三）米飯用鋁製蒸汽鍋燒，一共有六個鍋，每鍋下米四十公斤，饅頭則另用大木籠蒸之。

（四）復興鍋將材料原盅，蒸在大木籠內，一起蒸的。

（五）花生油，每天約需二百公斤。

（六）各人每日膳費，一律七十元，早餐十元，午晚餐各三十元，都由大會支出。

第五屆國大代表主席團選舉於三月五日上午舉行，獲得資格登記為候選人的共計一百零六人，被選為主席團的八十五人，以得票多寡為序，前二十名為谷正綱、薛岳、張羣、郭澄、郭驥、于斌、李雍、張其昀、賀衷寒（已在本月十日逝世）、陳建中、周治平、何應欽、滕傑、趙作棟、王純、王撫州、宋益清、戴仲玉、方天、余家菊等，王雲五在二十一名，陳啓天在二十二名，孔德成在四十八名。

國大秘書長郭澄親自張貼總統當選公告

大八小路

難忘五月

燦爛莊嚴的五月，又已到來。

「五一」是勞動節，「五三」有濟南慘案，「五四」是新文化運動紀念日，「五月」的「廿一條」令人難忘，五月的第二個星期是「母親節」，「五卅」上海南京路慘案我曾親眼目覩……

五月的節日比四月還多，美中不足的是沒有一天是公衆假期。

琉球問題

本期「大人」出版之日，亦即琉球交還日本之日。

琉球雖然交還日本，那塊空軍基地續由美軍留用。預測日軍不會開抵釣魚台列島，但將插上太陽旗，以觀動靜。

第七艦隊

觀察家言：第七艦隊不會自台灣海峽撤退，一因中華民國有此要求；二因美國自身有此需要；三因中共有此願望。

——蓋恐第七艦隊今天去，蘇聯艦隊明天到也。

無意結婚

胡佛主持聯邦調查局，經歷八任總統，享年七十七歲，終身不婚。

死前曾言：我願再做三十年調查局長，無意一嚐結婚滋味。

大哉牛排

美國某專欄作家批評胡佛，全文洋洋千言，或彈或讚，均中肯要。

其中兩句，最爲膾炙人口：『生平好吃牛排，不愛女人。』

拖之不已

港府對於市民請願，以一拖再拖爲最高對策。

今年是一九七二年，最遲可以拖到一九九七年。

模範母親

港九各地，每年有「模範母親」選舉，少則選出兩個三個，多則選出十個八個。

集十年來之「模範母親」，作一次「模範母親聚餐」，倒也洋洋大觀。

難言平等

今年「母親節」，港島東西兩區婦女會，分別舉辦婦女服裝表演。

下月父親節，如果沒有男子服裝表演，豈能說是男女平等？

生活進步

觀塘中環小輪開航，票價特等一元，頭等五角。

祇有「特等」「頭等」而無「二等」「三等」，是香港人生活享受又進一步。

此乃外國

有人把香港當作「外國」，有人把香港當作「中國」。

其實香港就是香港，它是外國人的「外國」，也是中國人的「外國」。

地下鐵道

香港地下鐵道，遲遲難產，表面上原因爲經費無着。

實際情形是不愁無錢，可是不知道要多少年纔可歸本。

請閱西報

即時傳譯處成立有期，中英文一肩並行。

但香港政府聘任人員，還需「詳情仍請另閱今日西報」。

我看電話

香港電話線路，明年將增三十萬條。

希望公共電話數目增加二分之一，公共電話收費減少三分之一。

節省陽光

明年賽馬，一部份將於晚間舉行。

這是節省陽光，也是浪費電燈。

萬歲萬萬歲

今年亞洲電影節，不發獎品，參加者不妨均作得獎論。

上屆選出之「影帝」「影后」亦可永遠連任，一若台灣之「國大」與「立法委員」。

患得患失

關島來鴻：當地生意樣樣可做，設備與生意，樣樣都無。

結論曰：今天去謀發展，未免太早；隔個時期才去，又嫌太遲。

保障婚姻

台灣將修改法律，結婚証書上，免貼印花。

爲保障婚姻起見，辦理離婚手續者，實應另抽一筆重稅。

·上官大夫·

世界獨一無二的
電子打火機

朗臣電子打火機，是由世界馳名的朗臣火機廠經多年精心研究並配合先進的技術製成。設計獨具一格，不用火石，亦沒有累贅的零件。燃火動力來自機內一個袖珍十五伏電池，蓄電量可用超過十二個月。由於沒有火石及磨擦輪，故打火時靜若無聲，祇須在面板上輕輕一按，美麗的火焰立即上昇。

朗臣Electronic電子打火機。有三種高貴大方的款式，全部保用一年，但却可享用一世。朗臣電子打火機，是世界上最完善的電子打火機，

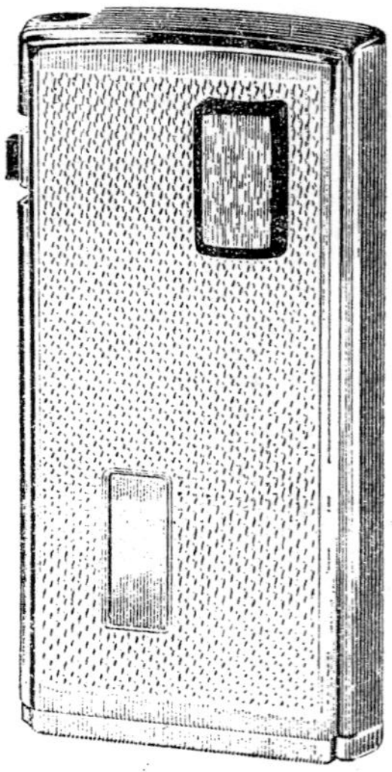

各「朗臣」特約經銷處均售

朗臣RONSON

"朗臣"修理站：於仁大廈地下商場電話：H-221992

M035

連載

「銀元時代」生活史

—六十年來的物價追想—

陳存仁

前文叙述黃楚九日夜銀行倒閉始末，究竟倒去存戶多少錢？當時訪問過不少人，有些說六十萬，有些說七十萬，我因爲這些說法不一致，所以在前文中會表示懷疑，並在文前說明，希望作者和讀者打成一片，我有什麽錯誤之處，請讀者指正，如有那一時代的任何圖片，倘蒙見借刊載，尤表歡迎，以便在將來出版的單行本中，作爲更完美的補充。

上期大人雜誌出版之後，因爲日夜銀行的倒閉，實在是當年上海一件大事，有幾個不相識的讀者打電話給我，有些說黃氏倒去客戶的數目，絕對超過七十萬，據他所知，有一個戶口且達三十萬元之多。我正納罕中，忽然又接到從前上海商業儲蓄銀行高級人員金宗城先生（現任香港海外信託銀行董事）的電話，說：『老朋友，日夜銀行倒閉還欵的事，是由我經辦的，那時還欵一成，大約有三十多萬，十倍的數目當然有三百萬，但是因爲年代過久，我也說不出一個確數，你最好去問一下當時租界法院辦理這件破產案的清理官潘肇邦會計師，他現今住在香港銅鑼灣。』我聽到了這個消息，開心不已。連打了六七個電話，才找到潘老先生，他親自接聽。

潘老先生說：『日夜銀行倒閉之後，清理產業變成現金需要很長時間，但是存戶催促，急如星火，於是商請上海商業儲蓄銀行暫爲墊欵，發還一成，總計各戶的存欵，是四百萬出頭，確數我也不記得了。』如此一說，當然以潘先生的話爲最有根據而且準確。

日夜銀行派還第一次債欵之後，第二次不歸上海銀行派發，因爲上海銀行深恐有礙行譽，由法院假座八仙橋青年會禮堂中設立兩張寫字枱，每戶攤還半成，此後就沒有下文了。

如此看來，倒去了存戶四百萬之數，確乎是一筆大數目，怪不得一班存戶要鼓噪不休了。

上海早期之馬車夫穿戴如滿清官員

犬與華人 不准入內

前文講到黃楚九與西洋醫生打官司的事情，竟然一下子打贏了。因爲當時華洋涉訟，總是中國人輸的多，足見那時黃氏在上海的經營手法，應付一切，確是高人一等。

從前租界上的外國人，對中國人是蔑視的，我舉出幾個例子來說說：

第一件是租界當局對中國官廳，採取不理睬姿態，尤其是清廷的官員，更不擺在眼裏，並且極盡其侮辱之能事。記得西人的家庭，出入都用馬車，特地仿製清廷官員所穿的箭衣，作爲馬伕的制服，頭上還戴上一頂尖頂的纓帽，帽上拖着一條紅帶子，這是表示中國的官員，祇配做他們的馬伕而已。法租界的巡捕，也戴纓帽，祇是不穿箭衣而穿巡捕制服，同樣是侮辱中國官員。

第二件事，中國人在馬路上走，喜歡慢吞吞的踱方步，越是有身價的人，越是踱得慢，而西人走路却快得很，因此在馬路旁人行道上，西人常常嫌中國人走得慢，他們便用手把中國人大力推開；還有好多西人眼戴托力克（眼鏡名稱），手拿司的克（手杖，此間叫作士的。）口啣茄力克（烟名），高視濶步，揮着司的克把中國人亂推亂打，中國人無不肅靜廻避。如果走避慢了一些，他們便會伸出巨靈之掌摑你幾下，叫作『五枝雪茄烟』；有時用脚來踢人，稱爲『外國火腿』，是沒有人敢反抗的。

第三件事，是外白渡橋旁邊的一個公園，俗稱『外灘公園』，中國人是不許進入的，他們爲防止中國人走進去，特地在門口掛着一塊絕端侮辱中國人的木牌，上面寫着八個字，叫作『犬與華人，不准入內。』這不但表示華人沒有資格入內，而且將犬字冠於華人兩字之上，意思是中國人比犬都下一等。這塊牌子掛了幾十年，看見的人無不痛心疾首，但是因爲國勢衰弱，也奈何他們不得！

後來汽車風行，紅纓帽的馬車伕消滅了，但是西人住宅門前的看門人，還是戴着這種帽子。

五四運動一起，人民的自尊心和愛國心，勃然興起，租界當局鑒於這種運動的聲勢浩大，有許多場合，姿態逐漸轉變過來，而外灘公園那塊侮辱華人的木牌子也無形消失了；然而，外灘公園華人依然不能進入，倒是日本人穿了和服木屐，可以拖男帶女的走進去，有一部份日本人穿着西服，也可以昂然入內，因此中國人穿了西裝，也可以混進去，但是從前穿西裝的人少得很；這些事情，老上海想必至今仍未忘懷。

呈請政府取締中醫的西醫余雲岫

廢止中醫　軒然大波

我要追溯到民國十七年，廢止中醫這件事，那時剛是北伐成功開府南京，汪精衛在漢口時最出風頭，他到處演說日本明治維新，第一件事是廢止漢醫。他自以爲革新派領袖，屢次演講表達他的意思，報紙上常常有這種零星的消息發表，我們中醫界對他引起很大的反感，認爲中醫中藥是全國人民的健康所賴，歷史悠久，那時節西醫全上海也不過六七百名，其他通都大邑，不過數十人。至於小的縣、市、鎮、鄉，可能一個都找不到，所以對他的主張，認爲紙上空談，決不會現諸事實。豈知後來他們的確不是空談，先由褚民誼出面推動，經南京國民政府衛生部，召集了一個中央衛生會議，延攬各市的衛生局長，以及各地的醫院院長，國立省立的醫學院院長，各省著名的西醫共一百二十人爲委員，開會三天。那時褚民誼奔走活動及宣傳，着着領先。這個會議，通過了一個議案，是要逐漸淘汰中醫，原案是留日醫家余巖（雲岫）所起草提出，他們設想得很週到，深恐引起全國反對，所以最重要的一點，就是對已經開業的中醫，一次發給執照，以後中醫的產生就要絕跡了，原來的議案節錄如下：

『提案人余巖。（理由）……人體醫學，其對象在於個人，其目的在於治病，今日之衛生行政，乃純粹以科學新醫爲基礎，而加以近代政治之意義者也，今舊醫所用理論，皆憑空結構，阻遏科學化，舊醫一日不除，民衆思想一日不變，衛生行政一日不能進展』云云。……（辦法）一、處置現有舊醫，現有舊醫爲數甚多，個人生計，社會習慣，均宜顧慮，廢止政策不宜過驟，爰擬漸進方法六項如下：甲、由衛生部施行舊醫登記，給予執照，許其營業。乙、政府設立醫事衛生訓練處，凡登記之舊醫，必須受訓練之補充教育，授以衛生行政上必要之智識，訓練終結後，給以證書，得永遠享受營業之權利，至訓練證書發給終了之年，無此項證書者，即應停止其營業。丙、舊醫登記法，限至民國十九年底爲止。丁、舊醫之補充教育，限五年爲止，在民國二十二年取消之，是爲訓練證書登記終了之年，以後不再訓練。戊、舊醫研究會等，任其自由集會，並且由政府獎勵，惟此係純粹學術研究性質，其會員不得藉此爲業。己、自民國十八年爲止，舊醫滿五十歲以上，且在國內營業至二十年以上者，得免受補充教育，給予特種營業執照，但不准診治法定傳染病，及發給死亡診斷書等，且此項特種營業執照，其有效期間，以整十五年爲限，滿期不能適用。二：改革思想，操之不能過激，宜先擇其大者入手，謹舉三項於下，宜明令禁止，以正言論而定趨向。甲、禁止登報介紹舊醫。乙、檢查新聞雜誌禁止非科學醫學之宣傳。丙、禁止舊醫學校之開設。』

這裏所說的舊醫，就是指中醫，因爲那時我們中醫自稱是『國醫』，這是表示中國固有的國家醫術，等於國語國文國旗國徽國術國劇一類的名稱。西醫對這個稱呼，大爲不滿，可是已經通行，亦沒奈何，因此他們就議決把中醫的名稱改『舊醫』，他們自己叫作『新醫』。這表示中醫是舊式的醫術，不久要消滅的，他們的醫藥是現代化新生的，將來會新陳代謝的。

當時的西醫們，也不願意人家稱他做『西醫』，因爲『西』字，就表示從西方來的醫術，隱隱襯托出中醫是中國的國家醫術，所以他們一切的公私文件，一律不稱西醫兩字，而對中醫的名稱絕對不稱國醫，一律叫作舊醫。整個提案，含有深刻意義。

這一個議案，一經各報披露，輿論界首先加以抨擊，認爲中醫中藥萬不可廢，要是實行的話，是行不通的。那時一般中醫界，似乎並不重視這件事，惟有各自大發牢騷，痛罵國民政府措置不當，此外，祇是聽其自然，靜觀其變而已。

這個議案中有一項，檢查報紙雜誌的，即是指我刊行「健康報」而發，我正在想如何去應付？同學張贊臣打了一個電話給我，說：『老陳，你見到這個新聞嗎？』我說：『已經見到』，他又說：『你的態度如何』？我說：『我當然反對，但我要想知道令尊翁的態度如何？』他說：『家父年事已老，連這個議案都看不明白，他認爲已開業的仍能開業，也就算了。』我就對他說：『這件事不是這樣看法，我要和你從長計議，這件事需要我們這些後起青年中醫來想辦法。』他聽了，連說：『對，對，對。』當即約定於門診完畢之後，一同到南京路五芳齋二樓叙談。（按張贊臣的父親是張伯熙，乃常州老名醫，我拜姚公鶴爲師，就是他老人家引荐的。）

電話約定之後，我一面應診，一面想辦法，我認爲老一代的中醫，由於習慣關係，都是安份守己以不問他事爲主旨，所以要他們出面領導反抗，是不可能的事，但是老中醫對各方面的社會關係很大，一定要借重他們的聲望與地位，作爲號召；做實際工作，是要我們年輕一代來做的。

當天下午五時，我們兩人先後到了五芳齋，一見面就滔滔不絕的談論起來，最後我提議召集全國中醫代表到上海來舉行一次大規模的抗爭會。

五芳齋是上海有名的點心店，主要的業務以出賣湯糰糕餅，糖山芋，糯米藕，兼賣點心菜餚。我們兩人隨便叫了些點心，一邊吃一邊講，所花費的代價約銅元十餘枚，大家講得很起勁，不知不覺已鐘鳴六下，我倆主張先請謝利恒老師來討論一下，聽聽他的意見如何？再定進行方針，於是搖了一個電話（按那時上海的電話，是要用手搖接線的）給謝老師，請他到五芳齋來吃飯，謝老師一口答應，立刻搭電車到五芳齋來。

謝老師素有美髯公之稱，他飄飄然的直登樓座，爲人風趣得很，開口就說：『你們請我吃點『啥』？我們說：『知道老師喜歡吃「鱔糊過橋麵」（按所謂過橋，即是麵澆頭，另裝一盆），所以請老師到這裏來。』老師笑說：『爲啥大家不飲一些酒』？我們齊聲說：『好』。於是大家就邊飲邊吃，言歸正傳了。

謝老師也知道國民政府要逐步廢止中醫，他說：『我們老一輩的還不受影响，你們年紀尚輕，對此作何打算？』我們就把召集全國中醫舉行抗爭會的事，詳詳細細的說給他聽，他聽了一方面很高興，一方面說：『全國中醫向無聯絡，究竟總共有多少中醫團體，也不知道，召集起來恐有困難。』我們兩人默默無言，認爲這倒是一個難題。

正在思考之時，我忽想起我辦的『康健報』，各省各縣市，都有中醫訂閱，張贊臣辦的一本『醫界春秋』雜誌，訂戶也全是中醫，就根據我們兩人所有訂戶地址，在各省各市各縣挑出二人，將抗爭通電交給他們，轉呈當地中醫公會。謝老師說：『好，這樣，事情就有眉目了。』

上海集會　先擬名單

那時節，上海本來有三個中醫團體，醞釀着要組織一個統一的『上海市中醫協會』，公推丁仲英老師爲召集人，那時還沒有正式成立，無形中內定丁老師做理事長，謝老師當監事長，於是我們就提出由丁、謝兩位老師具名召集緊急會議，謝老師說：『好』。我們吃罷了之後，付欵一元還有得找。謝老師叮囑我們快快把全國中醫地址名單開列出來，我們兩人就說：『今晚我們開夜車，把全部名單摘錄出來。』謝老師連聲稱是說：『明天晚上就可以召集三個團體先開一個會議。』我們回說：『遵命』，於是大家分手。

我與張贊臣兩人，立刻各回家中，把定戶名冊細細查閱，查到南京、杭州、蘇州、天津、北京、廣州都有中醫團體，沒有團體的就選擇二三人作爲各該地通訊員，我的一張名單，做到半夜三時才告完畢，計算下來，全國有三百個省縣市，都有了地址。

次晨，我向丁老師處作說客，丁老師一口應允，並說：『事不宜遲，要做就做』。於是各人分別搖電話，約定在一家番菜館聚會，那天到會的不過二十多人。有陸仲安、夏應堂、殷受田、郭柏良等，大家看到我們所列的全國中醫地址名單，認爲這是『法寶』，不管我們上海市中醫協會成立與否，先用這個名義發出『快郵代電』。

那時本有電報通訊的設備，但是要用電報來通知全國，計算起來，這筆費用太大了。有一種方式叫做『快郵代電』，祇是用電報式的紅格箋紙，上面印明『快郵代電』四字，實際即是快信而已。所謂快信，要比平信多貼五分郵票，這種信，郵局不放在普通郵件包中，優先發出，優先送遞，都是趕快車（所謂快車，即小站不停的通車），我們用這種方式急速通知各地，這筆費用並不太大，可是日程計算起來，快信到北京要七天，（那時津浦路尚未通車），到山西大同要十天以上，因此我們決定對較遠的省份，祇好打電報，這些費用暫時由丁老師墊付。

快郵代電的原稿，由我執筆起草，大家看了，認爲字句很夠激憤，又經謝老師改了幾個字，格外的活潑生動。

我們商討之時，藥業中有一位很激烈的青年叫作張梅庵，他自動來參加，他說：『我們先要在上海召集中醫師及中藥店開一個大會，要全體停業半大，舉行一個上海醫藥界聯合抗議大會。』他這句話一出，大家熱血沸騰，一致贊成。就定期在六馬路仁濟堂施診大廳舉行。

全滬停診　開會集議

到了那天，中醫界有一千多人都停診，藥店老板及職工也有四百多人參加，把一個仁濟堂擠得水洩不通，不但大廳滿坑滿谷，連天井中也站滿了人。這一次集會，大家都慷慨激昂的搶着講話，氣氛很是熱烈，祇是站得稍遠的人，什麼話都聽不到，惟有張梅庵利用喊口號的方式，領導大家跟着他的口號一句一句高呼，顯得萬衆一心，對於中央衛生會議議決的議案要反對到底。最後由謝利恒老師演講，大家肅靜恭聽，謝老師就把已擬定的通電讀出，訂於三月十七日假座上海總商會舉行全國代表大會，一時掌聲雷動，跟着提到經費問題，請會衆自由捐助，即時大家爭先恐後，各盡其力的捐到四千多元，藥業方面的代表說：『他們也準備開會集議，再送一筆欵子來支持這項運動。』

當天會議開到七點鐘，我們幾個核心人物，就在仁濟堂附近，草草的吃了晚飯，丁仲英老師說：『看來經費不成問題，應該在通電上說明，各地代表的旅費自備，到了上海，食宿費均由上海醫界招待。』因爲從前各地到上海來的人，都是住在普通的小旅館，較豪華的人才敢入住惠中旅館等處，普通的旅館，每天的房金不過大洋一元四角至二元，照各地代表人數計算一下，要預先包定幾間普通的旅館，那時這種旅館都集中在泥城橋平喬路一帶。預定開會三天，各代表的兩餐，也由上海醫藥界指定菜館憑劵招待，計算起來，我們上海醫藥界還負担得起，所以後來才在通電中註明這個辦法，同時也聲明若願意自動捐欵者，亦表歡迎。

各地反應　意見一致

這個快郵代電發出後，不到六七天，南京，蘇州，杭州均有復電寄來，都說決計參加，香港也有一個團體，叫中華醫藥會（地址在德輔道中），他們來電說明不派代表，但是滙寄了捐欵港洋一百元表示響應。

從此，我們天天開籌備會，組織了秘書組，總務組，財務組，宣傳組，接待組，幹事組，推選有辦事能力的同道，分別負担各組事宜。

我本來是中醫協會的秘書主任，到了這個時候，幾組都有我份負責，幸虧有一位江灣辦報出身的醫界同人蔣文芳，他動筆很快，我們在商量之下，請他担任秘書，這樣一來，我可以省出許多時間來策劃各組事宜。

這次仁濟堂的籌備大會之後，我便擬了一段極長的新聞稿，親自送到各報館，要求他們全部刊登，從前報館的編輯們，一向都是信賴中醫的，他們對廢止中醫這件事，深表同情，一收到這篇新聞稿，都一字不刪的刊登在本埠新聞版的顯著地位。當時上海最大的五家報紙，兼寫社論，闡述中醫是不可廢止的，這一來對我們增加了不少力量。

大開筆戰　先聲奪人

從前上海有許多社會團體，如總商會、商聯會、中華國貨維持會、各地旅滬同鄉會，每逢社會上發生什麽重大事件，他們都要發表通電表示意見，此次廢止中醫問題，他們激於義憤，也都有通電發表，是一致擁護中醫中藥的。

這種反應，本來對我們中醫很是有利，可是却因此而刺激了上海的西醫界的反感，當時西醫界中最會動筆墨的是余雲岫、汪企張、龐京周、范守淵等四人，他們就出奇制勝的在各報發出反對中醫的言論，於是我們也推出四人，由一人應付一人，如打擂台一般在報紙上展開筆戰，本來我是應付龐京周的，兩人筆戰，大家認爲我措詞得體，筆鋒銳利。料不到半路上殺出一個程咬金來，此人就是當時所謂黨國要人褚民誼，他擬好了一篇很長的談話，送到報館發表。從前報界對中央要員的談話是很重視的，這段談話稿送到報館是下午三時，申報編輯趙君豪接到褚民誼這篇文稿以後，馬上打電話給我，要我先去看一看，說：「這篇談話，來勢很兇。你要不先看一下？」我說：「好」。我就立刻到申報編輯部，先把原稿抄了下來（可憐那時是沒有複印機的），直奔姚公鶴老師家中，商討對策，姚老師說：「照報館立場，褚氏誼的談話一定一字不易的刊出，你要應付他的話，最好當夜擬定一稿送去，那末次晨就可以同時刊登於報端，否則的話，民間人士反駁中央委員的文稿，未必會刊出。」我說：「好」。馬上就在姚家小房間中起稿駁復，又請姚老師修改了一下，連夜油印了十份，分送各報，次晨果然煌煌然全部登出，與褚民誼的談話相映成趣。醫界中人看了無不拍案叫絕，說我做得既快且好。（按：有二家報紙對所謂中委褚先生怕得很，隔了一二天才補登我的稿件。）

從這個時候起，各報不斷發表來自各方面的文稿，其中十分之七都是指責西醫和租界上的醫院，怎樣的腐敗！怎樣的以人命爲兒戲！希望西醫對醫術方面要改善，其他零零星星的文字，都是說西醫看不好的病，竟被中醫看好的事實。所以在聲勢上，中醫比較佔上風；但也有一部份文字，是罵中醫太保守，不能跟着時代走。

各省代表　如期雲集

我忙了幾天之後，欵接組的組長余鴻孫來對我說：「各省各縣的醫師都有信來。說有代表三五人至六七人，廣州代表陳任枚來電要訂高級旅館房間一個。那末平喬路的小旅館似乎不相宜了。」問我怎樣辦？我說：「欵接組不能照規定的辦法來做，大部份小縣份代表送平喬路，小部份有錢的代表儘管爲他們開第二級的惠中旅館，或是第一流的大東旅館，這些代表日後都有大宗捐欵，我們多花一些招待費，是不會落空的。」

欵接組的組員，都是年輕的醫生，有二十多人聽候余鴻孫指揮，某日某時到招商局碼頭，迎接時每組由八人等候，手執鮮明旗幟，報紙上天天都有登載各地代表抵滬的消息，祇是那時沒有攝影記者，所以報紙上也沒有登載圖片，但已聲勢浩大得很。

每一地方的代表到達上海，當天晚上一定到大西洋西餐館進餐，由丁老師、謝老師等坐候着做主席，並且發表演說。賓主雙方，言論都很激烈，說這次大會，非推翻議決案不可。

到了三月十七日，計算已到的代表已經有十三省的省代表，二百四十三縣的縣代表，四個市的市代表共計正式代表二百八十一人。其中四川、雲南、陝西等偏僻的省市代表，因爲時間上趕不到，未能出席，可是都滙來了捐欵。

這次全國中醫師抗爭大會，是假座天后宮橋的上海總商會大廳舉行，這個會場是上海最宏偉的，有兩千個座位，到了這麽多的代表還坐不滿，於是由上海三個中醫學校和藥業職工會補充了全部空座，連樓上樓下兩旁都站滿了人，會期爲三天。

三月十七　召開大會

這一次大會，本來準備全上海的三千中醫停診，九百家藥店停業，一同參加的；但是這樣一來，總商會的大廳容納不下這麽多人。所以祇好向醫家與藥店分發幾種標語，旗幟橫幅等等張貼在門口，以示响應。

我同一輩青年中醫，當天上午就到總商會內外佈置一切，並且還組織了糾察隊維持秩序，欵接組招待各地代表莅場。到了下午一時開會時間，各地代表均依時到達，把大廳擠得水洩不通。

大會開幕，先由蔡濟平報告籌備經過，後由謝利恒老師主持，接着有六個省代表致詞，可是最大問題，就是方言不統一，南方人不懂江浙人的話，江浙人不懂河南河北的話，有兩個代表，說得聲淚俱下，而台下聽的人竟然一句也聽不懂，忽然間有一位福建代表跳上台來，碰台拍凳的大駡衛生會議的議決案，大家雖然也聽不懂他的話，但是見他那種慷慨激昂的神情，大爲感動。

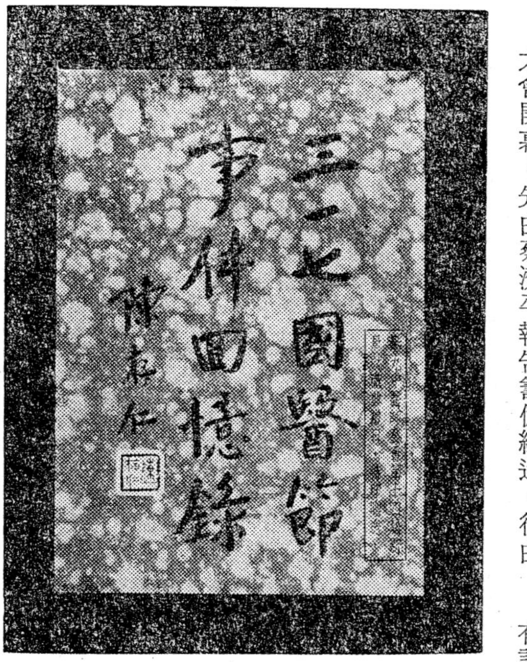

本文作者編著三一七事件回憶錄封面

我那天担任大會的司儀，見到這般情況，認爲要大家一致，唯有喊口號，可以鼓動全體的熱烈情緒，以及統一意旨，標語是預先擬訂寫好的，於是就照標語請張梅庵領導喊口號，張氏那時時很年輕，衷氣充沛，聲如洪鐘，由他先唸一句，大家跟着高喊一句，一時响徹行雲，好多人熱血沸騰。接着由蔣文芳宣佈：「今天請各地代表擬就提案，於明天大會時交來。」這天的秩序極爲良好。

第二天會議，把各方面送來的提案，搜集起來，逐件討論，由丁仲英老師任主席。這一天，各地的代表都先後登台發表演講，從前集會還沒有話筒（即麥克風，此間稱作咪），所以代表發言，往往祇是前面的人聽得到，懂不懂還大成問題。這一天，大家講的話，無非是訴說各地中西醫家的情況，講者諄諄，聽者藐藐，有人看這個情形不對，說主張提出一個緊急的辦法，要派代表到南京去請願，看看政府當局究竟採取什麽態度？到了下午便把這個提議通過了。

第三天的會議，就是討論代表人數和人選的問題，一談到人數，麻煩事情就跟着來了，有人提出一個辦法：每一省要推出一個代表。那時到會的省份有十三省，應該是十三位代表，這個提案一下子就通過了，陸淵雷振臂而起，要十三省當場選出代表，上台來各作五分鐘講話，他的含意就是要考驗代表的人才和能力，這一下子，却暴露出各省選出的代表都是高齡的名醫，一登上了台，連口都不會開，這樣一來，就把已通過的第一個辦法又推翻了。

接着又有人主張，不應該以省來做單位，要注重人才，而代表的人數須貴精而不貴多。大家又一致擁護這個辦法，並且當場推選代表，第一個是謝利恒老師，由他做團長；第二個是南京代表隋翰英，由他作南京的領導，第三個是上海藥業代表張梅庵，第四個是丁仲英老師，丁老師堅決不就，說：「我情願留守在上海，還有好多事要辦，推荐蔣文芳做秘書。」大家也通過了。第五個代表，各方面提出的有十幾人，大家爭執面紅耳赤，沒有解決辦法，最後由謝利恒老師發言說：「這次運動，是陳存仁首先推動起來的，我需要他來做總幹事，幫助我們做各種內部工作，有了他，我們的組織就健全了。」謝老師此言一出，會場掌聲雷動，於是就把這個難題解決了。當晚在大西洋餐館舉行了一個惜別宴作爲餞行，各省代表都勉勵我們，只許成功，不能失敗。我們被感動得連眼淚都流了下來。

山西代表時逸人振臂大呼說：「我們這次受到上海醫界招待，本身用不到多少錢，我們都應該隨願捐欵。不但支持抗爭運動，而且我們可藉此團結全國，組織「全國醫藥團體聯合會」，從事於種種改進事宜。此言一出，捐欵的人風起雲湧，當堂就捐到二萬多元。

代表出發　千人歡送

五個請願代表推定後，就在當晚先開了一次小組會議，大家覺得這次請願，前途未許樂觀，因爲這一次中央衛生會議，出席的人都是西醫，會議開幕時，蔣主席派員出席讀一篇訓詞，希望國府成立之後，改善衛生行政，由全國專家提出建議。那時衛生部長是薛篤弼，所說的大致也是如此。可是汪精衛一派的褚民誼，演詞就不同了，他說：「中國衛生行政的最大障礙，就是中醫中藥，要是行政上了軌道，如果不把中醫中藥取消，不能算是革命。日本能夠强大，全靠明治維新，明治維新能夠面目一新的民間運動，就是廢止漢醫漢藥。所以要由衞生會議負起責任，通過全國專家所擬訂的提案，交由政府執行，才能算是完成革命大業。」看來褚民誼在集會時有絕大的領導力，而且這一次會議的主要目的，實際就是要廢除中醫。

中國人往往有一種積習，認爲勾結上一兩個要人之後，便氣燄大盛，不可一世。如今衞生會議既有一百二十位專家，中間加上了一個「中央委員」褚民誼在內，更是如虎添翼，認爲廢止中醫案一經通過，祇要交政府執行，便可以安然達到目的，所以在開會的情緒看來，認爲中醫廢止，已在命運中注定了。萬不料這一個提案通過發表之後，引起全國上下的反感，成爲全國的一個軒然大波，是他們始料所不及的。

那時上海是一個經濟的樞紐，也是輿論中心，當時的新聞界就發覺到外國的大藥廠，對這一個運動，顯然有經濟上的支援，因爲中醫中藥一經廢除之後，西藥一定會暢銷全國，當時謠言滿天飛，但具體的事實，筆者恐記憶不準確，未便寫出。

隨翰英是南京代表，他建議一定還要邀請兩個人來做協助工作，一個是上海的陸仲安，一個是南京的張簡齋，那末五位請願代表到了南京，許多中央委員都會接見，否則就恐怕到處碰壁，一事無成。他這個建議，我們五人都表示讚成，我說：「陸仲安住在蒲石路，我去過他家，不如我們現在就到他家中去。」我們說罷就走。陸仲安是北方人，爽直得很，他說：「既然你們要我出力，我絕無推辭之理。」於是次日他也跟着我們出發了，祇是他不肯担任任何名義。還有張贊臣、岑志良兩人也熱心得很，也不居名義而隨同出發。

我們出發的那一天，是三月二十一日，搭的是滬寧路火車，早晨九點鐘的一班火車。在我們到達北站之時，祇見車站上已擠滿中醫界、中藥界以及中醫院校的學生、中藥店的職工等約有一千多人，還有一隊三十多人的軍樂隊，大家揮動着旗幟、標語，歡呼口號，奏着激昂的軍樂，我們就在這般熱鬧的氣氛中，登上火車，歡送行列，大家高舉手帕，預祝我們凱旋歸來。

當時有一位老醫生蔡濟平，率領醫藥界名流四十多人，排齊了隊伍齊集火車站內，作爲代表全國各省出席代表恭送我們，我們在上車時，和他們一一握手，這時的氣氛，既激動而又熱烈，大家高興到眞是熱淚盈眶。

在我們代表出發前的幾天之中，報紙上天天有我們行動的消息，都刊在顯著地位，足見各方面對我們這一個運動的支持，也反映出國民政府成立之後，第一次受到輿論方面的抨擊。

我們出發時，搭的是二等車，車票是四元幾角，但是一上車，就有人派給每人一疊報（包括全滬大小各報），收費小洋二角，一杯龍井茶，也收小洋二角，我們就一邊飲茶，一邊看報。

那時我和陸仲安會同隨翰英商討到了南京之後，首先應向那一個機關請願，或者最先要拜訪那幾位元老，請他們出來主持公道，我們在車廂中都寬了衣服做準備工作。

途經蘇州　橫生枝節

正在談話之間。忽然車廂中出現了一位蘇州代表，他說：「你們到蘇州車站時，可以看到一千多個蘇州中醫藥界，都停了業，排了隊在車站歡迎你們。」果然不到一小時，車抵蘇州，先見一片旗海，接着又聽到一陣陣清脆的口號，我們五個代表立刻穿上外衣，步出車廂，見到下車時地上舖着一行金黃色的地毯，（按黃色是中醫的標記，表示我們是黃帝著的內經後人），我們五人就下車，踏在地毯上和羣衆握手言歡，我們擠在熱烈的人羣之中，身不由主，被他們包圍了不得動彈，他們堅決要留我們在蘇州吃了午飯再走。可是這時車站上鐘聲噹噹，我們知道火車要開了，急於上車，但是越是想走，他們越是拉住不放。我們處在不能行動之時，祇好請那位蘇州代表，通知車上的陸仲安、張贊臣、岑志良，要他們先到南京，對南京車站上的歡迎羣衆和新聞記者，說明五位代表被蘇州醫藥界留住了，要改坐夜車在明天早晨才能抵達南京，藉以代致歉意。

於是我們五個代表，被簇擁到玄妙觀前松鶴樓進午餐，可是松鶴樓容納不下這麽多人，祇能在二樓排滿八席，大家很高興的吃了一餐，我初次嚐到一味名菜「炒蝦腦」，認爲比什麽都好吃，我偷偷的問侍者，這一桌菜要多少錢？侍者吐一吐舌頭說：大約要六七塊錢，表示在此地已經貴極了。

吃罷之後，我見到一位醫校老同學王愼軒，率領中醫學生二百多人，手執旗幟來歡迎我們，同時又有中醫三三五五的聚在松鶴樓下，大約也有六七百人，後來由一名糾察員指揮排列成行。等到我們下樓，一陣掌聲，大喊口號，在觀前街上遊行起來，我們五個代表在行列之後坐了包車，隨遊行隊伍行了好多路，到達了「留園」。

留園本是盛宣懷（杏蓀）的產業，那時已公開任人遊覽（按現在東京著名的「留園」，即是盛氏後裔盛毓度所主辦，沿用此名。），蘇州留園地方大得很，也舊得很，園中有一個戲台，無形中成爲蘇州人的大會堂，座椅全是朱紅色漆髹的，都是清代遺物，既矮且小，好像幼稚園裏兒童坐的椅子一般。

片刻之間，我們賓主已坐滿了一堂，蘇州醫藥界領袖首先致詞，接着由謝團長代表致答詞，誰料蘇州代表們，堅請我們五個代表，每人要作一次演購，蔣文芳講得頭頭是道，張梅庵一出聲，聲如雷鳴，全場哄然大笑；隨翰英說一口南京話，蘇州人都聽不懂；我講的是上海話，和蘇州話還接近，我敘述廢止中醫案的經過，說到了我們祇靠全國人民和同業來支持，中央衞生會議要是正式通過的話，外國的藥商準備着鉅額的欵項來支持這個提案。這時人人動容，認爲前途未可樂觀。

本來中醫對集會演講，很少參加，經過這次開會，大家增加了許多經驗，論講話的儀態，謝老師最好；引起大家激烈衝動的，以張梅庵爲最好。我們演講完畢之後，蘇州醫家爭先恐後的搶着說話，大都是勉勵我們爭取勝利。

蘇州名勝留園一景

出了留園，見到外邊停着五輛開蓬的馬車，分給我們五個代表，每人坐一輛，並且有五位蘇州名醫作陪。

從前任何一種民衆行動，總有一場大遊行。這一次是在下午四五時，他們多方面去通知，所以人數達到一千人之多，一路進行，一路喊口號，直達虎邱山下，記得先過一條小河，才到虎邱劍池前面的千人石，後面就是高聳入雲的虎邱塔，我們就在千人石上集議。這塊石平坦得很，但是名雖是千人石，坐上了四五百人已擠得不得了，沒有座位的人，祇好分別站在劍池四週。

謝老師說：「這時我們該輕鬆一下，不要再大聲講話，把喉嚨弄啞了，到了南京不像樣的。」大家聽從他的話。謝老師講話，神采飄逸，美髯拂胸，他本來名震全國，大家一聽他講話，覺得的確是名不虛傳。

休息一會，南京代表隋翰英宣讀向政府呈遞的請願書，他滿口「南京」國語，唸得很流利，讀完了之後，千人石上起了一陣掌聲，响聲震應山谷。不一會，蘇州醫藥界首長又約我們到前面一個寺觀中去吃素，一共坐滿八桌人。他們做的素菜，別有風味，花式也多得很，其中有素鷄、素鵝、素火腿等，每一碟的形態，和葷菜是一模一樣的。老同學王愼軒操着柔和蘇州話說：「夜車票已準備好，南京也有電報來催，通知你們沿途不可再逗留，因爲南京方面已有二千多人在車站等候，不要使大家失望。」我說：「好」。接着他又輕輕對我說：「你們各位連日辛勞，要不要再到蘇州著名的獅子林去玩一下？有烟癖的人也可以上那邊去香兩筒；本來獅子林夜間是不開放的，但是你們是特客，園中少主又是中醫，所以可予特別優待，免得你們在車上等候。」我當場向謝老師請示，老師說：「現在周圍新聞記者很多，我是向不吸鴉片的，不要爲了這件事情，弄出不好看的新聞來。」不料正在這時，給張梅庵、蔣文芳兩人聽到，他們二人本是癮君子，聽了這話，比什麽還高興，

蘇州名勝虎丘劍池

說：「祇要少數人前去，是不會弄出事來的。」謝老師對鴉片向來深痛疾惡，但是在這時也未便斷然阻止，於是我們一行人就到獅子林去。我約畧的看了園內的亭臺樓閣，奇峯怪石，這一回倒另有一種收獲，我們原來帶着向南京各機關的請願書不過七件，一計算下來，南京的「部」「會」及重要人物，大約有十二處，還缺五份，該要即時趕寫，蔣文芳負責抄兩份，要我担任抄三份，這時我們兩人心中很亂，一面急着趕時間，常常有錯字，料不到蘇州醫生之中，有一人自告奮勇出來說：「我來抄」，他寫的蠅頭小楷，筆筆工整，很是好看，大約不過一小時，已經把五份請願書全部抄好。畢竟蘇州多文人雅士，令我暗暗佩服。

我在空餘的時間，整理抵達南京時要派發的請願團宣言書，和應付新聞記者的訪問資料，幸虧滬寧路夜車，開到蘇州要在半夜一時半，尚有充份的時間。這時因為謝老師和隋翰英年事較高，已倦極入睡。直到十二時半，才叫醒他們，相率急急忙忙趕到車站，蘇州醫家想得很週到，預先為我們訂了頭等臥舖。車到鎮江，停了半小時，掌車的人不准我們離開座位，也不許下車眺望，當時也莫明所以？

車抵南京　聲勢浩大

三月廿二日，車到南京下關車站，已接近天明，祇聽見人聲鼎沸，大約有一千多醫藥界中人等候着歡迎我們，先由樂隊奏樂，地上也舖着黃色的呢毡，我們緩步而下，立時掀起一陣口號，口號過後，掌聲眞像雷鳴一般，其中有二三百是藥業職工。不但和我們熱烈握手，還簇擁我們到車站外面的廣塲上，來一個歡迎會。當時有許多新聞記者，爭先來訪問，我們於是就到廣塲去，塲上早已預備了一個講台，先由南京醫藥界致歡迎詞，繼由我們五人輪流演講，新聞記者提出的問題，我們也逐一答覆，警察在周圍維持秩序。

本來我們的秩序極為良好，一切都很順利的，萬不料車站走廊中有五百多個安徽難民，他們因為南京市長劉紀文拆造中山路，將潛建木屋拆除，其中一部份安徽人，決定在車站上坐索免費車票回家鄉。因為這些人拿不到三等免費車票，睡在地上，等了兩天兩夜，不得要領，這時這批難民看見有新聞記者在塲，他們就蜂湧而來，混入我們的隊伍，有兩人躍登台上，他們很懂得投機，一上台就破口大罵政府取締中醫要不得！說：「安徽全省西醫僅三五十人，要是沒有中醫，人民的健康就沒有保障。」接着就講政府不照顧拆屋難民，他們一直講下去，越講越激烈，警察就出來干涉，要把講話的安徽難民拖下台來，誰知這個講話的難民身強力壯，揮動拳頭向四五個警察一陣亂打，弄得秩序大亂。謝老師催促我們趕快離開，免得捲入漩渦。

我們幾個代表，雖然離開了會塲，但是大羣安徽難民佔了這個講台，開會不已。後來又開到大批軍警，雙方大打出手。我們坐上了南京代表為我們準備好的車輛直駛中正街交通旅館，陸仲安、張贊臣等早在那邊等候，我們漱洗完畢，更換衣衫，就跟了他們二人首先去謁見國府主席。

那時節，國民政府初初成立，主席的駐節之所，是一座極大的舊屋，相傳為兩江總督府，曾國藩端方都在這裏辦公的。裏面大得很，我們先坐在門房中，將請願書交給侍從官，遞呈上去，並且說明我們要謁見主席。那侍從官說：「向例民衆要謁見主席，該先期由主管機關約定時間，你們這件事，是屬於衛生部的，應由衛生部先約時間。」我們說：「我們就是受了衛生部的壓迫，怎樣教他們來約期呢？」爭執間隋翰英肝火奇旺，咆哮如雷，心頭之火都按捺不住。（原來隋翰英此時已經潛伏着中風的先驅証象，等到我們請願的事項完成之後。這位老人家就一病不起，可以說是為中醫界爭地位而以身相殉的。）

這時有好幾位新聞記者正在採訪新聞，我被推為發言人，把中醫興廢的利弊得失，向新聞記者逐一敘述，我說：「全國中醫有八十三萬人，藥舖約有二十餘萬家，對全國十分之九以上的人民做着療病保健的工作，而全國西醫不過六千人，多數集中在都市，無數縣份和鄉村，一個西醫都沒有，人民一旦有病，惟中醫是賴，怎樣能廢止呢？」

那時國民政府的房屋，又大又舊，都是大格窗框，用紙糊封的，紙都被風雨所碎，陸仲安機警得很，看見隔鄰一個簽押房中有電話，就走過去打電話，給國民政府秘書呂苾籌，告訴他：「我們來謁見主席當面遞呈請願書，可否代為想想辦法？」呂氏說：「我馬上出來和你們面談」。

片刻之間，呂氏從裏面走了出來，他說：「今天預定謁見主席的人，已經把時間排定了，你們的事情，及在下關車站安徽難民與軍警大衝突的消息，主席已經知道了，他說過一句話：『誰主張要廢除中醫？』至於你們什麽時候可以見到主席，等我安排了日子，於明天或後天中午一時電話通知你們。」我們當時很失望，但是聽到這句話，倒把心頭的一塊大石放了下來，似乎有一種預感，我們是會勝利的。

走出國民政府大門，正在等車，祇見街道上報童手執報紙，高呼號外，說是「下關車站鬧事」，我們就買了幾張看看，原來頭條新聞，就是我們中醫請願團抵達南京的消息，說歡迎的人如潮湧，其中混雜了安徽難民在車站廣塲上開會演講時，並與軍警發生衝突，大打出手，警方有三人受傷，難民代表也有兩人被捕云云。

謝老師說，這張號外，似乎對我們很為不利。我說鬧事之後，可能反而明天報紙會大字登載，對我們的請願一定會格外重視。

分訪各方　反應良好

我們坐在馬車上，談論請願的對象，着重在國民政府五院院長和中央黨部，對衛生部暫時決定擱置不理會。先行謁見行政院院長譚延闓，我們還沒有開口，譚院長已說：「中醫決不能廢止，我做一天行政院院長，非但不廢止，還要加以提倡。」說時他還伸出手腕，要我們團長爲他診脈處方，當時即由謝老師爲他診治，診畢謝老師一邊唱藥味，由我一邊執筆繕寫，到了次日，各報都把這張方子全文刋登出來。

我們謁見于右任院長，于老說得更輕鬆，他說「中醫該另外設一個機關來管理，要是由西醫組織的衛生部來管，就等於由牧師神父來管和尚一樣。」他是最贊成中醫的。

這兩位首長接見我們之後，爲時已是下午二時，我們就在夫子廟六朝居隨便吃了一些乾絲燒餅之類，急急乎又到小石橋街林森(子超)公館拜會，那時他還沒有做主席，但隱隱在政局中是一位主要人物。到了那邊，原來是一所很簡陋的古老屋子，叩門後，有一個老家人來開門，又有一條很大的狼狗跟出來，我們都有些害怕，陸仲安似乎很熟，用手拍拍狼狗的頭，牠就非常馴服，帶着我們走了進去，林公子超已立在廳中等候，滿面春風，和藹可親，並且說：「歡迎你們來談談，我有福建帶來的好茶葉，請你們來品嚐一下。」我們正在訴述廢止中醫案的事情，林翁說：「這件事荒謬得很，都是衛生部幾個西醫和褚民誼攪出來的，相信全國人民都會反對，國民政府奠都南京之後，第一件引起全國反對的大案件，就是你們這件事情。昨天四川方面有過一個電報到中央，說四川的經濟以國藥出產爲大宗，要是一旦廢止中醫藥的話，就會失去四川民心，現在中央正在拉攏四川歸附。所以這個電報，力量大得很，對你們是絕對有利的。」林氏說罷了之後，請陸仲安診脈，因爲他是有氣喘病的，陸仲安向來是自己用鋼筆開藥方的，藥方寫畢，林氏接受了我們的請願書，閒聊了一小時，大家就握別了。

我們到財政部，沒有見到部長，到考試院見到了戴季陶院長，聽戴氏說：「你們這件事，衛生會議儘管通過，敢說是絕對不會實行的，你們放心好了。不過希望你們對行動方面，不要太過激烈，根據鎮江來的消息，你們乘的火車經過鎮江，車站歡迎的許多人湧入月台，站長因爲人數太多，加以阻止，不料許多人竟然冲倒木柵，一湧而入，踏死一名小孩，路警拘捕了八名鎮江醫界領袖云。」我們聽到這種事情，倒認爲是一件大新聞，怪不得車抵鎮江時，在站上停了好多時，不許我們行出一步。

我們到立法院請願，院長胡漢民有病，由法制委員會主任委員焦易堂接見，焦公接受了我們的請願書，他說：「這件事，首先要立法院制定法律，三讀通過，才能實行，衛生部是不能獨斷獨行的。」後來在談話中，我們又得到一個消息，國民政府爲了要拉攏馮玉祥，特地讓出一個衛生部長的職位給馮玉祥推荐，馮氏就荐了他的心腹薛篤弼來當部長，薛氏本非衛生行政人員，對中西醫並無偏袒，不料該部中央衛生會議却鬧出了這件案子出來。馮玉祥軍中的軍醫，向以中醫爲主，西醫爲副，馮玉祥已有電報打給薛部長，措詞嚴厲，責備薛氏怎會弄出這件事來，薛部長弄得很爲難。我們聽到這個消息，心裏又定了好多。

那天整個下午到各院各部去遞請願書，祗是不到衛生部，我們的意思，就是要給衛生部長薛篤弼一個「難堪」。

當天傍晚，我們的請願工作，告一段落，南京醫學會在金陵春酒家設宴歡迎我們五個代表，情況熱烈，向所未見。席間要我們報告請願的經過，就由謝團長致詞，他首先對大家表示謝意，同時告訴他們：「我們已勝利在握，各位放心，但是在未得到批文之前，最好不要公開宣揚。」說畢，大家報以熱烈掌聲。

這晚我們第一次遇到南京首席名醫張簡齋，他瘦弱得很，談話的聲音也極細微。他說：「我早就接到你們的電報，要我做請願團顧問，可惜我早晨起不來，要到下午二時才能開診，所以有負大家的好意。但是我知道中央方面是竭力支持你們，你們這次的行動，是絕對不會失敗的。」

這天晚上，金陵春的菜特別豐富，一盆魚翅大得很，我第一次吃到熊掌，還有許多烤品。據說這席的菜式，是根據清朝的大員端方宴客的菜單，所以這席菜顯得既豐富而又珍貴。後來我們打聽到這一席菜的代價是四十元，這是我向所未聞的高價筵席。

席終，南京醫界領導我們到夫子廟一帶遊覽，秦淮河乾涸得很，但是還有畫舫和歌女，我們也見識了一下。

衛生部長　折柬相邀

三月廿三，我們到丁家橋中央黨部，那時節正在隆重舉行三中全會，軍警林立，戒備森嚴，我們要謁見首長，就由秘書長葉楚傖先生出來接見，葉氏與我們大家都熟稔，他說：「關於廢止中醫一案，是西醫在中政會所提出，這是西醫們的單相思，執行是要由政府來執行的，決不會有一個人敢出來主持這件事。」他又談到我們對中西醫問題都無成見，況且政府並沒有廢止中醫的意圖，認爲北伐底定之後，忽然有一部份西醫提出廢止中醫問題，動搖了民間擁護政府的情緒，引起好多人因此事而反對政府，使政府受到許多打擊，認爲太不成話了，最高當局曾經當面詢問薛篤弼，薛氏也表示他在做衛生部長任內，決不願意爲西醫所利用。

我們回到了交通旅館，約定呂苾籌在下午一時打電話來，告訴我們主席接見的時間，可是直等到下午三時，還沒有消息，忽然間有一個上海籍的人，拿了一張名片來訪問謝團長，這人名片上的衛頭是衛生部科長，其人姓李，自稱是謝老師的老病家，坐定之後他就告訴我們，衛生部長昨天在部內等了你們一天，不見你們到來，極爲失望，今天上午開三全大會，各方面對衛生部長指責很多，薛部長本來對中醫向無歧見，希望你們急速到衛生部去呈遞請願書，以便薛部長對此問題有所表示，俾能減低輿論界的壓力。謝老師聽了這人的話，說我們還要向各方面去請願，準備最後再到薛部長那邊去禮貌一番。此人聽了，面有不愉之色而去。

我們到工商部，要求謁見部長，由一位山西籍秘書代見，他也表示中醫中藥應該極力提倡，這是有關國計民生的。

我認識李石曾，有人認識張靜江，於是我們又分別拜謁這兩位元老，他們透露出閻錫山已經有電報給三中全會，對中政會廢止中醫的提案，表示極端反對。中央大員請薛部長從速把這件違反民意的提案打消，以免引起民間對政府的反感。此外，又透露一個消息，褚民誼已受到好多位中央委員的指責，他默然不再出聲。

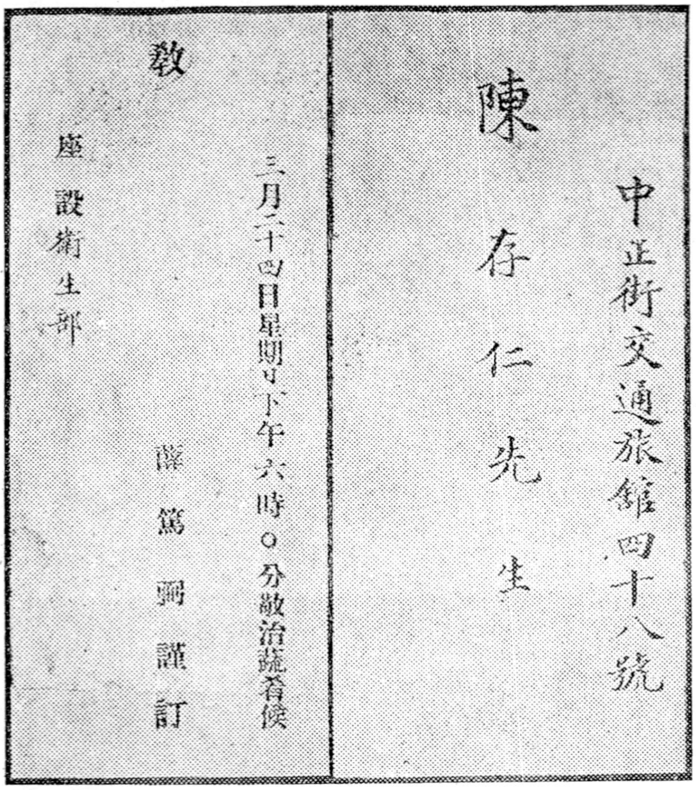
中正街交通旅館四十八號

陳存仁先生

三月二十四日星期日下午六時。分敬治蔬肴候教

座設衛生部

薛篤弼謹訂

衛生部長薛篤弼邀宴請柬

這天晚上，我們聽到各方面來的消息，對我們都很有利，所以大家很高興。晚間在藥業公會的筵席上，透露了我們請願的經過，因恐中途會橫生枝節，所以說得很簡單，但大家已經感到滿意了。

到了深晚我們回旅館，原來衛生部的李科長又來了，他手執五張請帖，邀約我們在次夕廿四日下午六時到衛生部一敘，同時他還說了好多話，都是暗示我們先去拜訪和遞請願書才合禮貌，我們五人會商之下，認為再不去拜訪，似乎不好意思，乃決定次日到衛生部走一趟，遞呈請願書。到了衛生部由一位政務處長胡叔威代表接見，說是：「薛部長到三中全會開會，不能親自接見，非常抱歉，請你們原諒。」

中午一時呂苾籌的電話也來了，說定即日下午四時主席召見你們五位代表，時間祇有五分鐘，而且為了我們晋謁便利起見，到時他開車來接。不久呂芯籌親自到交通旅館來，告訴我們說他已預備了兩輛大房車，請我們即刻上車。兩車蜿蜒而行，開了好多時間，進入中央軍校，裏面地方很大，又走了好久，才到達主席官邸，客廳間已坐了幾位不知名的人物，他們每個人的談話，也不過幾分鐘，最後輪到我們，於是呂芯籌就讓我們進去，祇見裏面陳設簡單，擺上了八張沙發椅，主席見了我們，和我們一一握手，說：「你們的事，我都知道了，我對中醫中藥絕對擁護，你們放心好了。」主席口操寧波土音的國語，見到我們都說上海話，他就改用純粹的寧波話和我們談話，祇說了兩句話：「我小時候有病都是請中醫看的，現在有時也服中國藥。」說罷，侍從人員已拿出主席的大鼈，我們也祇好告辭了，臨走時他叮囑呂芯籌把請願書的批諭，要從速發出。同時吩咐我們：「謁見的消息，要等批諭發表之後再透露才對。」

薛篤弼氏　措詞甚妙

我們應邀出席衛生部之宴，薛部長對我們客氣之至，說：『今天你們到來，我很高興，同時還邀了從西北考察歸來的哈定博士，來演講考察經過，希望你們在席上講話，不要過分攻擊中政會，陳代表你年紀最輕，駁覆褚民誼的一篇文章，我也讀過了，我為了要表示提倡中醫中藥起見，準備聘請你們之中兩位為衛生部顧問，以便本部與中醫界多所聯絡，消除隔閡。』正在談話時，哈定博士到了，携帶着一個手提電影放映機和銀幕，衛生部許多司長，都是西醫出身，用英語和哈定談話，誰知道哈定說得一口中國話，放映電影時，他也用中國國語講述，影片映了兩小時之久。本來衛生部排定了宴席的座位，用中菜西吃的方式，但是哈定博士很隨便，他說：『我們不妨一面吃一面看，不要太拘束。』經他這樣一講，我們原來準備的話，都沒有辦法陳述。

吃罷之後，時間已經不早，薛篤弼極誠懇的對我們逐一寒喧，說：『我當一天部長，決不容許這個提案獲得實行。』正在說這話時，哈定博士起身告辭，我們也認為極滿意，不必多事廢辭，也欣然向薛部長稱謝而別。

當晚我們就發了一個電報：報告中政會議案擱置，不再執行。請願完全勝利，定於翌晨啓程返滬，約下午五時抵達北火車站。

那天晚上，又由南京醫藥界領袖在鹿鳴春酒

家設宴爲我們餞行，我們就把經過的詳情報告了一下。

宴會完畢，我們商量要是在南京等候批示，因公文旅行需要相當時日，何必浪費時間，於是決定派張贊臣即晚先回上海，托他帶口信，說我們明天下午可返抵上海，請他先通知各報記者到火車站，以便分發『請願經過報告書』。這樣決定了行踪後，正要想回到旅館，張簡齋親自來接我們到他家裏，說有好消息，同時他的汽車等在門口，我們祇好坐着他的汽車都到他家去。

原來這位張老先生烟癮特別大，在南京他抽大烟幾乎是盡人皆知的，每天要在下午二時才開診，出診都在晚上，要到十時後才回家，這時正是他診務完畢之時，他家住在梅花巷一間舊宅，裏面的陳設一些也不講究。

我們一到他家裏，他就帶我們進他的吸烟室，他這時已精疲力竭，倒在榻上就抽起烟來，張梅庵和蔣文芳兩人也有同好，所以都先後躺在一旁陪他抽，三筒之後，張簡齋才說出這次中政會取締中醫的議案，薛篤弼要摜紗帽不幹了，當局深恐得罪了馮玉祥，不但竭力挽留，而且還下手令說衛生部西醫如再干涉中醫行動，以後衛生經費，政府完全不負責，因此衛生部次長司長等噤若寒蟬，不再發言。

張簡齋醫術很高明，南京政界中人都請他診病，所以他說這個消息是很可靠的，我們幾人暗自慶幸，這樣的談話，談到深夜二時，謝利恒老師這時已很疲倦，我也主張回去，說這份請願報告書還沒有起草，明天如何交代，張簡齋見我們還有事要辦，祇好着司機把我們送回旅館，幾個人倒在床上就呼呼入睡。

翌日清晨，南京醫藥界中人已得到消息，知道我們這次請願已勝利完成，並且準備搭早車返滬，所以他們特地來送行，門口有十多輛汽車，排列成行，把我們送到下關車站，爲我們買了頭等車票，我們就在熱鬧的氣氛中離開了南京。

請願同人回滬合影自右至左坐者謝利恒陳存仁立者張梅庵蔣文芳張贊臣岑志良

離開南京　車中擬稿

在車中，我首先草擬一份『請願經過報告書』的初稿，蔣文芳爲我修改了一下，謝老師審核後認爲滿意，我就取出一副膽寫板和油印機，寫好一連印了五十份，張梅庵在旁幫忙，他對調油墨實在不內行，因此我和他兩人弄得雙手都是油墨，臉上都沾上了！文件完成，已到上海北火車站，車站上已有醫藥界同道七八十位來迎接，新聞記者爭先來採訪，由我分發油印的報告書，許多老友都對着我大笑失聲，原來我滿面都是油墨，怪不得他們都笑到合不攏嘴來。

次日各報把我們的新聞大事登載，總算把這次廢止中醫的提案推翻了。

隔了幾天，主席的批諭，才寄到上海，原文是：

逕啓者奉

主席交下來呈爲請願撤銷禁錮中國醫藥之法令摒絕消滅中國醫藥之策畧以維民族而保民生一案奉

諭據呈教育部將中醫學校改爲傳習所衛生部將中醫院改爲醫室又禁止中醫參用西械西藥使中國醫藥事業無由進展殊違總理保持固有智能發揚光大之遺訓應交行政院分飭各部將前項佈告與命令撤銷並交立法院參攷等因除函交外相應錄諭函達查照此致

全國醫藥團體總聯合會請願代表

國民政府文官處

共同攝影　以留永念

中醫界中人傳閱了這個批諭之後，都認爲滿意。但是一個壞消息，就是南京代表隋翰英積勞成疾，患了中風症，救治無效，與世長辭。我們幾個請願代表在事後，覺得人事聚散無常，該合攝一影留作紀念，因此我們又聚在南京路王開照相館，拍了一張照，拍照時大家推謝利恒坐在中間，餘人立在後面，謝老師說：『不可以，前面一定還要擺一個位子。』因此我就拉蔣文芳坐在前面。第一張照片拍好之後，謝老師又說：『不對，還要拍一張，因爲這次存仁弟，始終參與其事，要存仁也坐在前面拍一張。』

從前的人，對老師恭敬，向來不能師生並坐，當時我期期以爲不可，但是大家說：『這一次，你確有坐在前面的資格。』再經謝老師用力一拉，我也就坐了下來，拍了這張歷史性的照片。

中醫界經過了這一次的大風暴，我們就根據在總商會開大會第一天的日期（三月十七日），定爲『國醫節』，又稱『三一七事件』。從此之後，年年三月十七日那一天，全國中醫界都舉行國醫節紀念儀式。

這件事情結束之後，薛篤弼果然有二封公函寄到上海，聘請謝老師和我兩人爲衛生部顧問。

薛氏這一種措置，在政府的方面，將中醫歸納於行政系統中，尙屬創舉。我生平對政治沒有興趣，除了做醫生之外，別人約我開藥廠，或是其他商業經營，我都無意參與，但是爭取中醫地位，我一向是抱定勇往直前的精神，對政令的反抗不遺餘力。

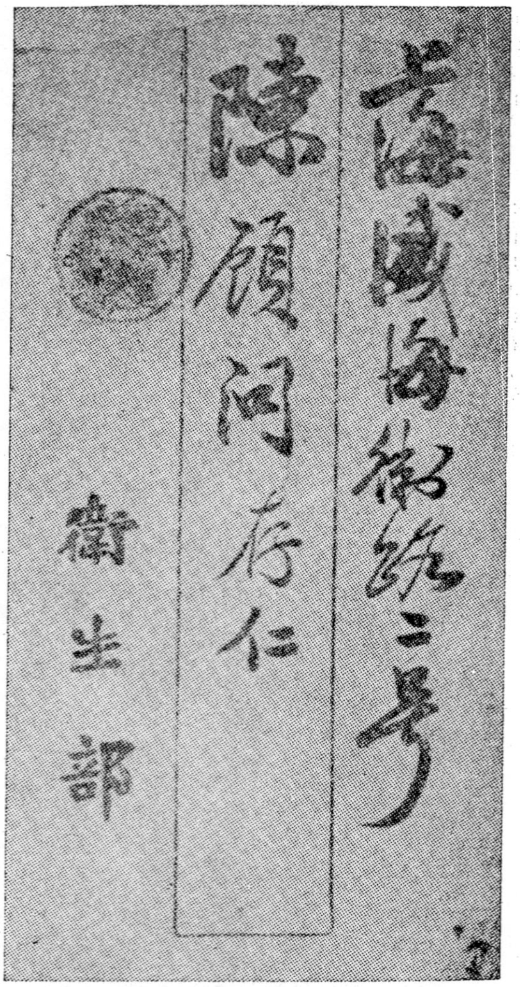

衛生部邀請本文作者為顧問之聘函

這一次衛生部既然請我們師生兩人當顧問，我提議要頒訂國醫條例，使國醫有一個法定的地位，恰好那時節中央國醫館成立，副館長施今墨要訂中醫的法案，問我有什麽意見？我說：『國家一定要頒佈一項國醫條例，』他說：『我們已有初稿，你再擬一個草案』，我說：『好』。但是我對衛生部的實際職務，是無意參加的，所以後來衛生部附設中醫委員會成立，我就謝絕了沒有參加。

國醫條例的初稿拿到了南京，屢經修改，由中央國醫館館長焦易堂在立法院提出，因爲那時他還兼任最高法院院長，況且他又是法制委員會委員長，所以他提出之後，經過三讀就通過了。這時候，西醫界倒着急起來，眼看着中醫不但不能推翻，反而在國家的法例上有了立足點，因此，由上海西醫界推出有力的代表二人，一個是牛惠生，一個是顏福慶，這兩人對南京政壇人物熟悉得很，他們除了請願之外，還謁見當時的行院長汪精衛，汪氏寫了一封信給立法院院長孫科，還是主張要廢止中醫，因爲國醫條例中有一項是衛生部要設立一個中醫委員會，這是他們最反對的。

這封信，孫科就交給焦易堂看，並且要他帶回去加以仔細研究，那幾天中，焦氏恰巧來上海，他就把汪的原信給我看，我看了十分着急，因爲此事有關中醫前途，就在徵得焦氏同意後，把它攝了張照片，這封信十足可以說明汪精衛對廢止中醫這件事是很堅持的。後來終於由政府正式公佈了國醫條例，衛生部也正式設立了一個中醫委員會，這都是後話。

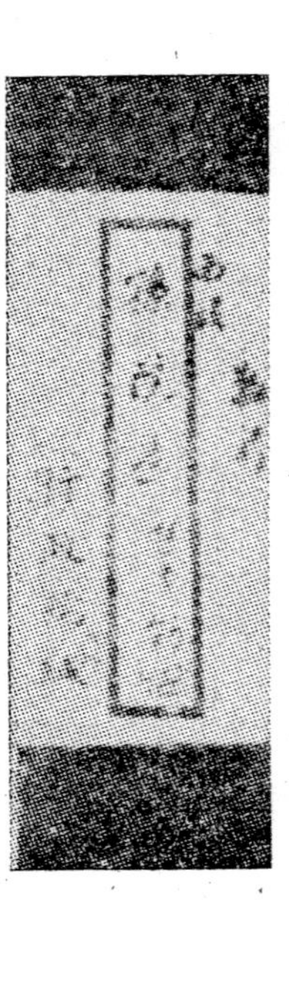

汪精衛致孫哲生函件云：「哲生先生惠鑒：茲有中華醫學會代表牛惠生、顏福慶兩先生前來訪謁，對於所謂國醫條例欲陳述意見，弟意此事不但有關國內人民生計，亦有關國際體面，今若授國醫以行政權力，恐非中國之福，前在中政會議已再三痛切言之，今此案已送立法院，惟盼吾兄設法補救，是所至禱。茲因牛顏兩先生來謁之便，順貢數言，敬祈察酌，此上，敬請署安，弟汪兆銘頓首，八、五」

現在我回想這一次廢止中醫案，起初來勢洶洶，提案寫得斬釘截鐵般的決定，料不到全國民衆的信賴力强大，掀起了鉅大無比反抗力量來做後盾，我們的勝利就是全靠民間需要而得到的，這不但是西醫們料不到，連我們中醫界最初也想不到有這一股巨大的力量潛伏着。

當我們請願時，汪精衛不在南京，祗有褚民誼一個人頂着石臼做戲，所以敗下陣來，他自己覺得吃力而不討好，痛苦萬分。

抗戰軍興之後，汪精衛組織了南京政府，初時我很着急，怕他又要舊事重提，但是汪精衛的南京政府，實際上政令不行。而且在他病重時節，也會延請中醫診視，服中國藥。我待本文結束之後，續寫『抗戰時代生活史』的時候，再寫出這一段秘聞。（十二）

欵式新穎　　經久耐用

wing star SHOES

「飛星」來路童裝皮鞋

大人公司　平價市場　人人百貨　大方公司　來路鞋公司有售

吳鼎昌由商而政

李北濤

一　吳鼎昌領袖四行開辦聯合準備庫

吳鼎昌任鹽業銀行總理

　抗戰以前，金融界人才輩出，其中才具過人識見遠大者，要推鹽業銀行總理吳鼎昌（達詮）。吳氏生長四川，口操川音，出言沉着。早年留學日本，返國後任天津造幣廠廠長，此爲當時之肥缺，宦途中人視爲優差，吳氏清廉自持，已著賢聲。段內閣時代，曹汝霖兼任財政總長，以吳爲次長。有某鉅公語曹云：吳達詮誠有才具，但其相貌，腦後見腮，聲似豺狼，恐怕不容易駕馭耳。曹回說：達詮辦事認眞，我各事公開，以誠待人，不會欺我罷。後來又有相士說：吳氏聲音尖細有如婦人，不是豺狼之音，此正是其貴相。事實上曹將部務全交與吳，而部務一絲不紊，井井有條，曹吳二人交誼，始終不渝。

　曹氏離職，吳亦退而就任鹽業銀行總理。彼時銀行尚屬新興事業，一切章制，多係錢莊舊規，行員亦多錢莊出身。吳氏籌劃變更，改造行員，灌輸新知識，悉心改革，成效漸著。與中南、金城、大陸三家商業銀行聯合，開辦四行儲蓄會及四行準備庫。此在當時實爲創舉，可謂得風氣之先。即在今日，各國仍在盛行企業合併或聯營制度，此可見其識見之遠大。實際上，此時之吳鼎昌，無形中已成爲四行之領袖矣。

吳鼎昌（達詮）

　晚清末造，南京有官辦之高等商業學校，校長係官派候補道，教務長爲談丹崖，教員有錢新之、周作民、吳蘊齋等，皆係日本留學生；其時國人留學，以日本爲最近，文字方面，亦有相通之處，且距離不遠，費用亦便宜得多。此校造就商業人才不少，後來許多銀行行員，及公司洋行之白領階級，由此校出身者甚多。如曾任交通銀行副總經理之湯筱齋，香港中南銀行經理之章叔淳（現仍居港）等皆是。清廷欲辦新政，對於留學生，開科取士。於是校中教員之留日出身者皆赴都應試，朝考之後，俱得高中洋翰林進士不等，尚記得此科之洋狀元爲金邦平，後爲某省教育廳長。周作民入交通銀行總管理處爲總稽核，錢新之爲上海交通銀行副理，吳蘊齋入度支部爲主事，後爲上海金城銀行經理，談丹崖爲北京中國銀行經理。經過一段時間，有前清直隸總督張鎮芳出資開辦鹽業銀行，周作民得軍政大員之投資，創設金城銀行，談丹崖則創辦大陸銀行，南洋華僑巨富黃奕柱回國投資在上海開辦中南銀行，時適胡筆江先生因政潮辭去北京交通銀行經理來滬，黃氏遂請其主持，担任總理，命名中南。胡氏再到北平，向政府請准發行紙幣，以獎勵華僑回國投資，當時商業銀行，欲發行鈔票，已屬不可能，此舉實爲胡氏之大手筆，以上爲鹽業中南金城大陸四行之成立簡史。

胡吳商議辦四行準備庫

　胡筆江先生，錢莊出身，幷非飽學，然文筆通暢，才思縝密，氣度恢宏，有領袖才。初以末秩入北京交通銀行而升至經理，辦理中南銀行後，復兼任交通銀行董事長，成爲金融界之重鎮。中南、鹽業、金城、大陸四行，因人事及業務之關係，遇事聯繫，互相呼應。自吳鼎昌以財部次長之資望，主持鹽業，領袖羣倫，故四行成爲一體，乃有四行儲蓄會之發生。中南銀行發行紙幣，則鹽業等三行，自然得以優先向中南銀行領用。爲謀廣事流通，等於四行共同發行，則必須增厚準備，鞏固幣信。乃由吳胡二氏商議，四行聯合，分担準備金額，成立四行準備庫。因中南銀行紙幣在上海發行，四行準備庫亦設上海，公推吳鼎昌居京，爲四庫主任，推錢新之在上海爲四庫副主任。

錢吳同學乃是弘一法師

　錢新之之先生原籍吳興，早年與南洋公學同學之吳蘊齋、李叔同二人，聯袂赴日留學。錢吳學商科，入早稻田大學，錢後得官費，改到神戶高等商業學校肄業。李學美術，入東京美術學校，又名息霜，此即後來出家成爲高僧之弘一大師。原係浙人，生在天津，父係鹽商，家道殷富，其於詩詞歌賦，書畫篆刻，無一不精。年少翩翩，浪跡燕市，厮磨金粉，走馬章台，眷念坤伶楊翠喜、名妓謝秋雲，常有詩詞相贈，報紙艷傳。在東留學，與歐陽予倩等創立春柳劇社，排演話劇黑奴籲天錄、茶花女遺事等戲，李自演茶花女，丰姿絕俗，表演精深，日本人驚為天才。但其個性孤僻，異於常人，歐陽予倩嘗與約早晨往訪，至則敲門不應，而李在樓上推窗出來說；「我們約的是八點鐘，現在已八點五分，我無工夫了，下次再約罷」，說完關窗。李回國後，在上海任教職，日在北里花天酒地。一面加入南社，與柳亞子、黃賓虹、葉楚傖、黃季剛等為好友，出有刊物，其粉紅封面，每由李息霜設計並題簽，古色古香，人爭寶之。後到杭州浙江師範學校執教，與名士馬一浮常來往，喜讀哲學書及佛經，漸有學佛意念。曾往山中，試以絕食，祇飲清水，居然能維持到一星期。後回校始緩緩進食，由此茹素念佛。逾年餘，竟決剃髮出家，先將其書畫衣履一切用物，分贈各友；對其日籍之姬，托友為遺，即入山而去。日姬踵至，始終不接見。此後遂成為一代高僧，法名弘一，以戒律謹嚴，為世景仰。

吳蘊齋聞其在杭州虎跑寺為僧，特往訪晤，至則師對吳曰「多年老友，相見甚好，惟我已出家，談話請限於佛法，俗談周旋，恕不作答」。二人相對，木然良久，吳乃廢然而返。然吳氏受其影响，後亦皈依佛教，念佛甚勤。

弘一法師李叔同（左）與曾孝谷在東京演話劇

青島湛山寺住持倓虛法師，（即曾在荃灣弘法精舍住持之倓虛老法師）特請弘一法師到青島講戒律。（等于在家人之法律）僧衆先請隨便開示，弘一法師說：『學戒律，要緊在律己，不是律人，今人多有學了戒律，即去律人，北方有句俗話「老鴉飛到豬身上，只見人家黑，不見自己黑」，這就是人不知己過，普通人多有此病，我們學戒律，應注重律己啊』。青島市長沈鴻烈在湛山寺辦齋，宴請朱子橋（慶瀾）將軍。慕弘一法師之名，三請不下樓，師寫一字條答復云：「為僧只合居山谷，國士筵中甚不宜」。

弘一法師六十三歲，在泉州圓寂，臨終前幾天，預知時至，曾先致書其友夏丏尊云，「朽人已於九月初四日遷化……」，此函係在九月初四日以前所發，果然至期師安然逝去。

弘一法師（一八八〇——一九四二）

錢新之主辦四行準備庫

錢新之先生由交通銀行滬行副理，旋升為經理。錢氏處事接物，公正和平，對人和靄，從未見其疾言厲色，見理明透，詞令周到，每能代人排難解紛，在上海工商界信譽人緣均佳，各金融機構實業公司，多推舉其担任首長。不久，交通銀行總管理處改組，南通張季直先生繼任總理，滬行經理錢新之擢升協理，張任淞滬商埠督辦，無暇赴京，即以錢協理代行。任期滿後，又開股東會改組。（中交兩行均有官股及商股）梁燕孫（士詒）再任總理，錢氏辭職來滬，遂就四行準備庫副主任，兼管四行儲蓄會。

在此時期，錢氏對于準備庫，經之營之，悉力以赴。在上海靜安寺路跑馬廳對面建立一座二十四層樓之大厦，設有一流餐廳酒吧，粵菜西餐，俱極上乘，所有一切裝修設備，均極摩登。彼時上海正缺乏一高貴華麗之場所，可供招待外賓貴客，今有此美輪美奐之大樓，正是及時需要。靜安寺路上車水馬龍，在跑馬廳周圍遠視，即見到此巍然大厦之高聳雲霄，社會人士均知此為四行準備庫之偉業。雖以後通貨膨脹，幣值低跌，而四行準備庫因有此實產，不受影響。故四行準備庫之信譽日增，中南鈔票之流通愈廣，與中交兩行鈔票並駕齊驅，流通各省。後來中央及中國農民銀行，相繼成立，連中交兩行，共成為四國家銀行，簡稱為四行，設立四行聯合總辦事處，簡稱為四聯總處，各省所設有者，則稱四聯分處。至鹽業、中南、金城、大陸之四商業銀行，則被稱為小四行。

二　北伐成功上海設立財政委員會

民國十六年，北伐成功，東南粗定。但南京國民政府，尚未組織完備。蔣總司令率師尚在前方，軍餉奇絀，乃發行二五庫券，託上海工商各界勸募承銷。於是在上海組織財政委員會，一面推銷庫券，一面籌濟軍餉。以上海商業儲蓄銀行總理陳光甫爲主任委員，錢新之（四行準備庫滬庫主任）吳蘊齋（上海金城銀行經理）王曉籟（絲廠公會會長）虞洽卿（三北輪船公司總理）及其他工商界人士爲委員，以顧貽穀爲秘書長。成立不久，顧氏出任江蘇省銀行總經理，陳主任委員邀筆者繼其任，乃知此會工作，甚不簡單，二五庫券甚難推銷，必須向各方賣面情商量，而前方軍餉緊急，則惟有先向各銀行抵借滙出。試問非政府正式發行之庫券，有何信用可言。再說此會與司令部之關係，乃係客卿對等地位，軍需處發來文電，往往不知輕重，有時好像對付下屬。我一日與錢新之委員談起，此會性質，有點非驢非馬，諸公且在頂住石臼唱戲，錢笑說：軍事時期，秩序未定，慢慢來。果然，有一次，行營來電催欵，竟有「限令……」等字樣，陳光甫主委大爲不悅，即日電告蔣總司令，本會結束，請即派員接收一切事宜。

上海銀行創辦人陳光甫

錢新之接任財政部次長

上海財政委員會既取消，南京國民政府，遂即着手組織財政部，部長一職，羣皆屬意於陳主任委員，故陳光甫爲財政部長之呼聲，甚囂塵上，而陳氏自己就否殊不能決。時陳父在鎮江病重，我陪陳氏返鎮探病，老人見子歸來，心爲一安，病勢稍定。次日，一同逛街，偶過星家章桐庵門口，乃入內算八字，藉以消遣。章係秀才出身，尚無江湖習氣，因曾算胡筆江先生在北方有口舌是非，恐將下台，宜在南方活動，可有新機會云云。其時胡氏正受安福系之累，脫離北平交通銀行而到上海，適遇到中南銀行之事，其言正驗，聲譽大著。此時章對陳說：你一商人，而交官運，恭喜你要做官了，現在是否已在進行？陳氏含糊應對，我乃說：如此機會成功，宜就不宜就？章說，就是可就，但事很麻煩，一切須要忍耐，指陳氏八字剛强，權是有的，但不肯隨便受委屈，恐怕一來就要摜紗帽了。此語對于陳氏後來出處，頗有影響，再加原有上海銀行之重任，無法放棄，陳乃決意不就。

財政部既成立，部長爲古應芬，次長爲錢新之，係上海銀行界所公推。古氏尚兼任廣東要職，不常來寧，乃由錢次長代理部務。稍久，政府改組，由宋子文爲財政部長，錢氏辭職。國民政府派錢氏出使法國，明令發表，錢亦着手籌備，將要成行，忽張靜江發表爲浙江省政府主席，力挽錢氏出任浙省財政廳長，遂中止法國之行。

陳光甫辦上海銀行經過

上海商業儲蓄銀行，乃陳光甫氏一手創辦，陳氏今年春秋九十有二，康强逾恒，一生未離過該行崗位。回溯其早年，由美游學歸來，尚在清季，先在南京南洋勸業會服務，已露才華。爲江蘇巡撫程德全所賞識，派充江蘇省銀行總經理。迨應季中繼任蘇撫時，陳氏全係外國腦筋，不慣官場積習，遂即辭職，擬招股本，自辦儲蓄銀行。過去儲蓄銀行，上海已有辦過，但辦理不善，遭到失敗，陳氏決照外國銀行方式辦理。初定招股銀洋十萬元，未待收足，即先行開業，地點在寧波路四川路口；定名爲上海商業儲蓄銀行。尚憶其董事長爲武進莊得之，董事有孔祥熙、黃靜泉、（黃振東石屛之父）王曉籟等人。開業之後，完全新派作風，手續簡捷，便利客戶，不似一般銀行之官僚派頭，在一般銀行中，獨樹一幟，社會人士耳目一新，多譽之爲洋派銀行，朝氣勃勃。陳氏所交多西友，及外商銀行，重然諾而不因循敷衍，由是信用建立，業務展開，各地開設分行，聲譽鵲起。若干年後，在寧波路江西路口購地，自建銀行大厦，全是新式設備。其保管箱庫及計算機，彼時在上海尚屬初見，開幕之後，各商業集團、學生團體，排日來行參觀，絡繹不絕，幾達數月之久。

後來又創辦中國旅行社，此亦爲中國之首創事業。據顧孟餘先生告余云：係其在交通部長任內所鼓勵而成。因陳氏曾在洋商旅行社通濟隆，預定船票，不意到期，通濟隆退票，問其何故？則云已讓與西人。陳氏大爲氣憤，云中國人自己爲何不能辦旅行社？適顧氏在座，即慫恿上海銀行開辦，並說：交通部必與以充分支持，由此各地中國旅行社成立。抗戰期間，一般旅客難民，幸有此新設備之旅行社爲招待所，而上海商業儲蓄銀行及陳光甫之大名，於以譽滿中外。

三　吳鼎昌胡政之張季鸞合辦大公報

大公報爲抗戰前在天津出版之新型報紙，言論警闢，編排新穎，銷路遂擴展至滬港渝，成爲國際知名之中國新聞紙。

民國二十四年五月，在上海銀行公會開會，自左至右
1 吳鼎昌 2 任鳳苞 3 周作民 4 陳介 5 胡筆江

吳胡張合作辦報之精神

大公報初時本係天津原有之報，因辦理不善而停刊。民國十五年，爲吳鼎昌出資盤購，與其友胡政之張季鸞三人合辦，悉力經營，日見盛大。三人君子協定，吳爲社長，胡爲經理，張主筆政。報館事務由胡負責，文字由張主理，社論則三人共同執筆，而由張季鸞專主裁決。聞其時吳氏自鹽業銀行退値下班，晚間常來報館，對于專電及報上標題，甚爲注意。有時吳氏即夕在報館寫成社論，交胡、張二人修改。三人總是圍坐在辦公室，一面吃花生米，一面商談各事。此種合作無間之態度精神，足使全體館員，感動效力。所以大公報能有彼時之成就。吳氏後雖從政，然時仍兼顧。而胡張二公，則終身盡瘁於斯，人稱吳胡張三人爲大公報三傑。

胡霖（政之）

吳胡張三人，本是留學日本時好友。囘國之後，吳入金融界，胡張二人，皆從事新聞工作。北平上海，或合或分，堪稱文化界之鬥士。胡政之原籍四川，生長北方，眼極近視，戴一副大眼鏡。我等多年老友，常喜笑謔，政之至多微笑，總是規行矩步，正襟危坐，不似張季鸞之常帶笑容，平易近人。

張季鸞瀟洒 于右任贈詩

季鸞在滬時，落拓不羈，而天分極高，博聞彊記，遇有重大新聞或有約章，每能背誦其年月條文。身體甚弱，瘦骨支離，口不停咳，手不離烟，老羊皮袍之上，加一件滿積塵垢之大衣。以陜人而喜聽崑曲及吳儂軟語之彈詞。腰中不名一文，而常要人請他吃花酒。能在嬉笑謔浪之間，用局票寫成一篇稿件，一字不易，送往報館。而其筆仗鋒鋭，辭句犀利，知識分子，爭以先覩爲快。友人常以其體弱多病爲憂，幸而到津辦大公報後，身體轉好。

張季鸞爲陝西榆林人，于右任先生之同鄉，于右老在滬爲報人時，住在一品香旅社，積欠房飯錢甚多，旅社亦無如之何。其左右無非斗方名士馬路訪員，季鸞亦在其中。右老辦民立報，言論激烈，不久被封，改辦民呼，又被封，再辦民吁，屢敗屢戰，不屈不撓，季鸞實與其役。故在民國二十四年，張季鸞五十歲，于右老贈以詩曰：

榆林張季子　五十更風流　日日忙人事　時時念國仇
豪情託詭曲　文筆衛神州　君莫談民立　同人盡白頭

重慶大公報 輿論之權威

在七七蘆溝橋戰禍之前，華北形勢日非，大公報乃改在滬出版，社論幾全是張季鸞執筆。分析敵情，鼓吹抗戰，朝野人士，無不爭讀。蔣委員長在廬山避暑時，大公報社長吳鼎昌適亦在廬山，乃時蒙約見，為日方情報之檢討。

抗戰軍興，吳鼎昌已從政，乃實踐當初三人不得担任公職之約言，辭去大公報社長，祇任董事。上海淪陷，大公報分設港渝，胡政之在香港桂林開辦，張季鸞則到重慶辦理。此時最要緊者，為敵方消息。張季鸞自己固係留日學生，同時，在渝之日本通，羣集於張之左右，樂為張用。故大公報能臆測敵情，料斷準確。有時對于朝政，指陳得失，評論中的。故大公報成為輿論之權威、政府之南針。而胡張二氏，成為中國不朽之報人，尤其張季鸞成為馳譽國際之名記者。

所可惜者，抗戰未終，張氏究因體弱，在重慶竟歸道山，時年未滿六十，國人痛失明燈。以後胡政之更為辛勞，勝利後亦在上海得病逝世。今在行篋，尋得大公報十週年紀念胡政之所作一文，敘述經過，摘要錄後。

「（上畧）先是我等三人決議之初，約定五事：（一）資金由吳先生籌措，不向任何方面募欵。（二）我等三人專心辦報，在三年之內，大家都不得担任任何有俸給的公職。（三）我和張先生以勞力入股，每屆年終，須由報館送與相當股額之股票。（四）吳先生任社長，我任經理兼副總編輯，張先生任總編輯兼副經理。（五）由三人共組社評委員會，研究時事問題，商榷意見，決定主張；文字雖分任撰述，而張先生則負整理修正之責；意見有不同時，以多數決定，三人各各不同時從張先生，這也差不多是我們創業的憲法。」

張季鸞（一八八六——一九四二）

「創業之時，組織非常簡單，我和張先生雖然各有職司，但是寫社評，訪新聞，都共同負責；而吳先生也幾於每晚到社談新聞，商文字，他走後，我們才撰寫社評。有時吳先生也寫文章，大抵是關於財政與經濟的問題。我和張先生都是十足的書生，不喜為企業的經營，因為我管過多年的事務，比較容易找到幫手，所以推我作經理，其實並不合於個性。在這時間，吳先生對於事務，尤其是會計方面，替我設計了許多。我們事業之所以能有今日，最初立法周密，計算精確，實一主要因素。」

「我們三人都是為辦報而辦報，為國家民族利益說話，絕對沒有私心和成見，更從來不以報來沽名謀利，所以縱然有人一時誤會，久之自能氷釋。」

「大公報發刊辭，標出不黨、不私、不賣、不盲四點，乃是張先生的手筆而為吳先生與我所贊同者，歸納起來，即是不私不盲而已。不私固難，不盲也着實不易。我們自來論人論事，都力求深刻切實，決不隨從唯否，縱因此干冒危險，受人攻擊，亦所不辭。」

「報紙事業，是一種經常地須求進步的事業，且永無休息的時候。新聞事業至少要跟得上時代，最好能走在時代的前面，領導社會，如果跟不上時代，那就難免落伍。試看以往有些有地位的報紙，不少被時代淘汰了，就是因為不肯求進步的緣故。」

四　吳鼎昌組織赴日經濟考察團

曹汝霖主張 與日本一戰

華北情勢日非，日本軍閥浪人，到處兇橫作惡，人民恨如切齒，各處時有排日事件發生。日人小題大做，藉口與我政府為難。南京日本副領事藏本，一日忽然失踪，日使館向我交涉要人。一連幾日，登報訪尋，人心皇皇，不可終日，幸經在深山尋到，送回使館，一場虛驚，始告無事。然而民心恨日，幾達沸騰。一次有湖南財政廳長某君來交通銀行，談湘省之軍政費用，因而談及時局。某君說：我們湖南已有軍事準備，如何如何有把握，其氣甚壯，其言幼稚。我說：現在戰事，不比從前鎗對鎗刀對刀，人家來的是飛機大炮，現在要注重新知識新戰術。某說：我們大小機關鎗，亦都是新式的，中國民氣厲害，不怕鬼子兇。軍事委員會副委員長馮玉祥會說：日本飛機不必怕，好像雀兒在天上撒屎，咱在西北，常到山上看敵人飛機，從來沒有撒到我身上。又聽說南京中央要員曾開會議，研究應付時局問題。軍政部長何應欽攤出許多報表，係中日兩國各種軍力的比較表，一一對照，中國相差甚多，如何能戰？衆皆無言。良久，忽有人起立，似聞係于右老，擲筆大聲說：咱們不能就這樣聽日本人宰割，連掙扎都不掙扎，我死了都不閉眼。彼時一般人之知識見解多如此。

在七七事變前一年餘，蔣委員長到廬山避暑，聞將召集會議，有所計劃。時適大公報社長吳鼎昌亦在廬山，常蒙約見。一日囑吳邀曹汝霖先生上廬山一談，吳遂函曹速駕。曹先到上海，由錢新之、陳介（上海鹽業銀行經理）陪同前往，并由中南銀行總理胡筆江先生電囑南京中南銀行經理章叔淳在南京招待。抵廬山後，衆人以爲此老必係主和，詎曹氏竟主戰，對蔣委員長云：「日本情形，今昔不同，從前元老重臣，可以抑制軍閥，尊視中國，有情可商，現在內閣，反被軍閥控制，無理可喻，軍人野心，得寸進尺，目今惟有趕緊備戰，聯絡西方」。甚得蔣委員長贊許。後於招宴時，又詳談過一次，曹始離山。據曹氏語人云：蔣先生似已成竹在胸，不過欲多聽聽各方意見，以集思廣益耳。

後聞蔣先生開會後，回南京，報載其談話，有云：「和平不到完全絕望，決不放棄和平，犧牲不到最後關頭，決不輕言犧牲」。中外報紙，大事稱頌，人心稍定。此後種種，大約即是盡力維持和平之時期。

日本考察團吳氏爲團長

同年秋間，吳鼎昌奉命來滬，組織赴日經濟考察團。邀集工商界銀行界共三十餘人，計有津滬漢粵商會會長及實業家劉鴻生、胡筠庵等，餘爲各銀行人士，以吳氏爲團長，劉鐵誠（前鐵道部次長）爲秘書長。於是集議籌備，尅日啓程。初尚不知是何用意，後始知欲謀兩國民間之修好，以緩和緊張之氣氛。旋接日方工商團體來電歡迎，上海日商行廠，在虹口爲我等設宴餞行。日本同盟社報紙載云：中國第一流之經濟團體前往與日本工商界聯絡，預祝兩國經濟合作之成功。於是一行，浩浩蕩蕩，同乘日本海輪出發，來送行之人甚多，日本領事館及日本商工會議所均有代表來送及以花籃見贈。

輪船開行後，船長備茶點致歡迎辭，兩天晚餐時亦來寒暄，行經長崎神戶，均有中國領事及當地官署招待。吳團長穿西裝常禮服出席，備有簡單之談話，（日文）交與新聞記者，在報紙發表。船抵橫濱，上岸乘汽車逕赴東京，下榻於帝國飯店，抵達東京之當晚由駐日大使蔣作賓(雨岩)氏設晚宴歡迎，並介紹日本方面各界要人。回旅館後，旋有正金銀行總裁兒玉謙次等三人，代表各工商團體，前來拜會。此團體包括有各銀行、紡織公司、人造絲廠公司、（彼時尚未有化學纖維工廠，故人造絲廠在當時甚爲高貴，不招待外客，不讓人參觀）、製糖公司、化學工廠各公司等，專爲招待中國考察團，代爲接洽聯絡各事而組成。兒玉總裁鬚髮已斑，誠懇殷摯。以前曾在上海任正金銀行經理，與宋漢章（中國銀行經理）錢新之（交通銀行經理）陳光甫（上海商業儲蓄銀行總理）周作民（金城銀行總理）諸公，本相熟識，此次舊友重逢，倍形歡洽。吳團長與劉秘書長斟酌好一篇很周詳之談話，交與新聞記者，預備明日報上發表。同人頗覺氣氛甚好，大家安睡一晚。

日本政府不敢正式招待

不料翌日一早，新聞記者將原稿又帶回來。說現在不宜大肆宣傳，因軍部已起反感，疑其政府故意欲與中國財界勾通，破壞軍閥原定之步驟，已表示反對政府招待。本來內閣及外務省，已安排節目，公開招待，經此一盆冷水，只得打消。各方面之應酬，俱改爲私人性質。各報紙皆不敢登載我等消息。我等一團高興，打了大大的折扣。兒玉總裁等連聲嘆息道歉，言時且係低聲，亦可見其時日本軍閥之積威矣。

外務大臣廣弘毅在其私邸中，招待園游會，園中菊花盛開。廳中懸有孫中山先生所寫字軸。廣田與吳團長，頻頻叙談，態度誠懇。後來在戰事期間，廣田組閣，曾提出廣田三原則，欲謀中日和平，未能生效。日軍戰敗，廣田亦被整肅，受盟總審判，（盟總、即四强中、美、英、蘇，所組成之盟軍總部）與軍閥東條等，同受絞刑，以一文人，殊覺處分太重。

樞密院議長近衛文麿公爵，招待晚餐。并請觀日本老戲，惜同人大多言語不通，情節不懂，而坐不終席。由此可想西洋人對於中國戲之不感興趣，與此正同。逾日，近衛公爵又托兒玉總裁來邀吳團長偕三四人同去晚宴，吳約周作民錢新之及我共四人同往。邸宅外表洋房，內部和洋各半，我等被引到洋式房內，我等之外，尚有兩人及近衛兒玉，賓主共八人，晚宴西餐，備酒多種。近衛年事約在五旬左右，長臉，脣上一撮短鬚，驟見之畧似張學良。兒玉等人對之極其恭順，而近衛並不矜持，說話隨便。關於中日之事，近衛兒玉與吳團長三人互談良久，最後，近衛說：「只要我做議長一日，決不會讓日本與中國打仗」。殊不知後來近衛組閣爲總理大臣，反而由其開釁，實則做了軍閥之傀儡耳。迨日本戰敗，盟總點名欲將近衛整肅，拘送監獄。近衛在其邸中說，我乃皇族公爵，豈能受外國人之審問，乃飲槍自盡。

大日本製糖公司（糖廠設在台灣）社長藤山愛一郎，在其府中，招待園游會。園極廣濶，池沼林木，甚爲幽雅。藤山社長，其時年少翩翩，態度凝重。迨至戰後成爲赤貧，教書賣畫自給。嗣與其舊部仍營糖業，漸具規模。岸信介組閣，以藤山爲外務大臣。現在爲執政黨中一小組之領袖，頗爲活躍，抱有問鼎首相之雄心。

有某銀行，用日本酒宴招待，坐榻榻米。大藏大臣（財政部長）高橋是清不敢來，（高橋爲有名之財政家，反對擴張軍費，不贊成軍閥向外發展，詎至東京二二六事變，少壯派軍人鬧事，竟將高橋殺死。）派其次長着和服出席來陪。與吳團長寒暄，鞠躬如也，禮貌周至。

此外，尚有不少銀行界工商界之招待，或游覽名勝或參觀工廠。同人之中，如宋漢章、陳光甫、徐新六、劉鴻生、鍾秉鋒諸公，皆用英語與日本人談話。尤其徐新六氏（浙江興業銀行總經理）係英國劍橋大學出身，經濟學與中英文之根柢，有名于時。其人也恂恂然如儒者，與陳光甫先生常與日本銀行家談論經濟，深得彼等欽仰。平時徐始終和靄謙恭，陳則莊諧並重，宋漢老耳聾，不與人多言，惟到處訪尋其鄉賢朱舜水先生之古蹟遺書，劉鴻生熱心參觀化學工廠，鍾秉鋒（天津交通銀行經理）專喜攝影。其餘同人，有不懂日語者，趣事甚多。茲述一事，在旅館中自己房內早餐，某君匆忙，寫一字條「火腿蛋」與下女，此下女照抄一條，送往大菜間，良久，僕歐拿到我處，愁眉說：何以這先生點這樣的點心，我們怎會做啊！我看其字條，則係「大腿蛋」，我笑得肚皮發痛。

吳鼎昌從政 任實業部長

考察團一行多人，盤桓十餘日，總算達成一項結果，與日方工商某團，組成一合作機構，名爲「中日貿易協會」。東京上海，各設會所。在日本者，會長爲兒玉謙次，副會長爲吳鼎昌，在中國者，會長爲吳鼎昌，副會長爲兒玉謙次。旋接滬電，政府變更幣制，施行法幣，此爲中國財政之一大改革。各同人乃結束行程，一齊回國。方知法幣乃英國人李茲羅斯之功。倘非改用法幣，抗戰八年，如何能支持下去。英國人在中國，近百年來，總算尚有此一件好事。

不久，國民政府改組。吳鼎昌爲實業部長，張羣（日本士官學校出身）爲外交部長，陳介（日本早稻田大學出身）爲外交次長，張公權（日本一橋高商學校出身）爲鐵道部長。又派許世英（靜仁）繼蔣作賓爲駐日大使。凡此種種，當是中國力求維持和平之用意。許大使年高德劭，具翰苑之才華，負閣老之聲望，常與彼邦元老耆宿，朝野名流，詩酒唱和，當筵揮翰，一時頗收折衝樽俎之效。

翌年春，日本派工商團體來中國報聘，會長即正金銀行兒玉總裁，許大使特陪同前來，先到首都南京。此時我方因吳鼎昌爲現任官吏，改以周作民爲會長，許修直（前內政部次長，亦日本通）爲秘書長。從事招待，蔣委員長曾親臨演說。繼而回到上海，我方在靜安寺路國際飯店，開筵欵待，盛大歡迎。所有中日首長，自日本大使川越、上海市長吳鐵城以次，日本海陸軍司令及雙方工商界領袖等，均被邀請參加，賓主盡歡，爲上海空前之盛會。豈知未及一年，八一三之戰火爆開，而有八年之抗戰。

五 香港淪陷我被日軍拘回上海

不甘受籠絡 被押回上海

抗戰起後，政府西遷，各銀行機關，分移渝港。民國二十九年冬，香港爲日軍攻陷，日酋在娛樂戲院開會宣言，我軍係與白種人作戰，中國居民可各安居樂業。但對重慶份子大事搜尋，我遂亦被「請」入半島酒店。進門一看，此華貴之大旅館，已成爲營棚，因無電燈，燃燭取光，兵士用草燒成火炬禦寒，大廳繫馬，汚臭不堪，目覩此情，百感交集。數日後，與同難者顏駿人（惠慶）、李贊侯（思浩）、林康侯及其餘多人，被移到香港大酒店，至則熟人甚多，周作民等均在內。日酋岡本大佐拍電到東京請示，東京見被拘者爲首者是顏惠慶，曾任國務總理，乃回電以戰犯處理。此則可輕可重，同人大爲驚慌。岡本能說國語，尚來笑言勸慰。後被發見我能日語，乃常同我閑談。據他說：白種人不能打仗，而且胆小，前鋒小挫，後隊即逃，眞能打的，要算我們兩國，倘中國人能與日本人合作攜手，我們可以橫行天下。此言雖亦有點道理，但其本意，想欲牢籠我等被關之人，到廣州再來一個僞政權。我虛與委蛇，但暗示組織僞政權爲不可能。後來顏駿人、李贊侯等亦俱明白表示，年老不願再出爲傀儡。岡本無法，遂於次年四月，以軍用飛機先送我等數人返滬。在滬雖可自由，但仍時召問話，無形看管，以防私往重慶。顏駿人與周作民爲兒女親家，我等難友，遂常到金城銀行八樓擾宴，藉以聚晤。

我託辻大佐 救出王毅靈

一日，周作民見到我，即說：你的老同學王毅靈（天津金城銀行經理，又係天津銀行公會會長，）在天津，因與重慶滙欵事，爲日本憲兵拘捕，事態嚴重，百般設法無效，雖曹潤老（汝霖）出面營救，亦無用，你看有何辦法？我在日本成城學校，與王毅靈姚詠白（現在香港的姚慶三世兄之父）同班同學，三人素稱友好，何能坐視不理。事有湊巧，月前我曾介紹過日本辻大佐，到天津與王毅靈會過。因想現在何不往尋此人，想想辦法。周作老連聲道好，走這條路可有希望？我說：地分南北，不知辻大佐肯答應不答應，周說：辻大佐對你甚爲敬重，你找他必可答應，江上達的案子，還不是你一句話幫的忙，請你趕快辛苦一趟吧。我乃當晚夜車赴寧。辻大佐名辻政信，官祗大佐，（中國之上校）而其威名甚大。因在日軍攻打星馬時，立過奇功，以少佐擢升大佐。現在則爲天皇御弟三笠宮殿下之親信參謀，隨其駐節南京，對於在華之駐屯軍，處於監視之地位。此人性情乖僻，疾惡如仇。對於南北兩僞政權極爲不滿，駡他們貪汚腐敗，日本認錯了人。有一次，忽然帶了衛隊，到奉化蔣先生祖墳致祭，說是佩服蔣先生抗戰愛國，是大英雄。以一有地位之名將，而致祭敵人之祖墳，敵乎友乎，匪夷所思，當時成爲哄動中外之新聞。迂氏曾往華北視察，先乞我介紹一正直敢言之友人，俾其可以明瞭日本在北方情形。我乃作函介紹王毅靈。迂氏抵津，與王暢談甚契，杯酒言歡。迂氏回滬，尚讚王之議論公正，謝我介紹了正派之人。有此一段因緣，現在王毅靈既有難，我乃請迂大佐相救，彼自一口答應，即日電津，王毅靈遂得安然釋放。

六　勝利後形形色色吳鼎昌慨談國事

勝利後還都　劫收鬧笑話

民國三十四年秋，抗戰勝利，普天同慶，萬民歡頌。記得那晚深夜，我在睡夢中，忽接到周佛海自愚園路打來電話，說有要緊消息，你聽到沒有？我說：一點不知。周即說：無線電中，重慶廣播，日本人投降了，請你趕快向日本人方面打聽打聽眞假。我聞訊之下，驚喜交集，疑信參半。乃連夜往日友處打聽，則一無消息。軍人方面，堅不信有此事，且有負氣者說，縱有此種主張，我等駐屯中國之大軍有數十萬人，決不承認。但是街上已有鼓樂亂敲，乃是印度人黑人，結隊狂呼，亦說是日本投降。次日天明，爆竹連天，晚報亦已証實。逾日，街上格外熱鬧，我素喜歡散步，乃亦出外，跟着人潮，走走看看。行到南京路抛球塲，忽然行人止步，說是日本天皇廣播，我亦竚足靜聽，係天皇申說不得已投降，避免犧牲，各地軍民務須服從云。隨見路中日本人，有的低頭呆立，有的流淚疾走。我再走到江西路口，見有一輛軍車，載有日兵駛過，忽有人以西瓜皮擲上車，口中罵粗語，你們鬼子也有今日，而日兵均俯首掩面，路人羣皆鼓掌。再過兩三天後，重慶大員及國軍美兵等，陸續到達。市民見到國軍，拍手歡呼，齊來圍觀，國軍到理髮店，受到免費招待，飯館小吃，老板不收錢。美兵坐黃包車，自先施公司到外灘，給車錢美鈔一元，車夫看了看，笑嘻嘻說：歡迎你們，不要車錢，美兵又取一張出來付之，車夫格外搖手不收，美兵不懂，後有路人用英語譯告，美兵大笑，讓來讓去，車夫收了一元退還一元，此美兵連喊「頂好頂好」而去。又在滬西，見到美兵在路上遇見西婦，即用手送一飛吻，此婦亦報以一笑。有一部三輪車，一對男女並坐，忽一美兵，從車後搭上，將頭伸入男女二人中間，左右各接一吻，這位女太太，甚爲尷尬，無可如何。這時候，淪陷區的老百姓，對於勝利歸來的人，眞是由心底裏發出來的熱誠歡迎與愛戴。

豈知未隔多久，拘捕漢奸沒收「敵產」之罡風大作。天上飛來的重慶人，地下攢出的軍統分子，都是舞爪張牙，擇肥而噬。不管奸與不奸，敵與不敵，只要有詞可借，便可立刻遭殃。倉庫廠房，有許多機關，爭貼封條，無辜商民，有好多局所前來「邀請」。我在地豐路，看見一部小奧斯汀車，內坐三人，向我招手。近前一看，原來是李祖萊、朱博泉、吳蘊齋三公。蘊齋說：我們往某處自首，因自首可從輕處分。我詫異說：你們有何罪？要去自首？何必自討苦吃！彼等不聽而去。各人家之汽車，不問青紅皂白，形同盜匪拖了就走，詎竟光臨到我家，一打聽是吳紹澍的部下所爲，不覺令我光火。當年吳做地下工作時，我曾助其赴渝，其妻兒爲日軍捕去，又是我從虹口營救出來。現在衣錦榮歸，以副市長兼任社會局長，又是黨部要員，竟來亂搶老百姓家中用具。我乃到社會局向其責問，吳惟大罵其部下，且說：重慶來的人，個個問他要車子，弄得焦頭爛額。我說如重慶來的人無錢用，難道即到老百姓家中去搶錢嗎？吳惟連聲道歉。結果賠還我一部老爺車，算我晦氣。類此情形，不暇罄述，許多友人無辜受累，以前日本人侵佔時期，尚可與敵人講理說情，現在中國人對中國人，反而無理可講。勝利初臨，老百姓一片歡呼之氣氛，曾幾何時，一變而爲有條（金條）有理，無法（法幣）無天，五子登科，萬民蹙額，怨聲載道，人人自危，人心之失，莫此爲甚。

人皆來京滬　我却飛重慶

既而各銀行人員，亦由重慶抵滬，交通銀行滬行經理李道南來，帶到董事長錢新之慰問函，幷囑即行啓程飛渝。乃關照滬行代辦一切手續，登機飛行，四五小時即抵重慶，與錢新之、趙棣華、王儒堂、（正廷）湯筱齋及其他諸友相見，刼後重逢，恍如隔世。當晚與諸公一面痛飲，一面詳述港滬經過，錢王酒量比前更宏，我初次飲茅台酒，味佳而性烈，不覺酩酊大醉。趙棣華原係江蘇財政廳長，相交多年，現來交行任總經理，王儒堂老外交家，現担任菲律賓交通銀行董事長，湯筱齋現已升爲副總經理，津行經理徐柏園，改入中央銀行任業務局經理，渝行經理浦心雅，隨新任上海市長錢大鈞赴滬，任上海市財政局長。吳達詮（鼎昌）先生則由實業部長外放，任貴州省主席兼警備司令，文武兼資，政聲甚著。現因還都在即，吳又內調爲文官長，將隨蔣主席回南京。關于浦心雅之新任，尚有一段插曲，有粤人趙士養先生，修佛教密宗多年，有時能看人之氣，知其過去未來。勝利後，各友多請其觀氣，問何時能東歸。趙一見浦，忽對浦言道：「你不是幾時動身的問題，你有新機會，一發表馬上即動身，」浦聞言大驚而去。原來上海財政局長事，已由錢大鈞密保三人聽候圈定，浦亦在內，此事只有浦自己知道，外人一無所知。果然，次日浦已發表，趙言可謂奇驗，羣稱之爲趙神仙。杜月笙在港去世之年，趙神仙住澳門，陰曆七月，忽然函致錢新之、楊管北云：杜將于十二日及十四日不幸，果然，杜氏十二日病重，十四日逝世。此趙神仙現亦仙去多年矣。

台灣失地，已經收復，財政部命四行（中央，中國，交通，中國農民）派員前往，籌設分行，錢新之要我赴台，主持其事，我乃先往財政部接洽。詎台灣行政長官陳儀有電前來，拒絕四行前往，云已有台灣銀行，信用甚好，紙幣正夠敷用，法幣不可前去，以免通貨膨脹貽禍台省等語。此電可謂荒謬之至，地方政府拒用中央政府幣券，如非心懷異志，即是藐視中央。但彼時政府不加申斥，居然容納其如此跋扈之主張，斯爲可異耳。

不久，周作民王毅靈亦來渝。據云：京津與上海正是一樣，不如離開，避免騷擾。其時重慶公務人員，人人思歸，本行總管理處人員錢新之等陸續東下，由我在重慶留守，結束一切未了事宜。我乃乘此餘暇，偕周王二公及川友等，縱遊川省各地，並參觀抗戰工作之偉績，如電廠兵工廠子彈廠，皆在山洞內，仍在工作不停，練兵營則在高山之上。遙想當初之部署經營，必曾費盡無盡心血。一般民衆，逃避警報，含辛茹苦，斂衣粗食。如錢新之太太即身穿陰丹士林布袍，步行街市，請我在大牌擋吃担担麵，絕不似在滬時之高貴。乃深嘆八年抗戰艱苦卓絕之偉大精神，有非筆墨所可形容者矣。

我在重慶度歲，至翌年春，成都交行經理沈笑春，邀作成都之游。乃同車前往，在內江住宿一夜，內江產糖，而糖食並不高明。四川天府之國，物產豐富，但具體而微，尚有待於加工精製，此不過其一例。抵成都後，即下榻行內。成都地方寧靜，文治之都，（市招皆甚文雅），民風淳樸，風景宜人，街市畧像北平，裏巷又似蘇州，物價甚廉，小吃尤佳。老學兄楊孝慈（中央銀行經理），濶別多年，殷勤欵待，陪我往游青城山。吳稚暉先生曾題此山爲「青城天下幽」。又承楊兄介紹，得與當代畫宗張大千先生相見，眞是聞名不如見面。視其年不過四十餘歲，而于思于思已是美髯公，談吐豪爽，極爲風趣。其居即在青城，離成都街市有數里之遙，常步行來往。談論書畫文物，頗相契合，盤桓數日，乃賜其佳作多幀，甚感厚惠。臨別聞我將歸滬，又承其在我扇上用青綠寫江南風景見貽。此扇另一面請吳稚老篆書，配以明代湘妃竹之骨，至今視爲拱壁，留爲紀念。楊兄尚欲邀遊峨眉，我說：此次得晤大千先生，飽挹請芬，勝遊峨眉多多，遂相握別。後來回滬不久，大千托榮寶齋代開展覽會，我乃畧盡棉力，約友捧場，不待展出，預訂一空。其定價在當時講條子，已經高得驚人，但與今天相比，張大千的畫，要講美金上萬，則又便宜得不知若干倍矣。

吳鼎昌談國事大有見解

勝利數年，喘息稍定，風雲又變，戰火重開，我等又都到了香港。我於一九五一年夏，偕友二三人，坐火車來港。看見半島酒店，又復豪華如昔，數年前之日軍養馬，幾疑是否夢境。許多朋友，均已到港，錢新之先生見告，吳達詮周作民住在山上，身體不好。林康侯每日下午，總到香港酒店（彼時尚未拆卸）或半島酒店飲茶，回憶當年蒙難之苦味。曹汝霖先生則因其次子在日本經商，已赴東瀛就養。吳蘊齋終日念佛，常住廟中。後來每承蘊老殷殷勸我學佛，我家本係佛教，遂亦禮佛誦經。

旋接日本友人函邀東游，彼等戰前係反軍閥分子，逃避上海，我曾加以照拂，勝利時，又保獲其家眷，俾得携同什物登輪，安然返國，現在戰後，日本反戰派抬頭，（吉田茂即爲其中之一）彼等已居相當地位。既蒙來函相邀，遂即東裝就道。抵東京後，妻女出見，呼我爲恩人。蓋各地日僑，均是隻身歸來，備極苦楚，尤其滿州日僑，濶人女眷，多遭俄兵姦污，後來皆女扮男裝，以灰塗面，結隊隨行，狼狽逃歸。故我友對我之始終照拂，感激不忘。其時日本尚在盟總管理之中，多處有美兵把守，貼有條告「日本人不許入內」。我走到一處，警察攔住我說，此處日本人不能走，我用日語答，我是中國人，彼更不肯信，乃同其打電話與我友証明，方告無事。有前南滿鐵道副總裁十河信二，請我到別府小住，別府爲溫泉勝地，風景幽靜，曾有許多中國要人，失敗後，來東休憩於此。日友陪我同往，先對我說：火車擁擠，代我買頭等車票，但日本人不能坐頭等車，彼只好買二等票遙陪。我說：這如何可以，我亦坐二等好了。類此者有許多，對於我之學佛，大可參証。佛法重在因果，當年日本人在中國，橫行霸道，不都是如此嗎，在鄉下姦淫擄掠，在上海常有「中國人不可進入」之條告等等，現在他們正是受報應耳。佛說三世因果，今生造的業（善或惡），來生受果報，但在這時代，已等不及到來生，往往眼前即可實現，即所謂現世報，因果之說，决非迷信，科學亦有闡明，不限于佛家之言也。

曹汝霖老先生住在鎌倉，火車約半日可達，按址往訪，一別數載，相見甚懽。承告別後情形，尚帶笑容說，半世作官，毫無積蓄，現在垂老投荒，無門可貸，所以一路南來，甚費周轉，幸得錢新之周作民王孟鍾三位老友，接濟了美鈔二萬元，方得安抵此間云云。所居小屋，乃其子原來之家，屋小人多，甚爲狹隘，我回想其在北平之情形，眞是不堪回首，而其言談神氣，仍甚悠適，深嘆此老襟懷之冲淡，眞不可及。又承告在此住了一年之後，始爲其老友吉田首相所知，即派人來慰問，接其到私邸暢叙。吉田贈金，曹堅不受，笑說：今日我如收受，豈不坐實我當年蒙寃之惡名。後來，吉田代爲介紹一大鑛業公司，聘請曹氏爲顧問，月致車馬費若干，生活賴以維持。我仍坐火車回東京，係坐頭等，車中果無日人。

一年之後，我又由香港赴日，係承日友介紹。九州大學函聘我前往講學，講題爲「中日之經濟關係」。事先我在東京書店及圖書館，搜得參考資料不少，大有助於我講學之用。講學約近二年，來往東京與九州，而得與曹先生常相晤對。其間亦時有港友來日，如林康侯、吳蘊齋等，往往在曹家聚晤歡談，幾忘身在異國。曹氏平時往來之友，除日友及北方舊友如商震將軍、張燕卿（張之洞之子）等外，其原住在東京者，尚有史詠賡、沈泰魁、錢培榮諸君，曹氏八十歲那年，曾患重病，住院月餘，其醫藥費由史詠賡代爲支付，沈泰魁駕車接送，故曹老先生生活，尚不寂寞。後又赴美國密西根，就養於其七女家中，至九十一高齡，病逝美國，此老生平極重情感，我在講學期間，接港友函告吳達詮先生因病癌動手術而去世，曹氏聞之，傷感淚下，縷述吳氏生前瑣事，深爲國家嘆息失一人才。並曾詳告我勝利後在天津與吳氏之談話，此爲曹吳二人最後之見面，時吳在南京任國府文官長，所談國事頗多感慨，特錄於此。

曹氏說：勝利肅奸，我曾被軍統「請」去，住了一夜，幸得戴雨農（笠）知道得早，即送我回家，但章仲和（宗祥）無辜受累，忽被拘捕，呼救無門，我只得函托達詮營救，因他與仲和亦係老友，且居文官長高位，總可有辦法，直到年底，吳達詮請假，來北方過年，仲和才得放出。達詮來了很忙，僅會過兩次，竟成永別。所談概要如下：

吳氏說：

章仲和（宗祥）之事，一直無暇奉復。實因勝利還都，各事太忙，蔣先生事必躬親，自朝到晚，那有爲此等事進言機會。直到我請假北來照准時，蔣先生還問起你。我即乘機進言，說你正有信來，托代其友章宗祥營救。蔣先生問章宗祥是何人？我即陳其畧歷，並說亦是我的朋友，人很正派，决非附日分子，我亦可担保。蔣先生問送法院沒有？我答未送法院，現在陸軍監獄。蔣先生即說：既無大過，你們都肯保他，即保釋好了。隨請其下一手諭，此次帶來，仲和兄遂得釋放。

「氏問後方情形如何，八年陪都，有無建設？

吳氏答：局外人不知局中事。軍事忙不了，還能談什麼建設，日機不斷轟炸，有建設亦都完了。如築公路，建機場，通油管等，都是爲了軍事。即設防空洞一項，工程已不小了，有的機關，即在防空洞內辦公，有的槍械子彈，亦在山洞裏動工。戰事情形，千變萬化，非局外人所料到，這次勝利，眞是僥倖。美援未來以前，以陳舊武器，怎能與新式槍炮相拚，全賴軍兵一鼓作氣，拚死衛國，打仗眞是靠士氣。其後雖得美援，運用之權，操之美軍，往往坐失時機，蔣先生不滿美國，實由於此。緬甸之役，我軍與日軍劇戰，解了英軍之圍，我軍損喪奇重，並沒有得到盟軍的好感。美國重歐輕亞，開羅會議許了我們的願，等於空頭支票，沒有全部履行。日軍攻桂之役，到了獨山，我在貴陽省政府，已奉命撤退，人心恐慌，日軍又不前進，眞是大大的運氣。後來羅斯福有病，只望戰事速了，高估日本戰力，遂有雅爾達密約，要俄國出兵攻日，上了史太林的大當，吃虧的總是我們中國，以後爲難的日子多着呢。凡事莫非有定數，我現在倒有點相信，獨山之役，險而不險，原子彈成功，我們不勝而竟勝，豈非是數定的嗎？

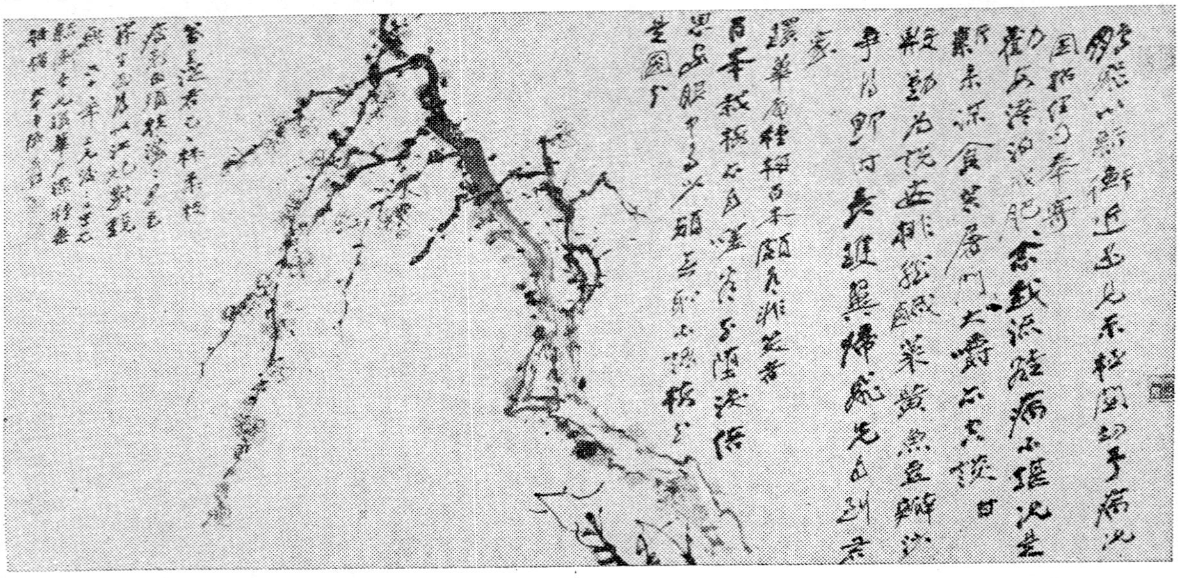

大千居士近作（王新衡先生藏）

大風堂近詩

張大千

鵬飛以新衡近函見示，極關切予病況，因拈俚句奉寄。㈠

勸吾澹泊戒肥甘，念我流離病不堪，況是新來謀食共，屠門大嚼亦空談。

殷勤爲說安排就，鹹菜黃魚豆瓣沙，㈡爭得即時長雙翼，歸飛先自到君家。㈢

環蓽庵種梅百本，頗有非笑者。

百本栽梅亦自嗟，看花墮淚倍思家，㈣眼中多少頑無恥，不認梅花是國花。

環蓽庵添種垂枝梅，新衡所贈。

萬里從君乞一株，㈤柔枝瘦影正須扶，濛濛月色開生面，得似江妃對鏡無？

紐約博物館即席畫荷花，用贈蔣彝句。

花如今隸莖如篆，葉是分書草書，聊博先生開口笑，㈥看予狂態近何如？㈦

㈠台北王新衡先生關懷大千居士目疾，頻以書來問近狀。

㈡前年夏，大千居士返台灣參加國畫研討會時，新衡會以由金門帶來之黃魚，和鹹菜豆瓣煮成佳肴。大千居士食而甘之，讚不絕口，返美後常念此菜爲天下第一。

㈢大千居士每次返台，接風席多在新衡家。

㈣張岳軍先生致書大千居士曰：「兄才藝橫絕，國之瓌寶，雖託跡殊方，而憂國傷時之心，與日俱增。」

㈤大千居士遷入環蓽庵後，佈置花園，有枯木巨石假山爲伴，屋前後遍植中國花樹，友好俱以此爲贈。每種一樹，必親自指定地位方向；灌溉施肥，都躬自爲之。每見花開，歡笑如童孺，恒曰：「昨晚念此樹開花，乃一夜未眠！」

㈥蔣彝有啞行者之號。

㈦紐約博物館請大千居士作中國書法講演，大千居士即以此詩代講詞，由普林頓大學方聞教授任英語翻譯，闔座讚嘆。

附記：大千居士於三月十七日入醫院施行左眼手術，三月二十六日出院，每周去醫院檢查及換藥，四月一日已將藥線取出，左目畧能視物，但遵醫囑，須靜養三月。六月或有巴西之行。（陶鵬飛記）

水調歌頭

陳定山

近得大千消息，目疾就醫，經過良好。再兩月，定可復明，喜極而賦。

海外馳書至，宜喜復疑真。東坡居士無恙，不壞信金身。記得去年端午，寄我丹青巨幛，六合正彌綸。風雨以心聽，咫尺不須論。　今屈指，重陽後，日重輪。鶖子重開慧眼，毫髮鑑如神。定有擎天妙筆，再創江山粉本，面目煥然新。我願化青鵲，報喜滿乾坤。

由胡佛之死談到：

美國情報機構與聯邦調查局

萬念健

當美國聯邦調查局局長胡佛的噩耗傳到香港時，此地有兩張華文報紙同以「長眠不起」這句中文成語作爲標題，再也適當不過地簡述了此一傳奇人物的不幸消息，因爲這位七十七歲高齡的「八朝元老」，生前即患有心臟冠狀動脈血栓塞病症，確係於今年五月一日之夜，於睡眠之中「一眠不醒」，所以代理司法部長克蘭丁斯，根據醫生的報告，發表了一項聲明，正式宣佈胡佛「死於自然原因」，無需剖屍檢驗。

胡佛首創美國聯邦調查局，自任局長將近半世紀，這次死也可謂死得其時，因爲他即使不死，今年十一月總統大選之後，尼克遜如果蟬聯大位，他也要被請另調他職，而以另一人來接替胡佛繼任聯邦調查局局長之職。

果然如此，但這並不意味尼克遜對其有何不滿，而是胡佛年事太高，蟬聯該職過久，在各方面有所未便，可是他突然去世，也使尼克遜一時措手不及，不知應叫何人接替方稱萬全。現任聯邦調查局副局長托爾森，今年七十一歲，胡佛死後本爲當然代理局長，但因其健康不佳，長年多病，被認爲未能負此重任。此外受考慮者——尙有華盛頓首都警察局長長威爾遜，亦因某種原因，被認爲並不適當，最後由美國代理檢察長徵得尼克遜總統同意，由現任司法部民事部主管之葛瑞暫代，至於正式局長，則待大選選出新總統後，由下任總統指派。

榮譽公民．下葬國家墳場
八朝元老．在職四十八年

胡佛死後，尼克遜總統盛讚其爲一傳奇人物，稱之爲「勇敢，愛國的象徵」，並謂其對國家貢獻巨大，又是一位誠實和正直的人。胡佛於死後立刻獲得「美國最偉大公民」的榮譽，尼克遜下令全國下半旗誌哀，遺體陳列國會大廳，接受人民瞻仰及最後致敬，尼克遜親臨致哀悼詞，教堂儀式完畢後，葬於華盛頓國家墳場。

在美國歷史上，從無一個政府官員担任一項高職如此之久，只有胡佛一人是例外的。四十八年來，美國總統經過八次更迭，奇怪的是每一位新總統上任之初，都宣佈繼續任命胡佛蟬聯聯邦調查局局長，不予更動。該局的全部同人除了最高級少數人員外，對胡佛的感情也一直非常深厚，不願其離去。

胡佛於一九六四年已屆退休年齡，當時詹森總統爲了珍惜胡佛的領導才能，特別簽署了一項法令，容許他無限期担任聯邦調查局局長之職，這種情形曾令該局的第二、三號人物頗爲失望，因爲胡佛如果眞是無限期的聯任下去，他們便永無陞遷之望。每年春天總有一些關於胡佛退休的傳說，但傳說畢竟祇是傳說，每一次都由事實証明其爲不確。尤其是胡佛本人，他說：「如果年齡對於事業沒有影响，他對聯邦調查局局長一職，願意再做三十年。」

半世紀來．局長勞苦功高
一生事蹟．可分四個時期

聯邦調查局創立於一九二四年，胡佛於成立之初即任局長以迄於今，從一個簡單的執法機關而進爲今日與犯罪及共黨顛覆戰鬥最有效率的執法機關。

聯邦調查局成立之初，隸屬財政部，以緝私及防止印製僞鈔爲主要事務，其後範圍日益擴大，成爲一個防止與偵查犯罪的特別機構。及至二次大戰爆發，它的事務又增加了對付美國境內的外國間諜活動一項，一切反間諜工作都由聯邦調查局負責進行。

聯邦調查局多年來的工作和胡佛一生的事業，大致可以分爲下列四個時期：

一九三五年代至一九三五年代，他掃蕩了不可勝數的匪黨暴徒的犯罪組織。

一九二五年代至一九四五年代，他全力對付了納粹的間諜活動。

一九四五年代至一九六〇年代，他掃蕩了美國國內的赤色恐怖。

一九六〇年代至一九七〇年代，他致力於應付政治暗殺，馬菲亞黨等犯罪組織，黑人的反政府活動，以及違反國家利益的工會與社會人士的「新左派」活動。

目前聯邦調查局工作人員約一萬八千五百人，百份之六十在辦公處及實驗室工作，每年經費近三億美元。美國人口總數署逾兩億，聯邦調查局却擁有約近一億人的檔案和指紋，聯邦調查局任用新人，以法律系及會計系畢業生爲限，正式開始工作，基薪自一千一百美元起計，最高可達萬元以上。胡佛的爲聯邦調查局人員所定的工作目標是「每天二十四小時爲美國人民工作，保護他們的生命財產和一切權利」。三十多年來，聯邦調查局已成立了忠誠及才能的標準，水準之高，遠在美國其它任何警察部隊之上。

胡佛忠於職務，不畏權勢，他所得罪的人包括政府高官與國會議員。他和郵務人員和電話接線生之間有巧妙的安排，他們和他愉快合作，隨時供給有用的情報。

胡佛至今尙無妻室，這或者是他得以專心工作的原因之一，他的辦公室和辦公桌都非常簡單，但有電話可隨時與白宮及檢察總長通話。

他有四輛同一牌子的汽車，比美國總統還多一輛，各車都有防彈設備，在過去兩年來，曾四十三次有人威脅要取他的性命，但都安然渡過。

去秋以來．盛傳退休消息
一生爲人．今日蓋棺論定

去秋以來，胡佛即將退休的可靠的消息終於傳了出來。首先洩露此訊的是「芝加哥論壇報」，它說尼克遜政府已決定於一九七二年大選後「請」美國聯邦調查局局長胡佛退休，也可能「請」他改任聯邦調查局的理事會主席。該報透露，近年來曾發生若干事件，反映出來對聯邦調查局不利，該報又說，政府官員私下曾批評胡佛，甚至說他曾涉嫌意圖綁架基辛格。繼「芝加哥論壇報」發表此訊的「生活畫報」，由該刊專欄作家薛尼的一篇文章中談及尼克遜總統有意調換聯邦調查局局長胡佛的職位。文章中說由於胡佛個人迨老賣老，脾氣暴燥，致令該局同人士氣低沉，而對外活動方面，又不能收與中央情報局通力合作之效，不過那篇文章中也沒有說明胡佛將於何時調職。

傳聞尼克遜對調走胡佛的現職，自去年起已有決心，但是仍將以「請」的方式出之。實在說來，胡佛的年齡體力都已到了應該休息的時候，樂得趁此機會，享幾年清福，因爲誰都知道，尼克遜政府決不會虧待這位歷朝元老。如今胡佛本人既因年老亡故，尼克遜爲其調職一事，自可不必另作安排，而胡佛一生爲人，今天自然也都可以蓋棺論定了。

美國情報機構共有六個
聯邦調查局歷史最悠久

美國的情報機構，係由國家安全署，國防部情報署，陸海空三軍情報局，國務院情報暨研究組，中央情報局等單位構成，其中聯邦調查局的歷史最久，但仍僅爲美國若干情報單位中之一員，其他各單位的工作及情況如後：

國家安全署 這個機構有許多譯密碼的專家。他們蒐集外國政府（無論友好與否）的秘密電信，把它們輸入或許是全世界最精密的電腦系統。據說他們在譯解最複雜的現代密碼方面，非常成功。他們並設計美國政府使用的電信保密方法。美國領先全世界的電腦技術使美國能夠在此一極關重要的領域遠勝於蘇俄。但這種優勢已逐漸減少。國家安全署的語文學校，情報分析專家和數學天才在馬里蘭州密地堡保密極嚴的該署中工作，同時該署也指揮着全世界各地的電子儀器監視網。

國防部情報署 前國防部長麥納瑪拉在一九六一年設想出此一機構，以謀統一各軍種的情報單位。一位以前的高級情報官員說，不幸此項計劃短期夭折，迄今三個軍種的情報單位仍舊各別地存在。國防部情報署藉着借調來的人員勉强進行工作。它本身沒有多大的權力。據以前一位空軍人員說，美國情報機構最壞的一面已在這裏極顯著地暴露出來。他說：「好像一架巨大的眞空吸塵器一樣，收集了無數的布片線頭，我們把這些東西裝進了電腦。」國防部情報署最近已畧事整頓，並予加强，但尚待作更多的改進。

陸、海、空三軍的情報機構 這機構耗費龐大。每年六十億的情報預算中，約有五十億美元是從三軍的經費項下支出。但這是由於有關的大量武器，大部份是由三軍處理之故，執行偵察衛星計劃的空軍負有主要的責任。如果實施重大的預算削減，則勢必在這方面作極大量的減少。例如參議員艾倫德已要求立刻削減五億美元。

國務院情報暨研究組 這裏不需招請情報人員。這一部門的工作，主要是由美國駐外大使館的外交工作人員担任。它在情報的分析方面非常成功。但是中央情報局技術的巧妙使該局佔有很大的優勢。因此最近國務院情報暨研究組已提供情報給總統的競爭方面，比中央情報局就愈來愈落後了。一位前中央情報局高級人員柯林已被任命爲這一情報暨研究組的主任，這個部門可能又將走運了。

聯邦調查局 簡稱FBI在各單位中歷史最久，對付美國境內的外國間諜的一切反間諜工作，都是由聯邦調查局負責進行。除掉國防上的明顯益處外，反間諜工作並能藉查明敵人在本國境內偵察的目標，而獲得探知敵人所具智識的限度的重要線索。聯邦調查局的英文縮寫爲FBI，工作上本與中央情報局CIA，保持了密切的聯繫，但自一九六九年起，胡佛即決定與CIA疏遠，甚至嚴禁FBI人員與CIA人員來往，交換情報。起因是FBI的工作人員之一曾把某項重要情報洩漏給CIA，結果爲CIA所居功，而胡佛則要FBI獨享此光榮。

中央情報局 當然是美國所有情報機構的中樞。該局局長不但是這個機構的主管，並且是美國全部搜集情報工作的主持者——即使尼克遜總統最近下令加强他的權力之前已是如此。這個機構的職員構成一個很可能是美國社會中最不公開的團體，他們一起工作一起玩，有時並且住在一起，他們到同樣的醫生那裏去看病，如有需要並且就診於同樣的精神病醫生。他們的才能和成功很少在該局的圍牆之外加以宣揚，往往即使在圍牆之內也不加以宣揚。即使在他們離職以後，他們的朋友還是不能十分肯定，他們是否完全是更秘密地隱藏起來。中央情報局不是一種職業，而是一種生活方式。

從它已在逐漸地改變，在冷戰的時期——從中央情報局在一九四七年成立直到一九六〇年代中期——它的重點是在於隱秘的活動，在於竊取情報，還有，正如他們獲得的綽號一樣，「卑鄙的行爲」。那時該局主要是依賴派在海外工作的人，他們賄賂當地的新聞記者編造有利美國的報導，或是悄悄地幫助推動一項將來可能有用處的政治活動（在戴高樂於一九五八年恢復掌政之前設在巴黎的總部，即由中央情報局提供部份經費）。該局人員調查別人的私生活或經濟情況，看看誰可以施以敲詐或賄賂，使他參加情報工作。

楊永泰與政學系

——「政海人物面面觀」之二——

馬五先生

楊永泰，字暢卿，出生粵省高州之茂名縣，少時曾游泮，清末科舉報罷，旋入北京法政專門學校——民國初元改爲國立法政大學——與日後聲勢赫赫的河南「鎮嵩軍」總司令劉鎮華同班同學。楊氏畢業法專後，回故鄉担任地方官吏，未幾轉任粵省諮議局議員，迨民國肇建，國會剏立，獲選爲衆議員，與閩人林長民、贛人湯漪、湘人歐陽振聲、鍾才宏等，皆有聲於時。

辛亥革命後，宋敎仁將舊有「同盟會」與統一共和黨等三數小政團聯合，改組爲中國國民黨，楊氏亦隸民黨籍。癸丑二次革命失敗後，楊往來日本與南洋各地，未遭袁世凱荼毒。

民國三年國父孫先生在日本改組國民黨爲中華革命黨，規定黨員入黨須宣誓絕對服從黨的領袖命令，且須加蓋手指印模。黃克强殊不謂然，但亦不願公開反對，乃遠去美國游歷，而流亡日本的民黨著名軍人如鈕永建、李烈鈞、黃郛、柏文蔚、陳炯明等，亦陸續前往美洲，其他各界同志接踵相從者不少，隱然奉黃克强爲領導人。黃認爲有設置一個聯絡中心的必要，唯須避用「黨」的名義，以免有與孫公分道揚鑣、各行其是之嫌。此時第一次世界大戰方酣，即以「歐事研究會」名義，作民黨人士駐足之所。旣而歐戰告終，歐事研究會這名目不合時宜了，乃改稱「政學會」。迨袁世凱逝去，北京國會恢復後，小政團林立，有些原在美洲參加了歐事研究會的國會議員，即在議會揭起「政學會」的旗幟，作爲國民黨籍議員的政治團體，而以楊暢卿與歐陽振聲、鍾才宏等爲主幹人物。黃克强回滬不久即下世，他與北京的政學會毫無關係，該會會員亦逐漸地變了質，許多不是民黨出身的官僚政客皆列名於其中，成爲爭權奪利的政治交易所，而原有的老會員如李烈鈞等皆避之若浼，聲明脫離關係，這便是現代政治史上所謂「政學系」這一名詞的所由來也。民國十四年我在塞外張家口于役時，會與李烈鈞將軍談論「政學系」問題，李謂「我是政學系的元老」，即將上述情形，娓娓向我道之。

民國五年西南護國討袁軍興，楊與李根源、章士釗等政學系要員，聯合「研究系」首領梁啓超，奉戴岑春煊爲領袖，設置「軍務院」於肇慶，與國父孫公貌合神離，終且恃兩廣巡閱使陸榮廷的桂軍勢力爲背景，暗中排拒孫公，把持兩廣地盤，冀與北庭妥協，孫公憤而離粵赴滬了。楊暢卿因緣時會，初任粵省財政廳長，繼昇任省長，顯達於時。他在粵省長任內的唯一新政，就是拆除廣州城垣，開闢馬路。初時不特廣州居民羣聲反對，即在省外的粵籍聞人如唐紹儀、伍廷芳、梁士詒等，亦通電非議，然楊氏堅持其政策不移，商請督軍莫榮新派遣機關鎗部隊保護拆城的工程人員，終底於成。迨馬路闢築，交通暢達，市民稱便，昔日反對此事者，轉而稱道楊氏的善政了。所以，後來楊氏担任湖北省主席時，下車伊始，即以拆除武昌城垣爲首務，未聞地方人士發出反對之聲，惜乎事半而被刺殞命，未及樂觀厥成，這是後話。

陸榮廷在兩廣失敗後，孫公重建革命大本營於廣州，民黨勢力瀰漫南

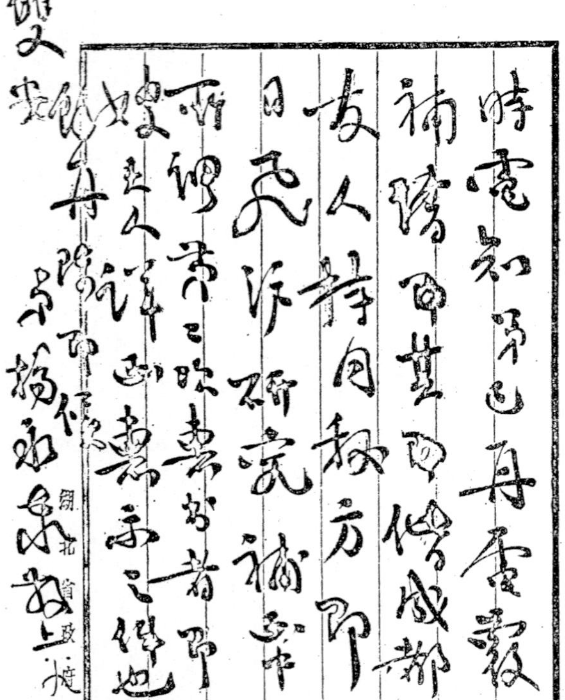

楊永泰遺墨（致黃膺白夫人沈亦雲女士）

疆，楊暢卿等既有扶同舊軍閥以排拒孫公的往事，自不爲革命黨人所容許，他依然回到北京國會，而以政學會首腦份子，從事政治活動。到了民國十四年段祺瑞執政時，楊氏尙受段執政之命，在所謂「善後會議」中，充任財政委員會委員長，與林長民的法制委員會委員長並駕齊驅，算是政客中之佼佼者。越民國十七年國民革命軍統一全國後，楊氏素爲民黨人士所側目，在政治上乃陷於落寞之境，他與李根源等政學系要人，徜徉上海蘇州，靜觀時變，亦曾挾策以干當道，旋由黃膺白、張岳軍推介，得膺革命軍總司令部參議之職。維時內戰連緜不息，政爭激化，楊氏基於參議的職責與從政經驗，對當道諸多建議，頗中肯綮。越民國十九年兩廣實力派爲着胡漢民幽囚湯山事件而宣告獨立，組織西南政務委員會以與南京抗衡時，楊以粤人，曾秘密到香港對粤軍進行策反工作，頗著勞績，博得南京當道另眼看待，許爲出類拔萃的幹濟之才，而將過去對楊氏的不良印象亦沖淡了。楊氏以其先天的智慧與後天的學養，在擾攘紛爭的中國政治界，北走胡而南走粤，馳騤了一二十年，對於縱橫捭闔之術，經驗充足，而於撥亂反正的因果關係，亦具有獨特的見解，不愧爲一代突出的謀臣策士，殆如王闓運所謂「名法家」之流，很容易膺受一般要想建大業、打江山的英雄豪傑之士的賞識親近，楊氏果然於民國廿一年初夏，受命担任豫鄂皖三省勦總秘書長職務了。

勦總的職權甚廣泛，凡屬勦區內的政務興革與人士進退，概可自由處理，不僅軍事而已。這時候，江西的紅禍日烈，國軍連年大力圍勦皆不濟事。楊氏首先建議統帥兩大策畧：一爲放鬆軍權，捏緊財權，二爲實行三分軍事，七分政治的方針，均得許可實施，節節見效。自國民革命軍北伐以來，採取蘇俄的革命方法，黨權高於一切，軍中置有各級的黨代表和政治部，軍事計劃和行動，非經黨代表同意不可，而地方庶政亦須聽命於黨部。楊氏認爲這種制度不適宜於吾國，毅然建議最高統帥，在勦區內另頒「黨務整理綱要」，規定黨的職責專在組織與訓練民衆，不得干預政務；黨員須負養黨責任，黨部經費不得向政府支取。這綱要頒佈後，長江流域各省市黨部爲之大譁，通電指斥爲出於楊氏企圖毁黨篡黨的陰謀，且揭發楊氏過去反對國父孫公那些舊案，高呼「驅逐政學系餘孽楊永泰」口號，一時形勢殊緊張，大有風雨欲來之象。筆者此時隨楊氏司記室之役，頗以政治風暴爲慮，然楊氏泰然不以爲意，亦不作片言的辯解，照樣進行不懈。後來筆者奉派在勦區担任行政職務時，能夠放手求治，稍見績效的原因，實基於是也。

楊氏的政治思想屬於申韓學派，他最服膺管子「以勞敎民富，以死敎民强」的論據，認爲這是針對疲玩成習的社會人心的興奮劑，諸葛亮治蜀即循此道而迅奏膚功。因此，他憎惡一般老生常談的「休養生息」之說，視爲不切實際而徒亂人意，不屑傾聽也。他對於鑑衡人才和駕馭人才的方針，亦與普通的官僚人物截然有別。他見着素不相識的人，絕不作寒暄客套語，根據你的學歷與資歷，劈頭即提出問題來請敎，對答若認爲滿意，必予以不次的拔擢，你本來只想求得一個委任職位的，他却給以薦任官。當你任職之初，無論大小官吏，他的臨別贈言總是說：「你們祇要實心任事，勇於負責，若因此而犯下了公罪，我一定盡力維護；如以貪汚而觸犯私罪，那就不客氣，嚴法相繩，決無寬假。」他自己亦廉潔自持，雖權傾一時，位極人臣，却未聞有納賄受贓情事。民廿一年勦總成立伊始，湖北省主席夏斗寅，曾以小轎車贈送楊氏而被拒斥，指其糊塗無聊。觀楊氏死後的家人生活之資，尙賴四川主席劉湘慨贈五萬元予以維持；經手人爲劉航琛氏現居台灣，而遍查國內各大都市，幷無楊氏的私有產業存在諸事實，足資証明矣。這亦就是楊氏平日治事對人敢於鋒鋩畢露，毫無顧忌的內在因素，所謂無欲則剛是也。

楊氏最討厭官僚作風，凡在勦區內担負行政工作的官員，上自省主席，下及行政專員和縣長，如其不聞有被地方人士向勦總控告的，即斷定其爲敷衍因循的官僚主義，深感失望。他認爲在勦區作地方官，如果勇於任事而興利除弊的話，不是得罪於巨室，即必見惡於土豪劣紳，沒有不招致控告的。楊氏的行政經驗極豐富，官吏要想以舞文弄法的手段相欺朦，必被識破無疑，試舉一例以明之：民國廿一年初次派任的湖北第一區行政督察專員蔡光輝，駐在距武昌不遠的蒲圻縣，當時勦總督促各區調查戶口，編組保甲甚急，限於半年內辦理完竣具報。然各行政區以轄縣不少，而交通多阻滯，皆難依限復命，請求展期，唯有第一區不到五個月即辦好具報了，表冊亦精緻，楊氏懷疑這是不盡不實的官樣文章，秘密派員赴該區各縣實地抽查，乃查得專員駐在的蒲圻縣戶口保甲，即有許多是僞造的，大爲震怒，馬上簽呈最高統帥予蔡專員以撤職處分，幷通令各省區行政專員一體凜遵毋違，其處事之縝密不苟，多類是。

凡屬事業心重，敢作敢爲的政治人物，皆難免有攬權的心理，楊氏固不例外。他在勦總倡設豫鄂皖贛四省農村金融救濟處，推薦文羣爲處長，旨在以經濟力量團結民衆，認爲比較以黨來組織民衆的作法更切實，進行頗爲積極，成效亦著。後來最高統帥命將金融救濟處改爲農民銀行，楊氏竭力保舉文羣担任總經理，因而與中央某要人相持不下，大起衝突，結果兩敗俱傷，最高統帥另派第三者爲總經理，然楊氏與某要人的惡感乃更深，終難疏解了。楊氏的作用在掌握一部分財權，以期奠立政治上的穩固基礎，殆有深意存焉。往後國民黨舉行全國代表大會時（民廿三年），楊氏亦列名中央執行委員的候選名單內，但因楊氏曾在勦總頒訂了整理黨務綱要，深爲黨人所嫉忌，羣起排斥，僅得一候補中委名義而已。

自中共從江西突圍遠竄川黔，轉赴延安，楊氏追隨最高統帥在四川協助劉湘統一軍民兩政後，常住南京，軍事委員會設在江西的大本營旋告撤消，楊氏轉任軍委會秘書長，職務較前淸閒多了，蓋軍委會對勦區各省的政務與人事已不過問，一切歸還原有建制，而仍由行政院直接管理之。未幾，蔣委員長兼任行政院長，發表楊永泰爲湖北省主席，楊氏再三請辭，而駐在鄂省的國軍將領上官雲相、蕭之楚、徐源泉等，由湖北綏靖主任何成濬領銜，聯名通電反對楊氏主持鄂政，拒其到職，這適符楊氏的願望，他向上峯表示，如必須使其出膺疆圻之任，祇願赴粤爲桑梓服務。是時中央某要人急電速何成濬來京，謂有要事相商，何乘飛機抵步，某要人語之云：「我們費盡心力以調虎離山，把陰謀篡黨的政學系餘孽外放赴鄂主政，他不願去，你們又通電反對他的新職，他求之不得，這不使我們功虧一簣嗎？」何氏乃往晤楊暢卿，說明上官雲相等人的電報，是盜列他的名字，決不承認，本人爲表示眞意，特代表鄂人來京歡迎，務請勉爲其難，造福鄂省，其言旣甘美而又親切，加以中樞亦未便收回成命，楊乃祇好赴鄂就職了。

當楊氏乘江輪抵達漢口之日，武漢通衢遍見「驅逐楊永泰」與「打倒政學系」的標語，兩岸江邊各集有羣衆近千人，手持標語小旗，聲言拒絕楊氏登陸，其勢洶洶然。住在漢口的楊氏友好覩狀惶遽不安，深虞楊將受辱，乃雇小划駛至江中，登輪晤及楊氏，請他先在漢口休息兩天，再行過江接事。楊謂：「委員長敎我趕快接事具報，不能稽延」，即囑船長逕駛武昌方面停泊，楊氏緩步上岸，對於江邊鼓噪高呼「驅逐楊永泰」的口號，置若罔聞，昂然乘車馳入省府，鳴砲佈告就職，示威的羣衆祇好默默散去。事後有人密詢楊氏何大胆乃爾耶？楊謂「我是國家的命官，他們除了貼標語、喊口號以外，敢對我幹出其他的無禮行爲嗎？我若畏縮不前，他們的氣燄必更梟張，可能弄出別的花樣來，反而多事了。」這可見楊氏的見識與魄力，有足多者！

楊任湖北省主席時間不到一年，即被刺身亡了。他的治績只是拆除武昌城，開闢馬路這項新政，而原來通電反對他入鄂主政的國軍將領何成濬等，皆跟楊氏相處甚洽，寖成好友，表現着政通人和的氣象。楊與四川省主席兼川康綏靖主任劉湘，交誼甚篤，關於巴蜀的政治軍事問題，偶有與中樞意旨不盡融洽的，皆由楊氏從中協調疏解，毫無扞格。例如川省民政廳長王又庸、教育廳長李爲綸因行爲不檢而由中樞明令撤職的風波初起時，劉主席迭電抗議，指爲莫須有，堅請收回成命，旋經楊氏暗中調處，李爲綸遵令去職，王又庸緩期三個月自請辭職，政潮即告平息。蓋王李二人素被指爲「政學系」份子，楊爲顧全大局，不欲因維護王李而使劉主席與中央政府爭持不下，乃使王李引退，劉主席亦不堅持己見了。

楊氏對四川極重視，頗有深謀遠慮的見地。民國廿四年春間，筆者在武漢閒游，楊氏迭次電促入川担任四川省創辦的縣政訓練所政治敎官，我認爲這類人才車載斗量，何用徵及區區而萬里跋涉呢？遲遲不肯應命就道，然楊强我以必從，祇好應徵前往。越廿五年春，內人在滬病故，我回滬料理，適楊氏亦在上海醫治背癰，我晉謁時，言談間甚悔遠走巴蜀之非計。楊氏侃侃而談云：「四川這地方很重要，將來國家必然需要此天府之國。我想物色吾輩中人，到四川協助劉甫澄，有如下圍棋然，預先安個散子，俟機發抒作用。環顧友好之中，覺得你很適當，所以非敎你去不可。我早已向劉主席詳細談過，說你是個好的幫手，你還是回到成都去罷。」後來劉主席對我果然優禮有加，再三挽留我幫他的忙。迨對日抗戰軍興，國家亦就全靠有巴蜀這天府之國的人力物力，得以渡過難關，獲致最後勝利。這証明楊氏高瞻遠矚的智慧，決非尋常，只是區區不才，辜負了他的期望而已。世人盛稱的「政學系」，究竟有無實際的組織體系，殊堪研究。假使它亦如一般的政治小派系然，有其具體的組織和規律的話，像區區與楊暢卿的關係，以及他對我的信任賞識，一定有人示意我加入的。然而始終沒人對我談及此事，即友好如陳芷町（方），他是楊氏的親信幹部，對我無話不談，却也未曾談過敎我加入政學系組織這回事呢！

楊暢卿於民國廿五年十月二十五日，在漢口的江漢關輪渡碼頭中遇刺殞命的。兇手姓施，蜀人，當塲被拏獲，交由武昌地方檢察廳訊究，檢察長魯思曾早在北平民國大學跟我共過事。本案的內容如何，兇犯的供詞是怎樣的，迄未見公開宣佈，道路傳聞，言人人殊。這時筆者在貴州省府担任「縣政訓練所」主任，曾有關於此案的一段經過事實，未嘗忘懷，於今事過境遷，無關宏旨了，不妨叙述出來，藉供讀者談助，且使後之治史者有所參考焉。

當楊氏被刺後的第三天晚間，貴州省府接得主席兼重慶行營主任顧默三（祝同）將軍由渝市打來的長途電話，告以武漢綏靖主任何雪竹拍來密電，謂據在押兇犯施某供稱，直接指使他行刺楊主席的人，是貴州舊軍人王家烈的部屬，名叫樊其書，現住在貴陽城內某街某巷第幾號門牌，飭即通知駐在黔垣的國軍某將領，速將該樊某緝捕歸案，勿使漏網云云。省府奉命後，先由保安處長馮劍飛（貴州人）派人密查樊某是否仍住在省城，地址有無錯誤，旋據報一切無訛，即由代理主席某公，夤夜往晤駐軍某將領，請他馬上派兵緝捕該樊其書到案，某將領漫應之，次晨據報樊某已潛逃無蹤了！當時我斷定樊某必不敢逃往四川或湖南，只有亡命廣西之一途。此時中央的別動隊有一個總隊駐在黔桂路各要隘地區，總隊長蕭樹經（貴州人）跟我常常晤談，私交不壞，我即請他以長途電話通令黔桂路上各據點的別動隊，嚴密檢查由黔境馳往廣西方向的車輛乘客，準能將樊某查獲的，然蕭氏以未奉有命令，不便干預職責以外的事爲理由，拒不同意。事後有人詢問某將領，何以讓教唆殺人犯樊某從容逃脫呢？答謂：「若緝捕了樊某，很不好交待」，其言大堪玩味。越民國卅七年臘月，南京正要準備撤守之際，原來負責審判此案的武昌地方法院檢察長魯思曾君，在南京城內友人姚味莘家遇到了我，我即問他以楊暢卿被刺案的眞象，他說：「這次舉家準備逃難，許多行李都未携帶，但關於楊案的全部卷宗，裝成一小箱，隨身保存着，我現住東方飯店，請老兄到我的住所來逐一審閱，即知其詳了，三言兩語是說不清楚的。」可是，我第二天即離京赴滬，未再回返白下，而魯君亦不知何往了，機會喪失，可惜之至。

楊暢卿的個性剛而不愎，言談簡而不慢，表面看來，似有訑訑拒人的形色，令人望而生畏。實則他遇事頗能服善，每與朋友或僚屬討論問題時，他起初堅持己見，高聲激辯不已，迨聽到別人不同的意見，覺得理由充足，無可反駁了，他即斂容答道：「吵了半天，還是你的主張對！」此情筆者曾屢見不鮮。但他對於庸俗而毫無內容的議論，却當面指斥，給人以難堪，如民國廿四年春軍委會在南京舉行勦區善後會議時，內政部警政司長李松風（在日本學師範的）對警政問題發言不中肯，說了些外行話，楊氏以主席身份，大聲斥責，說是「像你這樣的知識，配作警政司長嗎？」這便不是休休有容的政治家應有的風度，也就是他名滿天下、謗亦隨之的基本原因。他的政治技術確有一套，無論怎樣疲玩麻木的社會風氣，他總有方法予以轉捩，而成爲生氣勃勃的現象，這在近代的政治人物中，殊不多覯。憑着他的行政經驗，對於實心任事的行政官吏，常常替你解除困難，分任勞怨，決不像一般以作官爲前提的大人先生們，爲着推御責任，隨便犧牲僚屬以自全的官僚作風。所以，在他領導下的行政人員，祗要有成績表現，即不愁被埋沒，眞是信賞必罰，虛僞不齒，試問當代林林總總的名公鉅卿，有誰堪與楊氏媲美者？

本文作者馬五先生戎裝策馬一舊影

他之被刺，蓋與私人問題無關，純屬政治恩怨，搞政治而爲仇家所忌憚，不惜採取暗殺手段以資報復，則其人之才華非凡可知也。楊氏殉難時，行年剛過五旬，星相家以其三根平塌，認爲難過五十一歲，其然，豈其然歟？楊出殯之日，筆者從貴州寄以挽聯云：

管夷吾眞天下奇才，壯志未伸，已著勳名驚俗世，

來君叔係何人戕賊，長城自壞，空留物議付評論。

楊在生之日，對人鮮談家務，亦不事生產，他每作豪語，說是「像我們這種人，決不愁沒有飯吃的。」筆者於民國廿一年始識楊氏，并無人介紹，偶在應酬場合相逢，攀談時事，甚投契，洎是承他不棄，獎掖有加，迥異儕輩，知己之感，沒齒難忘也。

閻錫山（百川）

山西五臺縣人閻錫山以辛亥革命起家，主持晉省軍民兩政垂卅七年，歷民國二年二次革命討伐袁世凱，民五反對洪憲帝制的護國暨護法諸役，繼之以袁世凱死後的北洋軍閥連緜不輟的內戰，民國十五六年的全國大革命運動，以及民十九年他和馮玉祥合力反抗南京國民政府，直至對日抗戰結束後，國家長期動亂不已，確有滄桑陵谷之變，然他始終雄據山西如故，屹立如不倒翁。他在日本士官學校的同期學友孫傳芳，曾給他起了一個綽號，叫作「厨子將軍」，蓋以厨房大師傅終日雙手勤勞操作，總是不超出那塊切菜板以外的，意在譏刺閻氏沒有雄略遠志也。他的另一同學老友李烈鈞將軍在生時，常對筆者談到閻氏與川省的軍頭劉存厚（日本士官同學）二人，久在家鄉領兵稱雄，鍥而不舍，太乏味了！

閻氏的個性是內向型，城府甚深，工心計，勤思考，決不作沒有把握的冒險犯難的事。他自述在日本士官學校肄業時，對於現代數學的公式定義殊不了了，每考試數學，輒以己意作答案，亦告及格，即可知其個性的一斑了。他於十九歲入山西武備學堂，三年畢業後，經山西巡撫張曾敭保由清廷以官費派赴日本深造，初入振武學校，繼轉陸軍士官學校，與李烈鈞、唐繼堯、李根源、孫傳芳、羅佩金（滇人，曾繼蔡松坡担任四川督軍，在蜀中戰死。）等同期，尤與李烈鈞交稱莫逆，二人且同寢室，而浙人黃郛（膺白）亦肄業士官學校習測量，彼此甚投契，倡言革命。唯孫傳芳好與滿清貴胄子弟留學士官的良弼親近，閻李等鄙其趨附權貴，予以疏遠。清光緒三十一年——公元一九〇五年，同盟會成立，閻氏亦加入，得與國父孫中山先生隨時請益。據閻氏自述：初對「平均地權」的義理不明白，曾與孫公再三研討，孫公闡明「地權」并不是指土地的質與量，而係指土地的價值判斷，他纔恍然大悟的。洎是，他協同上述諸同志好友李、唐、黃諸人，秘密組織「鐵血丈夫團」，矢志革命。閻謂丈夫團同志共有廿八名，然黃膺白夫人的「亦雲囘憶」說是廿五名，未悉孰爲正確。

閻於宣統元年（公元一九〇九年）由日本學成歸國，初任山西陸軍學校教官，旋昇監督，繼調任山西陸軍第二標（即團部）教練官，等於「中校團附」，一年後昇爲標統（即團長），迨辛亥武昌起義後，他就利用這團兵力在太原響應，被推爲山西都督，年方二十九歲。閻在担任山西陸軍第二標教練官的時候，以軍中士兵十九都是招募而來的外省子弟，且多係營混子，乃建議改行征兵制，按戶抽調農民入伍，他怕當道不採納，又協同晉省諮議局議長梁善濟一致主張，終得許可實行，從此他以晉人統領本籍士兵，容易掌握運用，而於辛亥革命時即收事半功倍之效，閻之工於心計，多類是也。

山西密邇京畿，南北邊境兩個重鎮——娘子關與大同鎮——京漢、京綏鐵路暢通，外來軍隊朝發夕至，迫使閻氏在勢孤力弱的處境中，爲着保持個人封圻專閫的地位與權力，不得不採取保境安民政策，對外敷衍依違，面面周到。所以，他對民二南中各省討袁之役，公然通電反對，使其舊日深交的老同志李烈鈞大感詫異而不懌。然閻氏在其日後所寫的囘憶錄中，辯稱是孫中山先生派人密囑他「沉默勿言，以保持北方之革命據點」云云，其說殊難置信。當二次革命發動之前，在上海的黃克强先生主張宋教仁被刺案依法律解决，袁氏大借欵案，由國會監察其用途，暫勿訴之於武力，但孫公不謂然，力主撻伐，自無密囑閻氏「沉默」之理；而閻氏嗣後對於護國護法，以及張勳復辟，黎元洪非法解散國會等關係國本的非常之舉，亦從未有所表示，祗見其接受洪憲皇帝袁世凱錫封一等侯爵，宣統皇帝復辟時的欽派山西巡撫官職而不辭，難道這亦是孫總理面授的機宜不成麼？

閻氏治晉的績業，首在創進「村治」政策，奠立地方自治基礎，且由於省內未曾遭受兵燹之故，秩序安寧，甚少盜匪出沒，人民得以熙往攘來，自營生計，因而獲致「模範省」的美名。蔡元培、胡適一般人亦爲之嚮往，民國八年曾在太原舉行全國教育會議，胡適特由晉北赴太原，巡視各州縣，行至雁門關內的「崞」縣下店時，却不知道這縣名的讀音，大爲納罕呢！至於閻氏治晉的第二項政績——禁止鴉片烟一事，表面固然成功了，實際貽患更烈，代之而興者，係日本浪人製造的海洛英與嗎啡潛入推銷，裝在紙烟的尖端，仰面吸食，謂之「冲天砲」，又名「高射炮」。民國十五年春間，馮玉祥的西北軍在南口與張作霖吳佩孚鏖戰不利，馮氏此時在莫斯科未歸，筆者受李烈鈞將軍與國民第三軍軍長孫岳之命，代表他二位赴太原向閻氏商洽合作問題，曾在督署會客廳內，先與參謀長朱綬光（蘭蓀，鄂省籍，出身日本士官學校）談話中，見桌上用透明的大玻璃瓶裝滿着香烟，即伸手取用，而朱氏急從懷中掏出外國烟捲來敬客，聲言那是本省製造品，不足以饗貴賓云。事後偵知那種特製的香烟就是「冲天砲」，專爲閻督軍召集文武高級幹部會議時，給預會人士享用的，藉防會議時間過長，癮君子不能支持之際的必需救濟品。民國十九年中原大戰伊始，晉軍傅作義部以勇銳之勢，渡過黃河，一鼓攻下濟南後，連日淫雨，戰事沉寂，而晉軍忽然自動渡河，向後撤退了，據說即因官兵們的「冲天砲」在前線受着潮濕，不能吸食，以致困憊無力作戰，非後退不可。這証明閻氏在山西的禁烟新政是失敗的。同時亦以他根本沒有問鼎中原的大志，擁兵不多，對地方人民尚無竭澤而漁的重征暴歛措施，保存了內部的元氣，晉人對閻氏迄無叛離行動，殆基於此。

閻氏治晉數十年間，僅有兩次過問外事的非常舉動，然其動機仍在自保而已。

一爲民國十九年聯合馮玉祥、汪精衛的「擴大會議」之役，發動中原大戰，自任北平的國府主席。此役的眞正原因，乃導源於民十七年馮玉祥爲反對南京國府的編遣計劃，在河南稱兵失敗了，中央迫馮下野出洋，須將所領的軍隊交由中央改編。閻氏深感脣亡齒寒，禍將及己之懼，急起以調人自任，一面迎接馮氏入晉，隱居晉祠，繼遷五臺建安新村；一面與南京當道折衝，要求不爲已甚，讓馮氏暫留晉省，暗裏仍舊可以指揮駐在陝豫一帶的西北軍，而閻馮實力即打成一片，使南京投鼠忌器，不得不妥協。馮在晉隱居一年後，大局仍動盪不安，西南方面以桂省李宗仁爲首，結合粵軍張發奎部，不奉南京正朔，而湘軍唐生智部又在河南叛變，江西的共黨作亂日甚，中央用兵平亂不歇。閻氏盱衡局勢，認爲如坐視中樞平定羣雄後，自身亦必難免於「削藩」之厄，再不會像過去北洋政府時代對他優容妥協的作風了。於是乎，他跟馮玉祥密謀保全之計，糾合西南李宗仁等實力派和正在失意怨望中的汪精衛文治派，在北平別組政府以與南京抗衡。他估計東北張學良必守中立，大有獲勝之可能，至少亦於兵連禍結之餘，縱與南京談判，山西的地盤决不愁喪失的。結果雖由於奉軍張學良之突然主和，通電進軍關內，而使中原戰局迅告逆轉，北平的擴大會議崩潰，閻氏不得不宣告下野出洋，遠去大連，但因南京採用和平政策，閻氏亦在日本軍閥卵翼之下，很快即從大連飛回太原，主政如故，適符閻氏以進爲退的願望。

二是民國二十五年「西安事變」之役。據張學良的幕僚李金洲最近在台灣「傳記文學」雜誌撰寫是役經過內容，指出閻氏曾是幕後聳恿張學良

閻錫山向其部屬訓話

兵諫的人，他在洛陽祝壽時，曾密囑學良設法阻遏內戰，一致抗日，這話是可信的。蓋當時日本軍閥侵畧中國的行動甚急，倡言「華北特殊化」，南京國府已忍辱簽訂了「塘沽協定」，容許冀察各省區託名「自治」，實爲日本傀儡政權。山西屬於華北地區，日人覬覦已久，下一步就要把山西納入特殊化之列了。閻氏本身既無力抗拒，中央一時又不能跟日本反目，勢必答應日本的要求，閻如不願做日本軍閥傀儡，則數十年苦心經營的地盤和實力，即完全歸於破滅了。適以張學良受着共黨「停止內戰，一致抗日」的宣傳影響，主張停止勦共工作，實行對外抗戰，曾向蔣委員長建議而被斥責，快快不樂。閻氏是工於心計的，他認爲這一着可以懾止日本軍閥蠶食山西的急進氣燄，是挽救自己所面臨之厄運的唯一有效途徑，乃聳動張學良再接再厲地行其所知，目的祇在爲個人保持山西地盤的利害得失打算，別無企圖。所以，他於西安事變發作後，急以調人自居，既點火，又救火，一面派遣趙戴文、傅作義、趙丕廉等赴西安游說，一面發表通電，向張楊提出四點疑問，用意是希望張楊不要走入極端，弄得不可收拾，反而促使日本帝國主義大舉鯨吞中國的野心，而山西即首當其衝也。張學良對於閻錫山的狡獪作風，深滋不滿，因而亦有決不讓閻氏於中取利的言論表示（見李金洲撰「西安事變親歷記」）。閻氏晚年在台灣私下對人說，他手中保存着民十九年中原戰役與廿五年西安事變期間，國內各方文武要人給他的密電原件，如果公開宣佈，將使許多名公鉅卿爲之失色不安。據聞閻去世後，這些原始資料用鐵櫃封鎖，皮藏某處，不許任何人啓視，確否不可知，但可見閻氏用心之周密矣。

對日抗戰軍興後，閻受命爲第二戰區司令長官，戰區多有共黨游擊隊出沒，他們名爲抗日，實則只顧發展自己勢力，攻擊國軍，厲行所謂「二分抗日，七分發展，一分應付國民黨」的策畧。閻氏深恐共黨威脅凌轢，表示跟共黨實心實意的合作抗戰，引用了許多共黨份子相助爲理，創立「犧牲大同盟」小組織，積極擴充兵力，編組了新軍二十團，讓共黨份子充任幹部，結果由共幹薄一波，韓鈞等從中策動，裹脅了十幾個團譁變爲八路軍，給閻氏以最大的打擊。閻氏一生以工心計而得法，這次遇着共黨却大大地失敗了。因此，抗戰告終後，他回到太原接收了若干日軍，幷未遣歸而加以使用，在戡亂期間亦發揮了相當的效用。共軍徐向前部久攻太原不得逞，直到平津陷落，京滬撤守，太原仍屹然無恙，最後以彈盡援絕而失陷時，省主席梁敦厚等五百人集體殉難，沒有一個文武官員甘作降虜貳臣，這不能不歸功於閻氏平日領導有方，也是他在抗戰期間被共黨玩弄而大上其當的慘痛教訓所使然的。閻氏於卅七年冬應李代總統宗仁電召入京，即未再回太原，世人譏其臨難苟免，不無慚德，實則明知其爲無可挽救的危城，固不必誓以身殉也。後來閻氏受命於危難之際，担任行政院長兼國防部長，在內部意見紛歧，政爭紛紜的環境中，艱苦撑持，不避勞怨，可說是他一生之中最堪稱道的作爲，或許是受着太原五百完人殉職的心理刺激所致吧？

閻氏的天份幷不高，一生盡是受的軍事教育，對於現代社會科學的修養工夫殊淺，但他具有遇事深思熟慮，詳究其因果關係的個性，對社會問題喜歡考究其利弊得失所在，以期尋得正確答案，這在當代一般的軍人羣中，允屬難能可貴的。他在主持晉政時，常常集合文武幹部，研討政理政術，亦曾撰述了一些關於政治經濟問題的具體見解，如「兵農合一論」，「物產証券與按勞分配」等等。他認爲自從井田制度廢棄後，人類的經濟生活即陷於不公平的境界，因而主張「田由公授」，「資由公給」，全民資本的生產，以勞動定享受，以享受勵勞動，勞享合一的分配；實行物本位的貨幣，公定價格供應，成爲「資公有」，「產私有」，共財富不共生活，共救濟不共養育的公平制度。他這套經濟思想，幷未出乎吾國先民禮運大同篇的範疇，而其所謂「物本位的貨幣」，也就是孫中山先生所倡述的錢幣革命方法，了無新義。但他闡述中國政治不進步的基本因素，認定夏禹王把政權傳子不傳賢的作法爲禍首罪魁，其說頗爲新穎，他指出：

「自傳賢的制度變爲傳子之後，將增進人類幸福的政治設施，變爲人類悲慘的表演。主政者以保持一家的尊榮爲施政主旨，上焉者雖有爲民之政，亦是爲己而施，即是以爲己爲目的，爲民爲手段。一家之子孫，何能世世皆賢？惡者繼君位則殘民以逞，故自傳子以來，無不是善其初而惡其終。堯舜帝位傳賢，以天下爲公，一公，則一切皆公，是以當時人民安和，幾乎難以形容。自禹傳子後，以天下爲私，一私，則一切皆私……故歷代政治甚少福民之舉，官員多禍國之具。夏有桀，商有紂，周有幽厲，皆爲家天下之遺毒……假使堯舜當時定一憲章，帝位必須傳賢，嚴禁傳子，如有違者，人人得而誅之；輔弼大臣如有假權力、施諂媚而成全傳子者，人人得而殺之。將此憲章公佈於民，奠定傳賢的基礎，則不僅中國四千年前，即可實現眞正之民主共和，其影响於世界民主共和的實現，亦可提早若干年矣。（閻對山西全省公務員講演「讀中國史」）

他這種思想雖昧於人類文明演進的規律，亦可發人深省也。

閻之爲人雖有心向上，而才學不遠，遇事瞻顧徘徊，行義不果，以致掌握山西省政近四十年，而成就殊鮮。但他頗知敬恭桑梓，不似當代一般軍閥之蹂躪人權，殘民以逞，橫征暴斂，禍害家邦；晚年遭逢國家亘古未有之變局，尚能賈勇奮鬥，勤勞國事，却不願携其子女玉帛，遠走異域作寓公，有如若干所謂「黨國要人」之所爲，算是對得起國家和人民，也保持了個人人格的完整性，以視李宗仁之流，其高下爲何如也！

程潛（頌雲）

程潛湖南醴陵縣人，幼時頗讀詩書，弱冠曾應科舉試，得補博士弟子員，俗稱秀才。清末科舉報罷，各省奉朝廷命令資遣青年子弟留學東洋，程赴日本肄習軍旅之事，入彼邦陸軍士官學校，與李烈鈞、唐繼堯、閻錫山等同期，宣統初年畢業歸國後奉派在四川駐軍學習，曾任參謀職務，碌碌無所表現。宣統三年清廷擬在中原舉行陸軍秋操，李烈鈞與程分自雲南四川奉命北上參加，旋秋操告停止，而武昌起義之役勃發，湖南率先响應，程亦回湘置身革命行列。湖南都督焦達峯積極擴充革命武力，程以日本士官生，又係同盟會會員，因緣時會，得領一師之衆。既而焦都督遭兵變殉難，譚延闓繼任湘督，程領軍如故，以其性情剛愎跋扈，與譚殊不相能。癸丑討袁之役失敗後，程初逃至日本，旋馳回西南川滇一帶，從事反袁運動，迨民五護國軍興，程藉唐繼堯、李烈鈞諸學友關係，受唐氏委任，統率一部分滇軍由黔省邊境進入湖南，驅逐湘督湯薌銘，自稱「湖南總司令」。他的軍部設在省議會，一面委派省屬各行政單位首長——我的叔父雷洪畇先生即受任爲湖南高等檢察廳長——同時捕殺曾向袁世凱勸進稱帝的人士，我肄業的省立第一中學校長施文堯（長沙人），即被程首先捉去槍斃的。還有新從日本回來的湘籍亡命客，因在日本時受過袁世凱收買者，程亦指名查緝，格殺勿論，我有兩個宗人——雷容海、雷英——都是國民黨員，在日本亡命時曾得過袁政府的暗中接濟，此時很高興地回到長沙來，有所活動，家叔偵悉程總司令要拿辦他們，急命我帶口信教他們趕緊逃命，幸免於難，長沙城垣頓時充滿着恐怖氣氛，人心惶惶。未幾，廣西軍閥陸榮廷派其部將譚浩明率大軍入湘，揚言護法，譚延闓亦由桂省率領一部分軍隊回至湘南一帶，仍以湖南都督名義相號召，程的資望不如譚，實力亦遠遜於譚，而湘人以程專事報怨殺人，別無建樹，民心多傾向於譚都督，程之「湖南總司令」祇好被迫收場，僅担任湖南陸軍第四師師長。迨譚氏二次主持湘政，實行裁減軍隊，第四師又在裁併之列，從此程譚二人搆成生死對頭，互相攻訐，各以湖南首領自負。程所部第四師雖併歸趙恒惕所領的第一師了，但其幹部如林修梅、李仲麟等仍領兵駐防湘境，暗受程指使，乘機推倒譚督，李仲麟以「綏靖區司令」，率兵一旅駐屯醴陵縣，會隻身來長沙活動，即被譚部第一師長趙恒惕格殺，另有原任程屬下「湖南總司令部」政務處長易象（田漢之岳丈），亦同時遇難，譚程之間的仇隙乃愈見深刻，無可解消了。

國父孫公於民國六七年間在廣州護法，就任非常總統時，程受任爲軍政部長，李烈鈞爲參謀總長，北廷總理段祺瑞曾修密函派員潛赴粤與程聯絡，道經湘南耒陽縣，被譚部搜得，公開揭發，指程通敵謀叛有據，民黨人士大譁，程無以自解，幸賴李烈鈞通電爲程辯護，說任何人皆無法避免敵人修書反間的詭謀，但期本身堅貞不貳，庸何傷乎？程乃得免於疑謗，然對譚氏的怨恨更增矣。

程潛賦性剛愎，傲岸自大，除國父孫公外，於人少所許可。民國十五年大革命時，程任國民革命軍第六軍軍長，以楊杰、李明灝等爲師長，迨北伐軍進入湘鄂一帶後，程與共黨人士結合，反對蔣總司令，楊杰率師攻下南京，不遵最高統帥節度，密蓄異志，所部旋被改編，程對蔣總司令更增反感，乃與唐生智合作，奉戴武漢政府昌言「反蔣」，通電東征，迫使蔣總司令下野去國，程乃昂然來南京，曾任軍事委

程潛（頌雲）

員會主席，但本身所擁實力薄弱，祇知妄自尊大，毫無作爲。此時譚延闓已至南京，仍居國府主席地位，聲望淩駕程之上，程宿怨未釋，仍馳回安徽軍次，鬱鬱寡懽。比及民十七年蔣總司令回國復職，實行二次北伐，調整革命軍建制後，程的第六軍長職務亦告解除了。洎是他閒住上海法租界馬斯南路，住宅與李烈鈞緊鄰。民十八年春間某日，我往謁李將軍，他介紹我赴程宅初次晤面，談到時局，程破口大罵蔣總司令與汪精衛不置，詞氣激烈非常，我就覺得他太不夠風度，嗣後很少來往。然未到一年，程又接受蔣總司令的邀約，到南京作參謀部長了，我心裏更對他減少了尊敬的意念，認爲當代的所謂黨國要人，其才華與志節不過爾爾，眞是百聞不如一見也。程氏閒居滬瀆時，常偕愛妾出入租界內的娛樂場所，如各個豪華舞廳曁「一百八十一號」賭塲等地方，有時他的愛妾亦單獨出外游玩，因而得識男友。一日，程在寓接得外來信件，內容說程恃勢淩虐妾媵，教他自愛小心，否則將以激烈手段對付之。程知租界內綁票殺人乃常事，得信大恐懼，祇好和顏悅色地聽其愛妾下堂而去了。

對日抗戰軍興，程奉最高統帥之命，担任第一戰區司令長官，駐節鄭州。時日寇亟亟侵佔華北，曾在平型關被我軍擊敗，損失不小，未能迅速渡越黃河而南犯，第一戰區尚未見有敵騎侵擾。北平世界日報主持人成舍我與曾任該報記者黃少谷，南下違難，道過鄭州，以鄉誼關係晉謁程長官，叩詢敵人將於何時可能渡河？程以手輕輕拍案云：「你們要曉得，我程頌雲在此作司令長官，日本人是不敢南下侵犯的！」一種狂妄自大的氣概，令人可哂。未幾，日寇大舉南侵，程祇好倉皇撤退，旋即卸去司令長官職務，隨着中央政府南遷，轉進重慶，不久，再奉代理參謀總長之命。他住家渝市上清寺，距其住家不遠的某廣厦中，設有「中國留美同學會」。某星期六晚間，留美學生在該會聚餐跳舞，繼之以歌唱，喧囂之聲至深宵未已，程不能耐，遣副官前往招呼，謂程總長深夜被羣聲震撼，難以寢息，希望維護安寧秩序云。座中適有留美生鄂人鍾培生者，新任糧食部參事，甚不以程干涉他人自由爲然，答言「我馬上過來面晤程總長」，而大衆的歌聲仍不歇。俄頃，鍾來程宅請見，程已滿肚皮不高興，告誡鍾等勿妨害鄰居的睡眠，鍾不服，程更不快，詞色殊凌厲，鍾抗聲謂：「我是留美學生，在美國的週末生活，雖通宵歌舞亦沒人能干涉的」，程聞言起立，伸手掌摑鍾頰曰：「老子就專門要打你這美國留學生！」程的副官覩狀，唯恐鍾還手，急對鍾揮拳痛擊成傷，鍾不堪受辱，次日向重慶地方法院控告程氏傷害。但當時法令規定，軍人犯罪應由軍法總監部受理，普通法院不能過問，鍾即往謁軍法總監鄂人何成濬，訴述經過，何氏聆畢答言：「閣下受屈固極同情，唯軍人要講階級服從的，我的軍階爲二級上將，程總長是一級上將，我管不了他，請原諒。」鍾頹喪而退，然仍不甘休，旋聞律師言，司法院亦可以特別指令普通法庭受理軍人的訴訟案件的，乃乞得某要人的介紹信，晉謁司法院長鄂人居正，報告受辱事實，請特許重慶地方法院受理本案。居院長垂詢鍾行年幾何？答以三十二歲，居夷然語之曰：「哦，三十二歲！我在三十多歲的青年時代，亦常常受到老輩人打駡的。」表示不願接受鍾的要求。蓋何總監與居院長皆係同盟會會員，與程潛具有老同志之誼，認爲鍾遭程掌摑，乃咎由自取也，何氏只以幽默語調答復鍾生，居氏則直率加以教訓了。顧鍾猶執迷不悟，謂何、居二公官官相衛，不替湖北人幫忙，竟撰印傳單，敘述程潛係軍閥，恃勢逞兇，兼攻訐何、居二公，曾將印好的傳單交與湘人李況松一閱，李與程往來甚密切，急止之云：「君一掌之辱尚未能雪，何堪再辱呢？」囑其萬不可散發於外，鍾謂：「然則我的醫藥費與傳單印刷費用，豈不枉耗乎？」李命其稍安毋躁，急約同筆者往晤湘人潘培敏（薰南），潘曾任程之秘書長，素性平和，我們三人協商結果，先由潘墊出法幣八百元——斯時法幣價格尚未貶低——作爲賠償鍾的損失，案乃結束，此一事也。程以參謀總長職位關係，常奉最高統帥臨時召見，商討軍事問題，一日奉召前往渝市郊外山洞官邸，程乘坐參謀部汽車經過青木關時，中央軍統局設在該處的檢查站照例稽查車上乘客，有無偷運貨物情事？程囑副官下車，告以是程總長奉委員長在山洞召見，囑免阻擋，然該稽查員仍不放行，用手拉開車門向程詢問道：「你就是程潛嗎？」程爲之震怒，持手杖下車來，聲言「老子就是程潛」，即揮杖痛打該員頭部，該員抱頭疾馳至檢查站告變，程亦趕來，逢人便打，弄得秩序大亂，軍統局長聞訊，急馳至青木關向程陪罪，程始悻悻然去，此又一事也。即此可見程氏絕少容人之量，不脫軍人的橫蠻性習，確非大器。

抗戰勝利後，程出任武漢行營主任，顯赫一時。旅居武漢的湖南人甚多，對程表示擁護，曾由當地同鄉會推派高齡的同鄉長老四人，赴行營叩見程主任致敬。適程在辦公室內與客人談話，副官囑諸長老在客廳暫候，尚待通報，俄而程氏送客還，至客廳，副官持諸位鄉老名刺遞呈，說明來意，程怫然斥責副官云：「甚末亂七八糟的人亦讓他進來，豈有此理！」說罷掉頭不顧而進入辦公室了。諸長老討此沒趣，拍馬屁拍到了馬腿上，立刻狼狽而走，原來準備舉行對程主任的歡迎會即作罷了。程就行營主任職不久，曾有旅居上海經營商業的湘籍老友某，路過漢口，順便謁見敘舊，言談間，該老友語程曰：「頌雲，你的年齡逾六十了，這次担任行營主任職務，可說是一生最後的重要事業，應該網羅各方人才，好好地幹出成績來，留名後世。」此乃朋友關切的好意，并無失敬之處，詎程作色答道：「我看老子就是沒有找到你這位人才吧！」某老友急起持帽辭別云：「好了！我且懸目看着你失敗，請從此絕！」程的性格很奇怪，凡在失意時，見着人很客氣，一旦得意，即崖岸自高，目空一切，決不願接受別人規勸的話了。他平居好作選體詩，戰時在重慶刊有「養復園詩集」，遍贈友好，自負爲當代無二的選體詩伯，喜聞他人稱讚他的詩才，如有向他求事，或請他寫介紹信謀官職者，祇要當面推崇他的詩甚高雅，不遜謝眺，他即飄飄然樂不可支，有求必應，凡深悉此竅的人，莫不如願以償；若來客當面恭維他的軍事勞績和聲望，他却詎詎拒之。民國卅七年冬，他奉命主持湘政，維時徐蚌大戰方終，國軍敗績，局勢動亂日亟。一日，程邀約旅京湘人中之相識舊友若干人，在廙中談話，筆者亦在座，我發言希望程先生效法曾國藩，以救家鄉的心情從事戡亂工作，弼成國家中興大業云云，程亦表示不以爲然也。

行憲之初，政府還政於民，召集國民大會選舉總統，程亦投袂競選副總統職位。當時桂省名人黃紹竑預言程必無獲雋希望，理由是此時此事，湖南人殊不容易得居於政治首領地位，曾有人將此意轉達程，他反而指爲黃某妬視之見。他競選失敗後，得任湘省主席兼「長沙綏靖主任」，洋洋得意，而以湖南「家長」自居。中樞原案規定長江北岸武昌亦隸屬長沙綏靖主任管轄範圍內，然華中軍政長官白崇禧拒不同意，而程亦不願將湖南劃歸華中區，程、白二人互不相下，早已種下各行其是的心理因素。

程於赴湘就職之前，旅京的湘西同鄉以立委覃勤爲首，某夕在南京中央飯店大廳中，舉行歡迎程主席的酒會，席間有湘西人李濟民，素在湘省教育界服務，年事已高，并無從政思想，他發言希望程主席在用人行政上，務須按照地區，公平處理，說湘西民風慓悍，對日抗戰時有行政專員兼縣長某不洽民情，曾被地方民衆驅逐了。程聞之震怒，大聲指斥李云：「你是甚末人？出言不遜，豈有此理，我不許你講話！」且將杯盤擲地，聲震屋瓦。時筆者適在中央飯店樓上訪友，聞聲囑侍應生下樓查看是何情形？俄而回報云：「就是那個副總統大發脾氣啦！」原來程濳競選副總統時，迭在中央飯店大廳設宴招待國大代表們，因而侍應生便稱他爲「那個副總統」呢！

既而湖南旅京同鄉會，假座夫子廟中國銀行樓上，舉行歡迎程主席會議，正在進行之中，有剛從長沙到京的湘省府保安處科長某，特來預會，當塲向程主席報告湖南辦理兵役的各種弊竇，盼望主席將來加以整頓。程氏忿然答道：「你這類話請到我家裏去講，讓你講三天都可得，莫在此瞎說八道！」弄得某科長面紅耳赤，無地自容，這那兒是作政治領袖人物的風度呢？程氏對人接物的態度每每如此，老氣橫秋，自命不凡。可是，他後來在湖南省議會講演台上，却被一位省議員李國柱（是筆者小同鄉人）當面奚落一頓，幾乎下不了台，成爲一大笑柄。李國柱與程原係同盟會老同志，又作過程氏屬下的旅長，資格很老。程氏在野時，喜歡玩麻將牌，回湘作「家長」後，表面生活殊嚴肅，然暗中仍抽暇到李家玩牌，李惡其對人裝模作樣、嚴正不苟的僞善姿態。一日，程在省議會演說，教訓大家勿染不良嗜好，聲言「我閒居在野時，亦常常逢塲作戲，跟朋友玩玩牌，自從回湘主政後，即以身作則，不談此道了。」李氏起立答道：「主席昨晚還在舍下玩過麻將牌，怎說是不談此道呢？」登時全塲哄然，程尷尬萬分，未便否認，又不能對着省議員發脾氣，他本來預定贊助李國柱競選副議長的，因此乃打消原議，與李疏遠了。

越民國卅八年初，徐蚌會戰已結束，局勢頓告逆轉了，程氏在湘受着舊部屬李明灝（在抗戰期間到延安投共的）和其侄兒程星齡（共黨份子）的游說蠱惑，下令停止湖南省徵兵徵糧，又派兵截留長沙中央銀行運赴上海的銀元數百萬，叛迹已露端倪。迨蔣總統引退回到溪口時，程又親筆上書蔣總裁，派其參謀長楊某親呈，函內誓言「立不易方」。迨白崇禧率部撤離武漢，轉進長沙後，行政院長閻錫山知道程、白素不相能，怕程處境艱難，以其有「立不易方」的誓言，加以日本士官同學之誼，曾派人赴湘，挽程就任中央考試院長，而程婉拒不應。當白部進入長沙之際，程氏率其屬員馳赴邵陽以避之，時人皆謂程係怵於白崇禧或對己不利而遠走的，此言殊不正確。蓋當時湘人陳明仁已就任長沙警備司令，掌握着一個兵團在手，陳明仁與程均係醴陵人，決不會使程枉遭白健生的暗算，程若眞是「立不易方」的忠貞人物，白氏亦就不敢隨便亂來的。據說，程之所以臨難變節，甘作降人，基本原因固係受了上述李某與其侄兒的影響，最重大的誘惑力量，還是民黨老同志湘人仇鰲等人向程進言，說毛澤東希望程能夠領導國民黨，獨樹一幟，與共黨罷兵行成，平分政權，組織聯合政府，由湖南人共同統治新中國，亦好替湖南人出口氣云云，這恰擊中了程氏平日自高自大的弱點，使他一心以爲鴻鵠將至，而忘乎其形地靦顏投共了。後來毛澤東對程亦表面特予優遇，他的湖南省長僞職，始終保持着，但不能問事，住在北平掛名而已。程初到北平時，毛澤東親至車站相迎，共幹們指程係反動份子，跟毛共有血債，認爲「毛主席」不應該對程若是之禮遇，毛却詭稱若不是程氏臨陣「起義」，而由共軍攻取湖南，可能死傷「解放軍」不少的生命，他就是基於這點理由，纔親自到車站迎接程的。

程自民國肇建以來，即與譚延闓互爭湖南領導地位，數十年相持莫下，晚年雖如願以償，而爲時甚暫，慾壑難塡，因而接納仇鰲等人的鼓動，仍想把持湖南政權。殊不知共黨的作風，與天主教徒之決不讓教外人士過問教會有關事業的情形一樣，排他性之强烈，殆有甚焉。程氏一生祇讀過一點中國的詩書，對於現代社會科學知識，茫昧無所諳習，更不瞭解共產主義的本質係何內容，總以爲大陸淪陷依然是換朝代的方式，有點力量在手，即不愁沒有出路，乃不惜臨老變節，爲天下笑，可憐亦復可哂也！

西德凱旋鬧鐘

每個廿一元九角

大人公司有售

易君左先生悼辭

李璜

諸位女士，諸位先生，兄弟近兩年來不像從前時常渡海到九龍來。因為交通太困難，不願在車塵馬脚之下浪費了時間，所以除每週一次來九龍教課之外，別的約會大都辭謝了，疎親慢友，至為歉然！今天易君左先生的追悼會，經同學好友鍾期榮博士一個電話，我立即應允前來，因君左與我有四十年的交誼，我認為非渡海一次不可。君左的少年生活與中年德業，我雖未能一一詳說，有如在座手中所持的那篇行述上所書種種；然而他的為人，他的氣慨，我算是比較能夠了解他的朋友中間的一個人，所以諸位推我致辭，我便不推脫，願意來談幾句，以表追悼之忱。

很明白而且很恰當的稱呼，君左是一個詩人。不過君左不是普通的詩人。以詩人而論，近人之中，比君左寫詩，更為出色當行的作家不少；然而像君左筆底所具有的那一股豪氣，則非尋常詩人所能及。因此我特取行述中所稱道君左「意氣豪邁」這四個字，來作為這篇致辭的要領，來向諸位分析一下君左生平的所信所行。

我們讀君左的詩，每會感到其中有一股豪邁之氣。但君左的這股豪情，並非不羈，而是騰驤自在，屢有其超越的目標的。第一，他的超越處是確能愛國，而顯示出卓然的表現。這在他最近在大人雜誌二月號上面所寫的「曾琦與左舜生」一篇文中，開始敘出「五十餘年櫻花夢」一節，便見到他在中華民國七年，年才二十一歲時，便在日本與他的同學曾琦、張夢九等人創辦華瀛通信社來反日救國。卒因之為日人所干涉，所驅逐，犧牲學業回國；從之罷學歸國的中國留學生有千人之衆，散居於上海北京，成為次年五四愛國運動的先導與中堅分子，君左之名也因是以顯。後此投筆從戎，從事革命；參加抗戰，鼓吹中興；這都無非是他那一股干雲的豪氣，在鼓舞其詩歌，支配其行動，因之使君左成為一個愛國的詩人，足以與「千古男兒一放翁」的南宋詩人陸游相比擬。

說到君左是一個愛國詩人，不可不在此一提他有此節操，乃是淵源有自。他的尊翁易實甫先生，為近代中國羅曼主義的名詩人，別號哭庵，也是以愛國詩人著稱的。易老先生在甲午中日戰爭之役，清廷戰敗，棄韓割台的時候，為救台灣這一塊大好河山，不辭奔走全國，冒險犯難的，去助當時唐景崧抗日守台，到處為募軍餉，豪氣熱情，感動一時；其哭庵的別號，也是其時用「與千載下同聲一哭」這句話而自取的。在易老先生的「四魂集」內詩裏，也就以他此一愛國之魂的音響最為動人！我們至今讀之，尚為之感動，何况君左稟受有自，庭訓所及，能不為之感激憤發，一往直前呢！

君左之所以能與我們這一班朋友共學、共事、共艱苦，從他二十二歲參加少年中國學會起，一直在重慶共事，抗戰八年，以至於到香港來共作「義不帝秦」的流亡生涯，四十年間，所過的都是艱苦生活，並無一日安寧，也無非為的愛國家而甘願犧牲。但環境雖極端困苦，而他處之泰然。這在他寫的大人雜誌第十三期內「太太在屋頂上」一文，可以看得出來。翻開日記，雖說字字辛酸，然而文中「漏室歌」裏名句，仍有「人窮世變無足怪，安之若素道心堅」；「買菘煎韭近蔬畦，小窗自酌飄欲仙」等聯。前者足以表示其為國珍重的情操，後者足以表現窮困是打他不倒的。因之君左一生困阨，而一生對人總是笑口常開，嘻嘻哈哈的。在座諸位大半是君左的老友，你們那一位又曾見着君左向人愁眉苦臉過呢。

其次，要說一說君左的豪情至性，對於交朋友這一方面的事。大家都知道君左的人緣很好，到處都是朋友。不但在香港方面，與君左相處甚好的朋友很多，學生不少；特別在南洋各埠，君左的好朋友相當的多，因此年年都約君左先生去渡假期。近十餘年君左在東南亞一帶因之寫成的詩篇，留下的題詠也特別的多。有人誤會君左之往南洋，是專為展覽字畫，其實他在那裏却有不少的眞朋友的。我有一個故事：一次我和內人去游南洋，到了某埠。因為我們兩老住不慣英式大旅館，日夜開着冷氣；而且西餐包在房費之內，吃兩三天便厭了，吃不下去。因此我們覓了一間華僑所開設的小旅店住着，以便出街去自由在飯館吃中餐。住到第三天，店主人拿出君左所辦的新希望雜誌與我消遣，我說這是我好朋友易君左辦的。於是他又拿出君左給他的詩與字來，我也隨便和了一首。從此店主人不要我們兩老出街吃飯，認為不潔淨，由他供給，甚為豐盛。開旅館並賣飯食，我認為是常事。那知我臨走付賬，店主人堅決不收飯錢。他說他從來不賣飯的，因為我是君左的好友，所以他特別招待；如果他收了我的錢，就對不住君左了。因之我便大魚大肉的打擾別人近一月，足見君左的人緣不錯，到處皆有眞朋友。

君左之所以能夠相識滿天下，人緣甚好，固然由於他有豪情至性足以感人；但他還有一個長處，就是只喜揚人之善，而甚少道人之短。試讀他的詩歌或散文，便可以見到他的「平生不解藏人善，到處逢人說項斯」那一種長處。這種長處，在今天世風日下，甚是難得。今天人與人相處，總是吹毛求疵者多，大都不喜恭維別人的長處，而總好議論別人的短處，彼此攻訐之餘，幾乎普天之下沒有一個好人。因之在這種作興「清算」的世風之下，君左只喜揚人之善，應該算是一種美德。

說到這裏，有人要問：「易君左閒話揚州，引起揚州閒話，易君左矣」那一段故事，豈不是與我上面所說的美德有點不相符合？我曾閱過君左的「閒話揚州」，閒話中並無對揚州人有何刻薄批評的字樣。他說揚州出產擦背的與剃頭的，這在今日看來，同是一種職業，並無貴賤之分；今日改稱爲按摩師與理髮師，就沒有人說是侮辱了啊！即使詩人都好讚美揚州出美人名妓，那只能說是恭維揚州人。如杜牧的「十年一覺揚州夢，贏得青樓薄倖名」；又如徐凝的「天下三分明月夜，二分無賴是揚州」；豈不都是在稱揚州每出名妓呢，這又有何稀奇，何能稱君左刻薄揚州人！這都是當時揚州的一班鄉鄙之士，或所見不廣，或借事生風，並於君左的盛德無累的。

在香港住了二十年，我是在清游或讌聚中常晤君左的。我感到他一向樂觀，身體因屢歷滄桑憂患，雖不算十分强健，但爲人灑脫，不執着於榮辱得失，故一向少病。君左去秋經過香港時，我曾在沈葦窗先生在大人飯店請客席上見到他，這算是我與君左最後一面。當時我並未感到君左有何衰象，仍是談笑風生的。不過他已不再飲酒，而且吃得不多。他說他有胃病，不能浪飲浪食。我們年上七十的人，大抵多有胃病，我並不以爲異。不料君左竟以胃病而終於不治！眞是可惜這一個好朋友，抱愛國之志以沒，從此不易得這種豪情至性的朋友了啊！

四魂集名詩

甲午一役（前光緒二十年，一八九四年）是中日兩國因朝鮮問題而打起的一場大戰，結果我國敗了。就在這時，惱了一位愛國大詩人，就是詩人易君左的父親易順鼎。他極力主戰。在中日宣戰前一個月即七月，他向清廷上了一個「擬陳治倭要義疏」，以「悉掃浮言、直陳梗概」的義憤，首斥「倭寇無端開釁，轟我運船，奪我屬國」，以致「神人共憤，天理難容」。隨即看見大勢漸漸逆轉，又上了一個重要的奏摺：「敬陳管見疏」，列舉十大條欵，加强戰志。不幸我國在甲午戰敗後，割地賠欵，恥辱重重，這位愛國詩人便發出慷慨悲歌的高吟，於是產生了近代詩學瓌寶「四魂集」。

四魂集包括魂北記、魂東記、魂南記、歸魂記，並沒有魂西記，另外附有魂海集。總括一句，即招魂。招什麽魂？那時易實甫正丁母憂，準備在墓廬守三年孝後就一死了事，却不料甲午一役突起，奉父命。墨經從戎，所以只想戰死沙場，盡忠盡孝；所招的魂，當然不是個人的魂，而是國家的魂。國魂已失掉了，他大聲的要招囘來！

魂北集魂東集是甲午乙未兩年所作的詩歌，反映中日戰爭的場面最爲鮮明。魂南集是參加援臺抗日運動的全部詩作，這裏面有大手筆大文章。歸魂記魂海集則是從臺灣囘來後的作品。

魂北記詩共一百九首，開頭是「感事書懷八首」，甲午七月作，即在中日戰爭揭幕前夕。悵觸時事，萬感迸發，誠如王以敏（夢湘）在序上所說「滿紙皆淚，幾不復着一筆墨痕也。」原詩如次：

羽書絡繹出三韓，又報倭奴起釁端。
九葉藩封周正朔，千年禮樂漢衣冠。
枕戈將士忘身熱，嘗膽君臣念齒寒。
萬聖英靈在中夏，定數復衛有齊桓。

哀哀諸公滿漢京，不應無計答昇平。
已看東帝連西帝，猶自南兄倚北兄。
騎虎勢難今日下，屠龍計早昔年成。
版泉涿鹿天王事，莫道皇家總厭兵。

蓬萊宮殿水中央，太液煙波接莽蒼。
兵氣遙通威海衛，邊愁暗入倚虹堂。
似聞春色仙桃飽，誰信秋聲若木涼。
欲得長生萬年藥，何時弱水變瓊漿？

象雉來庭路不迷，何年却隸大荒西。
自從瘴海鯨鯢掣，久失炎洲翡翠棲。
東望神仙空黑子，南看屬國闕雕題。
漢家尚有滇祠在，頭白王裒祀碧鷄。

西山北海接迢遙，金虎宮鄰匪夕朝。
宿將新亡班定遠，雄邊誰是李文饒？
匈奴附漢形翻弱，安息通秦勢更驕。
今日中朝懷舊相，湘陰門第且蕭條。

漢南種柳發新枝，司馬風流海內知。
人望救時賢宰輔，公如入定老禪師。
神州赤縣常深念，魏闕滄江有坐馳。
作繭自纏今數載，馬鞍山下鬢成絲。

尚書昔日鑄金枷，時論紛紜物望賒。
近喜三湘除伏莽，新聞六郡選良家。
籌邊馬援曾留柱，奉使張騫好泛槎。
垂老功名要橫海，不須回首望長沙。

萬古春暉付逝波，機聲燈影斷腸多。
久甘鄭緩爲松柏，豈但王裒廢蓼莪。
杖履東山猶好在，觚稜北極更如何？
沉湘蹈海終當決，願效汪童一執戈。

·屈補之·

陸廉夫仿古四家述評

蕭慧山

摹古畫如臨古帖，是要靈活應用的。陸廉夫的仿古四巨幅山水屏，展開在我們面前，正是一個示範。

試看他所擬四家，技巧夠成熟了，而又能發抒己意，脫卸古人藩離，而自能名家，即所謂「師其意而不師其迹」，但在神會而已。

對於中國畫的學習，必須先從規矩入手，捨此別無捷徑。所謂傳移模寫，原爲六法之末，却正是學畫不可避免的第一步。祗是後世不達臨摹之意，或終老古人作品中，雖能亂眞，不免淪爲畫奴，這是爲智者所不取的；但初期而欲憑空獨創，不師古人，而技巧未至，也終難乎有成。所以最好是一面在臨摹古畫，一面也可以自己創造新意。其唯一訣竅，即踏實了規矩，吸收了精華，從有法而至無法，自然而然會有自己的面目存在。試看陸廉夫所仿鷗波（趙孟頫）、北苑（董源）、黃鶴（王蒙）、華原（范寬）四家，每一幀都未曾照古畫刻板地對臨，只是信筆所至，從心所欲，所以技巧愈成熟，愈能脫畧痕跡，而臻於所謂爐火純青的境界。

說來這所仿的四大名家，也各有其獨特的家數，學者倘能由此門徑試探，相信一定會有所收獲，而不致白費心血的。趙孟頫是元朝一位復古大家，他主張力追唐宋，但又是文人畫的一脈相傳，甚至元四家黃大痴、倪雲林、吳仲圭、王蒙也都不免受其啓廸影響。他的水墨畫固然出色，尤其間作鈎勒一法，如飛白書，虛中取實，以勢爲之，得自唐人的奧妙。至於淺青綠設色，更是一絕。昔人以「高華流麗」四字讚譽之。陸廉夫此幀「鷗波春色」，上題語云：「趙文敏用筆沉着，而設色閑靜，董華亭極愛重之。此從西溪圖中消息其用意」。畫中作平遠之景，那些垂楊毿毿，流水潺潺，正寫出江南春光的一片絢爛處。但在陸廉夫筆下，最安排妥貼的是，幾間茅舍，一條板橋，而人物來去，又呼之欲出。從這幀畫可以證實，陸廉夫本身的功力，竟不輸於王石谷、吳墨井，其構圖又十分的寫實親切，故其藝術感染力，決不會被時間所淘汰。

「北苑夏山」一幀，上題語云：「此本向在福山王氏，近聞入溗陽端尙書家，墨瀋淋漓，極濃厚之致。今節擬一過」。這分明是見過了眞蹟而後背擬的意思。董源是江南派山水畫的鼻祖，宣和畫譜形容他：「至此出自胸臆，……而足以助騷客詞人之吟思，則有不可形容者」。米元章云：「董源平淡天眞多，唐無此品」。這些都無非推重他的畫，風格很高。其夏山圖據畫鑑稱：「天眞爛漫，拍塞滿紙，不爲虛歇烘鎖之意，而幽深古潤，使人神情爽朗。」在陸廉夫筆下，也竭力强調這點，幾株老樹崢嶸下，草亭深院，佈置恰當，看來無愧「神情爽朗」這點。可能是他曾對夏山圖眞蹟作一番觀摩，多少洩露了北苑一點天機。

陸廉夫仿「黃鶴秋風」這幀，上題語云：「山樵眞蹟，近年所見不少。青弁隱居圖其尤勝者也，此仿其大旨。」在元四家中，王蒙得趙孟頫影響最大，乃因誼屬舅甥之故。世稱他的山水畫師法巨然，假筆意以寓天機之妙。其青弁隱居圖，尤其老筆紛披，水墨淋漓，一向稱爲劇跡。而倪雲林所咏「王侯筆力能扛鼎，五百年來無此君。」也確非虛譽。但看陸廉夫的畫中，還是他自己本人一貫的筆墨，不過比平時稍放縱些而已，王蒙在青弁圖中那種似草似隸的筆法，他實在沒有完全學到。但青弁圖本是水墨的，他却一變爲設色，尙不失爲秀潤之致。

「華原旅蹟」是一幀冬景，據題語云：「范寬喜寫冬山雪棧霜林，爲生平善構，此作北宗山，故取之爲師法也」。范寬是北宋派代表之一，他畫山頭折落有勢，一望而知。米元章說他：「好作密林，自此趨枯老，水際作突兀大石，自此趨勁硬」。自有其一種雄傑的特色。陸廉夫以南人而畫北方山水，却並非一定從范寬學來，他本人曾旅行過燕魯與關外，故能以實際景色爲依據。嚴格地說，他的筆墨固極精熟，而並未曾與范華源一鼻孔出氣，只是無意中有所會合罷了。

這四幀仿古山水畫，看來名爲仿古，而竟是師其意而不師其迹，不在形似而在神會，這正是陸廉夫的高明之處。陸廉夫的畫，雖被人評爲「甜」之一字，其實還以「熟」之一字爲的評。如其他再能做到熟後求生，巧中求拙的話，那其藝術境界一定更了不起。査伊璜曾特別向山水畫家提出這樣的要求：「故非多讀書，負上慧，能作奇夢者，不可望涯矣。」其實所謂負上慧，能作奇夢者，世上究能有幾？

畫學衰微，於今爲烈。當今一般西洋畫家，紛紛改學中國畫後，而又不明中國畫的歷史與理論，却在那裏夸夸而談，什麽「打倒宋元」「脫離傳統」，甚至以爲歷來古人劇蹟，全都應在一筆抹煞之列，這實在是數典忘祖，而且謬種流傳。所以不談中國畫則已，談到中國畫一定要進行深入研究，其研究的不二法門，還是多看古人劇蹟，而能胆大心細地進行學習。

王維說：「妙悟者不在多言，善學者還從規矩」，那是古今畫壇顚撲不破之論。

這四幅陸廉夫仿古山水巨屏，曾經吾友張碧寒教授收藏，張是香港中文大學藝術系國畫導師，亦爲名畫家吳湖帆弟子。

原稿
缺頁

原稿
缺頁

原稿
缺頁

原稿
缺頁

原稿
缺頁

原稿
缺頁

原稿
缺頁

原稿
缺頁

古玉虹樓日記

費子彬

晨起八時左右，每日讀報章所刊「釧影樓回憶錄續編」，至北京東方飯店雜事祕一段。其時在民國初元，袁項城失敗之後，北洋軍閥抬頭，利用國會議員，負政治責任。故當時首都市面，非常發達，前門天橋及二區香廠一帶，店市林立，商業繁盛，新闢城南遊藝園、東西大森里，與原來之八大胡同、大柵欄，相互銜接，城開不夜，帝皇之都，畢竟與衆不同。有寧波商人邱潤初者，投資辦一東方飯店，房間一百左右，樓下大餐廳，約可容二三百人，西餐浴室，潔淨講究，有賓至如歸之樂。此時我爲該店常客，朗生先生（即包天笑先生早年所用之名號，）亦住三樓。每在餐前，吾人恒於膳廳相遇，重以丁文槎兄之介紹，（丁名士元，英國留學生，曾任京漢鐵路局長，）所以吾二人漸漸熟識，但各人的趨向不同而已。我自來香港後，日爲醫務所困，除晨餐外，稍有暇時，可以讀報，日來正讀包先生大作，忽想起包先生之爲人，温文爾雅，春風照人，五十餘年前事，猶在目前，即電高貞白兄，問能否設法與包先生見面，以慰予之飢渴。高復我星期四（四月廿七）中午來舍，同去午餐，餐後二點，即與朗翁見面，相見握手，各道想思之苦。並言：「英法德日各國語文，自小學習，但不能與西人直接通話，又不諳粵語，與工人無從理解，情緒不暢，可以想見。今脚背腫脹作痛，如果脚氣攻心，豈不危險，你道地世醫，須得請你一診。」當爲把脉，脉細緩而靜，濕痰入絡是實，爲處生薏苡一両，紅棗五枚煎湯，朗翁言我喜甜加至十枚如何？余曰：可以，但再加赤小豆三錢，便成節制之師矣。朗翁復言孟河這個地方，我五六歲時，即與家人趁船前往診病，忽忽九十餘年，時高貞白兄在傍，謂將近一世紀矣，彼此相視而笑。余言先曾祖伯雄公光緒三年故世，尊府就診者，恐由先伯父繩甫公醫治，朗翁言正在童年，何能記憶清楚，大概伯雄先生，至江南大營爲向榮治病，得以轉危爲安，凡東南人士無有不知者。後來翁同龢、翁曾源叔姪兩狀元，及同治師傅孫詒經侍郎子綬、李聯琇京卿小湖等，羣趨孟河訪費，蕞爾微區，頓成醫藥重心，你名醫之後，家學淵源，今日既已相遇，不能不請你一診，以慰平生云。

（編者按：費子彬先生爲孟河世醫，今年八十有一，包天笑先生爲新聞界人瑞，今年九十有七，此一頁日記，寫二老會面，親切可喜，特請刊出，願讀者與二老同壽。）

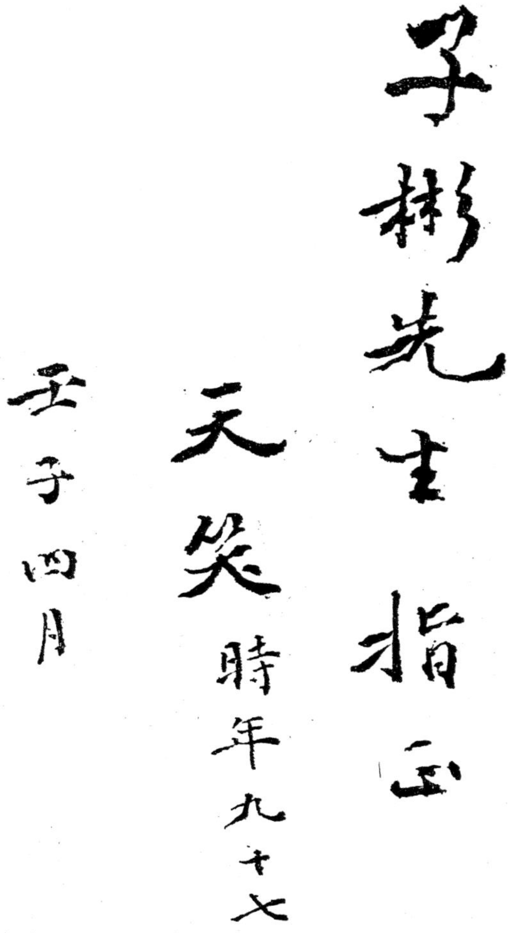

九七老人為本文作者親筆題簽

紐約市立美術館等主辦：

中國書法展覽

王方宇

在美國正式展出中國書法，這是有史以來第一次。這次畫展是由費城美術館、堪薩斯美術館和紐約市立美術館聯合主辦，在這三個美術館輪流展出。所蒐集的材料，限於美國國內。主要的是紐約顧洛夫氏及翁萬戈伉儷、方聞伉儷私人的收藏和普林頓大學美術館及費城美術館和夏威夷美術館的藏品。目錄由夏威夷大學現代中國特出的女畫家曾幼荷教授主編。從選擇材料，說明、翻譯，以至展覽的佈置，在任何方面來說，都是上乘。揭幕之日又請張大千先生東來表演又寫又畫，更爲此次展覽生色，難怪紐約時報插圖報導數次，引起很多人注意，前往觀覽者中外人士絡繹不絕。

在紐約的展覽中，爲吸引一般人的注意，用了一個放大的草字，作爲標記。因爲在展覽的入口以及館中各處的廣告都是用這個草字宣傳，所以很容易使人看見。筆者不斷的接到中外朋友的電話問「這個是甚麽字？」四月十五日又携生徒往觀，當在展覽會場之時，又有不少中外人士詢問此字。想見不少人士，有此疑問，故簡述如下：

此草書「勅」字，取自展品中第九項翁萬戈伉儷所藏「十七帖」，此帖末尾，有一草書「勅」字，「勅」字下有「付直弘文館臣解無畏勒充館本」。另起一行「臣褚遂良校無失」。左下有「僧權」二字。

「十七帖」

唐朝在乾符（八七四－八七九）年間作過大理寺卿的張彥遠寫過一部書叫「法書要錄」（展覽目錄中作「歷代名畫記」誤）。這部書裏提到「十七帖」，這是最早的著錄。他說：「十七帖長丈有二尺……凡百七行，九百四十三字，逸少草書中煊赫著名帖也。文皇帝購二王書，大王草有三千紙，率以一丈二尺爲卷」。又說：「當時大臣名此帖，號『十七帖』者，以卷首有『十七』字，故以名。」又：宋朝的黃伯思在政和二年（一一一二）給一部『十七帖』寫的跋上說：「右王逸少『十七帖』，迺先唐石刻本。今世間有二：其一，於卷尾有「勅」字及褚遂良、解如意校定者，人家或得之。其一，即此本也，」又說：「獨『勅』字本及此卷本乃先唐所刻，右軍筆法具存，世殊艱得，誠可喜也。」

「十七帖」是唐太宗蒐集的二十三（或二十五或二十八）封王羲之寫的信。這些信，在唐朝當時以爲是王羲之最好的字。第一封信頭兩個字是「十七」，所以叫「十七帖」。這部帖翻刻本很多，裏面信的數目，行數

一個「勅」字轟動了美國

、字數，都不一樣，據說這些信的內容，都和當時的蜀地有關，所以有人以爲是王羲之寫給益州刺史周撫的，清朝書法大家包世臣曾作「十七帖疏證」，但並未澄清問題。

中國的書法從晋朝到現在，王羲之（三二一——三七九）一直是中國書法家的第一位。和王羲之差不多同時的大將兼書法家，桓玄（三六九－四〇四）已經蒐集保存二王的書法。據說，他把所蒐集的二王墨蹟選出最好的各裝一帙，一直隨身帶着，到兵敗的時候，都投在江裏了。後來梁武帝（四六四——五四九）的時候在天下搜訪，所得二王書曾命沈熾文、徐僧權等題檢有七十八帙，七百六十八卷。這些也都因兵亂焚燬。到唐太宗李世民（五七九——六四九）因爲他特別喜歡王羲之的字，在貞觀十二或十三年（六三八或六三九）下令在民間重價購求王羲之的書法。於是「四方妙迹，靡不備至」。據說當時王羲之的字，搜得二千二百九十紙，裝爲

十三帙、一百二十八卷。其中眞書最少，只有五十紙，行書也不太多，計有二百四十紙，草書有二千紙。以一丈二尺爲一卷。這些書跡，都曾命令褚遂良等共相參校，辨別眞僞。這是根據唐朝人張懷瓘所寫「二王書錄」的說法。其中有多少可靠的成份，不容易攷實。但是根據一段梁武帝和他臣子陶弘景（四五二——五三六）討論王羲之眞跡的對話裏，我們知道，當梁代的時候，已經有王字的僞跡。梁（或作劉宋或作陳）人虞龢在「論書表」裏曾說明僞作二王書的方法。有「以茅屋溜汁，染變紙色」的話。在離王羲之不到二百年，梁武帝收藏的七百六十八卷裏，已經有僞跡存在。在唐太宗時天子重價收購，當然僞跡更多。但是也不能說所有的都是假的，雖說梁武帝的收藏後來都焚燬，但是唐太宗所得也有從梁朝留下來。因爲張懷瓘也說唐太宗曾命令王行眞裝潢那些書法，遇有「梁朝舊裝紙見在者，但裁剪而已」。這是紀元七世紀的事。到張彥遠作「書法要錄」，那是二百多年以後，他所追述的十七帖，長丈有二尺等，大概不錯。至於宋朝「東觀餘論」所說「前唐石刻本，今世間有二」，一是「勅」字本，另一是無勅字本，這是兩個不同的系統。在這兩種前唐刻本以外，南唐李後主（煜）曾得到一本賀知章的臨本，刻入澄清堂帖內。這是另外一個系統。到今天，各種版本的十七帖，據說有四十多種，經過名家收藏以及影印行世，我們可以看見的也有十來種，正在展覽的一部，是流傳有緒的名帖，曾經明朝大收藏家項元汴（一五二五——一五九〇）和清朝翁同龢（一八三〇——一九〇四）相國所藏。此帖應當是唐朝「勅」字本（也叫館本）的系統下繁衍出來的各種版本之一。其中比原來的「十七帖」缺了十六行。所以也叫作「缺十六行本」（也有人說是缺十七行。）帖後草書的大「勅」字和下面的幾行小字的解釋是：「勅付直弘文館臣解無畏勒充館本」的意思是「皇帝命令（把這卷十七帖）交付在弘文館當差的那個臣子解（這個字是姓的時候，國音是「懈」Hsiek，不是「姐」Chieh）無畏（也叫解如意）讓他把這部帖雙鈎出來刻在石頭上，留在弘文館內，算是館裏保存的正式館本。」這一段似乎是皇帝的話。下面：「臣褚遂良校無失」。意思是對答皇帝說：「您的臣子褚遂良，把解無畏鈎出來的和原本校對過了，沒有錯兒。」至於在下的「僧權」兩個字呢，應當是梁武帝時鑒定臣子徐僧權的簽字，比唐太宗褚遂良要早上二百多年。我們現在沒有法子確實知道這些小字，以及那個大「勅」字到底是怎樣產生的。

「勅」字

據說，這個「勅」字是唐太宗寫的。展覽目錄上說「勅」字的意思是「表示皇帝認爲可以」(Signifying the approval of the Emperor)。但是事實上「勅」字的意思應當是「帝王命令稱勅」，漢初「勅」字只是「戒勅」之意，也不限於帝王使用，到了唐朝才是「帝王命令」的意思。

「黑奴籲天錄」作者

·謝冰瑩·

一九六七年的夏天，正在越戰打得如火如荼、萬分猛烈的時候，美京華盛頓DC突然發生黑人大暴動，死亡百餘人，傷者數千，財產損失，據當時估計，至少在十億美元以上。當筆者一九六八年秋天去參觀時，還看到許多被焚毀的房屋遺跡，眞有目不忍覩之慨。

黑白衝突的不幸原因，由來已久，這是有悠久歷史背景的，並不是一個種族膚色的簡單問題，而是與社會、經濟、政治、教育、法律各種問題，有密切關係的。

現在丟開這些問題不談，我只想簡單地介紹一本世界名著「黑奴籲天錄」的作者——史杜伊夫人。

我讀這本書，還在中學時代，那是五十年前，我只有十六歲。譯者是林琴南先生，用的是文言。有人說：林先生根本不懂西文，他是依據別人說給他聽，用筆錄下，然後再修改出版的。在此，我不能不佩服他的才華和勇氣，光就他譯出的一百多部世界名著來說，對于我國的新文藝貢獻，實在太偉大了！

「黑奴籲天錄」原名 Uncle Tom's Cabin，直譯爲湯姆叔叔的小屋。作者史杜伊夫人（Mrs. Harriet Beecher Stowe）生于一八一一年美國東部康奈狄柯州的里契菲爾德城。她的家庭都信仰宗教，父親和哥哥都是當地有名的牧師，後來她嫁的丈夫，是位牧師。

從小她就有一顆慈愛的心，所受的教育，有三分之二是有關神學的，其餘她最愛文學，最崇拜英國桂冠詩人拜倫，和小說家司各德，這兩位作家，後來對于史杜伊夫人的作品影響很大。

十四歲的時候，她的家由里契菲爾德城，遷往波士頓，幾年之後，又遷居辛辛納提，這是因爲她的父親畢契爾（Lyman Beecher）當時担任辛城蘭因神學院院長的緣故。

一八五〇年，她和也在神學院教書的史杜伊先生結婚（Mr. Calvin Stowe）生了六個兒女。

辛辛納提屬俄亥俄州，對面是肯塔基州，中間隔着一條俄亥俄河（Ohio River）。肯塔基州，有許多大農場，都是白人收買了黑奴在那兒工作，因爲不堪主人的虐待，他們往往集體逃亡，先渡河到辛辛納提，然後再逃至加拿大去謀生。

春柳社在日本演出「黑奴籲天錄」的海報

一八三三年，史杜伊夫人還是一個充滿了熱情的女孩子，她旅行到肯塔基州，親眼看見一些農場的主人，住在花園洋房裏，享受着最富足、最舒服的生活；而那些黑人，却衣服襤褸，骨瘦如柴，過着牛馬不如的生活。

「爲什麼？爲什麼同樣是人，却有這麽大的區別？我要把他們的痛苦寫出來。」

她在內心裏激動地許下了宏願。

這時候，恰好她的哥哥從南方回來，他把自己看到許多黑奴受迫害的事實，一五一十地告訴妹妹，這更使史杜伊夫人下決心要把黑人悲慘的遭遇寫出來。她聽說密西西比河有一個殘暴的監工，曾經活活地把一個黑奴打死，後來在「黑奴籲天錄」中，描寫賴格瑞的橫蠻、殘酷，就是那位監工的嘴臉。

文章寫完之後，先在民族時代週刊上發表，獲到無數讀者的贊美，一年之後才刊完。起初只印五千本，沒想到出版的第一天，就銷了三千本，第二天就收回成本了，于是趕快再版，一週之內，賣了一萬本，這一年，居然達到三十萬本的高峯。在英國，這部轟動世界的名著，銷路更好了，一年售出一百五十萬本，全世界有二十二種文字翻譯，在法、德、瑞典、荷蘭等國，銷路之廣，更是盛况空前。接着有人把這本書編成劇本上演，也有用詩歌、音樂來唱出了黑人的心聲。

作者最大的收穫，也是她對于黑人最大的貢獻，是促成了林肯總統解放黑奴，假如沒有史杜伊夫人的「黑奴籲天錄」，社會一般人，誰會如此深刻地了解當時黑人所受的壓迫和痛苦呢？

現在是二十一世紀的新時代，美國已經沒有黑白之分，大家一律平等了；但希望這不只是紙上的宣言、報紙上的點綴，而是眞正做到了各種族一律平等的地步，那就天下太平了。

六一，四，九于舊金山

東戰場回憶錄

抗戰「花木蘭」唐桂林

圖慧

八一三之役，戰績最彪炳的應是王敬久。吳佩孚死後，任援道曾函王敬久招降，王亦設計陷阱，擬使任援道落網，這一秘密在三十年後之今日始揭開。

「七七」蘆溝橋槍聲一起，抗日聖戰燃起火頭；但還不是「犧牲已到最後關頭」時候，僅屬「宛平事件」的擴大，戰爭仍有微妙的局限性。

到了「八一三」前夕，已有一個月時間的部署，決心打擊侵略者，於是上海戰事的爆發，改由我軍主動了。艱苦的兩個半月淞滬之戰，國軍投入這戰場的，達總兵力五份之三。政略上，昭告世界：中國堅決禦侮，爭取世人對被侵略者的同情。戰略上傾全力一擊，不惜犧牲在這國際都市周圍打一場漂亮硬仗，挫敵兇燄，振奮人心。

最先與日軍血戰的，是第五軍的八十八與八十七兩師，三十六師則稍後加入，這三個師的位置，王敬久的八十七師在左翼，負責江灣至大塲一線，宋希濂的三十六師担任中路，國軍總撤退前，三十六師還曾進達滙山碼頭，孫元良的八十八師爲右翼，蘇州河與租界無形中作了犄角之勢，陣地也不同於左翼作戰方式，是逐屋逐街戰，士兵需要小聰明與敵鬥智的。

第五軍由張治中指揮，傷亡最重是八十七師，在上海人心目中的英雄，則是八十八師的孫元良，第一，他的陣地接近租界，師部即在蘇州河北（茂新麪粉廠與四行倉庫），與租界電話暢通，發佈戰訊與記者採訪便利。第二，八十八師的硬仗不是一個接連一個的，後期戰事中的苦撐實力仍保持三分之一，所以配合總撤退前與三十六師的合擊，也能以强弩之末之勢，進展到北四川路底日本海軍司令部，造成滬人看作「英雄師」的印象。第三，四行倉庫的「八百壯士」，屬掩護撤退的八十八師的五二四團，這故事直至日軍進入租界始爲人淡忘，但至今談滬戰而久居上海的人，仍只知孫元良與宋希濂，對滬戰每天在浴血中死守陣地戰功最高的王敬久，依然只是個「淡淡的印象」。

滬戰結束，賸下總兵力不過三分之一的國軍，分佈東南、東北、華中戰場，一時間無法再打陣地戰硬仗了，天佑中華，日軍攻下南京，躊躇滿志，停兵不進，國軍得能於一九三八年的六個月內從容調整，再建戰鬥力，徹底執行以空間爭取時間策略，除了幾個重要據點（如台兒莊之役，保衛大武漢）投入大兵團外，其餘戰場多數運用磁鐵戰術，吸得住多少敵人就吸多少，吸不住時乾脆打回頭就跑。

張治中的第五軍垮了，三位師長的命運與滬戰時的「遭遇」正好相反，孫元良的八十八師殘部參加了南京保衛戰，唐生智是「今之馬謖」，言過其實，他未與城俱亡，幾乎累了孫元良被俘，蟄伏城中半月，僥倖逃出魔掌。此後鬱鬱不得志，出國返國，抗日聖戰中沒了他的份。勝利後，東山再出，徐蚌戰役中，又一次僥倖未被共軍活捉。在徐州東南前線勞軍時，我因帶去曹聚仁

孫元良（右）宋希濂（中）王敬久（左）

一封私人信，匆匆見他一面。回到徐州時，形勢已變，若非杜聿明半夜自南京飛返徐州，決心携大兵團突圍西走，那末這一架送杜歸還駐地的「美齡號」飛機，上海記者團就這樣死裏逃生的乘這架專機漏夜飛出已在破壞機場的徐州包圍網。

三十六師的宋希濂，此後在魯南戰役中與友軍不協調，又不聽指揮，蔣委員長在鄭州主持會議時，幾乎被扣，未來的日子當然不好過。戰爭是最現實的，仗打得不漂亮，回到後方話也說不響的。

八十七師的王敬久怎樣呢？上海之戰，國軍動員了七十五個師，陳誠、黃琪翔、張治中、薛岳、朱紹良都曾指揮過軍的作戰，但沒有一個師像八十七師那麽傷亡之重，也因此這個師的補訓工作時間最長，到了一九三八年夏天，王敬久已升爲軍長，建制於第九戰區，贛北南潯線大戰，李漢魂負責指揮，王敬久担任右翼主力，又是一塲硬仗，也因他的一軍頂住了日軍猛攻，全線得以轉危爲安。這一役，李漢魂威名遠播，成就不在台兒莊大捷之下。

但是，王敬久在此役，整訓補充，又歸建到東戰塲的第三戰區了。

八年抗戰中，王敬久打了兩塲出生入死之戰，一九四〇年一月原預備發動皖南沿江攻勢的，他的總部進駐陵陽，任左翼主攻，本來又是一塲硬仗，重慶統帥部臨時改變作戰計劃，也幸而不啓戰端，否則浙東之危，由於不能抽調莫與碩部，將更不堪收拾。

從南潯線上撤下來的王敬久部隊，沿浙贛路東開，自鷹潭貴谿北上，經景德鎮，出祁門，抵達皖南。在整補期間，他也經常出現在屯溪了。那時三戰區長官部尚在屯溪休寧之間的梅林，前線日報方於屯溪出版不及一月，而報社對面一條長巷內，正是王敬久常去的地方。

由於南潯線打硬仗的結果，部隊建制重新調整，王敬久是蘇北人（徐州或宿縣，記不淸了），顧祝同是蘇北漣水，所以參與南潯線東菇嶺一役的，部隊或是營團級以上的軍官，凡是江蘇籍的都歸依到三戰區來了。

我在黃山旅館遇到一位自東菇嶺戰役間道來屯溪的團長，圓而畧扁加上風塵刻劃的臉，很失意的樣子，但還不致於沮喪。

記得我是這樣問他的：

「從贛北戰塲跑到皖南來，有什麽打算？」

也許我太年輕，但他知道我的身份，雖有「虎落平陽」之嘆，也只好陪笑雜有蘇北口音的回答我：

「那邊垮了，到這裏三戰區來聽候顧長官的調遣。」

「不會投閒置散吧？」

「這裏，我們的同鄉很多。」

爲什麽他單獨行動投向到此地，祗有盡在不言中了。

這團長是誰？別急，還有下文。

「長官部所在，你知道嗎？」爲他們同鄉服務，我義不容辭。

「知道，已聯絡過。」

「別的方面，要不要我幫忙？」

思索一下，他說：「我想沒什麽。」

說實話，一個團長，又是「敗軍之將」，當然沒什麽可寫，何況南潯線戰事結束已一二月，能從他那裏訪到些什麽呢？

那時實在天眞，我竟老老實實告訴他：「沒法給你吹噓，希望你留在三戰區，以後我們有的是見面機會，今天只算交了個朋友！」

這幾句話打動了他的心，不再當我「欺老虎的狗」了，緊緊握着我的手說：「你是我第一個遇見的新聞記者，後會有期，我會記住你的。」

小小一個團長，此時此地值得寫嗎？

三年後，第十軍死守衡陽，他就是舉國皆知的方先覺軍長。

在三戰區，他先入將校研究團受訓，編在第一班，顧長官去訓話時，多數是我紀錄，每次都是他報告聽訓人數，沒有指揮團以上的經驗，不能勝任愉快。升得快調動得勤，第十軍調到九戰區後，都是打得有聲有色的。（記憶中，方先覺先任預五師師長，湘北會戰後，才繼李玉堂任第十軍軍長的。）

僅過街之勞，在屯溪見了幾次王敬久，其中一篇訪問記，還寄給上海金小春編的一張小型報，使上海人回憶一下當年在江灣苦戰的八十七師的眞正英雄，現在又隸屬於三戰區了。

這一天，借的是王敬久的車子，我與曹聚仁自屯溪出發，訪問對象是上官雲相，集團軍總部以下的單位，臨時再決定去向。

上官總部在徽州郊外，不是王敬久的司機駕輕就熟，不迷途才怪。

按編制，這時候的三十二集團軍司令上官雲相，下轄廿五軍（軍長王敬久）與廿九軍（軍長陳安寶），到了抗戰後期，李默菴接任卅二集團軍，任務是挺進敵後，準備接應盟軍登陸，所以加强突擊單位，着重游擊任務，只是日軍投降得快，李默菴的人與戰術相同的「短小精悍」作風，未展所長。

二十五軍與二十九軍兩個番號都不利長官，王敬久任軍長後，沒打過硬仗反而嘆無用武之地，勝利前，調第六戰區孫連仲司令長官轄下，任第十集團軍司令，六戰區在長江上游，根本未與日軍接戰就勝利了。但接任廿五軍軍長的是顧祝同的參謀長黃伯韜（第一任參謀長是岳星明），人與番號，同在國共生死戰的徐蚌前哨戰中殉國。廿九軍軍長陳安寶，則在進攻南昌日軍之役，中彈陣亡。（是役誤於段朗好師長，陳死段亦槍決，過程微妙，另文補述。）

見了上官雲相，較想像中年輕，他與顧祝同均係保定六期，按入役年齡計算，大於我們這一輩十五至二十歲，瘦瘦的臉，削長的身材，談吐之佳，絕不像舊軍人。

半小時後，他的兩個小女兒出來見我們，不過七八歲左右，都梳着兩條小辮子，有個印象很深，侍候這兩小孩的端着一匣餅干，不是土製也非國產，而是道道地地舶來品，若無一年半載的存糧，在屯溪那裏還搜購得到？距那次訪問十年以後，南來香港，上官亦在此，兩位小姐聽說久住美國，且對平劇有嗜好，算來現在也有三十五六歲了。

曹聚仁寫了篇訪問記的，我因他談的有關將領的統兵學問，頗有顧忌，此行重心，放在下一重大收穫上。

離開總部去王敬久的廿五軍軍部，王本人既不在屯溪，也不在前方；但在這裏遇到了五十二師師長唐雲山，他與曹聚仁見過幾面，這一個師也是南潯線上撤下調來三戰區，前任師長或直接指揮這師的似乎是冷欣（即芷江受降初步指示日軍行動的我方軍事首長），因爲不拘束的談天，而且已近傍晚，不想再「下放」，所以聊的都是「軟性新聞」。

抗戰花木蘭女兵唐桂林

出其不意，唐雲山說：「我有個特別消息向兩位報告，那是在東菇嶺打了三天三夜，陣地撐住了，傷兵不斷後撤，一個機關槍手受的輕傷，流了血也不讓人包紮，强迫給他按上担架，他又跳了下來，大家對他早就疑惑，爲什麼怪裏怪氣不合羣呢？實在不懂這傷兵心理，有人是爲了好奇，偏跟他纏，這一下可糟了，他歇斯蒂里的大叫大跳，於是使强硬手段，鬧呀鬧的，鬧出了眞相，原來他是女的！」

「女人當兵打仗？」我和曹聚仁兩人幾乎同時的問。

「她叫唐桂林，發現這秘密後，馬上把她送到後方，先醫好了小傷，她要求歸隊，我們正好調防下來，從九戰區開到三戰區，因此一直沒把這件事向上面報告。」

「這人呢？」我恨不得馬上見到她。

「已經不在五十二師，但快要來了。」唐雲山說。

「來了怎麼安排她？」曹聚仁問。

「向上面請示，看上面怎麼處理。」

現在寧可吃力不討好，抄一節曹聚仁寫的「女兵唐桂林」如下：

『四行倉庫女童軍獻旗那一回，我們這一羣新聞記者，一夜之中，把那位楊惠敏捧成了英雄，也就那麼毀了她的一生。我呢？從皖南發出了一專電，就讓女兵唐桂林的聲名震動了全國，共稱爲抗戰中的花木蘭。港滬各報，古風排律，贊頌之詩不絕。軍事委員會頒發的鐵十字奬章，掛到她的胸前時，她興奮得幾乎暈了過去。這位女兵，湖南零陵人，曾經出嫁，和丈夫不睦，便棄家出走，化裝爲男人，投軍作戰，也就過着男人的生活。她也在湖南部隊混了幾年，到了抗戰初期，已改入五十二師，曾參與東菇嶺之役，任機關槍手，身受重傷，這才暴露了本來面目。她在營中，盛暑毒熱，總是不脫卸上衣，閉門沐浴，也不讓人窺伺；營中夥伴，早已有了疑心，私下總以爲她是天閹一流人物，不願暴露自己的缺點；想不到她是眞正的女性的。傷後，既已証明爲女性，她就奉師部命令，調往江山傷兵醫院任看護長。唐雲山師長和我同往皖南，閒談及此，我就當晚發出專電，佳話遍傳，她就成爲新聞人物了。那知我從皖南回到浙東，特地到江山去訪她，她却已厭倦了看護的女性生涯，請了長假，又回到皖南部隊中去了。她已經習慣了那富有刺激性的戰場生活，便不安於太平靜無變化的後方生活；她一到皖南，前線日報記者×××兄（指我）特寫專欄，於是軍中傳爲異聞，聲名之大，反而在唐師長之上了。她隨又參加蘇南戰線作敵後作戰工作，等我重到皖南，她已隨車向溧陽挺進，途中翻了車，不幸重傷身亡。』

爲什麼要抄錄這段文字呢？戰時担任軍事記者的競爭激烈，向「我是第一」的途中搶步時，友誼已是第二了，曹聚仁是中央社特派員，得此所謂「異聞」後，師部留我們晚飯也不吃，要緊當夜趕回屯溪，他發他的中央社專電，我寫我的專欄。全國報紙第二天刊的都是曹聚仁的那個電報，唯有前線日報詳詳細細寫出了唐桂林投軍殺敵受傷暴露眞面目的經過。

這位當年和我並肩作戰的老友曹聚仁因爲大坑道寓所拆屋，他住在這宅舊屋的四樓，無法再住，已在本月九日離開香港，遷往澳門養痾，在此順祝他早日康復。

當代花木蘭揭播時，上海正在展開我與敵僞的暗殺潮，朱惺公寫唐桂林的最多，譏刺那些漢奸不如一個女人，不幸的是朱惺公以此招忌，終爲小醜所算。

約在這轟動消息發生後半年，前線日報已隨長官部自屯溪遷至江西上饒。唐桂林突然奉召至政治部，匆匆來又亟亟去。按例，無論公與私，政治部應告知報社（相距不到三里，電話暢通），不知如何，大家忙着要一睹這女兵風采，全給忘了。

其後嫁了我而此時在政治部第四組工作正與我熱戀中的于陵，拉了唐桂林拍一張照。我在照片上實在看不出她是個女人，瘦削的臉，三圍沒有，所以軍中沐浴也不須遮遮掩掩，根本是個「男子漢」。

這照片我不大喜歡，也不知一擱擱在什麼地方；但我還是保留了另一張單獨拍她的，穿一件白衫，黑色的褲，有一綹頭髮掛在額前，如此而已。

為了走失這機會，有點惱，查問之下，她在浙贛路上的江山，派在二十二補訓處當護士。上饒去江山只須坐半夜火車，於是趕了去。江山是戴笠故鄉，認識認識那裏的風土人情也好，補訓處是訓練新兵機構，處長為少將階級，地位又如一個師了。新兵由於水土不服，病號特別多，因此補訓處的醫務所與師部的設備又不同，有時可作小規模傷兵醫院看待。

但又是去遲一步，唐桂林「不安於室」的堅持要回原建制服務，補訓處留不住，只有由她飛了。想不到這一飛，飛到了蘇南敵後區，無聲無息中死於車禍。

勝利後回上海，專門報道內幕新聞的方型周刊，如雨後春筍，不知徐慧棠還是沈家洵，一定要我寫篇關於唐桂林的，我說這不適合你們刊物的讀者，但經不起一請兩催三坐索，還是寫了，那張僅有的照片也找出來送了他們，自此身邊沒有了這女兵的影子，因為他們沒有把照片送回。

方型雜誌後來成了「攻擊私人」的不良武器，上海警備部查禁了幾家，又是沈家洵的事，他朋友辦了兩份，都被禁止出版了，知道我有人事關係，要我為他討一個人情，想法「收回成命」。居然那位宣鐵吾手下紅人的督察長翁率平，憑我一張名片大開方便之門，對這兩個刊物免究，事後我對沈家洵說：這位督察長在溫州瑞安，是我死對頭，他是陣中日報主筆，為了我改他社論中的一個字，氣憤辭職，我也不客氣兼了他的職務。勝利後又同在上海，互不過問，畢竟他不念「舊惡」，送一個順水人情給我，對証之下，我對他欠缺的太多了。

在任兩年，翁是積勞成疾，終告不治的，還有什麼可答還他給我的人情呢？除了偕同昔日同事靈前一奠，莫說與他「抬槓」，連頭也抬不起來了。

寫至此，東找西翻，尋到一頁舊稿，証實了東菇嶺作戰時的五十二師師長是冷欣（容菴），唐雲山是接任的。一度冷欣在三戰區不得志，與「軟性新聞」有關，甚至軍職不幹，安置一個閒職（記得是任警備司令）。

殘稿中提到唐桂林，我這樣寫：「女人怎麼能當兵？」「女人眞的上了戰場殺過鬼子！」「女人在抗戰中一樣站起來了。」「各人看法不同，冷欣就召見她，對她說：你不能再打仗了，給你另外安排工作。」

現在這支筆「歸還建制」，還得落在王敬久身上。

隸第五軍八十七師時，苦戰經月，「僅以身免」。滬戰之後，八十八師的孫元良助手副師長馮聖法尚且升任軍長，王敬久統率廿五軍，當然不能說他是黃埔一期又係蘇北的同鄉關係，才被另眼相看。

一九四〇年冬至四一年春，我在皖南沿江前線逗留的時間較長，與王總部的人（他以軍長身份兼左路軍總司令，故有此稱）相處最熟。

那時吳佩孚才死，敵偽利用了他一下，重慶也一反舊觀感，譽吳為「完人」了。於此正反面人物相互爭取時，偽組織的任援道有封信給王敬久，先是敘述同窗之誼，思慕之情，正題文章，要王敬久「陣地起義」，與長沙下游的任援道部隊合流。

王的參謀長吳鶴雲，由前線日報承印部替他出版「孫子兵法新解」，所以與他的友誼更早於王敬久，這件事與這封信，我都過問，初步決定是：（一）告訴任援道，沿江歸王指揮的有兩個軍與一個附屬師，行動不大方便，最好就地起事；（二）約一個地點，派一個上校以上的人來談具體問題；（三）都應該有吳佩孚那種不屈不撓的精神，彼此不能出賣朋友。

這三點中的第一點引誘力最强，對方可能「利令智昏」失了判斷力，第二點有些不擇手段，要抓那倒運而來的「使者」，第三點是配合當時敵偽宣傳，使任援道不疑有詐。

如此重大的「戲劇化」行動，王敬久考慮再三，還是推翻了這個決定，也可說與吳鶴雲的意見相左了。是他們軍校同學眞有感情，不忍看他入網（其實那有此簡單），還是優柔寡斷，舉棋不定，那連吳鶴雲也不便揣摩他了。信是覆了的，以其道治其身，要他的同學棄暗投明，反正到國軍陣容中來，這樣，雙方自然都沒有了下文。

在那個時候，「任致王函」是機密大事，而王吳的初步決定，雖戲劇化却有許多危險因素。我這局外人居然參與此事，且不須保証如何嚴守秘密，一方面是王敬久吳鶴雲對我的信任，同時也是一般將領好以記者為知己的通病。實在，戰場的指揮官最寂寞，戰鬥之外找不到一個非戰鬥員可以談談，於是戰地記者往往成了「太上指揮官」，駕馭他們的「非戰鬥思想」了。

如今，王敬久在台灣，任援道聽說自香港去了加拿大，不管怎樣忙，無論健忘到已達可怕程度，這一來一往的兩封信想必還記得，今日思之，能不感慨系之？

本文中提及的方先覺，在台灣還担任過一小段時間的軍職，現在想已退休了吧？

高 15 英吋濶 10½ 英吋

1972年最新編印巨型中國風景大畫冊

中華風光

（另編「中華風光選輯」一册已經出版每册特價三元）

· 內容簡介 ·

僑鄉景色　寶島台灣　羊城八景　萬里長城　長江天塹　上海風貌　故宮金殿　桂林山水　蘇州園林　杭州西湖

圖片數百·專家攝影·柯式製版·彩色印刷·豪華精裝

定價港幣一百五十元（US$30 M$75）　預約祇收港幣一百元（US$20 M$50）

（優待定戶免收海郵寄費）

鐵定七月卅一日出版　短期預約　六月截止（期滿照收原價）

澳門中華風光社出版

香港廣文公司發行（地址：香港皇后大道西306號）

Kwong Wen Co., 306 Queen's Rd., West Hong Kong Cable "Kwongwen"

現代粵語
趙榮光編
三百七十頁　定價十元

會計學　全書四冊
潘序倫著
定價二十元

最新世界集郵手冊（一九七二年版）
康喬・黃順編著
定價五元

·中國文史叢刊·
庚子西狩叢談
·附崇陵傳信錄·
道林紙精印插圖多幅
定價五元

英文文法作文兩用辭典
A Dictionary of Grammar And Composition
葛傳槼著
精裝一巨冊
定價十五元

釧影樓回憶錄
包天笑著
大華出版社出版
定價九元

春風樓聯話（第二集）
林熙著
定價二元五角

英使覲見乾隆皇
林熙著
平裝定價八元（印刷中）

香港廣文圖書公司發行地址：皇后大道西306號・**九龍三育圖書公司經售**地址：彌敦道580號G

面部十二宮

韋千里

吉隆坡沈公俠先生：第二次來函，囑將中國相法所謂「面部十二宮」，詳細解釋，敢不從命。但本刊篇幅有限，問函太多，祇得每期披載一二段，聊作點綴。

命主宮　即「印堂」，在兩眉之間，爲心之根，面之主體。所以名「印」者，尊貴之義也。

宜寬大（主智量）。宜方骨（主大貴）。宜豐隆（主富貴）。宜高突（主奇才）。宜明潤（主順利）。宜黃紫（主吉慶）。

忌懸針（主破敗）。忌坑陷（主勞苦）。忌狹窄（主量小）。忌紋冲（主困難）。忌黑暗（主危險）。忌紅燥（主官非）。

懸針者，直紋也。此部位若有一二三痘痕者，必爲人「養子」。有黑痣，主癎疾。黑色有胃病，青色有肝氣，赤色有心臟病。

（覆九龍陳文先生）台造：戊子、庚申、丁亥、己酉。秋火，弱極。應作「從財格」而論。與令外祖所批，容有出入。按先生將於今夏畢業香港大學。今明年可以獲得良好工作，不必繼續讀書矣。二十七歲至三十歲，寂寞無聊。三十一歲起，一路飛騰，自多成就。致力於屬土屬金之工商事業，尤妙。

×　×　×

（覆荃灣翁耀眞先生）台造：癸酉、辛酉、己亥、乙亥。「從兒格」，富命也。惜乎行運旋進旋退，恐無大成耳。不得已而求其次，則每逢金水流年，畧有積蓄。更可以告慰者，妻賢子佳，欣有美滿之家庭也。

×　×　×

（覆香港梁言先生）來書謂：命途多舛，一切殊不如意。按台造：丙子、辛丑、丁卯、丙午。丁火失令於丑月，幸有木火生扶。過去運程多翻覆。今明年還是動輙得咎，守之守之。三十九歲起，四步火運，不求利而利自來，鵾化鵬展，决非小就也。

×　×　×

（覆香港黃秋隱先生）承詢令郎命造：癸卯、辛酉、庚辛、癸未。秋金，有水而少火。聰明有餘，魄力不足。幸自二十八歲起，連行四步大運，揷柳成蔭，非關人力，厚利大名，豈有限量。其名丁瑞之「丁」字，何勿易以「炳」字。十二歲甲寅年，十三歲乙夘年，家庭多故。

×　×

（覆九龍陳崇清先生）台造：丙寅、乙未、壬寅、庚子。全好時落寅子，壬有根源。

一、讀者函問請郵寄大人出版社轉交
二、如蒙垂詢須剪寄上圖及姓名地址
三、筆者業務繁忙答覆較遲幸勿催促

來鴻去雁印章係由古杭金石家陳風子先生刻贈

過去戊、戌、十年，備嘗艱苦。今明兩年大好，萍水機緣，意想不到。五十五歲之子運，六十歲之辛運，皆是美景良辰。惟六十一歲丙寅年，諸加珍攝。

×　×　×

（覆香港林少明先生）台造之壬辰、丁未、己卯、丙寅。立秋前六天，夏季土旺，己土日元當令，不畏寅卯辰之尅制，但憾於缺金少水，未獲潤候，而爲「不毛」之燥土耳。據謂現爲中學畢業生，擇業自宜金水方面，「政治」不如「經濟」遠矣。按運途一派金水，命不好而運好，倖哉，將來可致小康之富也。如對象配得屬猴屬鼠，或金水之女命爲妻，乃得力於「內助」，更非淺鮮。

×　×　×

（覆九龍謝師節先生）台造：戊午、丙辰、庚子、乙酉，干透財殺印，地支子辰吐秀，酉又爲刃，不凡之命也，權名有過於實利。過去之申運（四十歲至四十五歲），應盛極一時。未來五十二歲癸丑年，五十七歲甲寅年，財得無心，喜出望外。今年壬子，多利，而亦多事。

×　×　×

（覆香港馮錦棠先生）台造，癸丑、丁巳、癸丑、癸亥。雖在火令，其實火無木資，而干支多水，癸水日元，仍喜木火財鄉。四十歲以來，運轉北方，勞而無功。縱逢木火流年，如小草遇春風，不過片時得志而已。今明年，仍爲「蠖屈」之象。六十二歲起，六載繁榮，方有奇蹟，大器堪期晚成。

望平街憶舊

申報與史量才

胡憨珠

在民國二十一年申報六十周年紀念之時，史量才又向新聞報創辦人福開森買進了新聞報股份，其股額佔新聞報館全部股額百分之七十以上，此時史量才手上已擁有上海兩大報紙，而且這兩大報紙風行全國，所謂輿論權威，亦已非史莫屬。黃炎培慫恿史量才改革申報，由於黃本人不爲申報同人所喜，於是又引出許多左派文人進了申報館。

後來事實果然，對於「一二八」淞滬中日戰爭的局面演變，一一如黃炎培所告訴史量才之話，這來龍去脈的關係，可說是微妙之至。他眞有點像諸葛武侯未出茅廬，已知三分天下的情況那樣。可不是麽？那即是淞滬全線作戰的我方軍隊，經三閱月來的浴血抗戰之下，不使敵騎得越雷池一步。實已表現了我武維揚，明耻教戰的中華民族抵禦外侮、對敵抗戰的精神和決心。終因在平原地區的都市作戰，既無險隘地理上的形勢，可以憑藉與掩蔽。更以兵甲堅利的軍備方面，也遠遠不及敵方佔有極大優勢。因此，我方軍事當局爲要保全軍力，留備後用，眼前不願作無謂犧牲。於是下令前線全軍的整師西撤，退守沿崑山的青暘港爲起點，直到長江邊岸的揚林口，七丫口爲止的河流一線以後，再定攻守之策。但是日軍至此，固然不再作迫擊追攻，只挺進至相當距離鎗炮射程以外的地區作環守。一時雙方形成隔江對峙的局面，慢慢演變至休戰狀態，更進而有淞滬協定的成立。對於協定中，該日方所提出的要求條件，如不得再以武裝部隊進駐上海的市區所在，只准留守少數保安部隊作爲保衛地方的武力等等，一切的一切，恰恰符合如黃炎培所言。

不過當時使黃炎培感覺大大失望的，却是日方不會如他所說提出次一種的條件，那是要求把上海市改成爲自由貿易港口與市塲，改組現市政府問題，以及包括改爲民選正副市長的政制在內。這當然是日方認爲上海地方係屬有關國際利益的形勢所在，究竟不像天高皇帝遠的冀東地區，他們於九一八的事變以後，可以任心所欲的組成冀東僞政府，安排一個殷汝耕任做傀儡政權的中心人物。或許因爲日方知難而退，未曾啓齒，以致出於黃炎培的意料之外。但不知如何，是他想把上海市改成自由貿易港口，以及任用民選正副市長的那種荒謬不經的妄談，竟會不脛而走的傳揚出去，一時成爲當時高層社會間的耳語資料。其實這是黃炎培一人所作的夢想，不過史量才與杜月笙將來出任民選正副市長之說，可能全被他矇在鼓裏；遺憾的是史量才對他寵信之心太深，未能當機立斷，於淞滬協定成立，把「上海市民地方維持會」宣告撤消停辦時，作出遠離絕交就好。可是他不此之圖，竟會把「上海市地方協會」的沉重包袱揹起，出任會長如故。

這個「生產黨」的名義也就是當年當時黃炎培在外對人的宣傳工具。他還一再聲稱這生產黨的領導人即爲史量才，以致史氏被人誤會這「生產黨」爲另一種第三黨的組織，而史量才亦被錯認爲另一種第三黨的黨魁。須知道我國在此期間，正當國家多難之秋，與强鄰入擾之際，政府當局對於這種新興起來怪異莫測第三黨的政黨組織相當重視。不管其黨爲在朝的也罷，爲在野的也罷，總覺得「於我心有慼慼焉之感」的。實因在最近已往的這些年來，先後相繼地被第二黨和第三黨的那種黨組織，對政府的反覆叛變，已經攪得當政者感到頭昏腦脹，而且大有治絲益棼之概。如今黃炎培乘淞滬協定甫告成立之後，再挾史量才之名，攪起這個「生產黨」來，無異要陷史量才於不義，所以後來史氏之死，當時社會上的批評，都說是黃炎培害死了史量才，是他內心該要負起「伯仁由我而死」的自疚心念，這也可以說是一句是非出於衆人口的公道話。

張志韓口中的黃炎培

曩昔之日，老友張志韓兄前來存視。於寒暄情況之餘，我們就作了海濶天空的放言舊事以爲樂，人生對老朋友相逢的好處，即在於這點感懷前塵舊事的情趣。於是談呀談的，不知如何峰迴路轉似的，竟會使我們談到黃炎培身上去。原來張志韓和黃炎培是浦東川沙的小同鄉，因此談起其人其事來，覺得親切。但不過他對這位好話說盡、壞事做絕的老鄉長，並無一點好感，所以對黃炎培辦理「生產黨」一事，當我們談話到這個事件的時候，只見他却含笑搖頭，大爲嘆息着說：「什麼第三黨勢力中的生產黨，實在是他在故作神秘之談罷了。究其實際情形，是在騙騙一班工商業界有錢人，故意說得他們這個黨組織威力，大到如何，當他在辦理得該黨組織頂起勁的時際，我頗有和他個人相遇的不少機會。覺得他到處點火煽風，逢人大嗚大吹的那種極形極狀，正是恬不知耻達於極點。據我從傍觀察所得，他一方面是假借史量才現有的聲譽地位以自重，自己則專在幕後活動。另一方面是假借生產黨組織名義，以便向工商界的一班資本家作他自已的活動張本。史量才是生產黨的黨魁麼？實是個大可成爲猜疑揣測的問題。如果史氏是眞的生產黨黨魁，相信最後結果，終必成爲被黃炎培抓在手裏做一個傀儡黨魁而已。」

張志韓爲我當年「跑新聞」時代的一個畏友，在當時他年富力强，又是勤奮工作。其跑新聞的脚力之勁健與成績之佳妙，遠遠爲我自愧所弗及。是以他說常與黃炎培不期而遇，相逢一起，這正是他向工商各界因採訪新聞關係所獲得的機會。大概他對黃炎培像茅山道士向一班資本家的出賣「風雲雷電」式的詐騙行爲，實在看見得太多，也聽聞得不少。因此，不但引起他憎惡之心，同時，也看出史量才蒙受其欺騙。現在史量才和黃炎培的人與事，俱往矣，閒話舊事，撩起追憶。但見張志韓正義感的神態，並且說出前邊的一番仗義執言之話來。於是，我便對他繼續道說着黃炎培所播弄這種種所作所爲事情的實際內幕情形。我說：想起黃炎培當年所創辦的中華職業教育社，其經費甚爲短絀薄弱，一向以來，全依賴幾個職業教育問題的熱心提倡人士們的捐助維持。慨自「一二八」中日事變發生，他們因有「上海市民地方維持會」的組織機構發起成立，所有與會之人，全屬工商社會各界層中頭兒腦兒的人物。從而黃炎培以該會總秘書的名義身份，整日與這班頭兒腦兒們厮混周旋就建立起濃厚的友誼感情來了。及中日淞滬協定簽訂，他還竭力慫恿史量才作換湯不換藥的變更組織；且把「維持會」改名爲「上海市地方協會」。這會長與會員全部爲原班人馬，黃炎培之所以如此做法，就因爲地方協會會員既屬工商界的頭腦人物，亦即是富有的大資本家。這對於他「職教社」的經費之籌募，乃實大有其無比的自然助力，史量才之被推爲該會會長，則爲黃炎培加以力捧的副作用而已。至於他挾了史氏組織生產黨的名義向工商界作秘密的宣傳活動，這是他另一種的自私企圖了。總而言之，對於黃炎培的爲人，祇有中華職業教育社還算辦得成績不差，其他所作所爲，就乏善足述了。

吳鐵城忍受兩面手法

話憶舊事，文記前言，且說黃炎培既因利乘便，攫取得「上海市地方協會」的總秘書一職，其身份與地位自然的漲起高升。尤其是對於一切協會會務多因史量才會長對他的專信獨寵，不作察察爲明的審視與顧問之故。因此，他就大權獨攬，一手包辦，其間有關於全國性的事件，如熱河承德淪陷之役，（按：熱河之役，即爲民國二十二年三月，日軍攻承德淪陷，熱河省主席湯玉麟率殘部，隨同家人逃進長城裏來），及關外義勇軍事件等等。（按：義勇軍在東北關外之事件，如日軍佔領黑龍江，馬占山有嫩江橋的戰役，久已投日的張海鵬突然宣佈反正，李杜宣言起義抗日以及蘇炳文與馬占山退至俄境等等），有關於地方性的事件，如抵制仇貨，及洋米進口問題等等，這「上海市地方協會」都對他們有所主張，亦都有所行動。全經由黃炎培一一逐件分別；就其事件的輕重，與問題的緩急，爲之處理完事。大概他的處理會務問題，其辦法有的則慫恿會長史量才出頭干預，有的則指使會員如褚輔成等出面提起抗議力表反對。而他自身總是隱居幕後，避不露面，但究竟其實際，却是以退爲進，如此這般的做法，確屬厲害之至，即爲人負其過，他得其利是也。其最最爲社會人們所不齒的事情行動，則爲褚輔成等或爲了某一事件，認爲主管機關的某一部份處理不善，有失諸公正理由的錯誤過失。祇有向市政府提出抗議，或面謁吳鐵城市長，親自請願這兩種補救辦法的措施，都經由「地方協會」各首腦們議決在案的事件。當褚輔成等尚未行抵上海市政府時，黃炎培的電話已先接通市長室，使吳市長有所準備決定應付辦法。同時，他却還是一再聲明或暗示，對於褚輔成等所作抗議請願之舉，並非出自他的主張立意，這種玩弄兩面手法，便是黃炎培的慣技。

不知如何當年吳鐵城市長對於黃炎培所施用的兩面手法，似乎情有獨鍾，嗜成偏好。只要是他打來市長室的電話，吳市長必定親自接聽，決不表示拒絕，或令左右屬下人員代爲接聽。一般人都覺得吳市長對黃炎培的兩面手法的詭謀狡計所施，頗有份外的特殊欣賞，樂於優容忍受之概。有些人甚至說可能是吳市長凜於古人所謂「爲官者，不得罪於巨室」之誡吧？雖然，在當年的黃炎培，並沒有巨室中人的身價，但他究竟算得是個上海市社團組織中，佔有力量最大的「上海市地方協會」中堅份子關係之故。因是吳市長對他也不得不另眼相看，特予優容。有時他們二人在大場合中相見，吳市長總必「任之先生長，任之先生短」的叫喚接談，表示出對他熱絡非凡的特殊情況。往往使得黃炎培一時有飄飄然「市長厚我」之感，其實吳市長那裏會對他發生什麼好感，只不過利用他兩面手法，至少可以早接得他的電話，聽聽他所報告的是什麼，這又何樂而不爲呢。如此看來，吳市長對於黃炎培所施兩面手法的優容忍受，直以如來佛掌中的齊天大聖相視。是蓋俗諺所謂孫行者的法力縱然無比高强，一個跟斗所翻就是十萬八千里，但翻來翻去總在如來佛手掌中的那個比喻。也就因此，終吳鐵城的上海特別市長之任，市政府始終對黃炎培不發生一點有關政治問題的聯系，永遠摒諸門外。大概當時吳市長對他，不僅以善翻跟斗的孫行者相視，簡直以長照鏡子的猪八戒相看了。

曾把黃炎培玩弄兩面手法之事，那天與張志韓談起，以示他們這位川沙的老鄉長不甘寂寞的熱中一斑。張志韓笑對我說：『可不是麽？黃炎培和沈鈞儒兩人一腦子都集中在要做官的幻想迷夢裏邊，可以說是江浙兩省出產的一對名件。時當「八一三」對日抗戰時代，他們兩個人都來到大後方重慶地方，時常可以看見他們兩個人置身官場之中。總是作着沒來由的這樣話說：「當我看見了你們會不自禁地發生無限羨慕，希望有一天，也和你們這班有爲之仕交往切磋也會感覺年富力强，此生未老呢」。總之他們兩人對於做官的飢渴，雖未作出明白表示，但弦外之音，裊裊如訴，正令人聽來有情在不言中之慨。』但以沈鈞儒與黃炎培作比，還要畧遜一籌，論「大胆老面皮」五個字，總要推黃炎培，他認了第二，就沒有人敢認第一了。

原來張志韓其時已是重慶中央日報館現任總經理的身份，而黃炎培和沈鈞儒二人到重慶之後，中央政府爲了團結力量，對敵抗戰關係，都邀任他們爲參政員。但不過該參政員的名義固屬清高榮譽之極，對實際權力却無絲毫可言，這大概中央政府當局對他們這兩位於過去的幾年間來，所攪出點火煽風的種種事件，實使當政的對敵戰備的決策大受妨礙，因此認爲有所顧忌，是以不願輕率畀予有實際權力的官職。其實當時受任此項參政員的全國知名之士，幾乎全部都是，他人無不安之若素，處之泰然，相期站穩立場，爲國是謀；惟獨他們兩人却是心心念念地旨在做官，而且想要任做抓有實際權力的官員，一心以爲鴻鵠將至。誰知鴻飛冥冥，鵠去悠悠，以致想官成痴的醜態百出，呈現人前。難怪張志韓話說起他們的老鄉長黃炎培其人其事來，不是頻頻作搖頭嘆息，即是面現無可奈何的苦笑之色，似乎他對他們的這位黃老鄉長大有「年高而德不劭」之感吧！

所以張志韓向我說出他對黃炎培在留居重慶時代，爲了想望獲做操握實權的一官半職，其終日奔走各當權者的門庭，眞正的辛苦萬狀，但結果却是勞而無功難以如願。實使人對他要代爲發生「冠蓋滿陪都，斯人獨憔悴」那種淡淡的悲哀感念，但是他自己却毫不氣餒，怡然自得其樂地奔走如故。張志韓爲要辨証其所言之眞實不虛，曾對我說他這種悲哀感念的產生，完全憑個人的直覺所引起而激發出來的。是以他作這樣的話說：『黃炎培自到重慶以後，他所寓居的房屋，就租借在重慶張家花園觀音巖下的巴蜀學校樓上。這所巴蜀學校爲四川當地人教育名家周昜成主辦，係中小學聯合一起，成績優良，譽滿人口。我因上海大美晚報館的同事張似旭、朱惺公、程振章、李駿英，以及趙國棟等，（筆者按：大美晚報館同人被滬西七十六號中人所殺的次序，當以趙國棟爲第一人。趙係該報的報販總包頭，望平街報販們的術語，叫做「掐報」。其次是朱惺公，係該報的副刊主編。第三人是張似旭，係該報的主持人。第四人爲程振章，係該報國際版的編輯。第五人是李駿英，爲該報經理部人員，對於廣告、發行兩項業務之事，無不顧問管理，生前固未膺經理之名，死後該報始以經理名義發表，是蓋援引國家封典中的追贈之例了吧？至於李駿英其人非他，即爲李政道博士的叔父。按李政道係與楊振寧同得諾貝爾獎金聞名全世界者。）先後慘被滬西七十六號殺人魔窟中人，狙擊而死。實覺無法再留着不走，只得挈妻携女，轉輾繞道逃到大後方的重慶。時我女年祇六歲，徼倖的是獲友人力爲介紹，得入巴蜀小學部肄業。但因她的年齡幼小，體力欠健，每去學校必須經蹬百餘級的山徑石級，是以這份接送女兒來去學校的差事，就落在我的身上。便亦因此差事的關係，往往會與我們的這位黃老鄉長，成爲狹路相逢的對頭人。每見他手挽着比他年輕約四分之三年歲的青年太太之手，施施然的從山徑石級迎面而來，欲待不理，趨避招呼，正如俗諺所謂寃家路狹，有感無法避過之苦。若待得上前招呼，則又覺得此人「不可與言而與之言」，實感有「失言」的乏味無聊之極。這種內心的苦悶，直到我被調到昆明，任做昆明中央日報的社長時，離開重慶方始解除。孔老夫子有「智者不失人，亦不失言」之語，可見要做智者之人，實是一件非輕容易之事』云云。

我總感覺黃炎培最最可恥的行爲，還不在於慣用玩弄兩面手法，而在於反覆無常，投機善變。例如後來史量才於京杭國道的翁家埠地方遇難以後，他却同孫行者一樣的，立即又搖身一變而爲反共擁蔣的急先鋒。好像對於史量才之死，是咎由自取，完全與他毫無一點關係。可是誰不知道以往的時日，導引史量才步入歧途，思想變化，無不出之於黃炎培一人的煽動與誘惑之力。及史量才既死，他即變更心向，一反過去的言論動態，表現在人們面前一面孔是個忠於國家政府的忠貞之士。是以在當年紅軍一度接近浙江邊境的時際，上海的資本家們大都猶漠然視之，認爲政府當局自有平定決策。但是他却四出奔走，逢友告訴，表演出那種愛國憂民的驚心欲絕，駭汗直流，惶惶然不可終日之概。旋於稍後的日子，當紅軍全部退出江西以後，他則爲了要向政府當局表示忠藎，謀取好感。但又不敢作明白表現，祇能出之於暗送秋波，於是由他首先在「上海市地方協會」的會議席上，提議組織廣昌救護隊。時因該縣地區發生疫疾和飢荒的兩重災難，情況非常嚴重，民衆不堪聊生。當時與會會員對此議案所提，在悲天憫人的感念之餘，自然一致通過。遂由該會會員龐京周醫生負責主持其事，便即率領救護隊員馳赴贛境，爲政府力效其撫綏療治的實際辛勞。後來當民國二十五年十二月十二日，西安事變發生時，他的神情表現更形焦灼萬狀，徬徨莫名。對人總是口聲聲的說，恨不得以身自代；願受刼持之苦。及蔣先生於同月二十五日，安然脫險抵洛陽，翌日即飛返南京，適值蔣先生五十壽慶，黃金榮與杜月笙等發起集合上海的名票名伶於漕河涇黃家花園的「四教廳」畔，演唱祝壽戲。並且由杜月笙和張嘯林合演大軸戲「落馬湖」，時過午夜，大軸子戲方始開場。是夜北風凄其，雪珠疏落，黃炎培却不憚於寒夜凜冽中參加「啦啦隊」，一則藉以對蔣先生平安脫險，以表現其內心的興高采烈之誠意，次則捧「上海地方協會」後任會長杜月笙之場。以上所舉的諸種事實，皆爲史量才去世以後，黃炎培的所作所爲，特地提前刊出，作爲明白交代。現在再回溯前事，且談黃炎培舊夢重温文句引起他想進入申報之欲。於是他就向史量才重提「總管理處」的組織之事，以當時史量才對黃炎培的寵信之專，言聽計從，申報編輯部從此便多無謂的糾紛了。

黃炎培對申報的野心

舉凡在這瀕臨東海之濱地區的上海地方人士，不論生長其地也好，客居其地也罷。對於望平街申報館所發行的申報，任誰呼喊起來總會冠上個「老」字，成爲「老申報」這個稱謂。而且在上海這個遠東名列第一商埠的大都市裏，若提到「老申報」的這份報紙，幾已成爲代表望平街上所發行各種報刊的總名詞。至若提到史量才這個名字，則以其人爲申報館的獨資老闆，尤其在民國二十一年申報六十周年紀念的時期。他早已向新聞報創辦人的美國人福開森買進他所有股份，其股額要佔到新聞報館全部股額的百分之七十以上，便成爲新聞報館大股東老闆的身份。因此他的手上擁有申、新兩大報館，而且該兩大報又都是一紙風行，遍及全國的著名報紙，是以其大名自亦不脛而走，永垂於上海的望平街上了。其實史量才的接辦申報，在初期的十年裏，競競業業所致力的祇側重在報紙銷數的推廣，和廣告客戶的爭取。可說其辦報重點全置於經理部門，對於有關編輯部門改良革新的事情，是他無暇顧問，同時，也不可能顧問。因爲當年史量才的接辦申報之初，尚在與席子佩談判盤價，協商條件時際。他以極秘密的行動，把向在狄楚青的報館裏，任做主筆多年的陳景韓，挖聘過來，請他負責主持申報編輯部門的全部事宜，雙方曾訂有君子協定，就是史量才決不顧問申報館的編輯部之事，一切以陳景韓的意志爲意志。

如所衆知，陳景韓的賦性行爲，是個尋求現實快樂，講究生活享受的自由主義者。尤其對於上總會去「搓麻將」和「打撲克」一事，成爲他日常生活中所最迷戀沉醉的一項癖好，大有一日不可無此樂之概。須知道上述這兩項賭博爲消耗時間較爲久長的賭博行爲，一牌在手，百事皆忘。所以自他主持申報的筆政以來，只能做到小改革進展情形的表現，却未曾有大變動美好成績的發見。但不過話也該說回來，在當時申報館的經濟環境，實處於長期「牽蘿補茅屋」的窘迫狀況中。那有寬裕的多餘資金，投入於革新運動的大潮流中去呢？在既無資力支持，又少時間設計的雙重條件之下，陳景韓對申報祇有不作努力改進的稍存想望，惟以維持原狀出報的認爲得計。因此，數年間來經由他主持筆政，申報的言論之不着邊際，編排之因襲成規，雖然，時代經過了民國八年五四運動的巨大潮浪，向以對新文化問題力謀改革運動自許的史量才，當其時他的反應猶自遲鈍因循，並不急起直追，以致申報的內容文化，其重量而不重質如故。在於「上有好者，下必尤甚」的自然定例，只要老闆不說話，夥計也就懶得亂出主張，是以終陳景韓負責主持申報編輯部門的任期之內，他便抱定了一動不如一靜的拖延政策，以迎合他老闆史量才之意志。

這就是申報所負文化改進的工作問題，所以停頓不前，無法着手推動的眞實原因。但最不幸的還是陳景韓本人，因爲此中內幕的實際情況，豈是局外人所能窺瞰得見和瞭解得深。總認爲他是申報總主筆的身份職位，在其位而謀其政，對申報向來以文化改進工作自命的責任問題度理衡情，宜應由他承担起來，負責改進文化的工作。可是他仍然袖手不動，敷衍塞責，這是他有負職守的過愆，縱具百喙亦難以自辯其非的吧！幸而他的「冷血」這一個筆名題取得恰如其份，對當年有關於申報一切的一切事件，悉以「冷」到極度的心理和態度作應付且以自處其冷的自由主義生活中。他固不冀望於有不虞之譽，但亦不重視於有求全之毁，毁譽由人，冷處在我。

至於申報當時當前的業務狀況，經濟環境，究竟如何情形呢？這倒可以說恰巧其「勢」成爲既不伸長，亦不短縮，始終維持現狀。

直到民國二十年間（一九三二年），當申報六十周年紀念的日期開始，此時的申報對於文化的改進工作。方纔發揮它以返老還童大無畏的勇猛精神，盡力作出其橫衝直撞地突破了它的陳舊堡壘，竟然意氣風發的努力從事於全面革新的改進工作。同時在東北「九一八」的中日事變，史量才接受黃炎培的建議，配合其時代潮流遷就其環境背景，準備大刀濶斧作一次徹底的全面革新運動。因爲此時史氏左右兩邊如股似肱的得力助手，陳景韓和張竹坪兩人，都早已聯袂相偕，脫離申報。尤其是陳景韓却去任做中興煤礦公司的董事長。日與謝蘅牕等三位常務董事，同坐在國際飯店高樓中的寫字間裏，度其席豐薪厚的快樂生活。他決不會做離亭歸燕，認還舊巢。因此，黃炎培暗暗以前向史量才所獻申報館組織總管理處之策，認爲他自己一石投二鳥的狡計詭謀已經獲售得逞。原來他一向以來，對申報編輯部這個職權，久矣乎嘗作染指於鼎之想，雖然在民國七年一度進入申報曾假借以助理主編教育版的名義。但結果還是受到原主編人沈恩孚（信卿）的排斥，實行施以杯葛政策相對付，以致黃炎培枯坐在編輯部裏達一星期而去。傳說中當時沈氏還一再警告史量才，要他重視申報，對於黃炎培所進之言，千萬不要太於輕信，如果深信不疑會闖造大災禍的。這種老成持重，忠誠爲報的精神，確屬少有得見。如今沈恩孚業已逝世；陳景韓又告離去，所以黃炎培對篡奪申報編輯權的野心，重復大張。

從此以後，每次逢到有與史量才單獨講話，商討報務的進言機會時。黃炎培必定絮絮而談，娓娓而語，却總是以申報組織總管理處一事，早日付諸實現相進勸。但是最出名的一個辯才無礙的角色，而且善於編造美麗的謊言，縱以極頂聰明爲人所稱道的史量才竟爲他欺騙而不自覺。因此最後結果，以致接受他的建議，對於革新運動一事全權交給辦理。於是，黃炎培就廣爲延攬得若干文化界知名之士的著名人物參加申報工作。各本他們的擅長學識；著文立說列爲社論，排日刊載申報。一方面指陳時政所施的是非得失，另一方面把指摘抨擊的矛頭，直對於張學良身上。斥說他是個「不抵抗」主義者，本身有失地的恥辱而不思湔雪，有殺父的仇讎而不作報復，把國仇家恨都埋葬在不抵抗的政策中。其實，這是師效西廂記傳奇裏崔老夫人所行施最兇辣惡毒的管教女兒方法，蓋即所謂「明則在表面上拷打紅娘了頭，暗則在背後羞辱鶯鶯小姐」是也。但不過當年中央政府當局所受羞辱的觀念直同崔鶯鶯一般無二，因被申報上所譴責其過失所犯，也有難於自辯的苦惱。如果正正式式宣佈與敵抗戰，自知軍備未充，軍力未健，這對敵抗戰如何抗法？祇有運用古人「明耻教戰求殺敵焉」的明耻教育方法做起，認爲明耻近乎勇自會有殺敵致果的一天到來。所以一再申說：「抗戰未到最後關頭，決不輕言抗戰，犧牲未到最後關頭，決不輕言犧牲。」這對於抗戰的決策，實已情在不言中了，惟有寄希望於抗戰之日越要押後，則勝利之期越會提前。可是申報館由黃炎培延攬而來一班新的執筆人，未曾瞭解政府當局的此項決策，也許可能非常瞭解，而他們之來參加申報工作，亦自有他們所定的決策奉命行事，所以每天申報的社論文章，改進得萬分犀利，光芒四射。連之「報屁股」的副刊文字，也同樣改進到句詞刺人，鋒利宛如匕首，涵義砭世，辛辣好似胡椒的程度。使讀者們對之，既感有懍懍戒懼於匕首的鋒利懾人；又覺有津津樂道於胡椒的滋味雋永。所以一般人說：「這次申報眞正負起新文化運動的使命來了，你們不見申報的內容實質多豐富，文章修辭多洵美啊」。須知道申報作出此一徹底的大轉變，其前半截的成果，自然使史量才的聲光倍茂，收入益豐。但曾幾何時，因情勢的演變，時局的進展，其後半截的成果，則遭遇所受打擊甚重，最後結果，終於使史量才以身殉報。話雖如此，就申報的整個事業生命而言，在此一個階段的時日過程裏。實爲其光輝燦爛、風頭凌鑠的時期，眞不愧爲全國性的一份好報紙。

新聞報發生抗史風潮

話說史量才向新聞報的外國當局福開森購買新聞報百份之七十以上的股權，原來是秘密進行的，但是一經成交，這樣的一件大事，終究瞞不過大家，而且以同業收買同業股票，何能日久保密，終於公開出來，引起新聞報同人大爲不滿，發生了前所未有的抗史風潮。

其事起於史量才在收買了新聞報大部份股票之後，就要着手進行改組新聞報的董事會，原來福開森本來是新聞報的董事長，現在將股票出售以後，他這董事長就要卸任回國，樂享天年；而史量才組織下的新聞報董事會董事人選，史量才早已有了腹稿，而且多屬銀行家身份，其中包括錢新之、吳蘊齋、胡筆江等，每位董事奉送二百股股票，作爲聘請任做董事酬勞。但錢新之、吳蘊齋、胡筆江等，此時早已成爲銀行界名人，由於無功不受祿，不肯接受史量才的酬謝，他們也知道新聞報在上海一直是件賺大錢的事業，平常要買它的股票還不容易買得到，這次却喜史量才把股票親至送上門來，於是相約以外面同樣市價，繳回給史量才，作爲他們幾位都願意担任新聞報新董事會的董事，並且聘請了名記者董顯光担任新聞報新董事會的秘書，打算讓董顯光先踏進新聞報館，作爲上海灘這兩家大報日後合作的一位開路先鋒。

此時新聞報內部同人得到了這個消息，無不表示反對，立時就在報館以內，推舉代表，一方面向報館當局請願，要求福開森不要把股權讓給史量才，一方面則在報館內張貼標語，直的橫的，大的小的，都是反對史量才接收新聞報，不許董顯光踏進新聞報館一步，其情形就像紅衛兵造反，猛貼大字報，一般無二，可以說當年的上海新聞報同人在幾十年前早就高呼口號，遍貼標語，可以算得是紅衛兵的老前輩。

至於新聞報館內推出的代表，有快活林主編嚴獨鶴，有杜門弟子余空我，還有一位就是「大人」同文陳蝶衣。那時他年少翩翩，正在新聞報供職，忽然被同人等公推爲代表，祗能追隨各位代表之後，搖旗吶喊，一時聲勢甚盛，也是當年望平街上的一件大事。

再說新聞報同人的反史運動，下一步驟即是罷工，準備編輯罷編，訪員罷訪，排字工人罷排，印刷工人罷印，消息傳到申報史量才那裏，史量才不動聲色，即日要董顯光暫緩去至新聞報，同時新聞報高級人員之中，也有向史量才獻計示好的，勸史量才以退爲進，暫緩接收，新聞報同人鬧得一天星斗，到此時只得偃旗息鼓，大事化爲小事，一場反史風潮，霎而風平浪靜，祗在報學史上留着一點泡沫而已。（二十五）

浪游記險

…新浮生六記之二…

・大方・

筆者在年輕時，對自己的前途，充滿了無窮希望，覺得一個男子漢活在世上，不能與草木同腐，多少要替國家社會有一些貢獻，因之當時腦海中，老是想做一個革命志士，憑仗這一關係，獲得進身之階，也許將來能夠轟轟烈烈地做出一番事業；以是不顧危險，在盲從的原則下，去做那種不法工作，及至到達目的地後，纔顯得事與願違，所接觸到的，都是自己不大願意看到的事。但既來之，則也唯有安之，想暫且過一個時期，以待事實的發展。

魯胖子的公館很大，屋後連着一個花園，我們到達的第一晚，魯胖子特地邀了兩位朋友，陪我們打牌，牌桌設在樹林之下，由樹上垂下了一枚電燈。入座之前，每人配給一雙長統的老布襪子，理由是花園內的蚊子多而且大，兩腿如果沒有防禦品，便會咬得你吃不消，入境從俗，我也祗能穿了長襪入座。在入座以後，我發現每人背後，站着一個小童，他們手裏都執着一柄很大的芭蕉扇替我們打扇，並做着驅蚊的工作。這一場牌打了三個小時，那四個小童也是手不停揮的站了三個小時，這情形我看了很不習慣；我覺得我們同樣是一個人，但我却做了座上客，儘量享受，而且那些小童却執着賤役；還得受主人打罵虐待，這顯得太不公平，想到這裏，有若芒刺在背，恨不能叫那些小童趕緊離去；我心裏有了疙瘩，這場牌便打不好，結果我一個人大輸，拿魯胖子給我的一叠銀票，竟輸去了一大半。事後，我拿我的感想告訴孔模，他對我下了個四字評語：『婦人之仁』。

魯胖子每天飯後；有午睡的習慣，午睡時，另有一張特設的牀，四向懸空，掛着一頂珠羅紗的帳子，有一個副官專門負責照顧魯胖子午睡的任務。我見他拿了一把蒲扇，靜靜地坐在臥榻之前，爲魯胖子輕輕地打扇，這時胖子已經睡着，鼻息如雷，副官依舊揮扇不已，這一工作，一直要做到魯胖子的午睡課終了爲止。事後我問那副官，爲什麼要替他打扇？他說胖子怕熱，不打扇他睡不着。我說：然則何不用電風扇？副官說不行，電風扇風勢激烈，不但會拿帳子吹開，鑽進蚊子，同時在睡着後吹進了風，有感冒的危險，因之非用專人打扇不可。我聽了那位副官的話，深覺魯胖子雖祗是一個小小旅長，但其享受之高，比了古時的王公大臣，初無遜色，令我平增軍人不可爲而可爲之念。

在津市一星期的觀察所得，我發現當地的軍政人員是沒有一個不抽鴉片烟的，魯公館所有賓客，一到都是躺上烟榻聊天，呑雲吐霧一陣後，精神抖擻，便命副官邀客聚賭，他們不喜歡打馬將，賭的祗是番攤和牌九，呼盧喝雉，往往鬧到天明始散。在我冷眼旁觀之下，覺得當地那些軍政人員，平時絕無正當工作可做，每天祗是抽鴉片和賭錢，再不然便去窰子中吃上一塲花酒，這性質和那些所謂軍閥餘孽，並無不同，要拿革命大計寄託在這些腐化的軍閥身上，其希望是很渺茫的，想到這裏，不由我壯志全消，浩然引起歸志。

我在津市，不僅和那些人格格不入，生活也不習慣，湖南人都喜歡吃辣椒，菜肴充滿辣味，我一樣也不能入口。一晚參加一個宴會，我見到滿桌全是辣椒，祗能叫侍者剝兩個皮蛋來吃，不想侍者取來的皮蛋，在醬油內依然放了一把辣椒，使我眞有啼笑皆非之感！於是便對孔模提出了歸去來兮的口號，孔模並不反對，祗有一事比較麻煩，因爲我們回上海，得向魯胖子拿一筆盈利的錢，但在津市，要銀票雖數萬元很方便，但要現洋則數百元也很困難，祗可慢慢設法，銀票在上海不能通用，非要現洋不可，於是我們祗能在津市再等待一個時期。

在等待魯胖子設法銀元期間，孔模常陪我到他相識的朋友家裏走走，我纔得知津市是一個產鴉片的區域，當地人無分男女老幼，大都吸烟，他家裏的財富如何，可視他所備的烟槍數字而定。兩三枝槍，是普通人士，必需在十枝以上，纔可算得上是富戶，因是津市全境，可謂處於烟霧迷漫中，軍隊方面發給軍餉，大都要搭上一部份烟土。因之，在津市而談吸鴉片實在算不了什麼一回事。一天我又和孔模去訪一位朋友，瞧見他的大廳內放着四五張圓桌，圓桌上堆着像牛糞一樣一堆堆的物件，孔模對我說：這些都是未經煑煉的生鴉片，那位主人很慷慨，他對我說：你歡喜嗎？如果歡喜，隨便拿幾個沒有關係。我那時對於鴉片還不感興趣，並不想要，孔模則說主人雅意，不可推辭，於是主人取出一叠牛皮紙，包了兩個，送給我和孔模二人，如果我是癮君子，當時可說是滿載而歸，但誰又想到這兩堆牛糞也似的東西，後來對我們也發生了作用。

放棄了津市久居之意，等待取得現欵，便遄返申江，多承魯胖子好意，選了一處號稱下江班子的妓院，設宴替我和孔模餞行。津市的妓院分本地班和下江班兩種，本地班的妓女當然都是湖南人，而下江班的妓女，她們自稱是蘇州人；地位比了本地爲高貴，但事實上那些來自外地的妓女，不是蘇州人却盡是江北人，她們講的是『勒你媽媽』，並非吳儂軟語？我們上海人一聽，就分別得很清楚；決不會拿揚州人當作蘇州人的。但多數湖南老鄉，沒有到過上海，便也分不出揚州和蘇州的聲調。那晚魯胖子宴客的所在，主政的倌人名叫月樓，據說是當地最紅的小姐，我見她長得還算清秀，但在我們上海人眼內，覺得也不過是中人之姿，我又聽她操着七分江北話三分蘇州話的道白，覺得有些肉痲，又誰相信她在津市，竟是花魁的身份。

這位花魁小姐，早已有了一個獨佔她的狎客，不過這位狎客不是賣油郎，却是當地的一位獨立團團長，地位不在魯胖子之下，並且是個文武雙全的人物。

那天晚上，到的來賓很多，魯胖子因我和孔模是文人，我們一席的陪客，也都是屬於秘書之類的斯文人物。合當有事，一人指着粧台左右掛着一副對聯，問我這聯語做得好不好？我一看那是用月樓二字的嵌字聯，上句是『舉杯邀明月』，下句是『凝妝上翠樓』，我那個時候少不更事，別人既問到我，不覺就我心中的見解，坦白地加以批評。我說對聯做得未嘗不好，不過體裁方面不合，上聯『舉杯邀明月』是成句，下聯應該也用成句纔行，今對的那句『凝妝上翠樓』，原句上面本有春日二字，削去了春日二字為對，雖無不可，終覺有些牽强。我說到這裏，衆人都認為有理，其間一人就說盧君何妨也做一聯，藉以留個紀念，我聽了不覺技癢，信手寫了一聯，上句是『秋月春風等閒度』，下句是『瓊樓玉宇不勝寒』，同席人見了哄然讚好，我也有些得意忘形。不想正在此時，一個着軍裝的中年人走了進來，一臉寒霜，帶着殺氣，許多人見了都站立相迎，齊呼團長，他一言不發直趨妝臺，拿那副對聯取下來，重重摔在地上，砰彭兩聲，玻璃摔得粉碎，這時魯胖子見了立即上前詢問為了何事？那人說這種蹩脚對聯，掛在這裏給人笑話，還不如砸了為佳，大家纔知他的發脾氣是為了對聯而起。他目露兇光，瞧着我，似有尋事之意，幸得魯胖子和另外幾個朋友把他拉入另一房間，一方面示意孔模，叫我們先行離去，這一席餞行酒，鬧得不歡而散。

我雖覺得這位團長的脾氣發得好沒來由，但在過後反躬自思，自己也有取禍之道，那位團長自負文武全才，是津市的第一流人物，而我竟在稠人廣座間批評他的作品，使這位賣油郎在花魁女方面，失却光彩，自然會引起暴怒的。如果他是心地狹仄的人，也許會暗中予我以不利，想到這裏，深覺津市不可再留，祇有趕快離開是非之地的一法，當夜去找魯胖子，要他隨便給我們幾個錢，讓我們即刻走路，魯胖子也不願多所波折，深以為然，第二天給我們弄了三百塊大洋，親自送我們抵達碼頭，俟小輪開走了纔歸去。在這個時候，我不禁有一些爽然若失之感，做革命志士的念頭打消了，向軍界圖個出身的希望也幻滅了，想到這一段旅程，等於一場噩夢，而今而後，眞不知將何去何從。

從沙市乘輪船回上海，照說我們歸去時，順流而下，行程要比上溯快上一天，心情應該很輕鬆，但因此行的結果，出乎意外，使這一趟跋涉沒有什麽收穫，因是心情轉覺很不痛快。孔模一路上祇是借酒澆愁，長江輪的統艙入口處，經常設有一所小店，出賣烟酒雜貨，旁及煑熟的下酒菜。一天孔模和我去買酒，發現一個中年漢子，也在那裏買酒，他的舖位和我們相近，他看到我們，畧一點點頭，笑了一笑。孔模這人素好客，便說如果有興，何妨同座喝上一杯，那人也不客氣，便走過來和我們共飲。我們拿一只箱子權充酒桌，三人席地而坐，一邊喝酒，一邊天南地北的閒聊，那漢子自稱姓賴，是個磁器商人，此行是從漢口去九江，訂購一批磁器，再轉運蕪湖南京等處出售，我們便叫他賴大哥。這位賴兄，看上去是個粗人，但粗中有細，江湖閱歷非常豐富，和我講一些出門的經驗，叙事清晰而帶着風趣。我們很歡迎和他聊天，自此每晚常在一起飲酒，就他的情形舉動來看，實在不像做生意的人。

一天到了九江，輪船有數小時的停船，他要下船去辦公事，問我們是否喜歡跟他上岸，參觀街頭景色，我們自表歡迎。那個時候，我和孔模穿的都是長袍，而這位賴大哥，穿的却是短褐，我見他拿一條濶約三寸的帶子，緊緊束在腰際，再披上一件棉襖，下面穿上紮脚褲；就招呼我們出發。我說就這樣行了嗎？他說：我這是青面虎下山，也即是所謂『小打扮』，我聽了想起京劇「白水灘」的故事，覺得這位賴大哥一派雄赳赳的樣子，倒眞有些像青面虎的模樣，不禁啞然失笑。

九江街頭，一無可觀之處，經過一所酒樓，賴大哥說要去辦一些正事，叫我們在酒樓上等他，他回來後，我們仍在一處飲酒，席間孔模談起我的遭遇，本來想在湖南軍界求職，因發生誤會，祇有重回上海，再作計較，賴某也不以為意。

當天晚上，我們在飲酒之間，賴大哥忽然對我們提出一個要求，他指着那網籃對我們說：兩位那隻網籃，做得實在太好了，我很喜歡，如肯割愛，不客重謝。我們突然聽到他這句話，不覺呆若木鷄，我本懷疑這傢伙不是什麽磁器商，該是所謂壞蛋之類，不想他早已發現了網籃的秘密，一時使我無辭以答，畢竟孔模資格較老，當即回說：區區微物，既大哥喜愛，理應相贈，無奈這東西是問朋友借來的，不能轉送，祇有回到上海後，託朋友定製一只新的，專誠送與大哥，以表心意。他聞言皺了皺眉，便說那倒不必，酒散之前，他又重提舊事，他說：我眞喜愛這個網籃，明日中午便到蕪湖，我即將下船離去，如何決定，請你們考慮後，給我答覆。

我和孔模商量的結果，我認為那傢伙不是喜愛網籃，而一定是貪得網籃裏面的物件，不如將兩堆牛糞送了他，圖個相安無事，那兩堆牛糞，運到上海，要值好幾百塊大洋，何況孔模是癮君子，覺得有些戀戀不捨，但我却認為安全第一，決計送掉了事，孔模也不便反對。

我喚醒了賴大哥，和他到甲板上商談，我說網籃最好不要取去，網籃裏的物件，不妨完全送與大哥留作紀念。

賴大哥聽了哈哈一笑，答說：閣下雖年輕，倒很光棍，衝你這一句話，和你交一個朋友，網鑑內的東西，我祇取一半算了。憑我觀察所及，你們兩人身上，至少還帶有五六百塊現洋，這也是取禍之道；可是在我和你們交談之下，得知你們都是文人，不是吃什麽江湖飯的，否則，明天一到蕪湖，便是我賴某人的天下，我的弟兄，會盡取了你們的一切，你們絕無還手的餘地；但是現在的情形便不同了，我們已攀上了一份交情，依我相勸，你回到上海後，找一份職業，做一個安份商人，不要再在外面鬼混了。

這位賴大哥的一席話，嚇得我出了一身冷汗，他當然不是什麽好人，但在我來說，他倒是我的一個諍友，他的臨別贈言，使我提高了警覺，遂也免去其後的一塲橫禍，可說是拜受這位賴某之賜。夜深人靜時，我偷偷打開網籃夾層，送給了對方一堆牛糞，不久，輪抵蕪湖，果然有許多人上船來迎接，簇湧着賴某匆匆離去，我目送着他離開輪船，揮手一笑而別，從此雙方絕無再見的機會。

一塲噩夢也似的過程；回到上海纔算完全醒，反躬自省，孔模和林某，雖不算什麽壞人，但這種職業，總是鋌而走險，我是否和他們再一起混下去，還是早日抽身引退，使我很爲躊躇。那時孔模仍住在林某家裏，不久，接獲魯胖子來信，前途需貨孔殷，要他再去津市一次，孔模因魯胖子那裏，還有餘欵未收，便匆匆準備，再行就道，由我送他上輪船，互道珍重而別。

孔模走後的一月，我接得他一次來信，大意是說津市某團長事件，已告緩和，我如果有意，不妨再去津市一行，一切可和林君計劃。但自孔模走後，我和林某很少見面機會，雖然這種生意，容易賺錢，但回想到歸程的親歷遭遇，有些悚然而懼，我重新記起了賴大哥之言，回去尋一個正經生意，不要再在外邊鬼混，這幾句話可以說是對的，我出身於清白家庭，既無法做革命志士，又何能去做軍火販子的餘黨，這樣一想，毅然放棄了再去津市的計劃，從此和林某斷絕往來，自己另想辦法。

流光荏苒，忽忽過了數年，這幾年的足迹，都在外埠，做着遊宦工作。及宦遊失意，再回上海，一天坐上一架人力車，車伕回頭不斷向我注視，我覺得很奇怪，車伕忽然發步狂奔；拿車子拉到一條僻靜的小巷，見沒有人迹，便停下來，他問我說你可是姓盧？我說不錯，他說：我是阿孟，你就不認識我了嗎？我這時纔想起，他是林君手下夥計之一，這時面目黧黑，形容憔悴，和前判若兩人。我說：你何致弄得要拉黃包車！阿孟則說：我是剛從提籃橋吃了官司出來，不拉黃包車，叫我憑什麽方法吃飯？

在阿孟口中，我獲悉了離開林某後的一段經過。孔模去後，有事回到了他的故鄉四川，沒有再返上海。但林某一連做了好幾單生意，賺了不少錢，更添用了幾個夥友，生活忽然濶綽起來，每天出入北里，且買了一輛新汽車。不知是誰洩漏了風聲，引起巡捕房注意，暗裏窺探他的行踪。在一個深夜，林某正欲遣送兩個夥友上路時，探員突然包圍了他的住宅，檢查結果人贓並獲，這兩個夥友中，便有阿孟在內，林某雖然聘有律師辯護，因他是主犯，判刑竟達七年，阿孟還是個大孩子，從輕發落，判了三年，可是這三年的外國監牢，滋味却也不大好受。

我聽了阿孟的一席話，眞覺得有些不寒而慄，幸得自己急流勇退，否則自己也很可能嘗到鐵窗風味，阿孟和我刼後重逢，我覺得憑我的力量，一時也無法對他有任何幫助，便取出二十元鈔票，塞在他的手內，安慰他道，不要難過，也不要氣餒，我們彼此還很年輕，祇要從此好好地做人，一定能有春風得意的一日，暫且別過，容再相見。

可是從此以後，這一幕我所認識而又接觸過的戲劇性人物，如邱孔模、魯胖子、林某、阿孟、阿關、阿岳等，再也沒有見過，他們都在這個茫茫人海裏無聲無息地消失了，噫戲！（下）

FILOGRANA ANTONIO
FILI · CASARANO · LE · TEL. 21353 · OINO

FILANTO

MADE IN ITALY

意大利男裝鞋

大人公司　平價市場　人人百貨　大方公司　來路鞋公司有售

馬場三十年

老吉

上期從新馬師曾交錢給他自已以爲的老友申請馬匹，結果抽籤抽到了一匹中班馬「明敏」，可是此馬跑了兩年多，得到了當時兩萬多元的獎金，馬仔祥做了黑市馬主，不要說拿不到一文獎金，連馬頭都未能拉一次，這是祥哥忠厚，而這位老友懂得香港法律；在無可奈何之下，新馬師曾祇有向警署及馬會控訴，可是事出有因，查無實據，到底「一拍兩散」。此公旋即被馬會函請自動退出會員，早已逝世多年；而馬仔祥則永遠不能再申請馬匹。以下我再講孫麟方兄購得「金谷鈴」後如何威水，然後再講到我在十年前報章上，對各季「打比」馬的成績報道。

以下這篇文字，是我在一九六一年四月廿六日刊在華僑日報馬經上的原文，當時署名是用「老敏」而不是用「老吉」。其實，老敏是我寫馬經的另一個筆名。

『回溯打比大賽自第二次世界大戰後馬會復辦以來，已一共舉行過十四屆，（這是以一九六一年當時計算的）。最初三屆是在每年度的週年大賽內跑的，但自一九五〇年以來，便將賽期押後，使新馬有過兩三次出賽經驗之後，才上陣參加這場重要賽事。

在這場「打比」重要賽事之前，當年在週年大賽的第一天，規定新馬跑一哩「希望賽」，第二天則跑六化郎（現在已變爲六化郎四十碼了）「山谷賽」，第三天則有「黃泥涌賽」跑半哩一七〇碼。之後三兩天便出「打比」（以往習慣，週年大賽前已準備出打比的新馬，十居其九是不會參加週年大賽第一天跑六化郎的「山谷平賽」或半哩的「黃泥涌平賽」，這些所謂「小跼頭」的）。

以往制度和目前制度比較下，孰優孰劣，這是見仁見智。這兩種制度的最明顯分野，是在以往制度下，每年度最佳的新馬，未必夠成熟得最早的馬鬥。目前制度呢？却什九由該年度最佳馬匹成打比盟主了。

下面我將自一九四七年來的打比錦標奪得者的紀錄，依次臚列：

年份	打比盟主	騎師	練馬師	時速
四七	挪威后	阿圖茂	卜哥利多夫	二分四七秒
四八	愛達民	播露德	譚雅士	二分四四秒二
四九	金芍藥	謝文玖	黎來福	二分四三秒四
五〇	抗法駑	郭子猷	譚雅士	二分五四秒一
五一	金牌	陶柏林	蘭斯考夫	二分五三秒一

〔此年度第一匹過決勝點馬「倫敦十七」（後易名「螢火」）因在賽中橫越另一上陣馬「偉景」而被取銷冠軍資格，由「金牌」遞補升上〕

年份	打比盟主	騎師	練馬師	時速
五二	博落	蔡克文	王筱紅	二分四十秒
五三	拔萃	司馬克	美圖惠利	二分四九秒四
五四	金谷鈴	莊洪康	王筱紅	二分四二秒三
五五	神行太保	韋耀章	蔣名有	二分四二秒二
五六	寶根霸王	陳杰	美圖惠利	二分五三秒一
五七	飛俠	郭子猷	托麥考夫	二分四三秒三
五八	成吉思汗	林國樑	貝爾波夫	二分四十秒三
五九	迷惑	司馬克	王筱紅	二分四一秒
六〇	德驥	邱達禧	美圖惠利	二分四五秒二

快活谷中一哩半的時速紀錄，由戰前的「澳洲鑽石」保持，創于一九四一年五月十日，由張和生執韁，成績爲二分三十九秒三，在一九五二年的打比大賽中，「博落」締二分四十秒正佳績，與紀錄相距不過五份二秒，當日因爲「博落」贏來毫無敵手，所以蔡克文在末化郎內，早就收韁，否則可將這廿年前的時速紀錄刷新的。

至于五〇，五一與五六這三年度打比時速特差，是因爲在爛地上舉行的關係。

騎師成績，最優的是郭子猷及已故司馬克，各曾勝過兩次。練馬師方面，王筱紅與美圖惠利，均勝過三次。

打比冠軍馬的分類統計，雄馬佔十次，雌馬僅佔四次（那便是「挪威后」、「金芍藥」、「拔萃」與「迷惑」）；得勝時歲數爲六歲者五次，五歲者四次，四歲者兩次，三歲者三次，無巧不成話的，是三匹三歲打比冠軍，均出自美圖惠利廐下，「矮仔」「急先鋒」的綽號，確是名不虛傳；顏色方面，本來六種原色馬都曾勝過打比，但因「倫敦十七」被取銷，故灰馬冠軍獨付缺如，其他五種原色的打比冠軍，計有棗色者六次，栗色者三次（「金芍藥」，「寶根霸王」與「飛俠」），棕色者兩次（「挪威后」與「德驥」），霉色者兩次（「愛達民」與「拔萃」），黑色者一次——「迷惑」。』

各位看了我在十年前的這篇文稿，可以知道

當年馬匹跑「打比」的一切情形，可是在前三年，馬會當局覺得週年大賽後隔了四個月左右再跑「打比」不大合式，再改爲週末大賽的末一天跑「打比」，因爲時間太急促，早熟的馬佔了便宜，其實這匹「打比」馬並非一流之馬，但看今年，「獲得好」贏了新馬「打比」，其實牠是否是七二年的第一流馬呢？但看牠跟着編班後再出兩次賽事，就可知牠並非一流好馬，因爲這兩次跑到無影無蹤，鞍上人還是冠軍騎師鄭棣池呢！

現在我再補充一九六一年後的「打比馬」。

年份	打比盟主	騎師	練馬師	時速
六一	滙之寶	蔡克文	美圖惠利	二分卅三秒二
六二	骰博	蔡克文	李殿林	二分廿七秒三

以上兩年「打比」，路程縮短，改爲一哩三化郎六十五碼。

六三	大玩意	衛林士	貝爾波夫	二分〇六秒二
六四	女霸王	林國樑	張學文	二分〇九秒四
六五	叻馬	告魯士	美圖惠利	二分十秒五
六六	慈心	譚業成	美圖惠利	二分十四秒正

以上四年路程再縮爲一哩二五，以後至今則完全縮至一哩一七一碼，正所，愈跑愈短了。

六七	福來	林國强	張學文	一分五十二秒三
六九	博得	衛林士	譚文居	一分五十一秒正
七〇	超群	施露華	李殿林	一分五十秒四
七一	順風	高立培	皮洛夫	一分五十二秒四
七二	獲得好	鄭棣池	蘇芬諾夫	一分五十秒三

從一九七〇年起，馬會當局認爲「打比」賽跑的時間，與週年大賽相隔太遠，於是又改爲在週年大賽第四天舉行，這一點，與恢復賽馬的頭三年一樣，弄來弄去，還是走回原路，早知今日，何必當切，於此可見，馬會當局，有時辦事，往往因董事們意見分岐，前言不對後語的事，又何止這「打比」大賽的賽期這一點呢。

看了前面「打比」各駒名單，可知香港馬會從戰後恢復賽馬到今年，已有二十六年之多，其中，跑一哩半路程者，共有十四年，跑一哩三化郎六十五碼路程者，共祗兩年，跑一哩二五路程者，共有四年，跑一哩一七一碼者，共有六年，以後大約會一直一哩一七一碼跑下去，不會再縮短，因爲再短一些便是一哩，這路程太普遍了。

總結這廿六年「打比」騎師得此榮譽者，以蔡克文爲最多，共勝過三次，郭子猷、林國樑、衛林士、與已故的司馬克四人，各勝兩次，其餘的各勝一次，現在的冠軍騎師，要不是今年的「獲得好」以大半馬位拼勝「滿堂紅」而得到「打比」榮譽，那末鄭棣池就不知何時方有機會。「獲得好」之勝「滿堂紅」，眞是有些幸運，因爲「獲得好」決不會比「滿堂歡」好，但看「滿堂歡」敗了這一仗之後，在第一班馬中再出六化郎四十碼，立即以一分十五秒正的上好時間易勝，而「獲得好」贏了「打比」之後，在第一班中兩兩出兩敗，連位置都得不到，所以我以爲，跑「打比」賽應該在新馬週年大賽後隔三個月等到季尾出賽，方合邏輯。至少新馬可以有充份時間進步，照現在在週年大賽第三或第四天立即出「打比」，有許多馬匹根本未成熟，因而贏「打比」的馬匹，就要靠在新馬第一次出賽後再出「打比」的幸運如何了，同時這又是「大搖彩票」開彩的日子，得頭、二、三獎大彩的彩票持有人，也靠了這一點而發其大財，這個在週年大賽中跑「打比」的辦法，由七〇年至今，祗行了三年，將來是否又有改變，却又要看馬會當局的如何措施了。

至於練馬師之贏「打比」者，以「矮仔」美圖惠利爲最輝煌，竟然贏得了六次之多。（五三年「拔萃」、五六年「寶根霸王」、六〇年「德驥」、六一年「滙之寶」、六五年「叻馬」、六六年「慈心」，其中，六〇、六一與六五、六六都是一連兩年「打比」榮譽都落在他馬房中，「矮仔」可謂幸運馬師）。其次王筱紅贏過三次，（五二年「博落」、五四年「金谷鈴」與五九年「迷惑」），譚雅士（早在二十年前退休往澳洲布比斯般經營牧場，四八年「愛達民」、五〇年「抗法甕」），貝爾波夫（五八年「成吉思汗」、六三年「大玩意」），張學文（六四年「女霸王」、六七年「福來」），李殿林（六八年「益友」、七〇年（超群」），各勝兩次，現在最有名的練馬師蘇芬諾夫，與鄭棣池一樣，也是直到今年，方靠「獲得好」而贏一塲「打比」。一位騎師或練馬師，在全世界有很多大名鼎鼎者却從未贏過「打比」，也有擁有幾十匹馬兒與一連多年都從未得過「打比」的大馬主，於此可見贏「打比」之難，無怪乎當年孫麟方兄之熱中於贏一塲「打比」了。

「金谷鈴」贏了「打比」之後，我相信麟方兄至少三日三夜睡不着，何以故？太緊張了。

第三天，他一早打電話給我，請我在大道中的P．G．（這是占美餐室現在的老板當年的小開所設）食午餐，到時坐定，點菜，叫酒（麟方兄是不飲酒的，祗有我一個人飲）之後，他先拉住我的手謝謝我，然後同我商量兩件事，第一件，送點什麽禮給莊洪康老弟，第二點，如何請一餐「打比」宴來威水一下，他對我道：『這次贏「打比」，馬會獎金祗有四千五百元，加上報名與出賽馬的出賽費六成，一共五千五百廿六元，按當年的「打比賽」與現在不同，規定報名「打比」的馬匹報名費二十元（無論上陣與否），而屆時上陣的馬，再要另付出賽費五十元，這全部數目，等賽事跑完之後，「打比」頭馬佔六成，二馬佔二成半，三馬佔一成，而「打比」頭馬馬會獎金是四千五百元，（現在是這辦法早已取消，去年起，改爲「打比」頭馬獎金一萬五千元，二馬一萬元，三馬五千元），我預備在金陵酒家五樓，大大的請一次客，包括馬會董事、高級職員、練馬師、副手、馬主以及有關的親朋等，大約請三十至四十桌排翅席，每桌預備連酒費用預算四百元上下；這是十七年的事，預備用牠一萬五千元左右，（也即是除了所得獎金五千五百多

元外，自己再貼出八九千元），來慶祝一番，你話好不好？』當然麟方兄的講話與辦事，一直硬得不得了的脾氣，我是早已知道，其實他的事，自己一決定，不理對不對就要做，問問我們，不過是徵求意見如何做法耳。

因爲在一九四九年「金芍藥」贏「打比」後，馬主關奮發、陳南昌（已故）與陳啓昌三位，也曾在金陵酒家，舉行過慶祝大會，當時並未竭盡舖張，但已算是戰後第一次「打比」宴會了。

可是，此後四年，贏「打比」馬的馬主，却從未舉行過盛大宴會，所以，這一次麟方兄預備舖張一下了。

第二件事是莊洪康爲麟方兄的「金谷鈴」，連贏三場頭馬，而還得到了「打比」榮譽，麟方兄當然預備送一點紀念品給洪康弟也。

我們先商量這一件事，結果在滬光珠寶公司定了一具小型的十八K金馬座，（這是拿馬會送給孫氏的「打比」銀馬座來做藍本的，因爲在「金谷鈴」以前，贏「打比」馬的獎品是銀杯，由馬會送出改爲銀馬座，就是由麟方兄贏「金谷鈴」那次開端的。）並且還定製了一副十八K金的袖口鈕，向外的一面是馬頭側影，馬眼鑲了小鑽，這兩件禮品送給了洪康之後，洪康弟也和我商量如何回禮，結果，他送了兩張馬氈（冬夜披在馬背上的），是上等「開士米」的，四面滾上了紅和金兩種緞子的邊（表示孫氏馬房號衣顏色），每一張氈的傍邊，還用紅緞剪成 ROYAL 英文字樣，釘在馬氈上，這一副回禮，麟方兄看見了十分開心，以後這就是「金谷鈴」的多裝了。

至於「金谷鈴」「打比」宴如何舖張，下期再講。（廿四）

香港馬會，在一九五〇年起，裝置電眼在終點映相，但初期祇影一面，後因有時馬匹太接近，恐不易分辨，乃在終點柱中間，另裝直條鏡，於是照片影出放大後，乃見前後兩面，圖爲一九五一年十月廿七日第六場（請看中間西文字），是場頭馬爲郭子猷之「羅蘭士」勝兩乘，不在鏡頭內，此爲二、三馬照片，裏面十號爲阿圖茂之「同花順」，外面五號爲畢浩清之「前景」，兩駒前者贏後者一馬頸，馬匹號碼，正反面皆見（反面即由鏡中照出），而反面更比正面爲清晰，現在所影者，與當時一樣，因爲既已試過，各方認爲滿意，那就不必再加改善了，但這幅照片是馬會試辦電眼攝影的初期作品，也有相當的紀念性。（老吉誌）

五姐·六姐·八姐

——香港傑出三位女廚師——

·呂大呂·

粵菜在全國中，佔有很高的評價。主要粵人最講究食，精研食譜，其間名廚迭出，在「食在廣州」時代，包括大酒家的名廚、私家廚，好手之多，眞的是數之不盡。他們技有獨專，極為當時的食家所讚賞。

時至今日，這些名廚，大都已歸道山。所知僅四大酒家之一，大三元六十元大裙翅的創始人吳鑾還健在，其餘可就無所聞了。

今日香港的食風，已比舊日「食在廣州」時代沒有怎樣大的分別。名廚中雖然比不上舊日廣州之鼎盛，但香港却出了三位傑出的女廚師；這倒是廣州當年所沒有的。而這三位女廚師，說她們是傑出就眞的傑出，她們有許多過人之處，為一般名廚所自嘆不如的。

這三位傑出的女廚師，他們一個是五姐，一個是六姐，另一個是八姐。在香港這二十年間，她們很知名，許多「食家」大都嘗試過她們的烹調。她們的傑出之處在那裏？她們怎樣為一般名廚所自嘆不如？這裏且來輪着她們的排行，逐個表彰出來：

先來說 五姐

十多年前，中區的金龍酒家，另外闢了一處地方，以「五姐菜」為號召。這地方是金龍酒家的「閣仔」，地方不多，一圍綽有餘裕，兩圍盤旋有地，三圍可就太擠了。但這地方是闢作吃「五姐菜」之用的。「五姐菜」最好是幫襯一圍，兩圍也可以，三圍可就不接，這是「五姐菜」的條件之一。當時的一圍酒席，普通只七八十元，超過了一百元，是高貴的筵席了。但「五姐菜」規定最低限度為二百元一席起碼，這是「五姐菜」的條件之二。通常一席酒菜，不是由客人和酒家商妥菜式，便是由酒家開列菜式，「五姐菜」却無此例，菜式怎樣，客人不能提出，也不會由五姐開列菜式出來，要吃的時候才知道是什麼菜，這是「五姐菜」的條件之三。其餘還有些沒有明文規定的條件，像不可以吃剩下來，剩下來不吃，下一個菜不担保會好。反之你每一個菜也吃到一點不剩，每一個菜都會特別的好，又要預先三天定。吃二百元起碼菜，幷不如何歡迎，但只定一席，却比定兩席還歡迎。這些條件都是怪條件，至少是任何酒家也不會有，便是「金龍」本身也不會有，只是附設在「金龍」的「五姐菜」才會這樣的妙。

由于「金龍」有這「五姐菜」，五姐在香港，便開始聞名聞聲了。在此之前，知道五姐的幷不多，只有幾間俱樂部的豪客們才曉得。如果不是常常「坐館」的人，他們即便是食家，也不會知道有個五姐。原因這時候的五姐，是在幾間聞名的大俱樂部當女廚師。

金龍酒家的主事人鍾林，他曾經在一間大俱樂部中嘗試過五姐做的酒席，認為得未曾有。因之便動了腦筋，把五姐聘到金龍酒家去，另闢一處地方來供給這位傑出女廚師的菜式給知味的人欣賞。但五姐提出的條件很妙，第一，他每天只能辦一席菜至兩席菜，多了便不接。第二，每席菜起碼是二百元。第三，無論定的是幾多銀紙一席，不能指定菜式，也不能預先開列菜式。第四，另外為她特闢一個廚房，她做菜的時候，任何人也不能偷看，平時任何人也不可能進去她的廚房裏。當然鍾林就對她的條件也接納了，然後他才根據她的條件，對客人也提出了這些條件。

五姐要出這些條件，固然有多少是屬于她的怪脾氣，也自有她的道理。原來五姐做酒席，絕對不要人幫忙她。買貨是她，「砧板」工夫是她，「候鑊」更是她。換言之，她全部不假手于人，因此她只能做兩席菜。由于她出街市買貨，她的選擇很嚴格，要辦什麼菜式，她還是要去到街市才會知道，才會決定，因此她就不可以預定菜單。認為預先有菜單限制，便將將就就的從街市買入，好歹不管了。有此大條道理，因而凡是光顧吃「五姐菜」的，也無不樂于答應她的條件。

當五姐入金龍酒家，以「五姐菜」載譽的時候，大約她是四十歲左右。到了現在，她該是六十歲開外了。五姐姓梁，中山小欖人。獨身不嫁，稱為「自梳女」。凡是自梳女，必須自食其力，必須有一技傍身。一般來說，是做繅絲女、織女，或是做女紅、綉花之類。五姐却不知如何，竟學得一門烹飪工夫，成為一個極會燒菜的人。也不知怎樣，她會走出廣州來找生活。她一出身，便做了一間公館的私家廚，而且大為這間公館出入的達官貴人所稱道。

這間公館是李公館，主人是第五軍軍長李福林。雖然是個軍佬，却是在廣州河南那裏一直過着太平盛世之年，頗喜作飲作食。他時時由五姐做菜請客，客人大都是達官貴人，他們無不稱讚李福林這個家廚燒得好菜式，等到大家都知道他的廚子是個女廚子，便更驚奇了。

試過一次，李福林請客，江孔殷太史亦在座。江太史的太史廚是聞名的，他平日認眞精研飲食。這天吃過了李福林的一席菜，也大為稱道，可知五姐是如何一出便露頭角了。

經過一個時候，五姐離開了廣州到香港來。在香港也是做私家廚，是堅道一位名流的家庭。許多名流都因此而嘗到她的菜式。那些名流都是香港好些有名俱樂部「坐館」的，湊巧有一間大俱樂部的廚子，給好些「坐館」的名流不滿，便有人提出和那位堅道名流商量，叫他讓出了五姐給俱樂部用。這位名流也是這俱樂部「坐館」的人，便慷慨讓出了五姐前去出任這俱樂部的廚師了。

這俱樂部「坐館」的人，一個個都是名流，都是食家，自從得到了五姐主廚政，個個都交口稱譽。其他俱樂部聽到了五姐之名，爭相對五姐拉角，結果五姐就先後做過幾間俱樂部的女廚師。在香港的俱樂部食家中，可說是無人不有五姐的印象。

就在這個時候，她應聘入主金龍酒家的特別部份廚政。金龍酒家的主事人以「五姐菜」三個字來號召，一時可哄動了香港的食家。可以說是沒有一晚不有筵席，「金龍」這個閣仔專爲吃「五姐菜」而設的。客人定了一席，五姐便不接別一客人的定席了。換言之，這個閣仔，你定兩席「五姐菜」，他全給了你，定一席也全給了你。也就是五姐菜每天只做一席、最多兩席的生意，堪稱是酒樓行的創舉。

五姐在金龍酒家一出一入，曾經三次之多。她做金龍酒家的「五姐菜」做了一個時候，便又離開「金龍」，返回俱樂部去。但經過一個時候，便又再返回「金龍」，前後就有三次之多。她在金龍酒家三次的時期中，却有一次是破例接過筵開三席的。這一次是大馬主洗成福捧杯贏馬請客，計算過圈中人的人數，非要三席酒不可，便親自要求五姐破例。洗成福是好幾間大俱樂部的「坐館」，和五姐多少有點香火緣的已經許久，五姐便破例爲他做三圍酒席。當晚金龍閣仔，可說是吃「五姐菜」最熱鬧的一次，是前所未有的。而當晚的三席菜是每席三百五十元。這差不多是十多年的事了。當時的三百五十元，可以說是相等于今日的千外元。差不多只有「五姐菜」才有這樣的貴。

「五姐菜」的好處，確可以說是遠非一般酒樓菜所可及。五姐做菜，確有她的獨到之處。莫說是一般廚師所不能及，便是能及也不能做得到她這樣的到家、這樣的精細。例如蒸一條海鮮，單是劏魚剝鱗的功夫，一般大師傅就不肯這樣做，也只有五姐限定每晚只做一至兩席菜才能如此。原來，一般酒家大師傅，他們劏魚，固然不會自己親自動手。而劏魚的方法，爲了刮鱗的容易，有例是把所有的魚，先行拍暈，開肚取出腸臟，放進開水裏泡過，使皮外畧熟，然後取出刮鱗，由于皮外畧熟，刮起鱗來自然容易做工夫。五姐呢，她蒸一條海鮮就多事了。

首先，她不能對客人先說明所用的是什麽海鮮，爲的她要親自到街市去看貨，認爲這天的海鮮最好的是什麽，便來選購。買到之後，她拿回去養着。到這個菜要泡製了，她才來動手劏魚、刮鱗。她并不把魚用開水泡過才來刮鱗，而是原條魚慢慢來用刀又削又刮，把鱗去清，用乾布抹過，這才開肚，開了肚取清腸臟，又用乾布抹去血腥，才來下碟蒸。你想這樣的工夫，豈是一般大排筵席的大司務所能做得來的？他們由買貨手買了魚，由魚枱夥記把魚拍死，一股腦兒交來酒家廚房，廚房拿來放進冰櫃，然後小斷慢慢來泡熟刮鱗，劏好後又放回冰櫃，相隔遠遠一個時候才來蒸。當然不待食家而知，像五姐這樣處理一條海鮮，由選購到烹調，都親力親爲，自然是不同吃法了。

五姐蒸一條海鮮，固然不同吃法，她最拿手的幾味菜，是翅，是鮑魚，是乳鴿，更是不同凡響。主要她的工夫做到無微不至，先說她處理一個翅，她把翅浸過泡過，再用「九眼笪」，把所有的翅排在上面，遍插薑片，這才用水把翅滾透。這個功夫自然是絕對去清了灰味，更能使翅身軟滑。因而無論製什麽翅，紅燒鮑翅，扒大裙翅，蟹黃大翅，都有其獨到的吃法。一味鷄包翅，更是拿手，人家處理這一個別名「鳳吞翅」的鷄包翅，是用猪皮同熬，以使其不用獻而生膠。五姐却不用猪皮，而用粗大的鷄脚和猪仔脚熬，這是她的獨特功夫。至于她所用來製翅的上湯，更不苟且，她用老鷄瘦肉和原塊的「湯腿」，這種腿，是比之一般火腿較瘦較鹹的，熬的時候，不只文火，還要用到「燈芯火」。所謂「燈芯火」是把火較到幼細得像油盞燈上那條燈芯一樣。因之她所用的上湯就非要熬足十個鐘頭不可。這樣的不苟且，自然她便要設一個獨立廚房了。

五姐的一味鮑魚更是了不起。在浸開了鮑魚身，和一般大司務的工夫一樣之後，「企刀」把鮑魚切成片，放進一個瓦罉去，加上一些冰糖、肥肉，用文火來熬。一熬便熬上好幾個鐘頭，熬好了，即用原汁打獻上。在碟上，你會見到每一片鮑魚都是京柿色的「糖心」。吃的時候，內行人稱爲「有牙印」，一般是說「黐牙」。而鮑魚的一個獻更見功夫，吃一件鮑魚，件件都有原汁沾滿着鮑魚身，到碟上的鮑魚吃完了，碟底却不留點汁。這樣的到家功夫，確不能作第二人想。

粵菜中對一味乳鴿也是相當重視的，五姐對于燒乳鴿，是她的拿手菜之一。固然第一個步驟是說「揀手」，她挑選乳鴿的功夫第一，如果她肯買，這乳鴿就一定肥大軟骨和好肉味，這已經勝人一着了。五姐廚中，經常有個鹵水盤，她製的鹵水并沒有鹵水的色，名稱是叫做「白鹵水」。五姐燒乳鴿的與衆不同，便是先把一隻「頂鴿」劏淨，然後浸在她的白鹵水盤去，浸到半熟，取出來晾乾，然後才入油鑊炸。吃的時候，是外皮香脆，裏面的肉有味而滑。更妙的是她的燒乳鴿，上碟時，一隻鴿只斬開四塊，如果十二人一圍，她這味燒乳鴿便要燒三隻才能斬開十二塊，才能供十二人之用。又五姐雖是中山小欖人，但她對鳳城菜却很拿手。像炒山瑞絲、煀水魚之類，都是深爲食家們所稱道的。

在秋冬之交，正是烏耳白鱔最肥美的時候，順德菜中一個白鱔最爲聞名。五姐在她認爲有足夠肥大的白鱔可以買到，她便以這個菜列入她的「五姐菜」中了。她這一個菜叫做「褪骨盤龍大鱔」，全條鱔沒有骨。五姐取鱔骨的方法，是用一個金屬的小筒從鱔頭的地方，一路插入去，蟮是只得一條脊骨的，這一來，這條蟮骨可給這小筒割離了蟮肉了，她把這條蟮完整地抽出，便成爲一條無骨蟮。跟着却把這條蟮每隔寸半便用刀切下去，但并不是切斷切開，而是讓小部份的皮連帶着，很巧妙地用薄薄的猪網油把一條蟮一塊塊并沒有離皮的地方包裹着，原條蟮放在一個瓦缽上盤着像是個塔香一樣。再放些蒜子、火腩，加上了適度的調味，就在缽上把它「扣」到火路恰可。上碟時這一個菜就像一條蟮盤着，但事實上是經過切開的。客人們可以一塊塊取吃。由于每塊都有網油包着，無論如何爛熟，也可以原塊夾在筷箸中入口。好些食家對于五姐這個「褪骨盤龍大蟮」，也都讚不絕口。

五姐三入「金龍」，比較上在俱樂部的日子較多。尤其是「集輝」俱樂部，她在那裏做女厨師的時候最長，集輝坐館的盡是豪客，平日那些豪客去到打牌，不管什麽三缺一，常常打三人牌，甚至兩人牌也打。如何打法？這可不詳，總之三人牌是較四人打的容易吃大胡，兩人牌更甚，幾乎胡出的盡是滿胡，可見那班坐館人之豪了。這樣的豪賭，當然沒一個不豪食，因此五姐在集輝，就眞的是「譽滿欄邊」，沒有一個豪客不說五姐菜的好。

所知五姐已經收山好幾年了。她今年已經六十高年，在灣仔大佛這地方有一層自置樓居住，另外還有物業收租，正過着優哉悠哉的生活。她有一個姪兒，在酒樓行頗有地位，是九龍某大酒樓的司理，從他的口中得知，五姐雖然年過六十，還很健康，但已宣佈收山了。

跟着說 六姐

與五姐同期，酒樓行業中，說女厨師，還有一個六姐。這位六姐，她只能做出兩味拿手菜，她的出現地方也只有兩處，一處在銅鑼灣的國泰酒樓；不是現在這一家。一處在中區的艾非。比較上在艾非的時間長過在國泰，但國泰却是六姐的發源地。

國泰酒樓最聞名的兩個菜，一個是「猪腦魚雲羹」；一個是「烟鱠魚」。這兩個菜，國泰是拿它作爲招牌菜，並且大書特書「六姐主理」四個字，以爲號召。

六姐這兩個菜，確有一手，確有其獨到之處。那個猪腦魚雲羹，難得在一個清字，這是不容易做得來的。這個菜，一般酒家也有，但都失之太稠，簡直不成羹而是糊。六姐的魚雲羹，堪稱得上「清新」二字，除了用猪腦，拆了骨的魚雲之外，也有猪肝，夏天加點筍，冬天加點切粒的芥蘭，故清新可口。這菜的起源創自廣州市出名的新遠來，六姐就能深得其神髓。以現在來說，能夠像廣州新遠來的固然沒有，便是能夠像六姐的也找不到。

她那另一個拿手菜烟鱠魚，也極其値得稱道。烟鱠魚本是個西餐的菜式。但西餐要把肉食經過凍藏才來製，對中國人來說，怎麽也覺得欠缺鮮味。六姐却用新鮮的鱠魚來製，有了魚的鮮味，吃法自然不同。特別它的烟味很濃郁，既有點像川菜的樟茶鴨，也有點像粵菜的太爺鷄。這種「烟」味，是一種「焦香」，廣東人稱爲「羅」（讀陰去聲），大家都說六姐這個烟鱠魚好在夠「羅」！看來决非西厨所能及，這便使到六姐的兩個菜膾炙人口了。

經過一個時候，國泰酒樓結束，六姐這兩個拿手菜便沒有人可以吃到。但跟着不久，中環的德己立街開了一間酒家，名艾非，也是以這猪腦魚雲羹、烟鱠魚爲招牌菜，一樣大書「六姐主理」爲號召，大家都知道這是六姐在這裏重張旗鼓了。

艾非是一間中型酒家，平日很多人在那裏作局，所用的菜，豐儉不一，但都少不得六姐這兩味拿手菜，可知六姐這兩個菜的如何具有號召力。可惜這究竟不是個名貴菜，因而起不得什麽作用。艾非結束後，六姐也就隨而結束了。在此之後再也沒有見到有酒家以「六姐主理」爲號召。

由于六姐已經銷聲匿跡了許多年，她的近況如何，幷沒人知道。有人說她不在香港，回了大陸，有人說她不只不在香港，且已不在人世。便是從前在艾非、現在紅梅閣爲司理的張江美，也對六姐的消息，一無所聞。

最後說 八姐

香港三位傑出的女厨師中，現在還可以嘗試她做出來的菜式的，就只有八姐。這便是「五姐菜」吃不到了，六姐的兩個拿手菜更聲沉响絕了，但「八姐菜」還有機緣可以吃得到。

五姐和八姐這兩個女厨師，她們可以說是各有千秋，難分瑜亮。論名氣和實際工夫，也一樣的無分伯仲。如果說一些纖巧的菜式，似乎五姐還有不及。但無論如何，「五姐菜」已經不可能吃得到了。

八姐排行第八，兄弟妹妹衆多。她姓李，順德人。順德人好食，在粵菜中別樹一幟，稱鳳城菜。八姐能夠學得一手烹調工夫，這可能是家風，加上她的聰明，便成爲一個馳譽三十年的傑出女厨子。

順德最多「自梳」不嫁女子。主要順德是蠶桑之鄉，絲廠很多。順德女子大都做繅絲女，無一而不能自食其力，因而便多持獨身主義了。李八姐也正是個獨身主義的「自梳女」，但她不是個繅絲女，而是和妹妹們同習顧綉。女兒家顧綉，工錢比起繅絲還多。而八姐的顧綉工夫就居然在順德地方舉行綉花考試的一年，名列榜首。她的父兄便都以爲她必是以顧綉終其身了，那裏曉得却出乎意外，八姐到頭來却是在香港成爲一個傑出而又負譽的女厨師。

八姐今年是五十四歲，她在二十歲那年，和姊妹輩同來香港。她雖然是綉花好手，來了香港後，却以烹調聞于姊妹親戚間。才不久，她便入主一間俱樂部的廚政了。

凡是俱樂部，大都時時作飲作食，因之必須有個好手的廚子才可以使到「坐館」的人滿意。

八姐初出身便是一間俱樂部的女廚師，也可見她的烹調工夫了得。她爲什麽會一出身便得主俱樂部廚政？原來她從順德來到香港，寄居在一個親戚家中，這親戚是個食家，家人一個個也長于烹調，八姐就在這時候獲得了烹調工夫。而且經過不久，她烹調的菜式還比親戚的家人更好，她這親戚有時請客，都由八姐來製饌。親戚的朋友中有一個是食家，這便是當時在香港的有名人物莫應基。他吃過了八姐燒的菜，認爲得未曾有，說她的菜最適合在俱樂部，因此便要把八姐請到他「坐館」的俱樂部去。

八姐起初沒有這胆，給親戚和姐妹們的慫恿，她才毅然前去。這一來，就奠定了她後來成爲一個譽滿飲食界的女廚師。

莫應基這間俱樂部，規模很大，坐館的盡是知名之士。除了莫應基外，還有余北海、劉德譜和陳策之弟。地址是在中區康年銀行三樓那裏，名中記。中記所有「坐館」的人，一個個都是認眞講究飲食的食家，一向所用的廚子，沒一個能夠交得他們準，却是八姐做了中記的廚子後，沒一個不滿意。

不過八姐在中記俱樂部做廚，時間不太長，便跳槽到石塘咀的大同俱樂部了。原因固然是有人挖角，延攬她去。但也另有個原因，爲的不少人對她說中記俱樂部雖然「攬手」的盡是知名之士，但近來已經漸漸變了質，混進了若干「老千」，聲譽不大好，好些潔身自愛的館友，已經沒有前去了，那些人就勸着八姐還是不要做下去。剛好大同俱樂部的人甘詞厚幣的請她過去主理，八姐便轉而過大同俱樂部去。

八姐做了一個時候的俱樂部廚師，她的烹調工夫越來越進步，越來越獨到。凡是在俱樂部中嘗試過「八姐菜」的無不交口稱譽。但畢竟是受薪爲廚師，而且在俱樂部這些地方，過的是夜生活，因而八姐漸漸感到厭倦了。她終于在一個時候辭去了這份職，租了一處地方住下來。

她的「八姐菜」給予人的印象太深，好些在俱樂部吃慣了「八姐菜」的，一旦沒有得吃，倒有不少人去找着她，要請她打住家工，這便要請她去做他們住宅的私家廚，但八姐都一一拒絕。她的理由是打住家工會有氣受，這不是她做的，因此八姐終其生也沒有打過住家工，沒有做過住家的私家廚。

却是讚賞「八姐菜」的人多，一旦沒有「八姐菜」吃，似乎吃什麽也沒有味，便有人替八姐想出了一個法子來，他們叫八姐在寓所裏替人做酒席，不打工受氣，喜歡接的便接，不喜歡時可以推却不做。只消預備了一兩席的用具，僱用一個人來作侍應便行。這樣一個辦法，給八姐接納了，她覺得這就比之打什麽工還好。還有一個原因，一個做慣了大廚師，撚慣了菜式的人，一旦投閒置散，少不免覺得技癢。由于這個關係，八姐便在她的家中，以「八姐菜」饗客。却不想如此一來，直到現在，她還是在她的家裏來作爲知味者的一個女廚師。

八姐最初在家裏做菜的地方，是在灣仔近着大佛那裏的軒鯉詩道，一間叫做高和鞋店的隔壁樓上，後來遷到洛克道的廿九號去，又經過了一個時候，再遷到了禮頓道崇蘭中學那裏的樓上。經過了五年，爲了拆樓而遷到軒尼詩道昌業大厦的現址，不經不覺也有幾年了。

八姐的「八姐菜」，凡是食家無不知之，好些食家假座她的家中來作局、請客，比起了在酒家固然在吃的方面不同，所吃的并不是酒家一般的「公式菜」，而且還有家庭風味，請客的固然像是在家裏請客，赴席的也像是在家裏吃飯一樣，眞的是別饒風味。

原來八姐廿多年來，無論是在什麽地方她都是佈置得很雅潔，掛上幾幅時人字畫，安上一架電視機，冷氣機，一個可以擺上兩席酒的大廳，很像是住宅的一個廳堂。她替人做酒席，一圍也好，全廳都給了你，决不會另接任何人的酒席，

香港三大女廚師之一——八姐

使兩處不同的主客集在一個廳中。換言之，她只是每天替一個人辦一席至兩席菜而已。你定的是一席菜也好，兩席菜也好，這個廳都是全屬于你的。如果你要在午前便去開局打牌，可以，你要她替你做一些午飯去吃，也可以，只要預先定好，什麽也有供應，這就更像個家了。由于八姐除了替你做菜外，還要借出一個廳給你，使你宛如在家請客一樣，因之到八姐家中去吃「八姐菜」，她就有個規定，收回廳租。一圍和兩圍也都是一樣收費，爲的一圍和兩圍，她都是把這個廳全給了你，幾時要地方，幾時開局打牌，以至于幾時開席，都悉隨尊意。

八姐離開了俱樂部，她一直也是這樣子讓人吃到她的「八姐菜」。一開始在高和鞋店樓上的時候，已經是天天有人來爭着定酒席，使「八姐菜」并沒有一日停止。後來遷到洛克道，這是八姐一生最忙的日子。她除了每天也有人定一席菜外，還要一天替人開午餐「共兩席之多。這時候某一廣播公司是在灣仔，其中幾個高級職員最迷于「八姐菜」，便和八姐商量每天替他們開一頓中午飯，吃的是俱樂部式的菜，人數是兩席。只要八姐答應，伙食費多少不成問題，爲的來吃的

都是高級職員，八姐這時正是年富力强，事業心又重，她答應了，因之八姐在這一個時期，是最忙而又收入最好的，到了遷離洛克道到跑馬地崇蘭中學樓上，便辭却了這兩圍中午飯的高級伙食了。却是這時候，他的「八姐菜」全沒有停止過，而且是兩席多于一席。

「八姐菜」正像「五姐菜」一樣的唱獨脚戲的，買貨、砧板、候鑊，無一不是八姐一個人做，她從不假手他人。像這樣全材的廚師，所有大酒樓的大師傅也不會有的。有之就只有五姐和八姐這兩個傑出的女廚師而已。八姐買菜的工夫十分到家，尤其是挑選「乾貨」。乾貨中的鮑魚，并不是隻隻都是活生生開壳來晒的，有些是死了的鮑魚晒成。這類由死鮑而成爲乾貨的鮑魚，燒起菜來就會大大減色。八姐挑選鮑魚，像這類的鮑魚一定給她挑出不要。鮑魚燒起來最要緊是京柿色的「糖心」，這固然是要說烹製的功夫，但主要的還在挑選。八姐就可以看得出那隻鮑魚燒起來會「糖心」，那些不能，這樣的「到家」之處，行內人也對她佩服。

在「八姐菜」中，那味鮑魚就誰人也要稱讚，而除了一味鮑魚外，八姐還有許多拿手菜，她對于翅，以扒翅和鷄鮑翅最爲一絕。扒翅有汁而無湯，翅身長而軟，鷄鮑翅就堪稱濃燉，都爲喜歡吃翅、講究吃翅的食家所激賞。她有一個獨特的菜式，是「燕窩琵琶鷄」，一隻鷄斬開了放在碟上，像是一面琵琶似的，故名。吃什麽鷄，鷄脚例必除下來的，她却不然。把鷄脚抝斷膝節，屈着搭在鷄背那裏，鷄的下面是用燕窩來鑲滿，調好了味，吃的時候，鷄是爛熟的，和燕窩打成一片，好吃得很。

除了魚翅、鮑魚和鷄這些大菜有獨特的製法外，八姐還有許多極其纖巧，而爲酒樓所沒法吃得到的菜式，也是吃「八姐菜」的食家所津津樂道的，首先得說一個叫做「鳳冠龍扣」的菜。「鳳冠」便是鷄冠，「龍扣」是「田鷄扣」。在田鷄的腸臟中一樣小如花生米的東西，一隻田鷄只得一個「扣」。八姐先來搜集了「田鷄扣」，再來搜集公鷄的冠，經過她的醃製，鷄冠和田鷄扣也都既爽且脆，兩樣作料一同油泡調味上碟，這個菜就爽口絕倫了。對于這個菜的泡製固然要講究工夫，而搜集鷄冠和田鷄扣倒不是一件容易的事。因爲這是任何酒樓所不會吃得到的菜，而是「八姐菜」獨有的精品，有時沒有鳳冠，她便來個「油泡田鷄扣」，一樣和味。

另外一個菜是「鹽焗鷄腰」，鷄腰便是鷄子，要公鷄才有，富賀爾蒙質，潮州菜中的三鮮，它是佔其一，但不多。八姐却搜集了多量的鷄腰子，拿來用鹽焗鷄的方法來鹽焗，自然是甘香可口，而又爲男性的補品。

其次如炒肚尖，如焗釀禾花雀，焗蟹蓋，夏天的冬瓜盅等等，都是製來與別不同，「單尾」的一味生炒糯米飯尤爲獨到。筆者曾在八姐家慶次請客，席中有外省同文，他們吃了也交口稱譽。過來人兄尤其欣賞她的生炒糯米飯不止。

在香港淪陷的一段時期中，八姐曾經離開了香港回到廣州。光復後，有一段期間，在民聲新街十號爲女廚師。這個民聲新街十號是一間俱樂部，但沒有俱樂部的名稱，人家說起了民聲新街十號，便知道這是當時一班軍政警要人的俱樂部。當時的主事人是偵緝課長李彥良。他對「八姐菜」最爲欣賞，因而把八姐延攬入去主廚政。一九四九、五〇之間，八姐再來香港，李彥良組志成俱樂部，力邀八姐爲廚，八姐固辭，繼續她的住家式「八姐菜」。在這一段時期中，便是八姐的黃金時代，也是八姐最忙、最爲吃苦的時代。

爲什麽黃金時代又是最爲吃苦？原來這時候，八姐的兄嫂姪輩都來了香港，都依她爲活。八姐替他們租房子又租不到，便在大東酒店長租了一間房子給兄嫂姪輩來住。負担當然重極，沒法子不吃苦來增加收入。晚上的「八姐菜」酒席沒有歇手，白天還要接些高級午飯伙食，你想她只是一個人，買手、砧板、候鑊全在她的一雙手來做，如何不是忙得很吃苦？

幸而八姐這樣的捱苦，到了現在，總算是放下了負担了，他的子姪輩都已出身做事。其中一個姪兒名喚李海的，也是飲食業中人，以前在京華酒樓，現在是在環球潮州菜酒樓爲部長。每逢八姐有人定她的「八姐菜」，李海便派了他的手足，在下班時來八姐那裏幫她做侍應。八姐說的「現在是安樂得多了」，這話可沒有錯。

在八姐那裏，掛着不少時人書畫，而這些書畫界的知名之士，全是「八姐菜」經常的客人，甚至可以說是「八姐菜迷」。像吳肇鍾、許菊初、劉少旅等等，都是由八姐最初自設寓廬一直吃到現在的。文化界中人如何建章、黃嵤名、王季友也是說起了「八姐菜」便沒口子稱道。其他知名之士，只要他們是個食家，他們大都是常到八姐家中吃「八姐菜」的。

現在八姐的住處，地方不多，因此她買便的「乾貨」海味，像翅、鮑魚、江瑤柱，大都用大玻璃瓶裝着，放在廳的一角。入了今年，這些海味都大大的漲價。前年，「八姐菜」過得去的大約是一席四百元上下，到了去年，非五百多元近六百元不辦。而今年呢？就非七百元以上不可。因此現在到八姐家去吃一席「八姐菜」沒有八百多元不能。八姐就常常說，她不明白她的顧客一定要吃她的翅和鮑魚，一吃這翅和鮑魚，這就非七八百元一席不辦了。其實他們是可以不要翅和鮑魚，專點她的巧手小菜，她的俱樂部式菜，一般大酒樓所吃不到的菜，這不是一樣可嘗試到「八姐菜」的妙處麽？八姐認爲有時她對一席菜要得這樣的高價，個個都是老主顧，她也覺得不好意思。但海味的來價這樣貴，這教她有什麽辦法不是貴買貴賣呢？

香港的三位傑出女廚師，五姐收山，六姐沒有消息，只有個八姐，看來眞正食家的口福，也有越來越薄之勢了。

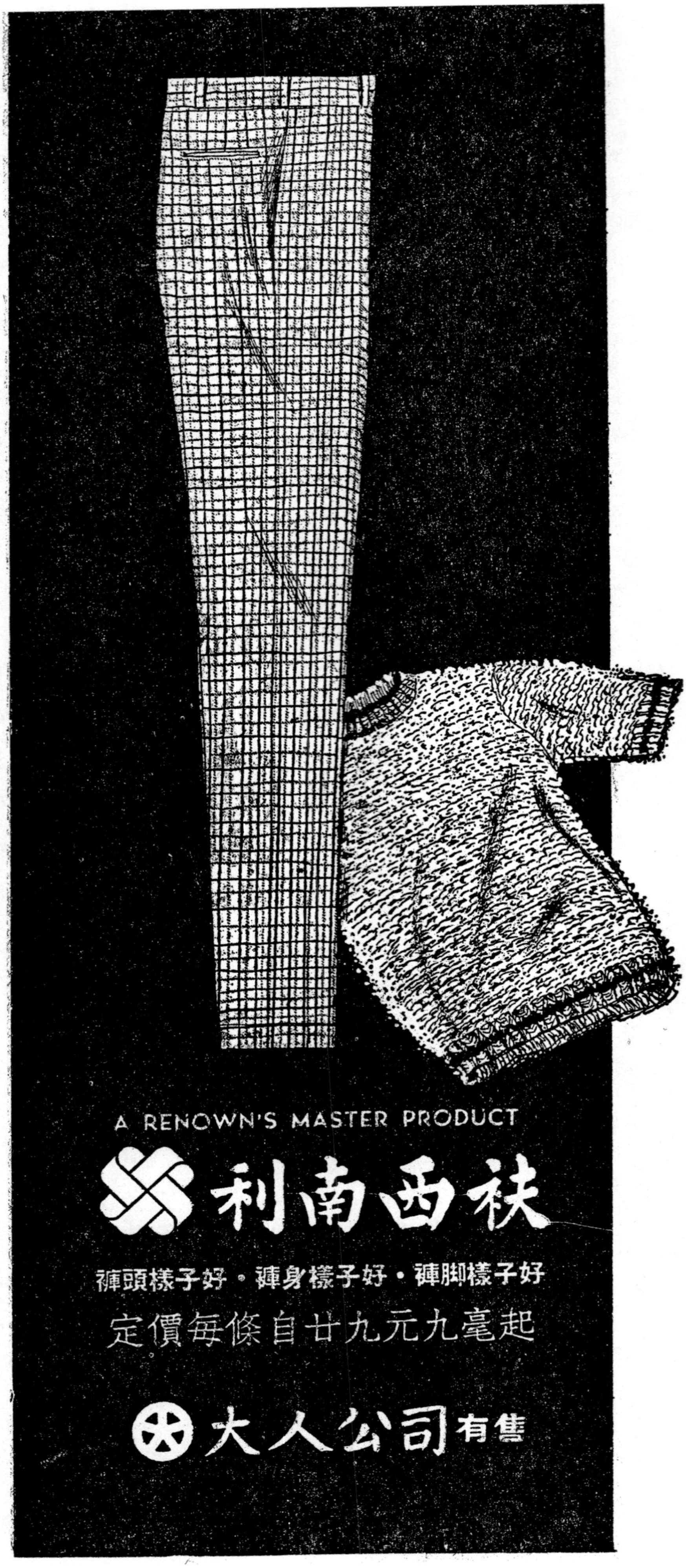
A RENOWN'S MASTER PRODUCT
利南西衭
褲頭樣子好・褲身樣子好・褲脚樣子好
定價每條自廿九元九毫起
大人公司有售

我的編劇史

陳蝶衣

方沛霖對我的鼓勵

我之從事於電影劇本的編寫，是始於一九五二年避地南來以後，草擬的第一個劇本是「小鳳仙」。

在此以前，已故電影名導演方沛霖，即曾對我鼓勵甚力；那是由於他在上海淪爲「孤島」時期所執導的一部歌舞片「鳳凰于飛」（周璇、黃河主演），請我這個從無經驗的人寫了全部插曲的歌詞，勉强算是收到了「愜心貴當」的效果，因此不但與我建立了友誼，並且認爲我還可以濫竽充數，作爲第八藝術的拍檔者，一再勗勉我編寫劇本，以供應用。過去我在報章雜誌所寫小說，僅能止於短篇；要我結構一個情節曲折的完整故事，自揣非所擅長，所以始終未有應命。

及至抗戰結束，勝利復員之後，「中電」二廠在上海成立，廠長徐蘇靈聽到方沛霖將南來香港的消息，亟亟挽請他留在上海，繼續爲「中電」効力；計劃中本擬開拍一部歌舞片，導演的責任就着落在他的身上。他承担了此一使命，立即找我商量，對我重提編寫劇本之請。結果，我仍然爲了胆怯，未敢一諾無辭；終於薦賢自代，介紹陶秦兄寫出了「鶯飛人間」；我則在歌詞方面畧盡職責。此片的女主角，邀請紅極一時的女歌唱家歐陽飛鶯担任，也是由我居間介紹。

劇本雖然不敢貿然執筆，但由於歷年來電影與話劇看得甚多，理解力總還有一點；再加上方導演再三鼓勵，對於有關影劇的各種書籍文字，便開始潛心研究，多方涉獵。「鶯飛人間」拍攝過程中，我又時時去往攝影塲，從旁實地觀察，也累積了一些經驗。因之在避地南來之前，我終於鼓起了勇氣，開始作寫劇的嘗試。但我的初出茅廬之作，却並非電影劇本，而是長篇彈詞「香妃」。

「香妃」彈詞作引子

寫彈詞，我也是循序而進的，先是試作開篇，技巧逐漸成熟之後纔開始寫彈詞。其時上海評彈界的許多響檔，正在競說新書，對彈詞的創作需求甚亟；這種民間通俗文藝，創作還不算太困難，問題只在於題材之選擇而已。我之採取「香妃」此一故事，是由於既有民族大義可資揮寫，也有堅貞的愛情足供描繪；兼之回族政教領袖大和卓木、小和卓木（即香妃之夫）兄弟的抗清戰役，魏源所著的「聖武記」及郭應德所著的「維吾爾史畧」二書，都有詳盡的叙述；此外中華書局出版的「清朝野史大觀」，亦有關於香妃事蹟的若干記載，都可以供我參考；於是我便根據各種資料，加上了戲劇性的幻想，開始作長篇彈詞的編寫。

「香妃」彈詞以「見彩虹香妃出獵」爲起點，寫成了十五回即匆匆問世，交由女彈詞家黃靜芬，在電台及書塲說唱。她一面說唱我一面趕寫十五回以後的故事；這樣大約持續了一個多月，聽衆反應相當良好，黃靜芬對我也優禮有加。遺憾的是此書只寫到香妃被騙往北京進入清宮爲止，未及全部脫稿，我即「一身去國八千里」，踏上了流亡的旅程，事先未便對這位女彈詞家說明去向，到了香港纔寫了一封信給她，一方面致歉忱，一方面則向她建議，改請平襟亞先生接着寫下去，繼續我的未完成工作。

這一封信，不知道她收到了沒有？

彈詞有表，有白，有唱，玆將唱詞的片段附錄於後，藉見彈詞形式的一斑：

（香妃唱）連朝陰雨未曾停，（我是）愁在胸懷悶在心。（如今是）雨過天青雲霧散，彩虹一道媚新晴。天氣好，一身輕，不如放馬作郊行；（也好）重看郊原浩蕩春。回頭且把丫環喚，命她備馬速登程。

（蘋兒唱）請娘娘舉目向東看，（那）氣象巍峨一座山。峯巒起伏高千仞，（彷彿是）鳳闕鸞罔出宇寰。（曾記得）當日清兵來犯境，（娘娘是）全身披掛上雕鞍。匆匆策馬登山去，擂鼓三通敵膽寒。健兒乘勝同追擊，（終於是）擊退清兵奏凱還；回疆從此保平安。

「小鳳仙」初受考驗

來到香港以後，首次貢拙的電影劇本「小鳳仙」，是由於執導此片的屠光啓兄之推薦，爲新華影業公司所寫。

一枝筆捏上手，倒說是「難中有易，易中有難。」難的是劇中的雲吉班妓院的客廳與臥室佈景，已在片場蓋搭之中；所有屬於這一堂佈景的戲，要先動筆，其餘部份的戲，容後再寫不遲。換一句話說：就是從頭到尾三十一場戲，要把客廳臥室的戲挑出來，跳着寫，這對我無異是一種考驗。易的是：三十一場戲的分場大綱，已由屠光啓兄預先擬就，我不至於太傷腦筋。

考驗就考驗吧！發一個狠，在三天之內把跳着寫的戲趕了出來，交與屠導演過目。等到所有客廳臥室部份的戲拍好，其它內外景的戲我也全部寫成繳卷了。

本文作者（右）與名導演方沛霖（左）二十五年前合攝於上海「中電」二廠

後來全片攝製竣事，跳着寫的戲與補寫的戲，居然首尾啣接，一氣呵成，並無「脫節」痕跡；看過了試片以後，獲得了監製人張善琨先生的一領首，等於給我吃了一顆定心丸。

當然，屠光啓兄對於劇中措詞的潤飾，以及畫面的剪接，也是幫了大忙的。

由於過去聽彈詞聽得多，吸收了些許經驗；因此「小鳳仙」劇中有一場「夜審」的戲，我也採用了彈詞對白的「針鋒相對」方法，作了如下的描寫：

炳湘：「我問妳，蔡松坡他到那兒去了？」

鳳仙：「不知道！」

炳湘：「不知道？哼！他明明陪着妳到戲院去的，妳怎麼會不知道？」

鳳仙：「誰說他陪着我去過戲院？」

炳湘：「哼！我們有密探在後面盯着，妳還要賴。」

鳳仙：「我不賴，確是去了戲院，不過放走蔡將軍的，不是我。」

炳湘：「誰？」

鳳仙：「你們的密探。」

炳湘：「怎麼？我們的密探放走蔡松坡？」

鳳仙：「唔！你們的密探既然盯着蔡將軍，那蔡將軍怎麼又會跑了呢？要說不是你們的密探得錢買放，又有誰那麼大的胆子，敢把他放走？」

炳湘：「胡說！我們的密探報告，蔡松坡是進了厠所以後失踪的。」

鳳仙：「哦！我明白了！一定是你們把蔡將軍抓去了，反咬我一口，要我在外面張揚，替你們遮蓋，讓人家以爲蔡將軍是自己逃走的。」

炳湘：「這是什麼話？喂！小鳳仙，蔡松坡怎麼逃走的，妳跟他在一起，不會不知道，我看，還是趁早說了的好。」

鳳仙：「吳大人，剛纔您不是說，蔡將軍是進了厠所，失踪的嗎？」

炳湘：「是呀！」

鳳仙：「請問吳大人，男厠所，呵呵！女人怎麼能夠跟着進去呢？」

炳湘：（愕然）「嗯！這個……」

鳳仙：「我是女人，不能盯着他進男厠所去，那麼他就算跑了，怎麼能夠問我要人呢？」

炳湘：（無可奈何，只得央告：）「鳳姑娘，妳跟蔡松坡的關係，我們都知道；他這次到那兒去，一定會通知妳；妳老實告訴我，我重重的酬謝妳。」

鳳仙：「吳大人，您真糊塗！」

炳湘：「我怎麼又糊塗了呢？」

鳳仙：「唉！您不想想，他跟他結髮的夫人，尚且一鬧就鬧翻，離了婚，把他夫人攆走，何況是我；我不過是班子裏的姑娘，他不喜歡就扔，還不是隨他的便，我那兒抓得住他呢？」

炳湘：「唔！唔！」

鳳仙：「我倒真想拜託吳大人，吳大人手下有的是密探，能不能請您把蔡將軍給我找回來，我跟他還有賬要算呢！」

炳湘：「哼！小鳳仙，妳真是好一張利嘴。」

鳳仙：（笑）「小女子不敢！」

由張善琨親自設計的電影「小鳳仙」報紙廣告

自擬「秋瑾」分場大綱

「小鳳仙」一片由李麗華、嚴俊主演，李麗華飾小鳳仙，嚴俊飾蔡松坡。夜審小鳳仙的警察廳長吳炳湘則由侯景夫飾演。

這一部戲破例在西片院線的「皇后」「平安」兩家戲院公映，由於賣座情況不惡，稍後又攝製了「小鳳仙續集」。

「小鳳仙續集」是我執筆的第三個劇本，在此之前我寫的第二個劇本是「秋瑾」，仍由屠光啓兄負責導演，李麗華、楊志卿分飾秋瑾、徐錫麟二角。

「秋瑾」是我初次自擬分場大綱，劇本脫稿後，女主角的出場方式未符理想，光啓兄要我另行設計，這對我是又一次的考驗；其後改爲由秋瑾舞倭刀、唱「寶刀歌」開始，藉此襯托出這一位鑑湖女俠的革命精神與面貌。

經此一改，立即化平淡爲生動，氣氛由是頓異。光啓兄看了之後一聲「OK！」劇本通過，從此我領悟了人物出場的重要性。

後來成爲著名喜劇小生的陳厚，在「秋瑾」一片中初露頭角，飾演革命青年程翹仙，在劇中有嚴刑拷打的一幕，他演得十分出色，由此奠定了他的銀色生涯之基礎。

「小鳳仙續集」卿接在「秋瑾」之後開拍，陳厚仍參加演出，飾演袁乃寬之子袁不同一角；在當時，袁不同是一「反對帝制」的憤怒青年。先師林屋山人步章五先生詩文集中有一首題爲「袁不同生子即席賀詩以代牛酒」的七言古風，起句曰：「當代吾識袁不同，勸進未肯從乃公；壽春帝號今已矣！君乃四海流英風。」可證此人之不平凡；我在劇中特別强調此人的「反帝」行動，半是根據史實，半是受了先師一詩的影響。

「桃花江」歌唱發端

三個劇本次第搬上了銀幕，無形中使我成了電影從業員之一，於是乃有述懷詩二十二韻之作；由於這一首詩與我的文字生涯之轉變有關，因錄而出之，附載於後：

寫劇述懷

閒情傳一賦，嘗議出顓蒙；玄居存一釋，披豁見深衷。依邊偶爲客，生計如轉蓬；身非靳百會，用世意自窮。坐嘯春風裏，高蹤躡馬融；雌黃固一技，所愧舊未工；長揖謝故人，難乎爲冬烘；一管青鏤筆，咄咄寧書空。日月供瀟灑，豈不稱藐躬？終覺閒义手，未足快心胸。頗羨陳臥子，矯矯人中龍；破盡蠅蛩唱，能張太陰弓；不須論軍旅，已建曠世功；暇日讀公集，警我瞶與聾；苦恨才力薄，未堪追吾宗；譬如驊騮步，蹇踏每難從。捨難姑取易，偏師或能攻；影業方新興，好尚成時風；術藝徑非一，掉鞅理可通；識者倘不哂，何恤困雕蟲！作劇雖細事，聊可悅兒童；他時十種曲，笑倒後笠翁。

在寫這一首述懷詩的時候，另一個劇本我又捏上了手，正待開始起草，這就是後來流傳着一段神話的「桃花江」。

「桃花江」是我避地南來後所寫的第一部歌唱片，當時老友李雋青也在香港，他是作詞前輩，所以我的述懷詩結句有「笑倒後笠翁」之語。

「桃花江」的原始故事，出於易文兄的手筆，其時易文兄似乎別有工作，無暇握管，於是新華影業公司主持人張善琨先生，便把劇本的起草任務交給了我。

這是一部多災多難的戲，在籌備期間爲了物色女主角，就曾大費周章，最初是屬意於葛蘭，繼之又與會鶯紅磋商，都沒有能夠談妥。最後，女主角的重任落到了鍾情的肩上，卒使鍾情賴此而一片成名，這與此片之到處賣座，同樣是始料所不及的事。

「桃花江」導演一席由王天林担任，在開拍的同時，新華影業公司另有一部A級片「漁歌」，由卜萬蒼執導，林黛、嚴俊領銜主演，正在永華片塲拍攝，論卡司，論聲勢，俱非「桃花江」所能企及。張善琨、童月娟伉儷，集中精神對付「漁歌」的攝製；在華達片塲開拍的「桃花江」，一切委之於導演王天林及劇務主任吳天，張童伉儷甚少過問，以致頗有冷落之感。

最滑稽的是「桃花江」一片的攝影師，前前後後換了五位之多，說明了這一部連到B級都夠不上的歌唱片之不被重視。

幸而片成公映之後，情勢立即不同，觀感頓時扭轉；新華影業公司憑藉此片，獲得星馬片商的大力支持，此後歌唱片一拍再拍，使「小野貓」鍾情之名，也由此不脛而走，驟享盛名。至於輔佐鍾情演出的兩位小生——羅維、陳厚之揚眉吐氣，自更不在話下。

「桃花江」所造成的一段神話是：台灣南部有一家影戲院，已面臨無法維持的階段，由於放映「桃花江」一片引起了轟動，戲院日日爆棚，就此起死回生，轉危爲安。這一個傳說，或許不無誇張之處。但其後粵語片紛紛仿效，大翻其版，却是鐵一般的事實。新華影業公司爲此還會另配粵語對白發行粵語版，這也是國語電影罕有的一個例子。

「賣座」因素之分析

分析「桃花江」一片所以使觀衆「受落」，大祗有如下幾個因素：

其一：此片的十餘支插曲，都極易上口，因之也易學易唱，這是作曲者姚敏的功勞。

其二：主題曲與其餘插曲的幕後代唱者，是素有「唱片皇后」之稱的姚莉，她的歌喉已甚委婉動聽，加上鍾情的「對嘴」也天衣無縫，頗能吻合，於是收到了「相得益彰」的效果。

其三：王天林的導演手法，相當流暢，老牌影星白光看過此片後作兩字批評曰：「很順！」順就是不別扭，可能也較易爲觀衆所接受。

其四：我在此劇中塑造了一個「小野貓」的形象，鍾情把這個角色演活了。

其五：「桃花江」之名盡人皆知，大家都知道「桃花江是美人窩」。

由於「桃花江」之出擊奏凱，新華影業公司即以歌唱片爲主要製片方針，其它類型的影片雖未完全擱置，但比重已大減。

此後相繼開拍的，有「風雨桃花村」「多情的野貓」「葡萄仙子」「入室佳人」「百花公主」等等，以上的劇本一客不煩二主，都是由我編寫；我腦海中的歌唱片故事，也像開了竅似的層出不窮，要多少有多少。

化妝師方圓的少爺方銳，改藝名爲金峯，開始與鍾情拍檔，担任以上諸片的男主角。金峯由此發跡，直到現在他仍在銀幕上活躍如故，並有「不老小生」之譽。

姚敏筆下的新歌大量產生，成了紅極一時的作曲家；他一度自組萬象影業公司，商借「小野貓」鍾情主演「那個不多情」一片，劇本與歌詞的雙重任務，義不容辭的一概由我負起。此片的男主角是曾江，第二女主角是李芳菲。

「那個不多情」劇本脫稿後，我又寫出如下的一首記事詩：

歌劇「那個不多情」初稿完成
酒邊略述

虎視龍騰乍屢更，未寬心叵是蒼生；
由來故國常難復，賸有痴情最易萌。
人世多從兵隙過，壺觴只避婦前傾；
古歡已墜猶能拾，自起棚車鼓笛聲。

「棚車鼓笛」的故事見於「聞見前錄」一書，原文謂：『眞宗咸平景德間，兵革不用，家給人足，以洛中言之，民以車載酒食聲樂，遊於通衢，謂之棚車鼓笛。』

這是一種盛世景象，我借以入詩，則因「那個不多情」劇本中有勸酒之曲也。

兩寫「那個不多情」

之後，目下走紅於香港的「磁性歌后」潘秀瓊，初次由星加坡飛來香港，我又徇姚敏兄之請

鍾情主演「那個不多情」

，寫了「那個不多情續集」的劇本，就請潘秀瓊担任女主角，片中的所有插曲由她自己唱出，毋須旁人代勞了。

這時，我已無法統計畢竟寫了多少電影劇本？可記憶而與「桃花江」有着血緣關係的，還有如下的兩個作品：

一：「小野貓」，黃卓漢主持的自由影業公司出品，女主角是丁瑩。

「小野貓」的片頭設計與第一場的劇情，我是如此安排的：

片頭設計——學校課堂裏的一塊黑板，映出黑底白字的字幕，每一幅字幕的角上分別點綴着各種不同的「貓」的漫畫。

最後一幅畫面是一隻貓的頭畫在黑板中間，兩眼睜得特別大，旁邊寫着「小野貓」三個字。

鏡頭拉開：少女應小玉手持鷄毛帚，站在講台前（見背影）對着黑板生氣。（緊接第一場）

第一場：——（接片頭設計，小玉仍見背影，O．S．語聲起：）

小玉：『哼！又畫上了！小野貓？誰是小野貓呀？我又不整天在外面跑，「野」在那兒呀？』

（O．S．說完，倏地轉過身來，見正面：小玉撅起了嘴走下講台，一面用鷄毛帚揮椅桌，一面唱「小野貓」主題歌）

「小野貓」的劇本原是繼「那個不多情」之後受姚敏兄之託而寫，準備仍請鍾情主演；其後計劃受阻，始將攝製權轉與黃卓漢；由於女主角丁瑩的性格比較內向，缺少「野」的氣質，演出的效果就與理想較有距離了。

二：「新桃花江」，胡晉康主持的中國聯合影業公司出品，正牌「小野貓」鍾情東山再起担任女主角，男主角是雷震、劉恩甲、吳家驤。

這一部「新桃花江」的編寫，可以說是「桃花江」的支流、餘波。

李麗華主演「櫻都艷跡」

性質特殊的恐怖劇

在「無所不寫」的各種類型劇本之中，有兩個性質比較特殊，其一是「湘西趕屍記」，其二是「血影燈」，都是恐怖劇。

「湘西趕屍記」的編寫是張善琨先生在一次晤談中偶然提出，他認爲把「趕屍」這一古老的神秘傳說搬上銀幕，可能會符合觀衆的好奇心理而受到歡迎；同時他並建議：把故事寫成利用「趕屍」的方法暗中販毒，便可以避免「提倡迷信」的指責。

張善琨先生不愧是大製片家，他的腦海無異是一座幻想的寶庫，所貯藏的的電影故事資料，彷彿永遠是「取之不竭」的。他的三言兩語，便是一種啓發；當下我立即把工作承諾下來，構思了兩天，便寫好整個故事繳了卷，張氏看了之後署無異言，就一方面通知我寫劇本，一方面排「卡司」準備開拍。

「湘西趕屍記」的劇情，除了最初得張氏提示之外，可以說是一空依傍，純出虛構。繼此之後所寫的「血影燈」，情況亦是如此。「湘西趕屍記」寫的是販毒，「血影燈」則以一件謀殺案爲中心；前者由王天林導演，鍾情、陳厚、王元龍、馬力等合演。後者由姜南導演，鍾情、姜南、林靜等合演。

難得一寫的文藝片

我初出茅廬所寫的第一第二個劇本「小鳳仙」與「秋瑾」，都是由當年最美艷的「小咪」李麗華主演，由於此一歷史淵源，其後她演我寫的戲，還有「櫻都艷跡」與「何日君再來」。這兩部戲也是新華影業公司出品，外景部份曾拉隊去日本攝取，在當時香港電影界也算是一件大事。

「櫻都艷跡」的故事取材於蘇曼殊的名著「斷鴻零雁記」，劇中人由黃河飾演蘇曼殊，李麗華飾演曼殊的表姊靜子，林靜飾演曼殊之母河合仙，鍾情飾演河合仙的養女蕙子。爲了加强演出的矛盾性，我在劇中增加了一個私戀靜子的角色田中有恒，則由羅維飾演。

「何日君再來」的故事寫旅居日本的華僑青年，與一位日本女子的因緣遇合，最後以悲劇結束，整個劇情脫不了「蝴蝶夫人」的影子。我並不喜歡這一個故事，祇是爲了配合新華影業公司的製片方針而寫，純粹是「趕任務」的性質。

這兩部帶有大和民族濃厚色彩的影片，都是由易文執導。

在我所寫的各種類型電影劇本中，文藝片所佔的數量極少。除了「櫻都艷跡」「何日君再來」之外，另有一部「第二吻」，則是若干年後爲「邵氏」所寫。

爲了「第二吻」這一部戲的編寫，曾引起了某一方面人物的嫉忌，竟然暗中對我展開了「陰謀詭計」的破壞，這是我編劇生涯中遇到的唯一磨蝎。關於一「陰謀詭計」的經過，這裏暫且保留，當於下篇中再作叙述。——未完，待續。

打牌笑史

【對口相聲】

·郭榮啓·

甲　人們的愛好不同。

乙　對，有好動的，也有好靜的。

甲　好動的打牌。

乙　打牌也算好動？

甲　我有個朋友，喜歡使勁摸牌，指頭一摸牌，冲三家一使眼神兒，「哈哈！」那三位就知道他胡了。您看這摸牌，有摸得好的，有摸得不怎麼樣的。一百三十六張牌，條子、筒子、萬子、東南西北風、中發白，摸得好的拿手一摸就知道是什麼牌，我那位朋友緊張起來可麻煩，對門也有聽了，他抓起這張牌來渾身的勁滿使身上來，冲三位一使眼神兒，他還嚇唬人家：「兄弟哥兒們，這把要抓來，你們三位就活不了！」（使像）

乙　你胡了，人家也不至於死啊！

甲　（摸牌使像）「嗯，不離兒，行，有門兒，……」他這麼一來，對門那位嚇得一個勁兒發抖：「怎麼樣？怎麼樣？」「怎麼樣啊，還沒摸出哪！

乙　還沒有摸出來哪，嚇那位一跳，瞧這費勁的！

甲　根本摸得就不怎麼樣。要有四家打牌，我站那兒十分鐘就知道誰輸誰贏了。

乙　那我也看得出來，籌碼多的就贏了，籌碼少就輸了。

甲　噢，您說從籌碼上看，籌碼在抽斗裏，看不見。

乙　那看什麼呢？

甲　看人的表情。贏錢的高興，輸錢的摔牌罵骰子。比如說這位連了三把庄，還是小胡，打這兒就高興起來。

乙　您學學我看看。

甲　『嗯，今兒牌不錯啊！麻將也有，搭子也夠，一吃一碰這就算胡了！想什麼來什麼，茶壺茶碗的沒有了，完全是鯉魚拐子的順兒，今兒的牌可眞不錯啊！（學京劇胡琴過門）楞格楞格裏格楞格楞……別忙！碰一個！二條！楞格裏格楞楞格楞……」他這一高興，上家不樂意了：「別拉了，別拉了！這是大雜院你知道嗎？把人家吵醒了，人家說閒話，人家罵街，咱也聽着，你敢還嘴嗎！一還嘴打起來了！別拉了啊！」「完了，完了！怨我，怨我！我不拉了還不成嗎！每天沒毛病，今兒連兩把庄，拉胡琴也不好了！二哥，我說不來你偏叫我來，你看見了嗎？這我還沒吃他一張，我要吃他一張，更活不了啦！胡挑鼻子亂挑眼！我這不是「傻小子睡涼炕——仗着時氣壯」麼！你給我什麼好張我全不要，咱抓一個去。拉胡琴不成，誰叫我長着嘴了！（邊抓牌邊唱戲）「小東人……」唉！不叫你拉，你怎麼唱啊？』這是他贏錢了，得意洋洋。

乙　他要是輸了呢？

甲　兩圈牌沒開胡，麻煩了！四家打牌三家不順眼，骰子也上房了，牌也滿扔桌子底下去了，瞧哪兒哪兒別扭，閒話全來了：『今兒這牌不錯啊「傻小子看畫——一樣一張」，誰也不挨誰！我胡啊，我胡啊，我淨等糊窗戶啦！我糊了打燒火的吧！也難說，跟你坐個對家還胡得了嗎？咱哥倆犯相，你屬狗我屬鷄，「鷄狗不到頭」麼！你這狗還不是好狗，長得就狗頭狗腦，瞧你這德行！說你還瞪眼，你還不服呢！上回跟你坐個對家，輸我一百七，你知道嗎？趕明兒再坐你對家我站起就走，我不來了！你太妨人！瞧你這腦袋，要是翡翠可值錢——滿綠了！要是戒指也值錢，豆瓣綠！你也不拿鏡子照照你這模樣，大眼犄角兒也開了，鼻子也搧風了，耳朵垂兒也乾了，下巴也搭拉下來了，抬頭紋也散了，完了！完了！今兒讓你贏點好啊，省得明兒給你買棺材了！』

乙　這要死啊！

甲　這是冲對門那家。

乙　那麼上下家呢？

甲　也活不了！『上家別頂他，上一頂張就是閒話。他打一筒，上家也保不定有啊，人家一打，他閒話就來了。「一筒。」什麼？一筒？好，我打一筒，你也打一筒，頂着點倒不腰疼！咱哥倆的緣分倒不錯，庄上不見頂上見，——拆對兒頂我！我跟你有什麼過節兒？我把你孩子扔井裏了？我是挑撥你們家務不和了？你把我的牌拿死，不你也胡不了麼！我哪點兒對不起你！我倒霉就倒這上家上了，張張老跟着我，跟得這麼緊，隨娘改嫁過來的！……』

乙　罵人不帶髒字啊！這是上家，那下家呢？

甲　下家？他打這張牌，下家吃不吃？

乙　吃。

甲　活不了！

乙　不吃。

甲　活不了！

乙　你瞧這太難啦！

甲　『他打一個「么鷄！」「吃一個！」「別忙！聽明白了你就吃么鷄！」「是呀，我這兒二三條不正吃嗎！」「唉，要不您這病好不了呢，不忌口！大夫白瞧了，您這兩劑藥也白吃了。您是諸葛亮轉生的，會算陰陽！前知五百年，後知五百年！你這牌打得神出鬼沒，四七萬襠子開了等么鷄！這牌也是，在我手裏沒用，到他那就吃。這位是「小脚踢球——

横划拉」！大小胡你也連着，來一回贏一回！哎，我聽說你現在什麼沒幹，就指這個吃了吧？」至于嗎！滿盤全贏了多少錢啊！』

乙　這是吃他一張。

甲　轉過來又打一張：「五萬！」人家下家不吃，人家得抓牌，人家剛一抓牌他照人家手上一下子：「別忙！」「喻！您這打牌怎麼滿帶動手的啊！」「別忙，牌我還不叫你抓嗎！我先問問你，我這張怎麼了？」「我不要。」「什麼你不要，聽明白了嗎？這五萬中心張你不要，你要什麼？你楞吃一個也錯錯張，讓我也胡一把。」「您瞧您多不講理呀，我要不着，哪有楞吃的！」「要不着啊？要什麼，我瞧瞧。」嘩啦！把人家牌給撥拉躺下了，：

乙　這還怎麼來呀！

甲　撥拉躺下這麼一瞧，哇，人家還眞要不着。

乙　那他沒詞了。

甲　不！他還有話。『我知道你不要嗎？我問你，剛才那四萬你要不打哪？」「我拿一張四萬沒有用啊！」「呸！廢話！你要摸六萬來哪，嵌襠五萬不就吃上了嗎！」「那沒缺一門啦！」「你平胡、斷么也兩番，再加自摸哪不也三番嗎！淨打這個霉牌！你拿錢這兒上捐了！我們陪你可受不了！說你你還不服呢！不要就站起來吧！」「您要不給撥拉呢？我這兒打牌來了我這兒受氣來了？」「可是我給撥拉的，你站起來不就完了嗎！四家打牌，亮着還來什麼勁兒呢！——我說您這烟卷別抽了！噲，打得不勤，燻得倒挺勤，一根頂着一根，「羊角瘋——老抽」！受得了嗎！別抽了，留着這錢買塊糖含着不也解悶嗎！——這電燈也不亮，夥計哪兒去啦？換個大泡子！誰還點這麼小的泡子啊！哎，來個兩萬火的換上！」「多大的？兩萬火的？我沒地方給您找去！」「你愛換不換哪！我知道有多大火的泡子？我又不是電燈匠！」賣洋蠟預備着留神半夜沒電，摸着黑就別來了。這台布也不洗洗，六九條也分不出來，剛才嵌六條沒胡，當是九條呢！這兩天眼睛也上火，得喝點菊花，輸錢的意思，倒霉的苗子全來了！給我打個手巾把兒來吧！砌點茶喝喝，嗓子全冒烟了！快天亮了，預備點兒點心，賣點燒餅果子，打點豆漿，沒白糖我不挑眼。呸！痰桶哪兒去了，這兒放個痰桶，我愛吐痰你不知道嗎？伺候着點兒！把我伺候好了，有你的便宜，這頭兒歸我打，把我伺候好了，多給你逗點兒嘛；我伺候不好，我這兒干淨，你那兒什麼也沒有。坐這地方也是倒霉的一塊地，八成埋死孩子了！』瞧哪兒哪兒不順眼，「您瞧這房子怎麼蓋的？」

乙　打牌跟房子有什麼關係？

甲　（看桌底下，冲上家）『您這兒別蹬着啦！要不我不開胡呢，全給我蹬出去啦！狗溺尿才蹺腿呢！別發抖呀！吃烟袋油子了是怎麼的？哪兒那麼些毛病！（用鼻子聞味）嗯？哪兒又犯味了？剛才我聞一鼻子就沒找着，這股子味可眞受不了啊！哪兒這是？窗戶敞開！蚊子香點上！來點藥油吧！我要吐了！這房子怎麼蓋的，沒窗戶？好倒霉！我坐洋火盒裏了！這股臭味打哪兒走呢！哎！咱把房頂挑了吧！』

乙　輸倆錢他這兒拆房來啦！

甲　要有人在傍邊看的也受不了！

乙　全不對他心思。

甲　他身後邊站着二位，一回頭他看見了，跟這二位急了：「我倒丟不了，這還倆保鏢呢！」「城隍廟的小鬼——這兒塑像來了」！「二位活動活動吧！」「是，您哪！我沒言語。」「沒鮎魚啊？還甲魚哪！你一努嘴我就受不了！走吧二位！我贏了給你們吃紅！不行？饒命吧！伯伯！」咕咚！給二位跪下了。這二位一瞧，走吧，再不走打起來啦，這二位全走了；全走也活不了。「別全走哇！回來一個呀！那黃瓜走，茄子回來呀！把風水全帶走了！……」

乙　怎麼叫茄子回來呢？

甲　黃瓜是綠的，茄子還有點紫色啊！「你看，你一回來，這把有聽了吧？」

乙　胡什麼？

甲　二筒、發財對倒。您可聽明白了：發財出來是一番牌，二筒出來還是小胡；可他胡不了。

乙　怎麼呢？

甲　他經不起大胡。打這兒起，兩手就發抖。（學倆手發抖）這對發財不知擱哪兒好了，擱當間兒，瞧它別扭；擱邊上？怕碰躺下；擱口袋兒裏頭，一想又沒那規矩，……

乙　那怎麼好呢？

甲　他有主意。站起來了，暗着這對發財，在桌子這麼一磨，瞧着這三位，「打什麼說話啊！我可有聽了。我要跟你對死，算我牌氣背；你要拿着一張，你也胡不了，我也胡不了。別往旺家兒擠了，打什麼說話，我這有聽了。哎！我這兒嚷，你沒聽見？怕我胡是怎麼的？什麼，南風？南風不要，發財才行呢……哎呀！說出來了！完了、完了……」

乙　差不點兒半身不遂呀！

甲　這發財眞跟人對死了。那位一想，乾脆讓他胡吧，「發財！」人家把發財打出來了。他一聽高興了，「別忙！碰一個！」翻牌一瞧，他胡不了，……

乙　怎麼呢？

甲　發財給用力磨得成白板了！

Baldwins

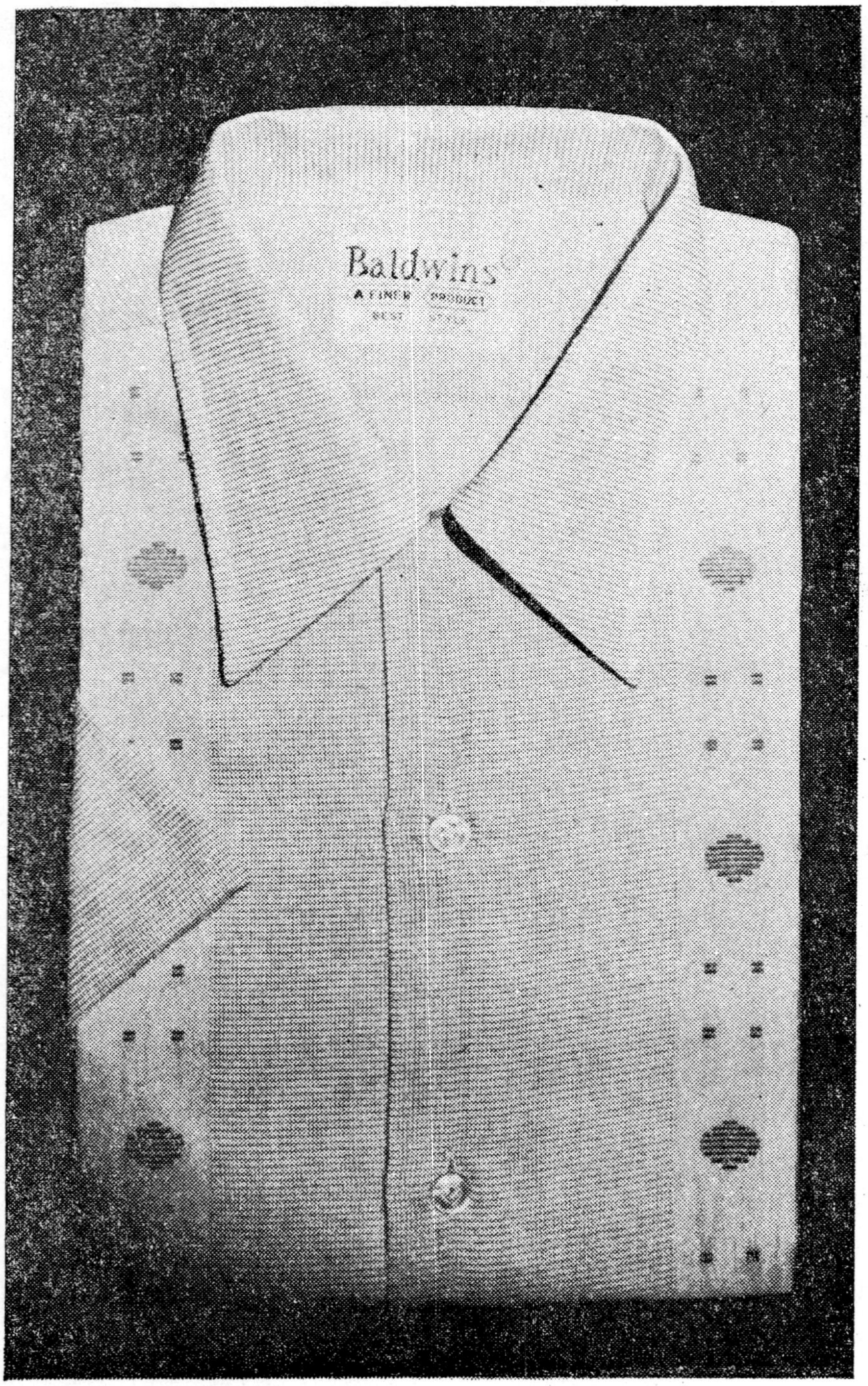

男仕夏恤·質料最好·款式最靚

大人公司有售

我殺死張宗昌之經過

鄭繼成

太史公作「刺客列傳」，後人爭誦。民國二十一年，「大軍閥」張宗昌在濟南車站被殺，刺客鄭繼成寫了一篇絕妙的「我殺死張宗昌之經過」，那就是一篇「刺客自傳」了。本文作於民國二十五年五月，其時鄭繼成早已恢復自由，寫得歷歷如繪，是一篇難得見到的真實感文字。

張賊宗昌禍國禍魯，殘害人民，罪惡滔天，眞是罄竹難書。凡我山東全省人民，凡我全體革命同志，凡我愛國同胞沒有一個不切齒恨他的，而我與他更有不共戴天之仇。緣在民十六年秋間，張宗昌等直魯軍大舉侵豫。先繼父鄭公振堂奉馮總司令任爲第二集團軍第八方面軍副總指揮，兼援魯軍副總司令職；總指揮兼總司令爲皖主席劉鎭華，劉分一部分軍隊與先父統率，駐于曹縣，以抵擋魯軍。不料此部之軍長姜明玉，土匪出身，賊性未改，暗受張宗昌賄買投降，即以綁送先父至魯爲交換條件。先父遂于十月十四早被其拘留，押往魯軍劉志陸處，轉送至濟南。各方故舊均去電求張保留其性命，張賊一一答應，允予優待，但未幾，張賊接得前綫報告，全部大敗，幾至覆沒，乃遷怒於所俘將領，即下令將先父及高軍長祥斌（第一集團軍前被張敬堯欺騙拘捕者）二人就地槍決。先父遂於十一月六日在濟南遇難，其秘書長丘中度隻身脫險，逃回馮總司令部報告，乃得知其情。殺死俘虜將領爲不合法、不道德之舉，故我與張賊宗昌成爲不共戴天之仇。

事後，我秘密使人回濟南尋覓先父屍骸，花了運動費三千元始得領回。屍骸於生前被其殘害：頭部由左眼眉起至右耳下止此一段已完全沒有了；右背之上段及右肩全部都沒有了。眞是慘無人道！幸而先父生前留了長鬍鬚，又仍有個人衣服在身，故尚可辨認得出，我的仇恨愈深了。

先父被害後，在魯家產亦全被張賊所沒收，（至今仍未完全恢復舊業。）因張賊仍盤據山東，我是濟南人，無家可歸，乃將全家數十口遷逃於天津租界以避其鋒。在那裏租了一個小樓，月租廿餘元，地小人稠，人人每夜只好席地而臥，困苦不堪。那知道張賊想鏟草除根，又要秘密捉我。至此時，我得此消息，全家老幼哭天叫地，眞是欲生無路，欲死不能。張賊嗾使直隸督辦褚玉璞秘密捉我，先照會英國租界當局，將我住所包圍搜捕。可巧我此時不在家，自此我便不敢住在家中，一日數遷。我自己另在日租界賃了一個樓躲避，門外貼上王姓字條。但又被探着，我一得消息即便逃出。後來有一銀號經理眞是姓王的，轉賃此樓偕眷居住，門外王姓字條也就沿用。過不幾天，那姓王的就被人暗殺了，白做了我的替死鬼。一想起來，我眞危險！不久，張敬輿（紹曾）先生在津又被暗殺，我全家老幼更嚇得魂不附體，因此時我與張先生共同担任革命秘密工作，故有唇亡齒寒之感，日夜不得安眠。吾母乃日夜催我速離天津，以免落在賊手。可是那裏有錢來作路費？萬不得已，求親告友，湊借了數百元，將家眷轉託親友關照，我即乘外國輪船離開天津，繞道大連上海，轉南京而往河南開封見馮總司令，得蒙發表參贊名義，隨軍担任北伐工作。

北伐成功後至民國十九年，我始得同全家老幼返回山東歷城原籍，爲先父治喪。臨入土之時，我在靈前跪地痛哭，大聲哀叫：「吾父生前爲賊所害，必不瞑目。爲兒罪在自身，有生之日，誓報此仇。至時望吾父在天之靈，賜兒一臂之助，兒當追隨吾父至九泉。今日入土，吾父你早日瞑目吧！」自對亡父立誓以後，尋機報仇之念，無時或息，常覺父仇一日不報，爲人子者實無顏偷生於世間。

自國民革命成功後，山東省政府均先後有令通緝罪大惡極的張賊，可是因種種關係，他仍然匿居北平，逍遙法外。廿一年九月二日，張賊突然來濟。同行者有參謀長金壽良，秘書長徐曉樓，副官長程鎔、李文徵，承啓處長劉懷周，及隨從二十餘人，住在石友三的家裏。他這次返魯，表面上是以回掖縣本籍掃墓爲名，但其實是懷有很大陰謀毒計。原來他先派人運動好劉珍年部下的團長倒戈，他去電請劉珍年到一處地方相會，準備在此殺死劉而奪其軍起事，重據山東地盤。不料劉珍年知機不來赴會，張賊等了多時，知事不諧，即詭稱母病，得北平急電，中止返籍而提前北上。

在此時期，我已得韓主席向方聘任爲省政府參議，全家都回濟居住。

自聞得張賊到濟後，輾轉不安，一夜之間，先父亡靈來驚告數次。次早起床，更覺不安。早飯後，內人看見我神色不對，即勸我到慈善公所玩玩。此公所設有呂祖壇，正當開沙（扶乩）之日，我也隨衆玩玩請訓。我請得龜將軍臨壇，在沙上現出兩句云：「魚躍門庭多瑞靄，保爾登得九重淵。」一時心事湧起，報仇之念大作。時已下午三點餘鐘，我方行回家。走至大街上，突聞賣報的高喊「張宗昌奉母命今晚返平……」。聞訊之下，自思「此次眞是千載一時的機會，若教張賊走了，再有何面目偸生爲人？」急急返至家中，叫內人快開飯吃。內人云：飯尚未妥，請我先吃點酒。我即在書桌上一邊吃酒，一邊寫兩張信紙與韓復榘主席，說明國賊張宗昌與我有不共戴天之仇，及我與賊同死之決心；但因出事在山東範圍內，故請其原諒。寫好信後，看手上錶已是六點稍過。因爲火車六點卅分就要開了，不能再誤，我即到房內將兩枝槍帶好，（一是盒子炮，一是小槍）把手錶脫下並絕命書統交給內人，吩咐她待我走後十五分鐘，即派人送信與韓主席，並告知她殺賊目的，匆匆間說了幾句訣別的話。內人李書雲並不難過，也不哭泣，反用壯言鼓勵我說：「務要殺死賊人，但小心爲要！」又說：「你的槍插在腰間，肉太吃苦了！」隨給我一條手巾，將槍包好。像這樣知書識理深明大義的女人，眞是巾幗丈夫！

我即走至前院叫陳鳳山等三人隨同出門，並給陳以手槍（盒子炮）一枝。門前有一汽車行，我即僱了一輛，登車向石友三公館而走，到時已六點十六分了。那時，石宅大門關閉，不似有客的樣子，我即問崗警，據云：「大家已往津浦車站；如你要送張督辦，還能趕得上。」我即命急開車赴車站。至附近之處，我恐人多着眼，易被人看破，即命從人下車。惟陳鳳山一人不願離開，因其看我神色不同往日，心知有異，堅問我有何事。陳鳳山原係先父的舊部，少小跟他出身，隨我共甘苦、同患難也有十五六年。我知道他忠勇義俠，又見他很堅決跟隨，不願離我，乃對其說明此來非殺張宗昌不可。他說：「殺張宗昌，我自己去殺；你可不要去。你要是一旦有危險，家中幾十口人，老的老，少的少，將來如何得了？」我即說：「雖然如此，但你自己恐難成功；就是成功，也恐師出無名而結果無辦法也。我決不能顧慮家事，將來我若死了，就不了了之。」他隨說：「那我也得與你同生死。」我說：「好！」於是一同進車站。

張賊登車後，即請各送車人員到客廳車上暢談其此次到濟目的及中止返籍原委。時開車時間已近，送車者紛紛下車。那時我同陳鳳山剛跑進站，瞥見張賊在車上與衆人言別。我見時機已迫，即急急走至其車前，混入紛紛下車的送客者之間，陳鳳山在車之西頭，我在車之東頭。（濟南車站東西向，）六點廿二分——離開車的時間只有三分鐘，張賊站立在車之西頭與送客告別，陳鳳山即出槍擊賊，一槍未響，張賊大叫「不好」回頭往車內逃跑，車前送客的人四散奔逃，陳鳳山隨即追上車門去，又射擊一槍，又未響，張賊急開東頭車而逃。陳鳳山已追上，再擊一槍，亦未響。即被從張賊同來之劉懷周在車中抱住，鳳山極力掙脫緊追。時張賊已開車東頭之門，下車向北逃跑，陳鳳山在後追趕，張賊隨從等在陳鳳山身後追趕，向鳳山開槍，鳳山正被鐵軌拌倒，彈從身上飛過。我一槍將張賊的承啓處劉懷周打倒，隨手又一槍將張賊擊中於第三站台北崖，張賊應聲而倒斃。陳鳳山立起後，又對張賊宗昌頭部上擊兩槍，即結果了該賊張宗昌之狗命，屍首橫陳於第三站台北崖之第七股道上。（距離我放槍擊死他之處約七十米達。）

先是，陳鳳山之槍因多時不用，三發不響，及因跌倒一震之力，槍彈連發連響，眞是巧極。我因先父生前慘被張賊殘害至頭部上半沒有了，所以預早決意必要在張賊頭部擊死他，並以此意告陳。我先發那槍就擊中他的頭部登時喪命，倒斃鐵道上，把手脖也壓破了。後來陳鳳山趕上，又向他頭部連放兩槍，更把他頭腦打個稀爛，可謂因果循環報應不爽了。還有一事可爲紀述的，那就是當我們殺張賊時，我倆共放了不過七槍，而同時車上槍聲竟連續響至百餘發之多，如在戰場。原來早就在車上埋伏候機刺殺張賊者還有多起，一是其部下曾被其殺害之某將軍之三姨太太，密購死士，爲夫報仇，是日親自指揮六人預定在車上行事；又有被其殺害之×將軍及××等之家人亦皆有人在車上佈置，不料竟被我先得機會，各人一見事發，即在車上開槍助威及助戰。如果張賊不死在我手上，也無倖免之理了。至陳鳳山當初在人叢中開三槍擊賊，如果槍響，不難誤傷斃車上之中外乘客，則或許惹起困難問題，三發不響，而一響即行成功，眞是幸事！張賊本來隨身帶了手槍多枝，有一枝確在石宅被石友三取去，但其餘則放在手提小皮包內。因爲他有種種謀爲不軌的秘密要件和電報密碼都在皮包內，所以他連槍也鎖起來。至臨急之時，不及開取抵禦，只得空手而逃，毫無抵抗能力。這眞是罪該萬死，「天奪其魄」了。

當我擊倒張賊之後，其便衣隨從七八人紛紛下車向我放槍，我隱身於站台洋灰柱子之後，奮勇應敵，當場又給我打傷三人，他們一聞張賊倒斃，始分別逃去。我從後追趕，直至客廳已不見他們踪影，我乃停追。統計我與陳鳳山二人是次共發子彈七粒，除死張賊外，尚傷斃其隨從四人，其餘人等一無損傷，亦算幸事。

我回到站上，即投赴鋼甲車前之執法隊自首，即被捉住。起初，車上士兵以我爲亂黨施行暗殺。即將我按倒在地上，拳脚交加更以槍托亂擊，打得我遍體受傷，肉爛血流，全身沒有一塊完整的皮膚，上下衣服也都被撕破了。（後來在獄裏經中西名醫療治經過二十九日才得全愈）幸而當時程司令希賢趕至，喝住衆兵。車站軍警就將我背手緊緊綁起來。（數小時之間，我的手全成黑色，已失知覺）當時，我立在站台上大聲宣言：「我名鄭繼成，鄭金聲係我叔父，我過繼他爲子。我殺死張宗昌，一爲革命增光，二爲黨國增榮，三爲山東及全國除害，四爲我父報仇。」當時車上乘客均鼓掌如雷，深表同情，並有一人身着白色學生服裝，年紀不滿卅歲者，下車對着我大呼：「鄭先生，你眞是大英雄，大豪傑！中國不亡者即在於此！」呼畢，又上車去，我即被押至車站候車室。

張賊被殺後，消息傳播迅速，不一時湧到站圍觀者有數千人之衆。張賊秘書長徐曉樓隨程司令希賢走進軌道前出洋五十元交程，程乃招人抬賊屍云：「張督辦也是你們山東老鄉啊。誰願抬他的，得洋五十元。」觀衆紛紛大聲說：「多管閒事！五百元也不抬，五千也不抬。」這可見我們山東人怨恨張賊之深了。當時忽有人大叫：「快閃開！火車來了！」衆人一哄而散。張賊之屍卒無人肯抬，後由駐站的軍警受命令而抬至濟南日本醫院。

至晚上八點餘鐘，車站秩序恢復，我即被送至第三路軍法處。韓主席有令云，我是自首投案，不要綁，先押起來明日再問。次日，軍法官要押我到省政府，可是我全身皮肉都爛了，疼痛難堪，摔倒在地。不得已乃由數人扶我上汽車，直押至韓主席那裏。我對他說：「請主席原諒我吧。我誓與賊同死，非止今日。」他說：「這是行政機關，不能辦理此案。現已打電報報告中央請示辦法了。」我說：「請主席先把我的參議一職開缺，即送我到法院去打官司，我十分感謝。但我有一樣要求：張宗昌是我最先一槍殺死他的；陳鳳山跟我前去開槍，但殺人的是我，陳鳳山無罪可言，請主席把他釋放了。」他即時慨然允諾，並誇讚我爲大丈夫、好朋友，此次就是死了也値得的。

第三日，我即被送到濟南地方法院。經檢察處開過偵查庭三次，復經審判處開庭三次，就判了我七年有期徒刑。當時審判推事說：「你如不服，可以上訴。」但我早立誓與賊同死，今已殺國賊，已報大仇，已了一生大事，死而無怨。法律判决，我甘服從，並不上訴，於是即到監獄受刑。

張賊死後，全市棺材舖均不肯賣棺材給他。後來，程希賢司令對我說笑云：「紹先，（我的字）你殺了我的爹了！」我問：「什麽事？」他答：「你把張宗昌打死，沒有人收葬他，連鞋子、衣服，連棺材也買不到。經我多方設法才找得一副，白替他做孝子，你不是殺了我的爹嗎？」張賊身材魁偉，平常棺材也不合他用。剛有一副大棺材是在多年前張賊來魯時一家舖子做下的，剛合他用，卒爲程轉輾買得，也是巧極。後來，張賊棺木停在安徽鄉祠，竟有人想放火燒他的棺木以洩憤，各方安徽同鄉又打電報去抗議接收其棺木，主事的人怕惹出大事，不敢再許其停在那裏。張賊家屬急請其舊部秘密運平，這事才算了結。

自從我的案子移歸法院依法律辦理之後，各方幫助我，營救我，安慰我的眞是多不勝記，眞令我感激之極。第一、蔣總司令來電當局云，應照法律手續辦理；如科罪太重，再援特赦條例辦理等語，眞是我的大恩人。在我坐獄期間，韓主席又接濟我的家屬，也令我難忘記的。本省各級黨部、各機關、紳商學報各界與曾被張賊殘害者之家屬紛紛努力援助。本地律師十餘人都願義務替我打官司，由他們推舉三人出庭辯護，其餘從旁贊助。各省各界來電來函努力營救或安慰我，知名與不知名者數千人。在被押期間，各民衆團體及各方人士所送食物計値不下萬元。有一位先生來信云：能幹這大事的定必是大英雄，大英雄定必好飲酒，所以他特地託人到山西買了兩瓶頂上汾酒送我。又有一位自稱姓趙的送二萬元現洋到我家裏，內人拒絕收之。後來又有一人稱姓李，云奉馮總司令命送銀四千元到家裏去，內人是見自己上司送來的就收下了。我去信多謝，但是馮總司令復信云並沒有叫人送欵，我懷疑這仍是頭一次送二萬元鉅欵的人化名用計送去，可是後來見着他，他又自認姓王，並否認其事。像這種俠義而不居其名之人，眞是難得之至。又有一位曹中直先生來函願變賣家產四十萬元助我打官司，確是當今義士。此外到監獄裏慰視我的每日有百餘人數十人不等，多不相識，有自外縣外省特來的，七個月之久，日日無間。中央委員陳立夫、程潛、柏文蔚等及國民政府孫院長科、李委員烈鈞、陳委員長樹人、薛委員篤弼等數十人均屢次請求特赦。結果：到廿二年三月，國民政府下令將我特赦無罪省釋。我自是出獄得復爲自自由之人。事後又蒙本地各團體開會歡迎有十餘次之多，各方各界來函電賀我的不計其數，皆令我感激萬分。

繼成一介武夫，雖未嘗學問，但恩怨分明，自幼受先父庭訓，及長又得馮總司令的教練，只知矢忠矢勇，愛國愛民，鋤奸殺敵。此次爲國殺賊，爲民除害，爲父報仇，早願與賊同死；何期得各界人士的救助，及邀國家的大恩，竟蒙特赦，眞是九死一生的萬幸事。國賊果死在我手，我一生已夠本了，此後餘生，皆是國家與人民賜給我的。這裏所書數言，僅是畧表個人感激之心。他日有犧牲爲國爲民的機會，便是我感恩圖報之時了！

替父報仇殺死張宗昌的鄭繼成

他就是張宗昌

·外史氏·

要說韓復榘是「大軍閥」吧，當然可以，但在韓之前，還有一位「大軍閥」，那就是張宗昌了。關於張宗昌的遺聞軼事，還眞不少，這裏所搜集的，僅是一小部份，反正是「大軍閥」的故事，在張宗昌身上全安得上去，請看張宗昌長得就是這個模樣。

張宗昌作戰，只憑勇氣，毫無智謀，其部下多係土匪之流，均驍勇善戰，故屢獲勝仗。而其軍中有一軍師，實爲助其成功之人，此軍師即相士佟花鼓。其事在奉直戰爭時期，張宗昌任喜峯口以東陣地，一日偶遇佟，趨問吉凶。佟言其貌當大貴，並預卜次日直軍乘車過此，車必覆，乘機掩殺，可奏奇功。翌日，張宗昌果列陣以待，直軍車至其處，果顚覆如佟所言，遂獲大勝。當時佟花鼓在高岡之上，散髮踏步，口中念念有辭。張宗昌延之下岡，拜爲軍師，以後行軍作戰，惟其言是聽。緣此相士固甚工心計者，于見張宗昌後，是夜命農夫數人，私將鐵路過橋之處，拔去軌上螺絲，故直軍車顚覆，蓋知張宗昌可愚，故藉神話爲進身之階也。而張宗昌亦因「勞苦功高」而得爲山東督辦。

張宗昌到山東不久，市上就流行了「切開亮亮」，是把人頭當做西瓜，切開晒晒太陽。「聽聽電話，」是把人頭掛在電線桿上，遠看去好像在那裏聽電話一般。同時膠濟和津浦車站上，也發現了「腦袋瓜子是護照」、「馬拉巴子是車票」的諺語。

民國十六年夏，濟南地方大旱，滴水未落，田間莊稼，皆欲乾死，收成無望。張宗昌遂下令禁屠，祈雨于龍王廟，親出參拜。結果龍王不賞臉，天仍不雨，張遂怒摑龍王數掌，以儆其不聽話；後改在張莊兵房，用砲轟天，凡數小時，以洩其對天之怒，但天仍不雨。

張宗昌踞魯從民國十四年六月，到十七年四月三十夜狼狽出走，無日不在盡量搜括中。搜括的方法，除正賦外或是加捐或是勒派，今天想多少錢，就下條子叫幾縣攤派，錢花完了就完事。那時山東人民眞在水深火熱中，其痛苦實爲全國之冠。其所納之正賦數目每地丁銀一兩，至少八元，多至廿元。北伐成功後，據省財政廳統計報告：「自張宗昌涖魯起，至離魯日止，征收之丁、漕、及特附捐其有帳可查者，按照正額計算，有征至民國廿八年以上的。」現在把他所征收的捐稅名列左：

①地丁軍事善後一次特捐，②漕糧善後一次特捐，③地丁討赤一次特捐，④漕糧討赤捐，⑤地丁軍事特捐，⑥地丁軍事附捐，⑦漕糧軍事附捐，⑧李董堵口附捐，⑨賑濟特捐，⑩河工特別附捐，⑪汽車路附捐，⑫營房捐，⑬軍事借欵，⑭善後公債，⑮菸酒稅費特捐，⑯公賣買特捐，⑰登記成立掛號費，⑱登記印花，⑲不動產登記費，⑳紙幣執照捐，㉑紙幣印花，㉒長途電話捐，㉓烟種捐，㉔烟苗罰金，㉕營業牌照，㉖軍鞋捐，㉗第一軍甲子戰役撫恤券，㉘直魯軍討赤役撫恤券，㉙驗烟憑照費，㉚菸照印花，㉛修張宗昌生祠捐，㉜張宗昌鑄銅像捐，㉝墊柴草費，㉞慰勞將士費，㉟鍋頭捐，㊱養狗捐，㊲住房捐，㊳富戶捐，㊴人口捐，㊵官賣鴉片捐，㊶烟燈捐，㊷小車捐，㊸人力車捐，㊹印花稅，㊺牲畜稅，㊻落地稅，㊼青菜稅，㊽官賣大糞的金汁稅，㊾娼捐，㊿戲捐，(51)鷄捐。

張宗昌濫發紙幣，計有：①山東省銀行票，②軍用票，③金庫券，其數不下數千萬，毫無基金，亦毫無實數。因其前方戰事失利，使用時多有貼水折扣之事，致使金融紊亂。其兵士持之購物，蠻不講理，時有爭擾，商民不堪其苦。

張宗昌踞魯後，其鄉族與遠親，多奔濟南求助。張關懷桑梓，抱「既來之，則安之」之原則，多安插于其部下爲軍官。後魯東民間爲編一歌謠曰，「會講掖縣話，就把洋刀掛！」舊時軍官多掛洋刀，故云。

一次張宗昌召高級軍官會議於督署。席問部下各自介紹，誰爲××大學畢業，誰爲××大學肄業，張宗昌情急拍案曰：「我張宗昌是綠林大學畢業！」

張宗昌在濟南抓閒人當兵，悉送前方作砲灰，一時街上行人不堪其苦，其所抓者盡壯年人。各學校學生時有被抓者，經交涉始放回。學校當局爲預防計，特製給每學生一布條，上書姓名，加蓋學校圖章，以資辨識。

張宗昌出門時必淨街，臨時禁止行人通過，尤其在督辦公署前之大馬路，特用淨水灑之。出門時汽車前導以白俄騎兵，耀武揚威，街上滿佈崗兵，荷槍實彈，皆以背向街心，以防刺客。

張宗昌兩員大將褚玉璞（左）與畢庶澄（右）（陳植君先生供給）

張宗昌手下的戰將，以褚玉璞、畢庶澄名望最大，其餘有王棟、許崑、顧零、張敬堯、祝鳳歧、劉志陸等。歷年打仗，編制紊亂，凡是金銀線肩章，佩武裝帶的便是軍官。凡是戴上頭尖，下頭大，硬圓帽的便是直魯兵。往來街市者，轉戰田野者，呻吟醫院者，殘廢哀號皆兵也。當時張宗昌有三不知之號。一不知錢多少，二不知兵多少，三不知姨太太多少，開古今中外之創聞。

國軍北伐，張宗昌軍屢戰屢敗；十七年退至德州時，仍思背城借一，作困獸之鬥。於是集合殘部，由張宗昌親自點名，按名發餉現大洋六元，復演說一番，請各位老鄉幫幫忙，說時聲淚俱下；數萬人均爲大洋所動，大有願爲拚命之意。蓋張部向不發餉，偶發亦是不兌現之軍用票，及山東省銀行之鈔票。此種票子信用極差，折扣亦極低，一出其勢力範圍之外，即成廢紙。一般丘八，除穿「件破軍衣，吃一點雜糧黑麵外，從不見大洋之面，一旦「袁頭」到手，眞是喜出望外。拿了大帥的錢，自然要同大帥出力去拚命打一打了。不料正在那天，吳俊陞到德州來和張宗昌商議軍事，吳大舌頭（吳之綽號）張大個子兩位大人物，在專車上，商量了一會兒事情；商議完了，來點兒餘興，叫了許多土娼來專車上開心，事後給她們每人大洋一百元。下車之後，土娼驟發洋財，逢人就說。這個風聲，吹到一班丘八老爺的耳朵去，登時就軍心大變，把剛纔所打的嗎啡針的力量，完全取消。大夥兒紛紛議論說：「咱們賣命的只到手六塊錢。她們是幹這個的，一下子就是一百。咱們的命不是命哪？操他的奶奶！誰再跟他賣命，誰就不是人！」一唱百和，誰也不肯幹了。國軍一到，張部即瓦解冰消，潰不成軍。好在他的專車，南北兩面都有車頭的；勢頭不對，立刻開足馬力向後轉。連累了南面車頭上的那位司機，只好多多辛苦，大開倒車了。

「大軍閥」如何產生？

·馬行空·

有人告訴我說：「邵氏」現在正處於「困惑」階段，假定你是當局，應當如何處理？我說這豈不成了「狗拿耗子多管閒事」了嗎？姑且胡說一下。

現在給「邵氏」最大的刺激，就是三百萬、四百萬這些數字，實在「邪門」，要打破它還眞不容易，其實，拍上十部二十部超過一百萬的大片，不是比三百萬、四百萬大片更强嗎？

戲劇是多方面的，不能武俠片、拳擊片一賣錢，就拍個沒有完，番茄汁做的血，實在也讓人看膩了，應當找點適當的劇本，歷史、故事有的是，挑戲劇性强的，充滿人情味的全可以拍，不能「馬永貞」一賣錢，就拍「仇連環」。聽說台灣還有好幾家公司在搶着拍「馬素貞」呢！

外國人參加拍國語片，屬於「噱頭」，祇能偶一爲之，好比「馬永貞」裏穿插馬蘭奴，是適當的，至於要化多少美金去請外國大牌，那就大可不必，因爲這究竟是國語片呀！

俗語說得好，「人盡其才，物盡其用」，何莉莉「吉祥賭坊」、「胭脂虎」裏全演的很出色，偏偏在「水滸傳」裏，就把她給窩囊了！豈不可惜！

廢話說了一大堆，接着在春霖普降，不暖也不寒的四月裏，香港電影界發生了好幾件值得注意的事情，所以在提起筆來之時，竟不曉得應該先說哪一段了。手頭湊巧有一本舊的大人雜誌，隨便一翻，可就翻到老郝的那段相聲「我爲韓青天站堂」了。這不是有了材料了嗎？咱們就先從「大軍閥」談起來便了。

在片場裏，老郝可眞是一名「老好」，（北平人說話，郝好同音）看見誰都好像挺抱歉似的，啊着腰，滿臉堆笑，顯得那麼和善與親切，所以人人都叫他一聲「老郝」，至於他的本名郝履仁，倒反而沒人提起了。

老郝是一名部頭演員，（論部計酬）我們在國語片裏常常看見的一位細高挑兒的瘦老頭就是他。老郝最精采的一次演出，就是在胡金銓導演的「大地兒女」裏演出一名僞警長，眞個是活龍活現，惟妙惟肖，想來有些影迷們還能留下一點印象吧？老郝幹電影可幹了不少年啦，他永遠與人無爭，隨遇而安，所以總是演些不重要的角色，可是又能生活得那麼無憂無慮的，這就叫做「知足常樂」。

許冠文演「大軍閥」造型照

老郝不是拍電影的嗎？怎麼又想起寫文章來了呢？此話說來甚長；老郝青年時代，也當過幾年芝蔴綠豆那麼大的小官，担任的就是在韓復榘的山東省主席任內的省府實習員。這個官兒不算大，可透着威風，因爲「韓青天」要是審起案子來，實習員就得給「主席」去站堂。外傳有關「韓青天」的種種笑話，都是耳食之談，祇有老郝可是親眼得見，所以由他講來，使人們覺得格外的眞實與有趣。在片場裏，誰都喜歡聽他聊天，生長在北方的兩大導演——李翰祥與胡金銓——當然也不例外。有一天，二位導演就說啦：「老郝啊，你有一肚子的材料，幹嗎不寫點稿子啊？」老郝笑了，說道：「我寫稿子？誰要啊？」當下李胡二位導演拍胸保証道：「你寫你的，我們把你介紹給『大人』，錯不了！」如此這般，老郝就把他的所見所聞，以輕鬆逗樂的筆法，寫成了幾段「相聲故事」，看得讀者們笑不可仰，果然大受歡迎。

大導演李翰祥重返「邵氏」，使電影圈裏着實震動了一下子！李翰祥是「大」導演，他拍片向來以「大」製作，「大」卡司，「大」場面著稱，這次重返「大」公司，可謂如魚得水，放虎歸山，正不知他將要如何的「大」幹一番哩。

結果：李翰祥發表將要開拍的「大軍閥」，並不是如大家想像之中的「民國演義」一類的鉅製，而是根據「大人雜誌」所刊載的幾段「相聲故事」，增添删改而成的一部諷刺喜劇片。這一次李翰祥的奇兵突出，可眞能使人拍案叫絕。

外借主角大爆冷門

「大軍閥」的劇本有了，剩下來的是演員問題。

李翰祥構想之中的男主角，也就是把老郝所寫過的韓復榘，與以前的張宗昌、褚玉璞等給揉合到一塊去的那麼一個人物。你祇消閉眼一想，就可以在腦海裏泛出一個大高個子，肥頭胖耳，帶有幾分鄉氣，幾分傻氣，還有幾分殺氣的「造型」。這也不用李導演費腦筋，凡是常看國語片的觀衆都能想得出來：這個角色，頂合適的就數台灣的崔福生了。

崔福生要是演「大軍閥」的話，不用化裝，穿上軍服，往鏡頭前一站，活脫就是一名舊時代裏的「大帥」！他高人一頭，寬人一膀，有幾分威勢，但又顯得那麼顢顢頇頇的，尤其是他的那一對三角眼，發起威來，半睜半閉的神情，簡直的跟老郝筆下的「韓青天」是一模一樣！這麼合適的一位男主角，可說連打着燈籠都沒處找去，李翰祥最善用人，當然頭一個就想到了他。

「大軍閥」是李翰祥重返「邵氏」的頭一砲，要是放不响那就太洩氣了。「大軍閥」又是「邵氏」裏開闢新路線的第一部嘗試之作，假如拿不出什麽顏色來，那也就太丟人了。所以「大軍閥」的主演者，在老板與導演的眼裏，都是一個非常重要的關鍵。崔福生早已成爲香港觀衆心目中的一個偶象，再說他又得過什麽「影帝」的榮銜，所以由他來主演一部「邵氏」出品，也不能算是辱沒「ＳＢ」的金字招牌，老板與導演計議已定，就此急電台灣分公司，火速進行，刻不容緩。

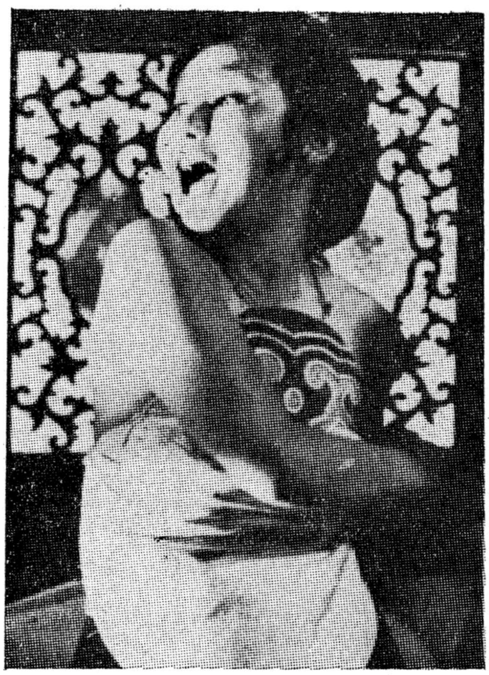

「大軍閥」中的「小寡婦」胡錦

本來呢，憑李翰祥與「邵氏」雙方和台灣方面的密切關係，似乎任何事都應該有個商量，但偏偏就是這件事行不通！崔福生是現役的軍人身份，他到現在還是一名台灣空軍的地勤人員，所以申請出境，應毋庸議！爲了此事，李翰祥與「邵氏」分頭設法，盡了最大的努力，但人家這是國法、軍法，是任何人無法加以變通的，多大的面子也等於白廢。所以這個問題就一直拖到了「大軍閥」開鏡的前兩天上，還是一點解決的辦法也沒有。

於是就有人說啦：「公司裏現成有一名井淼，在過去是以演大帥而出了名的，爲什麽不叫他來主演呢？豈不是省去許多事？」此話說得有理，但李導演却猛搖其頭，表示不能同意。

李翰祥的意見是：井淼的外型，可說是完全理想，甚至比崔福生還有過之而無不及，但他可以演「啼笑姻緣」與「秋海棠」裏的大帥，就單單不能演「大軍閥」裏的大帥。這又是什麽緣故呢？「大軍閥」裏的大帥，一定要在凶狠之中還帶有幾分戇氣——即北平人打話中的「傻不楞登」是也——如此纔能充分發揮了喜劇的效果。可惜井淼樣樣都及格，就是缺少了那麽一點戇氣，而且還透着很精明似的，這就與導演的要求大相逕庭了。李翰祥不愧是經驗豐富的老導演，他的這一番意見提出之後，使每個人都覺得他的看法很透徹，最可惜的是井淼，失去了一個大過戲癮的好機會。

井淼不合適，崔福生不能來，這個大帥角色，被吊在雲端裏，到底沒法解決，那時間，棚期已經定好了，佈景已經搭成了，女主角之一的胡錦也從台灣飛到了：：箭在弦上，不得不發，李導演與「邵氏」製片部門漏夜開起緊急會議來，甚至不得已而考慮到起用樊梅生或王琛，當時的情急狀況，由此亦可見一斑矣。

樊梅生是「邵氏」的基本演員，最近一次露面是「小毒龍」裏的大反派。王琛是以前「國泰」裏的「硬裏子」，前不多日子剛在潘迪華的「白蛇傳」裏演過茅山道士。這兩位都是好戲之人，而且外型亦不錯，可惜的是都沒有掛過頭牌，在聲望上說來到底還顯得份量不夠，使「邵氏」的製片人員等都覺得此舉未免太冒險了。李翰祥以大家的意見爲意見，在考慮良久之後，決定放棄了樊梅生與王琛，可見幹電影這一行，也得相信「一命二運三風水」；樊王二位，本來有了一個極好的主演機會，不想還是交臂失之，此乃天意，無話可說。

胡錦在台灣是大忙人一個，旁人都可以等，祇有她不能等，因爲台灣方面還有許多工作需要她回去參加哩。李翰祥在無可奈何之下，祇好發下開鏡的命令：先拍胡錦個人的部份。這又是一個從來未有的現象；新片已經開拍，而男主角還沒有決定！那時李導演的心亂如麻，也就不用細說了。

就在胡錦剛剛拍完第一天戲之後，李翰祥來到總裁辦公室，向邵逸夫報喜道：「我已經想起一名最合適的大帥人選了！」邵逸夫當然高興，忙問是誰？好個李翰祥，不慌也不忙，笑嘻嘻的說道：「就是電視台上的許冠文！」一句話使得邵逸夫當場呆住。

李大導演別具慧眼

許冠文在電視台上主持「雙星報喜」的節目，是一名徹頭徹尾的時代青年，雖然他的演技優異，能演各種類型的角色，但是要叫他演一位數十年前的舊時代裏的軍閥，則好像在外型上，在個性上，在人生體驗上都有着十萬八千里的距離似的。無怪邵逸夫聽到李翰祥的建議之時，大感詫異，因爲這實在是一個絕大的「

冷門」，如果擱在快活谷裏，則獨贏派彩至少也能分個千元八百的也。

李翰祥的解釋是：他在電視裏注意許冠文的動態，已經不止一日了，總覺得這名演員另有一種尙未被發現出來的潛質，是可以大大的加以利用的，但一時又研究不出來他內在的特點是什麼？這個問題，使他時常盤旋腦際，未能忘懷。直到今日，當棚內宣告收工之後，他一個人靜靜的坐在導演位上，正在爲了男主角而發愁之時，突然想起多日前在電視裏所看到的一幕，不由歡喜得直跳起來！

經過是這樣的：許冠文患有三百多度的近視，所以在表演的時候，也輕易不肯除去他那副黑邊的眼鏡。有那麽一次，不知爲了什麽需要？許冠文居然在電視裏除去了眼鏡，被李翰祥看到，心中微微一動，覺得摘下眼鏡之後的許冠文，另有一種獨特的形象，有其他演員所未能具備的少見條件。剛纔他坐在影棚內發愁的時候，突然想起：不戴眼鏡的許冠文，因爲視線不清，就好像在茫然無主之中又帶有幾分狠勁，這不是現成的「大軍閥」裏的大帥嗎？

除此之外，還有許多優點：許冠文是目前最走紅的電視明星之一，而且在以前從來沒有拍過影片，假如「大軍閥」由他來主演，在宣傳上，以及將來的叫座力量上，都會有很大的助力。再者，他的上鏡經驗豐富，表演技術高超，在拍戲的時期以內，一定可以進行順利，提早完成。

李翰祥講完了「大套理論，邵逸夫雖然覺得很有見地，但仍不放心，於是把袁秋楓、易文等幾位「智囊」，都給請到總裁室裏來，徵求大家的意見，以便定奪。

當「智囊」們聽到這個「大冷」的人選時，大家面面相覷，不知應該如何接口？李翰祥少不得又把那一番理論拿出來重複一遍，但「智囊」們還是頻頻搖首，表示此中問題尙多，必須從長計議。

第一：許冠文的身裁不夠高大，扮上一名軍閥，是否酷肖？殊有疑問。李翰祥對於這一點，也有解釋：電影上的軍閥，所以都要選用高大的演員，那是一種錯覺，其實是可以設法糾正過來的。我國民初時代的大軍閥裏，就有張作霖與孫傳芳，都不能算是彪形大漢，至於法國的拿破侖，與德國的希特勒，則要比普通人矮上一個頭，你能說他們不是「混世魔王」嗎？李導演果然能言善辯，振振有詞，很容易的就闖過了那一次「舌戰羣儒」的頭一關。

第二：許冠文年紀既輕，自幼生長在香港，而所受的又是洋化教育，要叫他去體會一名舊時代裏軍閥的生活與動態，豈非南轅而北轍，相去不可以道里計乎？關於這一層，李翰祥解釋得更爲得體：一名優秀的演員，祇要經過導演的指點，而且能夠心領神會的話，所謂「人生體驗」也就不只重視了。他當時以平劇演員來作譬喩：從前的時候，許多了不起的平劇大角兒，扮演起劇中人來，確實有着極深入的功夫；扮劉備像劉備，扮孔明像孔明，而看戲的也都稱贊他們一聲「觀察入微，善於摹倣」，其實其中很有幾位連大字都不認識一個，就別提熟讀「三國志」了。那麽他們的體驗是從什麽地方得來的呢？老實說一句，是師父敎的。在影棚裏導演就代表了「師父」，許冠文也許沒法理解那許多在他出世以前的種種社會環境，生活狀況，但是導演可以敎給他呀。所以李翰祥認定了許冠文是一定可以勝任愉快的，「邵氏」裏的各位，當然也不便過於堅持己見，於是就在稍微討論一番之下，大家無可無不可的算是同意了。

邵逸夫與「無線電視」有着密切的關係，而許冠文是「無線」旗下的基本演員，這一個談判，自然容易解決。到得正式簽約的那天，「影城」內保密得猶如鐵桶的一般；中午時分，宣傳部打電話給各報館，就說「大軍閥」的男主角將於下午簽約，但到底是哪一位？則宣傳部人員答覆記者們道：「連我們都被矇在鼓中，此事祗有老板一個人知道！」

是人沒有不好奇的；那天下午，果然各報的採訪記者，專欄作家等，爭先恐後的湧入「影城」，造成一次很少見的盛況；「邵氏」的初步宣傳攻勢，已經獲得了絕大的成功。等到下午約莫三點鐘的光景，宣傳部人員宣佈：「現在準備簽約，請各位到總裁室裏去攝影與採訪。」當大家在邵逸夫那間寬敞富麗的辦公室裏，見到坐在邵老板身旁的不是別人，而正是大家都十分熟悉的許冠文之時，不約而同的嘴裏都「咦」了一聲，這一個出其不意的手法，又給「大軍閥」助長了不少的聲勢。李翰祥沒有看走了眼，許冠文的新聞價值的確與衆不同。

到了第二天，香港所有報紙的娛樂版內，都以這項消息作爲頭條的大新聞！街頭巷尾，茶肆酒樓，更是議論紛紛，而外界的一幫所謂「評論家」、「觀察家」，以及「消息靈通人士」等，全體承認跌落眼鏡，這一回合，輸得是心服口服！李翰祥此次眞個足以自豪矣。

我們的這位李大導演，大概拍騙術拍出了經驗，新片尙未開拍，而宣傳「噱頭」已經層出不窮，其中最妙的一招，即是許冠文的落髮，也被他利用成爲製造新聞的手法。

在「大軍閥」裏，許冠文需要剃光頭上三千煩惱絲。此事如果換了崔福生或井淼，根本就不值得注意，也提不起娛樂記者們的興趣，但許冠文就不同了，因爲他是一名向來非常注重衣着與髮型的時代青年，現在爲了藝術，不惜犧牲一切，又有誰不想看看他變成牛山濯濯之後又是一個什麽怪模樣呢？

正因爲這個緣故，許冠文落髮也居然成爲萬人矚目的一條花邊新聞，你道奇也不奇？話說許冠文在「影城」理髮店裏「剃度」的那天，又到了不少的新聞記者。也不知是事先安排的呢，還是事有湊巧？就在理髮師準備引「剪」成一快之時，突然來了「影帝」姜大衛，與「影后」李菁二位。李菁自告奮勇，要替許冠文剪下第一綹秀髮，姜大衛未敢後人，也就權充一下理髮大師。像這種鏡頭，可算是千載難逢，記者們當然不肯放過機會，而第二天的各報娛樂版上自然如火如荼，熱鬧非凡。李翰祥又獲得宣傳攻勢上的再一次勝利，你能說他的起用許冠文是沒有一點道理在內的嗎？

現在，「大軍閥」已經拍過好多天了，許冠文的表現，使李翰祥大感滿意，所以差不多每天都不間斷的接着往下拍，看起來這又是一部可以如期完成的新片，如果趕得及的話，暑假期內推出大概不成問題。

許冠文參加「大軍閥」之後，根據內行們的預測，這應該是可以轟動一下的片子，因爲李翰祥與許冠文兩個名字加在一起，本來在票房紀錄上已經有了「保障」，如果片子拍得好，能夠迎合香港觀衆的口味，則破百萬亦屬輕而易舉之事耳。現在讓我們再來看看許冠文的那位幼弟冠傑，則好像星運並不及乃兄來得亨通；許冠傑比許冠文早一年踏進電影圈，但直到今天，尚未拍過一部片子，這眞叫做有幸有不幸了。

唐山五虎離奇告吹

許冠傑於去歲與「嘉禾」簽約，尚未拍片，就到美國去結婚了。結婚乃是終身大事，何況「嘉禾」也暫時沒有什麽新片派下來，所以許冠傑就在美國渡過了蜜月，而不急急於趕返香港了。

去年冬季，「嘉禾」推出李小龍第一部的「唐山大兄」，創造了空前未有的三百多萬票房紀錄！導演羅維認爲大可乘勝追擊，「嘉禾」當局亦同意這個看法，於是在經過許多折衝，商議，談判，變遷之後，羅維決定拍一部以美國舊金山爲背景的「唐山五虎」，而他的夫人女製片劉亮華也曾經爲了此事，專程飛了一趟美國，除了接洽一切拍片事宜之外，並指示許冠傑留在原地，不必返港。因爲「唐山五虎」的卡斯脫，包括了「三脚鎮香港」李小龍，「正牌武后」鄭佩佩，與我們這位尚未上過鏡的新小生許冠傑在內，眞所謂堂堂之師，無敵陣容，再加上羅導演急於早日開鏡，所以許冠傑也就不必徒勞往返了。

李小龍將使出程咬金板斧

劉亮華在美佈置就序，原說是等羅維等飛到，馬上就可以工作起來的，但不多日之後，羅維還在此地按兵不動，而劉亮華則靜悄悄的又飛了回來。此中原因，外人難道其詳，因爲「嘉禾」的保密工作做得好，所以外人難道其詳，但一般敏感人士，在那時已經意味到「唐山五虎」恐怕要發生變化了。

果然不出大家所料：羅維絕口不再提起到美國去拍片的計劃，而剛剛好像有了上鏡機會的許冠傑也帶着新夫人回到香港來，在過去宣傳得轟轟烈烈的一部「唐山五虎」，到那時化爲鏡花水月，空中樓閣，一陣風過，就被吹得無影無踪了。

「唐山五虎」告吹之後，「嘉禾」忙於李小龍的「精武門」，忙於王羽在台攝製的「獨臂拳王」，又在百忙之中還得兼顧到黃楓的那部「合氣道」，（此片邀請合氣道金段大師父池漢載參加，煞費周章）於是祗好暫時把許冠傑給放下一旁，直到「精武門」拍攝完成之後，李小龍與鄒文懷合組「協和」，計劃自己獨立製片，這纔不知從什麽地方擠出一個「鐵拳情歌」的劇本來？對外宣稱由羅維導演，許冠傑、苗可秀主演，但祗有此一說而已，開鏡之期，則始終未能决定。

「嘉禾」的製片方針，向來變化多端，不可捉摸，就在「鐵拳情歌」發表之後沒有多久，忽然又傳出羅維與李小龍三度合作，到日本去拍攝「冷面虎」的消息，如此一來，可憐的許冠傑豈不是又落了一個空？「嘉禾」當局對於許冠傑當然也感覺抱歉，於是急忙發表「鐵拳情歌」仍將拍攝的消息，不過導演改爲韓國的鄭昌和，而拍攝地點也改爲漢城了。

誰想就在一個月以前，「嘉禾」以內部的形勢急轉直下：李小龍與羅維决定分手，李小龍到歐洲去拍他自己的那部「猛龍過江」，不必明說，這當然也就是拒演羅維那部「冷面虎」的表示。羅維見機而作，放棄了李小龍而去拉攏在台的王羽，作爲李小龍的繼任人選，仍舊拔隊去拍他的「冷面虎」，這些變遷，本來與許冠傑無關，怎奈女主角苗可秀又被李小龍拉到歐洲去了，「

鐵拳情歌」還是拍不成。現在聽說「鐵拳情歌」中的女主角將由衣依代替之，不過衣依也要到日本去參加「冷面虎」，如何分身？目前還不曉得，所以「鐵拳情歌」的正式開鏡日期，就此懸而不決，而許冠傑的上鏡願望，也祇好再等過一個時期再說了。

由許冠傑的身上，而扯到「嘉禾」內部的錯綜變化，眞個叫人眼花繚亂，目不暇給，到底不曉得他們這葫蘆裏賣的是什麽葯？好在這是他們公司裏的「家務」，我們也就不必去往深裏硏究了。單說這位新任的「四百萬大導」羅維，與連創兩次售座最高紀錄的武打小生李小龍，爲什麽突然分手，各自西東？根據各方面的傳說，可就熱鬧已極了。

當「唐山大兄」還在泰國拍攝之時，已經有許多「將相不和」的消息，陸陸續續從那裏傳入香港來了。雖然「嘉禾」當局一再否認，而李小龍與羅維從泰國拍完「唐山大兄」歸來之後，在表面上也還能維持融洽無間的狀態，但外面的普遍看法，總是認爲這兩位是不可能合作愉快的。原因很顯明：李小龍來自美國，而且是那裏的著名拳師，兼電視裏的武打明星，加以年少氣盛，免不了有點「塵氣」。「唐山大兄」賣過三百萬之後，恐怕對於李小龍的「塵氣」增添了幾分，此乃人之常情，其實也不足爲怪，但對方的羅大導演，可就難免因之而多了一份心，以爲李小龍那種放蕩不羈，玩世不恭的態度，是顯明的對於導演的一種輕視！至於李小龍究竟是否看慣了荷里活大導演，而因之就看不起羅維？此話誰也不敢講，因爲他倆之間的「友誼」，大部份是在泰國時期以內建立起來的，至於其中的怎麽長，怎麽短，我們在香港是絲毫無知者也。

「唐山大兄」之後，羅維籌拍美國背景的「唐山五虎」，忙亂了半天，結果還是一場空。有什麽可以造成「功虧一簣」的理由呢？外界人士就少不得要仔細分析起來了：美國方面，絕不會發生問題，祇要「嘉禾」肯掏出美金來就行了。「嘉禾」方面，他們也不會心痛這幾個製作費用，不然的話，他們也不會特地遣派劉亮華去安排一切了。女主角鄭佩佩方面，絕不會臨時加以拒演，因爲這位小姐向來言出如山，決無反悔之理。男主角之中的許冠傑，百分之一千沒有問題，因爲他等候這個機會已經等過好久了，豈肯自己拆自己的台乎？那麽，數來數去，此中祇有一點可能，就是李小龍來一個「猪八戒攞手」，大爺不侍候猴兒啦！「唐山五虎」之告吹，「嘉禾」內部保密得更厲害，每個人嘴上都貼起封條來，至於究竟是不是李小龍給「抽」的這一記「後腿」？直到如今還是一個謎！

小龍羅維 終於分手

「嘉禾」總經理鄒文懷總算是有本事的；在「唐山五虎」無疾而終之後，他居然臨危不亂，沉着應付，結果被他拉攏成功李小龍與羅維二度合作的一部「精武門」！他的這一套手腕，博得了內外行的一致喝采。

鄒文懷使用的策略，是以合約條欵，再加上友誼情商，雙管齊下，軟硬兼施，竟使一名比蠻牛還要倔强的李小龍乖乖就範！所謂合約條欵者，就是李小龍在洛杉磯與劉亮華簽約之時，一共簽了兩部，拍過「唐山大兄」，尚欠「嘉禾」一部，鄒文懷曉得李小龍的「洋脾氣」，非常重視合約，所以先拿出公事來「打前鋒」，站穩了公司的立場再說。然而，完全談公事，是不能使得李小龍服貼的，於是鄒文懷再用私人感情去打動他，表示絕對要爭取李小龍的應得利益，答應與他合組「協和」，協助他自己製片。換一句話說：就是拍完「精武門」之後，李小龍就不受任何合約條文的束縛，可以自編，自導自演之外，還自己兼任老板，當然收益又比支取片酬要高得多了。李小龍一聽此話，認爲鄒文懷實在夠朋友，於是很爽快的就把「精武門」劇本給接了下來，並且還同意了羅維的導演，給予鄒文懷的面子可稱不小。但沒想到的是「精武門」比「唐山大兄」尤爲可驚，一下子登上了幾乎是完全不可能的售座最高峯——港幣四百四十三萬餘元！這固然是天大的一個喜訊，但因之更爲加深了李小龍與羅維之間的裂痕。

李小龍與羅維的心裏到底是怎麽一個想法？誰也不是他倆肚裏的蛔虫，當然無法曉得，但是，根據雙方接近朋友們的透露：他倆在平時閒談之中，都難免說出些不好聽的來。先拿李小龍來說吧：他認爲在他沒有到香港來之前，羅維所導的片子，至多賣上個一百多萬，還要依靠鄭佩佩的力量纔行，現在他怎麽會登上「三百萬」，「四百萬」大導演的寶座的？不是他李小龍一人之功又是誰？羅維的反駁理由是：李小龍在沒有經過他的指導之前，也不過在美國電視片裏担任一名次要角色而已，焉能有今日之走紅？就算他的拳脚功夫了得，拍出戲來受到觀衆的歡迎，但導演之功，還是不可掩沒者也。既然他二人都在心中結下了一個大疙瘩，再想合作，也就難於上青天了。

奇怪的是：「嘉禾」忽然又發表了開拍一部「冷面虎」的消息，而且宣稱仍由羅維導演，李小龍主演。消息甫出，許多人都大搖其頭，因爲這根本是一件絕對不可能之事，難道精明幹練如鄒文懷者，也會得明知其不可而爲之乎？

羅維對於「冷面虎」的籌備，幹得非常起勁，「嘉禾」中人對於這部片子的宣傳，也好像進行得很努力，祇有李小龍一人，既不承認、亦不否認，一部「冷面虎」，就在這種不冷不熱、不死不活的狀態之下，拖過了很長的一段時間。結果，這次連鄒文懷也束手無策，回春乏術了，於是「嘉禾」的宣傳稿突然來了一個一百八十度大轉變，一方面發表羅維與王羽合作「冷面虎」的消息，另一方面祇說李小龍將要到羅馬去拍攝「猛龍過江」的外景，看報人肚子裏雪亮：這回「李三脚」與「羅四百」可是正式的分手了。

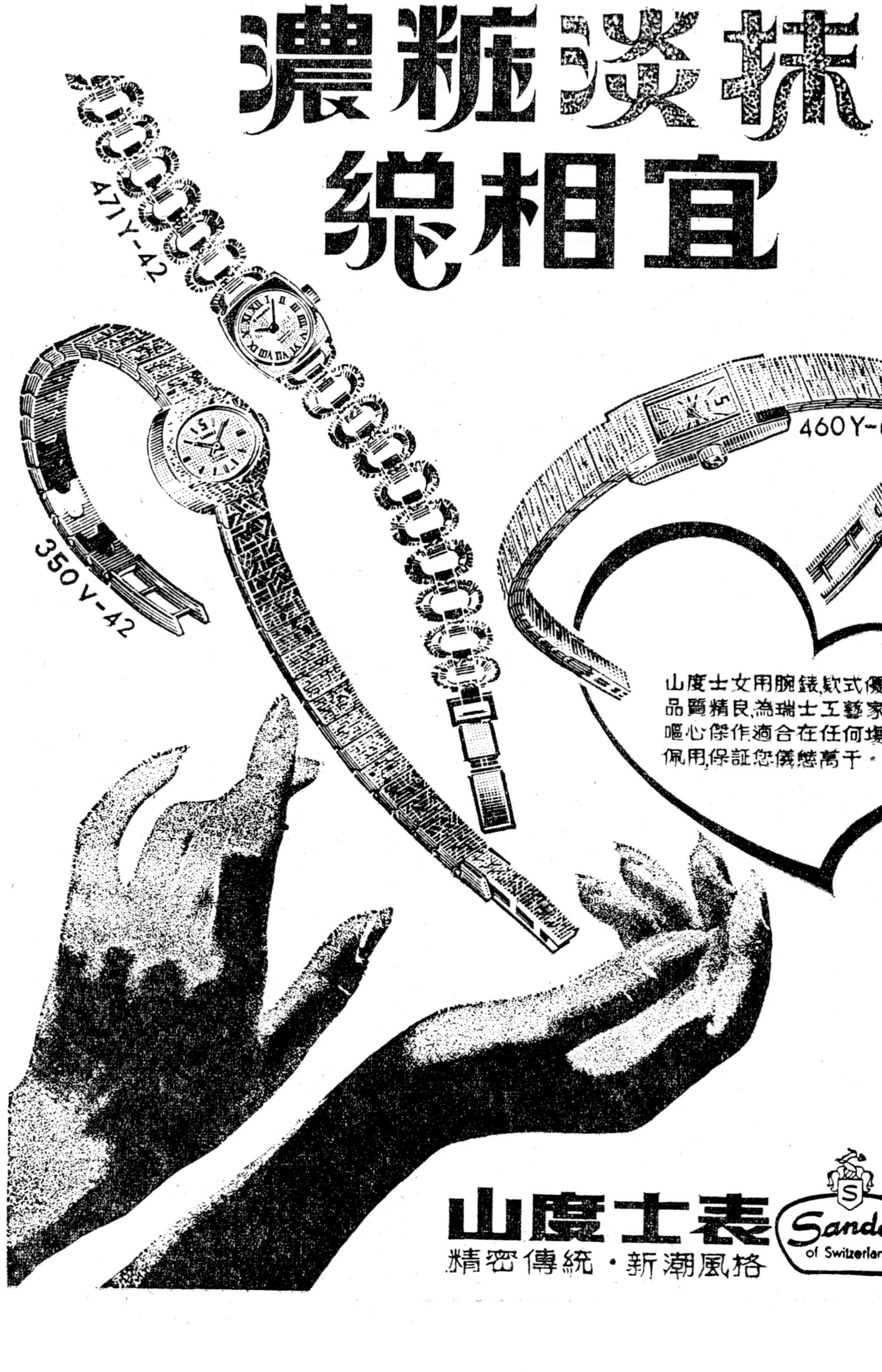

濃粧淡抹
總相宜
471Y-42
350Y-42
460Y-01
山度士女用腕錶,款式優美,
品質精良,為瑞士工藝家的
嘔心傑作,適合在任何場合
佩用,保証您儀態萬千。
山度士表
精密傳統・新潮風格
Sandoz
of Switzerland

留台劇話

•陳定山•

梅硯生　梅硯生來台甚早，海慧玲即其親傳弟子，初名蓋慧苓。即硯生所題，意謂自己名梅硯生是兼梅蘭芳、程硯秋、荀慧生之長。為女弟子取名，則希望她蓋過言慧珠、童芷苓也。其母海雲峯說：「咱們閨女，如果蓋得過人家，蓋蓋倒也罷了，萬一蓋不過去，豈不叫他人笑話。咱們姓海，就叫她海慧玲罷。」梅硯生劇藝，確有精到處，惜其身材高大，扮相太吃虧了，嗓子本錢又不夠，所以息影紅氍，至今紅不起來。

周金福　周金福的小丑在台灣，確不作第二人想。余尤賞識他烏龍院的張文遠，饒有書卷氣。「羣英會」蔣幹，「審頭」的湯裱背亦不弱。金福藝受自蕭長華，早年曾唱老生，故非一般俗伶所能企及。

白玉薇　北平中華戲校之四塊玉，侯玉蘭、李玉茹、白玉薇、張玉英，唯白玉薇現在寶島。玉薇結婚於勝利那年之上海新新酒樓，禮畢，客尚未散，潘柳黛忽當眾宣佈與熱帶蛇李君結婚。原班賀客，又作一次嘉賓，滿堂掌聲，一時傳為佳話。玉薇於三十六年隨夫婿來台，作良妻賢母，久與劇壇絕緣，後會大鵬、復興之請，始稍稍出而教授弟子，如大鵬所演之八本「雁門關」，復興之「十三妹」、「小放牛」，皆玉薇秘本，親炙於通天教主老供奉王瑤青者也。

白玉薇演「武松與潘金蓮」劇照

曹曾禧　趙培鑫未來台灣時，票界以寒山樓主（鄒偉成），曹曾禧，李心佛為三鼎甲。寒山自視甚高，藝亦精湛，顧病於嗓，李心佛忙於職務，皆不甚演出。惟曾禧為好好先生，人有央求，無不立允；其嗓音天賦，極近富英，念白蒼勁，雖身上沒有工夫，然不失書卷氣，金大姐（素琴）有戲，非曾禧合作不歡。曾禧堂會，亦如書畫家之訂有潤格，與金大姐平分秋色，其獨唱者非兩竿不應也。後正式下海，為「明駝」台柱。

寒山樓主　寒山學藝於莫敬一，有出藍之譽，病嗓而長於做，有以為馬派者，其實宗余。沈元雙為上海縣知事沈寶昌之弱女，其姊沈元豫學荀，元雙則拜筱翠花為師。姊妹雙雙，負譽春申，有異曲同工之妙。余嘗央元雙與寒山合演烏龍院閙院殺惜，璧合珠聯，內行觀者如堵，莫不歎服。今寒山遠客海外，元雙相夫教女，劇壇盛事，此為絕唱矣。

章遏雲　珠塵館主章遏雲，盛名大江南北，不知顛倒過幾許眾生，在漢口時，曾聘梅（蘭芳）余（叔岩）至漢演唱而自為班主，此種魄力環顧藝壇，亦無第二。初從畹華習梅，後從榮蝶仙習程，乃以程派蜚聲南北，其實與硯秋同門，非弟子也。近則久卸青衫，專為大鵬教曲，徐露、古愛蓮、張安平皆其弟子，而愛蓮聲調尤為畢肖。

金素琴　金素琴年已過五十，扮起來還是綺年玉貌，麗質天生。她的嗓子本錢又那麼充足，謂之寶島的青衣祭酒，誰曰不宜。戴綺霞也五十多了，他的花旦，刀馬嫻熟，曾為大鵬第一紅人，後來自己組班，單獨演出，亦盛極一時，寶島堂會非金即戴，分庭抗禮者七八年。

李桐春　桐春為萬春之弟，鳳翔則李硯秀之弟，非一家眷屬也。二李同隸永樂，鳳翔牌名，且較桐春為高。桐春憤而他去，藝事猛進，自組大宛劇團，演出軍中，聲譽鵲起。所隸武行，王福勝、金鳴玉、陳慧樓、陳寶亮，皆一時之選。鳳翔則以體格增肥，不常演出。然登台賣力，勇猛猶昔。

高　華　自周長華歿，無線電台程腔絕響，於是宗程者皆投止於高門，高華字實秋，從王瑤青習程腔（與章遏雲之從榮蝶仙習程，皆非硯秋弟子），二十年前，即已蜚聲寧滬。不但早年玉貌與硯秋有虎賁中郎之似，及後硯秋發胖，高亦加肥，而其研究程腔，尤為精纖入微。然以福體日增，視登台為畏途，嘗以八七水災，始演出「金鎖記」，聞者莫不迴腸盪氣，余以為工力之深，又迭出硯秋而自成一家。高華聞之首肯曰：「是眞知音也」

金鳴玉

金鳴玉文武全材，坐科鳴春社，李桐春倚之如左右手。惜屈爲武行頭，專充桐春下把，莫展所長。軍中康樂總賽，嘗露王佐斷臂「說書」，得第一獎。余嘗煩他「戰長沙」黃忠亦爲愜心貴當之作，誠劇壇未易材也。惜不常演，故知之者甚少，今且頽然老矣。

劉正忠

劉正忠初隸永樂，頗飲佳譽，長靠戲勝於短打。他是上海戲校的武生台柱，避地來台，頗爲潦倒。一度演出於紅樓八角亭，盔靠不全，見者憐之。顧正秋以同門之誼，引入永樂搭班，頗收綠葉之效。惜性好賭，竟至藝術荒落，身懷良技而自甘隱退，論者惜之。（聞正忠後亦戒賭，爲正當商人。）環春爲李萬春弟，排行第五，來台尚幼，未嘗見過萬春的戲。受藝於乃兄桐春，以「伐子都」一劇打泡於寰球戲院，觀者一致稱譽，旋從賈寶山學藝，賈本蓋叫天下手，故短打戲極似蓋派，而非李門本派，近來時動長靠，然李老五天生俊秀，身段玲瓏，仍以短打戲爲宜。（近於台視見老五之蜈蚣嶺，甚出色。）

周長華

長華一名昌華，坐科北平，本工老生，後繼穆鐵芬佐程硯秋操琴，指法包圓，新腔迭出，來台後，於廣播電台說戲，一時程腔風靡全島，素習梅者皆改而習程，時人謂之「陳皮梅」。顧沉湎於酒，竟以心臟病卒於中山堂台上，惜哉。

孫元坡

元坡元彬名武生孫毓堃之子。毓堃武生繼楊小樓而獨步。藝傳元彬，惜身材不及乃父，長靠戲微嫌氣魄不足，蓬頭之勾臉戲則出色當行。元坡身材魁梧，碩大聲宏，余最愛其「白綾計」李七長亭，「鬧江州」眞假李逵，時下洵無餘子。

徐露

大鵬以全力培植科班，人材輩出。大師姊徐露一枝獨秀，幼時極似上海戲校時代的顧正秋。後則奇葩煥發，玉立亭亭。從老伶工朱琴心習花衫戲，無不心領神會，妙造自然。嗓音天賦，高下隨心，後得名師於唱工方面更加深造，然嫁後光陰息影多年，最近始在電視時常演出，丰度加豐，藝尤猛進，正秋而後坤伶首席，非伊莫屬了。

吳劍虹

吳劍虹隸永樂時，厄於周金福，演三路丑角，初無藉藉名。梅硯生演全部閻惜姣。以劍虹配活捉之張文遠，赫然露頭角，自云其藝傳自劉斌崑，但變臉之多且速，不及斌崑。後隸陸光，已爲南方名丑，與北丑周金福堪爲伯仲。

陳美麟

陳美麟爲南丑劉斌崑之女，隨母演出漢口，未嘗蒞滬，來台以後始知斌崑有女也。其藝亦兼梅程荀三者，以程之「碧玉簪」，梅之「鳳還巢」，荀之「紅娘」打泡，各得一體而不相淆混，是以難得。青衣後進周韻華，聞爲美麟弟子，扮相文秀，藝亦不弱，後嫁胡少安，夫婦同台，美談也。

張樹森

記得當年邱治雲叫小小奎官，趙君玉叫大大奎官，均從許奎官習淨，孩提時均唱大面，紅極。大鵬出了個張樹森，一齣「空城計」司馬懿，將城樓上的諸葛孔明全蓋了，帥極。近惜倒嗓，尙無繼起者。

秦慧芬

秦慧芬出科於厲家班，來台似在顧正秋之先，體弱善病，故不常登台，陸光劇團成立，聘爲台柱，與周正榮、馬維勝以全本「龍鳳閣」打泡，從「大保國」到「二進宮」一人到底，演出國光，盛況空前。其扮相之貞靜，身段之嫺雅，均一洗凡俗，惜其質佳氣弱，繁重之劇，不能長期勝任，然如「牧羊」、「教子」、「宇宙鋒」、「寶蓮燈」諸劇游刃有餘矣。近亦息影，專任大鵬教師，造就人材不少。

高德松

高德松淨角爲中華戲曲學校之頭班高材生，初隸永樂佐顧正秋劇團，嘗與孫元坡演「雙李逵」，余特從台中往觀，二人咸力求振作，氣魄不凡，顧曲家莫不寄以厚望。

八番官

商社票房成立時，「四郎探母解」禁未久，演者特別感覺興趣。蕭太后一角煩張黃補中女士，同人發起飾八番官以捧之。箭衣、馬褂、緯帽，朝方一律由建新公司新製，八番官計有梅花館主鄭子褒、紅袖青衫劉慕耘，包緝庭，王冰庵，吳子聲，朱庭筠，李浮生及余。而以陳鴻年充飾馬夫，是日車水馬龍，鏡頭全爲八番官搶盡，亦一時佳話也。

包緝庭

青年白髮的包緝老，一本富連成史全在他的肚內，談起來頭頭是道。談武戲更是台灣寶島獨出一家，並無分出。但他的本行却是唱旦的，在寶島裏只是不漏罷了。可是他命犯孤鸞，一次在春台雅集，和周長華雙飾王棟王樑，不久長華作故，商社探母和梅花館主捉對兒飾番官，不久梅花在鳳林酒家墮樓，天上修文。前年他老人家忽發雅興，要和我來一齣「紅鸞禧」，俺的莫稽，她的金玉奴，我聽了魂靈嚇出忙大叫道：「我這歲數兒還要活幾年呢！不幹！不幹！」

周麟崑

周麟崑在青島是個小康之家，因爲戲迷而傾了家，他學的麒派，兼演紅生，而他的紅生與三麻子一派不同。他久在台中，爲陸軍預訓部康樂大隊，懷才不遇，朱聯馥兄爲麒派名票，惺惺相惜把他請到今日公司麒麟廳獨當一面，並爲他排出甚多麒派連台本戲，觀衆日告滿堂，可以吐氣揚眉了。偏偏中風癱瘓，不能登台，幸虧他的三位小姐，個個學藝有成。前些日子，我偶到麒麟觀劇，台上正演我替徐蓮芝改過的「香羅帶」。而演出的旦角，却不認識，秀外慧中，我以爲姜竹華呢。恰好周麟崑過座和我招呼。我問台上是誰？他說這是他的三閨女，鳳字排行，我不禁爲他額手稱慶：「楊家有後，謝天謝地」，他也笑了。

姜竹華

姜竹華是銀牡丹的令媛，她的戲部份得之家傳，本身又在科班打好了武底子，在今日世界麒麟廳獨樹一幟，一齣「虞姬恨」每貼必滿，內外行莫不欽佩，在前後台與周麟崑分庭抗禮。

劉玉琴

原名小劉玉琴，與乃兄劉玉麟，乃妹劉玉霞，繼顧正秋之後合作演出永樂，極爲叫座。一齣「紡棉花」改名「勝利回家」，前方勞軍，尤受歡迎。玉琴瘦而頎長，演刀馬旦頗見工夫。「天門陣」、「馬上緣」，均所擅長。嫁後光陰，仍時演出勞軍，金門馬祖常見芳蹤，台上台下，打成一片，揚溢海上，人人振發，不讓古人聞雞起舞，專美於前。

軍中名票

軍中票友極多，然以下海而享盛名者得三人焉。尹鴻逵（老旦）馬維勝（銅錘）程景祥（花旦），鴻逵隸大鵬，維勝隸陸光。景祥以空軍高射炮手而習花旦，蹻工做派，一似當年戎伯銘，明眸善睞，巧舌如簧。隸大鵬時與趙原爲一時瑜亮。

佘化龍

醉心楊寶森，扮相清秀，嗓音寬亮，自稱慕森樓主，論者非之，以爲驟生宗派，焉有以楊派爲標榜者。曾不三年，而寶森之「昭關」「跑坡」，風行寶島，人又從而增崇楊派，不知得風氣之先者實佘君爲之首倡也。

楊鳳仙

在台北政工學校結業，她已是空軍少校兼師大教官，但她仍是空軍康樂的台柱，私底下她並不很美，扮上裝竟似天仙化人，到今爲止，寶島伶票兩界，尚沒有賽得過她的。她不但青衣花旦好，小生戲亦好，台灣演出的蘇小妹，她是第一份。

王震陸

爲上海小生名票王震歐的弟弟，初受藝於章遏雲，後直接拜程禦霜爲師，來台後，忽患失音，但他研究程腔孜孜不懈，周長華在時，二人朝夕不離，其唱富情感，吐音咬字，確能高人一等。

哈元章

大鵬當家老生哈元章爲老伶工哈寶山之子。寶山爲馬連良表弟，久陪富英爲硬裏子。元章則坐科富連成，幼年即爲元字輩當家老生，扮相瀟洒，學馬溫如，惜窘於嗓，時潤時澀，不能自主，但做工磁實，尤肯賣力。

張叫地

陳鴻年兄說寶島劇團沒有能唱「百涼樓」的。秦慧芬與李金棠來台中，邀紅生張叫地同台演出，曾貼此劇。余特趕去觀場，則已改貼張英武之「白水灘」。叫地改演「水淹七軍」，投袖亮相，頗具李洪春家數。據云：「百涼樓」這齣戲，他是有的，可惜角色方面，時間匆促未能排演，甚爲可惜。

小放牛

目下推季素貞，李金和是一對兒（按金和於最近作古）小輩裏則復興的沈復嘉「妞兒」不錯，可惜那個牧童有些怯口，扮相當數國立藝校的李居安第一，也是牧童不夠格，我看朱元壽的蘇丑，倒是不錯，不知演牧童哥，他行不行？此戲白玉薇向稱一絕，不知她教了後一輩沒有？然而牧童方面，似有才難之歎的不是唱做功夫而是那份天眞。

焦鴻英

美艷親王焦鴻英在香港曾和馬連良組班，唱過雙頭牌，來台以後影劇藝人無不尊她一聲大姐，她上有慈親，下有愛女，外表輕鬆，家累實重，心情是苦悶的。嘗漫遊星馬，爲華僑陳人和君所追求，不遠重洋，從星馬追到寶島，大姐感其誠，始允求婚，含淚遠嫁南洋。而大姐丰姿轉見腴潤。她說：「近來生活安定多了，戲完全荒疏了。」

蕭慧芳

北平人，從何佩華學戲，然其嗓音清亮，有剛音，不宜於荀派。嘗於中台雅集晚會演「二進宮」，飾李艷妃，時已午夜，有離座者，慧芳出台「自那日與徐楊」一聲裂帛，響遏梁塵，觀衆無不重新回座，側耳傾聽，直至曲終，掌聲如雷。慧芳鋼喉，名以大噪，惜其體弱多病，日與藥爐茶灶爲伍。

李毅青

票青衣，醉心君秋，嗓音剛柔相濟，運用亦得其神似。君秋喜創新腔，銀屏公主大段二六，得毅青唱演，而紅遍寶島。昔之青衣宗尚梅程，今日寶島老生宗楊，（寶森）青衣宗張，（君秋）可謂兩大新派，而毅青實君秋之功臣也。

王振祖

嘯雲館主王振祖梅派青衣得楊畹農之眞傳，在重慶時即已紅遍，與寒山樓主同蒞寶島最早，並爲票界前輩。振祖事業心極重，關於劇運工作，尤能獨任艱鉅。克苦克難，以臻於成。復興戲劇學校即爲嘯雲獨力手創，三年有成，譽滿中外，前途似錦，方興未艾，如振祖者，可謂有心人矣。

愛女復蓉，從白玉薇學戲，青衣，刀馬，花旦無不活潑精工，她說：「我的蕭太后比爸爸好，我的十三妹比媽媽好」，原來她的媽媽李忠蔭也是名票，一齣「十三妹」是老供奉王瑤青親傳實授，復蓉這孩子心胸可眞不小哪。

周亮節

評劇家注重正角，却很少注意裏子，其實裏子一工，重要性並不下於正工老生，例如「鳳還巢」的程浦，「鎖麟囊」之趙祿寒，「法門寺」之宋國士，此劇在寶島是最熱門戲，而裏子之勝任愉快者，惟周亮節一人，李金棠裏子戲本爲獨步，自金棠挑樑正工，而亮節遂出人頭地，其循規蹈矩，尤爲人所不及。

劉玉麟

一日，包緝老問我：「今天有一齣南派雅觀樓，你看不看？」問其何謂南派？他說：「雅觀樓巧耍令旗，南派有，北系無，今天劉玉麟耍令旗，故謂之南派。」玉麟扮相俊雅，原攻麒派，後改小生，能演「鎮潭州」、「叫關小顯」，殊爲不弱。「雅觀樓」源出崑曲，但無巧耍令旗，玉麟既有此身手，何不演崑曲「起布」「問探」，一饗顧曲知音也。

王克圖

周長華作古，而程腔云亡。王克圖久佐顧正秋，手音清亮，佐程腔能勝任愉快，高華、章遏雲皆非克圖操琴不快，然克圖不但程梅兼擅，托老生亦能超軼流輩，遇快板，流水得「頭如青山峯，手如白雨點」之妙，當代琴家，周長華之程，郭曉農之梅，並世皆稱無兩，後起惟王克圖足與頡頏。

百戲雜陳話天橋

· 張次溪 ·

天橋百戲雜陳，有戲館、評戲場、落子館、說書場、評書場、露天書場、河南墜子、相聲場、單春場、數來寶場、雲裏飛場、嘴子棚、變戲法場、唱話匣子、電影場、拉大片場、踤跤場、練把式場……，你說夠熱鬧嗎？

戲館

天橋戲館，繼歌舞臺、燕舞臺、樂舞臺後而起的有鳳翔舞台、吉祥舞台、魁華舞台、共和舞台、榮和茶園、華安茶園。在茶社中又演唱過灤州影戲等。天橋戲園，最先是蓆棚，俗呼天橋大棚；凡在天橋演唱者，皆曰跑大棚。後來被火燒了，始漸改爲用木架鉛鐵版搭蓋，又改用灰頂棚子。五十年前，天橋東，有戲園三家即歌舞台、燕舞台、樂舞台，一九二八年後相繼停演。天橋西市場，舊有吉祥茶園、昇平茶園、丹桂茶園、魁華舞台，皆演秦腔。尚有小小茶園、萬盛茶園、小陶園等，開戲時，每位戲價銅元三十枚。此爲四十年前之價，最妙者午後即減收二十枚，再遲則十六枚，以至十枚、八枚，餘一二戲時，收六枚、四枚，則已至尾聲，該園終日滿座。有謂戲棚，爲坤伶發祥地者，如雪艷琴（原名金小仙）、高媚蘭（原名喜月琴）、金有琴（原名金秀齡）、雲飄香（原名林金翠）、綺鸞嬌（原名陳桂雲）、珍珠鑽、玉蘭芳（後名新艷秋）等，皆天橋大棚角色，名盛一時者也。吉祥茶園，營業最佳，餘如昇平茶園各家，較爲遜色。

評戲場

天橋蹦蹦戲，即是唐山落子，又名評戲。在一九三一年以前，北京尚無這種蹦蹦戲，這種戲的腔韻，是非常的好聽。天橋蹦蹦戲棚是很多，總計不下十餘處。從前每日準演的是：小桃園、萬勝軒、三台園、小小茶園、華安、華興、再有露天演唱之李記戲棚、崔記茶園等共八家。他們每一班，最少須十人以上，其中老少男女都有。她們每一個人，若唱完了，生、旦、淨、末、丑，以後就許拾起大鑼來打，也許打梆子，在一劇之內，一人不知要扮多少角色。因爲她們人少，不得不湊合着。去這裏聽戲的人們，也能夠將就，所以天橋凡是蹦蹦戲棚子，無一處不擁擠的。尤其是一般老太太和婦女，都願聽這個。她們所唱的不過是：「老媽開嗙」、「杜十娘」、「賣油郎獨占花魁」、「殺子報」、「花爲媒」、「借女吊孝」、「王少安趕船」、「楊三姐告狀」、「敗子回頭」、「刀劈黃愛玉」，總而言之，除去了小生彩旦外，便算沒戲了。而且唱來唱去，離不開情字。「老媽開嗙」是每一戲棚都要唱的。這戲棚裏，分前後台，各有首腦，台前正面爲散座，兩廊爲雅座，勿論散座或雅座，都不購票，隨便搬移，這是與大戲館不同的地方。在雅座除付茶資小費手巾把等項零錢外，聽戲的錢，是和散座一樣。她們唱一齣戲，是有長有短，於是要錢的次數，亦有多有少。他們要錢謂之托杵，托杵時，以打堂鼓或搖鈴爲標準。當你正在聽得津津有味入了神的時候，猛然就能聽到，東東東，或是噹鎯噹鎯，跟着就有人到你那裏要錢。他們每人持一小鐵桶，作爲打錢的器具。台下是打錢，台上唱，鑼鼓聲，喊唱聲，給錢道謝，喧奏一起，倒也另有趣味。他們在正午開戲，下午六時停戲。說到坤伶，都是些未滿十六

雪艷琴原名金小仙演「貴妃醉酒」

歲的女孩子，其中寡母孤女也大有人在。由早至晚，也分不了多少錢，雖然爲數甚微，但唱戲的女孩子們，仍非常之多。

落子館

天橋落子館，在五十年前呼爲棒子館兒，兼帶賣清茶。彼時沒有落子館，全叫作清茶館。開設在天橋迤北路西五間樓下，頗爲一般有閒階級所注意。當時五行八作，以及滿淸六部書吏人等，無不熱烈歡迎，因爲該處零打錢，並不售票，所以大家趨之若鶩。雖云書錢隨意，有幾十吊錢也能擠乾，而且並非一定點唱不可，架不住漫無限制，只要遇見相熟的顧客，唱手能夠過去搜腰包，不但少給不行，外帶着聽主兒人人痛快，藉着打錢說幾句話，何幸如之。彈弦兒者係一聲者，最能唱者爲杜利順，餘如宛翠鈴、劉四喜等，皆爲個中著名的唱手。劉後適彈弦杜九，改名杜順喜，在津沽一帶頗負盛名。後來天橋西落子棚，即當年變像的棒子館，雖無下台搜腰包之事，而青年子弟亦多兩眼發直。女落子在一九二一年以前，可謂最盛時代，彼時因爲不賣票，所以每個人兒都可以進的去，落子館點唱非八塊錢不可，在天橋一塊錢就可點唱，無論何等人物，都可以在廣衆下足擺一氣，遇着出色的唱手，一樣也是拚着命的花錢。如高玉蘭、王瑞喜、桑惠芳、鄧金桂、王鳳友等，皆名重一時。甚至於一般富商大賈，以及各部人員，都要爭相去捧，開落子棚的也都掙了好錢，俗說小窩兒掏大螃蟹，這話實在不錯。不想自從一九二一年後，漸漸一年不如一年，有名的多嫁了人，所賸無非零零碎碎，後來天橋一改賣票，市面也就不如當年啦。論到在各處一赶館子，女班兒的聲價即一落千丈，所有從前的捧角家，大半全都自顧不暇，既不能夠隨便揮霍，唱手當然要受影響，別看坐着自用車，心情上實在不舒服，所以後來各清茶館，雖然都添上女落子，無如嚼穀太大，十有八九不能處長。天橋坤書館是在一九一四年開始，初不過三五家，至一九一六年開闢蓮花池及水心亭，落子館乃大興。蓮花池內，有環翠軒、天外天、綠香園、藕香榭、水心花亭等。蓮花池外，有合意軒、安樂軒、中華園、振華園。唱曲最早著名者爲馮鳳喜，因易實甫之天橋曲，有「自見天橋馮鳳喜，不辭日日走天橋」之句，一經譽揚，聲價十倍。按落子始於東便門外，運糧船上之老合，後來皆上館子。館子供周莊王牌位，開場前焚香。由名角先唱發四喜，然後由坤角繼唱，所唱曲，爲梅花調、鐵片大鼓，即樂亭調、時調小曲、蓮花落等。場下有持扇人，請顧客點曲，名曰戳活，扇面書各曲目錄，顧客每點一曲，持扇人即高呼有題目，令某角唱之。凡戳活之錢，唱手與館子各半，散後分取。早年點曲每支五角、四角不等，其最廉者，二角即可點唱。

說書場

數十根木柱包圍着幾張破葦蓆，再加上幾隻歪腿缺腳的舊板凳，一寸見方的紅色木塊，直徑一尺的銅釘小鼓。那說書的緊鼻弄眼的喊，力竭聲嘶的唱，這便是所謂說書攤。悠揚頓挫，眞可以說是字正腔圓。第一段是「孟姜女尋夫」，第二段是「天雷報恩子」，唱了半點多鐘，僅得到有限的錢。同時相隔不轉的蹦蹦戲，却擠眉弄眼，接踵摩肩。那說書的眼看着自己的坐客越來越少，不禁大發牢騷說：年輕輕的小夥子，正經事由不混，穿起老婆鞋，抹上胭脂粉，不管缺德不缺德，腰帶一拉，膀子一甩，引得北邊的小姑娘們這麼一樂，南面那些吃了閒飯沒事幹的王八旦就：好啊，好啊，叫個不住，誰家沒有少男婦女，咱寧可餓死也不幹。——來，回頭對他的小女孩說：姑娘，替我唱一段，滿漢鬥，咱們是憑人力掙飯吃。「拿住奸賊亂刀刺，拿住奸賊油鍋烹，頭刀先鍘夜國老，再砍夜虎和夜龍，滿朝奸黨殺個淨，與我亡父把寃伸，這小姐倆哭到傷心處，鐵石人聞言也傷情」……唱曲的那女孩大約有十歲上下，要是生在有錢的家庭，也許還在父母跟前撒嬌呢。

評書場

評書場的營業，繁華的大馬路上沒有，天橋以外多數開設於僻靜的胡同裏，賣茶帶說書，所以北京人就稱之爲茶館。有時候常聽到說：二哥你上那兒？我到口裏頭茶館聽書去。從這種問答裏，就可以知道，茶館與書場二者爲一矣。這書場與坤書場茶社不同，門面不講究，就是房簷上掛着幾個半尺來長的小牌子，上書雨前、龍井、雪蕊、毛尖之類的字，屋內的設備更樸實，都是些不曾上過油漆的長棹子，大板凳，不管認識不認識，竟可同席而飲。此外再用窗戶板，刷上一張報子，懸在門口上，於某月初幾日（舊用陰曆）特聘張某某李某某準演某書某傳。他們所演的書，與我們看的小說雖然名字相同，可是內容不大一樣了。如「水滸傳」、「施公案」、「三國志」等書，他們都有秘本，確與衆不同，輕不外傳。他們說書時不用鼓，也不配合弦子，只說沒有唱，要問說的好壞，都在口白上清楚不清楚，姿式表演帶勁或不帶勁，模仿劇中人的聲調像不像。由這幾種技術上來斷定，要把這幾種弄好了，準可場場滿坐。開書時不賣淸茶，每天下午兩點開書，聽入了迷的老主顧們，都有一定的茶館，天天按着時候準到。講究的自已預備下茶壺茶碗，泡一包好茶葉，鳥兒籠子掛在門口外頭，一邊喝茶，一邊聽書，並帶着鳥兒。在冬天的時候，屋裏空氣非常的熱，叫爐子烤的臉蛋兒通紅，一位一位都瞪着眼睛，歪着頭兒，瞅着說書的大老板，聽個有來有去，誰都懶惰動窩兒。每過四五分鐘的功夫，就停上一會兒，算一段，用一塊小方木在棹上一拍，小伙計便拿着小簸籮嘴裏讓着說：打第三回，都是先打錢後聽書，打錢的數目有一定，每人一段多少，茶葉錢另算，由兩點到六點來鐘才完場。大概說個二十幾段，假設你手裏有點錢，足可以天天上那兒泡去，又省錢，又舒服，比溜大街好得多。這聽評書還眞有聽上癮的，得天天去聽，一天不聽，就比什麼都難受。

新艷秋在天橋時代藝名玉蘭芳

露天書場

在五十年以前，北京說評書的，係以露天書場爲本位，茶館裏帶書館的，家數不多，內外城統計起來，不足十家之數。最出名的，若後門之一溜兒胡同、東華門之東悅軒、南城之金魚池、天橋兒之福海居、東四之廣泰軒各家，聽書的都可以喝茶，並且還有桌子，於特別時間內，還可以邀請隨緣樂諸人。平常日子，都是兩個月一轉兒，說書的是好是壞，妙在與地點無關，其價值不因進茶館而增，亦不因在露天而減也。此項露天書館，各條大街上，觸目皆是，設列於甬道之旁。土質甬路高於地二尺有餘，後來都改爲馬路了。冬日則露天以向陽，夏令則支棚以避日。場內設有板凳，或四行或六行，中央之二行，名曰龍鬚凳，說書的必須正支正派，始准其適用龍鬚凳，否則撤去一條，蓋即「王佐斷臂」戲中所謂說書的規矩是也。每一回書斂錢一次，坐客付以當十錢一文，說書的先生，須自己繞場領取，打多少是多少，不得懸定數目，更求增加，外圍子站着聽的，給就接着，不給不許要。張明和說「反唐」，帶賣四珍丸，李有源說「西遊」，帶賣佛手餅，張以大鼓爲記，李以漁鼓爲記，是皆有特別原因，經過同行之許可者，否則不准兼營副業也。這項人在光緒年間，以勝字輩爲最盛，高勝泉、奎勝成、尹勝雲等，均爲社會所歡迎。且彼等慣於露天，輕易不進茶館兒，惜古調不彈，書多散失，「五女七貞」與「大宋八義」，後人尚有演者，報紙上亦代爲宣傳，惟有「善惡圖」一書，自承德印之後，即成絕響矣。

河南墜子

河南墜子流行在北京，還不到五十年，其後即成爲娛樂中所不可缺少的重要項目了。姚俊英是地道的河南滋味，唱一句絃兒跟一句的音韻，令人聽了眞有繞耳三日不斷的妙趣。墜子最初在北京，開始是由天橋兒起，第一個到北京來的是李雪舫，其後，賈家茶館的周玉花，以及旁的茶館的董桂枝等，也都相繼起色，大大的出名。茶館之外，支架起布棚，鸞集起來一羣墜子的名家，演唱一段再一段，比較起茶館裏的觀衆聽衆，也一樣擠得不通空氣。妝飾入時，舉止大方的妞兒們，演唱起來，固有引人注目，舉讚一時的魔力，而足尖唇厚，髮辮披背的姑娘等，雲板一響，也未嘗沒有超人的風趣。茶館有茶館要錢的規矩，地攤兒有地攤兒要錢的手續，唱一段要一次，不採用售票主義。因爲如此，觀衆所以每唱必來，因爲如此，又所以往往唱完散去。

相聲場

相聲的說法是這樣：兩個人，一個人坐一邊，一個人說，一個人逗，這個說東，那個說西，總以滑稽爲原則，相聲分說、學、逗、唱。說各地方言、笑話、燈謎。學：飛禽走獸的叫聲、啞叭說話、啞子走道，逗臨機應變，抓趣逗跟。唱二簧、大鼓、河南墜子，各樣雜曲。用那三寸不爛之舌，說了出來，配上全身的表情，使看的人不知不覺的笑了出來。當年在天橋說相聲的：有劉德海、郭啓儒（侯寶林之師）、于俊波。他們說相聲時，人永遠是滿滿的，可是所說的不怎麽雅。從前天橋有個小人國，個子很矮，只有二尺多高，腦袋和普通人一般大，手腳却像個娃娃，也是天橋一怪，現在早已不在天橋了。更有趣的，在這裏無奇不有的天橋裏，三十年前還有兩個女相聲家呢。你想，那男子說的粗話兒，要出自嬌嬌滴滴的女人口中，當然別有風趣了——現在兩位女相聲家也已經人面不知何處去了。

單春場

六十多歲的老人，長得細條身材，滿臉的皺紋，嘴裏的牙掉的剩了一半，在天橋上地。他那場內，有個九根細竹桿的小藍布帳子，棹上放着大小竹管笛兒。到了時候，他能吹各樣小曲，他是將竹桿帳子，在場兒當中立起，他鑽到裏邊，使活兒，場子圍着的人們，隔藍布帳，往帳裏頭聽，他在帳內一個人，能學兩個人說話，變出來的嗓音，教人聽着還眞像一男一女。不過他學的是：大奶奶住娘家，大爺拉着驢，去接大奶奶，走在高粮地，大爺耍鑽進高粮地裏拔高粮，使人聽了雖然可笑，亦覺有興趣，臨完了，還學回驢叫，抖起銅鈴鐺，嘩郎郎的響起來眞像驢叫，叫完了鑽出來要錢。聽說他在初期，學完了大爺大奶奶鬧高粮地，還有人給錢，後來這些年便不成了，他在帳內的時候，還有人圍着，等到學完驢叫，鑽出帳來，再要錢哪，場子就光了，正是可笑亦復可憐！

數來寶場

學數來寶，不是一日之功，不但須有伶俐的口齒，更須具備着慧心的條件。成譜兒那算不了，得見着什麽說什麽。說出來還得四六成句，押韻合轍。眼睛要有詩人一樣的訓練，造句要有詞人一樣的涵養，態度要有演說家一樣的從容，氣質要有舞蹈家一樣的乖巧。然而使人見之，却又須十足帶出來招人願意和他親近的傻氣。在天橋數來寶之最得名者，先些時候曾有一名五十歲上下的曹麻子，他自幼兒就跟着師傅黑泥鰍李學抓哏逗笑的功夫，手裏打着天地人三才板，一直數了三十多年，天天換着改良的新鮮詞兒，老不窮詞，老有說的。三十年前有一段罵摩登，詞兒曰：「毛竹板，響連聲，尊聲列公聽一聽，現在也把世界換，種種樣樣不如先頭，摩登士女不一樣，男女都把烟捲抽，中華女子剪了髮，滿街跑的和尙頭，如今的花樣又改變，燙髮刮臉倒香油！」俗不傷雅，意義簡明，人人可聽，形容社會，透視人情，獨具隻眼，亦云不易。在天橋演數來寶的人，隨來隨走，沒有一定規矩。後來又來了一位不知名的人，頭頂心束着小辮兒，鼻子下塗上白土灰，打着竹板，畫地爲圈，圍上人來，開板就唱，唱完一段，作揖求錢，詞兒也是編的新詞兒，用打竹板的一分鐘間，就可以編成一段數唱出來，內行瞧門道，外行看熱鬧，依外行人評論起來，這個人的玩藝兒，尙不失爲熱鬧。荒僻的鄉村間，也有這類數來寶的人，錢口袋搭在胳膊腕上，遇門就唱，越是聲明不開給錢之例的人家，越是非要唱出錢來才肯走第二家。態度一貫，決不鬥氣，八天八夜也不窮詞，且詞中的吹、拍、諷刺，樣樣俱備，可就是不罵大街。爲了這個兩頭僵，眞有中間起動說合人的，甚至別人墊錢都不要，主人出錢才夠面子，多寡不拘，揚長而去，也是江湖行中之一怪也。

雲裏飛場

笑嘻嘻的掛着鬍口，瞪圓了眼睛抗着板凳，恨不能把日用的零碎傢俱，一齊搬到場面上來當作劇中人所用的武器。演唱「借東風」的一幕，有人嚷起來：看吧，這叫作曹操搬家。不用唱，如此扮相，已足夠人笑得肚子疼到老半天了。雲裏飛他好就好在這上面。他所演的，不單純僅是清唱，也不單純只是相聲，他是以京戲爲主，以相聲爲副，二者可以得兼的雜耍玩意。而在天橋獲得數一數二的地位。他是一個六十左右鑲着一個金牙的人，每逢一睜眼一努嘴，都會使每一個人不約而同的發笑出來，他們玩藝很多，喉音也很圓潤，他唱起來，有時頗夠味兒。但是唱不上三句五句，就要夾進去幾句滑稽的言詞，言詞與表情有同樣引人發笑的力量。言詞能隨機應變，表情深刻。他的男女弟子很多，如郭全寶、馬艷華、夏麗華等，均能戲不少，如「捉放」，「罵曹」，「桑園會」「斬子」，「坐宮」，「珠簾寨」，「法門寺」諸劇，都是他們的拿手的傑作。後來的場子裏還有兩個女弟子，一工青衣，一能花旦，年約十八九歲，穿着一樣的衣服，惟不大到場子裏唱表情的玩藝，時常唱是由她倆唱，情則是由別人表，於是雜耍相聲之外，兼帶着雙簧，無形中更給觀衆添加了一番興趣了。雲裏飛的兒子，名叫飛不動，又叫跟着飛，其實他的本名是白全福，自小兒就隨着他父親習學「九龍杯」、「鍘美案」等戲，工銅錘、架子花、小花臉等工，名望雖不如他的父親，可是玩藝已有可觀的成績了，很受一般人的歡迎，他們演劇的時候，也是由東門出來，西門進去，但是出門的時候必須先進去然後另往外出，進門的時候，走到半路就把行頭除下來了。行頭簡單得非常，鬚生的帽子永遠是那麽一頂，武生的帽子也永遠是那麽一頂。大掛兒一撩，帽子一戴，角色就算又換了一個啦。雲裏飛戴上帽子舒着三縷黑鬍鬚，他開口嚷起來，「喂，看洋皂王爺吧。」令人捧腹。

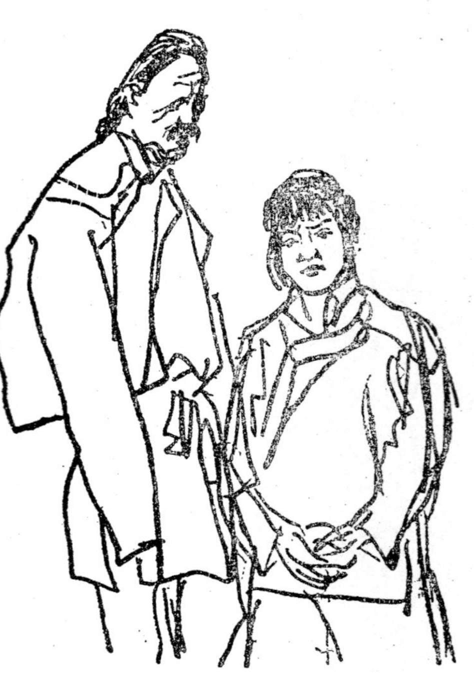

天橋人物　葉淺予作

嘴子棚

用布圈着，以粗線圍繞成的場子，入門須先給錢。裏面一方桌，上設一盤，盤內有活人頭，能說話，這樣叫人頭說話。把門人喊着說：「來，來，來，您老看看吧，上海新到，人頭說話，人頭抽烟捲，他名字叫吳烟亭，兄妹兩人，諸位瞧到眼裏，記在心裏，到你貴府說的講的，我把這女孩送下早來瞧完，才來看下回。」又一場，與此大致相同，門上也有一把門人叫說：「瞧怪物，瞧怪物，外國新到，小老太太，五條腿的牛，八個蹄的馬，猪妞兒，小人國，紅猪鰲魚，外邊有招牌裏面有對證，每位多少錢。」與此同性質的，又有番戲棚，門上也有人高叫着說：「我說裏面把勢們，」內應：「哦」，「辦齊了沒有？」內應：「辦齊啦。」「高麗國的金牛，瑞士的槓子，高蹻，秧歌，太獅少獅，大頭和尙渡柳翠，漁郎推舟，趕花舫，雙人頭拜壽，一支梅下山，大佛殿賊鬼鬥志，一檔子一檔子，給我耍起來呀。」

變戲法場

變戲法，這是小孩和老太太們愛看的一種玩意。變戲法的，他們有着一雙靈活的手，一張能說的嘴，當他們變戲法的時候，他那能說的嘴，是滔滔不絕的說着，說得天花亂墜的時候，那雙靈活的手在你不知不覺中，已把戲法變成了。他們——變戲法的——使用的傢伙有一面鑼，是爲號召觀衆用的，一面簸籮，這簸籮是他們的百寶箱，什麽戲法都藏在這裏面，簸籮上有一塊紅色的布，你假如把布揭開，再把裏面的盆兒碗兒都打開，那鴿子、兎子、蛇、老鼠，都會爬出來，眞會把你嚇倒呢！「一二三四五，噹噹，金木水火土，噹噹，要想戲法來，噹噹，還得抓把土。」一面打着鑼，一面嘴裏唸着這口訣，——其實，那有什麽口訣，不過調劑調劑你的寂寞，口訣念完了，大套的戲法也就該變了，什麽水現金魚，大變活人，那些使人不可思議的玩意。天橋變戲法的也很多，可是以李鳳祥的大變活人最著名。一個三尺長闊的木箱子，先給你看是空的，用棍子敲也沒有別的聲音，可是等他蓋上蓋子，打過鑼，再打開蓋，就能由裏面拿出五盆花和一大盆水來。再蓋上念過口訣，打開蓋，就能由裏面抱出四個孩子來，這是多奇怪的事呀，使你納悶兒，更佩服他們的技巧，佩服得五體投地。戲法變完了，該他們要錢了，這時你雖然身上沒有錢，可是千萬別走，因爲一走把別人帶走，他就要用刻薄的話把你罵得一文不值，要錢的時候，他們有一套話，說得你不得不給。他說：「諸位變完了，跟您求幾個，您上天橋是來玩的，花一個兩個不在乎，都是君子財神爺，可別學那位，聽說要錢就跑，那都是小人，他連早飯都沒有吃，哪有錢給我們？諸位，好話說了半天，給幾個吧，你要是非走不可，那可是你的腿，我的嘴，別說我回頭說不中聽的。」

唱話匣子

在無線電不大發達的三十年前，街頭上常有一種遶巡着的背包袱的人，口中喊着：唱話匣子。脚步是那樣的，如駱駝樣的孤零，聲調是那樣的，如沙鷗樣的悱愴，他踽踽涼涼從許多人的身邊擦過，在每一個被他驚醒了的許多人的不同情緒的心，無意中却動蕩起對他的一種無邊際的統一情緒的悲憫。後來這種聽話匣子，喊叫不復隨着風聲再吹進耳朵裏來了。聽話匣子的人在市面上雖然不可多見了，而在天橋，依然尚有一些存在的痕跡。然而所存在的並不是以前的那樣唱起來給大家聽，後來的放送，是採取門羅主義，只能看見旋轉，不能聽到唱的倒底是什麽詞。聽就得花錢，將播音器塞在耳朵裏，那麽話匣子的責任就算盡到啦，耳朵裏嗡嗡的準會響一陣，愈是看不到的東西，愈想看，愈是聽不到的東西，愈想聽，這是普通人類的常情，放送話匣子的，或者就是採取這個心理作用，把話匣子弄得無息無聲。

電影場

儘管華貴的電影院中，正在放映着票價高貴到第一流的頭輪電影場，但在天橋上却仍演着幾乎三十年前的活動電影。這種蓋在土地上的電影院，設備的簡單眞稱得起是一目了然。一個黑布縫製的三尺多寬五尺來高一丈來長的小屋，外面繡着白色的「文明電影，男女可看」八個大字，這表示小黑屋中並無秘密。在小屋的兩壁上，各開着一排小洞，裏面用黑布簾遮住，外面擺了幾條板凳。小屋的盡頭，裏面掛了一塊白布，這便代替了銀幕。當你逛累了的時候，不妨坐在板凳上，由他揭開小洞上的黑布簾，一壁息着腿一壁欣賞一段三十年前活動電影。在外面的小桌上，有一架手搖放映機，開演時發出不斷的嗒嗒嗒……的聲音。另外有一大箱子的電影片，每卷大約可以演五分到十分鐘。光線的來源，是巧妙的利用三個反光鏡，將日光折射，再經一個放大鏡的聚光，而使之照，射在機器的影片上。當陰天傍晚，或地勢不利時，也備有小型的煤氣燈，可以照常開演。一卷演完，趁着招徠觀衆的時間，便在自製的倒片輪上將片子倒回，以備下次再演。所演的片子全是沒頭沒尾，眞正名符其實的，只看看活動而已。當此大影院已是五彩七彩立體，天橋的電影才開始演國產影片，在大戲院能看整部片子的時候，無怪他票價雖便宜，仍然生意冷落，只有幾個小孩或鄉下人來開開眼而已。

拉大片塲

拉大片，又名西湖景，仇即吾著的江湖叢談裏說：這項玩藝，種類甚多，有大洋船、點線人等分別。大洋船的影片箱子，其形如船，周圍有鏡頭，裏面有機關，能轉動。點線人的表演，也在箱子內，箱子比西湖景箱子大，箱中用稷做衣，**木頭**做的假人，兩股有線，由外拉之，則人能轉動。隨拉隨唱，能唱整本「白蛇傳」，也有唱「西遊記」者，稷人多爲孫猴、猪八戒，庚子後此種玩藝已無人能演矣。仇即吾又唱出他少年時聽見的拉大片詞，特錄之以備參考。他唱：「瞧一片，又一片，十冬臘月好冷天，大雪不住紛紛下，小雪不下陰了天。」「瞧一片，來又一片，天津衛來，你觀看，南門照下海關寺，北門照下北大關。」大洋船詞曰：「說開船，就開船，一年四季下江南，江南倒有個城隍廟，一邊一個大旗杆，年年多見唱大戲，今年跪馬上刀山，女的跌了個朝天鐙，男的摔了個蛋朝天，說着說着着了火，咕嘟咕嘟冒黑烟。」點線人詞曰：「頭層門大開，二層門一關，遠遠汪汪來了兩隻船，船上坐着許仙官，逛西湖，來望景，望景與觀山。遇見了青蛇白蛇二妖仙，妖仙攔住許仙不叫走，一心與他配鳳凰，小青爲媚白蛇去盜庫，盜來銀子八百兩，小鬼扛着的扛着，握着的握着，壓的小鬼直叫喚。許仙拿銀上街去換，遇着官人拿捉打板問罪，許宣叩頭如同鷄啄碎米，大老爺饒命，死罪饒去，活罪難免，將他發往杭州開了一座生熟藥店，買賣三天，遇法海來化緣，賺了銀子堆成山。五月單五兒喝了雄黃藥酒，白蛇現露原形在裏邊。許仙越害怕越哆嗦，許仙得了病，白蛇盜靈芝，來到南嶽山，與童兒眞殺眞砍眞招呼，眞刀眞槍，刀槍劍戟，斧鉞勾叉，鞭鐧鎚鍋，鏡棍槊棒，拐子流星，殺得白蛇直叫喚。老壽星賜與白蛇靈芝草搭救許仙，許仙好了病，金山寺把願還，對着法海說實話，攔着許仙不叫走。怒惱白蛇把臉翻，洞庭湖把兵搬，搬來魚鱉與蝦蟹，各各帶水淹進山，山也長，水也長，想淹金山難上難，打了個珍珠倒掛簾，蛤蟆精，鯉魚精，黏魚精，黑魚精，螺螄精，王八精來回使風。這法海掐手唸咒，唸動眞言，請來天兵與天將，二郎爺撒出哮天犬，一個大錢算看完。」半部「白蛇傳」，被他片刻之間，都唱完了。

躂跤場

提起躂跤，在天橋却又是藏龍臥虎的地方，以先沈三啦，寶三啦，張狗子啦，這一些躂跤界名人，他們裝束，僅僅是一件棉背心，後面的棉花極厚，幾乎有二寸多的樣子，和戲台淨角所穿的襯襖差不多，他們就爲的是躂倒在地的時候，不致傷了身體。因此他們表演的時候很可以放心大胆的練，不至於顧慮到什麼危險了。躂跤場子外圍着顧客，也是相當的擁擠的，但他們的心理，却完全和看練武術的不同，因爲一般顧客看練武術時，往往覺得很神秘，不可捉摸，看躂跤，却有很多抱學個兩手的企圖，本來躂跤這種玩藝，學會了很可以和人打架，不至吃虧，也算是一種防身的技術呢。躂跤也有各樣的手法和門路，如推、擠、傾、軋、絆、背等字眼，並有掃膛腿、鴛鴦絆、野馬分屍、舉火燒天等等的家數，如果這場中的兩個主角，表演到最精彩的一幕，那麼四面的觀衆，都把兩只眼直勾勾的瞪，屏氣凝息的瞪，那種入迷的精神，眞不下於戲迷之崇拜譚鑫培。一幕終了後，兩位主角便閃過一旁，瞪着兩眼大喘其氣，但是看着那些撒下來的錢，他們的心中是如何的欣慰啊。這裏還有一個很有意思的故事，就是在這些躂跤家日常生活裏，最使他愁眉不展的，就是食的問題，本來他們每一餐飯，要吃下去一斤多黑麵，或者是窩頭，鹹菜和白煑蘿蔔湯還不算在內，他們每天的收入既然這樣微小，僅僅一個吃的重担，便把他們壓得抬不頭來，更談不到什麼嗜好和什麼享受了。

練把式場

一個四五丈見方的場子，場外放着幾排長板凳，場內亂堆着一些刀槍劍戟，斧鉞鈎叉之類的兵器，一個筋肉粗壯的中年漢子，滿面春風，向四圍看客說：「學徒我能耐淺陋，大胆在諸位老師面前賣弄，還請多多照應」的話，這就是天橋賣藝耍槍賣膏藥的了，但是，賣藝也並不是一件容易的事，因爲它的危險性最大，和別的玩藝不同，假使技術練得不好，固然沒有人喝采給錢，但如你的技術練得特別的驚人，錢固然得的很多，不過嫉妬你的人也跟着增加了。聽說在早年的情形如果你的態度是稍微驕傲一點，或詞句稍微失於檢點，那麼，馬上就有踢場子來和你搗亂了。他們走進場來，要和你較量較量，如果你輸了，那不成問題的在天橋不好意思露面，但如你贏了，他們就會接二連三的找些師兄師弟，甚至於師父、老師父等來和你沒結沒完的比，非要你服輸不可。本來江湖上的規矩，有人進場子來要和主人比試，不但不能拒絕，而且還要特別的表示歡迎，因此一般賣藝的第一天擺場子，就要聯絡一般江湖上的朋友，那麼以後的生意才能一帆風順。有的場子裏，四個人替換着練，雖然相當的累，但總比一個人唱獨脚戲輕鬆多了。還有一層，他們整天和刀槍混在一起，日久天長，難保不有一個失手掛點彩的，因此凡是這種賣藝的，差不多都懂得一點外科，或者自己能配製一點跌打刀傷藥，因爲是預備救自己用的，所以都是地道的，效驗如神。藥方子雖然絕對保守秘密，外人休想知道一點影兒，但是傷藥他們却可以賣，而且是練把式的都帶賣傷藥的。

一個人表演的二人躂跤

李流丹作

1969
THE QUEEN'S AWARD
TO INDUSTRY
英國
樂頓
男仕皮鞋
榮獲英女皇
一九六九年特別獎
款美價廉·舒適輕便
特別選用
法國野狼皮製造
NORTON
MADE IN ENGLAND
大人公司有售

大人

學蘭筆法
要簡不要繁

論天下大事
談古今人物

第廿六期

大人　每逢月之十五日出版

The Chancellor Publishing Company Ltd.

出版及發行者：大人出版社有限公司
督印人：王朝平
編輯者：大人雜誌編輯委員會
總編輯：沈葦窗
社址：九龍西洋菜街三號A 即彌敦道六一〇號後座
電話：K八五五七三〇
印刷者：立信印刷公司 九龍新蒲崗伍芳街緯綸大廈十一樓
總代理：吳興記書報社 香港租庇利街十一號二樓 電話：H四五五六一 H四五〇七六六
星馬代理：遠東文化事業有限公司 新加坡廈門街十九號 檳城香田仔街一七一號
泰國代理：集成圖書公司 曼谷耀華力路二三三號
越南代理：聯興書報社 越南堤岸新行街二十二號
其他地區代理：
澳門：可大文具店　漢城：汎亞書籍公司
亞庇：利民公司　寮國：永珍圖書公司
千里達：中華公司　斗湖：光明書店
菲律賓：華安書局　菲律賓：玲瓏書局
倫敦：東寶公司　紐約：友聯圖書公司
芝加哥：杏林春　紐約：大方圖書公司
波士頓：中西公司　洛杉磯：永安堂
三藩市：新生圖書公司　檀香山：大元公司
三藩市：益智圖書公司　三藩市：文化商店
加拿大：香港商店　加拿大：新國華公司

萬古不朽之情！

・萬念健・

溫莎公爵溘然長逝的不幸消息震動了整個世界。

噩耗首先於巴黎傳出，接着倫敦白金漢宮發表一項聲明：『白金漢宮以深切遺憾的心情，宣佈溫莎公爵陛下，已於今天（五月二十八日）上午二時二十五分在巴黎寓所逝世。』

在英國此一消息，由英國廣播電台加以廣播，告知全國。並宣佈溫莎公爵逝世消息的同時，該電台又重播一九三六年時愛德華八世的遜位文告，其中有云：『得不到我所愛的那位女性的協助與支持，我將不可能完成我的神聖任務。』令人聞之，不勝感傷。

女王服喪 三軍半旗

在倫敦！公爵逝世即日，英女皇伊利莎伯即行致電公爵夫人，弔唁已故公爵表達其哀傷之情，電文曰：『——本人對於皇伯辭世甚感哀傷，非臘亦與本人同表哀悼，余瞭解我民常以偉大的感情及謙意遙憶公爵，而彼在戰時與和平中的功績將係永誌不忘者。余能在十日前於巴黎見公爵一面，至感欣慰。』

同日，英首相希斯以凝重之語氣宣稱：

——『公爵的一生，都在致力於使君主政制不致於高不可攀，並使它更符合他那時代的需要和渴望。』他又向報界發表一項聲明云：

——『我聽到溫莎公爵殿下的死訊時，深感哀悼，人們對於他承繼威爾斯王子爵位及登上帝位期內，不僅對於英國本國，而且對於整個大英帝國所作出的貢獻，將會永誌不忘。』

由五月二十八日起，英國三軍及政府建築物均下半旗，至舉殯之日日落時為止。女皇本人於五月二十九日起，為公爵服喪兩星期。

五月二十八日，倫敦聖保羅教堂的大鐘，鳴鐘達一小時之久，鐘聲在悲慘的空氣中，以紀念此在位僅十月的英國國王。這個大鐘重達五噸半，自從一九六五年一月紀念邱吉爾以來，這是第一次重聞其聲。

各國元首 同聲哀悼

尼克遜在莫斯科聽到公爵噩耗，在其臨時行轅中發表一項聲明說：『內子和我對溫莎公爵的逝世，都深感悲痛。他是一個具有高貴精神和崇高理想的人，數以百萬計的美國人，都深切地尊敬他、熱愛他。我們和大家一起，對公爵夫人致以深切同情。』

消息傳到坎倍拉時，澳洲總理麥馬洪說，他和他的同僚都不勝悲痛。他說：『我的政府謹向英女皇陛下及皇室成員，致以深切哀悼。』

公爵是在其巴黎寓所逝世，法總統龐比杜致電女皇曰：

——『公爵之可愛人格個性，久為法國人民所知，彼等對於其在本國担任之角色，將永難忘懷。』

法外長舒曼之悼詞更富詩意，他說：

——『我們對於溫莎公爵必須深表謝意，因為他好比是在無情的人世中，清除天空，確保了人類內心的權利。』

日皇裕仁，於一九二一年公爵身為威爾斯王子時即行與之相識，聞耗大為哀慟，當即分電公爵夫人及公爵姪女伊利莎伯女皇備致慰問之意。

全部遺產 贈與夫人

溫莎公爵逝於巴黎寓所，他在巴黎附近擁有一別墅，但臨終時的居停，則係租賃。彌留氣絕之時，公爵夫人隨侍在側，並堅握其手，久久不放。溫莎公爵約有遺產價值一百萬鎊，他早已立有遺囑，把大部份遺產留給夫人。

公爵所居別墅共有房間二十五個，公爵死後，門前有警察站崗，夫人以哀傷過度，避不見客。公爵的靈柩之上，覆以英國國旗一面，房中光線暗澹，燃有兩盞發出微光的燈，棺木四圍放滿着他生前喜愛的白花。祗有公爵伉儷最親密的朋友，才獲准入內瞻仰遺容，前往吊唁者中有一名公爵生前的理髮師和法國外長舒曼。有許多人到巴黎英大使館去致哀簽名，五名法國警察奉派到大使館門前維持秩序。

遺體回國 備極哀榮

公爵遺體於五月三十一日由皇家空軍專機由巴黎運抵英國，四名英國空軍上將特由英倫抵法，隨機護送，夫人因玉體違和，接受醫生勸告，並未同行，改於六月二日飛英。法國總統龐比杜親自下令法國武裝部隊，在其遺體起飛時，於波吉機場舉行軍禮送別。飛機懸有空軍元帥旗幟，公爵於英國國王王位期曾擁有此一官階，在賓遜機場迎柩者，計有公爵之侄根德公爵，法國駐英大使哥施爾，及英國閣員謝利高伯爵，暨英空軍高級官員多人。由皇家空軍八人組成之扶柩者，接下靈柩，在空軍樂隊所奏國歌聲中，抬至靈車。根德公爵身穿陸軍制服，偕身穿黑色喪服之夫人，登上其私人汽車，尾隨靈車駛行約數百碼之遙。至皇家空軍教堂，舉行一簡單彌撒後，靈柩停放一宵，至翌日上午，運往溫莎堡聖喬治教堂供人瞻仰，六月五日葬於霍格摩爾陵，這是維多利亞女皇下葬之處。溫莎公爵早年曾有囑咐死後安葬於此，將來溫莎夫人百年之後，亦將在此下葬。

告別演詞 感人肺腑

當年愛德華在位僅三二七日，即行遜位，遜位詔書，雖然詞簡意賅，却已成為英國歷史上的重要文獻，原文譯述如下：

『朕愛德華八世，大不列顛、愛爾蘭，暨海外自治領及印度皇帝，謹以不可挽回之決心，宣佈放棄朕本人及其後人之王位，並諭令此遜位法令立即生效。一九三六年十二月二十日，作證於下列簽名諸人之前。』

遜位即晚九時三刻，遜王向全國人民廣播其『告別詞』，全文情感眞摯，意態悲涼，而心神憔悴之情，聽者尤能自其發音喑啞，語氣斷續中得之。全文如下：

『現在我已能對國人說一些關於我個人的事了。我不願將我個人的事隱秘不宣，可是雖然到現在，我還多少受憲法的牽制，不能盡傾積愫。祇在幾小時以前，我才盡了我做君王最後的責任。現在已由我的弟弟伯帝——約克公爵——承繼王位。我極其誠懇的希望他來肩承我所放棄的責任。我想國人都已明瞭我所以禪位的原因，但望國人能對我瞭解，我雖作此次決定我確未忘懷英國和其帝國。我在威爾斯王子以及承繼王位的廿五年中我始終爲國家人民服務以自勉。我相信你們必能瞭解，假使我不能獲得我所愛的婦人的協助，我將無從承担君王的重任。同時更望國人能夠瞭解，禪位的決定完全出自我個人，而毫未受到他人的影響。另一與此事極有關係的人，曾一再勸說我保持王位，而且一直堅持到最後一分鐘。我之所以作此一生中最重大的決定，因爲我認爲這是顧全到多方面利益的一個最好的步驟。

我的弟弟伯帝，心地純良，而且受過長期訓練，他必能勝任愉快。他和國人相似的能享受到妻室兒女的家庭幸福，但是我則未能。在這一艱難階段中，我獲得我母親和我家庭中人所給我的安慰。內閣各部大臣，尤其是鮑爾温先生，給予我充足的考慮時間。我和他們之間並無關於憲法上的歧見，我和國會之間的情形亦然。我是在父親的傳統憲法下養育而成，我絕對不容許我的行動與憲法有何衝突。當我在威爾斯王子時代，以及在身居王位的一個時期中，我能獲受各階層人士的優渥待遇使我衷心銘感。

現在我已放棄了公共事業和重任，也許我將在海外作較長期的居住，但是我仍然關懷國家與人民的福利，假使我有機會能以在野之身爲陛下服務，我也絕不逃避。

現在我人之新王已登基，我茲以極誠懇意念，祝望他和他的全體人民前途幸福無疆。上帝保佑你們，上帝保佑英王。』

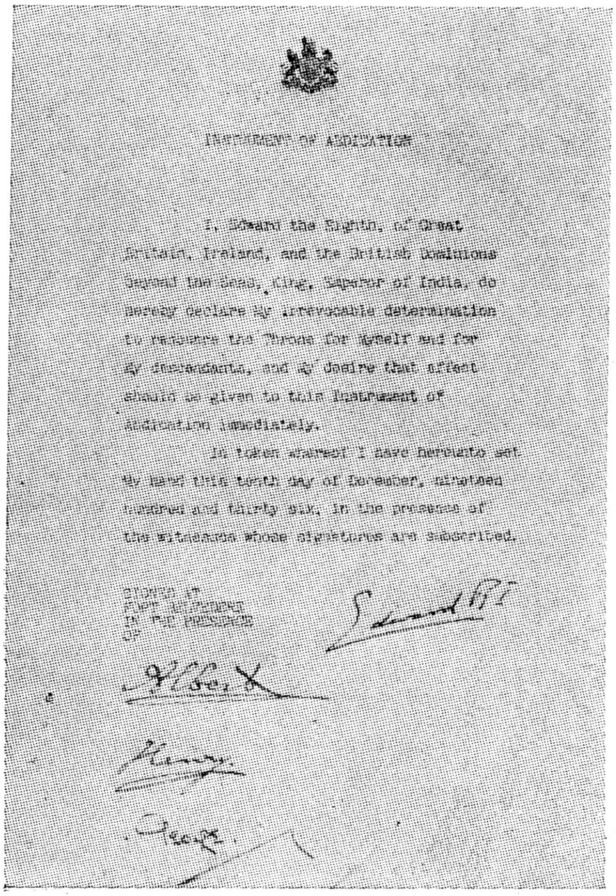
INSTRUMENT OF ABDICATION

I, Edward the Eighth, of Great Britain, Ireland, and the British Dominions beyond the Seas, King, Emperor of India, do hereby declare My irrevocable determination to renounce the Throne for Myself and for My descendants, and My desire that effect should be given to this Instrument of Abdication immediately.

In token whereof I have hereunto set My hand this tenth day of December, nineteen hundred and thirty six, in the presence of the witnesses whose signatures are subscribed.

SIGNED AT FORT BELVEDERE IN THE PRESENCE OF

溫莎公爵當年親筆簽署的遜位詔書

這是出於國王手筆的文學名著，眞摯感人，令人泣下，無論時代變化如何，它將在英國歷史上和世界上永垂不朽。

千載萬歲永誌不忘

公爵生平事蹟，久爲世人所知，他底少年時代，即以富於民主精神著稱。因愛情至上而放棄王位，五千年來，祇此一人。結婚後，大部份時間居於法國。

第二次大戰期，公爵曾出任法軍之顧問官，法國投降，公爵被委任爲巴哈馬群島總督兼三軍司令。二次大戰後，一部份時間居於美國，女王伊利莎伯婚禮，公爵亦未參加。

公爵在國際社交界中之地位至爲崇高，他一生的願望，是希望他夫人能被批准正式成爲英國王室之一員，直到他逝世之後，此願始償。

溫莎公爵對其遜位一事，始終未有絲毫後悔，一九五六年，公爵與其夫人慶祝他們結婚二十週年紀念，他說：『如果時光退回二十年，如果我的環境仍像當年一樣可以供我選擇，我仍將放棄王位，與她結婚。』二十年後仍作此語，世界上最偉大的戀愛故事，豈不可以當之無愧？

今者溫莎公爵去矣，但其莊嚴之死，及其莊嚴之愛，此種萬古不朽之情，自將爲後世所永誌不忘！

銀元時代生活史

——六十年來的物價追想——

陳存仁

廢止中醫抗爭事件，獲得勝利歸來之後，杭州代表鄧喜平要和我結爲金蘭之交，堅邀我玩一次杭州，說是可以藉此舒散塵襟，我在極端疲憊之下，便決意到杭州去小遊數天。此稿屬筆時，尼克遜早已遊罷杭州，廣東讀者，都想知道杭州的景色，究竟是怎樣的美麗？江浙的讀者，去國二十餘年，也不覺夢縈魂牽的想到西子湖上的風光，所以我要寫述一下。

從上海到杭州，祇有一條『滬杭鐵路』，而且一定要在南火車站上車，大約四小時可以抵達杭州，那時滬杭公路還沒有開闢，汽車是不能直達杭州的。

記得在我讀書時期（約民國十五年），四伯父總喜歡叫我在暑期中，到杭州去住在他當經理的大新織綢廠中，所以祇要有一元二角錢，就可以買三等車票到杭州。綢廠中食宿皆備，可以玩上一個暑假。到了杭州，四伯父總是給我兩三塊錢，以供一個星期零用。

應邀遊杭　泛舟西湖

從前杭州西湖濱的遊艇，每坐一小時，不過銅元八枚，到奎元館去吃一碗蝦爆鱔麵，不過銅元六枚，到小館子去吃一客客飯，不過銅元十二枚，所以那時上海人遊一次杭州，要比目前香港人遊一次澳門，花的錢還要少。

三一七運動結束之後，鄧君招待我夫婦二人遊杭州，住在湖濱大華旅館，房租每天二元，這是一間西式的大旅館，我們已覺得太豪華了。中醫公會同人，請我們到樓外樓去吃了一餐，花掉了六塊錢，嚐到好多杭州名菜，如蔴醬跳蝦、西湖醋魚、鷄茸蒓菜、淸炒蝦仁、件兒肉、炸响鈴等。藥行公會由胡慶餘堂代表請客，先邀我們去參觀他們的『鹿苑』，內飼六十多隻梅花鹿。那天適逢是他們宰鹿之期，我們初次吃到鹿肉，味道好似牛肉，但肌理却粗得很，其他有八盆大菜，如蜜汁火方、炒鱔糊、東坡肉、紅燒甲魚等，都是杭州的名菜，菜價多少，我也不便詢問了。

杭州文瀾閣藏書樓

杭州分爲兩個區域，一個是杭州城內，都是商店；一個區域是城外『西湖』名勝，西湖分爲裏西湖、外西湖，四週都是名勝所在。我從大華旅館出發，安步當車，沿路即是湖濱公園，走到那裏，可以坐到那裏，望過去全是一片秀麗的湖光山色。

沿着湖濱走去，第一個目標，就是可以看到『保俶塔』，沿着走去，先到『文瀾閣』，這是四庫全書珍藏之所，每天依時開放的。我到裏面去，見到元、亨、利、貞四個大書庫，裏面有無數古老雅緻的木質書櫥，整整齊齊的排列成數十行，管理書庫的人問我要看什麼書？我就開出幾種醫書的名目，他就用銅鎖匙打開銅鎖，一部部搬出來，這種書全是手抄本，由清代紀曉嵐主編，召集全國翰苑人才，花了無窮歲月，把四庫全書抄成七部，將七部書分散存放，我們江浙兩省，就是文瀾閣有一部。

每一部書的尺寸是一律的，大致比現在十六開的書本長上二寸，每本厚薄約畧相同，每本書都是用黃綾來裝書面和書底，連書脊也是用綾綢密封的，這種裝法名爲『蝴蝶裝』，共有七萬九千三百三十九冊，我披覽了幾種，畧加翻閱，已認爲是畢生的幸事。

走出文瀾閣，去參觀紀念秋瑾的『秋社』。再走過去，經樓外樓就是俞樾（曲園老人）的俞樓，沿路見到桃花柳樹，掩映成趣，湖面如鏡，山峯環繞，途經蘇小小墓，步行『白堤』，是紀念白居易的；橫邊是一條『蘇堤』，是紀念蘇東坡的，那時都成了兩條道路，把西湖分成裏外兩區，所謂『西湖景緻六條橋，一株楊柳一株桃』即是。

湖濱文化氣息最濃厚的，是『西冷印社』，乃許多研究金石篆刻的文人雅士所創建的，園內景色優美，並將古今名人墨跡都彫刻在石像石碑上，近代書家吳昌碩，有一座石像在內，王一亭題有『小泓龍洞』四個字，洞前有一個石枱，上面刻着一個棋盤，這一個棋盤也有考証的，據說是宋代名人的遺物。裏面管事的人，是丁氏昆仲，是有名的金石家，後來為中華書局寫成全副仿宋字的字樣，就是今時的『聚珍仿宋體。』

『西冷印社』，處境幽美，背山面湖，有四照閣巍然矗立於山頂，此閣四面有窗，可以俯瞰全湖景色。（按杭州的山，四季有花有葉有樹有草，不像香港的山多數是光禿禿的。）

四照閣裏面，掛滿着楹聯書畫，令人目不暇給，並且有人供應龍井茶，西湖藕粉，代價每客小洋一角。當我在四照閣瀏覽時，忽然間看到有幾張座椅排在一起，上面躺着一個人，一看原來是久經相識的柳亞子，當時他身上穿的衣衫很陳舊，不拘小節，還患上嚴重的口吃，格格格的說不出話來。

我同他談話很是吃力，後來他說：『你走遍西冷印社，有沒有看見蘇曼殊的墓碑？』我說：『沒有』。他很高興的一躍而起，拉着我就走。

蘇曼殊，就是蘇玄瑛，以著『斷鴻零雁記』聞名，這人才華卓絕，深通梵文，擅長譯拜倫詩，最潦倒時，曾在上海民國日報當翻譯，和他交遊的人，有陳獨秀、章士釗、汪精衛、葉楚傖、江南劉三等人，柳亞子就為他編纂過一部『蘇曼殊文集』，但是他不善理財，窮困不堪，常常有病，最後他病死在上海，死的時候年僅三十五歲（一八八四年——一九一八年）。死後他的衣冠墓就在孤山之下，與梅妻鶴子的林和靖為鄰，他的墓祇有一根一丈多高像筆一般形狀的石柱，上面的字是汪精衛寫的。我見這個石柱，不禁悵然有感，絕世才華，很年輕的就死亡了。我和柳亞子在這裏盤桓很久，都有無限的感觸。曼殊不但能詩，而且擅畫，本期「大人」，就有介紹他的專文，在此可以不必贅述了。

我和太太走出西冷印社之後，見到的都是古蹟，當然有些如武松墓完全是假的，但是其他文人雅士的遺跡却歷歷可數。

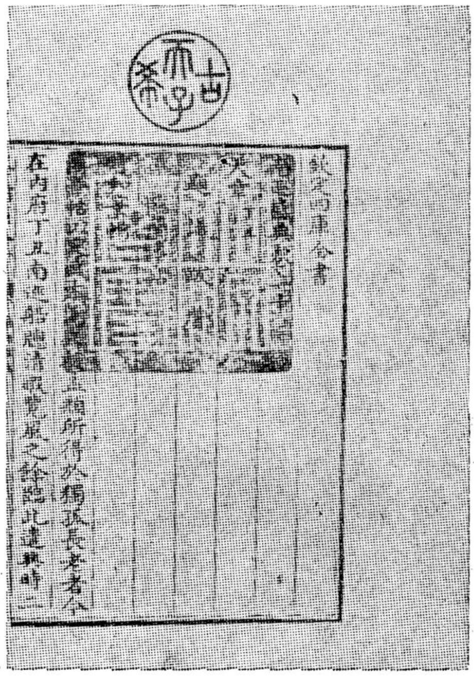

欽定四庫全書內頁之一

岳王廟內　正氣凜然

岳王廟大得很，建築雄偉，裏面匾額楹聯琳瑯滿目，教人肅然起敬的是柱子上刻着的一副對聯，是：

天下太平，文官不愛錢，武臣不怕死。

乾坤正氣，在下為河嶽，在上為日星。

讀了這副對聯，眞是正義凜然，大氣磅礴，在這裏可以盤桓很久。後面有一個岳王墓，墓前跪着四個鐵像，其中兩個，一個是秦檜，一個是秦檜之妻王氏（人稱長舌婦），秦檜像的前面，全是小便，這是許多人對秦檜頭上溲溺，用以洩憤的。

湖上景色的中心，是在『平湖秋月』，中間有一個伸出湖面的亭子，裏面賣茶，湖中有一塊廣大四方的石坪，上面有幾株大樹，都是幾百年前所植，至今仍然蒼翠繁茂，特別在秋令時節，在那裏賞月，眞是人生一樂，這種風景，全世界是找不到的，日本雖以佈置亭園著稱，但是一看到西湖的平湖秋月，簡直就不能比了。

在平湖秋月石坪旁，常有許多艇家在兜攬客人搭艇，我們講定了艇租每小時小洋二角，任其蕩漾湖中，心胸大開，優游自然，其樂無窮。

小艇到處可以停泊，湖中有湖心三島，可以登臨，這三個島就是有名的『三潭印月』、『湖心亭』以及『阮公墩』。我們由蘇堤登岸，就到花港觀魚，裏面的魚池，並不很大，但大大小小的魚很多，上面的匾額是康有為寫的『魚樂圖』三字。我們到了這裏，就彷彿做了畫中人，在這裏的每個人都是心地清閒，悠然自得，怪不得尼克遜等也要嘆為觀止。（按後來魚樂圖的匾額被除掉了，改為『魚樂國』。）

再走了好多時間，抵達『柳浪聞鶯』，也是名勝之一，這個地方沒有大廟宇，祇植有許多垂柳，風吹着柳葉，如浪飄蕩，好多黃鶯在柳葉中穿梭往來，邊飛邊歌，鶯聲瀝瀝，令人聞之胸襟為之一暢。

到了紅日西沉之時，我們仍舊坐了原來的艇，遊『夜湖』。近晚的景色又不同了，最有趣的是有一陣陣鐘聲，由古剎的淨慈寺（傳係濟公出家之寺）中傳來，即是所謂『南屏晚鐘』。所以遊西湖，四季有四季不同的景色，早晚有早晚不同的情趣。各處的名勝，决不是五六天時間所能走盡，至少要住上半個月才能遊遍。

第二天，我們專誠到靈隱寺，這個寺已有一千六百多年歷史，全寺有九座樓，十八個閣，七十三個殿，其中有一個正殿『大雄寶殿』，佔地最大，香港的廟宇望塵莫及。（我在一九五七年担任過東華三院總理，參拜所屬的文武廟，以及觀音廟等大殿，大約是靈隱寺的百分之一，還要小一些。）靈隱寺裏的和尚，經常有幾百人在大殿上誦經膜拜，和尚總數大約有一千人，飯堂極大，後面有一個厨房，叫作『香積厨』。據『西湖尋夢』所記：『香積厨初鑄三大銅鍋，鍋中煑米三担，可食千人。』這是明代的紀載。我到香積厨去參觀，銅鍋有七八個，其大無比，煑飯煑菜都用這種銅鍋，這種設備之偉大，不要說不可能攝影，連畫圖都難以描繪。

在靈隱寺大殿旁，有五百尊羅漢，雖是泥塑，但是因為歷年經善男信女一而再，再而三裝金之故，看上去仍然光輝燦爛。（按有一年，有一個大施主，替三個羅漢裝金，因為金葉較厚，所以裝成之後，特別奪目，後來他又許願為五百羅漢裝金，第一步先把原有的金箔刮下來，重新用水泥塑過，他封閉了羅漢堂的門，專做這項工作，做了半年，忽然中途離去，原來這是一個騙局，據說每一個羅漢可以刮下黃金若干，五百個羅漢就被刮去了黃金若干兩。）

杭州靈隱寺的大雄寶殿

由靈隱寺直上，可以登『韜光』，這也是西湖有名的勝景，叫作『韜光觀海』。沿途有許多佛殿，中間有一個藥王殿，修葺時，曾由上海十大名醫捐欵，我也濫竽在內，這是舊事。後來抗戰軍興，靈隱寺的大殿也遭到毀壞，五百羅漢也被摧毀了不少。

第三天，我們到北山路去遊覽，先到煙霞洞、水樂洞、石屋洞，再到『虎跑寺』，虎跑寺的虎跑泉，含有濃度的礦物質，水面的浮凸力特別大，一碗茶倒滿了之後，可以把銅元一個個的放下去，祇見茶水已高出碗口，而水不會向外瀉出。大家試驗之後，高興得很，有一個人竟然放入銅元二十多枚，而水仍然沒有流出來。

再向北走就到六和塔，那時正值桃花盛開，風景優美得很。

六和塔之下，就是錢塘江，沿江步行可以繞道到『九溪十八澗』，四面皆山，山上種的都是茶樹，山澗之中，就是所謂九溪，有九條溪水，水從山上流下來，水質特別清晰，沿着這些溪道，高高低低的形成十八個澗，這裏有好多涼亭，遊客可以在這裏飲龍井茶，眞教人有超然物外之感。

小說白蛇傳中所描述的雷峯塔，在民國十四五年間已經坍塌，所以西湖十景中的『雷峯夕照』，徒有其名，我去時已經看不到了，但看到一個『月下老人祠』，不少青春男女，都到那裏去求籤，籤語出自四書和「西廂」，妙趣橫生。（按九龍星光邨也有一個月下老人祠，籤語尚能保持當時祠籤的原文，游人至此，亦可一發思古之幽情。）可是十年之後，再到此祠已成一片空地了。

我在杭州一共逗留了三天，晚間總有醫界中人的宴會，多數是在天香樓，天香樓有南北兩家，由於他們的菜做得別具風味，所以座上客常滿，後來還到上海牛莊路中國大戲院附近，開過分店的。

杭州有一位名醫裘吉生，家藏醫書三千多種，在我留杭期間，他每天一早就到我住的旅店來傾談，總是陪我到知味觀進早點，所費不過三四角錢而已。

我回到上海之後，隔了五年，我介紹裘君到世界書局，把他珍藏的主要醫書，編成『珍本醫學叢書』，總算留一個紀念。可惜他其餘的書籍，都在抗戰時期被日軍燒燬了。

杭州距離上海，火車時間不久，大部份上海人，每年總要去遊覽一次或兩次，後來我每次到杭州，次數已計不清了，所能記憶者僅此而已。

專業人士　見聞不同

我在美國見到一本雜誌，叫作『我的職業月刊』，由各行各業的專業人員寫稿的。因為有許多小說家描述各行從業人員的生活狀態，總嫌不盡不實，惟有這本雜誌內容翔實，所以看的人深感興趣。

我從開業之後，遇到的各式各樣的病人，和同業間的往來，知道行醫的生活，也有種種事情，是為外界人士所不知道的，我也想寫些出來。

做醫生的人，除了研究診斷和處方之外，對社會環境，一定要認識得很清楚，所謂『世事洞明皆學問，人情練達即文章。』否則，是應付不了的。

有許多女性，到了應該結婚的年齡，由於橫揀豎揀，弄到高不成低不就，因而錯過大好青春，等到發覺自己婚事發生困難，就會變成深度神經衰弱，這一類女性，往往沒有什麼多大的疾病，偏偏喜歡找醫生，要是這個醫生是獨身未娶，那末她們就會不斷的去纏擾這個醫生，付了診金，橫問豎問，糾纏不休，有些甚至會乾脆對這醫生說：『我愛上了你，不管你有沒有老婆，我愛定你了。』這種事情在我開業第一年中，就碰到過兩個；第二年又有三個。當然別的醫生，也有類似的遭遇。

有一位同道叫嚴二陵，他的醫務十分好，可是他的一隻脚有些毛病，乃是跛足，但是他生得面如冠玉，看來十分討人歡喜，他被這種女性纏上了，所以他的太太就是他的病人。後來又有一位小姐來診病，病愈之後，這位小姐竟然對她的父母說：『我非這位嚴醫生不嫁，即使作妾，也是心甘情願的。』嚴二陵弄到沒有辦法，就娶了這位小姐做妾侍。不上半年，這位妾侍的妹妹，又是從看病而追隨着她的姊姊做了嚴二陵的第二位如夫人。

中醫如此，西醫更不得了，有些女性一些病也沒有，天天找到醫生門來，至少談上半個鐘頭。我記得有一位姓張的西醫，看起病來，總是把診所門關上，一男一女對坐着，他動不動要病人脫光衣服作全身檢查。有一個女病人，竟然借此因由說：『我是名門閨秀，從來沒有給人看過身體，你看了我，我祇好嫁給你。』到後來，便結婚了事。

這一類女病人，都有神經質的，尤其是西醫艷遇更多，鬧出來的笑話，是常常有的。我向來小心翼翼，但是對這種事情纏到你身上來，麻煩就多了，我爲了應付這種情形，所以常用一位女學生來開藥方，這樣一來，對這類女性有鎮壓性，好多託病來糾纏的女性，都望望然而去之。

有一次，我碰到一個男病人，診察之下，覺得他並無疾病，但是他要求我有沒有辦法使他的面色變成黃疸病模樣的色澤，我就問他爲什麼？並且告訴他：『這是出乎我行醫範圍之外的事，我是不做的。』他聽了我的話，面色一沉說：『我因爲犯了案，可能被通緝，所以要你替我改變面色，以作隱藏。』說時從懷中掏出一枝手槍來，表示他是有武器的，但說話很客氣，且說：『決不令到你爲難。』我爲了息事寧人起見，就寫了一味藥，叫作『黃梔子』，叫他蘸鷄蛋白塗敷在面孔上，明天面部就會發青色，這種青色，十多天都洗滌不退。此人認爲滿意之後，就揚長而去，不知所終。

從前有一類病人，逢到重病，總喜歡請瞎子算命，解一次『星宿』，我走進這種病人家中，每見香烟繚繞，滿堂烟霧，令到室內空氣，惡濁不堪。

有一次，我表示這種迷信行爲，對病人是要不得的，予以反對，可是這又牽涉到社會問題了，原來這種瞎子潛勢力很大，他們知道我反對之後，竟然對病人的家屬說：『現在病人病勢沉重，惡星宿是由西方來的，你請的醫生，住在那一方？』病人家屬說：『他正是住在我家的北面，』瞎子聽了，便啊呀一聲說：『不得了！不得了！這位醫生就是惡星宿，要請南方來的醫生，這病才有得救。』於是病家聽從了瞎子所說的話，再也不來請我了。

隔了若干天，我到南市名醫夏應堂家中，夏老伯慈祥得很，他對我說：『小老弟，你有沒有一個病人，你反對他解星宿的迷信行爲呢？』我說：『有的』，他老人家就哈哈大笑說：『這種瞎子是碰不得的，否則他們會瞎三話四的回敬你幾句，你就吃不消了，我住在南市，很怕接受租界的出診。因南市地處南方，這家人家就堅信瞎子的話，着人來請我出診，我看過你的處方，用藥很妥當。但是他們說因爲你是住在北方的，對這病家有不利，所以不再來請你。』說畢，他捧腹大笑。

還有一種專敲竹槓的人，常以醫生爲對象。有一天，我正在看病，同道余鴻孫來電話，聲音嗚嗚咽咽說：『我現在被困在東方飯店三百十六號，請你替我籌集六百元來解圍。』我問他：『爲了什麼事情？』他說：『一個女人糾纏我，我無法脫身，請你無論如何要帶錢來，而且千萬不要給我的太太知道。』我說：『六百塊錢不是一筆小數目，我要在下午一時才可以帶錢來。』他也沒有話說，祇是從電話機中聽到他的房中人聲嘈雜，就想到這一定是敲詐案。

我仍舊照常的看病，到了一時，施施然的到東方飯店，先進入經理室找經理王再生（按此人兼做推拿醫生，所以是相熟的），我就告訴他『余鴻孫被困在三百十六號房中，要我帶六百元來替他解圍。』他一查三百十六號，原來左右兩間都是同一戶名，對我說：『陳先生，你不要貿然進去，我來爲你佈置一下。』他立刻召喚了十餘個穿白號衣的茶房，在三百十六號房附近佈防，一方面他陪我上去。

我先叩門入內，祇見余鴻孫坐在一旁呆若木鷄，他見到了我，如同見到救星一般，旁邊床上坐着一個中年婦人，見到我大哭大嚷，指着身旁一個小孩說：『這個余鴻孫毫無良心，勾搭我多年，不顧我的生活，甚至連生了小孩子都不顧，教我怎樣活下去？現在幸虧由隔壁趙伯伯替我出場，要他補回贍養費六百塊錢，大家一刀兩斷，但是六百塊錢能用幾年呢？』講完了又是一陣大哭大鬧跳脚不已，余鴻孫哭喪着臉說：『根本沒有這件事。』隔壁那位趙伯伯就勸他：『你不要鬧，鬧出去，對醫生名譽有關，你拿出錢就算了，對你還是便宜的。』

這時，王再生也走了進來，姓趙的人看見了他，已經着慌，王再生指着他說：『塌鼻頭，儂要識相點，余鴻孫是沒有銅鈿格，我也是醫生，儂犯到我地界上來，太不客氣了。』這時姓趙的態度爲之一變，說：『我不過是個調解人，請儂不要誤會。』王再生對那婦人說：『這三個房間都是姓趙開的，明明是利用你來敲詐，現在你自己決定，還是要我送你到巡捕房，還是識相些自己走。』那婦人見到那麼多穿白號衣的人，又聽到王再生這些話，嚇到面如土色，便向王再生磕了一個頭，拉着孩子轉身就走。余鴻孫這時如釋重負，對我說：『這幕戲在我太太面前千祈不要提，提了更要攪不清。』後來才知道姓趙的這個組織，講起來已有好幾位醫生，被他們用同樣方式敲過竹槓。

做醫生的笑話，還有很多，那時節西醫牛惠霖風頭最健，白天出診一次要二十元，半夜出診要三十六元。牛醫生嗜酒如命，一到了晚間，總是飲到七顚八倒。有一天晚上，飲到沉沉大醉，忽然有一個電話來，請出急診，他就在半醉狀態之下，拿了皮包就走，等到達了病家門口，原來病人經已死去，但身體尚有微温，他不問情由，拉了死人的一隻手，診了一下脉，又替死人打了一支强心針，死人的家屬眼見這個醫生如此糊塗，便包圍着他不許走，硬指他把病人醫死，病人家屬中，有一個彪形大漢說：『牛醫生，你有的是錢，現在你打死了人，應該擺一句閒話出來。』這時牛惠霖的酒醉已清醒過來，一聽病人的心臟，早已停止跳動，自己也覺得未免魯莽太過，覺得這個局面倒不容易應付，馬上用英語打出了一個電話。死人的家屬不知道他說些什麽，但是那彪形大漢倒被嚇了起來，認定牛醫生一定是報警，那副兇神惡煞的聲勢竟然軟了下來。牛惠霖機警得很，坐下來說：『半夜出診三十六元，現在要加多十元，簽一張黃色的死亡証給你，否則要開肚皮驗個明白。』死者家屬聽說要開肚皮，怕得很，立刻就付出四十六元，恭恭敬敬的送他出門，其實牛惠霖能順利退出，完全是得力於這一個英語的電話。

有一位四川的籍中醫，診所設在南京路三友實業社對面，也是三友實業社的常年醫生，這人用藥分量奇重，動不動總是附子四両，或者石膏半斤。有一次，一個病家服了他的藥，竟溘然而逝，家人還是延請這位四川醫生去診治，一到那邊，就被人用繩把他綁在死者床脚旁邊，由下午五時，綁到次晨十時才准許他打一個電話到三友實業社，向經理陳萬運求救。陳萬運就說：『你儘管讓他們綑綁，我們會來救你的。』

陳萬運打一個電話給我，問道：『國醫公會是那個負責的？』我說：『我是該會的秘書主任，你有什麽事，不妨告訴我。』他就把這件事情的經過告訴我，我說：『要我出場到死人家去交涉，實在覺得有些不吉利，祇要你們多派些職員到那邊去，先拍一張醫生被綁的照片，再說一句話：『非法拘留人是犯法的。』陳萬運說：『對』，他立即照辦，居然把這位四川醫生救了出來。幸虧這家人家也是有相當地位的，後來也就不了了之。

從前有錢的醫生被綁票，一年總有一二宗，最戲劇化的一次綁票，是當時上海小兒科名醫沈仲芳，他兼任一家火油公司的董事，輕易不肯妄用一文，他的診所在靜安寺路鳴玉坊，弄堂口有兩個巡捕看守着來往人等。一天，有一輛汽車，車中坐有三人，其中一個是病人模樣，用一張被單蒙住了頭，堅持要把汽車開入鳴玉坊，守門的巡捕，以爲是病人，不虞有詐，就任由汽車駛入。隔了半小時，車子又開了出來，車中依然是三個人，其中一人還是蒙着頭，疾馳而去。當時坊中進出的人很多，守門巡捕也不加注意。

隔了片刻，巡捕房的警車來了，說沈仲芳被綁。原來開進鳴玉坊的汽車，車中蒙着頭的人是綁匪，等開出時蒙着頭的人却是沈仲芳。

另外，還有一位幾次被綁的喉科醫生朱子雲，他的診所設在虹口周家嘴路，他的家中因爲他多次被綁架，所以住宅內設有幾道鐵門。他除了診務之外，還兼營烟草業，擁有鉅資。有一天，捕房方面接到線人的情報，說是有一幫紹興嵊縣綁匪，擁有槍械，企圖綁架朱子雲。那時捕房專管這種事的是陸連奎，他親自出馬，連夜到朱子雲家中佈置一切，在第二道鐵門上面的小樓上預伏幾個便衣警探，也帶了槍械，一連守了兩日兩夜，果然綁匪光臨，先走進第一道鐵門，朱家家人照例隨手將鐵門關上，但第二道鐵門祇准病人一人進去，綁匪立即露出槍械，威脅開門，這時埋伏着的便衣警探，就在上面向匪徒射擊，一時槍聲卜卜，相互轟擊，畢竟警探隱伏在上面，居高臨下，將三名持槍的匪徒，全數擊斃，其他還有四個在外望風的匪徒也束手就擒，這一次警匪大戰，令到許多醫生都驚惶不已。

做中醫的人，對病家收費，雖然有一定規例，但是逢到貧苦的病人，總是不計較的。南市名醫夏應堂曾創行一個規例，見到貧苦的病人，開罷了方子，總是收一個尾數，將整數退還給病人，貧病患者無不深深感激，所以夏應堂雖然門庭若市，却從來沒有被綁過。

夏應堂晚間出診歸來，總是喜歡約朋友打幾圈麻將，我有時跟着丁仲英老師去，他喜歡和我聊天，以小輩視我，他告訴我：『貧病之家應該不收費，但是尾數你一定要收，一則使病人覺得心安，二則免得看好之後，來纏擾不休。』我對他這兩句話，認爲頗有道理。當時我出診收費六元六角，門診收費一元二角，我就聽了他的話，對貧病者診罷了病，開好藥方，還他一元。出診有時也有貧苦不堪的人家，我同樣祇收六角，退還六元。其實上海的中醫，對貧病者不收一文的也大不乏人，有一位同道，在三馬路懸壺，他告訴我，貧病不收診金，那末有病無病的都來了，最滑稽的是四馬路胡家宅一帶的野鷄窠，天天有人來門診，請出診，弄到正式病人都走光了。我就問他，究竟野鷄窠的情形如何？他說：『慘到極了，都是一間很小的房間，排上四張床，床上祗有一條蓆和一個蓆的枕頭，此外一無所有，房中間隔是用一條鐵絲掛上一塊布就算了，這種野鷄生的病，都是深夜受寒所致，向不延醫，一有病就用刮痧方法，刮得週身皆紫，頭痛就用摘痧方法，在眉心摘到發紅，所以十個野鷄有九個眉心都有一條紅色的痕。』

他又說：最令人噁心的，就是野鷄看好了病之後，必然對醫生說：『你有空也請常常來玩，我也不收你錢。』當時每玩一次野鷄是二元二角，據說小東門一帶更低級的祗收二角廿錮，正是人海哀鴻！

當時上海的綁票，比了香港的「標參」嚴重得多，因爲綁匪的目標，祗要把肉票綁出租界之外，四鄉各處都可以藏參，是不容易查得到的。但是當時上海有錢的人多，綁匪的目標，還輪不到一般醫生。到了抗戰時期，租界已淪爲孤島，每天打開報紙，總會見到有一兩宗綁票票，那才令到稍有地位的醫生着急起來，待本文結束之後，續寫「抗戰時代生活史」時，我一定寫得更加詳盡。

醫生與病家之間，彼此感情好的，也多得很，有兩件事，可以証明：

一件是盛宣懷（杏蓀）的元配莊太夫人，年老多病，總是延請一位老醫生薛文元診疾，不論輕病重症，都經他治愈。所以在診餘之暇，薛醫生和這位莊太夫人常常談談舊話，很是投契。後來莊太夫人逝世，遺囑上寫明將白克路一座小洋房送給薛文元醫生，這是病家對醫生知恩圖報的一例。

又有一位中醫生，就是武俠小說家陸士諤，其人醫術精湛，在他初由青浦逃難到上海時，診務非常之好，後來漸漸的淡了下來，有一個時期，經濟相當困難，把餘屋分租給人家，藉以彌補開支。正在他困難的期間，忽然他有一個病家，是青浦朱家角的有名米商，臨死的那一年，還是由他繼續看病的，待到這人死了之後，病人的家屬來通知他說：「我們老爺已過世，遺囑寫明有二千元是送給陸醫生的。」陸士諤聽了喜出望外，便接受了這筆贈欵，這是病家對醫生知恩圖報的又一例。

我在每年三節（端午、中秋、年節），也常常受到許多病家送來的禮物，如火腿、鹹鷄、臘肉、月餅、洋酒等等，有些人在禮物上附着一張名刺，托人送來，竟然想不起是什麼人。此外多數是親自送來的，彼此見了面，才知道是我的老病家。

記得有一位病家，我看診時實在見他太貧苦了，當時我沒有收他診金，他病愈之後，就做海員，每次船到上海，他總是帶些南洋土產來送給我，這是做醫生聊以自慰的快事。

我對戲劇界中人，相識頗多，他們有時來看病，我都不計較診金，因此他們在登台時，常常有戲票送來，特別是越劇紅伶，戲票最多。

祗有一件事情，就是哈同夫人的中國籍大兒子羅友蘭，在分家之後，分到不少地產，他一向有病都請我診視，六七年不付診金，他分到了遺產之後，一次又請我去看病，他表示很感激，輕易的送給我一位於哈同路旁一塊整整齊齊的地產，我喜出望外，誰知道後來糾葛叢生，我也被捲入漩渦，幾乎弄到我傾家蕩產！

我在臨診期間，遇到的有名人物，屈指難數，現在且說幾個有趣的人：

時局不靖，「六十幾代的張天師」張恩溥從江西龍虎山逃難到了上海，隨從人員一百多，法器數百箱，初時住在南市穿心街「春申君廟」，他還在壯年，看來不過四十歲模樣，他是一個深度的癮君子，仙風道骨，一年四季，百病叢生，眞是所謂「鬼迷張天師，有法無使處。」他每次發病，總由春申君廟的當家邀我去診視，所患的主要病症，是疑神疑鬼的神經衰弱症，我連續爲他看了半年，他送我一個「玉如意」。後來我知道，他窮困得很，到了上海之後，因爲信徒們來買「符籙」的很少，所以就靠典質法器度日，這些法器，都是「國寶」，可惜當時沒有什麼博物館把它藏起來，但有許多寶物，都帶到了台灣。

張天師在最窮極無聊時，去拜謁當時上海的三大亨，就有人想出一個方法，由張天師在大世界廣場中，做一次大規模的法事，定期爲六十四天，起初以爲一定能轟動一時，令到全上海的人都來參拜。

等到開壇的第一天，果然有不少人來瞻仰張天師的法容，可是大家在一見之下，覺得他祗是一個憔悴不堪的「烟精」而已，後來這個法事，祗做了七天，張天師又病倒了，於是法事也祗好中輟。那次張天師的病是泄瀉，名爲「烟漏」，吸烟的人如患此病是很危險的。

還有一個是西藏活佛班禪，在杭州舉行法會，轟動江浙兩省，成千成萬善男信女特地到杭州去膜拜，班禪途經上海時，由南洋兄弟烟草公司主人簡玉階，供養在愛文義路「覺園」賓舍，他因爲水土不服，供應的羊奶不合他的脾胃，因而兩次患泄瀉，簡玉階就介紹我替他診病，痊愈之後，他送了兩方「沙達」，所謂「沙達」，是一種方形黃色的綢，上面有幾行藏文經句，說是藏在身邊可以「消災延壽」的。

民國十八年，我看見報紙上登載一段小廣告，要徵求韓國出版的「東醫寶鑑」。這部書，我是有的，並不想出讓，但是倒想見見這位藏書家，不知他藏有一些什麼書？我記得很清楚，此人住在薩坡賽路豐裕里八十號，到了那裏一看，原來全是朝鮮人，彼此一句話都說不通，最後走出一位很慈祥的長者。講得一口中國的北方話，他說「我並不是要購買東醫寶鑑，實在因爲患上了氣臌脹的病，從前我在這部書中查到過一個方劑，一服而愈，現在我舊病復發，所以又想到這部書。」我就把帶去的全部東醫寶鑑，仔細的查了出來，同時我表明自已是漢醫身份。這人客氣得很，連續的說：「漢醫，了不起！了不起！」於是他請我開張藥方，我在診脈之後說：「你的病不是氣臟脹，是黃疸病引起腹部脹大。」（按黃疸病，近世稱作流行性肝炎，肝部是脹大的）。處方之後，我又告訴他：「此病不久會全身發黃，眼白和小便都會發黃的。」果然幾天之後，都黃了出來，那老人家對我信賴得很，並且給我一張咭片，是「李承晚」三字。

那時節我還不知道李承晚是何等人物？後來他每隔兩三月必搬一次家，總是打電話來邀我爲他、或他的隨從看病，最後我才知道他是朝鮮復國黨的主席。

抗戰之後，他在重慶設立復國政府，大戰結束之後，回到朝鮮當大韓民國的總統，我爲了搜集韓國中醫書籍，曾經寫信給他，他很誠意的派韓國駐港總領事來邀請我到韓國去一遊。他把所有証件寄到之後，不料韓國政局變動，他的政權被推翻了。但我對那位總領事，不斷有聯絡，後來我在韓國慶熙大學獲得博士學位，在手續方面那位總領事也幫了一些忙。

銀元問題　金融隱憂

中國的幣制，以銀元爲本位，銀行錢莊的庫存，一定大多數以白銀爲本位存貯，白銀分銀元和元寶兩種。元寶最初是由錢業會館，指定一個「同源銀爐」代鑄的。

同源銀爐，本來是私家所創製，後來改爲洽記，由錢業會館推派董事常駐其間，監督鑄造，保証元寶每隻爲純銀二百兩，這種元寶印着「上海同源洽記」六個字。

元寶的產量極大，不但錢莊開創時節要聲明資本爲十萬兩或若干萬兩，庫存中十分之幾都是元寶，連銀行的庫存中也藏着大量元寶。我曾經參觀過中南銀行的銀庫，見到庫中常存的元寶，便有六百隻，其餘都是銀元和外幣証券（按從前銀行庫存中，也有美鈔、英鎊、國民政府的公債券以及紗廠、電力公司、煤礦公司、橡皮股票，地產公司股票等）。

銀元分鷹洋、龍洋、袁世凱幣。到了民國廿年，經濟能力膨脹，人民需要的銀元益多，雜幣已不敷應用，所以特地在英租界戈登路底華界的所在，開設一個「上海造幣廠」，規模宏大，每天可以造幣十萬元以上，造的都是孫中山先生像的銀元，足見那時節紙幣雖很流行，但人民對銀元還是很需要，特別是銀行錢莊，需要一定數字作爲庫存。

上海造幣廠造的房子，是黃色的高牆。我屢次要想去參觀，但找不到熟識朋友，祇知道裏面的規模是極大，而設備極新的。

在「信交風潮」時節（即信託公司和交易所的一件大風波），有幾家錢莊在一夜之間就倒閉了，但是從前的錢莊是無限責任的組織，欠債多少悉數由股東負責歸還，祇是一時周轉不靈，需要將元寶去換銀元，道契公債股票變現欵，大概祇要等一個短時期都會還淸的。

那時候，有兩三家銀行，發生搖言，引起儲戶擠提和擠兌，所謂「擠提」，就是有存欵的人來提欵；所謂「擠兌」，就是這家銀行發行的鈔票，要兌換銀元，不能再用別家紙幣來應付。

銀行錢莊的營業，靠的是存欵，給存戶五厘至七八厘利息（按我記得從前的利息要比現在高得多，放欵的利息，都要一分至一分半），一面吸收存欵，一面放出貸欵，在利息差額中來博取利益的，所以一旦擠提的話，即使把庫存向同業調換現金，還是無法應付的，逢到這種風潮，就要看經理人的手段，將實情報告同業，由同業紛紛把銀元的鐵箱搬運來堆積在銀行之中，藉以安定人心，平息風潮，但是如果應付不了的話，錢莊只得倒閉，銀行也會擱淺的。

這種金融風潮，好像傳染病一般，一家銀行或錢莊發生問題，多家或十幾家都會發生同樣的風波。所以擠提和擠兌的事情一發生，同業們一定要像救火一般的去撲滅它。

經濟侵畧　變本加厲

在民國廿一年「一二八」戰役之前的三年，日本想逐步併吞中國，東三省已經是日本天下，華北也已給日本所蠶食，祇是國民政府仍在南京作抗日之計，日本人知道南京政府所靠的就是上海的金融事業，認爲國民政府的存在是「江浙財閥」支持的，祇要上海的金融事業一破壞，國民政府便支持不下了，他們看出中國的弱點，就在那三年中，他們就以政治、經濟、外交、軍事、漢奸、情報多方面圍攻中國當局，他們看出重要的是經濟，凡是日本貨運到上海，先取滙票或支票鈔票，接着就將這些票欵兌換銀元，把銀元裝箱運回日本，這個數目很大，一時造幣廠鑄造出來的新銀元，不斷的出廠，還是無法應付，而市面上的舊銀元，也逐漸的少起來，日本人這個計謀惡毒得很，幸虧民間還不知道，要是一聲擠提擠兌的話，就要鬧到不可收拾。

日本人這種行動，積了三年的時間，上海的白銀，被他們吸收了一個很大很大的數目，造幣廠白銀的來源也感到缺乏，而市面上隨之感到不夠使用，這是政府當局和銀錢業中人，早已知道的國家隱憂，所謂「經濟侵畧」，比軍事侵畧還要厲害。

在民國二十年，一二八事變前幾個月，日本人的橫暴，咄咄逼人，各種行爲，已到了再也不能容忍的地步，普通人就喊出口號，非同日本人打一仗，這口氣是忍不住的。

但是日本人看定中國軍隊不敢打，金融界歷年被其偸運銀元的結果，已成爲空虛狀態。日本對華的外交强硬非常，舉出兩件事情來說：有一個日本軍人，叫作齋藤坐了機器脚踏車（即此間所謂電單車）擅自開進龍華飛機場「禁區」，機場的軍警當然加以干涉，日本人就認爲他們是侮辱皇軍，提出嚴重抗議，同時日本軍艦運來無數陸軍和武器，擺出不惜一戰的姿態，逼得上海市政府祇能低頭屈服，應允一切苛刻的條件，一波方平，一波又起，上海民國日報登了一篇文稿，大致說日本軍閥跋扈，連日本天皇也奈何他們不得。這篇文稿本來所說是事實，大家都知道的，料不到又掀起軒然大波，日本外交當局提出三個條件：一要民國日報立即停版，二要上海市長向日本領事館親自道歉，三要對民國日報負責人加以懲處，限期三天，否則他們就要自由行動，所謂自由行動，就是戰爭。北四川路一帶，都是日本軍人，大有尋釁之勢。

上海虹口北四川路上的日本軍隊

這件事一發生之後，中國的民氣沸騰，有些主張不惜一戰，報攤上有「抗日必勝論」小冊子發現，大家認為這一場戰爭，已經不可避免了。

其實，那時日本軍隊在上海，數字並不多，如果真正開戰的話，也沒有勝利的把握，祇是用恐嚇手段，希望能「不戰而勝」，所以儘量使用出許多恐嚇方法，一時虹口一帶馬路上，來來往往的都是日本軍隊，故意虛聲張勢，無端生事。

一部份人認為這一仗非打不可了，另有一部份人，却怕戰事發生，所以市面上籠罩着一片愁雲陰霾，不知是凶是吉？

事前，日方派出許多僧人，在滬北區到處行走，每走六步即跪在地下，作拜佛狀，口唸經句，手敲木魚，常常叩門索米，並且問長問短。這種僧人事實上都是日方的高等間諜，中國老百姓見到了，又恐懼，又氣惱，但也奈何他們不得。

一月十九日，日方忽然傳出有一個僧人失踪，疑為三友實業社工友所殺害，於是就在一月二十日那天，縱火焚燒高郎橋三友實業社總廠，當時就有救火車去撲滅火頭，華界的警察在場維持秩序。日本人認為這是侮辱日軍，日方便帶了許多兇狠的浪人闖入北四川路一帶商店濫施搗毀，一時所有商店，紛紛閉門停業，其中有兩個日本僑民，在搗亂中受傷，自作孽不可活，日本人非但不認錯，還由日本領事館向政府提出五項要求：一、市府道歉，二、逮捕抗日兇犯，三、償付醫藥費，四、嚴予處置抗日運動，五、立刻解散一切抗日團體。

到了一月廿七日，日本總領事用愛的美敦書通知上海市長：「所有提出要求，如果在一月廿八日下午六時之前，尚無圓滿答覆，日本將採取行動，以求實現。」我們看到了「採取行動」四個字，就知道「大事不好了！」

結果市政府完全答應了上面所列的條款，民國日報也宣告停版，其他一切也完全應允。當日下午七時各報發行號外說：「中國政府完全屈服，一切條件全部依從。」原想這場戰爭可能打不起來了。

誰知道虹口的日軍，耀武揚威不可一世，華界邊區駐守的十九路軍，成員多是廣東人，人民對十九路軍有很大的期望，雖然當晚已知道戰事打不起來，但是有無數市民帶了香烟毛巾等去慰勞，大家搖旗吶喊，人人熱血沸騰，對市政府的屈服，沮喪得很。

一月二十八日的晚上，也不知道是那一方面先開第一鎗，於是一場大戰爭就掀起來了，最初十九路軍勇猛得很，前鋒直衝日軍駐紮地的滙山碼頭，日軍傷亡的真是不少。大戰一經開始，報紙上捷報頻傳，而十九路軍有一個文告發表，說要清算甲午以來的舊賬，炮聲一响，萬衆眉飛色舞，市民踴躍捐輸，個個人認為這一回日本鬼子，一定會吃上大虧。

銀錢各業　應付有方

這一次戰爭，本來在醞釀時期，上海金融界就發覺有一種陰影，就是一聲炮响，戰場上即使不失敗，但是祇要漢奸們分別拿了數千萬紙幣排了隊向銀行去擠兌銀元的話，銀行就要發生風潮，銀行一發生風潮，提存的事件就會跟着鬧出來，到這時無論戰事勝負與否？上海的金融，便要崩潰。

上海是金融的中心，也是全國新聞的中心，要是發生了擠提擠兌的風潮，那末不但各大城市會傳開來，連南京的銀行也支撐不住，究竟鈔票發行得多，銀元不過佔一些小數目。

就在醞釀戰爭時期，先前幾天上海銀行界錢業界，在北河南路塘沽路轉角滬北錢業公會，開會，決定在戰事一起，第一步所有銀行錢莊先行停業三天，免得金融界被漢奸作祟，發生糜爛狀態。當時上海市商會、銀行業同業公會、錢業同業公會、交易所聯合會、航業同業公會等五個同業公會聯名登報，公告稿由市商會秘書嚴諤聲（即新聞報有名的小記者）擬好的。

被日軍炮火炸毀的東方圖書館

本來市政府已經屈服，日本外交方面也認爲滿意，報紙號外都表示戰事可免，大家心中放下一塊大石，各行各業的人都私相慶幸，究竟打起來，受到的影響是很大的。

但是在閘北，十九路軍和日軍交界的地方，雙方如犬牙交錯，一邊日本人氣燄冲天，一邊中國軍隊也勇不可當，就在陰差陽差之中，鎗聲就響起來，跟着大炮也隆隆的轟起來，由租界上向閘北一看，祗見火光燭天，炮聲震耳，這樣一來，一二八的戰局已成爲事實了。首先受難的是閘北商務印書館印刷廠，全部燒光，其附屬機構「東方圖書館」燒成一個空架子，這是日軍摧毀文化的毒計，北火車站也炸得賸一個空屋。

一二八戰事既起，新聞記者就忙了起來。第一天中國軍隊的戰況，很佔優勢，市民羣衆大家忙着要慰勞前方，金融方面倒沒有什麼波動，這一天，銀行界和錢業界料想漢奸們會下毒手擠提擠兌的風潮的，可是實際上倒沒有發生這一回事，因爲當時的所謂漢奸，都是日本軍人和浪人的翻譯、跟班、跑腿。知識都很低，向來對自己的同胞跋扈得很，走私販毒，綁架擄掠，無所不爲，市民見到這種漢奸怕得很。他們平日都大搖大擺的招搖過市，連走路的姿態和說話的神情，都有不可一世之慨，十足表示「我就是漢奸，我靠着日軍的後台，你們都奈何我不得！」可是這天清晨戰事一起，在新閘路小菜場，無數男男女女包圍着一個日本翻譯，高呼「打漢奸」，一個人一呼，百餘人把這譯員一下子就打死了。

這個打漢奸的行動，像傳染病一般，流傳得很快，因此居住在英法租界日本洋行的職員，日本軍隊的譯員，以及一切日本走狗，都逃避到虹口區，他們在進入鐵絲網時，祗說幾句日本話，日軍就放他們進入虹口，所以第一天擠提擠兌的預測，並未見實現。

不過，上海市民見到戰爭一起，爲了生活的驅使，都要儲備糧食，不免要到銀行錢莊提一些欵項，銀行和錢莊總是如數照付，可是這個情形，銀行和錢莊總認爲看不下去，於是舉行了一個

上海北火車站亦遭炮火燬壞

緊急會議，乃將前數天擬定的臨時通告修改一下，送登各報，決定二十九日起，三十日、三十一日停市三天，平定大衆情緒，靜觀戰爭的變化。

這一張停市的通告，我在上海「銀行週報」第十六卷第三期中查出原文如下：

上海市商會、銀行業同業公會、錢業同業公會、交易所聯合會、航業同業公會等啓事：上海各業團體，痛心國難，不忍使全國經濟組織之中心，輕於一擲，因於二十七日有忍辱負責之表示，不意日方於廿八日接受市政府承認要求條件之答覆以後，竟於當晚背信開衅，全市同胞認爲生死不忘之恥辱，各公團公同集議，決於廿九日起停市三天，以表哀痛，二月一日一律開業，願吾同胞誌此大哀，永永無忘，敬此公告。

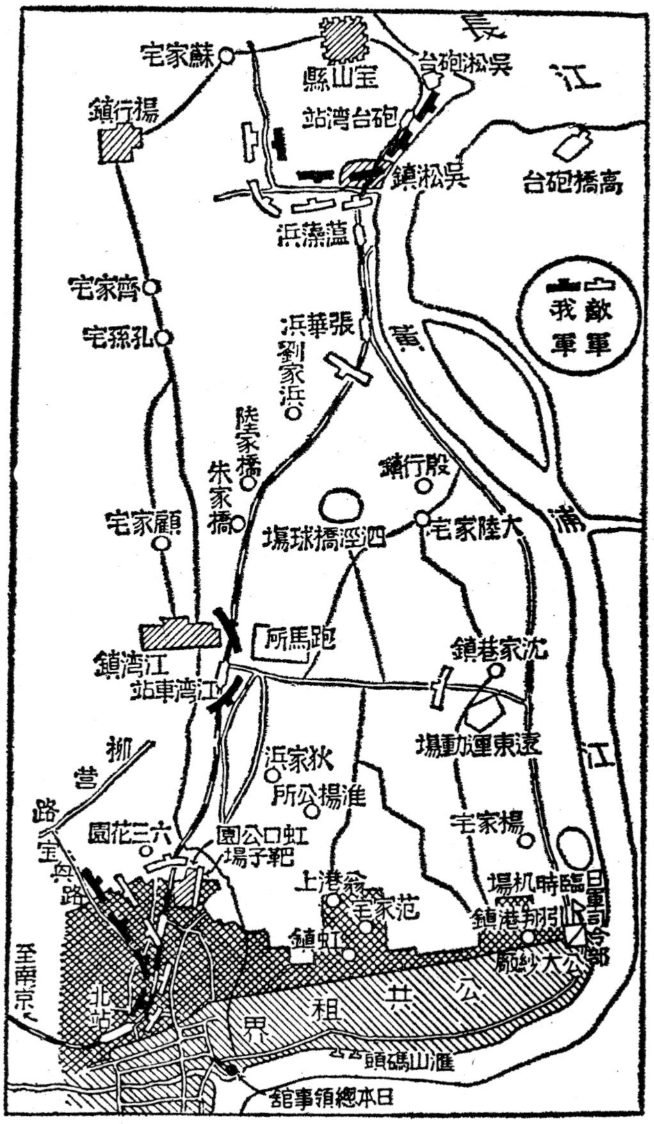

淞滬戰爭中日軍事形勢略圖。

這一篇文字，表面上說是「停市三天以誌哀痛」，實際上就是防止擠提擠兌，而認爲這一次的戰爭，可能是起於一時之憤，因爲日方的要求條件，市府已經完全答應了，料想在三數天內會停止下來的。誰知道這戰事一起，星星之火，竟成燎原之勢。日軍暴露出許多弱點，中國軍隊却越打越勇。

那時，上海市政府當然已經沒有制止的辦法，日本領事館也站在一旁，無話可說，戰事擴大，成爲必然之勢，誰也壓不下來。

在銀行錢莊停市的三天之中，上海商界還是講情面的，市民們爲了生活所需，要求提一些錢，仍然不拒絕，所有廠商發薪工，發伙食費，即使數字較大，銀行錢莊還是開着半扇門，任由存戶提取，大家也知道怕引起擠提風潮，雙方都有所默契，預防風潮的來臨，所以沒有一家銀行錢莊發生糾紛。

三天的時間很快就過去了，照公告原定在二月一日開市，但的因爲戰事的形勢越來越嚴重，「鈔票兌銀元」的隱憂，還是潛伏着，經過各方面的商討，認爲停市的措施，還是要繼續下去。

於是在二月一日早晨，報紙上又登出第二個通告，原文是：

本會等前以日軍背信開衅，同胞之恥，宣告停業三天，以誌哀痛，并定二月一日照常開市，業經登報公告在案。茲因本埠戰區擴大，租界交通業已阻隔，危機四伏，秩序不安，本會等公同討論，當經議決在此情形之下，只得仍暫休業，一俟秩序稍復，即行通告照常開市，特此公告。

照這段公報上的文字看來，幾乎是戰事一日不停，銀行錢莊的停市也一日不開。幸虧市民們大家知道「兌換銀元」的問題，是戰爭時期的一大癥結，所以市民一些沒有鼓噪，大家祇望戰事早日告一段落。

上海金融界的停市，實際上政府是支持的，所以南京的銀行也如法泡製，照樣「停市」。

到了二月五日，接近農曆年尾，照常例各行各業都要發雙薪，存戶要提欵，欠戶歸還欠欵，這是幾百年來的老習慣。在政界商界協商之下，認爲農曆年底結賬祇好取銷，改到二月底再行結賬。因此又由上海市商會發出一個通告，其原文如下：

案查每年總結束期，前經政府規定於一月底辦理，早經通告在案。惟自一月廿八日，日軍在上海大肆暴行以後，上海全市已完全入戰事狀態之中，商業驟生重大影响，牽及各埠，致收解陷於停頓

，且商民因表示義憤起見，曾經議決停市三日，是原定一月底總結束之期，因上列種種情形，實已無可舉辦。爰由本會執監聯席會議議決，在此特殊情形之下，只能將二十年（一九三一年）總結束，展緩至廿一年（一九三二年）二月底辦理，特此公告。

這些文稿，我都從銀行週刊中查出，全文照錄。這樣一來，又渡過一個農曆年底的難關。

一二八戰爭，日本陣前易將，由白川大將，登陸瀏河，國軍才不能支持，但仍戰了三十四天，十九路軍退出大上海至第二防線。直到五月五日，由白川大將與郭泰祺兩人，在醫院中簽字的，因白川大將傷得厲害，郭泰祺也在醫院中養傷，於是忍辱簽約。實際上中央軍隊七十七師七十八師也奮勇參與其役，損失雖然浩大，從這次戰爭，已明白中國軍隊着實能夠作戰，充分發揮了中國的抗日精神，提高了中國人對日作戰的信念，所以一二八之役，倒加强了後來八一三開戰的決心，日本方面暴露出不少敗績，中國方面也明白了今後作戰要運用廢除銀元的戰術。

戰事一經停止，閘北南市都受到極大的損失，大家集處租界，不敢回去，到五月十六日吳鐵城便貼告示勸大家回去。戰勝當然是靠士氣和武器，但是更要依賴民氣及金融，要是金融機構被破壞的話，那末戰事就會一敗塗地。

從這次的戰爭，得到重要無比的經驗，就是銀元紙幣等量使用的政策要修改，否則對外戰爭一起，擠兌銀元即來，這是一定要失敗的。

一二八之役，中日雙方的各種和談，祇是拖延時日，也是各自備戰的一種手法。所以遲早都會掀起一場大戰爭，而戰爭的主要條件就是要修改金融政策，能夠穩定金融，才可以操勝券。於是政府在一二八之後，便「廢兩爲元」，接着是「改元爲鈔」，全國人不用銀元，來往交易都用鈔票，要是東家擠兌，西家就用鈔票去支持，甲家擠提，乙家就用鈔票去應付，鈔票就能應付一切。這是一二八得到的教訓，也奠定了後來抗戰八年的基礎。

不過，戰爭太久之後，幣值漸漸跌落，我查了許多資料，下文續述。（十三）

上海錢業會館建成于一八九一年

錢莊史料

錢莊是我國舊式信用機構之一。在新式銀行還沒有設立前，錢莊和銀號、票號、銀爐、典當等早已存在。錢莊主要分布在長江流域，它起源於貨幣兌換及因經營這種貨幣兌換業務而引起的存放欵業務。

上海的錢莊已有悠久的歷史，商舖兼營兌換和存放欵是它最早的形式。據上海錢莊業較爲普遍的傳說，上海錢莊是由紹興人所設的煤炭店兼營貨幣存放而開始的；也有人認爲，上海錢莊的發生同沙船業和豆米業有密切的關係。此外，上海民間俗稱和早期書報也慣於用「錢米店」和「錢布店」等字樣，可見米店和布店有可能以貨幣的兌換和存放欵作爲副業。資料表明，上海的錢莊遠在清乾隆年間已經成爲一個具有相當規模的獨立的行業。根據上海錢業公所的內園碑記所載：從一七七六年（乾隆四十一年）到一七九六年（嘉慶元年）這一時期內，上海錢業已有錢業公所的組織。

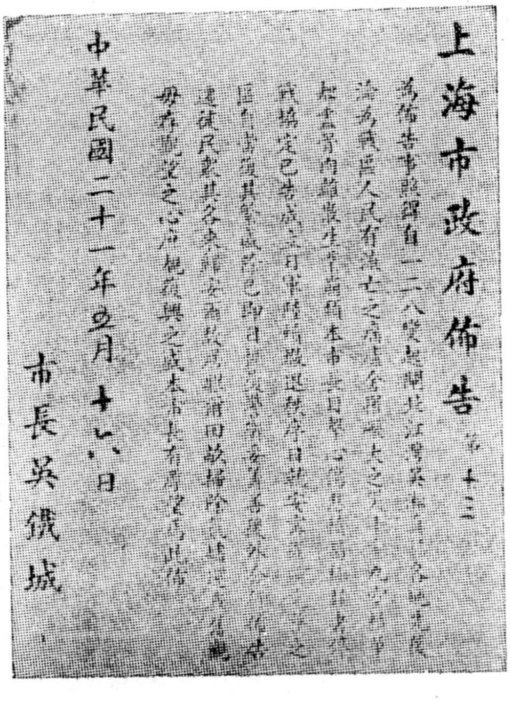
上海市政府佈告 第十三

中華民國二十一年五月十六日 市長吳鐵城

上海市政府的戰後安民佈告

A lot of nice words begin with the letter 'L'...
A lot of nice things begin with
Mister L.
杜白莉
各大分銷處
均有代售
神秘爵士男士用品
Warner-Lambert (H.K.) Ltd. Tel. H-622211

吳子深氏（1894——1972）

客窗隨筆

吳子深

台北電訊：國畫家吳子深先生於本年五月廿四日病逝台北宏恩醫院。吳氏生於甲午，今年七十有九，爲蘇州桃花塢世家。精於繪事，與吳待秋、吳湖帆、馮超然並稱三吳一馮。民國十七年，曾斥巨資擴建蘇州美術專門學校於滄浪亭畔，邑人稱之。能醫，則得自其舅氏御醫曹滄洲者。

余弱冠即好翰墨，得古人名蹟，必一再臨摹，得其似而後已。初學董文敏，其後兼師雲林子久；同里顧西津先生，偶見余作，許爲文人之筆，題余臨子久秋山卷有「高逸拔俗，妙兼華婁」之語，而於人物舟車，不能得似，（註）蓋余秉資魯鈍，一暴十寒，徐思關同不能人物，雲林不能屋宇，董文敏雅有前賢風，不妨引以自文；況余祇於診務之餘，隨筆寫喬柯修竹，白石雲巖，墨汁淋漓，不遑自檢，所謂「只堪自怡悅，不可持贈君」也。董文敏云：畫家多年登大耋，如米友仁年逾八十，神明不衰，黃子久九十貌如童顏，白石翁文衡山八十餘猶日事揮洒，爲山水傳神，蓋不孜孜名利，而以筆墨爲寄，所謂雲烟出沒，眼前無非生機，文敏蓋亦有志於此，今觀其遺跡，純是天眞，古稀之年，猶能臨黃庭樂毅小楷，倣倪黃寫盈丈長卷也。書畫名家盛於當代者，未必傳於後世，而悴於生前，恒多榮於身後。昔盛子昭與吳仲圭同里，子昭名重一時，持幣乞畫者，戶限爲穿，仲圭之門闃如也，仲圭隱居讀書，間寫山水竹石自娛，蒼茫高逸，不求人知，嘗謂人曰：五百年後自有知者，未及百年，仲圭之名大著，子昭幾廢格不行。元時畫家，每一圖成，同時諸公攢聚題句，不免打鬨習氣，惟仲圭矯然獨立，不着纖塵，所傳畫卷，絕鮮同時人題詠，故其筆法，亦古健樸厚，有以哉。

（註）吳氏不善畫人物，在港時每過張大千曰：「今日又來請你種人！」大千一諾無辭。故吳氏山水畫中所着人物，十九出大千手筆。子深女浣蕙，亦大風堂弟子。

余嘗謂吾輩作畫，南宗莫如學董思翁，北宗無逾唐六如，思翁畫法，跨越吳興，寫山林坡石，神似董巨，蓋由家富收藏，一時海內劇迹，咸歸淸祕，士大夫偶有所遇，亦得其題語爲榮，浸耽古人翰墨數十年，宜其筆妙古今，同時王西廬、王湘碧、楊龍友、吳梅村無不私淑之，麓台司農，遙接衣砵，皆稱大家。唐六如從沈石田、周東村，上法宋賢，變勾砍爲渲染，一洗刻劃之跡，惲南田稱其虛和妍雅，北宗畫派，至六如而備，玩其所作，良非虛語，學者苟能於此着力，不難與三百年前諸大家頡頏，以此上溯宋元，事半而功倍也。

昔人論畫書籍不下數百種，大旨先以古人爲師，進而至於造化爲師，所謂學不師古，徒成下品。又曰：人品不高，用墨無法。

初學執筆，不論山水、花鳥、人物，若無古人名迹爲稿，無從入手，既有稿本，又須紙墨筆硯精良，晚近宣紙鬆澁，着墨即滲，筆穎原料既缺，工資亦貴，不如十年前多多，古墨難得，新墨膠質重，缺乏光彩，既有佳墨，仍須配合舊硯，始見精神，語曰：工欲善其事，必先利其器，然在今日，良非易易。

山水之外，以梅蘭菊竹爲難，山水猶可增加，此四種，一筆落紙，不能改飾，親友中學繪藝，每勸先以蘭竹石入手，腕力既足，經驗自得，轉學他畫，事半功倍。

畫爲藝事之一，稍能塗抹者，何止千百，然超凡入神，百年能有幾人，竊擬學畫六要，分列如下。（一）處境寬裕。（二）文學略有根基。（三）心靜意專。（四）多臨古人名迹。（五）歷覽山川勝地。（六）常聆師友訓誨，庶幾身心有養，胸襟超逸。若囿於見聞，衣食縈懷，縱有天資，成就較難。

文人畫法與繪事家，雖同是以筆墨敷物像形，而懷抱各殊，作品亦不相同。蓋自顧虎頭王摩詰，宋之董巨二米三趙，及元代之高趙黃王倪吳，明之文沈，清初之四王惲吳，皆胸羅卷軸，德學兼備，偶然涉筆，雲峯烟樹，全是天眞，所謂藉筆墨以抒發性情者，不可以迹象求也。昔人論蘇子瞻雄才大略，讀書論道，米元章翛然絕俗，文與可亦博極羣書，兼工篆隸，三公皆胸次高朗，靈機在手，功參造化，至於繪事家，則專以形象取勝，稍遜游行自在之樂，當非吾輩所尚。戴文節公論畫曰：「作畫求能而終身不能者，上也。既能而求不能者，次也。彼不求能而自能，能而不求不能，皆不入品。」又曰：「畫以冲和簡遠爲貴，素非知己，袖紙强求，卻之則傷情，受之則鮮意，勉强湊合，而冲和之旨遠矣。」三十年來，偶自塗抹，不敢藉爲稼穡之具，遇有賞者，或紙墨精良，滌硯揮寫，雲山烟樹，隨意率成，較平日之作似覺略勝，殆所謂不違天趣者歟！

談連中三元

·林熙·

世人形容喜事重重者，曰「連中三元」，因爲這是一件科舉場中難能可貴之事，而萃於一人之身，故爲可喜。

清朝開科二百餘年，只出產了兩個連中三元的狀元，一是乾隆四十六年（公元一七八一年）辛丑科的蘇州人錢棨，一爲嘉慶二十五年（公元一八二〇年）廣西臨桂人陳繼昌。

三元自唐代以來就有，由唐而至清朝的陳繼昌，一共出過十七人，這千年間狀元中祇得十七人，其矜貴蓋不言可喻了。

錢棨字湘舲，江蘇長洲人（辛亥改革後，併入吳縣），乾隆四十四年己亥恩科解元。這科的正主考是禮部侍郎謝墉（字崑城，浙江嘉興人），副主考是翰林院編修、著名金石書法家翁方綱（字正三，號覃谿，順天大興人）。錢中解元後，并不是下一年春天即入京應庚子恩科會試的，不知爲什麽事，一直拖到四十六年才應會試中會元，殿試中狀元。集解元、會元、狀元於一身，這是清朝第一個三元。

乾隆皇帝爲此高興不已，臚唱之日，特作詩志喜云：

龍虎傳臚唱，　太和曉日暾，
國朝經百載；　春榜得三元。
文運風雲壯，　清時禮樂藩。
載咨申四義，　敷奏近千言。
詎止求端楷；　所期進讜論。
王曾如可繼，　違弼我心存。

這是一首試帖詩，讀起來還鏗鏘可誦（詩中的王曾，是宋朝的三元）。錢棨是康熙己未博學鴻詞科編修錢中楷的玄孫，本名錢起，字湘靈，入學時，學政梁國治認爲太過模仿古人（唐詩人錢起，以湘靈鼓瑟一詩末句「曲終人不見，江上數峯青」登進士第），爲之改今名，字振威，號湘舲。他高中後，到文廟釋褐時，照例是要把皇帝在傳臚日賜給他的金花送給國子師的。恰好翁方綱正做着國子監司業，所以這一朶金花就歸翁氏所有，翁是他中解元時的座師，一時傳爲佳話，翁氏乃作「三元花歌」以記其事。

乾隆五十四年，錢棨以在上書房教讀不依時到書房授課，得革職留任處分。五十八年擢右贊善，翌年充廣東鄉試副考官。嘉慶四年擢內閣學士禮部侍郎銜，是年八月在雲南學政差上逝世，著有「湘舲詩稿」。

結三元之局的陳繼昌是廣西臨桂人，于嘉慶十八年（公元一八一三年）中癸酉科解元，是科正副主考是孔傳綸（浙江錢唐人）、吳頤（江蘇長洲人）。他中解元的榜名叫守壑，并不是繼昌，會試時始改今名。他沒有考上下一年的會試，一直隔了三科才中了嘉慶廿五年（公元一八二〇年）的會元、狀元、和錢棨一樣並非連捷。嘉慶皇帝于臚唱之日，也高興到作御製詩志喜，有「大清百八載，景運兩三元，舊相留遺澤，新英進正論」等句。「舊相」指乾隆間大學士陳弘謀，陳繼昌正是他的玄孫。

陳繼昌改名高中及有關他家的「祖德」的故事極多，今摘錄各家筆記所述分別如次：

「國朝科場異聞錄」（錢唐俞增光輯）卷七，引「池上草堂筆記」云：

繼錢湘舲而成三元者，爲桂林蓮史方伯繼昌。初名守壑，嘗夢泥金到門，乃繼昌二字，詰以錯誤，其人答云：「今年會狀，必是此名。」寤而更今名。……方伯爲榕門相國文恭公玄孫，其積累之深，栽培之大，所不必言，及第時，封翁蕉雪中翰元燾猶健在。按方伯……廷試策首頌揚處，有「道光宇宙」字，逾年恰爲道光元年，亦可謂機之先見矣。

同書又引「同善錄」云：

廣西臨桂縣陳氏，世代積德累仁，傳至文恭公，復垂盛德，利物利仁。……文恭公名弘謀，雍正癸卯科解元，聯捷進士，入詞林，官至東閣大學士，子鍾珂，姪鍾理，爲乾隆辛酉同榜舉人；孫蘭森，乾隆丙子舉人，丁丑聯捷翰林，蘭懋乾隆壬子副榜，蘭枝、蘭藹乾隆壬子同榜舉人，蘭簪嘉慶癸酉舉人；曾孫兆熙，乾隆丁酉拔貢、舉人，元燾乾隆戊申舉人，載熙嘉慶癸酉副榜；玄孫守增，嘉慶戊午舉人，守壑癸酉解元，與蘭簪同榜，即今三元公也。……今已秉臬江西，是皆文恭公所傳者。文恭公同胞兄弟之後，科甲亦有十餘人矣，貢監生員，不可數計，非其世代積善以致此乎？按：三元公出嗣其胞叔邑庠生鼎勳爲後。

此言陳繼昌祖德之隆，家門之盛，先人有仁德故蔭及子孫，此等陳言，科舉時代最爲一般人所迷信。祥瑞、讖緯、夢境也是當時的讀書人深信大有關係的，茲錄梁紹壬「兩般秋雨盦隨筆」所載，可見一斑。

桂林相國陳文恭公，世居橫山村，築培遠堂。嘉慶丙子（廿一年，即公元一八一六年），相第不戒于火，五世孫哲臣（守壑）癸酉解元。嘗夢狀元名繼昌，遂改名，以庚辰領會狀，年甫三十。前明正德二年（公元一五〇七年），有雲南按察司副使包裕，游還珠岩詩刻云：「岩中石合狀元徵，此語分明自昔聞，巢鳳山中王世則；飛鸞峯毓趙觀文。應知奎聚開昌運；會見傳臚現慶雲。天子聖神賢哲出，廟廊繼步策華勳。」後四句，陳公名字悉見，亦一奇也。相傳伏波岩下，有石如硅，向離岩二尺許，讖云：「岩連石出狀元近」，則竟相連矣。狀元夫人爲李侍郎宗瀚女姪，李寄詩云：「矯矯文公五世孫，南郊科第奪中原。三頭掌故會双絕；千佛名經有幾尊。獨秀高擎天極柱；一枝青出桂林村。相期位業齊王宋（按：王曾、宋庠也，皆宋代三元），培遠貽謀屬相門。」「臚傳大宋已更名，世美家聲叶鳳鳴。剛道珠岩浮柱合；又傳石刻滿城驚。七千里外荒眞破；三百年前讖早成。聖代得人方共慶，肯教温飽負平生。」「剝復天心未易量，祝融掃蕩亦嘉祥。重新上界神仙府；依舊平泉宰相莊。人羨唐夫年始壯；我懷君子澤彌長。。泥金漫說門楣喜，白叟黃童盡若狂。」先是，廣西貢院前大樓久圮，形家謂宜改建，甫落成而陳遂捷三元。制軍阮宮保（按：阮元時任兩廣總督）詩云：「文運原因天運開，一枝眞自桂林來。聖朝得士三元盛；賢相傳家五世才。史奏慶雲合名字；人占佳氣說樓台。若從師友掄魁鼎，門下門生已六回。（自注：近科狀元吳信中、洪瑩、蔣立鏞、吳其濬、陳沆及陳繼昌，皆余門生門下之門生也。）陳會試卷在第一房王楷堂比部廷詔所薦，薦之後，總裁黃左田宗伯鉞，夢有人持阮元名帖來拜。及定元，以廣西卷書榜，知得兩元。大司農盧南石先生謂黃曰：「夢合矣。」（按：是科會試，總裁吳培芳，字雲樵，副總裁盧蔭溥，字南石，黃鉞字左田，善慶字樂齊。）王楷堂札述其備細于阮宮保，宮保答詩云：「第一房中蓉鏡開，薦賢我亦夢中來。事從天定必成瑞；喜入人心眞是才。魁首早知掄桂嶺；姓名端合借雲台。憑君入格非常事，應有朱衣暗裏回。」眞是一則玉堂佳話。

百一居士「壺天錄」記陳繼昌中三元前夢中趣事，亦甚趣，可一讀。文云：

客有喜談夢者，告余曰：「子知當塗黃勤敏公之異夢乎？」余曰：「不知也。」客曰：「公于嘉慶庚辰奉命典試春闈，是科榜首乃廣西桂林陳公繼昌，以三元及第。方公入闈，夢兩廣總督阮文達公拜謁，並贈貂裘一襲。傳臚後始悟。阮公字伯元，以姓名合之，恰爲「三元」，而元之邊旁又爲陳姓之半。阮任兩廣總督，三元爲廣西人，貂裘則詞林品服也。更足異者，陳當發解時，原名守壑，會試前，有報捷者，言中二十二名爲陳繼昌，其二十四名則陸姓，名沅。復云：二十四名亦汝也。醒而異之，因改今名。及入闈，抵號舍，則所坐二十二號，偶問二十四號，則果有陸沅在焉。榜發均中式，陳竟以三元魁天下，乃知沅字旁三點，隱示三元之意，陸字亦得陳姓之半。揭曉，師生各述所夢，互爲驚異云。

據「黃勤敏公年譜」（黃鉞謚勤敏，卒于道光二十一年，他是安徽當塗人，工書畫。此譜係同治五年所刊「黃勤敏公全集」本）所載，當他入闈之夕，夢阮元來見，幷贈以貂裘一襲。三元揭曉後，始悟阮元字伯元，姓、名、字合之，有三個元字云云，則此事亦可列入「夢境成眞」的故事中了。

當陳繼昌中三元時，廣西的布政使是滿洲正白旗人繼昌（字蓮龕，嘉慶舉人），因爲本省出了三元，他做官的也有光彩，于是贈陳三元一聯云：

高祖當朝一品；
文孫及第三元。

聯頗切合陳繼昌身份。陳三元也和錢三元一樣，官幷不算怎樣大，陳做到直隸布政使後，便沒有升過一官了。當陳在直隸時，另一個以狀元拜相的潘世恩贈以聯云：

畿輔爲屛，越五百里；
科名蓋代，第十七人。

自陳繼昌得三元以後，中國就不再有三元出現，雖然科舉考試還延續了八十多年，每一科都有人期待着能中三元，但此事可遇而不可求，終道光、咸豐、同治、光緒四朝，都沒有出現，到光緒甲辰末科會試後，即廢止科舉考試，于是陳繼昌遂爲中國最後一個三元。

中國科舉考試，花樣之多，難以盡述，提到三元，不得不畧述一下「小三元」。大三元知者甚多，小三元就很少人懂得是什麽了。原來「三考出身」的第一考，是「考秀才」，這是俗稱，應稱爲「入學」。未入學的考生，一律稱生童。生童先在本縣考試，由知縣主持，取中後，往府城應府試，知府主之。錄取後應學台試，由學政主持，叫院試。經過院試取中後才能完成秀才資格。這三試的第一名，稱「案首」，三試皆第一，稱爲「小三元」，以別于解元、會元、狀元之「大三元」。

大三元之難得，已是人所共知的事，但有人說，小三元比大三元更難得。初聽起來覺得頗可疑，仔細研究一下，倒也頗有道理。上文曾說過凡得解元、會元，到殿試時，主考官例以狀元給他，這就占了便宜了。可是小三元却沒有這便宜。慣例，生童縣試府試時，如果皆得案首，一定入學的，因爲學政要給知縣、知府面子。生童縣試第一，到府試未必一定第一，原因是知府要在所屬各縣中甄拔人材，未必即以縣的案首爲府的案首，但有時也以縣案首作府案首，那是不得已之舉，因爲原來擬定的府案首臨時發生事故。經過府試得案首後，院試就比較容易得第一名了。現在且舉一例來說明。光緒廿五年己亥（公元一八九九年），是年江蘇省、常州府、無錫縣某生童，一連三場都考到冠軍，府試案首非他莫屬了，而三覆試的試題是：「吾不試，故藝」，他的大文中忽然大講西學，聲光電化，無所不有，更進而談論到生理學，有血輪、腦筋等字樣，宗師認爲此文太過新，而又荒誕，便抑置第五，但以案首變更，恐怕外間猜疑另有生童以賄賂奪得之，於是即以別一縣的案首充府案首，以澄清浮議，因爲時值戊戌以後（因上一年有戊戌變法一案，失敗後又改試八股文），政府嚴禁新學也。

一九六〇年一月十三日，香港有位小三元黃子律在元朗逝世，享年八十一歲，他的子孫爲出訃聞云：「××少爺小姐孫少爺之曾祖父，前清光緒辛丑小三元、元朗公立中學校董、元朗鐘聲學校董事長濬源，諱鐘聲，字乾初，號子律老爺府尹黃公，痛于一九六〇年一月十三日寅時，距生于清光緒四年戊寅六月十六日寅時……」這位小三元黃先生在新界辦學已數十年。新界屏山達德學校校長張世強，及廈村友恭學校校長張貴隆昆仲有聯輓之云：

> 碩學足千秋，當年連捷三元，庠序著聲華，早有文章傳嶺表；
>
> 退齡逾八秩，此日云亡大雅，黌宮存典範，長留教澤在人寰。

這一聯寫得頗好，上比切黃老先生少年時代得意科名，以小三元入學。下比說他在香港致力教育，培植英才。據聞聯出友恭學校記室梁君玉民之手。

香港雖然是被稱爲「文風不振」的地方，但有不少翰林、進士、舉人在這裏的文教界活動，但從未有過小三元，得黃子律君爲殿，也不算寂寞了。

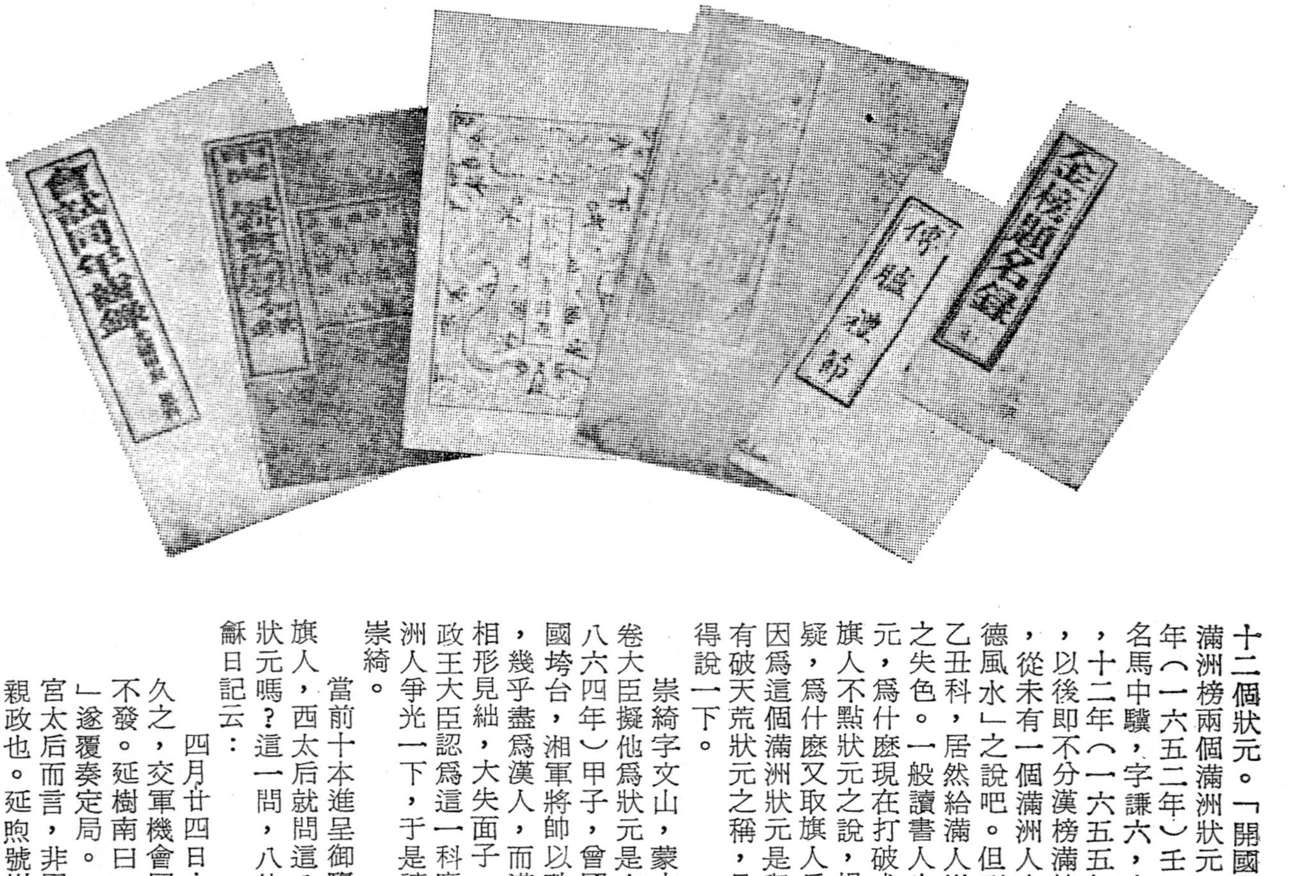

會試、殿試、榜錄、禮節、試卷各種封面

清代會試共一百十二科，也就是出產了一百十二個狀元。「開國之君」順治共有八科，加上滿洲榜兩個滿洲狀元，則共有狀元十人。順治九年（一六五二年）壬辰科滿榜狀元麻勒吉（後改名馬中驥，字謙六，今日北京尚有麻狀元胡同），十二年（一六五五年）乙未科滿榜狀元圖爾宸，以後即不分漢榜滿榜。三年一科，過了二百年，從未有一個滿洲人中狀元，也許滿人不信「祖德風水」之說吧。但到同治四年（一八六五年）乙丑科，居然給滿人崇綺大魁天下，漢人不免爲之失色。一般讀書人也認爲向例不取滿洲人爲狀元，爲什麼現在打破成例？甚至西太后也聽慣了旗人不點狀元之說，提出疑問呢。西太后既然懷疑，爲什麼又取旗人爲狀元？其中是有緣故的。因爲這個滿洲狀元是與漢人角逐文場而得的，故有破天荒狀元之稱，是清代狀元的另一格，也值得說一下。

崇綺字文山，蒙古正藍旗人。傳說殿試後讀卷大臣擬他爲狀元是有一內幕的。同治三年（一八六四年）甲子，曾國藩兄弟攻入南京，太平天國垮台，湘軍將帥以殊勳而得懋賞者，爾公爾侯，幾乎盡爲漢人，而滿人却寥寥可數，於是旗人相形見絀，大失面子。到下一年乙丑科殿試，執政王大臣認爲這一科應該取個旗人做狀元，給滿洲人爭光一下，于是讀卷大臣體會此意，選中了崇綺。

當前十本進呈御覽後，拆彌封，狀元是蒙古旗人，西太后就問這八個主試官，旗人也可以點狀元嗎？這一問，八位主試官面面相覷，據翁同龢日記云：

> 四月廿四日……是日十本進呈，上遲回久之，交軍機會同閱卷大臣評議。諸公相顧不發。延樹南曰：「但憑文字，何論滿漢？」遂覆奏定局。（按：此處之「上」乃指兩宮太后而言，非同治帝，其時帝尚年幼，未親政也。延煦號樹南，滿洲正藍旗人，咸豐六年翰林，官至禮部尚書。其人剛直敢言，

常忤西太后意。）

延煦是旗人，又是他主張「但憑文字」的，大概這就是爲滿人挽回面子的一端了。

有部著名小說「兒女英雄傳」是滿洲人文康所作的，第三十六回寫安驥中探花之前，他的父親爲他占一卦，卜他中第幾名。書中說：「我心裏却卜得是他的名次，難道會名列第三不成？那有個旗人會點探花之理？」董恂在此數語之上批云：「你老不知道，在下充讀卷大臣時，旗人還會點狀元呢。」又，書中的安老爺說到旗人無三鼎甲的原因，董亦批云：「此在下未充讀卷大臣前事也，自同治乙丑經在下面奏『例無明文』，遂不拘此。」（董恂原名醇，避同治帝名改，字醞卿，江蘇甘泉人，道光二十年進士，官至戶部尚書。光緒八年致仕，十八年死。生平喜讀小說。光緒十四年上海蜚英館石印他的「還讀我書室主人評兒女英雄傳四十一回」，每回前附有精美插圖，近年的「兒女英雄傳」沒有董評。董恂著作頗多，自撰有「還讀我書室年譜」。）

崇綺點狀元之日，翁同龢日記於是年四月廿四日云：

文山來請，遂携舊帳往，文山學程朱十年，至是氣爲之浮動，功名之際，難言哉。

廿五日云：

崇文山殿撰來邀余與源姪，皆辭之，余此時不聽琴瑟也。

翁氏對于崇綺似有微詞，但狀元爲難得之物，以旗人得之，尤爲矜貴，道學家十年窗下學不動心功夫，到了金殿唱名之際，即矜持亦不容易。中狀元乃天大喜事，其歡喜乃人之常情，若故作矜持，反虛僞了。日記中「遂携日記往」此句有關狀元掌故，更須特別說明一下。

中狀元的一切開銷，歷來是有一本帳冊的，憑此帳冊所列的開發。這本帳冊，大概是順治六年（一六四九年）己丑科狀元劉子壯所立，稱爲「狀元喜帳」。新科狀元高中後，立即向上一科的狀元取此舊帳回家，以憑開發各項銀錢。崇綺的上一科狀元乃翁同龢之姪曾源，故喜帳存在翁家，崇綺因催索此帳，致爲同龢所誚，到下一天新科狀元請「叔姪狀元」往吃酒聽戲，兩人皆謝不往（時曾源有病，亦一原因）。此喜帳傳至末科狀元劉春霖手上，而無人可「薪傳」，或尚在劉家也。此冊共傳一百十一次，歷時約二百六十五年，滿布狀元手澤，今已不知其下落矣。幸喜翁同龢鈔有一份，翁氏鈔本近年在上海冷肆，爲友人王君購得。喜帳是紅紙寫的小本條子帳，封面書「狀元喜帳，咸豐丙辰四月立」字樣，中有一項云：「歷科帳目。謝恩表五十兩，交駕航前輩。」尚秉和有跋語云：

……大傳臚禮畢，狀元跨馬游行四街，至邸，則差役胥隸，皆有喜賞。凡賞皆按舊規，不增不減，而舊規成例，存在前科狀元處，乃以銀五十兩，向之購歸，資之支付。前帳所謂「歷科帳目謝恩表五十兩，交駕航前輩」者是也。（尚秉和直隸行唐人，字節之，光緒三十年進士，一九四六年任國史館纂修，一年後死。）

尚氏跋語，對于「交駕航前輩」一句，沒有作明白交代，應補述一下。翁同龢上一科的狀元，是咸豐三年癸丑的孫如僅，他是山東濟寧人。駕航是孫楫之號，亦濟寧人，孫楫是咸豐二年壬子科庶吉士，故同龢稱之爲前輩。同龢託他往如僅家中以五十兩購此帳，最爲適合。此五十兩中，包括孫如僅所作的「謝恩表」筆金在內，新進士的謝恩表，例需由上科狀元執筆也。

崇綺本是蒙古人，但數年後，其女嫁同治帝爲后，大婚禮成，崇綺以三等承恩公由蒙古正藍旗抬入滿洲鑲黃旗（名曰「抬旗」，抬高身份），遂爲滿洲人。

關于崇綺的家世及其得狀元事，李慈銘在日記中有論及，今摘錄以供參閱。

國朝故事，旗人未有居一甲者，臚唱時，兩宮欲更之，讀卷大臣皆順旨，吾鄉朱太宰獨不可，乃止。（朱鳳標浙江蕭山人，同治七年以吏部尚書授體仁閣大學士，十一年病免。）前科翁曾源以恩賜進士得大魁，朝野已竊竊私議，此舉尤可異矣！崇綺爲故相賽尙阿之子，咸豐初官工部郎中，以父逮問擬斬幷落其職。今上登極，恩復兵部主事，年已四十餘，聞其人頗厲節好學。故鄭親王其婦翁也，枋國時，獨移疾不出，足跡罕至其門。近年有薦其理學經濟于朝者，蓋滿洲之佳公子也。然以賽相之釀成粵禍，重負國恩，幾亡天下，軍興以來，言僨事者，以爲戎首。余曾觀顯皇帝實錄，當賽相督師廣西時，文宗手詔慰諭重叠，有逾家人，而永安州一役，令窮寇逸圍，遂流毒四海，不可復制，每爲切齒痛恨。乃失事之後，既保要領，馴至都統，復一品官，今復及見其子爲破天荒狀元，天道眞有不可知者矣！

賽尚阿本來幷不知兵，而咸豐帝却把兵權交給他，這是咸豐帝昧于用人之故，其僨事乃在意中。賽尚阿以文華殿大學士爲欽差大臣，馳赴廣西督師「勦匪」，受命時雄心萬丈，大有「滅此朝食」之概，歸家後，忽然勇氣頓消，哭喪着臉對家人說，此行必敗，無可生還。咸豐元年四月，他帶領四千京旗勁旅南行，一敗塗地之後，拿回京師問罪。咸豐三年二月二日上諭：

賽尚阿勞師糜餉，深負朕恩，着照裕誠等所議，按律定爲斬監候，秋後處决。伊子鑾儀衛冠軍使崇緒、禮部主事崇熙、工部主事崇綺、吏部員外郎崇絢，一併革職。

其後又把死罪赦免，發往某大臣軍營差遣，復官至副都統。李慈銘謂其「及見其子爲破天荒狀元」，則賽尚阿的晚年亦可謂不落寞了。他的「破天荒狀元」令子抬旗後，賽大喜，居然上摺奏謝恩，爲同僚所竊笑，既而奉旨申飭，以抬旗只限于崇綺本身一支，無與其父也，言[illegible]

趣。崇綺之女只做了三年皇后，就皿殺殉夫了。當選后時，同時被封爲珣嬪者，爲賽尙阿之女，崇綺之妹也，古人有娣姪從嫁，而滿洲之俗則有以姑從嫁，亦一奇，此則姑屈爲妾媵了。這個珣嬪，即宣統初年所封的莊和皇太妃，民國二年（一九一三年）死在紫禁城裏。崇綺一家聯姻帝室是如此收場的。

崇綺身爲國丈，父以女貴，歷遷內閣學士，戶、吏部侍郎，光緒初任熱河副都統，七年調盛京將軍，九年謝病歸，但不久又任爲戶部尙書，十二年因病辭職。其後十餘年，西太后謀廢立，崇綺亦參與密謀，因見形勢不利，即改變計劃，主張爲光緒帝立嗣，將此說向徐桐進言，教他密陳西太后，于是立大阿哥，崇綺以理學名臣，且屬狀元，得充大阿哥師傅。

義和團運動時，崇綺也很熱心要殺洋人，在西太后跟前力主重用義和團以雪國恥。結果八國聯軍打入北京，崇綺所寄望的義和團烟消雲散，他也避往保定，後來在蓮池書院自殺，卹典頗優，賜謚文節，議和時追削。崇綺爲人雖頑固昧于大勢，但身爲大臣，于國事不可爲時，能毅然自縊殉國，臨難不苟，可見他學道有得，非貪生怕死之輩，與後來的政客侈言「與城存亡」而竟棄城逃走者不同矣！

相傳清代初年有個書生中狀元後，北京有陸氏女，貌美而聰慧，畧通文墨，終日讀彈詞、小說，以爲狀元一定是年少多才的人，便誓言非狀元不嫁。這樣便躭誤了終身，到二十歲還未有婆家，後來願意嫁給一個新科狀元做小。成婚之夕，某狀元飲至大醉，衆同年送他入洞房，嘔吐狼藉，把一牀錦被綉枕都弄污了。新娘一見狀元郎，乃關西大漢型，滿臉鬍髭，面目醜陋，和想象中的潘安衛玠大不相同，一時羞憤俱集，自覺無面目對閨中知友，即解衣帶自縊身死。

狀元之可貴，貴在三年才有一個，而又是從數十萬讀書人中選出來。讀書人想要中進士，起碼要過三重大關，先中秀才，再中舉人，然後到進士，數十萬人像淘金沙那樣，篩了又篩，到最後篩淨了，得到的是二百或三百個進士，又從其中選出一個狀元。其難如此，怎不可貴？

殿試雖然也考文章，那篇文章叫做「對策」，清代初年還注重對策的內容，到乾隆以後，漸漸重書法，而文章就不重視了。于是應付殿廷考試的士子，個個都下功夫練字，講究墨色，希望龍頭獨占。李岳瑞「春冰室野乘」謂啓此風者乃歙縣曹振鏞，摘錄所記如後：

嘉慶以前，殿廷考試，大臣奉派閱卷，皆先文詞而後書法，未有摘一二破體字而抑高文于劣等者。至歙縣始用此術衡文，不但文詞之工拙在所不計，即書法之優劣，亦不關重要，但通體圓整，無一點劃錯訛，即可登上第。蓋當時承乾嘉考證學派之餘波，士子爲文，皆以博奧典實相尙，歙縣素不學，試卷稍古雅者輒不得其解，故深惡而痛絕之。後來主文衡者，樂其簡易，相率效尤，于是文體頹而學術因之不振矣。道咸兩朝功令文字，最爲卑陋，歙縣一人啓之也。（按：振鏞于嘉慶廿五年道光帝即位之初，即于九月以大學士入值軍機處，任樞垣首輔者凡十五年之久，倚眷極篤，道光十五年死，特謚文正。）

照這樣，字寫得好的就可以穩拿狀元到手的嗎？但有時也不盡然，此所以有「神秘」性也。正因爲一山還有一山高，你的字寫得好，非拿狀元不可，但還有人寫得好過你，那就雖寫得好也無濟于事。現在以光緒二年丙子科殿試爲例。浙江人馮文蔚寫得一手簪花格小楷，在江南久著威名，他自認這科必能大魁天下，可無疑問的了。怎知山東人曹鴻勳、山西人王賡榮的字寫得莊嚴遒勁，以殿試功夫而論，確比馮文蔚的小楷有力而動人，于是曹搶到了狀元，王搶到榜眼，江南名士的馮文蔚只好屈居探花了。

光緒二十年的甲午殿試，張謇中了狀元，他的字遠不如馮文蔚，但這科的榜眼尹銘綬、探花鄭沅的字都不如張季直，張就很輕易的把狀元拿到，這就是張的運氣比馮高，此乃「天命」，非人力所能爲的。

狀元雖然貴在一時，到底能名留千載者寥寥可數，那些沒有事功表現的狀元，一到身死，就漸爲人所遺忘了。李慈銘「越縵堂日記」同治十三年正月二日，有論清代狀元，所言甚有識見，可供參考。文云：

國朝乾隆以前，狀元或取才名，其策亦多取條對，高宗屢有詔申飭之，故畢總督沅、會協揆有恭，皆由特簡，嘉慶以後漸形波靡，自己未姚文僖後，遂無名元，然其時猶未專取楷法也。至道光後，專論字矣，然猶取歐褚趙董遺法，所謂帖意也。宣宗晚年，講求字劃，于是禁帖體，奉行者乃幷禁「說文」正體，遂以不誤者爲誤，而「字學舉隅」之書出矣。而士人遂爭以癡肥板重爲工，有「黑光方」之目，非此不得列前十卷，而楷法亦盡亡矣。故自道光至今，凡開二十五科，狀元識字通經者，惟壬辰吳侍郎鍾駿一人，其小有時名者，丙戌朱昌頤、辛丑龍啓瑞耳。而世之聾瞽寐語，承其餘竅，猶以爲此足徵福澤，然福澤者，官位年壽而已，嘉慶至今七十八年，狀元三十七人，官至一品者僅二人（原注：嘉慶已未姚文田至尙書，道光丁未張之萬，由巡撫升總督，未至任告終養），至二品者十人（原注：嘉慶辛酉顧皋至侍郎，辛未蔣立鏞至閣學，丁丑吳其濬至巡撫，庚辰陳繼昌至布政，壬辰吳鍾駿至侍郎，丙申林鴻年至巡撫，未抵任革職，庚子李承霖至閣學，辛丑龍啓瑞至布政，癸丑孫如僅由學士升閣學，未入京卒，丙辰翁同龢至閣學，凡六人，從二品），而偃蹇夭折者或半焉。嘉慶道光之龍首，士夫已多不能舉其名氏，自姚文僖外，著作無一字流傳，事業志行，雖親愛者無稱述，朝廷取此等人果何用也？（原注：乙丑狀元，今戶部侍郎、承恩公崇綺，則以外戚超授）。

越縵所評，自是通人之論，所論殿試書法的變遷，專考究「黑光方」而楷法亦喪失，皆爲科舉考試掌故材料，極可貴，可與上列「春冰室野乘」所記相參考。傳說道光帝登極後，一意挑剔內外大臣所上摺奏的字體筆劃，因此一批大臣就望風承旨，一點一劃，務求工整，不敢稍失規矩。「清朝野史大觀」卷四，有「殿廷考試專尚楷法之由」一則，可與上文互證，錄之如左：

宣宗初登極，以每日披覽奏本外，中外題本，蠅頭細書，高可數尺，雖窮日夜之力，未能徧閱，若竟不置目，恐啓欺蒙嘗試之弊。嘗問之曹文正公振鏞。公曰：「皇上幾暇，但抽閱數本，見有點劃謬誤者，用朱筆抹出，發出臣下傳觀，知乙覽所及，細微不遺，自不敢怠忽從事矣。」上可其言，從之。于是一時廷臣承望風旨，以爲奏摺且然，何況士子試卷？而變本加厲，遂至一劃之長短，一點之肥瘦，無不尋垢索瑕，評第妍媸，以朝廷掄才大典，效賤工巧匠、雕鏤組織者之程材，而士子舉筆偶差，關係畢生榮辱，末學濫進，豪士灰心，波靡若斯，雖堯舜皋夔聖賢豈能逆料歟？文正晚年頗以爲悔。

李蒸銘日記中說道光帝禁帖體，可見道光年間殿廷考試的書法，還未惡劣到極點，自此以後，館閣體書法就日趨下流，不堪入目了。（李謂嘉慶一朝的狀元，除姚文田外，著述無一字流傳云云，此說非是。丁丑科的吳其濬，著有「植物名實圖考」，爲中國一部研究植物的科學著作，後來有人譯成德日文字，此非李氏所知。姚文田浙江歸安人，究心漢學，著有「易原」、「春秋月日表」、「說文聲系」、「說文考異」等書，皆爲學術重要之作。）我們試看一下，自道光末年至光緒三十年廢科舉止，五十餘年中那些狀元，能以書法名世者僅翁同龢、夏同龢的書法可觀，其它如張之萬、陸潤庠、孫家鼐、劉春霖等之字，差遜一籌。

戲劇中的狀元，確有令人可歆羨之處，一個落難書生大魁天下之後，往往招爲駙馬，或封爲八府巡按，持上方寶劍出巡，報恩報仇，皆如心願。好像狀元的官職很大，具有無上權威，大小官員都怕他三分了。在明朝，做巡按的有時也委派狀元進士充任，取其新進，有朝氣，敢作敢爲（明代巡按，官止七品，因爲是欽差，故一省中的巡撫兩司都要看他面色），清代不設巡按，狀元止不過是翰林院修撰，官階是從六品，雖然比知縣高一級，但沒有實權。假如一個書生中了狀元，回到鄉間，父母官和地方紳士，對他當然另眼相看，因爲說不定十年八年後他會做到大官甚至拜相的。但這是後來的事，戲台上的狀元，威風凜凜，操生殺之權，不過是編戲的人把狀元誇大而已。

過去的人們，因小說戲劇渲染狀元的聲勢，便以爲一中狀元就是大官，事事從心所欲，其實也不盡然，狀元幷非個個都做到大官，也有很倒楣的。現在不妨談談狀元有幸有不幸的趣事。

狀元的本身是進士，進士第一名，俗稱狀元，他的官職是翰林院修撰，與其他在翰林院供職的官兒，同稱翰林官，本來沒有什麼特別名貴之處。只是因爲狀元在臚唱後，馬上授職修撰，榜眼探花亦馬上授職翰林院編修，不必待散館後，就可以掌文衡，簡放鄉試主考官。做鄉試主考，是一項好差事，如果規規矩矩不作弊，單收門生贄敬，沿途地方官餽贈，也有一二千兩銀子收入。若稍通關節，那就大有可觀了。做過一次主考後，回到京裏供職，仍然做文學侍從之臣，常有機會接近皇帝，故升官的機會比較多些。清同治年間，帝師之選，幾乎全以狀元爲對象。本來清代各帝的師傅，沒有規定以狀元充任的明文，但同治、光緒、宣統三朝，以狀元而充任帝師者，便有翁同龢、孫家鼐、陸潤庠三人，而此三狀元者，亦皆拜相（翁協辦大學士，如不被逐，晉大學士有可能；孫家鼐官終武英殿大學士，陸潤庠東閣大學士），狀元拜相，千古所榮，此亦狀元之幸也。

狀元宰相陸潤庠

至于狀元行了「倒運」，在清代却是有的，不過幷非很多，故此人們還是要中狀元，希望有「好運」。一個窮書生十年寒窗，一旦平步青雲，鰲頭獨占，正是讀書人得志之秋了，但有時似乎是「靈氣」發泄已盡，運亦行到了盡頭，因此他就從雲端裏掉了下來，跌到十八層地獄，雖不至永不翻身，然亦一蹶不振，甚至有時氣盡身亡。例如乾隆四十年（公元一七七五年）乙未科的三鼎甲，皆大不利。狀元吳錫齡（字純甫安徽休寧人），探花沈藻清（字魯田，浙江仁和人），及第後都不到一年就死去；榜眼汪鏞（字東序，山東歷城人）因傳臚時沒有到殿廷參加典禮，唱禮官唱名三次，都不見汪鏞出班謝恩，未授職就先來個罰俸的薄譴，在翰林院當個七品的編修官差不多三十年，一向不爲皇帝所垂青，到年老才改御史，後來稍行老運，做到左副都御史。（明清兩代的監察機構名都察院，它的主管長官叫左都御史，清代制度，左都御史滿漢各一人，從一品。左副都御史滿漢各二人，正三品。汪鏞熬了四十年始由七品升到三品，亦可謂沉滯了。）又，康熙四十二年（公元一七〇三年）癸未科狀元王式丹（字方若，江蘇寶應人，亦此科會元），因江南科場案，到揚州監獄探問他的同榜榜眼趙晉（字晝三，福建閩縣人），因此受到嫌疑，官方以爲他也是其中一分子。趙晉在康熙五十年做江南鄉試主考官，賄賂狼藉，案發後審訊得實，問斬。王式丹不避嫌疑，以此受累，雖非串同作弊，但因「狀元運」已行盡，無端端受此拖運丟了官，從此一蹶不起，此亦狀元中倒楣之尤者。尤奇者，康熙癸未科的狀元、榜眼、探花，都闖了大禍，探花錢名世（字亮工，號絅庵，江蘇武進人），以係年羹堯黨羽，雍正皇帝把他革去侍講之職，放歸田里，且贈以「名教罪人」扁額，指定要他掛在家中大堂上，以此辱之，此又三鼎甲之不利。

康熙三十六年（公元一六九七年）丁丑科狀元李蟠（字根大，號仙李，江蘇徐州人），與同榜探花姜宸英（字西溟，號湛園，浙江慈谿人，工文詞，聲名藉甚）于康熙三十八年己卯，做順天鄉試正副主考，榜發後，外間有「老姜全無辣味，小李大有甜頭」之謠，李遣戍，姜下獄，後來死在監牢中。丁丑科的狀元、探花皆不利，而榜眼亦受牽連，則尤奇矣。嚴虞惇授職編修後，好好地在翰林院供職，等候升官機會，怎知李、姜二同年主考順天，他的子弟中有得中舉人者，據說嚴榜眼有爲之通關節的嫌疑，因此降官，到年老才升太僕寺少卿，官運極壞。（嚴虞惇字寶成，號思庵，江蘇華亭人。）

李蟠中狀元也有一件趣事。原來李雖是南人，而有北相，身材很大，食量尤宏，做秀才時，在鄉間即以善作訟詞著名。他雖是狀元，有才學，但文思極遲澀，字又寫得很慢。殿試時，諸貢士已絡續交卷退出，而李尚未寫成。時已薄暮，殿前軍士催他快些離開，他急起來哭着求情，說：「大哥，請給我一個機會吧，這是關係小弟一生的榮辱，請勿再催促，以完成小弟的功名！」軍士見他一副可憐相，就賣個人情，還准他點起紅燭，一直到四更時分他才繳卷而出。這件事不知怎的爲皇帝所知，念其一片苦心，特別加恩，將李取爲一甲第一名。臚唱後，探花姜宸英以詩贈龍頭云：

望重彭城郡，名高進士科。儀容如絳勃；刀筆似蕭何。木下還生子；虫邊更着番。一般難學處，三十六波波。

第一句，徐州爲古彭城，第三句言其身軀偉碩，有如武人，五六二句切其姓名。末句三十六波波，也很有趣。波波亦作餑餑，爲北京最平民化的麵食，大小如饅頭，南方人是啃不下的。殿試之日，李蟠携波波三十六枚，一次食之盡，故詩中云云。「波波狀元」之稱，傳遍都下。（後來慈禧太后所食之波波，大事改良，材料以玉蜀黍拌雞蛋，非民間之用粗麵粉矣。）

上述的倒楣狀元，或以短命，或因科場，誠不幸矣，然無如怕老婆誤事而拖累狀元夫壻倒楣之有趣者，則嘉慶十九年甲戌科狀元龍汝言也。

龍汝言字子嘉，號錦珊，安徽桐城人，出身貧寒家庭，因爲生活艱難，時時要岳家接濟，所以他的太太在家庭中成爲太上皇，龍狀元事之唯謹。龍的才學雖然不錯，但考了很多次都未得舉人，便同太太商量請她回外家求助，拿出一筆錢替他捐個監生，到順天應鄉試，希望撈個舉人，以爲進身之階。但他的運氣尚未到，又沒有考上，便留居北京，以便下一科再考。他既然是寒士，旅費無多，怎能捱到兩三年後呢，幸喜有人介紹他到一個滿洲大官某都統家裏教書，解決了生活。

嘉慶十四年（一八〇九年）己巳，十月初六日爲皇帝五旬萬壽，中外大員照例要進獻祝詞，龍汝言的東家某都統是一介武夫，不懂中國文字，家裏旣然有個秀才出身的西席，便煩老師爲他捉刀。龍汝言一口答允，盡半月之力，集康熙、乾隆二帝的御製詩一百韻，恭維嘉慶一番。皇帝見是集先皇詩句之作，就是忙到要命，也得抽個空來拜讀的。讀後頻頻擊節，馬上召某都統入見，問他道，我知你不懂文詞，這是誰人所作的？某都統當然不敢說是自己所作，說是一個江南秀才龍汝言所作，他在嘉慶十二年入京應鄉試下第，現今在我家裏教書。皇帝聞言好生駭異，說道：「江南士子，向來不屑讀先皇詩文，自視甚高，獨有龍汝言肯背誦如流，可見他愛君之心甚摯，明年是鄉試之期，我就賞他一名舉人，後年可以一體會試。」自此之後，龍汝言便「簡在帝心」，要提拔他出頭了。

所謂「後年可以一體會試」，即指龍汝言已得欽賜舉人，就可以參加嘉慶十六年辛未科的會試。然而龍汝言不能上符帝心，太過不爭氣，得個名落孫山。會試總裁官胡長齡、董誥、曹振鏞、文寧四人向皇帝呈上會試題名錄時，皇帝留心細看，竟沒有龍汝言之名，龍心大爲不悅。等到這科會試的闈墨進呈御覽，皇帝大發脾氣，說這科沒有一篇好文章。（按：順天鄉試，在京畿內舉行，欽命總裁四人，一正三副爲考試官，第一場的題目，還是由皇帝擬好的，所以隆重其事也。榜發後，立即用人手鈔一份中式名單呈御覽，然後鈔錄前十名的文章再送呈。）

四個總裁聽說皇帝罵沒有好文章，不勝奇怪，覺得這科的闈墨都過得去，何以皇帝要說沒有好的，便向左右太監打聽，才知道龍汝言沒有取中，皇上心裏不高興，所以說沒有一篇好，四個主考心裏才明白，原來如此。

到下一科的會試是嘉慶十九年甲戌，主考官四人早已聞知龍汝言是皇帝心目中的人，便千方百計物色龍汝言的試卷，取中他做貢士，有了這個資格便可以應殿試了，嘉慶帝看過會試題名錄，知道龍已取中，心中暗喜。

殿試時，那八個讀卷大臣當然也和會試考官那樣要巴結皇帝，在安徽籍的試卷中辨認字跡，研究文氣，一摸便摸中了龍汝言一卷，即列在前十名內第一名，擬爲狀元，然後將前十本進呈御覽。嘉慶帝已等得很焦急了，前十本一到，立刻叫人偷偷拆開第一卷的彌封，一看是龍汝言，龍心大悅，又連忙糊好了發下去，於是龍汝言大魁天下了。

取功名而靠運氣，龍汝言可謂行盡了好運，但不知何時要轉衰運耳。我們試看他行了好運又怎樣行衰運。他雖然授職修撰，但仍然要入庶常館讀書，三年期滿，仍要與其他庶吉士同應散館試（即畢業甄別試），但尚未散館，就派南書房行走、實錄館纂修等差使，紅極一時，並且不時有上方珍物之賜（他的詩文集名「賜硯齋集」，就是因爲皇帝賜他端硯一方，故以名齋，記恩遇也）。同官翰林爲之歆羨不已，大家都認定皇上瞧得起他，不出十年，入閣拜相亦意中事了。

龍汝言畏妻如虎，因爲他小時候就全靠岳家提携照顧，而且捐監生考舉人，也是岳家資助，他怎敢在太太面前稍展狀元威風？不過身爲「第一人」，有時不免同老婆吵幾句，太太就大發雷霆，趕着要揪打他。龍狀元爲了面子及平平太太的氣，只好避往朋友家中小住數日，待河東獅子雌威稍降，才敢回家，年來已成慣例了。

有一次當龍狀元避往朋友家中時，他剛出門不久，實錄館的職事送來「高宗純皇帝實錄」數册，說是奉總裁之命，叫他覆校一次。這些例行公事，龍太太也是見慣的，老爺既不在家，太太收下，叫人放在書房櫃裏，等老爺回來再說。（乾隆死後，廟號高宗，純爲謚號。一個皇帝死後，繼位之君就設實錄館，把已死的皇帝一生政績，按日輯錄成書，所記皆事實，不過乾隆以前各朝實錄，乾隆帝曾重新删改過，尤以順治、雍正二朝改竄者最著，嘉慶以後，多數可靠了。每編成實錄若干册，即進呈御覽。又因册數太多，乾隆一朝共六十年，故編輯時間長至十餘年，故高宗實錄的册數特別多。）

數日後，龍狀元尚未返家，實錄館的人來取回覆校的書，太太見既是來拿，也就從書房裏拿出來原封不動的交還他。注定龍狀元行到衰運，實錄館的人剛走，龍狀元已坐大車回來，因見太太餘怒未息，不敢惹她，竄入書房中用功，恭校實錄一事，完全不知道，而太太始終沒有向他提起。

大約半月左右，內廷忽然下一道上諭，責龍汝言精神恍惚，辦事胡塗，着革職永不叙用。「煌煌天語」中却沒有說明他犯了什麽罪，以致「王赫斯怒」，而朝中文武也覺得奇怪非常，龍狀元是皇帝眷注的人，何以忽然得此嚴厲處分。後來內侍洩出秘密，日前實錄館恭進「高宗純皇帝實錄」，其中數册即送龍汝言覆校的，有一本書面的簽條純皇帝的「純」字，誤寫作「絕」字，變成了「絕皇帝」，把這個百子千孫的十全老人說成是絕子絕孫，而且此後還絕了帝位的人，如此大不敬，還可以在左右替皇家辦事嗎？恭校實錄是皇室一重大事件，有校對官，臨時又由總裁指派若干人覆校，辦事官員，沒有一個不謹敬從事，不敢稍有隕越，龍汝言既爲覆校，而胡塗至此，若在別的官兒，早已經皇帝從嚴懲處了，給以革職永不叙用，還是嘉慶帝筆下留情，念他爲人忠厚，能愛先皇。後來龍汝言知道禍由「河東」而起，當然不敢向皇帝表明眞相，因黃簽中大書「臣龍汝言恭校」字樣，不能謂未過目也。龍汝言經此一蹶，潦倒終身，人們也忘記有這一個倒楣的狀元了。

有一說，龍汝言並非校錯了字闖禍，而是漏寫了一個字。據平步青「霞外攟屑」說，因漏寫一個帝字，書簽上變成了「高宗純皇實錄」。事隔數年，北京好事者撫拾時事撰聯云：「陳子沆落懷及第；龍汝言忘帝歸家」。指龍與嘉慶廿四年己卯恩科狀元陳沆的事。龍中狀元後，再下一科就是陳沆（字太初，號秋舫，湖北蘄水人）。據說他的殿試對策中有「聖懷沖挹」一句，不知怎的膽寫時漏了一個「懷」字，沒有被閱卷大臣看出，居然過關，以一甲一名大魁天下。

嘉慶皇帝死後，龍汝言是內廷舊員，又是大行皇帝生前賞識過的廢員，例准到梓宮前哭臨盡禮的。龍汝言一見大行皇帝梓宮，匍匐上前，伏地痛哭，感念嘉慶皇帝對他的恩遇，而自己不肖，不能全始全終，使聖天子大發雷霆，嚴加譴斥，悲從中來，無法抑止，足足哭了一個鐘頭。道光皇帝後來知道這件事，問左右龍汝言是什麽人，內閣查明具奏。皇帝才知他是先帝賞識的人，說此人尚有良心，不枉先帝一番栽植，其不幸乃天意也，於是賞他一個內閣中書，算是有個官可做了。

道光六年（公元一八二六年）丙戌科狀元朱昌頤（字吉求，浙江海鹽人）。因某科會試前，私下批評舉子的文章，招惹是非，嚴旨申飭，由修撰降爲主事，蹭蹬終身，亦爲狀元中不幸的人物。道光三十年（一八五〇年）庚戌科狀元陸增祥（字魁仲，江蘇太倉人），因散館試詩中以霓字作仄聲用，咸豐皇帝是頗有文學修養的，說陸狀元不對，姑看在狀元份上，勉强准他散館，給回一點面子已算他幸運了，但陸增祥從此終身未掌文衡，也算是倒楣了。

翁同龢的胞姪曾源（字仲淵，大學士翁心存孫，安徽巡撫翁同書之子），因爲有羊弔風宿疾，從未考過舉人，忽然運到，皇帝賞他舉人、進士，不經會試，居然參加殿試，還點了狀元，可說是狀元中的幸運兒。但高中之後，不使在翰林院供職，回到故鄉隱居，鬱鬱死去。

一個讀書人，未經過考舉人的階段，而大魁天下，確是科舉考試中一特色，五百年來，恐怕只有翁曾源一人，現在我把賞舉人中狀元的特色詳說一下。

科舉考試制度，應殿試的士子，要在試卷中親筆塡寫自己的履歷，其格式大抵如此：「應殿試舉人臣某某，年若干歲，某省、某府、州、縣人，由某生（如有官職的，應塡寫官職）應某年本省（或順天）鄉試中式，由舉人（如已有官職，亦應敍明）應會試中式，恭應殿試」云云。因爲進士之賜，要經過殿試才產生，是由皇帝賜給的，所以在殿試時仍自稱「應殿試舉人」。爲什麽不能稱「貢士」呢？則因歷來無此名稱，亦以會試殿試同是一試，不過好像分期舉行罷了，凡會試取中，就一定能中進士，因此俗例即稱會試中式的貢士爲進士，而皇帝亦有賜進士給未經會試的人，准其一體殿試。翁曾源既沒有經過鄉會試中式，他應殿試時自署頗異尋常，他寫的是：「應殿試貢士臣翁曾源，年二十七歲，江蘇蘇州府、常熟縣人，由欽賜舉人，考取國子監學正學錄，於同治元年欽賜進士，恭應殿試」。蓋已既經欽賜進士，就不能循例稱「應殿試舉人」，但現在又以進士來應殿試，須於殿試後始有進士之賜，所以又不便即稱進士。因有會試中式即稱貢士之例，乃自署「應殿試貢士」。其實他沒有貢士的資格，只是假借而已。

翁曾源的父親同書，在安徽巡撫任內因剿捻失利及失陷壽州，爲欽差大臣嚴劾，措詞峻厲，斥其失陷城池而不自盡爲無恥。清廷下諭將翁同書褫職拿問，罪擬大辟。同治元年十一月，心存病重，特旨釋放回家，到家之日，心存即逝世。曾源的欽賜進士，是得自祖父死後的餘蔭，蓋推恩舊傳子孫也。

趙烈文「寧靜居日記」，光緒十三年八月廿六日記曾源死後事云：

赴翁氏作弔仲淵殿撰之喪。翁以白衣兩次恩賜舉人進士，癸亥殿試，遂掄大魁，自有科目千餘年來創格也。時其尊人藥房中丞……爲節帥曾公劾下刑部獄，親識滿朝，無策解免。有援先朝故事，父在縶子得狀元蒙赦者（傳言是吾里莊本淳侍講事，余考之非是），遂以之膺選，援例陳請，果邀寬典，旋丁父憂歸，得疾迄不起，其際遇可謂異矣！余爲輓聯云：「白衣掄大魁，翰苑千餘年無此曠典；黑頭謝榮膴，林間二十載景此高風。」……

翁曾源的羊弔風時發時癒，是一種「吹無定向風」的病，他應殿試，因爲只是花一個白晝的時間，或可望不發（鄉會試困在試場中十餘日，雖然頭場試後放出場，但在場中至少也有兩日的逗留），故値得嘗試。殿試之日，翁同龢日記說曾源於晚上將近八點時才出試場，身體甚好，亦無錯字，同治二年四月廿二日，同龢日記又云：

訪心農及張午橋，皆言源姪寫作甚好，可望前列。……源姪近年爲病所困，深慮不能成名，今邀先人餘蔭，得與廷試，從容揮灑而出，意者其有天意乎？

曾源以有宿疾之人應殿試，他的親人只希望他得個翰林或榜眼探花就心滿意足了，豈知出人意外，從天上掉下一個狀元給他，無怪他的狀元叔父也爲之「悲喜交集」（四月廿四日傳臚後，同龢日記中語）了。根據曾見過翁曾源殿試策的人說寫作皆佳，與歷科狀元策相較，並不遜色，故士論翕服，沒有講他的閒話。不過，龍頭所屬，仍追念弘德殿舊傳之恩，而執政王大臣亦欲爲翁同書開脫死罪，將他的兒子取中，如趙烈文所說「父在縶，子得狀元蒙赦」故事。後來翁同書果然赦免死罪，發往新疆充軍，同治三年，西安將軍兼陝甘總督都興阿請留同書在甘肅軍勞效力。其後以戰功，賜四品頂戴，未幾謝世，開復原官，這是狀元父親的收場。

我在上文曾提到劉春霖結中國千年來狀元之局，而結狀元宰相之局者，則爲同治十三年（公元一八七四年）甲戌科的陸潤庠。

狀元拜相最著名的一個，無如文天祥了，但結狀元之局的陸潤庠，雖然萬萬比不上文天祥，但也頗不寂寞，其庸福且爲文相國所不及。潤庠死於民國四年（一九一五年），「龍陽才子」易哭庵輓以聯云：

繼秀夫伴寡婦孤兒，讀史至今餘涕淚；
後信國作狀元宰相，令人不敢薄科名。

易哭庵此一下聯，甚恰切。本來清代的狀元拜相者亦有數人，但沒有一個活到辛亥革命以後，獨有陸潤庠能支持到民國四年，便由他結狀元宰相之局，並且在光緒朝亦結蘇州狀元之局。（清代狀元，以江蘇一省佔最多，而蘇州一府，又佔其半，故有「蘇州出狀元」之諺），王揖唐輓潤庠聯云：

公門桃李盈天下；
師相哀榮殿勝朝。

從這一聯，可約畧見到陸潤庠的生平。他是蘇州府元和縣人，同治朝最後一個狀元，但他官運倒也很不錯，光緒初年，做過好幾任鄉試考官和學政，都是與文化教育有關的工作，但也捱了二十年，到光緒廿四年（一八九八年）才升工部侍郞，從此一帆風順，升工部尙書，轉禮部尙書，宣統元年協辦大學士，遷東閣大學士，被選爲宣統的師傅，下聯所謂「師相」也。

陸潤庠爲人和易，是個好好先生，隆裕太后遜位後，他力懇辭職，以老病爲藉口，但不獲准。民國四年，袁世凱搞帝制不久後，北京城裏將有兩個「皇帝」出現，陸潤庠憂心如焚，只求速死，但也天從人願，陰曆八月果然死去。另一位「帝師」陳寶琛輓之云：

來日大難，及此全歸天所篤；
個人又弱，既爲後死責奚辭。

溥儀追封他爲「太傅」，謚「文端」，並賞銀三千兩治喪，此王揖唐所謂「哀榮」也。

父親節

贈鴉路恤
以表親情

多姿多采的鴉路運動恤

美國鴉路運動恤欵欵精美質料衆多開領短袖,
裁剪稱身穿着鴉路運動恤既清涼,又舒適,
無拘無束胸懷開暢是男士們最合時尚的衣着.

「鴉路」尚有KENT COLLECTION, COLLAR MAN,
GETAWAY,, KNIT及MACH Ⅱ 等各欵花恤
適合任何年齡及身材.

着美國鴉路恤,確高人一等!

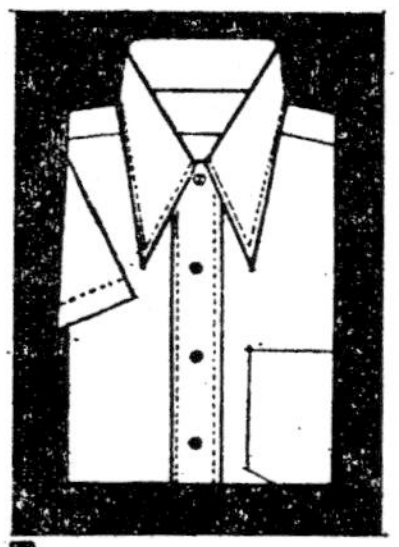

短衫袖
邊縫堅固不虞
鬆散
領尖稍長
衫鈕固牢不會
鬆脫

Arrow

成功人士的恤衫

大人小語

今日端午

本期大人出版之日，適逢端午。

一千幾百年來，俗人啖粽，騷人吟詩，粽子不問鮮肉荳沙，詩句不問五言七言，其爲紀念三閭大夫憂國而死，初無二致。

與屈原無關

是日也，尚有其他節目甚多，龍舟競渡一也，看「白蛇傳」二也。

但白娘娘與許仙聲名響亮，遠在屈原之上，香港政府之定「五月初五」爲「公衆假期」，尤與屈原完全無關。

歲月埋英雄

二十六年前之六月六日，百萬盟軍登陸諾曼地大舉反攻，二次大戰因以奠定勝利。

四分之一世紀來，羅斯福、史太林、邱吉爾、戴高樂、艾森豪威爾、朱可夫先後去矣，或謂時勢造英雄，或謂英雄造時勢，兩者均然，其最後結果仍是歲月埋葬了英雄。

六月六日斷腸時

六月六日斷腸時，今年六月最傷感事，莫若温莎公爵下葬當晚，夫人即飛返巴黎。

在白金漢宮渡宿三宵，那是「作客」。此一國王「所愛之婦人」，干犯「天條」，因此不能成爲王室一員。餘日無多，她現在所等待的是，總有一天，一如愛德華八世生前所諭，葬於公爵之側。

幸而無後

公爵夫婦無後，適如二人所願。

愛德華八世有母，對遜位一事，責之最嚴；温莎公爵若有兒女，安知他們心中不能無怨言？

只此一人

生而不欲爲王，死而不欲有後，五千年只此一人。世有所謂「前無古人，後無來者」，實可當之無愧。

「英旗不夜」的時代已經過去，愛德華八世之靈，却將在人類感情的歷史上永遠發光。

與莎士比亞之比

愛德華八世遜位詔書，語氣堅決，自爲英王室歷史文獻。

一九三六年十二月十日晚九時之「告別書」，迴腸蕩氣，百讀不厭，莎士比亞或能有此才華，却未必有此胸襟與情操。

父親節禮物

六月第三個星期日爲父親節，每年此日，有人獲得襯衫兩件，有人獲得墨水筆一套。老人心中有知，這兩件襯衫和一套墨水筆，乃係滿頭白髮換來。

人生百年

香港祇有「批地」，沒有「買地」，批期最久原爲九九九年，但其後又縮減爲七十五年，相差九百二十四年。

事實上七十五年與九九九年無大不同，蓋人生百年，九九九年要它何用？

由黃轉白

四十五年前遊客重來香港，認爲一九七二年不如一九二七年。

一九七二年的黃花閨女，如今亦已白髮盈巔矣。

美術前輩

但杜宇病逝，人咸知其爲「FF女士」殷明珠之夫，「香港小姐」但茱廸之父，「神童」但二春之叔公。

却不知道他原是畫家，也是中國提倡美術電影的第一人。

不勝惶恐

香港商業電台以爲我是「通勝」家專，欲來訪問，只因我在本刊曾寫過一篇『通勝與百科全書』，不勝惶恐！

其實我對於陰曆的知識，除了端午、中秋、新年、除夕之外，只知道自己的生日而已。

銀行結算

六月過半，一九七二年差不多也去了將近一半。

六月底是銀行結帳之日，個人的得失成敗，也不妨於此作一總結。

球乎球乎

尼克遜夫婦訪蘇聯，贈送某校美式籃球六只之多。

此舉使人聯想到中共的乒乓外交，不禁高呼球乎球乎！

還是三等

七月一日起，電車取消三等，不分樓上樓下，一律收費二毫。

三等車票是取消了，命中注定是「三等」之人，他的身份還是「三等」。

·上官大夫·

政海人物面面觀

——黃郛、唐生智、白崇禧——

馬五先生

黃郛字膺白，浙江杭縣人，生長中產階級的家庭中，幼習詩書，曾應科舉府學試，得青一衿——中秀才——嘗作塾師，曾得友人書言肄習筆算數學情形，大感興趣，乃購讀之，兼及幾何、形學諸作品，寢饋潛修，無師自通。清末入浙江武備學堂，以成績優異，由官府資送赴日本深造，入成城學校專治測量之學，蓋緣於性好數學而然也。

黃氏的個性外圓內方，遇事有自己的見解，決不盲從，用世之心雖切，但不熱中，非其志願所在的職位，視之蔑如。所以，他一生對於政治生活，抱持着「難進易退」宗旨。他在日本留學時期，曾將日人櫻井忠温所著敍述日俄戰爭實際經過，名曰「肉彈」的傳記作品，譯成中文，改名「旅順大連實戰記」，寄到國內發行，甚受國人重視。他又聯合當時留日士官學校的中國學生李烈鈞、閻錫山、李書城等，組織秘密團體「丈夫團」，準備將來回到國內共同創造事業，而其目的即爲從事革命運動，推翻專制王朝。此時他和李、閻等皆已參加孫中山先生領導的同盟會，同志中加入「丈夫團」的計有廿八名。他與李書城、何成濬（亦係士官生）等，是比較接近黃克强先生的，因而入民國後，對於關係國家大計的軍事政治問題，亦多與黃克强主張相同。他於宣統初年畢業回國，任職清廷的軍諮府，這機構的主持人爲清室貴冑良弼，原係與黃同時留學日本的，其人頗有才氣，亦不甚歧視漢人，凡是他認爲能幹的漢族朋友，每予羅致，如後來担任新軍協統——即師長——的吳祿貞，亦係良弼所引用的，良弼於辛亥冬在北京被革命黨人炸死。

辛亥八月武昌首義之役既作，黃克强挺身潛入武漢指揮革命軍作戰，黃膺白亦與李書城由北京南下至滬，策動江南革命，他以浙江武備學堂出身的關係，對浙江新軍方面的策動工作，甚著功效。嗣以上海響應義舉稍先於浙省，他置身於其間，力排衆議，推戴陳其美爲滬軍都督，他受任爲參謀長，旋今總統蔣先生由寧波以一團兵力來滬參加革命，陳都督即以此一團人作基幹，擴編成師，而由黃參謀長兼任師長職務，幹部多係浙江武備學堂同學，人才孔多，器械亦精良。迨黃克强就任革命軍大元帥，檄調黃膺白師赴寧，建制序列爲第二十三師，孫中山先生由滬到南京就臨時總統的沿途警衛以及維護金陵治安等職責，皆由黃師担任，繼又令派黃郛兼任兵站局長，他晝夜奔馳滬寧之間，席不暇暖，京滬鐵路之有夜快車，乃自此始。黃在滬軍都督府接任參謀長職務後，浙省亦宣佈獨立，浙軍首長曾電請黃郛回浙工作，然滬都督陳其美親擬「未便割愛」之語的復電，堅留不放，一時傳爲佳話，足見陳都督器重黃郛的心情，甚爲懇摯。陳、黃與今總統蔣先生三人，就在這時候換帖結爲把兄弟的。當蘇浙滬暨原駐鎮江的新軍徐紹楨部，共同推舉革命軍大元帥時，浙軍統帥朱瑞不贊成黃克强作大元帥，經黃膺白竭力疏通，纔告實現，但黃克强仍遜謝，通電請以黎元洪居大元帥之位，自己願作副手。這可見老輩人士由於浸潤中國文化較深，大家都有公忠體國，對事不對人的恢閎氣度，以視今人之權力中毒，天下爲私的作風，其高下爲何如也！

清帝既遜位，臨時總統孫中山先生辭職後，南京的駐軍計有二十六個師之多！留守黃克强的唯一任務即是裁軍。第二十三師人數完整，幹部優秀，器械充足，戰鬥力允屬諸軍之冠，無論從那一方面設想，皆須保存着這項革命武力的。然黃郛毅然決然地率先實行裁汰，縮編爲一團，以期示範全國，樹立風聲，他認爲國家養兵太多，實所以妨害庶政建設，貽患滋甚。他在日本留學時，目擊彼邦維新自强的事實，一在精兵，二在法治，希望本國亦能夠循此道以臻於富强之域，純係一片愛國心情的表現。雖事與願違，後來二次革命之迅速失敗，第二十三師縮編的關係殊不淺，然黃郛的見識，始終是正確的。

民國二年討袁戰役醞釀伊始，黃膺白與黃克强皆主愼重，而孫中山先生與陳其美不以爲然，但黃郛幷不因與陳是把兄弟的情誼，隨便附和。他建議陳其美不就袁政府工商總長之職，改赴歐美考查工商事業，藉此培養聲望，增進時代知識，曾赴北京爲陳其美料理出國手續，嗣以討袁戰役勃發，他祇好回滬跟陳共患難，唯不担任正式職位，兼顧公誼私情，表示着做人的風範。迨討袁戰役失敗，他亦在袁政府通緝之列，倉皇逃往日本作亡命客，毫無怨言。但對陳其美要利用國內各地土匪，從事革命事業的策畧，堅持異議，認定土匪決不能成大事，這話在當時一般革命黨人的觀感中是很不中聽的。既而孫先生改組國民黨爲中華革命黨，規定黨員重新塡表加蓋指模，宣誓入黨，一切須服從領袖命令行事，田梓琴（桐）且撰文闡述領袖制的必要。黃膺白與黃克强對此皆有難色，他認爲革命事業應由每個志同道合的人，各盡所能，竭力以赴，纔得成功，與軍隊的性質不同，漠視個人意志而唯領袖命令是從，勢必事倍而功半。他這項見解跟陳其美相反，然他不以私交而變易初衷，直至民國十六年以後，國民政府統一全國，由蔣總司令以迄蔣委員長時期，幾次將國民黨入黨表格送給黃郛請其塡寫，而且註明介紹人係蔣和張靜江，他依然婉却不應。我說黃氏的個性「外圓內方」，一點不假，但他幷不因「內方」而損害金蘭之誼，却屬難能可貴，關鍵即在他不熱中功名富貴，乃得保持着浩然之氣，君子坦蕩蕩，別人亦就予以諒解尊重了。

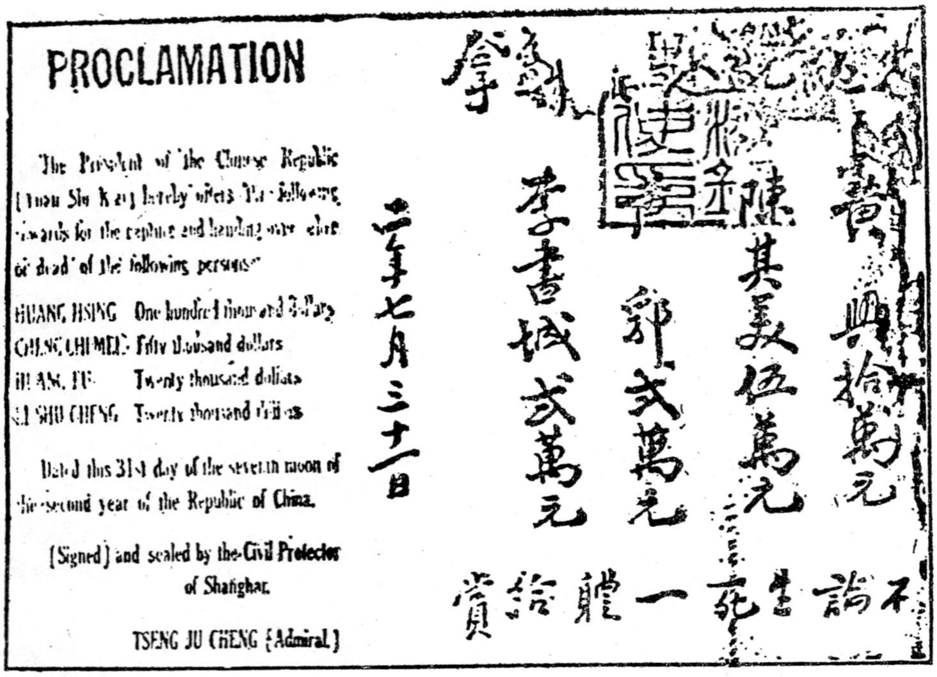
PROCLAMATION

The President of the Chinese Republic (Yuan Shi Kai) hereby offers the following rewards for the capture and handing over alive or dead of the following persons:

HUANG HSING　One hundred thousand dollars
CHENG CHI MEI　Fifty thousand dollars
HUANG FU　Twenty thousand dollars
LI SHU CHENG　Twenty thousand dollars

Dated this 31st day of the seventh moon of the second year of the Republic of China.

(Signed) and sealed by the Civil Protector of Shanghai.

TSENG JU CHENG (Admiral)

黃興　拾萬元
陳其美　伍萬元
黃郛　弍萬元
李書城　弍萬元

不論生死一體給賞二年七月三十一日

袁政府通緝黃郛等賞格

黃克强以不同意中華革命黨的入黨手續，悄然離開日本，前往美洲，黃膺白亦有同感，且因此又與陳其美意見參商，心情殊落寞，祇好遠去南洋，準備亡命歐洲。旋因歐戰發生，道塗梗阻，乃改赴美洲，當然參加過黃克强倡設的革命黨人集合中心地「歐事研究會」的座談場合。這歐事研究會幷非政黨組織，自無入會手續，與今日中國人士在海外隨便倡立的某某座談會一樣，迨歐戰結束後，易名「政學會」、性質亦復相同。袁世凱死後，國會恢復，有些民黨的國會議員到過美國的，乃在議會揭起「政學會」旗幟，作爲一種政治團體，黃氏幷非國會議員，自不在其列，但以「政學會」中的議員們，多屬舊友，不無往來，世人乃指稱黃氏爲政學系首領，黃夫人沈亦雲在其回憶錄中，力言黃氏與政學會毫無關係。這只能說是與政學會在國會中的組織無關，却不能說與該會人士毫無關係，如該會首要份子楊永泰、章士釗等，即與黃氏很友善呢！

袁世凱既暴殂，國民黨勢力在南方迅速發展，孫中山先生領導護國護法諸役，開府粵中，繼續革命，黃氏因未曾加入「中華革命黨」之故，自未便投身於其間，而且「陳大哥」亦去世了，「蔣三弟」——即今總統蔣先生——又尚未顯達，他祇好馳騁於北方的政治界中，跟蔡元培、王寵惠這些老同志的處境無異。但他始終保持着同盟會員的立場和宗旨，非特出汚泥而不染，且能協同實力派的進步軍人馮玉祥等，於民國十三年冬，在北平實行「首都革命」，廢帝溥儀攆出故宮，修改民元的清室優待條件，收回故宮庋藏的無數寶物，組織管理委員會，交由政府掌理之。這不能不說是一項對中華民國有功的革命舉動，然他幷不以此居功，淡然若忘，決不像馮玉祥之流，每以「首都革命」自夸，還要著書立說以示人。他卸去攝政內閣總理職務後，段執政表示酬庸之意，要以北政府著名的肥缺——稅務督辦給他做，他一口拒絕，寫信給執政府秘書長梁鴻志，聲明在任何政府之下，亦決不願意幹這種官職，以其待遇特優，又容易貪汚也（見「亦雲回憶」）。綜觀黃氏一生，從未幹過財務官職，他之拒任稅務督辦是其品格高超的素質，幷無虛憍沽名的意念，這在近六十年來的全國政治人物中，似乎尋不出第二人，也就是筆者最欽崇他的地方，值得大書特書的。黃氏還有幾點令人稱讚的作風：一是決不經手替公家向外國借欵購械的事宜；二是不憑藉機會權力或私交關係，過問別人的人事進退；三是決不輕易向達官顯宦介紹私人；四是不居毫無意義與作用的的官位。這些都是現代一般政治人物所不及的品德，然他從不以此自驕自炫。他素來重視教育事業，在北洋政府一度作教育部長，認爲是很有意義的任務，而教育部却係著名的窮衙門，他但期施展若干抱負，志不在祿也，後來他就藉着這項職位以進行首都革命計劃。賄選總統曹錕被囚後，滿朝大官皆不願担任過渡的攝政內閣總理，他却以教育部長地位，肩茲艱鉅之任，表現他的革命精神，而與一般官僚有別。最難得是他在平時的政治場中，總是難進易退，有所不爲，而在國家危難的時候，却有跳火坑的勇氣，毅然易進，罔顧個人利害。

自從國民政府奠都南京，統一全國後，黃氏担任過三次公職，首先是上海市第一任市長，未到三個月即因蔣總司令下野而辭職了。當時他若願意幹下去，決無問題，那時主持國府政務的常務委員李烈鈞，是黃氏同學日本士官學校的「丈夫團」親密同志；黃氏跟各方面的人緣亦不壞，而且大家皆知道他與蔣總司令的關係是把兄弟，明知蔣氏必然復職，對他更無排擠的意思，然他義無返顧，斷然去職，表示其「易退」的風格。次爲民國十七年担任外交部長，爲的是適應革命軍二次北伐的需要。因革命軍到達北方後，對日外交的關係極重大，黃氏在日本軍政界皆有不少朋友，彼邦人士對黃觀感尙佳，同時他和馮玉祥、閻錫山皆有密切交情，所以蔣總司令纔請他出任外交部長，他亦認定這是爲國家効力的苦事，欣然「易進」而不辭，即與蔣總司令一道出發，指揮戰地的外交事宜。詎料進至濟南，乃遇着日本帝國主義者田中義一內閣出兵山東，阻止北伐軍前進，日軍福田師團竟在濟南攻擊我軍隊，殘殺我外交人員蔡公時等十餘人。黃氏住在濟南市內商埠的津浦路局辦公處，亦遭受日軍幾次射擊，且派憲兵隊來搜繳槍枝。幸而黃氏的日語流暢，又以自己的名片給日軍查看，聲明自己是現任外交部長，有事可以協商處理，這纔僅止於受辱而未遇害。

既而黃氏與日軍代表商定雙方先行停火的辦法，即由中日各派二人，各持旗幟，坐車赴前線呼止停火。這四個人乘車回來途中，有一日人被流彈擊斃，此流彈係來自中國軍方面，其他的三人所作巡行報告皆如此說，黃氏接閱報告後，批了一個「閱」字，日方認爲這就是中國軍隊破壞停火協議的証據，大事要挾，提出苛酷條件，叫囂甚烈，而京滬一帶乃盛傳黃氏已簽字承認日方的要求條件，大罵黃氏親日賣國，非撤職懲辦不可，衆口鑠金，無可究詰。黃氏含垢忍辱，不予辯解，急回南京與日方循外交途徑，把濟南事件告一段落，而京滬又有人策動羣衆集會游行，要求政府撤究黃氏，他一言不發，掛冠而去了。後來楊永泰隨從蔣總司令由前方回來，擬請蔣先生在紀念週會上，將濟南慘案的經過實情，公開報告一下，使黃氏免受疑謗，蔣亦認可了，黃在上海聞之，急電楊氏勸阻此事，說是適所以增加蔣先生的煩惱，萬不可行，蔣亦未再提了。

當黃氏接任外交部長伊始，久任外交高級幹部的鄂人郭泰祺（復初），即上書國府譚主席表示辭職，理由是認定黃氏乃不革命的官僚人物，羞與爲伍。筆者此時正在國府作機要秘書，曾見到此函，往後郭氏又在報紙上披露了。郭氏爲甚麽對黃膺白如此過不去呢？據黃氏私下向朋友談及，說他於民十六年春間在南昌與蔣總司令商洽，迨收復五方雜處的上海後，應在當地設置外交特派員，內定以郭泰祺担任斯職，且已通知郭氏準備一切。革命軍底定上海後，郭氏久未到任，蔣先生乃另行派員代理郭氏職務，郭認係出自黃氏的意見，對黃孕恨不釋，迄未就上海外交特派員之職，而仍在外部工作，等到黃氏就任外交部長時，郭乃有此憤然辭職的函件。後來蔣先生迭約黃氏出任江蘇省主席，而黃堅辭不應，他曾致書張岳軍（羣）一吐衷曲云：

「濟案所受刺激，公私兩項皆爲生平未有之傷心事。其時三弟（指蔣總司令）統率各軍在前線，未便輕易回京，而後方政府因未獲前方細情，又未能決定大計以資應付。兄念時局顚危，間不容髮，遂不自量力，借三弟同出險境後，即趕回南京，與政府諸公商定大計，力持鎮靜，使日人拳拳落空，不能遍放野火。又趕至上海，與錢司令（大鈞）張市長（定璠）說明各項情形，指導上海各界採取同一態度。後方部署既妥，正擬借靜江兄再往前方，與三弟細商善後，而小人之運用已成（即指京滬的羣衆反黃運動）。兄在政治上勉有廿年經驗，決非量窄之人，惟此一段內外交迫之傷心史，實令我沒齒不能忘。……

……始終咬緊牙關而不發，非不能文也，非示人以弱也，蓋投鼠忌器，有違兄南來之初願也。幸勿再以名位相加，使外人之不明內容者，視我爲南北鬼混之小官僚（即指郭泰祺在報上公佈的辭職書），後世之評我者曰：此借革命以投機者也。（下畧）」

濟南案件之發生，事後據日本報紙透露的內幕消息，乃係日本軍閥田中義一大將就任內閣總理後，爲着籌措他所領導的政友會選舉經費而起的。田中內閣在議會未擁有多數席次，必須解散重行選舉，然這筆選舉費用很大，一時難以籌措，適我國民革命軍實行二次北伐，田中內閣即藉口反對華北「赤化」，以免危害日本在華特殊利益，而以「護僑」名義，派遣第三師團到濟南登陸，任意開砲攻擊我軍，殘殺我外交官員，製造嚴重事態，激起日本朝野間的感情衝動，相信出兵是應該的，而兩千萬元日金的出兵費預算案即在議會很快就通過了。迨出兵費預算通過後，田中乃急於不使濟南事件擴大，收帆轉舵，趕快了結，避免軍費增多支出，而移作政友會選舉費用。當時日本新聞記者曾作出一張統計表，註明濟南的日僑人數不到二百名，而一個師團由日本輸送到濟南的用費亦爲數有限，何致需要二千萬元的支出呢？依此預算以護僑，濟南的日僑平均每名須消耗國庫十萬元，寧不可驚！這消息是可信的。

黃氏在國民政府治下第三次從政的職位，是行政院駐平政務整理委員會委員長，時爲民國廿二年春間，國軍正在豫鄂皖贛大舉清勦匪患，軍事最高統帥蔣委員長坐鎮南昌綜持一切。日本軍閥乃乘機侵畧內蒙與華北地帶，一面派遣軍隊進擾，同時利用當地的漢奸式人物作倀，到處招兵買馬，擊地攻城，而日本軍閥即公然向我提出「華北特殊化」的要求，所謂特殊化也者，就是要脫離本國政府統制，成爲日軍控制下的傀儡政權，形勢甚爲危急。斯時國府的對日政策，是以隱忍圖存爲主旨，運用政治外交手腕，期得保持着華北——即冀、察、綏、晉、魯等五省地區的現狀。這種職責，不是舊有的北平「軍分會」所能勝任的，乃特設「政整會」董理其事。這政整會的主持人，又必須爲日本方面所不嫉視者，但亦不能使著名的親日派人物承其乏，當局再三斟酌，認為黃氏最適當，先由蔣委員長密電黃氏徵求同意。按諸黃氏平日對政治界難進易退的個性，而政整會委員長且係吃力不討好的暫時名位，他似乎不會答應的。然他慨然允諾，正式命令發佈後，立即離滬北上，說是為國家不惜跳火坑，表示其見危授命的愛國精神。

他在北平服務了兩年，備極艱難困苦，亦嘗遭受日本軍人的侮辱折磨，其情形之複雜，事端之紛繁，肆應之煩瑣，可以寫成一大本專書。經過年餘的折衝，最後跟日本軍閥簽訂了一項「塘沽協定」，使華北特殊化的日寇陰謀，終不得逞。然國內輿論譁然指摘，詆為喪權辱國，對黃氏個人，攻訐多於諒解，他始終逆來順受，不作一句答辯之詞。亡友左舜生當時任職上海中華書局，曾以「左仲平」筆名，在上海報紙著文評論「塘沽協定」，認為未可厚非。黃氏不悉左仲平為何許人，他南來滬上後，遍詢左仲平的所在，終得晤談，乃知其為青年黨的高級幹部，洎是黃以左為知己，彼此締下了深交。迨民國卅九年黃氏的內弟沈怡，在香港約舜生與我茶話時，沈君尚提到這回事。

黃氏就任政整會委員長不久，國內忽發生變亂，李濟琛、陳銘樞等挾持第十九路軍在福州組織「人民政府」，宣言反國民黨，變更國號國旗，毀棄三民主義，一面勾結江西的毛共，同時跟日本軍閥聯絡，派員赴台灣向日方乞援。華北方面亦暗雲密佈，而以山東主席韓復榘與河北主席于學忠等人的態度最堪注意，他們主張「聯省自治」以安定華北，說是對南京中央政府失却信心了。黃氏約同李石曾、何應欽等人，對韓、于迭加解釋，纔勉强安定下來。黃氏深虞日本軍閥或有利用「閩變」以分裂中國的詭謀，曾囑日本駐平武官根本博中佐，遄返東京探察實情，旋據根本報告，殊不盡然，即以轉達南京參考。這項報告書的內容，實為近代史的珍貴資料，茲錄於次：

『此次往返月餘，在東京十六天，餘在關東及在途。在東京時見荒木（貞夫，陸軍大臣）、閑院宮（日皇之弟，掌管軍令）、廣田（宏毅，外交大臣）、牧野（伸顯，宮內大臣）、西園寺（公望）諸要人，尤與荒木八次晤談為最多，要旨如下：

（一）閩方事前曾派國家主義青年黨人分赴台灣、東京兩地求諒解，當時僅持兩義，「曰黨治不良，一曰獨裁不堪。日方答復謂：此係貴國內政，原無須吾人置喙，惟既來商，吾人之意，以為黨治數年實鮮成績，且容共時餘毒未清，實為東亞前途之隱患；至獨裁一說，質言之，無非反對蔣氏，事實上貴國幷無適當之人能繼其任，似應容忍等語。及閩變既起，始知含有聯共、反蔣、反黨三義。嗣因台灣對聯共稍持强硬態度，閩方乃解散第三黨以搪塞之；復因香港（粵系）對反黨表示不贊同，閩方又表明僅反南京之御用黨以拉攏之。現所持三義，只剩反蔣一義矣，是完全為權位之爭，如此無定見，無主張，認為政治上不夠格。日方且探悉陳銘樞、蔣光鼐與蔡廷鍇幷不一致，陳、蔣對日主求諒解，蔡因滬戰關係不贊成，而蔡幕中聞有美國人二員為之策劃，故日方決不能予以援助云。

（二）胡漢民發表宣言之前，曾託人與日本駐港武官接洽謂：華南立場不能不標榜抗日，但反蔣成功後，必仍可彼此合作，謀根本親善之道。港武官據以電告，荒木閱電大笑曰：「這是馮玉祥第二！」

（三）對張漢卿回國提出兩點：一不來華北，二不掌軍權。末尾更有恫嚇之詞，不堪入耳。根本幷附帶說明云：荒木歷來標榜「信義本位」，故平時常以「言行一致、前後一貫」勉其部屬，閩港兩方此種辦法，如何能得其同情？』（括弧內的名字職位是筆者加入的）

這是黃氏為要瞭解日本軍閥政府對於閩變的眞正態度，俾便肆應華北局勢的一項秘密工作。他認為根本博的報告內容太「甘美」，未可盡信，但後來事實証明，日本軍閥對閩變確未予以應援，只在福州被國軍蔣鼎文部攻佔前夕，由當地的日本領事館將尚未逃出福州的閩變份子王禮錫、胡

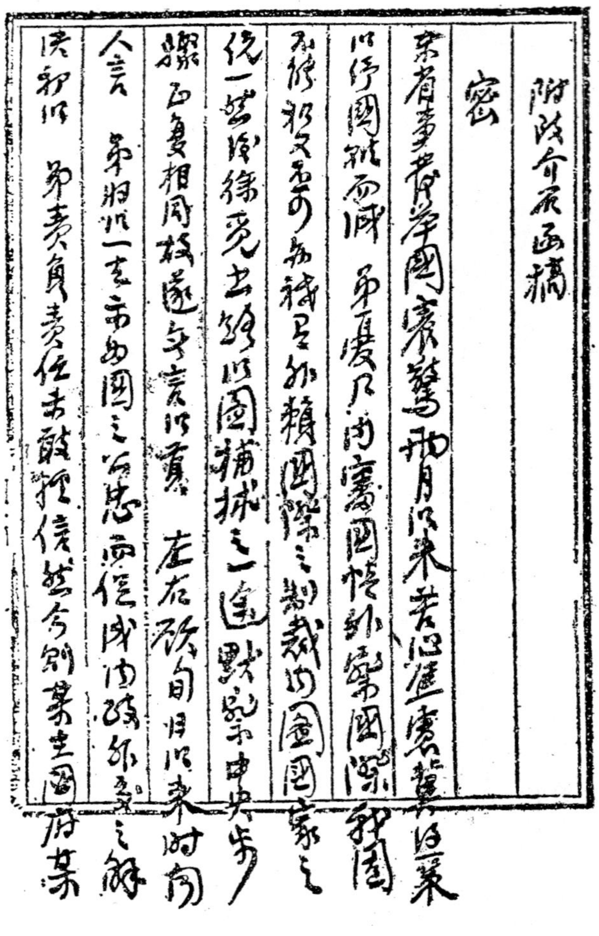

黃膺白親筆函稿

秋原、劉叔年、彭芳草等，接來領事館再搭日輪逃往香港而已。

筆者初識黃氏於九江碼頭的日本輪船上，時爲民國十六年二月間。我從上海携帶着國民黨上海政治分會主持人鈕永建、吳稚暉等寫給武漢國府的公私文書，僞裝日本人，化名「春本俊三」，乘日輪前往漢口，同行者有日本駐滬武官今井武夫，頭等船票亦係今井代購的，爲的是防備過南京下關時，不要被北洋軍閥孫傳芳檢查出來，遭到不測之禍。一路之上，今井諄囑我切不可說中國話，免露破綻，船主以爲我眞是日本乘客，毫不懷疑。迨到達九江碼頭停泊，驀見黃氏偕其夫人登至頭等艙，船主知道他是中國名人黃郛，對他大談其國民革命問題，說國民黨跟共產黨的思想主張無殊，都係「赤化主義」，黃氏以日語娓娓解答國民黨與共黨不同的事實，甚中肯綮。我從旁細聽着，自念由日本求學歸來尚未到兩年，日語即已感覺有些生疏了，然黃氏留學日本時在清末，他回國已有廿年了，而其日語依然那麼流暢，心裏頗爲納罕，對他甚表欽佩。旋即向他自我介紹，說明我是李烈鈞先生的秘書，他甚表親切，一道同船赴武漢。不數日，得悉武漢共黨將對他不利，乃倉皇離漢赴滬，嗣後我從未跟他見過面，可說是毫無私交關係。但常常從他的知己朋友如楊永泰、李書城、張羣、章士釗諸位先生的言談中，飫聞他的身世與其公私生活方式，心儀其人。

從民國十六年到廿五年他去世的這段時期中，憑着他的資歷和人事關係——特別是他跟蔣先生的深厚交情，遠在張岳軍、楊永泰諸人之上，張氏曾經出將（重慶行營主任）入相（行政院長），顯達當代。然黃膺白除却作過兩個月的上海市長之外，只担任了兩次別人所不願、亦無能爲力的艱苦官職，任務告一段落即辭去。政府曾經任命他爲內政部長，他不就；蔣先生曾自兼導淮委員會委員長，請他作副手，全權處理，他亦拒却，且主張可將導淮事宜歸併於內政部。他對政治生涯雖說是「難進易退」，但難進幷非不進也。我對他在政治上這樣恬淡的原因，再三研究，得到了幾點結論，不妨談談，藉以質之於知人論世者以爲何如？

黃氏雖非富裕人家，却無「爲貧而仕」的必要。他滿懷愛國思想，也有抱負，對於富貴功名的意念殊淡薄。在他認爲沒有意義，或者縱有意義而感覺形格勢禁，難以施展抱負的政治職位，即無興趣，如內政部長和省主席之類，名氣很大，生活亦舒適，但談不上創造事業的話，所以不願枉費心機，此其一也。他在日本亡命時即不贊成政黨的領袖萬能制，更不贊成後來容共時期採取那「一切權力屬於黨」的蘇俄式政黨組織，因而他始終未會正式加入國民黨，只是以一個服膺三民主義的同盟會老同志資格，隨時隨地從事革命運動，立場決不變。國民黨清共乃至於勦共了，而黨的制度仍沿襲蘇俄式，所以蔣先生再三請他塡寫入黨表亦未遵命。他在執政黨既然沒有黨籍，自無地位，即屬黨外人士，在黨權高於一切的政府之下，僅藉人事關係而担任要職，決無施展個人抱負之可能，祇是混差使做官而已。例如導淮事宜，政府的決策是將編遣下來的官兵，轉業於水利建設工作，原係很有意義的事，然他不願担任副委員長一席的主要顧慮，就是害怕黨部對於數萬名導淮工人將加以組織訓練而控制之，使他不能指揮如意，即無從實心任事，表現成績（黃夫人的回憶錄亦提到此點），此其二也。他平時極力主張政府和黨皆要有明確的法度，予人民以共見共信，然事實上未能做到，有法等於無法，制度隨時更易，國家庶政即無軌道可尋，官職雖高亦奚以爲呢？此其三也。他最厭惡「內戰」，常有「萬惡的內戰」之言論，認定這是破壞建設的極大原因。然內戰連緜不輟，沒法消弭，使他深感國家建設事宜無從着手，自己對於名利既不熱中，即不願作「南北鬼混之小政客」，顯違初衷，此其四也。

積此四因，加以他身經目擊的政治內幕情況，認爲縱使基於自己跟秉持國鈞者的深厚交誼，得在政治上蜚黃騰達，位極人臣，亦祇能過着官僚生活，對國家毫無裨益可言，非其志也。在民國肇建以來的政治人物中，黃氏實不愧爲獨立特行的自愛愛國之士，他這種「淡泊明志，寧靜致遠」的節操，可以風世也矣。

唐生智（孟瀟）

唐生智出生湖南東安縣，家道小康，其父唐承緒係一稍讀舊書的知識份子，在鄉里以紳衿出入官府。民國初年生智奉父命投入保定軍校，與桂人白崇禧、葉琪、李品仙等爲同期生，往後，葉、李皆從生智在湘軍于役，位至師旅長，而以李品仙尤受唐氏信任不衰。

生智賦性桀驁獷悍，不守繩墨，貌濃眉而目光烱烱，下顎——俗稱「地角」——尖削，一望而知其爲野性難馴的搏亂之徒。他畢業保定軍校回湘，即在湘軍第一師趙恒惕麾下担任下級官，不數年，乃逐漸由排連營長洊升至旅長。迨趙恒惕主持湘政時，倡導聯省自治，湖南自頒「省憲」，宣言不介入南北的政爭，汲汲於保境安民。然湖南乃四戰之地，國內一有戰事，必遭波及，非具備自衛武力，勢難閉關自全，因而民力雖凋殘，仍設置常備軍四個師。生智號稱驍將，與趙省長同屬湘之南路人，情誼較深切。蓋湖南素來別爲中、西、南三路區域：長沙府屬諸州邑如湘潭、湘鄉、醴陵、茶陵、瀏陽、攸縣、益陽、寧鄉、邵陽、岳陽等等，號爲中路；自常德以次，迄於黔邊各縣，號爲西路；由衡山、衡陽以上，迄於桂粵交界的零陵、宜章等區，號爲南路；省府一切用人行政措施，皆按中、西、南三路平均區處，省議會亦置副議長二人，議長每由中路人士充任，副座即屬之於西南兩路人士，歷時久遠，已成爲不成文的習慣法了。唐生智以南路人的關係，與趙省長（衡山人）比較親近，當趙氏擴編軍隊爲四個師時，關於師長人選，若論資歷，唐實係最淺者，似乎輪不到他。時湖南前任省長譚延闓因與趙氏不相洽，已辭職離湘而參加廣州的革命陣營，道路傳言譚省長蓄意捲土重來。生智急思攫得師長職位，乃密報趙氏，謂譚省長曾派人向他游說策反，彼已嚴詞拒絕云云（見趙氏在台灣發表的回憶錄），旨在討取趙氏歡心，畀以師長之職。趙亦以唐原係同路人，而乃父唐承緒又担任着省府實業司長，相信生智是足資倚畀的核心幹部，緩急可恃，乃拔擢唐爲第四師長，裝備亦特優，戰鬥力視其他各師爲强。是時趙氏皈依佛教，唐更進一步，奉一佛門顧居士（湘人稱之爲顧和尙，實則幷非出家人也。）爲軍師，號令全師官兵一致崇信佛學，藉以堅定趙省長對他的信心。

斯時湖南對於外來威脅，係在南方——即廣東的革命勢力。至於北洋軍閥力量，吳佩孚雖雄據洛陽，巡閱兩湖，然趙省長早與吳有協約（民國十年援鄂之役所訂），祗要湖南保持中立，北軍即不侵湘。因此，趙乃以生智所部第四師駐屯衡陽，鞏固南疆防務，旋特別設置「湘南善後督辦」名位，派生智兼任督辦，所有湘南各州邑的軍民兩政，乃至於地方官的人事進退黜陟，皆由唐督辦逕自處理，權勢煊赫，儼然第二省長，此民國十三、四年間事也。洎是，唐野心漸熾，私行擴充武力，就地籌餉，對湘境各地駐軍，頗示凌轢之勢，而對趙省長亦漸趨携貳，遇事不復關白，擅專威柄。趙窃窃疑懼，急謀有以自保，轉而一面懷柔駐在湘西的第一師長賀耀組，同時竭力拉攏駐在湘中益陽岳州一帶的第三師長葉開鑫，藉以懾制唐生智虎視眈眈的凌逼氣餤。

越民國十五年春間，唐督辦果然叛趙，派兵進至湘中，賀、葉等乃與唐公開決裂，合力組織「定湘軍」，而以賀耀組爲總指揮，宣言討伐叛將

唐生智

唐生智。唐部一戰敗績，退出湘中，再戰復失利，衡陽根據地亦將莫保，形勢危急，蹙蹙靡騁，乃乞援於桂軍老同學白崇禧。時粵中國民革命軍已開始北伐，蔣總司令先派代參謀長白崇禧潛至衡陽與唐洽商，囑其加入國民黨，服從國民政府，易幟參預北伐行列，即可派唐爲革命軍第八軍長，唐正感走投無路，慨然應命。白氏回至廣州，決定以廣西的第七軍入湘南助唐反攻，藉便進取武漢；另由總部派遣鄂人劉文島（亦保定生，與唐同期）爲第八軍黨代表，幷接濟唐部餉械。唐得此應援，士氣大振，戰事轉敗爲勝，未幾即已進逼湘潭，趙省長見大勢已去，乃通電下野去滬，幷將省長職務交由唐生智代理之。迨蔣總司令涖臨長沙，又委派唐兼任革命軍前敵總指揮，負責進攻武漢。當唐接受革命軍第八軍長任命之際，蔣總司令爲爭取革命實力計，以湘軍第一師長賀耀組原係日本士官同學，曾任之爲革命軍第九軍長，然賀拒不承受，他以爲糾合葉開鑫的兵力，必可制勝唐部，湖南省長職位，舍我其誰乎？詎料唐挾同革命軍新銳之援軍，勢如破竹，賀、葉旋被擊潰了。迨唐進入長沙後，賀又向唐輸誠，表示願受第九軍長之命，但唐答以「革命軍決不要常敗將軍」，詞氣咄咄逼人，賀沮喪之餘，再向蔣總司令乞情，得任爲暫編獨立師長。賀深恐唐不見容，要求率部馳赴前線候命作戰，蔣亦許可。賀於出發時，即以唐生智譏誚他是「常敗將軍」的話，激勵部屬，希望大家爭氣雪恥。後來賀在九江揮衆偷襲孫傳芳駐潯陽的總司令部成功，使孫氏狼狽而逃，纔由蔣總司令昇任他爲第四十軍軍長的。黔人谷正倫亦係日本士官學校出身，斯時担任賀氏的參議閒職，隨軍在潯，賀即以谷氏爲四十軍的師長，谷率部進克南京不久，奉命改充憲兵司令，從此與賀脫離了關係。

唐進入長沙後，亟亟擴編部隊，釐定建制，以何鍵、劉興、張國威等分任第八軍各師長，而以李品仙爲第八軍副軍長。何劉張等即率衆赴鄂，會攻武漢，迨漢口克復，劉文島乃以第八軍的黨代表關係，出任武漢市長。是時國共合作，黨權高於一切，毛澤東、夏曦、易禮容、郭亮等共黨份子，聯袂由粵回湘，主持湖南的國民黨省黨部，鼓動各地工農羣衆組織工人糾查隊暨農民協會，捕殺土豪劣紳與地主，閭里騷然，唐雖位居省長而兼革命軍前敵總指揮，坐視共黨搆亂亦不能制。長沙鉅紳葉德輝，前清進士，一生絕意仕進，精於目錄學，家藏精刻板本的古書甚多，素性傲世不恭，於長沙「農民協會」成立之日，撰聯語刋諸報端云：

農運宏開，稻粱菽麥黍稷，一堆雜種；
會場廣大，馬牛羊鷄犬豕，六畜成羣。

毛等惡之，即將葉逮捕，在省城又一村的教育會前廣場上，召集羣衆大會，予以格殺，唐亦不敢置喙。繼而他父親「唐老太爺」在市街被共黨使暴民撕毁長衫，指爲土劣而侮辱之，唐省長亦無可如何，反說乃父頭腦唆頑固，不識時代潮流所趨，老太爺爲之憤憤不平焉。

革命軍圍攻武昌城久未能克，唐將省政交由軍人周斕代理，親赴前敵指揮作戰，直至民十五年冬月，始告攻破。既而長沙傳來警訊，黔軍袁祖

銘部揭起革命軍第十軍旗幟，進佔了湘西一帶，唐急返長沙，特派文人周鰲山爲湘西善後專使，密囑周與袁祖銘假意周旋，暗中協同當地駐防的湘軍少數部隊，以暗殺手段對付之。一日，周專使在公廨樓上招宴袁軍長，袁以周係文人，又未帶有軍隊，僅携衛士數名，泰然赴宴，正與周談話間，樓下鎗聲忽起，軍士數十人蜂擁登樓，亂鎗齊發，周未能脫身，馳至暗處俯伏作中彈畢命狀，袁祖銘當場遇害。唐在長沙接得長途電話，知目的已達，喜甚，便詢周專使安在？答以恐亦誤遭非命了，唐謂「沒關係，犧牲自己一兩個人，算不了甚麼。」足見其殘忍性格之一斑。

廣州國民政府移至武漢後，以共黨份子爲主謀，掀起擁戴汪主席復職，反對軍事獨裁的政潮，唐亦囂然附和，實則此時他尚不識汪精衛的面目是何模樣呢！越民國十六年二月間，國民黨中央執監委員在武漢舉行聯席會議，中委兼江西省主席李烈鈞亦蒞漢出席，住在漢口友人家，唐曾來叩謁李，戎裝綁腿，足登布鞋，入座後竟將布鞋脫去，兩足蹲在椅上談話，毫無禮貌，且對蔣總司令表示不滿。時筆者隨李任記室，從旁覩及唐倨傲姿態，殊不謂然，彼辭去後，筆者向李氏指摘唐不應該在老輩人面前，表現這種無禮的動作，李笑謂：「如今是他們的世界啦，還講甚麼禮節呢？」次日李即馳回南昌了。唐之野性難馴，一目瞭然矣。

十六年四月汪精衛回到武漢，昌言「革命的向左來，不革命的滾開去」，并將蔣總司令免職，旋因蔣在南京實行清黨，乃組織「東征軍」，派唐生智爲總司令，通電各方申討，唐部何鍵、劉興兩軍，且已進入皖境。一日，唐在武漢總部召集幹部會議，何、劉與李品仙、張國威等都在座，唐當場囑衛兵將師長張國威勒斃座中，何鍵覩狀嚇得渾身發抖，又不敢詢問理由，而唐形色自若，滿不在乎，亦不說出張師長犯罪事實，但謂張有謀叛企圖而已。事後傳說是張對人有不贊成東征軍的言論表示，唐認爲張「通蔣」叛己，乃下此毒手，亦所以儆戒其餘諸幹部，唐之狠毒殘暴，世無其匹也。

未幾，寧漢滬三方面的國民黨人實行合流，一致清黨，唐生智在武漢擁兵主持「政治分會」，并無異議。嗣汪精衛以未能取得中央領導地位，派顧孟餘潛至武漢勾串唐謀亂，唐乃揭出「護黨救國」旗號，反對南京的統一政府，他以入黨尚未到兩年的軍人，竟敢攻訐許多爲黨奮鬥了幾十年的老前輩破壞黨治，其幼稚荒誕爲何如者！唐旋被中央軍擊潰，所部湘軍由白崇禧改編統率北伐，駐在天津至灤州之線，唐所恃以搏亂的資本，遽告喪失了。詎未到一年的時間，又以內戰關係，有人要利用唐把湘軍從北方招呼南下，別有企圖，唐以兩百萬元作餌，果然使舊部脫離白崇禧掌握，由唐率領駐在河南洛河一帶，曾奉命跟馮玉祥作戰，此民十八年秋間事也。然而唐氏仍不安份，又在河南造反，却不知其宗旨何在，祗說是反抗南京國府。爲甚麼要反？理由很顯明，就是政府沒有給他一個專折開府的地盤，祗是不便明言而已。這一戰役他當然失敗，於是乎，自己翻雲覆雨、慘淡經營的一副政治本錢，到此完全搞光，再無從興風作浪了。

唐生智自從在湖南犯上作亂，以至參加革命行列後，迭次加入各項內戰之役，并未見到他對外發表過政治主張，連政治問題的談話亦缺如，而叛亂行爲却至再至三，層出不窮。他如果稍有政治頭腦，曾有許多機會是可以竄起來的，但他野心甚大而智識蒙昧，左右又沒有半個人才，只知道耍槍桿，動則孤軍搏亂，又沒有足資號召的主張，不旋踵即被消除，連北洋軍閥的氣概與作法亦說不上，眞是太可笑了！

他在河南垮台以後，雖亦曾南走粤而北走胡，但自己手中已沒有絲毫的政治資本，誰也瞧不起他了。他抑鬱無聊，耐不住長期的落寞生活，祗好設法向南京當道低頭，於民國二十年間得拜軍事參議院長之命。他就職後，把若干非軍人出身的長衫朋友，亦任之爲中、少將參議，如上述湘人周鰲山，即係中將參議一名，輿論甚不謂然。一日，考試院副院長邵元冲對唐說：「孟瀟兄，外間都說軍事參議院成了湖南會館，希望你注意。」唐佛然答曰：「軍事參議院的湖南人，尚不及考試院的浙江人那樣多。委員長教我担任這項閒職，是調劑我的意思，我還得多用些湖南同鄉，跟你那考試院看齊纔是。」一派粗獷的詞色，使邵元冲大感尷尬，不好再說甚麼話了。

對日抗戰軍興，上海「八・一三」鏖戰後，中樞最高統帥料定日寇必然進攻南京，曾召集高級將領商討防守首都計劃，決定將中央政府撤赴武漢，指派國軍駐防京畿外圍，準備迎擊敵寇，另由高級將領一人担任防守總司令，此項任務頗艱鉅，希望在座人士自告奮勇，但無應者，最高統帥乃謂「由我担任防守之責可也。」此時唐生智起立發言，以國家最高統帥決不宜担任此等職務，如無適當人選，本人願意嘗試。統帥復謂：「近來聽說孟瀟的身體不大舒服，這任務殊艱苦，你不相宜吧？」唐云：「爲國殉身，亦義所應爾！」其言甚壯，統帥頗示嘉許，事乃定。

防守南京外圍的部隊，以王敬久、孫元良兩師爲主力，駐防湯山、句容之線，其餘各線軍隊亦與唐總司令素無淵源，指揮上自然不很順利。關於運輸補給事宜，防守總部設置着「運輸司令部」，唐生智特派其軍事參議院中將參議周鰲山爲司令，曾在下關江面集中着大小汽輪和木船百餘艘，差堪敷用。迨敵軍從上海方面進犯，兩軍正在激戰之際，外圍駐防部隊乃有私行撤退者，一夜之間，盡將下關江面所集船舶調用以去，而運輸司令毫無所聞，補給事宜固然大受影响，前線下來的傷病兵亦就不能立刻輸送到安全地區。未幾，南京即告撤守，唐防守總司令與周運輸司令等衝出下關那扇城門後，沒法渡過對岸，祗好向下游九袱洲方面逃難，周運輸司令大罵不守紀律的某某部隊，不斷地說出湖南諺語四字經——「惹他的娘！」爲之忿恨不已。

唐周二人回到武漢後，中樞據報南京防守部隊撤退時，幷無交通工具可用，認爲運輸司令周鰲山貽誤戎機，有虧職守，下令通緝之，周以含冤莫白，祇好悄悄地回到老家岳陽避難。唐生智旋奉命担任新成立的軍政執法部總監之職，第一樁案件即是審理山東主席兼集團軍總司令韓復榘通敵瀆職事項，韓被判極刑，即屬在漢口執行的。既而中央政府由武漢移赴重慶，唐仍任軍法總監如故，唯社會輿論以唐係失守南京的主將，政府雖不究問，似不宜再居於軍法總監之位，唐對外聲言南京撤守事，委員長是知道實情的，表示他幷非自由放棄職責者。時周運輸司令亦已來渝，筆者遇着他即笑問：「鰲老不怕通緝嗎？」他仍大聲謂：「惹他的娘，通緝我？老子還要按軍律殺人呢？」

不久，唐生智解除軍法總監職務，由何成濬繼其任，中樞亦未另以新職位畀唐。他原係不甘寂寞的，乃與一般金融界人士暨政界聞人們，排夕躭於牌賭娛樂，初則常以渝市內來龍巷范紹增宅爲集中地，繼以蔣委員長下令禁止公務人員聚賭玩牌，范宅太著名了，不復敢犯禁，唐即呼朋引類，改赴自己卜居的渝市外「紅巖咀」廣所，照樣玩樂不歇。間或應西康省銀行行長川人丁次鶴之約，在丁宅消遣，輸贏數字殊不小，牌九與單雙都玩，唐亦樣樣精通。丁次鶴者，家資富有而胆小異乎尋常，尤其害怕空襲，一聞警報即神魂不安，全身軟化，小便直流，急須乘車逃往郊外。唐知其然也，一夕特集多友在丁宅賭單雙，他預先吩咐自己的隨從不時入場觀察，如見到丁氏面前的籌碼甚多，即倉皇進來報告謂「敵機已入川境」，唐則答以「不要緊，隨時跟防空司令部聯絡就是，等到放緊急警報，我們纔走亦不遲。」丁氏聞訊却連聲謂：「算了，算了，我們走罷」，唐則厲聲宣稱：「我不走，誰也不許走，要死大家一道死好了！」丁更惶急，力主停止，唐又斥之云：「我的生命還不如你貴重嗎？」丁只好咬牙奉陪，然精神恍惚，下注即輸，等到他面前的籌碼輸光了，唐的隨從又來報告說：「敵機已離開宜昌了。」唐每以此捉弄丁氏，使其大輸後，又對丁說：「沒有甚麼敵機入川，那是故意嚇唬你的」，弄得丁氏啼笑皆非，可謂惡作劇也矣。

唐生智閒住重慶歷三數年，知道在政治上已無出路了，而老家東安縣幷未淪陷。於是，他寫一簽呈遞交最高當局，自述生性嗜好牌賭娛樂，閒居無俚尤然，與其久居重慶常常違犯領袖禁令，惶愧難安，不如遄返故鄉，料理先人創設的農場，稍作生產事業，於己於國，皆有裨益。唯農場荒蕪已久，整理需財，擬懇俯察愚忱，諒其苦衷，准由農民銀行貸欵二百萬元，俾濟急需，結果核准照辦。他拿到這筆錢後，往晤軍統局長，告以不日還鄉務農，請派幹員一人偕往東安，常川住在唐家，如果發覺我唐某有對不起領袖的行爲，儘可先斬後奏，不用客氣云云，軍統方面遜謝不遑，再三予以安慰，唐即離渝回湘了。

對日抗戰勝利結束後，唐仍然住在湖南，度其寂寞生活，民國卅七年冬臘，曾奉蔣總統電召入京一次，亦無下文。迨大陸易手，他仍居留長沙，一九五〇年有人從長沙逃來海隅，據說唐孟瀟見着訪問他的客人即謂：「請你說話小心點，我自己如何下場，亦未可知呢！」一生搗亂成性的唐生智，遇到比他更狠毒的對手，也就慄慄危懼，莫可如何了，哀哉！

白崇禧（健生）

桂林白健生於民國初年由保定軍校畢業回至廣西後，曾與同在保定肄習軍旅之事的容縣黃紹竑（季寬），投入桂軍陸榮廷創建的模範營當連長，受營長馬曉軍（日本士官學校出身，曾任立法委員，在台北因車禍喪生）的督導。馬氏爲人頗謹愿，而黃、白二人少年英俊，跅䟤不凡，致爲行伍出身的陸榮廷及其幹部所嫉忌。馬曉軍既無創造時勢的才識，憂讒畏譏，一籌莫展，模範營終告解散了。維時南北各省內戰連緜，軍閥割據稱雄，任意擴充私人武力，動亂不已，黃、白亦在容縣梧州各地區進行招兵買馬的工作。旋黃季寬在梧州以非常手段，將駐防當地的桂軍馮葆初一旅之衆，據爲己有，號稱「定桂軍」，揭起反抗陸榮廷的旗幟，而以白氏爲參謀長。適李宗仁亦因不見容於陸系，率領着一部分隊伍在十萬大山打游擊，黃與李聯盟反陸，互相呼應，李部名曰「討賊軍」，一致以打倒陸榮廷爲目的，黃又推薦白健生兼任李軍的參謀長，彼此沆瀣一氣，終將陸系武力擊潰，使陸榮廷出奔安南，轉赴蘇州隱居，廣西乃成爲李、黃、白三人共治的天下了。

李宗仁賦性渾厚，善將將；黃季寬沉雄有謀畧，具統籌全局之才；白健生能將兵，有衝鋒陷陣之勇；他三人的個性互相配合，各展所長，乃得統治廣西數十年而不敗。白氏以參謀長身份，每有戰事即出任前敵總指揮，戰罷仍還原職，然好談政治，亦常代表廣西與國內各方面接洽，而以馳驟粵方的機會尤多。越民國十五年，廣州國民政府決計出兵北伐，成立「國民革命軍總司令部」之初，蔣總司令乃挽白氏担任參謀長，白當然樂從。但李宗仁認爲白健生的個性殊不相宜，表示異議，最後決定由粵省主席兼第四軍軍長李濟琛負其名，而以白氏代理參謀長職務。事後証明李宗仁的見解確實不錯，革命軍進入長江流域後，蔣總司令以白氏不守繩墨，信任之心乃漸趨薄弱了。

白氏自負爲命世之才，睥睨一切，遇事好專斷，既無李宗仁的厚重氣概，亦乏黃季寬的沉着資質，他幷不諳悉政治的道理，却好談政治，多作主張。他在北伐初期，以總司令部代參謀長兼任東路軍前敵總指揮，協同何應欽從福建打到浙、滬，且在上海很迅速地將共黨的武裝糾查隊數千人完全繳械肅清，可謂卓著勞績也矣。但他得意忘形，對於有關軍機的事情，每不先得總司令核示，即以參謀長地位擅自處理，如革命軍沿途繳獲大量的北軍槍械，他就自由分發某些部隊，這便是「不守繩墨」的例証。民十六年夏蔣總司令辭職去國後，白以前敵總指揮領軍循津浦線北伐，打到了山東臨城，電調駐在上海無錫一帶的第十四軍賴世璜部，渡江增援，賴部開拔稍遲，他遄返南京將賴逮捕，未經依法訊究即予槍斃，亦無罪狀宣佈，更係「不守繩墨」之尤者！

白崇禧

民十七年李宗仁奉國府命令，進軍武漢征討叛將唐生智獲勝，唐部殘衆三師人，由白健生改編統率北伐，進駐冀東一帶，其勢甚張。白又約晤奉軍參謀長楊宇霆（鄰葛）於山海關，報紙宣傳孔多，說南北兩個諸葛亮——因白氏有「小諸葛」之稱——投契合作，非同小可。北平故宮深苑中，距「乾隆帝讀書處」不遠的地段，有一牌樓式的門面，名爲「崇禧門」，白氏見之，即召攝影師入宮，戎裝站立門中拍照，怡然自得，照片刊在報上，閱者誚指白氏有帝王思想。既而他所統領的湘軍譁變南下，事前他毫無警覺，幸得桂籍師長廖磊保護他離開天津，躲在一艘煤炭船中，南行回到武漢，這些都是他沒有政治頭腦的素質表示。越十八年南京當局爲着武漢政治分會擅自撤換湖南省主席魯滌平，并派兵入湘追擊魯氏所領的第二軍之故，下令討伐，而桂軍主帥李宗仁留滬不能回漢，白代李主持戰役，由於將士不用命，迅即崩潰了！原因是當李宗仁在武漢擴充實力，新組第十八軍之際，白氏力保其保定軍校同學鄂人陶鈞担任軍長職務，陶又將所屬師長位置，給予保定同學鄂人程汝懷、石毓靈等，而使桂軍舊有將領中之著有汗馬功勞者，如第七軍副軍長李本一、參謀長徐智明、旅長楊騰輝等人大爲不平，揚言「廣西人賣命，湖北人作官」，影响士氣甚大，楊騰輝且自前線不戰而向後撤退，戰事當然非失敗不可。桂軍既決計撤回廣西，却不敎第十八軍殘衆經湖南進入桂省，竟聽其馳往鄂西江陵荊門一帶，被中央軍第八師朱紹良部截擊覆沒，片甲無存。這又表現着白氏不懂得政署支配軍署之義，且亦沒有統籌全局，指揮大兵團作戰的才能，只是一員勇於戰陣的偏裨之將而已。

民國卅七年白氏卸去國防部長職務後，快快不樂，政府任之爲華中軍政長官，綰領鄂、贛、皖、豫的軍政事宜，他在上海不願應命，洎經黃季寬曉以利害，喻以得失，他纔欣然就職。迨徐蚌會戰，國軍失利，局勢逆轉時，他却密電中樞，反對繼續戡亂，攄述三不可戰的理由，一面又在武漢截留中樞由巴蜀運來的糧食和軍用物資，而江西、安徽、河南省議會反對中央戡亂政策的通電，亦係「華中軍政長官」公署的電台代爲拍發的。這樣乃使蔣總統決計引退，而由副座李宗仁代行職權，進行和談。李氏所派的和談代表八名，原無劉斐在內，因毛共拒絕彭昭賢爲和談代表，白氏即舉薦劉斐承其乏。此時大家都知道劉係潛伏在我政府中的共諜，白氏亦明白的，但他推薦劉的唯一用意，是要劉到北平向毛共說情，將他在共軍俘虜營中的外甥某某釋放出來，結果雖然如願以償，但對國事乃有損無益。白氏平日每攻訐別人「天下爲私」，自己却不惜假公濟私，其品概可知矣。卅八年春，和談破裂，政府南遷廣州，劉斐棄却政府職位，駐在香港，替毛共從事策反工作，而白氏又秘密邀約劉斐潛至羊城與李宗仁商談國是，李宗仁的秘書某君力言其非計，白氏指某君「造反」，迫使李宗仁與劉晤談一切，而給劉斐以若干第一手的情報資料，這能說是有政治頭腦的作爲嗎？

卅八年夏，白氏由武漢率大軍轉進湖南時，湘主席程潛以過去曾在武漢被桂軍扣押過（民國十七年的事），對李、白素無好感，加以他此時已有投共的陰謀，亦害怕白氏對他不利，乃藉名出巡，潛往邵陽以避之。白氏若有跟共軍決戰的意志，即應堅守長沙，改組省府，把程潛護送至廣州，清除一般共諜，否則對程潛祗好安撫毋驚，靜觀大勢，蓋此時國府已派人向程徵求同意，要他担任考試院長，白當然知道這回事。詎白既無堅守長沙之心，又亟亟於改組省府，且漠視省內外的湘人意見，非以陳明仁繼任主席不可。陳乃一介武夫，未曾幹過一天的行政工作，名望更談不上，他與王耀武是同一類型的人物，然白氏譽之爲湖南第一等人才，其顢頇無識，殊堪驚詫。白氏曾來廣州述職，倡言西南大團結，以兩廣爲中心，堅守華南，且派遣了桂軍一個師到粵北協防，他在廣州對新聞記者說：「馬上打一次勝仗給大家看！」詎言猶在耳，竟將派到粵北協防的一師兵力，忽然自動撤走了，桂軍亦就不願在粵北作戰。這又與其所倡導的西南大團結計劃不相符合。白氏雖不擬在湘南與粵北地帶對共軍決戰，然其廿萬大軍的給養，又唯有仰賴於集中在台灣的國庫之一途，瞻前慮後，與其退入廣西一隅，饑軍困鬥，即不如向台灣蔣總裁竭誠商洽，將部隊由粵南轉赴海南島據守，必要時即撤往台灣，餉糈庶有着落。他計不出此，把大軍帶回老家後，不特給養無着，士氣亦頓趨消沉，最後迫不得已，纔又瞞住李代總統宗仁，由南寧私自電請蔣總裁入川指導軍事，李宗仁聞訊詰詢白氏何以突有此舉？他的答復則說：「二十萬大軍的給養，靠誰支持呢？」早知今日，何必當初，李宗仁即因此與白氏各行其是，不顧一切由昆明潛來香港，佛然去國了。這是白氏昧於政畧之最重大的失敗處所，既不知彼，亦不知己，二十萬大軍乃未曾經過戰役，即被敵人一網打盡了！白氏由武漢轉進至長沙時，曾將軍中的文武幹部予以檢核整飭，旨在防止共諜滲透，然其無線電台長便是共諜，所以桂軍回到廣西後的行動，敵人瞭如指掌，因而全軍覆沒，連高級將領亦無一人漏網，不亦宛乎！

潛伏在廣西的著名共黨份子，除劉斐外，尚有李任仁（桂省議會議長），而經常在白氏幕中參預密勿的劉仲容、黃啓漢亦係共黨同路人；此外更有在廣西播種的老共幹朱篤一（安徽人），亦由李任仁等掩護，久在廣西師範學院執敎。這些人的思想背景，白氏幷非不瞭解，如老共朱篤一在對日抗戰之前，重來廣西時，白氏見之震怒，詰係何人引進來的？李任仁等即答以「馬上敎他離開就是」，然白又謂「既然來了，不妨讓他住下」之語。民國十六年清黨運動勃發之際，廣西省黨部跴緝李任仁甚急，李即逃赴白氏的東路軍前敵總指揮部，倖免於難的，可見白氏對於共黨份子滲透在廣西各界的情形，比李宗仁更清楚，而其信任劉斐的程度，亦視李宗仁爲深。當李宗仁代理總統職權時，對劉斐幷未加以任用，劉的和談代表係白氏極力推轂所致。然則白氏固非共黨同路人，何以明知爲共黨份子而又優容之，器使之呢？唯一原因即是滿懷英雄主義，沒有政治知識，他認爲共黨份子無拳無勇，祇要不讓他們掌握軍隊，即毫無所懼。劉斐原係由廣西省政府給資派赴日本士官學校肄業歸來的軍事幹部，然始終只作幕僚，未曾帶過兵，這就是白氏的想法與作法。最後乃自食其果，不特一世英名歸於破滅，即數十年患難與共的老長官，亦不免凶終隙末，形成敵體，而自己晚年在台灣過着抑鬱落寞的生活，遽告縣解了！平心而論，白健生自有他的長處，能征慣戰，意志堅强，毛病就是缺乏政治知識，然又不願以職業軍人自居，喜歡過問政治。他對共產主義的本質，似非蒙昧無知，卅八年冬間他在海南島迎候桂軍失望之餘，有人勸他不必到台灣去，他却說：「跟蔣先生一道，充其量不過是個人事業的成敗得失問題，跟共產黨相處，那便是生命的存亡問題了。」這是很理智而透闢的言論，較李宗仁、黃季寬高明多了。李、黃、白三人，對廣西是功多過少，對國家亦不無貢獻，降及晚年，分道揚鑣，各奔前程，而白氏獨能葆持其完整的人格，悠然而逝，亦可謂幸運也矣。

obermain

西德製男裝"奥比馬"皮鞋

大人公司 平價市場 人人百貨 大方公司 來路鞋公司有售

望平街憶舊

申報與史量才

胡憨珠

申報館終於在該報六十週年紀念以後，正式成立總管理處。其實在此之前，史量才已早向陳景韓、張竹坪表示過此一計劃，無異是對他們二位編輯部經理部的首腦，施以壓力，逼得陳景韓離去於先，張竹坪接踵於後。陳景韓離職以後，史量才對於館中的總主筆職位，又任其空缺虛懸，亦不讓總編輯張蘊和提升繼任，而申報從此多事矣。

申報館終於在申報六十週年紀念以後，正式宣佈成立「總管理處」這一個統制的組織機構了，這當然是館主史量才接受了黃炎培這位軍師的建議所致。

看官們須知道的是當年申報館內經（理）編（輯）兩部人事上的枘鑿之意見常現，冰炭之形勢時生。更有館外人黃炎培串插其間，常懷着幾恐申報不亂的心理，專門點火煽風，以滋生事端，幸災樂禍。幸得史量才有超人的智慧聰明，善爲處理，妥事安排，乃得消弭災禍於無形。但不過他爲了他自已對人處事的問題關係，往往使用各種權術，以求他的計劃實現，與目的達到。是以有時對申報館的事宜之而不行，亦有時對申報館的事行之而不宜，當年申報館總管理處的成立，即爲此一事例情形的一端。

且說申報於六十週年紀念開始全面革新時期，恰在「九一八」日軍進佔我國的東三省之後，而與「一二八」的中日事變，發生第一次淞滬之戰，在同一個農曆年度中。如果繩之以公曆年度區別紀述，則前者「九一八」爲公曆一九三一年（即民國二十年）九月十八日所發生之事，後者「一二八」則爲公曆一九三二年（即民國二十一年）一月廿八日所發生的事了。前後兩事所發生的時日距離，祇有一百三十二天，可是年度間却要分成兩個。因爲當時人民對日抗戰的情緒至爲高張，環境局勢演變至此，史量才當亦不甘後人，原來他在客觀的形勢上觀察，覺得此時申報已不容再事保守，故步自封的了。如要謀求發展，爭取讀者，只有將申報衝破所建立的保守的古老壁壘，作一次全面澈底性的革新運動。其次，他在主觀的局面上忖度，覺得自已在社會上的事業，於此二十年來努力經營，成績所示雖已實至，而名則未全歸。但放眼觀察當前的環境局勢，實情如此，因之頗思趁此機會，崛然興起，脫穎而出，定要有驚人的作爲，轟轟烈烈地表現一番，以提高他本人自已的聲望與地位，再進而酬償他某一種政治領袖的欲望。是他有感於孟子書本上所說的「舜何人也，予何人也，有爲者亦若是」那些語意的言詞，從而有所啓發而來的吧？

只不過史量才對於申報要予以全面革新的計劃，付諸實施之時，便感覺另有一個難題，擺明在他面前了。這難題非他，就是史量才在申報館的地位階級，不管在名義上也罷，在實際上也罷，雖爲申報館最高當局的老闆身份。但其本人所應享有的所有權力從接辦申報之日起，早已分授給於館中團結堅固、力量巨大的「編輯」與「經理」兩大部門。雖然，他所授權之人，即爲陳景韓與張竹坪二人，可是在授權時候，史量才曾鄭重而誠懇的當場致詞，要陳景韓全權負責主管編輯部，要張竹坪全權負責主管經理部，從此永遠的對申報分權合作，努力經營。而且他一再聲明自已對於該經、編兩部的用人行政之權，完全放棄，決不干預一件事，也不多說一句話。這種組織法頗有些像遜清末葉年代，與民國初葉期間，一般上流社會人士所研究討論「虛君制」和「責任內閣」的問題，彷彿似之。諒以當年史量才跟張謇、熊希齡、趙竹君等這班人就研討這種政黨問題，頗有心得。料不想他竟實踐其行，做「虛君制」式的申報館裏無權力的「虛君」了。但是結果成績非常美滿，終因陳景韓與張竹坪的分權合作，努力經營，使申報歲有所盈，業務大展。史量才擁有偌大財富，究屬一半兒是從申報發財起家，另一半兒是經營外業所賺來，這就陳景韓與張竹坪的功不可沒了。到了民國十七八年間，史氏要把他們二人的權力漸漸收回來，遂採用黃炎培所獻一石二鳥之計。假意分向陳景韓、張竹坪兩人密商，說是申報要設總管理處，處下屬有編經兩部，即是說你們二人的上級就是黃炎培。因爲陳景韓與張竹坪對黃炎培大有韓信羞與樊噲爲伍之概，於是二人先後一個是光榮的離職，一個是歡樂的轉業。打從陳景韓、張竹坪二人一走，從此申報館不再聽見有設置總管理處之話，這就是史量才「宣之而不行」一種所施權術行爲的明証，亦可以用最普通的俗語來解釋，名爲「開弓不放箭」是也。

張蘊和看不起黃炎培

史量才自陳景韓辭職離開申報以後，他對於館中的任職總主筆之人士，不再物色延聘，任其空缺虛懸。但一般人都說：在情在理，應該由總編輯張蘊和提升調任，此爲天公地道之事。張爲松江人，論他的文才碩學，聲望名氣，都不輸於人的。而其任職申報，早在史氏接盤以前，據說還遠在席子佩的長兄席子眉任做申報館的買辦時代，他已由青浦金劍花先生（金雄白兄的伯父）汲引他進入申報館任担此職，其資格之老，可想而知。原來當金劍花承當申報總主筆，以接手伊始，正苦無得力助手，恰巧張蘊和留學日本囘國，偶去申報館採訪金氏，遂被留住幫忙，竟至一世做着申報的總編輯，這新聞記者可說他眞正成爲終身職業。且一向以來於編輯部中夙負人望。至於他的博聞强記，他的經驗豐富，這原是一個讀書人所具有的自然本質，說不上什麼溢譽之詞與揄揚之語了。但不過有一點的最最難得與難能，也最最可貴與可敬之處，就是他忠於所事，重於職守，且能篤行信守於數十年來如一日。現在筆者舉一個例，如所衆知望平街上的各報編輯部中，定有一種無明文規定的規則，即爲總主筆可以不看「大樣」。（按：大樣即爲全版拼成，錯字改清楚的最後清樣之稱謂），總編輯則非看大樣不可，此爲報業有關編輯部門一定不易的自然規律。但是總編輯觀看大樣却有兩種不同的看法，一種是每版大樣都要親自過目，縱不詳看內容如何，至少也要看看版中的大小標題，有無不妥的詞句或字樣之處。這樣觀看大樣辦法的總編輯，定是一位責任心意重、道德觀念深的正人君子。另一種總編輯觀看大樣的辦法，那是祗看自己所主編第一版的政治消息、國事要聞的電訊版大樣，對其他各版的大樣概不置理，讓各主編人大樣自看，責任自負，話固可說，事亦近理；但不過就大體上的情理言之，只是斗筲之器的人士所爲，實不足以語君子之大道。

可是張蘊和這位申報的總編輯却採取前者的一種看大樣辦法，因此，他便要長期下榻在報館中了，而且他對各版大樣，非親自過目，就會有惶惶如也的不安之感的。所以曾有人說笑話：誠如張蘊和之所爲，對耕耘他後嗣的種子問題，不知史量才他這個老板對這位老夥計張蘊和有否說過一句「公而忘私」的安撫獎勵之話。也不知張蘊和這個夥計對他英明之主的史量才有否致以「臣卜其晝，未卜其夜」那些的陳情之語，在這裏都不去管他們了。但總而言之，張蘊和未能高升總主筆，大家對他都會發生一種李廣數奇，到老不封侯之感的。要知史量才之所以不把張蘊和繼陳景韓之後升任總主筆的職位後，據一般局外人的所作推測猜想，却有兩個可能。第一個的可能是他非常瞭解報館編輯部工作任務的中心，不管領導和指揮，全在總編輯一人身上。是以他一向以來，對於現任總編輯張蘊和其人，非但重視敬視，而且優遇禮遇。諒因申報的總編輯實在大不易爲，若言領導則必須要於基本才能以外，思想純正，操守廉介，超然於黨派系統之外，成爲一個遺世獨立之人。若言指揮，同樣的於應變智力以外，則必須要工作勤奮，刻苦耐勞，胸羅靈機，腦藏巧思。既有忘我的精神，又無名利的欲望，鞠躬盡瘁，死而後已。有此才調，具此條件，舍張蘊和外，實不作第二人想。試問茫茫人海裏，何處再尋找得出一個張蘊和呢，就此一動不如一靜了。

第二個可能是史量才對申報爲要廢除他「虛君制」，一變而成爲復興「君主權」的制度，亦即是收囘做老板的應有應享的一切權力。爲此，他起初着手頗想利用以革新的名義，逐漸滲入於經、編兩大部門，而後進入於完全自己掌握之中。是他認爲猶之人體所裝置的義臂義腿，效用縱然顯著，總覺得行動上難及從自身所生長出來的手足有靈活隨意的快感。現在他行施割除手術的一半已經宣告成功，蓋即以對張竹坪爲首的經理部而言，此時的張竹坪已被割除離去，代之而任做經理的即爲自己的親戚亦即表姪馬蔭良，則無異所自出的親生臂腿。至於以陳景韓爲首的編輯部，此時陳氏早已去職，後繼無人，無形中已經成爲總編輯張蘊和爲首了。只因史量才認爲張蘊和是個易於駕馭之人，又是忠於所事職守，勤於工作任務，並無有對他割除之必要，決定不動聲色，任其工作，覺得反而大可收他臂助之功，蓋史氏仍要借經編兩部作爲申報全面革新的推進樞軸。遂於民國二十年的春間，先行實現了黃炎培所獻的組設「申報總管理處」之策，以便申報進行作全面革新運動的發生動力機構。該處的組織成員，除史量才自任總理以外，基幹人員六人，計爲總編輯的張蘊和，經理的馬蔭良，中文秘書的趙叔雍，英文秘書的錢伯明以及被邀來新入申報的黃炎培與陳彬龢。料知讀者先生們對筆者說黃炎培「新入申報」的一語，定必滋生疑問。諒以黃炎培與史量才係光緒末年所相識的老朋友，此爲如所衆知之事。只因史量才接辦申報成功之初，早就宣佈他採取「虛君制」，把老板行政用人的權力，全部交給經編兩部爲首人物，因此，黃炎培就始終被擯棄在申報館的大門之外，無法進入。此次史量才因借組織申報總管理處的機會，才把他正正式式的延邀進入申報館，參與其事。而他來時却還與陳彬龢相偕，這情形極類如請王旡能前來唱「獨脚戲」堂會，王旡能帶了錢旡量同來一樣。因爲他們是老搭檔，雖是獨脚戲，非要有老搭檔才能有精采的成績表現。但史量才正不愧英明之主，深知道一向以來張蘊和瞧看不起黃炎培，如果鄭重其事的讓他們二人進入報館中，定遭張蘊和反對，以致一切計劃都要功敗垂成。所以他施用「行之而不宣」的一種權術，認爲必須造成既成事實的局面，張蘊和即使要想反對也反對不來了。因此，黃炎培與陳彬龢連袂進入申報館時，史量才對之裝模作狀得非常淡漠冷靜。如同進來兩個普通的小職員一般，既不給予正式的名義，也不安排固定的坐位。非但如此，就是總管理處也不設置一間專室，作爲該組織機構的成員們聚會辦公之所。雖然，史老板規定每星期集會一次，討論申報館的興革事項，但在此項集會中，倒是黃炎培與陳彬龢則變成爲召集人和無形的開會時之主席人，而每次集會討論的塲所，就在二層樓史老板的會客室中，平淡尋常的情況氣氛，達於極點。凡此種種情形的安排出現，皆所以懈張蘊和一人的注意力與反對的心志，據說這也出之於黃炎培所定之計，透過了史量才關係，使之實現的。但最後結果，黃炎培仍然無法跨進編輯室一步，因爲非但張蘊和一人對他不理亦不重視，就是編輯部同人也一致的對他不理和不重視。所以一般的說者謂張蘊和對申報編輯部的護衛法門，既不是笑口常開的彌勒佛，也不是怒目可怖的四大金剛，只是一尊莊嚴妙相的護法韋陀而已。

陳彬龢的廖化作先鋒

陳彬龢隨同黃炎培進入申報，常以「廖化作先鋒」的這句俗諺口語自承。但最後結果，廖化這個先鋒，居然給他進入申報館的編輯室之門，於是宣告大功告成。雖然，他進入以後，仍未獲得堂而皇之地安坐在寫字枱子前，撰寫社論。因爲申報編輯部在張蘊和掌握之下，不但壁壘極爲堅强，而且門戶依然謹嚴。在所謂「申報總管理處」成立以後，對於所有新進之人，除掉黎烈文一人得享坐在編輯部內一張辦公桌前發稿之外。其餘的那班著名新文化人物的撰稿人，一概不准進入，並且不許設放一張辦公桌，大有堅壁淸野、旗幟分明之概。黎烈文之所以獲此殊榮，這倒不是他的介紹人爲中南銀行大股東老板，亦即是新加坡華僑富商黃奕住推荐於史量才之故。據總編輯張蘊和所持的理由，說是黎烈文是繼周瘦鵑之後主編「自由談」副刊的主編人。主編人要發稿，是非要坐寫字枱不可，至於撰稿人就在他自己家裏撰就送來即可。所以後來繼黎烈文之後的王任叔（按：王任叔原爲申報投稿人，後被黃炎培請來係繼黎烈文之後，主編自由談，此人曾被中共政府派爲印尼大使），與胡山源先後主編自由談，都坐在申報館的編輯室裏寫字桌上發稿，這可說是他們受到張蘊和的欽命賜座，方才能安於其位的。

當時的陳彬龢雖然進得了編輯部之門，却仍不能於室中安放寫字桌，有所作爲，那只有作遊擊式的暫時佔據，蓋必須要覰着某一個編輯員尚未到來時，就悄悄地佔據其座位片刻。一見其人踏進室門，立即慌忙不迭的自動讓位，還要對他們頻頻致以申謝和歉意之話，而後去而之他，另找空座，再行竊據，這種遊擊式的佔據座位，縱不伏案工作，也爲任何人所難於忍受，而他却安之若素。非僅此也，是他對編輯部中一班同事，無不和顏怡色地寒喧周旋，應對進退，作友誼上的接觸。總算他的謙以待人，和以悅衆，結果非但不壞，反而大好。連之張叔通也對他表示好感與同情，這張叔通爲張蘊和之胞弟，其人在編輯部中是個最出名的難對付人物，其脾氣之壞，架子之大，眼界之高，城府之深，一切的一切，恰恰與他老兄成爲反比例。試思像張叔通對陳彬龢竟會施以青眼之重視，在前輩報人之中向來被人公認爲第一端人與好人的張蘊和，怎爲對陳彬龢不引起特殊優容，份外觀感，是以張蘊和對陳彬龢反而感倒極能彼此雙方談得攏，特別假以詞色。這爲因陳彬龢對張氏總以後學自居，遇事請益，執禮甚恭，陳彬龢的工夫可知，對申報當時的革新運動而言，在實際上能夠發揮一點作用，倒是全虧陳彬龢這位廖化式的先鋒。反顧被尊視爲漢家大將的黃炎培，則連編輯部之門亦無法闖入，只索得對着申報館編輯部的大門望門興嘆。

陳彬龢與申報發生關係，共有前後兩次。前者的第一次，那是他同黃炎培應史量才的延邀，連袂進入申報。約計其年月，即爲自民國二十年的春天起，到民國二十三年的春天爲止。後者的第二次，從民國三十一年的秋天起，到民國三十四年的春天爲止，前後兩次合併計算，歷時七年。前一階段的時局背景，爲由醞釀抗日戰爭而進於全面抗戰。後一階段的時局背景，則由日本軍閥挑動太平洋戰事以迄於日本接受無條件投降。他與史量才向不認識，也沒有什麽淵源，爲他們二人作牽引拉攏的媒介工作者就是黃炎培，至於他與黃炎培如何發生關係，關係深淺至何種程度，則談者都無從說起了。

陳彬龢曾經回憶他自己第一次進申報館的情形，他說：當時他之進入申報，完全是童養媳婦的身份，既要對總編輯張蘊和事以堂上翁姑之禮，還要對那些編輯先生一個個敷衍周旋，好比個個編輯先生，全是他的叔伯小姑一樣，試想童養媳婦焉有不怕翁姑叔伯之理呢？

陳彬龢又說：當時他的口袋中還常備了香烟，那時他自己是不吸香烟的，然則常備香烟做什麽用處，就是作爲交際周旋之用，請大家抽枝烟消遣消遣，陳彬龢還要替他們順手劃上洋火，如此殷勤當然容易惹人好感，大家明知他是黃炎培的人，但討厭黃炎培而不討厭陳彬龢，就顯得陳彬龢當時在申報館的如何識得做人之道了！

就說後來在日本人時代，陳之能進申報也是佔了這點便宜，馬蔭良就說過與其讓別人來主持，還是讓陳彬龢來的好。（二十五）

安那罕兩日記

（美國通訊）

・林慰君・

去年夏天，因故未能出去渡假，因此把「渡假」這個節目改在最近才舉行。

我們這次出去，先到好萊塢，在那兒玩了一天半，就到安那罕去了。安那罕是狄斯耐樂園的所在地，現在在加州是盡人皆知的一個城市，我們到達時已是午夜了。

第二天早上，陰雨連綿，不打算到什麼地方去玩，但卻打算去看一位朋友，這位朋友是名作家陳紀瀅先生。

陳先生於數月前抵美後，曾給我來信，那時他還在東部，不過他說他將來到西部後，住在他大女兒家，那時可能到我們家來看我們。我接到信後，自然非常高興，立刻寫信去歡迎。可是過了幾個禮拜，始終沒見着他，也沒接到他的來信。於是我就給他寫了一封信，寄到他在加州的大女兒家。結果他回信說，因爲他住的地方離我家太遠——約四百哩左右，因此恐怕不能來了。我和外子接到信後都很失望。因爲外子常常在報章雜誌上讀到陳先生的文章，對他非常敬佩，很想見見他。

這次我們決定到南加州旅行之前，還不知道陳先生所住的地方和我們去的安那罕原來很近，一直到動身的前夕，外子看地圖計劃路線時，才發現他的住處和我們預定的旅館，只有六七哩路之隔。

那天早上，我給陳先生打通電話時，他以爲我是在家給他打長途電話，要請他來我家玩，於是一聽是我，立刻就向我道歉，說了好多未能到我家來的原因，比如自己不會開車，女兒女婿都做事，不好意思叫他們送他來，自己一個人坐公共汽車又不太熟悉……等等。我想插嘴都沒法開口。於是只好等他說完，才告訴他，這些事他都不必顧慮了，我們一家都已經來到安那罕。

獅子不怕車更不怕人

「現在你不必來看我們，我們一家可以來看你了。」我告訴他，陳先生聽了，似乎有點小小的驚訝。

掛上電話不久，我們就到達了他大女公子的家。在路上時，我心裏想着，他的大女公子一定也是和我的外甥女們或朋友們的女孩子一樣，窈窕的身材，羞澀的態度，客氣而不苟言笑。……

誰知當我們的車停在鄭家門口，他們一家出來歡迎我們時，才發現陳先生的女兒和女婿，竟是我們早已認識的朋友！陳先生的快婿鄭明慈君和外子同屬仁社，因此他們是同社的兄弟，我和他太太雅寗則應以姊妹相稱。現在陳先生竟對他女兒說我是她的「林姑姑」，這眞有點不好意思！後來我們決不算那一筆賬，這樣，簡單多了。由姊妹而變成「姑姑」，未免太不像話。

在鄭家不但和陳先生與鄭氏伉儷暢談了數小時，而且飽吃了一頓雅寗所做的豐富午餐。鄭君現在經營商業，他們有一個十一二歲的和一個一兩歲的男孩。雅寗除管家外，並且充任護士，他們夫婦兩人都是在國內唸完中學就到美國來唸大學的，因此她並不是我所想像的那麼一位靦腆而寡言笑的小姑娘，她有中國家庭主婦的勤苦耐勞，又有美國職業婦女的豪爽大方。

鄭君現在正在各方奔走，組織一個華僑子弟暑期中文學校，他這建議，於數月前在仁社開會時提出，經全體大會通過，推他負責籌備。這是我們一些住在美國的中國人渴望已久的一件事，因爲我們眼看着自己的子女，一天一天的長大，而他們不但對祖國毫無認識，有的甚至於連中國話都不會說。這樣下去，實在是非常危險也非常可悲！鄭君爲了此事，已花了不少時間和金錢，各方奔走，接洽校址，找人捐款：：：等等，他那爲大衆服務的精神實在令人敬佩！

據說，這個暑期學校組成後，他還要進行另一種工作，那就是在南加州選擇一個氣候最好風景最美的城市，組織一個中國村，以便一些退休的中國人，將來可以聚居在一起，大家的教育程度、生活習慣都差不多，談起來比較易於融洽，也免得將來子女長成，離開家庭遠走高飛時，剩下這些老年人，孤孤單單的連一個志同道合的中國朋友都看不到。大概人到歲數越大，越希望能與談得來的人在一起，他這想法，眞是週到極了！我希望他這兩項工作，都能早日完成。

獅子園交通途徑

那天我們在鄭家談完出來後，就到長灘去參觀「瑪麗皇后號」。

「瑪麗皇后號」是與前些時在香港海面起火的「伊莉莎白皇后號」同爲有名的豪華大船。「瑪麗」賣給了長灘市，「伊莉莎白」則歸屬了董浩雲先生。

入門券是成人三元二角五分，十二至十七歲兩元五角，十二歲以下一元兩角五分，這條船的展覽部門分三部份。遊客如果只看一部或兩部，可以省一點錢，現在在我把這三部份極簡單的說一下：

第一部份主要的展覽是該船的歷史照片和機器，照片都是紀錄它從開始製造（一九三〇）到下水作處女航，後來第二次世界大戰時的運輸任務，以及賣給美國加州長灘市、來到長灘時移交的情形……等等。

「瑪麗」那龐大的機器艙，代表四萬匹馬力，它有四個十八呎直徑的引擎。

第二部份有他們自己認爲最講究的交際室，還有許多世界聞人（例如邱吉爾等）和許多美國電影明星們乘坐該船時所留的紀念照片……等。

這裏可以看見頭等艙的套房，它包括：臥房、客廳、洗澡間和女僕室；還有該船高級服務人員所住的房艙，船長辦公室等……。

另外有一部分，展覽很多海魚、淡水魚和熱帶魚。那些奇形怪狀、顏色鮮艷的大小動物，在玻璃缸裏游來游去，對我看來，眞是比任何機器都有意思！

總計該船有客艙九百四十九個，曾用服務人員一千多人，它有三個十八呎長的錨，每個重十六噸，三個九百九十呎長的鐵鍊，每個重二百多噸，全船用了五萬噸的金屬，鐵板有的有一吋多厚，八呎至三十呎長，三個汽笛，每個重兩千多磅，它的舵重一百四十噸。

獅子園中的豹

我們在船上看了好個鐘頭，出來後差不多又是吃晚飯的時間了。那天早已和陳紀瀅先生約好，晚上由我們作東，請他和他的小姐一家吃晚飯，因此我們就到了安那罕最有名的吃炸鷄的飯館去吃炸鷄。飯後大家一起逛舖子，不知不覺間，已是十點多鐘，於是我們只好分手各自回去了。

次日上午，我們開車到附近最有名的獅子園去。這個地方雖然名爲「獅子園」，其實裏面還有不少別的動物，計有豹、象、犀牛、長頸鹿、鴕鳥、斑馬、猴、熊，和各種鹿和羚羊一類的動物與一些不知名的鳥；不過獅子最多，有一百五十多頭。

這裏的特點是：不把牠們關起來；雖然獅子和豹等猛獸不與別的動物放在一起，但它們在自己居住的一片空地上，是自由活動的，該園佔地有數百英畝。

這些獅子，多半來自非洲，有少數是生在這裏的，牠們都沒有受過任何訓練。因此所有來玩的人，都必須把汽車的窗戶關緊，而且軟頂的汽車不許進去；敞蓬的更不用說了。

當我們把汽車停在路旁看那大大小小的一百多個獅子時，牠們有的站着，有的坐着，有的臥着睡覺，有的在和他們的小獅玩耍追逐，對路旁的一些汽車，一點也不怕。不一會，有些獅子就走到我們汽車旁邊來，用兩隻前腿爬在我們車上往裏看。過了一會兒，有一個大約只有一歲左右的獅子，竟跳上車，坐在前頭，隔着玻璃窗看我們。我用手在窗裏向牠揮動招手，牠覺得很有趣，也用牠的爪子抓我們汽車的玻璃窗。另外一個小獅子看牠玩得這麼好，也要上來，兩脚站在地下，一脚扶着汽車，另一脚用力推那個正在和我玩的獅子，想把牠推到那邊去，牠自己也好來玩。那個坐在車上的却不肯動，地下那個沒法子，只好走開，另外找別的獅子去玩了！

過了一會，園中巡邏人員看見這頭獅子老在我們車子上抓我們的玻璃，開車過來，竟把牠趕了下去！

九點半是喂獅子的時候，有一輛大卡車，上面滿載大塊的馬肉，由兩個人一塊一塊的扔給牠們吃。車上有鐵柵欄，因此獅子不會上去搶。那些獅子從很遠處看見那輛車，就知道吃飯的時候到了，他們的首領——一個最大的雄獅——本來坐在一棵樹底下，一看見那輛卡車，就站起來對着它走去。那些其餘的大小獅子，於是立刻都跟在後面，也對着那輛車走。牠們圍着那輛車等待分給牠們那塊十來磅重的肉，小些的獅子，分到的肉比較小。

另一地方的那些豹，是動物中跑得最快的，他們的速度，可達每小時七十英里。鴕鳥也很有趣，到我們車旁來要吃東西，我們當然不敢開窗戶，但牠們用嘴啄我們的玻璃，嘴張得好大！啄後好像得到了食物似的，先嚼，以後又往下嚥，做得眞是「像煞有介事！」不知牠們是故意在做給我們看，還是根本不知道

長頸鹿參觀汽車
獅子園中的象群

牠們自己嘴中有沒有東西，而只是本能的啄了以後就必需往下嚥，這一點，我將來還得請教動物學家。

幸虧那些大象和犀牛不到人們的車旁邊來玩或要東西吃。否則牠們一生氣，就可以把汽車推翻，或撞破呢！好在園中有很多巡邏的車輛，那些人員，都帶着麻醉藥針和眞的鎗械，如果有動物可能傷人，他們會用鎗把麻醉藥打到動物身上，使牠們暫時癱瘓。必要時，他們也會用鎗把牠們打死。據說自從該園成立以來，短短數年中已打死過兩頭獅子。一次大概是因爲有一個人認爲牠們不會咬人，開了窗戶要給牠照像或和牠玩，結果牠要攢進車去……。另一個好像是喂他們的人手裏正拿着牠們所要吃的許多肉，在一個沒有獅子的地方走路，不知怎麼忽然有一個獅子出現了。那個走路的人還不知道他後面的獅子已預備要撲過去；大概他身上有許多生肉的血腥味。如果被牠撲着，這人非被咬死不可！因此在另外一個車裏的人，看見時，立刻把那獅子打死了。

我們離開這個大獅子園後，又到它附近的一個「小動物樂園」去。這裏有很多可愛的小動物，計有小獅、小象、各種小羊、小鹿、大龜……等等。又有鸚鵡，粉紅色的火烈鳥和其他一些鳥類。這些小動物，遊客都可以隨便撫摸，抱着玩或喂牠們東西吃。可惜那天，那三個小獅子正在睡覺，管理人把牠們放在玻璃窗裏，不許人去碰它們！

這兒還可以坐船，有舖子專賣紀念品，我對那些東西都沒有興趣，只是看見一頭唯一的大象，可以花兩角五分坐一次，因此爬上象背，在一個圈子裏，慢慢走了一圈，牠由一個人牽領着，毫無危險。

我們在那裏的飯館吃了午飯後，又看了一次鸚鵡表演。他們一共有十幾雙鸚鵡，每個都有一套把戲。這位訓練鸚鵡的人，有一個女婿，是好萊塢有名的訓練動物專家，我們在好萊塢參觀一個電影公司時，也曾看見過他的鸚鵡表演。

我們雖然在這裏也玩了很久，但出來時還覺得沒有玩夠！這次度假，「獅子園」之行，可以說是令我們最興奮的。

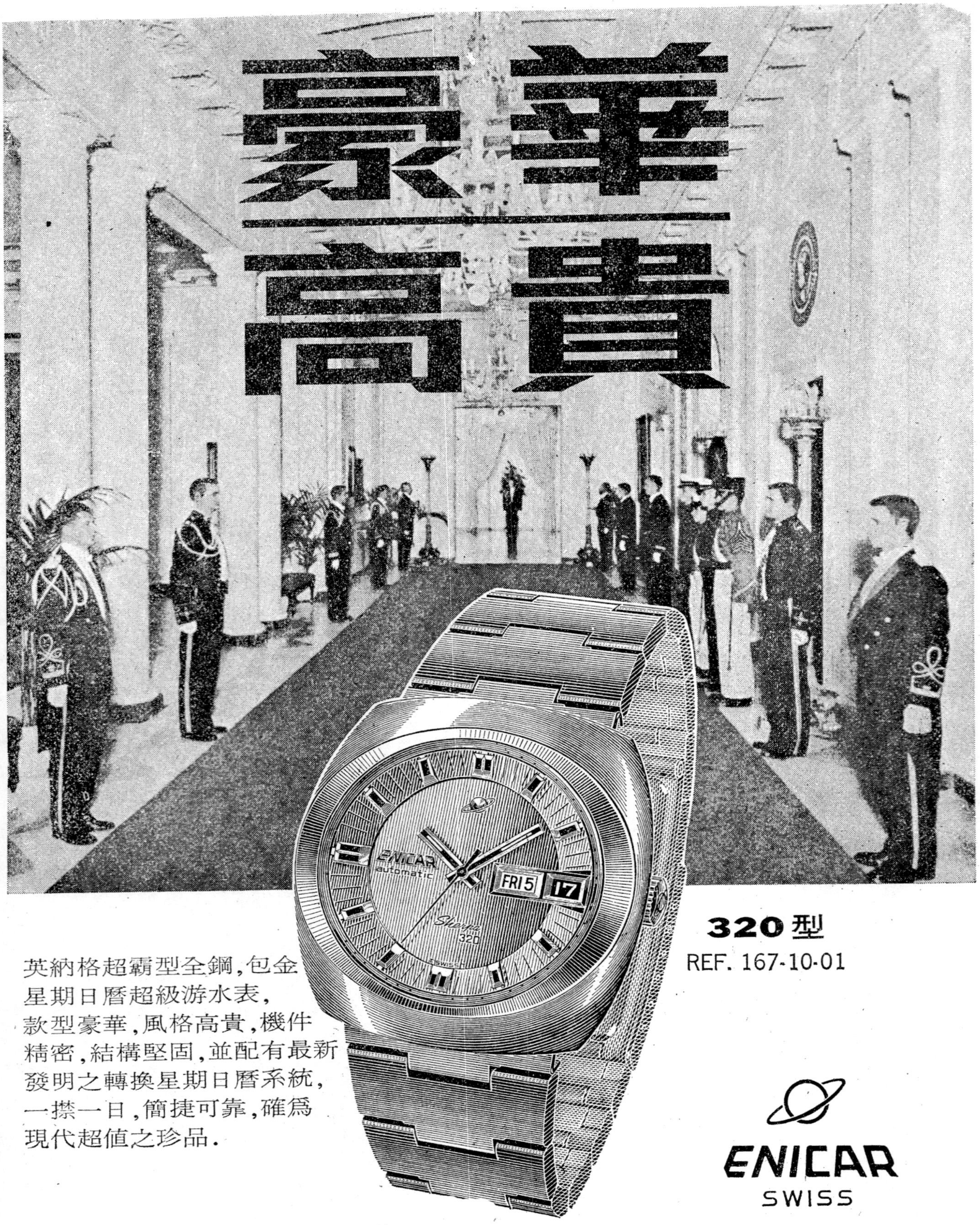

320型
REF. 167-10-01

英納格超霸型全鋼，包金
星期日曆超級游水表，
款型豪華，風格高貴，機件
精密，結構堅固，並配有最新
發明之轉換星期日曆系統，
一撳一日，簡捷可靠，確為
現代超值之珍品.

ENICAR
SWISS

瑞士名表

英納格

現代超值珍品・世界銷量第一

蘇曼殊畫如其人

曼殊造像　李靈伽作

蘇曼殊是活躍在辛亥前後的一個奇人，被稱為「一個世紀末的鬼才」。他有慧根，他有靈氣，詩與畫都能戛戛獨造，有一種清新超逸的格調。有人拿聖教序那兩句：「松風水月，未可比其清華；仙露明珠，詎能方其朗潤」，來形容他的作品。如其清末民初的藝文苑中，而沒有這位蘇和尚出現的話，那個時代一定更將寂寞不少。

而今，曼殊上人圓寂已快五十餘年，如果他仍活着的話，算來今年還不到九十歲，他死時才祇三十五歲，但遺留下來的舊詩小說之什，長期以來，頗能膾炙人口；尤其他的繪畫作品傳世不多，別具特色。其人其事，確也值得研究一下。

身世始終成謎

關於曼殊的身世，言人人殊，迄今猶似一謎。他姓蘇，原名玄瑛，字子穀，小字三郎，曼殊係其法號。生於民國紀元前二十八年（一八八四），卒於民國七年，得年三十有五。章太炎與他生前為摯友，在囘憶中即指他原是一個混血兒，父親是廣東中山人，在日本橫濱娶了日女而生下了他。他做過和尚，却又「不能作佛事」，還俗後猶時時穿着和尚衣服。柳亞子曾替曼殊寫過三篇傳記，但由於疑鬼疑神，無中生有，把曼殊的血統和身世，攪得太糟糕了，第一篇說他是一個混血兒；但第二篇却又以「潮音跋」附會其說，竟爾懷疑曼殊不是蘇傑生親生，而是河合仙帶來的油瓶兒，可能是純日本種；第三篇又自稱為嘔心瀝血之作，他查出其父蘇傑生在日本時，曾雇了一個下女，名若子，只有十九歲，胸前有一紅痣，照相法上說「當生貴子」，後來，果然和她生了曼殊。但產後不到三月，她就囘鄉不知所終。於是，傑生把曼殊交給了河合仙，要她撫養起來，所以曼殊便認河合仙是他生身之母。但此說又迄無有力的證據提供，仍在存疑之中。後來，柳亞子還訪問過陳獨秀，在談話中有一段却這樣說：「我問：『曼殊的家世問題，你知道的怎麼樣？』他答：『曼殊的家世，據我知道的，也和一般的傳說差不多；說他的父親是廣東人，在日本做買辦生意的，而母親是日本人。至於實際情形，我也弄不明白，因為他是從來沒有清清楚楚地對人家講過的。我和曼殊同在日本的時候，有一次曾見過他的母親，而曼殊却對我講是他的親戚；但我看他倆的面貌，非常相像，尤其他兩人間相處的情形，隨時可以表示母子間親愛的關係，決計不會是親戚，顯然曼殊在打誑話罷了。』……」不錯，曼殊生前，化名日本僧飛錫寫的「潮音跋」，便是神通狡猾，故弄玄虛，連柳亞子也上了他的當。

在香港，我數度與已故沈燕謀先生有所交往。沈先生是曼殊摯友之一，在曼殊年譜中，就查得出一九一二年，主講安徽高等學校，與沈燕謀同事。十二月下旬，與燕謀抵上海，同賃居於南京路第一行台旅館，嬉游度歲。一九一三年七月，在蘇州與燕謀同編「漢英辭典」。兩人之間交非泛泛。我曾叩問燕謀先生，曼殊究竟是不是河合仙生的？燕謀表示從曼殊平日的口氣中聽來，他是把河合仙當做母親的，母子間感情也很深切，就是曼殊幼年抱在河合仙手裏的照片，即可作一證明。直到曼殊臨終之際，曾淚承於睫，說了一句：「除了捨不得我的媽外，一切有情，無罣礙」。看來其間母子關係是不成問題了。

曼殊在二十歲時（一九〇三年），在惠州一所破寺內出了家。但還俗以後，跟朋友們一起常吃花酒，飄飄然而作逍遙之遊。致燕謀書中，即念念不忘於海上諸姬，且提起了「騷人」的名字。後來我才查出騷人即是于右任先生，所以我見到于先生時，便不揣冒昧問起當年與曼殊交遊的情形。據說曼殊在上海時，經常流連歌台曲院，無所不至，曼殊常掛在嘴上的，有一句口頭禪，叫做「不成問題」，大家都喜歡學他這樣說法。于先生談到他的亡友時，摸摸那把大鬍子說：「我替你寫一首曼殊最好的詩」。於是他揮起大筆來即寫：「春雨樓頭尺八簫，何時歸看浙江潮？芒鞋破鉢無人識，踏破櫻花第幾橋」。這詩的境界，一直到我二度去日本旅行時才深切領畧，其間有詩情兼有畫意。

傷心人別有懷抱，學佛與戀愛是曼殊一生胸中交戰的冰炭。他在廣州的未婚妻殉情死了，因此他要披上了袈裟；但日本的表姊又復屬意於他，令他無法接受。人們讀了「斷鴻零雁記」小說與他的本事詩，「還卿一鉢無情淚，很不相逢未鬀時」，總覺得哀艷絕倫，不忍卒讀。曼殊的詩有時摹襲唐詩，有時又分明是受龔定庵影響；但他沒有定庵的陰陽怪氣，而情致却更纏綿，祇是工力不深而已。當年他在日本，曾以一郵片寄與包天笑先生，上有百助眉史小影，秀美動人，他還寫了不少詩，什麼「我已袈裟全濕透」，什麼「收拾禪心侍鏡台」，頗爲一往情深的樣子。其後又有「與人無愛亦無嗔」之句，並爲伊人繪金粉江山圖贈行。佛家所謂「色即是空，空即是色」，曼殊確能參透此妙諦。所以儘管經常混在脂粉隊裏，事實上却「從未一破其禪定」，只是一種所謂柏拉圖式之戀而已。

在河合仙懷抱中的蘇曼殊幼年時

曼殊是一個絕頂聰明的人，詩有別才，畫也不錯。但章太炎、章士釗和陳獨秀，以至馮自由，都說他從小沒有好好讀中國書，初到上海時，文理並不高明。寫詩連字句點劃都弄不清楚；但悟性極高，不消兩三年間，詩境大進，而竟卓然成家了。如果不經他們說穿，誰也不信會有此等奇蹟。其中因素，還是郁達夫的見解最爲中肯：「籠統講起來，他的譯詩，比他自作的詩好，他的詩比他的畫好，他的畫比他的小說好；而他的浪漫氣質，由這一種浪漫氣質而來的行動風度，比他的一切都好。」在一切曼殊的作品之中，即由於其這種特有的浪漫氣質，所以信手拈來，都成妙諦，總之，最好是在他自己內心世界的自然流露。

曼殊身後，營葬於杭州西湖之畔。所謂「從古江山閒不得，半歸名士半英雄」，但有時英雄也許還不如名士，令人千百年後，猶爲之哀悼不已。本來，世間一切文治武功，實際上都算不得什麼；而留待萬古景仰的，往往一幅畫或一首詩，倒可以永存不朽！而且歷時愈久，也愈被人珍貴，不像那些煊赫一時的豪貴，很快隨時代而被淡忘了。予生也晚，雖不及見其人，但早年一度曾成爲曼殊迷。曼殊生前常去臨存的蘇州滾繡坊裏、烏鵲橋畔，我在那邊低徊咏歎了好幾年；厥後又專誠去西湖拜謁他的墓前，在芳草悽迷的清明節，不知立盡了多少個黃昏。

天下第一老饕

說來辛亥革命前後，一時人才雲集，確也出現了幾個有才氣的和尚，太虛之外，還有寄禪與其後出家的弘一，但都不如曼殊之率眞可愛。章太炎論當年廣東人士，便首稱：「儒有簡朝亮，佛有蘇玄瑛，可謂厲高節、抗浮雲者矣。」記得民國廿二年，我由於一段文字因緣，得以在蘇州錦帆路拜見了太炎先生。有天忽然談到曼殊，他不諱言替曼殊的譯詩潤飾過；接着又若有感慨地說：「像這樣一個清清白白的人物，出淤泥而不染，才是難得呀！」

柳亞子在蘇玄瑛傳初稿中，也如是借題發揮云：「雖雲鶴乎？實星鳳矣！」

考查曼殊平生經歷，在辛亥革命前後，所有知名人士，無不與之交遊。查得出的如章太炎、孫中山、李根源、蔡孑民、陳獨秀、汪精衛、黃晦聞、柳亞子、居覺生、于右任、章士釗、葉楚傖、劉申叔、黃季剛、鄧秋枚、包天笑、陳去病、沈燕謀等，還有馮自由與劉禺生。辛亥以後，有些人且做了大官，但曼殊却依舊一身蕭然，有如閒雲野鶴，從不作弋官獵爵之想，眞可說是「出淤泥而不染」，這是他人格的超絕處。沈燕謀先生告訴我：「曼殊天眞得完全像一個大孩子，平日對人絕無機心，只是說到吃就碰到壁，他可說天字第一號老饕。但其爲人却極富於正義感，誠如太炎所說：『見人詐僞敗行者，常瞋目詈之，人以爲狂戇』。就這樣脾氣最跟我合得攏。」我問：「究竟曼殊又是不是像太炎所說不解人事，不辨稻麥呢？」

燕謀答：「說他有時數不清鈔票數目，倒眞有其事。有天，朋友給他鈔票多張。他興之所至，自去街上購了一件藍布袈裟，不問其價，即付以二十元。所餘的鈔票，又在途中飄落了一空。回來後問他錢到那裏去了？他竟茫然不知所答，朋友都爲之失笑。……」

「他是一個常常沒有錢的人，怎麽竟會這樣的闊氣呢？」我問。

「闊氣的事多得很。陳去病說過，曼殊離去香港到上海，買了一百塊銀洋的外國糖果，原想送朋友的，在輪船上他一個人竟吃個淸光了。要知道民國元年的一百塊銀洋，是相當大的幣値，但他竟這麽滿不在乎。」燕謀說到這裏，又記起一件事：「在蘇州時，和我一同逛觀前街，買了幾十包酥糖，一個晚上便也會吃光了。他的毛病就在這裏，後來也因貪嘴不留窮性命，終於害腸胃病死了。」

蘇曼殊作松風鼓琴圖　（星洲陳之初先生藏）

關於曼殊的貪吃，在他自己的書札中和朋友的回憶中，可以考查出不少絕妙資料。他在兩度致沈燕謀書中，便因胃腸病而赴日本就醫，猶念念不忘「海上門鷄走馬之爲快」。致邵元冲書：「食生薑炒鷄三大碟，蝦仁麵一碗，蘋果五個，明日肚子洞泄否，一任天命耳。」致柳亞子書：「此處有蓮子羹八寶飯，惟往返須數小時，坐汽車又大不上算。」「又恐不能騎驢過蘇州觀前食釆芝齋粽子糖，思之愁嘆！」致徐忍茹書：「月餠甚好！但分啖之，譬如老虎食蚊子，先生豈欲釣人胃口耶？此來幸多拿七八隻。」這些書信到了今天，仍如見其人，如聞其聲，可不是一付饞涎欲滴的樣子！而有時在信尾上還大書：「曼殊寫於紅燒牛肉雞片黃魚之畔」，自己作老饕，還要釣別人的胃口。

我又查過他的日記，幾乎什九是食物賬單。但有一天却這樣記載着：「剩銅板七隻，窮至無袴」。

曼殊妙人妙事，在他朋友的筆下都寫得活靈活現。章太炎曼殊遺畫弁言云：「數以貧困，從人乞貸，得銀數餠即治食，食已銀亦盡。嘗在日本，一日飲冰五六斤，比晚不能動，人以爲死，視之猶有氣。明日復飲冰如故」。胡韞玉說得更妙：「性善啖，得錢即治食，錢盡則堅臥不起。嘗以所鑲金牙敲下，易糖食之，號曰『糖僧』。」柳亞子燕子龕詩序中一節云：「君工愁善病，顧健飲啖，日食摩爾登糖三袋，謂是茶花女酷嗜之物。余嘗以芋頭餠二十枚餉之，一夕都盡，明日腹痛弗能起。」費公直云：「大師啖生鰒（即鮑魚）三器，是夕夜分，大師急呼曰：『不好，速爲我秉火，腹疼不可止，欲如厠。』遂挾之往，暴洩幾弗及登。」汪夢秋云：「曼殊喜啖牛肉，一日與宋遯初等集東京民報社，曼殊入浴，予揚言：『喫牛肉料理去』。故作拔關覓履聲。曼殊從室中呼曰：『勿！勿！待我！』遽倉皇出，合座鬨笑。曼殊張目四顧，徐自語曰：『誑言耶？』衆益大噱」。從這個開玩笑故事，就可以看到他當時如何饞態可掬了。

直到民國七年之春，曼殊從上海白爾部路新民里十一號陳果夫寓所搬出來，因腸胃病劇作，送到金神父路廣慈醫院，則以病入膏肓，已到了不可救藥的地步。他還躺在床上大罵醫生，要朋友去交涉；結果醫院院長搜出來糖炒栗子四包之多，說是曼殊不顧性命，還藏在枕底偷吃。

「自是神仙淪小謫！」他就如此遊戲人間的結束了傳奇性的一生。

作畫也無師承

曼殊的畫，是與他做的詩差不多，功力不足而饒有天趣。人們往往指他學的是馬遠，但顯然他還沒有學到馬遠遒勁之筆，而未免有些稚嫩。看來曼殊多少還受了日本畫的影響。日本人的畫，最初是全盤接受了中國畫的衣鉢，名之曰南畫，在四五十年前，橫山大觀等輩的水墨作品中，猶有跡象可尋，近年已將失傳。目前所謂南畫，也幾乎變成爲重重塗抹的油畫，而某些自稱「新潮」的中國畫家，不知底蘊，反而倒過去向日本畫看齊，可以說是一種藝術的末流。但曼殊的畫，却并不屬於此列。因爲在他的畫裏，分明還有勾勒，還有皴擦，仍是接近中國畫傳統的筆墨技法；而况靈氣充盈，意境獨闢，確實以創作性的居多。

據曼殊文中自稱：「四歲伏地作獅子頻伸狀，栩栩欲活。」那是他在嬰孩時期便會畫幾筆是眞的。而據在橫濱大同學校與曼殊從小同學的馮自由回憶說：「曼殊在大同學校二年，性質魯鈍，文理欠通，絕未顯其頭角。……然其作畫之天才，則早已活現於大同學校時代。彼之繪術本無師授，間作小品餽其學友，下筆挺秀，見者咸爲稱異。彼與舍弟同級，余得其作品於舍弟，始知其能。及後同寓東京，則從未見其執筆作畫。迨丙午（一九〇六年）民報特刊之「天討」出世，所作陳元孝題壁及石翼王飲馬二圖，老練精工，有同名宿，令人驚嘆不已，此才謂非天授不可也。」這段記載是確實可信的，在小學時代的曼殊，文理尚未通順，但繪畫的天才却已被人發現了。其後不到幾年，他無師自通的居然會畫得那麽「老練精工」，像這樣與生俱來的藝術天才，可不是奇蹟出現是什麽？

在「天討」問世之前，曼殊先去了蘇州，在吳中公學教英文。那時他約二十一二歲，瘦怯怯的樣子，神情沉默，只會說廣東話而不會說蘇州話，見了空白紙張，便喜歡亂畫，畫了又往往付諸字簏。據包天笑先生回憶說，有次曼殊拿了一個空白扇頁去，畫了一個小孩子在敲破他的貯錢瓦罐，題曰「撲滿圖」。這時還在滿清統治勢力之下，這「撲滿」二字乃具有微妙的雙重意義。即此一端，可以想像當時他們這一般「憤怒青年」是如何豪情勝概。

曼殊的畫蹟，最先成書的有曼殊畫譜，成於民國紀元前八年，而部份發表於民國紀元前五年的天義雜誌第五號中，此書迄未出版。其中有曼殊的母親河合氏所作序，原爲日文，後經周作人譯爲中文如下：

月離中天雲逐風，雁影凄涼落照中。（吾兒畫此景獨多。）

我望東海寄歸信，兒到靈山第幾重？（兒嘗作靈山振衲圖。）

吾兒少不聰明，秉多疾病，性癖愛畫，且好遠遊。早歲出家，不相見者十餘年，彈指吾兒年已二十四矣。去夏始得卷單來東省余，適余居鄉，緣慳不遇。今夏重來，余白髮垂垂老矣。及檢其過去帖，見其友劉子所贈詩，有云：

亨君黃酒胡麻飯，貽我白門秋柳圖。

只是有情抛不了，袈裟贏得淚痕麤。

余詢知其思我及其姊，亦下淚語之曰：「吾兒情根未斷也。」今吾兒又決心將謁梵土，審求梵學；顧兒根器薄弱，余冀其願力之莊嚴，爲詩一絕，以堅其志。會唐土何震女士，集示吾兒零星諸作，以是因緣，澌筆誌之，固無礙於體例也。河合氏於西戶部之茅舍。

從這篇畫序看來，曼殊之學佛與學畫，竟還得到他母親的啓發與鼓勵。河合氏爲人固亦不俗，可謂有其母必有其子。當年曼殊逝世之後，據查河合氏仍健在，編訂曼殊全集的柳亞子父子，竟沒有想到日本去訪問一下，以致關於曼殊身世與其早年的第一手資料，都被忽畧了，未免太可惜。

蘇曼殊作對瀑撫琴圖

但值得重視的，還是曼殊自己那篇畫譜自序，對於中國畫的所謂南北宗，自有其眞知灼見，足証曼殊對畫理研究之深。

例如他說：「李派（李思訓）板細乏士氣，王派（王維）虛和蕭散，此又惠能之禪，非神秀所可及也。至鄭虔、盧鴻一、張志和、郭忠恕、大小米、馬和之、高克恭、倪瓚輩，又如不食烟火人，另具一骨相者」。文中竟沒有提及馬遠，而似乎傾向於南宗。其中且很具體地提出了他自己獨特的見解：「及至今人，多忽畧於形像，故畫焉而不解爲何物；或專事臨摹，苟且自安，而詡詡自矜者有焉。」這樣，即表示他對過於忽畧形像的作品，不以爲然，所以他作畫每一幀都是有具象，有主題的；同時，他又竭力反對專事臨摹，認爲那是一種苟且自安的懶性表現，都言之相當中肯。

他又引用明李流芳語：「余畫無師承，又不喜規摹古人；雖或仿之，然求其似，了不可得。」我們今天看了曼殊遺作，覺得他在構圖立意上自我創造，自成一格，果然是從理論而能進於實踐無疑。

「嗟夫！漢畫之衰久矣！今何子留意於斯？迹彼心情，別有懷抱。然而亡國留痕，夫孰過而問者？」這是曼殊自序最後幾句話，無非說他的作畫乃是一種寄託罷了。

一冊曼殊墨妙

近年我到處打聽曼殊遺畫的下落，從東洋一直旅行到南洋，在星加坡見到著名收藏家陳之初先生，他出示一冊有黃賓虹題籤的「曼殊上人墨妙」，一見十分面熟。才憶起這是四十年前，在上海時蔡守（寒瓊）手中見過的。當時由王西神之介，匆匆看了不過幾頁；現在再翻到章太炎那篇序，是用細字寫在深色檳榔箋上的，果然不錯。我請陳先生特地拍照掛號寄來了香港，相信這是近年曼殊眞蹟較多與世人相見的一次。

蘇曼殊作莫愁湖圖

此冊每幀的題材不同，且都有題跋如次：

一、一僧彈琴於古松石床之間。題句：「海天空濶九臯深，飛下松陰聽古琴，明日飄然又何處，白雲與爾共無心」。又，包天笑題「曼殊贈畫屬題漫寫二韻：張琴鼓天風，時答松濤響，坐冷石床雲，孤鶴將安往？」

二、一僧撫琴對瀑布而坐，題云：「鉢邏罕西歸梵土，衲嘗製江干蕭寺圖贈別，今忽半載，剎那間耳，今夕扶病作此遙寄。曼殊令蔡守錄」

三、一僧盪舟湖中，芳草碧柳，迎風而舞。題云：「乙巳與季平行脚秣陵，金鳳出素絹索畫未成，而金鳳他適，及後渡湘水作此寄之，寧使殷洪喬投向石頭城下耳。」又題：「惱殺秣陵春，春隨樊素去，却似絮因風，飄泊向何處。」

四、一僧牽一馬登山面海而立。題云：「甲辰從暹羅之錫蘭，見崦嵫落日，因憶法顯玄奘諸公，跋涉艱險，以臨斯土，而游迹所經，都成往蹟。予以縶身情網，殊悔蹉跎，今將西入印度，佩珊與予，最親愛者也，囑予作圖，適劉三詩到，詩曰：早歲耽禪見性眞，江山故宅獨愴神。担經忽作圖南計，白馬投荒第二人。噫，異日同赴靈山會耳。曼殊畫令蔡守書。」

五、一僧立海濱眺望白帆。題云：「丙午秋，須磨海岸，借水野氏南歸。」蔡守題云：「離魂隨客去，和月逐颿飛，縱被風吹醒，江頭亦懶歸。」

六、茅亭中一小女横笛而吹，一僧騎驢行過。題云：「癸卯入吳門道中，聞笛陰深悽楚，因製斯圖。在昔有亡人，吹簫而乞食。卿緣底事悲，旗亭𢫬寒笛。傾城題」

七、一披髮文士題詩於枯樹之上，一僧躡後觀之。題云：「丙午元旦，與申叔過馬關作」。

八、月下弱柳三株，中有木橋，一僧作憔悴行吟狀。題云：「昔人天津橋聽鵑有云：最可惜一片江山，總付與啼鵑。衲今秋弛擔韶光寺，夜深時聞鵑聲，拾筆圖此，並柬季平一詩，曰：劉三舊是多情種，浪跡烟波又一年。近日詩腸饒幾許，何妨替我聽啼鵑。曼殊令蔡守書。」

以上這些畫，都可以說「詩中有畫，畫中有詩。」幾乎每幀都着一僧人，即爲曼殊自己寫照。尤其他最愛畫楊柳，令人想起他「年華風柳共飄蕭」的名句。而最後一幀吳門聞笛圖，正是十十足足的蘇州烟雨之景。我曾在蘇州閶門外七里山塘，親歷了曼殊所畫的一幕，幷套了放翁句自嘲：「此身已似曼殊未？細雨騎驢過閶門」。

畫蹟傳世不多

多年訪尋的結果，知道曼殊存世的畫蹟實在也不多。目前在香港可以見到的是，潘重規藏，曼殊贈與潘君岳父黃季剛的一幅；此外，吾友劉

蘇曼殊作白馬投荒圖

作籌藏有曼殊騎驢入吳門圖一幀，原爲鄧秋枚藏。章士釗先生在八十一歲時，題詩云：

張楚狂潮六十年，入吳風味溯從前。
故人遺墨分明在，却憶遺踪總惘然。

癸卯爲光緒二十九年，（一九〇三年）是歲君與吾不告而別。

一代斯文天縱才，偶然揮灑便崔巍，
瀟疏幾樹閶門柳，誰道情僧少作來。

君作此畫，年纔弱冠。

又，包天笑先生在九十六歲時題詩二絕云：

曼殊騎驢入蘇州，柳色青青笛韵幽。
卸却僧衣拋却笠，偏教遺墨作長留。
渡海東來是一癯，芒鞋布衲到姑蘇。
悠悠六十年前事，憶否兒童撲滿圖？

曼殊初到蘇州，在辛亥之前，今又辛亥矣，憶在吳中公學社樓上，爲畫兒童撲滿圖之便面，寓意殊深，惜已遺失，今觀此圖，如見故人。

柳亞子傳蘇曼殊，說他爲「獨行之士，不從流俗，奢豪好客，肝胆照人，而遭逢身世，有難言之恫。繪事精妙奇特，自創新宗，不依他人門戶，零縑斷楮，非食烟火人所能及。小詩淒艷絕倫，說部及尋常筆記，都無俗塵土氣。殆所謂却扇一顧，傾城無色者歟！」這幾句對於曼殊藝文品藻的評價，極其富有概括力。蘇東坡云：「古來畫師非俗士，妙想實與詩同出。」又云：「詩畫本一律，天工與淸新。」正所謂，詩如其人，畫亦如其人。

他的絕句有「多謝劉三問消息，尙留微命作詩僧。」可見其生前與江南劉三最稱知己。民國紀元前四年陰曆正月廿五日曼殊自日本致劉三書云：「……前者偕足下登雞鳴寺觀台城後湖一圖，幷懷人作三十餘幅，均將鏤入銅版，然後一一寄呈故人耳……」此外還有爲劉三作的「白門秋柳圖」，傳到陸士諤兒子陸清潔手裏，竟在兵荒馬亂中失去了。「江湖滿地一漁翁」，這幅畫是

蘇曼殊作海濱獨眺圖

曼殊繪寄程演生的；「風絮美人圖」是爲黃晦聞繪的；「汾堤弔夢圖」是爲葉楚傖繪的；「萬梅圖」是爲高天梅繪的。自演生、晦聞、楚傖、天梅先後逝世，這幾幅遺墨，不知流落何處了。

曼殊當年，常和趙伯先（聲）在南京飲酒啖

板鴨，既醉，相與馳馬於龍蟠虎踞之間，一時稱爲豪舉。伯先請他畫「飲馬荒城圖」，沒有繪成，伯先因黃花岡失敗嘔血而死，埋骨香港，曼殊表示不負宿諾，特地趕成，託友人把畫焚化於伯先墓前，方之古人「墓門挂劍」，不是過也！

曼殊平日所畫册頁較多，在上海鄧秋枚寓中作「莫愁湖」一幀，此圖在山水蒼茫中着一僧人，與現在印出的幾幀相似。在鄭逸梅、陸丹林手中，各藏有一幀曼殊畫蹟，但二人皆珍如拱壁，秘不示人。

柳亞子夫人鄭佩宜藏有曼殊畫扇一柄，寥寥數筆，而逸趣盎然，曾刋之於曼殊全集。民國元年六月卅日上海太平洋報文藝消息稱：「曼殊上人於前日東渡省母，臨行畫紈扇十餘柄，分贈朋儕，留作紀念」，此紈扇殆即其一。又曼殊在安慶贈友之小品畫件有四五十幅之多。沈燕謀當時曾取得數幅，但後來他去美國留學時，這些畫就不知去向了，他到晚年，還對這些畫幅表示不勝惋惜。

以前，曼殊的畫在廣州六榕寺亦有保存，且屬罕見的大幅。大概曼殊平日用的畫筆，都是小號的狼毫，所以經常只作小幅，很少放筆作大幅。據高劍父向人說：曼殊作畫都是送人的，愛用日本蔴紙與絹，又從來也不喜設色，畫的風格極其高逸。所以後來有人說他：「畫參中東之法，貫通融會，不甚着墨；而俊秀之氣，溢於楮表」。曼殊的畫是確乎有些東洋畫的影响；但畫道之中，水墨爲上，他又跟一般學東洋畫的作風截然不一樣。要知道，曼殊當時才不過廿歲到卅歲出頭一些，作品當然不算太成熟；但如果他能多活二三十年的話，那成就一定更了不起！他的畫少年時已有俊秀之氣，倘到老年，必成大家，其造詣或竟在任何人之上。

黃賓虹很早與曼殊交遊。曼殊作畫時，賓虹的畫也還未到火候，兩人常在鄧秋枚的藏書樓中論畫，賓虹的「古畫微」，還是從那時才開始的。曼殊只活到三十五歲，而賓虹活到九十二歲，其從事藝術的過程幾乎要比曼殊多上五十多年，一生作畫不下數萬幅之多。但黃賓虹爲人謙遜，記得在北平會見時，他老人家說了一句懇切的話：「曼殊一生，祇留下了幾十幅畫，可惜他早死了，但就憑那幾十幅畫，其份量也就夠抵得過我一輩子的多少幅畫！」

蘇曼殊作吳門聞笛圖

自訂風流潤格

曼殊平生行脚遍天下，他在國內常流連在南京、蘇州、上海、杭州，以至廣州香港，又在日本各名勝處盤桓；其間且赴暹羅、星加坡、印度、錫蘭、爪哇、南洋不少地方。所以在畫中有寫石頭城莫愁湖的，有寫虎丘閶門的，有寫西湖的，還有若干域外風光，到處被他撫作題材。在日本會作「耶馬谿夕照圖」贈與日本畫家西村證。又贈畫扇與玉鸞女弟，題云：「日暮有佳人，獨立瀟湘浦；疏柳盡含烟，似憐亡國苦。」此中有人，呼之欲出。

最妙的是，曼殊化名日本僧飛錫，在潮音跋上大捧自己的畫。大意說：「……闍黎繪事精妙奇特，太息苦瓜和尚去後，衣鉢塵土，自創新宗，不傍前人門戶，零縑斷楮，非食烟火人所能及。顧不肯多作，中原名士，不知之也。……」這樣看來，曼殊把自己的畫竟與苦瓜和尚石濤相提幷論，其深自矜許也可知。

曼殊的畫如其人，自有其一片活潑的天機。他作畫自我作古，不隨流俗，而又深得畫之理趣，這在他也有些自信自知。他的弟子何震女士形容他「心能造境，於神韻尤爲長」，是不錯的。但無論如何，曼殊一切作品，都可說「高逸有餘，雄厚不足」，說他是東洋情趣，也不爲過。祇因他死得太早了，所有的作品到了今天，當然都已有其永久不朽的價值。

據劉禺生說，曼殊作絳紗記，每回附一圖已繪成三十幅，託蕭紉秋請孫中山先生資助印書之費，先生正困窮，孫夫人傾篋出八十元贈之。但此書卒未能印行。又程演生也提起，曼殊臨死前曾託他帶一信與蔡孑民，欲得一部費留學意大利習畫，結果理想竟未曾實現。

千古藝術屬於天才。終曼殊之生，沒有跟誰學過畫，沒有賣過畫，沒有做過職業畫家，不以畫家自居；而他作畫全憑一時靈感，下筆時幷沒

蘇曼殊作馬關題詩圖

蘇曼殊作月下聽鵑圖

有作絲毫功利的打算。所以他的畫如一種天籟自鳴，百分之百出自內心世界的自然流露，是眞！是善！是美！單看現在印出來的幾幀，意境那麼空靈，構圖那麼警闢，敢說任何畫家畫不出來的，那不就是柳亞子所形容的「却扇一顧，傾城無色」又是什麼？

曼殊作畫從沒有訂下什麼潤格，但令人好笑的是，他妙想天開，居然有一個不成法的新例，就是凡女郎索畫，必須以本身小影一幀作爲酬勞，男子一概謝絕。這在民國元年四月廿一日致劉三書中，還作自我解嘲說：「吾公得毋謂我狂乎」？他提出以女郎照片交換自己的畫的這個風流潤格，可以說是古今中外未有的。

民元前五年，曼殊有憶劉三天梅之作曰：「東來與慈親相會，忽感劉三天梅去我萬里，不知涕泗之橫流也。九年面壁成空相，萬里歸來一病身，流眼更誰愁似我，親前猶自憶詞人。」

「丈夫自有冲天氣，不向他人行處行。」曼殊在潮音跋上，便引用過古人這兩句話，其行似狂，其志實狷。王德鍾說他「襟懷灑落，不爲物役，洵古所云遺世獨立之佳人者。」又云：「曠觀海內，淸艷明秀之才，若曼殊者，殆未有匹焉」。即以其詩其畫而論，儘管曼殊功力尚有未夠熟練之處，而其一種神化的境界，簡直是超凡脫俗，一塵不染，所謂羚羊掛角而弗可跡象。試想，他怛化了已超過半個世紀了，不是從此藝苑寂寞，繼起無人了嗎？

今天我們欣賞曼殊遺作，追想這位薄命的天才和尚，在活了短短三十五年之一生中，獨來獨往，一空依傍，「不可無一，不可有二」，又如何不令人爲之珍惜？最後我在本文結束之際，還要引用他那兩句詩來抒發此際的心情：——

極目神州餘子盡，袈裟和
淚伏碑前！

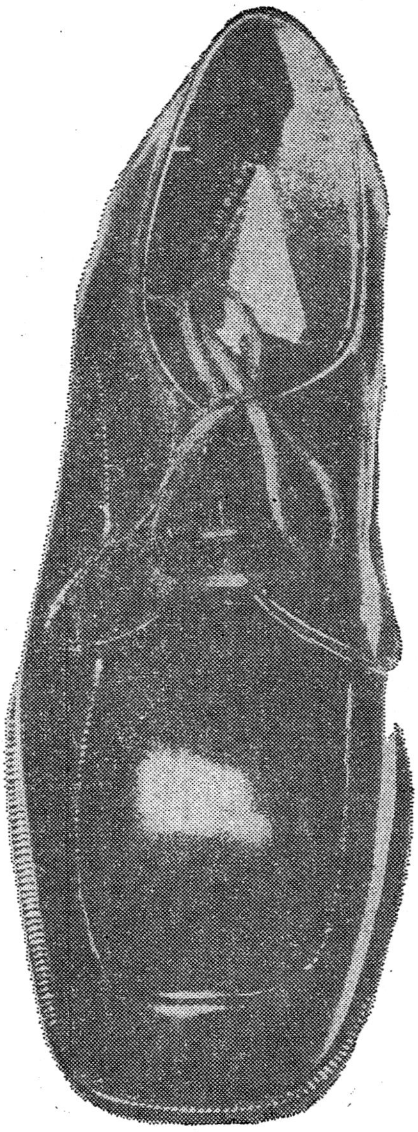

畫裏鍾馗

·道載文·

流光如駛，忽忽又屆端午，尙憶三十年前，曾見錢瘦鐵自日本帶囘金冬心畫醉鍾馗圖，題記尤趣，詞曰：

「唐吳道子畫趨殿鍾馗圖，張萱有執笏鍾馗，五代牟元德有鍾馗擊鬼圖，宋石恪有鍾馗小妹圖，孫知微有雪中鍾馗，李公麟有鍾馗嫁妹圖，梁楷有鍾馗策蹇尋梅圖，馬和之有松下讀書鍾馗，明錢穀有鍾老馗移家圖，郭詡有鍾馗雜戲圖，陳洪綬有鍾馗元夕夜游圖，未有畫及醉鍾馗者。余用禪門米汁和墨吮筆寫之，不特禦邪祓厲，而其醉容可掬，想見終南進士嬉遨盛世，慶幸太平也。昔人於歲終畫鍾馗小像以獻官家，祓除不祥，今則施之於五月五日矣。辛巳夏日，杭郡金農記，時年七十又五。」

吳道子畫鍾馗夜游圖，據汪珂玉珊瑚網載：此圖上有吳匏庵題歌一首：

「終南老馗狀酕醄，虎騂烏弁鴨色袍，青天白日不肯出，上元之夜始出爲遊遨。鬼門關頭月輪高，烏犍背穩如駼駣。鬼婦塗兩頰，鬼子垂一髦，徒御雜沓聲嗷嘈。導以靈姑旗，翼以大食刀，荼壘左執鞭，質矯右屬櫜。方明前持漆鐙，張若後擁旌旄，魑魅魍魎不可一二數，肩擔背負手且操，奇形獰色使人怕，一似摳駿梟獍彝猨猱。戰場人血化燐火，各出照地點點如焚膏，百怪屛氣不敢號，汝輩遠遁莫我遭。我欲飲汝血，甘如飲醇醪，我欲啖汝肉，美如啖羊羔，肯容汝輩在世長貪饕？吁嗟乎，老馗眞爲百鬼中一豪，所以唐皇想其像，詔令道子寫以五色豪。吾嘗疑其事，展圖再把短髮臨風搔。憶當天寶年，左右皆鬼曹，太眞宮中逞狐媚，祿山殿上作虎嗥，當時便有老馗者，安得縱彼二鬼逃？便須綁以蒼水使者之赤條，獻于天閽，尸諸獸牢，寢其皮，拔其毛，效爾一日驅馳勞，坐令温泉生汚泥，驪山長蓬蒿，上除唐家百年害，下受唐史千年褒！却來上元夜，任爾燒鐙幷伐苗。長洲吳寬。」

又董思白跋曰：「吳道子鍾馗圖，衣紋筆勢，皆有顧虎頭、陸探微法，東坡所謂筆所未到氣已吞，眞奇品也。董其昌觀，因題。」

尙有顏輝畫「鍾馗元夜出遊圖」，據佩文齋書畫譜載：此圖有俞紫芝一跋曰：

「沙公彥德挾振華之識，猶能精鑒古人書畫，凡入神品者，靡不購得之；而拙工模倣形似者，不能以欺其明焉，故家藏唐宋元三代名蹟甚富。士大夫之好畫者，必先經彥德鑑定而後收蓄，以是人益器重之。今夏隆暑中，彥德持一卷示余曰，此顏秋月所繪鍾進士元夜出遊圖也。披而觀之，乃寫衆鬼作小隊前導，有鳴金者，有擎大石者，有顚立而欲飲者，有肘甕而行者，有持鎗者，有揮刃者，有舞盾者，有卓大刀者，有執壺漿者，有捧觴進者，有負椅者，有携琴書筆硯者。鍾馗于後，三鬼載之而行。又數鬼擁從，有張蓋者，鳴鼓者，吹笛擊板者，詭態奇狀，各盡形勢。彥德求余題其後，余聞世傳鍾馗者，終南人也，不第而死階下，因以進士袍笏賜之。旣而示形于玄宗夢中曰：臣當爲陛下除天下虛耗之孽。今是圖也，其所謂夢中者耶？且鬼神無形，視之不見，何其有形之若是耶？豈畫者揚其巧，擅其妙，窮其怪狀，而其實無有耶？終南進士死有靈爽，尙爲天下祓除妖孽，彼明爲人者，視此圖寧不愓然警省哉，然則良工用心之苦，蓋有諷于世道者深矣。洪武己巳歲夏六月，紫芝山人識。」

又吳匏庵跋曰：

「顏秋月名輝，元之江山人。生而穎敏，有儒者風度。善畫道釋人物，嘗死而復生，故畫鬼尤工。茲卷爲老鍾元夜出游圖，筆法奇絕，有八面生意，展閱令人駭目，非深得造化之妙者，曷克臻此？當珍如拱璧，世守勿失。延陵吳寬。」

本期揷頁關良畫鍾馗出巡圖，神情儼然，筆觸所至，宛如鍾進士八面威風，行人僉欲讓道引避矣。

專捉世間邪魔鬼　他的名字叫鍾馗

關良畫鍾馗出巡圖　爲壬子端午應時刊出

鍾馗在舞台上

・葦窗・

本期出版之日，適逢壬子端午，聯想到一齣崑劇「鍾馗嫁妹」，這是我所偏愛的一齣戲。

這故事是說唐朝士人杜平，家住杭州，世代經商，家資殷富，某年，各處荒旱，杜平出銀八十萬兩，命其友四人分往四方，救濟災民，善因所積，吳越之間，常有金光五道，冲天而起。

終南山有一秀士鍾馗，父母早喪，兄妹二人，相倚爲命。鍾馗相貌英俊，學識優長，只因家道貧寒，不能進京應舉，聽說善人杜平，在長明寺施捨錢穀，乃往拜訪求助，杜平慨贈以百金及寶劍一口。鍾馗道謝告辭之際，忽見寺僧作瑜珈道場，唪經施食，以爲妖言惑衆，盛怒之下，毀榜毆僧，並向杜平說：「人之禍福在天，鬼物焉能爲害，果其作禍害人，當殺而啖之。」言罷，憤憤而去。

值日神將鍾馗毀榜毆僧之事，報告觀音大士，觀音知鍾馗爲人正直，後當爲神；但怒其非聖無法，乃令五窮鬼捐其福，五厲鬼奪其算。鍾馗赴京應舉，圖走近路，夜行陰山幽谷中，爲衆鬼所困，雖仗劍奮鬭，終得脫險，然爲陰氣所乘，竟然生了一場大病，勉强入都，扶病應試。出塲後，即病倒旅店中。榜發，鍾馗以一榜第一名及第，報錄人報到旅店，鍾馗尚未痊癒，聞報自帳中走出，已變成奇形怪狀矣。金殿面君之時，鍾馗因貌醜被黜，寃抑難伸，觸柱而亡，一靈不昧，闖入陰曹，大鬧酆都，羣鬼辟易，閻羅奏聞玉帝，帝憫其正直無私，懷才抱屈，封之爲驅邪斬祟將軍，專管人間邪魔惡鬼。

杜平於鍾馗走後，時常賙恤其家，並派女婢供鍾馗妹役使。鍾馗死時，杜因經商來京，又將遺骸收殮，送回故里。鍾馗除感其恩，欲以妹妻之，遂回家現形，偕其妹乘雲車入都。

時有八方王子，遣使入貢，天子臨殿受朝，各國使臣奏稱，見有五道金光，輝映中國，不知主何祥瑞。天子詢問欽天監袁天罡，袁天罡回奏，五雲之瑞，當應在杜平等五位善人身上，遂召杜平等入見。此時復有各道節度使表章，奏稱各處苦旱，三月不雨，杜平乘機啓奏，鍾馗銜寃枉死，如爲之立廟褒封，甘霖必降。天子准奏，追贈鍾馗狀元，立廟以祀，果然天降大雨，旱象全消，天子遂封杜平等五人爲五路大總管。鍾馗適於此時，以雲車載其妹，率領衆鬼卒，笙歌鼓樂，自天而降，將其妹嫁與杜平，玉帝亦命太白金星降敕，封杜平等爲五路財神，掌管人間利祿云。

我第一次看到此戲是侯玉山演的，侯是和韓世昌、白雲生同時南下的，那時這班北崑班生意很差，侯的「嫁妹」搭配小鬼也不整齊，但他個人的鍾馗給我很深的印象，尤其是鍾馗噴火更增加了我的興趣。後來我舅父徐凌雲先生在上海孟德蘭路陳夔龍家演堂會，陳八十歲稱觴，即演出此戲，既噴火，又耍牙轟動一時。戲畢，戲提調江紫塵丈撫耳告我：「令舅父此戲，爲此一堂會最大特色，比美溥西園，壓到張伯駒！」那次堂會的演出是在民國二十五年農曆五月初，共演三天，第一天是我舅父演「鍾馗嫁妹」、紅豆館主溥西園演「戰宛城」（荀慧生、李萬春爲配）、張伯駒演「打棍出箱」（王福山、錢寶森爲配），三位都是票友身份，所以江四爺有此一比。記得我舅父演此戲的音韻場面中，有今在此間的馮鶴亭老師，就是馮君吹的笛子。

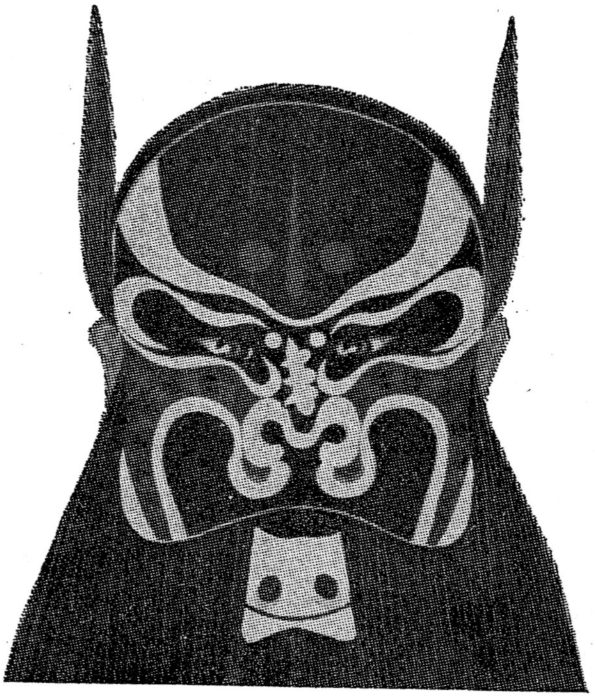

北崑臉譜——侯玉山演鍾馗

一九五八年冬，我舅父在上海著成「崑劇表演一得」一書，其中有關于「鍾馗嫁妹」的，書中說：

『「嫁妹」出于清人張大復的「天下樂」傳奇。南崑此戲，是全福班著名付角陸壽卿所傳授的。全福班的

舞台上的嫁妹，徐凌雲先生演鍾馗，攝于上海卡爾登大戲院

淨角茂松僅演「火判」，不演「嫁妹」。一九一九年冬，韓世昌的劇團初次來滬，老藝人侯益隆演出此戲，我看了不禁「見獵心喜」，于是把南北兩派的演法合在一起，取長補短，并作了部分變動。南北兩派不同之處，主要有兩點：一、北崑噴火而不耍牙，南崑耍牙、噴火都不用。我演出時，耍牙、噴火一齊用了。演出後有些曲家批評說，鍾馗不應耍牙，也有人主張既是神怪戲，不妨耍牙。按照戲曲傳統表演方式，耍牙適用于鬼怪，不適用于神；鍾馗是個神話人物，但究竟是什麽神呢？戲中交代：「上帝封爲驅邪斬祟將軍」，民間則以爲「祇」，與「天神」還有所區別，是否絕對不可耍牙，也很難說。當然，我也并不主張鍾馗必須耍牙，或者認爲鍾馗耍牙是完全對的。二、北崑「叠字犯」曲中身段與南崑大異，下場也不同。

鍾馗是淨角，他的服裝，南北崑也有差別，差別在于盔頭。北崑戴「周倉倒纓盔」，畫家所謂「武鍾馗」；南崑戴「判官帽」，鬢邊插一枝石榴花（按較早的風俗，鍾馗是吉神，農曆新正所祀，鬢邊插花。到清朝中葉以後，才在端午節掛他的畫像，插榴花了）。除盔頭外，其他服飾，南北相同：黑官衣、內襯花箭衣、脚欄裙、鸞帶、角帶、紅彩褲、黑靴。唱「叠字錦」畢，下場換吉服：紅判官帽、紅官衣這個角色與火判一樣，要把肩膀、肚子、臀部墊高，名爲「紥判」。舊法用稻草結在竹板上做襯肩，舊衣服裝肚子，旗布包椅墊子做臀部，沉重累贅，實在是個負担。我演出時，改用汽車內胎，打氣少許，折叠起來做襯肩；另一個內胎，打氣較多，縛在臀後；氣枕一個，綁在腹部。這樣就較輕便了。但怕肩膀不夠結實，再加襯一、二件胖襖。官衣外面用兩副鸞帶，一副縛在腹下，爲了預防假肚子掉下來，再紥一副在胸前。兩副鸞帶挽到背後，合并爲一。角帶可有可無，穿黑官衣時，左袖散開，右袖紥成一支尖角，矗立在右腕背，名曰「品級」，不知何所取義。換紅官衣後，沒有「品級」，兩袖都散開了。髯口是黑紥，如用耍牙，則黑紥戴在下巴之下；外加黑耳毛，襯一朵紅榴花，色調很鮮明。

配角方面：鍾妹是旦，丫環是貼，杜平是老生，後來也有改由小生演的，服飾打扮，不細交代。倒是鍾馗手下幾個小鬼，在表演上關係很大，必須說一說。老路子是五個小鬼：打傘的，掌燈的，捧平安吉慶的，挑琴劍書箱的和一個馬夫；實在是趕驢的。我用六個，捧平安吉慶的作爲大鬼，挑担的單挑琴和書箱，另加一個捧劍的，其餘照舊。小鬼都是勾臉、蓬頭、虎皮肩、虎皮裙、快靴。只有挑担的勾小花臉，掛白四喜，鴨尾巾、老斗衣、黃縧子、布襪、鞋子。傘要長柄的，最好用破傘。燈籠也是長柄的，一面寫「鍾府」，一面寫「進士第」，要倒裝着。有一年，我看了德國歌舞劇團的神話劇，就仿照着爲「嫁妹」中幾個小鬼製了新服裝，用衛生衫染成五種顏色，再畫出肌肉，穿在身上，好像裸體的，外戴面具和金色手鐲脚鐲，這樣化裝，很像國畫「鍾馗啖鬼圖」中的形象。

這齣戲中鍾馗的身段都是舞蹈動作，稱得起繁重二字。姿勢要嫵媚，帶有貼旦身段和小孩子動作的味道。一舉一動，既要邊式，又要穩、準。幾個小鬼必須以鍾馗爲中心，衆星拱月地緊密配合，結構出許多美麗的畫面來，給觀衆以雕塑美的感

噴火一式

受。但是鍾馗與張飛、李逵的身份都不同。張飛、李逵雖也有嫵媚的身段動作，都要以勇武粗豪爲基礎；鍾馗生前是文士，所以不用勇武架子，而是參照神祇的法身來表現的，許多地方，都是聳直身子，居高臨下的俯視姿式，猶如廟宇裏的塑像一般，這也增加了他的雕塑美。那麼，是不是演「嫁妹」僅僅注意身段就行了呢？就用不到刻劃人物性格了呢？完全不是。鍾馗在這齣戲中的感情是複雜的：他憤恨君王黜落他的功名；他悲傷自己碰死在後宰門；他見了妹子激動手足之情；他爲了報恩要把妹子嫁給杜平……，這些複雜的感情，都要通過繁重的身段，一層一節地表達出來，使觀衆更覺得這個面貌醜陋的人物之可愛。

第一場先由大鬼（捧平安吉慶的）吊場，念到「今日俺爺吩咐，準備笙簫鼓樂，琴劍書箱，不知爲何，只得在此伺候。」側身朝內，站在下場角。場面起「急急風」，先上掌燈的、捧劍的和挑担的三個小鬼，連同先在場上的大鬼分站兩邊。馬夫跟斗上，引出鍾馗，背後一個小鬼高高打起一柄紙傘，簇擁而上。鍾馗右手執住左袖遮臉衝到下場角，放下袖子，跨右脚，噴第一口火。噴畢，轉身，到九龍口，踢左脚，轉身，三記鑼，三擺手，背朝觀衆，雙手分紮，側轉身子，踢左脚，雙手分紮，三擺手，踢右脚，噴第二口火。噴畢，背仍朝外，又是三記鑼，三擺手，踢右脚，雙手分紮，側轉身子，踢左脚，噴第三口火。接着「跳龍形」，即一手倒理耳毛，一手順理紮，左右交叉兩三次，左右足隨之交叉提起，身子朝前略俯，每次都噴火，跳幾次，就連續噴幾次。邊跳邊噴，走到上場角，一拉手，走圓場，到下場門，背身吐去火管。歸中，拉開，場面切住。這是出場一小節，大體上和一般武淨簡單的走邊相彷彿，也與「火判」上場差不多，所不同的是，「火判」有耍弄牙笏的身段，「嫁妹」沒有牙笏；「火判」僅僅一人在場，比較冷靜，而這裏有幾個小鬼前呼後擁着，就顯得熱鬧火熾，氣氛强烈了。』

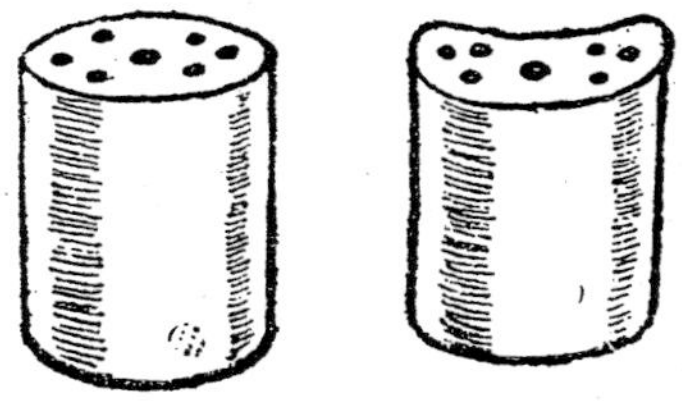

噴火的火筒子

噴火和耍牙都屬於戲劇中的特技表演，一九五〇年夏秋間，楊寶森劇團在本港娛樂戲院演「鬧府」，劉硯亭演煞神，廣告上特别註明，煞神噴火耍牙，引起了一位粵劇名演員馬師曾的注意。戲畢之次日，他就通過家兄老吉，要我介紹認識劉硯亭，請劉教他噴火。那時劉硯亭住在英皇道皇家公寓，在馬師曾道明來意，並致送菲敬二百元後，劉八爺當即取出一個火筒子，讓馬師曾去如法仿製。

原來噴火的工具名爲「火筒子」，是用銅製的，長約寸許，圓徑五分左右，尺寸以含在口內運用合適爲度，也有扁形或鞍形的火筒子，多數是圓形的。筒口好像蓮蓬頭，孔眼最多有十五孔、十二孔，最少的九孔或七孔。筒後端有蓋，蓋後有一粗孔，空氣由小孔吹入。筒子裏裝紙灰，燒紙灰也是一種技術，是用草紙燒成炭體的灰末，紙燃到一定火候，就要熄滅放進筒去。如果燒過了頭，眞成了紙灰，那就吹不出火星來了，紙灰裝得要磁實，畧留空隙，因爲筒裏有空氣，既易燃，又好吹。

噴火以前要有準備，上場以前把紙灰用香火燃着，要計算好時間，燃早了紙灰就燒過了，燃遲了紙灰又燒不透，火筒子用棉布包紮，以防含在口裏時灼傷了口腔。

吹火的時候，要鼓腮，口勁要滿要勻，只能吹氣，不能吸氣，如果吸氣，火星就會燙嘴。表演者必須用鼻孔偷氣、換氣，切忌猛吹，如果猛吹，就會把引着的紙灰吹滅了。要先慢後急，吹的要層次分明，最後要一口氣吹完，火星噴出來要衝，好像放烟火花筒，才算精彩。吹得好的，

噴火又一式

圖一：耍牙之上翻牙

圖二：耍牙之鴛鴦牙

圖三：耍牙之兩雙牙

「耍牙」和「噴火」都是戲曲裏的特技，有的演員在這上面眞下過苦功夫，京劇裏的「耍牙」，也是特技裏的一種，「界牌關」的王冒超，「金沙灘」的楊七郎，「安天會」的巨靈神，「鬧府」的煞神，都有「耍牙」的表演，武生周瑞安生前演「金錢豹」，也帶耍牙。「耍牙」有甚麽意義呢？據我理解，也就是爲了說明耍牙的這個角色是巨齒獠牙，面貌醜陋，加重了對人物面貌兇惡的刻劃。……』

——錢寶森：京劇表演藝術雜談——

不但可以正吹，還可以歪吹，先左右歪吹，最後直吹噴火，慢的時候能看出七股火光，最後一口氣噴完，火星四射。

我舅父家有個老僕阿蘭，專門管這個火筒子的工作，我們總喜歡在後台圍着看他燒紙灰，等登場時間將屆，他就要趕我們到前台去看戲，等噴火完畢，阿蘭必然也要上台拿塊毛巾，去接住我舅父口中吐出來那只火管，然後鍾馗再開口唸定場詩的。

「嫁妹」此戲，確屬熱鬧，爲了我舅父在劇中表演耍牙，曾經引起一位評劇家張肖傖先生的議論，他說：『我看徐君表演耍牙，這是保存一種戲劇傳統藝術，「嫁妹」之中，是否可以耍牙，姑置不論，但徐君當年與穆藕初等創設崑劇傳習所，培養後起人才，即與他表演耍牙是同一提倡藝術的心理。』張肖傖先生是常州人，爲我的忘年交，我編「半月戲劇」時，他常惠寄稿件，所談極有見地。

再說那次劉硯亭在香港娛樂戲院演唱「鬧府」的煞神，既噴火，又耍牙，極爲賣力，不但引起了粵劇名角馬師曾的注意，還有一位和劉硯亭素昧平生的觀衆，自動到「娛樂」戲院後台去向劉硯亭當面致意，並饋贈港幣若干，作爲慰勞。劉硯亭是老腦筋，不肯收，認爲「君子愛財，取之有道」，那知這位觀衆竭力解釋在外國常有此等事，觀衆對演員致敬，獻花贈金，都是極尋常的，不過在我國少見而已，非要劉硯亭收了這筆意外饋贈不可。次日劉硯亭欣然相告，認爲難得在香港遇見知音人，其後方始獲悉那次到後台去向劉硯亭慰勞致意之人便是紡織業鉅子王統元，那時王統元兄和我們尚未相識，也算得是在香港演出京劇的一支插曲。

我曾在鬚生紀玉良家認識錢寶森，那時紀玉良住在上海法租界甘司東路，嗓子極好，但欠韻味，其琴師趙濟羹，別號喇嘛，曾佐譚富英，確是好手，每次我去紀家，趙必爲我拉幾段。那位教紀玉良打把子的老師錢寶森見我去，也肯破例進來聊聊天，平時錢總是躺在天井裏一張籐椅上小睡。某次曾和錢寶森提起耍牙，他告訴我說：

「耍牙」一共分爲八招：

一、把兩個牙吐到嘴外邊兒，憑着口腔中的工夫，使雙牙，由左右兩邊，向中間移動，分別接近鼻孔兩邊。

二、把兩個牙向前直吐出來，往上翻，插進兩個鼻孔，名爲「上翻牙」。（圖一）

三、兩個牙要順着兩個嘴犄角兒吐出來，一個向左，一個向右的搭拉着。

四、兩個牙由嘴裏吐出來，要一個朝上，一個向下，左上右下。

五、耍法同上，但兩牙位置改爲右上左下，名爲「鴛鴦牙」。（圖二）

六、用上嘴唇和牙床夾着兩雙牙，一共四隻，在嘴外邊兒搭拉着。（圖三）

七、用下嘴唇和下牙床夾着兩雙牙，在嘴外邊兒搭拉着。

八、張開嘴，吐出舌頭來，讓兩個牙由左右嘴犄角兒吐出來，在左右兩邊搭拉着。」

錢寶森又說：「這八招之中，最難的是第八招，我老爺子（指錢金福）最拿手，我只能耍七招，最後一招，始終沒練好。」

我舅父在練習耍牙之時，我時時見他拿了一對象牙，尾端用膠布包貼住，對了鏡子，放在口腔裏盤來盤去，其實這種特技運用得當，也有助於描繪人物的形象，但由於練習既難，用途又不多，看來這項特技是註定了要失傳的。

林庚白知命死於命

・滄海客・

林庚白死於民國三十年香港戰亂之中，這一位才情橫溢、風流自賞的名詩人，本身又兼是一個命相學家，他曾著有「人鑑」一書，因此，他常常自負他的詩做得比杜甫更好，而命相却不下於嚴子平。結果這個自命不凡、眼高於頂的人物，料不到自己最後竟死在日本兵的手裏！而今，林氏去世已歷三十多年，我每過九龍金巴利道與天文台道之間，他的舊居也就是他死難之所，輒禁不住低徊憑弔，實在這個人生前給我的印象太深了。

潔癖拜物狂

大約民國二十四五年間，上海有一張晨報，由潘公展主辦，格調似頗清新，其實却是國民黨的外圍刊物，且受財政部津貼。但其間因該報主筆王新命有次寫了一篇社論，直接指斥孔祥熙等，就此不幸而宣告停刊。當時晨報上最令人矚目的文字，其一是姚蘇鳳主編的「每日電影」，由洪深、田漢、夏衍、柯靈、塵無等人執筆寫的影評，無不犀利中肯；其一就是林庚白寫的「孑樓隨筆」，排日刊出，圍框夾線，特別令人注目。這些隨筆是雨夾雪式的文言帶白話，娓娓談近代掌故，口氣顯得頗不小。其時庚白不過四十歲，而文名已藉甚，陳石遺的「近代詩鈔」選有他的詩，且稱其「早慧逸才，足與當代諸家抗手」。我讀了心儀其人，特地去晨報社訪問，但據報社方面說，林庚白從來未履報社一步，因此不得要領，無法識荊。

但事有湊巧，有天在法國公園散步，迎面來了一個廣額尖領的中年人，膚色白皙，頭髮漆黑，却穿了一件淡紫色的紡綢長衫，兀自在風中飄飄然的樣子。其傍，却是一位戴着黑眼鏡的電影明星兼女作家王瑩。王瑩給我介紹，才知他就是我要訪問而不獲的林庚白其人。此時站在我面前的他，神態瀟灑，吐屬文雅，似乎並沒有什麼架子；不過令人感到詫異的是，他伸出來一雙白嫩的手，指尖上竟塗了紅色的蔻丹，書卷味中未免帶些脂粉氣息。

其後又數度遇見，但往往祇是他孑然一身，我問王小姐何以未見，他祇苦笑搖頭。後來才知王瑩與他鬧翻了，說是林庚白有些神經病，天天釘得太牢，話又說得太嚕嗦，於是這一對才子佳人，雖一度拍拖，而終於分道揚鑣了。在這以前，庚白追求的名女人不少，其間有位林長民的女公子林徽音，出落得沉魚落雁之姿，更兼文藝修養極深，當太戈爾到北平講學時，時見她在太戈爾左右，庚白在北平追之甚力，其間且曾拜懇徐志摩爲之說項，但結果林徽音却下嫁了梁啓超的兒子梁思成，庚白於是嚐到了失戀的苦杯。

後來，庚白在上海又猛追一位張小姐，對方若接若離，使他意亂情迷，張小姐住在南京，他便坐火車由上海趕到南京。但當抵達張宅門前，敲了半天門沒有人理會。庚白不得已，把一包聖誕禮物，從厨房窗口塞進去，又被對方擲出窗外，這才使他死了心。從此，他這位「孑樓」主人形單影隻的渡過了好多年。

此時他寫過一闋肉麻香艷的詞，只記得上半闋最後三個字是「痛，痛，痛」，下半闋最後三個字是「動，動，動」，眞是匪夷所思，妙不可言。要知道三十多年前，上海一帶風俗還是相當保守，很少有人敢以文字這麼大胆表現，所以人們提起林庚白這個名字，簡直會誤會他是色情狂之流。

但這樣一位痴情坦白的詩人，同時却又是一個出奇的絕對潔癖者。他走到人家屋裏，總是害怕別人的櫈子骯髒，連茶杯也不敢碰一下，公衆手巾更是絕對拒用。他住的地方，有客人去訪，他總是把烟灰缸、痰盂準備得好好的，生怕你吐痰吐在地板上。書籍也放得井井有條，你如伸手借他的書翻看，他好像有一種渾身不大舒服的表情。又你喝了他的茶杯，他回頭也許要洗滌半天，說不定一下子就把它丟掉。但如果你是一位女賓，那情形則又不然，一個留着口脂痕的玻璃杯，那他索性不洗而當作稀世的古董，什襲珍藏了起來。

與杜甫爭席

林庚白是福建閩侯人，初名學衡，字凌南，別署衆難，晚年以庚白行。畢業於北京大學，曾任中國大學教授，衆議院及非常國會的秘書長。他的國學造詣極深，做的新舊詩詞，都充滿了時代感，著有「庚白詩存」。他又寫了一部小說「玉女士」，無非叙述他與那位張女士戀愛的經過。大概民國十年左右，他即在北京頭角嶄露，迭承要職，可謂之少年騰達。「南社叢選」中也刊出他不少詩文，雖屬後起之秀，其聲名却不在柳亞子、陳去病輩之下。

他對詩詞的見解，謂有三要，即：「要深入淺出，要舉重若輕，要大處能細」。且把詩韻來一個大胆的翻案，他說：「今人用韻，什九以坊間所刊行之詩韻合璧爲準，於古體則數韻相通，而於今體則墨守一韻，此大不通也。微論沈約所定詩韻，未足依據，即令能依沈韻，亦無所規矩步如此之甚。蓋三百篇及漢魏六朝唐宋人之用韻，皆與沈韻有出入，質言之，則凡詞韻可通者，詩韻皆可通，古體可通者，今體皆可通。此非余一人之私見也，求之於詩經以迄唐宋名家詩集，指不勝屈。」這樣的見解是很通脫的，所以他同時也做新體詩，不像一般舊詩人那樣固執拘束，視新體詩如洪水猛獸。

他的七言絕句爲世人所傳誦的是：

中年況味渾如酒，少女心情盡是詩！

大概是他切身體驗所得。又七律中也不乏佳什，如在滬新亞酒店作：

歌聲艷絕出牆隅，到此真憐貧富殊；
樓迴賓朋矜睡美，工苛婦孺苦飢驅。
盡搜餘力供豪侈，猶說勞心判智愚；
人役役人時世圄，揚竿古亦起農夫。

這些詩又隱然爲貧富不平而鳴。他對自己的詩評價很高，平日在朋友面前誇獎自己是第一等人才，說杜甫的詩還不及他。例如吞日集自序之中，就開門見山說：「遠勝鄭孝胥，直與杜甫爭席」。論者謂他的詩超過鄭蘇戡，或許還有可能，但說是「與杜甫爭席」，就顯得他又患了誇大狂了。

林庚白後來找到了對象，又是一位驚才絕艷的女詩人，也就是他同族的侄女輩林北麗，互相由唱酬而結爲眷屬。

當日本侵港戰爭發生時，林庚白在香港目擊心傷，作「虎尾後集」，共有律詩廿多首，依時間先後，記遭遇情形。今日讀之，亦可作爲「詩史」看的：

倉皇婦孺共樓隅，飛彈砰訇日欲無。
天暝猶聞飛賊襲，警傳始見路人趨。
突來狂噬吾何畏，苟免圖存衆有虞。
更爲東方開一局，我儕未可但全軀。

子夜吏歌更不聞，頻來破夢彈紛紛。
食艱數口惟饘粥，店閉千家遠敵氛。
抱道真同陳蔡厄，傳鋒直似鎬豐焚。
鄰人待援猶酣戰，隔海宵深鬥雨軍。

水絕粮空餓死虞，太陽旗畔虜歡呼。
人民猶是山川異，聞見全非史集無。
薜荔牆隅聞偶語，玻璃窗畔走農夫。
動心忍性吾無慰，剝極端爲切腹吁。

四週砲火似軍中，始驗平生鎮定功。
刼後遙窺斜照黑，燼餘幻作曉霞紅。
重聞水斷憂飢渴，徐待陽回凜雨風。
投老兵戈吾不信，歲寒定見九州同！

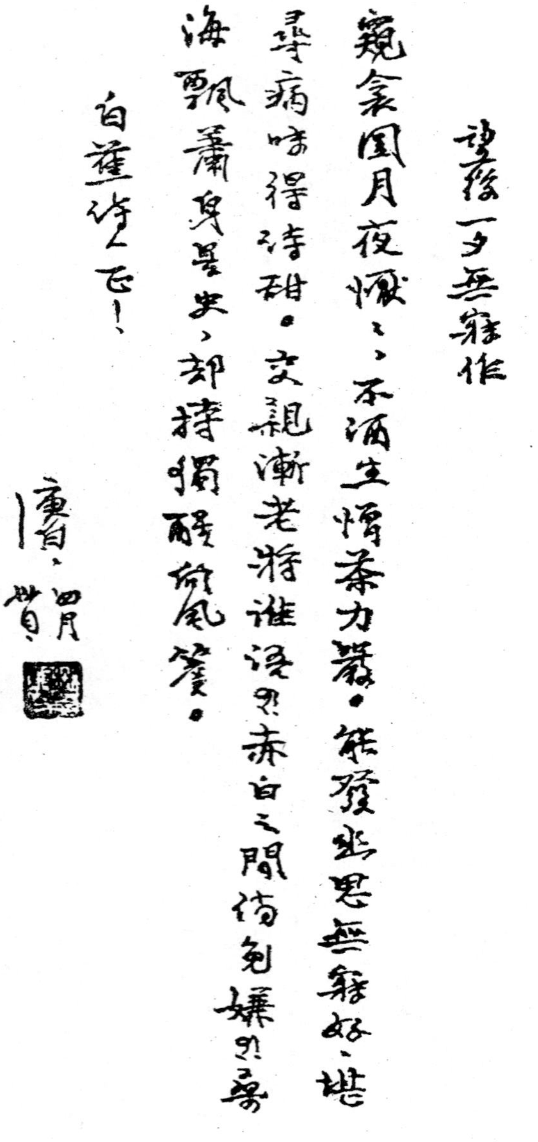

林庚白詩稿

庚白詩結句「歲寒定見九州同！」這詩是可以必傳無疑。但我們的詩人自己却不幸而成爲「詩讖」了！

議論不讓人

從來才子佳人，韻事頻傳。當這時期，在藝文壇上最出風頭的女性偶像，除林徽音、王瑩之外，還有俞珊、張荔英以及陸小曼。俞珊下嫁了趙太侔，而田漢却費盡了氣力沒有追求到她。張荔英是張靜江的千金，從法國學油畫歸來，偏偏看中了年逾半百的陳友仁，並譽之爲「中國第一美男子」。至於陸小曼，此際早已投入了徐志摩的懷抱。林庚白與他夫婦倆常共遊宴，有一次還替謝冰瑩介紹一起喫咖啡。據冰瑩回憶說：「庚白是一個耿直忠誠的朋友，他一生坦白，對人赤裸裸毫無半點虛僞，常把他十八歲就和許金心女士結婚，後來感情不合，精神痛苦的事告訴別人」。

因爲林庚白懂得命理，他曾算出自己未來的伴侶必是一個才貌俱全的女人。他週旋於粥粥羣雌之間，却很久找不到對象。有一次，冰瑩故意氣氣他：「庚白，我從來沒有聽你說過自己有缺點的話。」

「那裏，那裏，我自然有許多缺點」。他回答得眞妙：「但我的優點，比任何男子爲多。比方我愛清潔，我能把衣服熨得很平，把被窩摺得很整齊，把房子打掃得連一點灰塵也沒有；我了解女人的性情，什麼女人喜歡穿什麼顏色的衣服，吃什麼菜，看甚麼電影，我都知道。那個女人如果嫁我，眞是她一生的幸福。假如她病了，我會體貼入微，連她的××帶，我都可以替他洗滌的……」。

這樣一說，誰都忍不住哈哈地大笑起來，很自然地又想起了他有一首新詩，裏面有「我願做你的××帶」的那一句詩來。

這是林庚白羅曼諦克的一面。但他也有嚴肅的時候，便是議論國事、月旦詩文之際，是好就說好，是壞就說壞，決不隨口讓人。他批評過他的同鄉鄭孝胥、陳石遺、梁衆異、黃秋岳這幾位大詩家的作品，似乎都有其缺點，都不放在他的眼裏。陳石遺說他「忤俗」；他便嘲笑陳石遺八十高齡猶納妾，不失爲壽徵，而他因「忤俗」而不能不書空咄咄。直到民國廿六年，才由柳亞子之介，而與林北麗結了婚。

刋在上海晨報的「孑樓隨筆」，對於一般時賢，多婉諷之辭。這時中日局勢緊張，已是山雨欲來風滿樓之秋，而上下嬉戲，猶似粉飾太平，他便寫過不少打油詩，不免皮裏陽秋，有所影射。晨報社長潘公展，爲此向庚白幾次打過招呼。傳說晨報之被迫停刊，王新命的社論開罪於當軸固爲其中主因，而「孑樓隨筆」也曾積下了若干因素。

記得有一次，在文藝復興咖啡館遇到了庚白，那天他不知因何刺激，談到當天報上的時事電訊，在一番激昂的言語動作之中，竟把桌上的茶杯頓時打破了，弄得僕歐要他賠償，情形很爲狼狽。這天他的話題是痛罵某要人辦外交的手腕過於軟弱，有失國體。但據悉某要人正是與他平日常有函牘往來的一位摯友。

那時，他在上海只租了一層樓獨居。晨報每月致送了一筆豐厚的稿費給他，生活尚稱裕如。當朝顯要，與之有舊誼者，復常有餽贈。因此，庚白平日用錢的手筆很大，有時流連霞飛路古董店中，以鉅欵購買古代鼎彝，玩賞了幾天，又往往無條件的隨手轉贈他人，大有「千金散盡還復來」的那股豪氣。

曾有一次某要人以三千金懇求庚白爲其母氏寫一篇七十壽序，却爲其所嚴拒。「一錢不值，萬金不換」，說不寫，就不寫，這正是文人的驕傲與自負。

庚白的信扎寫得不俗，書法也頗可觀。據說他也能畫幾筆山水，但我沒有看到過，未卜當世尚存有其遺作否？

在九龍送命！

庚白是一個健談的人，他的話匣子一開，即可以滔滔不絕談上數小時而無倦容。上自世界之大，下至蒼蠅之微，他博聞强記，無所不談。尤其他所談命相一類的話，最爲精彩。他所著「人鑑」問世後，有人勸他不妨掛牌相天下士。但他當時似乎還掛着「立委」的銜頭，自不便兼此生意經，衹在茶餘酒後，替朋友們義務看看相而已。

當時所有的名流要人，他幾乎全部認識。大多數的時辰八字，也都能記得清清楚楚。他曾推算過汪精衛過了六十便難逃大厄。徐志摩乘飛機遇難，他早已未卜先知。他的同鄉梁衆異也曾向他請教過，他指出梁氏手掌上有一特徵，結果非弄得命正典刑不可。黃秋岳的命被他更算得準，說在半年內必有大兇之象，果然不出半年，即以間諜案被槍決了。他沒有見過毛澤東，但在他主編的「今詩選」中，所收一百三十四家之中，居然也有毛的名字，他認爲毛的詩霸氣十足，又曾把他的八字推算，肯定他將來必有一番非常舉動，但身後又必有餘憂云云。

至今想來，庚白對人對事，常有先見之明，而又言必有中。他曾推算過羅隆基至六十壽終，其妻王右家亦然，王右家前數年死在台灣。

可惜那冊「人鑑」找不到了，大概庚白當時所推算的命造，其應驗者不少。他曾推算過阮玲玉「紅顏命薄」，胡蝶必再嫁，對王瑩則不免有「水性楊花」之嘆了。最妙的是他推算藍蘋的八字，排出庚戌、己卯、丁丑、壬寅，指她在三十歲前必數易其夫，而三十歲後將有三十年大運。但一到六十二三歲又必有某項冲尅，究竟如何，且拭目以俟罷。

江青命造

至於說到他替自己算命，便馬上面色莊嚴地說：「我一定活不過五十歲」！抗戰爆發時，他大概不過四十三四歲，偕林北麗已避難到了重慶，但他天天卜卦，心上忐忑不安，當日機在重慶空中投彈之後，他已駭得失魂落魄，又偕北麗轉輾逃來香港。因爲他算來算去，要逃到南方才比較安全。殊不知他這樣企圖避兇趨吉的結果，反而在香港送上了一命，他死的那年不過四十七八歲。

這可以說是數罷，該是在刼難逃，他平日自負命學當代第一，結果竟應驗了。

民國三十年冬，庚白和北麗兩人，住在九龍金巴利道月仙樓一號，那地方本是詩人楊雲史所居，後來歸之於庚白的友人。港九戰事發生後，林氏夫婦便遷到那裏避難。據林北麗的回憶，自那年十二月某夜九龍淪陷以後，由於間諜們把林庚白認做國民黨的某大員，因此便成爲日軍所搜覓的目標之一，十九日先到月仙樓住宅，庚白便從後門外出，怎料一出門，又碰上了五個日本兵，他們拉住了林庚白，要他帶去找「林委員」。這時庚白早有戒備，化妝如一鄉下佬，他們並不認識他的廬山眞面目。

當庚白被拉到天文台道上坡口直趨下坡口，然後站住。那時候，北麗爲日兵所阻，只好站在上坡口。後來，她看到那些兵拍拍庚白的肩頭，好像表示放他走，於是他從天文台道下坡口又直向上坡口，脚在發抖，大致使對方起了疑心，不知怎樣，又被拉了回去，盤詰不休。盤詰之後，又讓他走。等到他走到半路，一顆盒子砲的流彈穿過，庚白倒地，北麗搶救，又一顆子彈從她的右臂穿過，直射庚白的背部。

當時庚白流血較多，終於不救。在兵荒馬亂之中，連棺木也買不到，只好草草地埋葬於天文台側的一個菜園裏。而今時異勢遷，週圍新厦林立，再也找不到菜園所在了。

林庚白一代異才，深通命理，而竟死於非命。塵海茫茫，招魂何處？

青年人切莫頹廢

韋千里

（覆九龍梁大偉先生）台造：己丑、丁卯、癸卯、壬子。秀氣不凡，今明年仍有委屈。青年人切莫頹廢，君子俟命，二十六歲至三十一歲，三十二歲至四十一歲，必然大放光明。惟在得意之時，大忌沾花惹草，醇酒婦人，實非所宜，願君風流莫下流。

× × ×

（覆九龍黃軒先生）台造：己卯、甲戌、庚子、癸未。秋金有水洗而少火煉，小名小利之命，雖謂前途茫茫，但亦無大風險。卅四、卅五、卅六、卅七、卅八、卅九等年，爲黃金時代。將來再有好光景，乃期諸五十四歲以後矣。

× × ×

（覆荃灣翁耀鑫先生）台造：己卯、辛未、壬戌、乙巳。壬水失令於季夏，不勝木火土之威脅。茲行辰運，辰爲濕土，自屬可喜。今年壬子，尤多進步。結婚，宜於上半年之六月，或下半年之十月。

× × ×

（覆香港楊安妮小姐）台造：丁丑、乙巳、庚戌、戊子。（夜子時）女士雲英未字，待字閨中，深以婚姻爲念。按財官並透，决不以「老姑婆」終其身。卅八甲寅年，或卅九乙卯年，定必護花有主矣。惟查行運，一路土金幫身，應努力於事業，對於夫婿，勿必寄予厚望。

× × ×

（覆九龍黃彥常先生）台造：己巳、丙子、甲午、乙丑。來書謂：「兒女成行，愚魯難敎。妻弱多病。職業亦不稱心。」按寒木向陽，子女將來必成大器。子午冲，丑午穿，妻之多病，在所不免。今年壬子，明年癸丑，偈促如故。事業之得手，須自四十六歲開始，六載繁榮，成功非尠。

× × ×

（覆香港熊飛先生）台造：己酉、乙亥、壬申、戊申。建祿無財，誠如先生所謂于役一生，勞而無功。今明年多病多災，養身養性。六十六歲甲寅年，外順內逆，如能遠行最妙。六十八歲丙辰年起，得時則駕，應運而興，楓葉紅於二月花。

× × ×

（覆九龍卓文成先生）台造：乙酉、辛巳、丙午、壬辰。精華在於壬辰時。今年壬子，憂喜並行，如未結婚，且待來歲。（談戀愛亦有煩惱）事業上却有良機，動則尤妙。明年癸丑，名利雙輝，丁財兩旺。

× × ×

（覆紐約潘正平先生）台造：庚午、戊寅、戊午、庚申。憾於少水，秀氣不夠流通。今年外順內逆（名利熱鬧，家庭多故）。明年歲運皆癸，當有奇蹟，爲生平所罕見，幸把握時機。余之批命筆金，爲小批二百元，中批四百元，大批八百元三種。

× × ×

（覆九龍翁翥先生）台造：甲申、癸酉、甲辰、庚午。殺重應用癸卯化之，午雖制金，力有不逮耳。今年多事多故，幸一冬有好收成。明年不踁而走，前程無量。開來女命（丁亥、甲辰、癸亥、辛亥）行運大好，與尊造相配尚無抵觸。

× × ×

（覆沙田丁慕杭先生）台造：辛丑、乙未、丙申、丁酉。日主太强，財星等於虛設。學問高人一等，利權未如理想。但今年壬子，明年癸丑，必有成就，而足娛晚境於後來。承問在內地之兒女，尚有見面之機會否，此非個人之命運問題，恕難答覆。

財帛宮

鼻爲財帛宮

宜豐隆（主富）。宜聳直（主貴壽）。宜圓勻（主多福）。宜黃紫（主進財祿）。宜潤澤（主利祿）。宜方齊（主創業）。

忌薄小（主反覆）。忌仰露（主破敗）。忌黑塵（主破財）。忌紅赤（主災病）。忌斷節（主孤刑）。忌皺紋有痣（主損財）

鼻過高，如峯之突出，剛愎而拙於理財。鼻孔洞見，巨可容指者，善於營利，而招損亦易。鼻孔一二毫，名「長槍」，耗財。多則名「餘糧」，積財。

父母宮　額部（由日角起，至輔角止）。

宜骨揷（主父母貴）。宜勻配（主父母並壽）。宜高明（主父母多福）。宜黃潤（主父母喜慶）。以上爲宜，以下爲忌。

忌低陷（主幼失父母）。忌偏斜（右損父左損母）。忌青滯（主父母沉疾）。忌黑暗（主父母死亡）。

舊相書所載面部十二宮，有「相品宮」而無「父母宮」。余以爲生我者父母，乃人倫中最重要者，豈可置而不論。靜相謂之「相」，動態謂之「品」，所謂「相品」，廣泛之至，可參閱相書各個部門，弗必專列一宮也。

一、讀者函問請郵寄大人出版社轉交
二、如蒙垂詢須剪寄上圖及姓名地址
三、筆者業務繁忙答覆較遲幸勿催促

來鴻去雁印章係由古杭金石家陳風子先生刻贈

五十年前的通俗話劇

屈指迄今，已是民國六十一年了！「馬永貞」的最早排演，時在民國三年。本文作者其後亦曾在民國十五年參加此戲的演出，白髮龜年，閒話天寶，可以算得是一頁五十年文明戲滄桑史。

跑龍套

「山東馬永貞」的這本新劇，於民國三年由民鳴新劇社首次編排演出之時，諒以距離該件案事所發生的年月尚不十分遙遠。若經計算其年月的總和，祇有十五個年頭有餘，十六年還未告滿足。在這個時代的全上海人們，對於後來十六年的歲月增加，並不感到有什麼的鉅大變動。只覺在這些年的時日過程中，由年少者成爲年壯者，由年壯者成爲年長者。即使鬢見二毛的長者，至多頭白盈巔，成爲皤然一老而已。若言對十六年前舊事見聞所及，毋待作瞑思和追憶，偶爾經人話說就會腦海間立即映現出來。所謂前塵猶新，舊夢如昨，一點都不能對故事劇情，編造假話謊言，矇欺當時看過民鳴社搬演「馬永貞」新劇的觀衆們。

筆者前曾說過：「也許當年鄭正秋、鄭鷓鴣、周劍雲等不敢十分欺騙觀衆，雖說戲劇脫不了虛構藝術，但還算編得未曾太離譜的那一番話。」所以王无恐飾演「山東馬永貞」，無人不讚說他把馬永貞演活了，就因爲故事劇情全部側重於眞實方面作依據。因此，凡與王无恐搬演「馬永貞」對手戲的配角重心，却放在張冶兒的白癩痢、張利聲的吐血四官、陸嘯梧的跑龍套等這三個登場人和扮演人的身上。不過凌憐影究竟是個掙大包銀的當家花旦，照例不能不使他沒有戲演，於是，由他扮演名妓花四寶。這花四寶是否實有其人，不得而知，不過爲要使馬永貞成爲大嫖客，不能不有花四寶這個名妓安排其中。一則使此戲落入於「英雄與美人」捉對兒的戲劇通例，次則也使此戲演出增多幾幕，把時間拉長，得以引致「戲中串戲」這個熱鬧噱頭的串插自然，賣足輸贏。

謝葆生被隱射白癩痢

只因這本「山東馬永貞」的叫座力强，賣座忒好，連演凡三個多月之久。民鳴社自然大賺其錢，爲要繼承此戲之後的營業，遂編排續集，捏造了馬素貞爲兄報仇的一段情節。這則故事倒編撰得承前啓後，像煞有介事的來龍去脈，頭頭是道。終於由女扮男裝的馬素貞親手殺却一班上海幫流氓的白癩痢、吐血四官、跑龍套等那些謀殺她兄長馬永貞的仇家。其實這班上海流氓都是有名有姓的人物，當民國三年編演此戲的時候，這班人非但個個存在，而且個個昇梢。編劇人爲求息事寧人，便把他們的人名渾號，也是胡亂捏造出來的了。所以當時有人會作索隱式的猜測，說白癩痢就是隱射癩痢頭謝葆生，吐血四官就是隱射扒牙齒金老四，跑龍套就是隱射長脚阿根等等；這樣影射猜測，只能「姑妄猜之姑妄聽之」而已。後來此戲正續兩本經過剪裁重編的改造手術以後，濃縮成爲一本，更見情節緊湊，大有一氣呵成之妙，終於成爲新劇界中的傳統老戲，叫座力量，未見衰退。

在民國二年，筆者蓄意轉行換業，決定拋棄吃這碗開口飯了。原來最悽慘不過的是開往江浙一帶小碼頭的新劇團，除了戲劇本身不夠條件，註定失敗以外。還要負債一身，忍飢挨餓，實覺苦不堪言。往往最後結果，總要典衣賣物，作爲盤川，才能回歸上海。因爲凡在小碼頭上的戲院老闆，大多數爲當地光棍，平日連之江湖班子都對他們有些懼怕，何況我們是上海去的「新劇家」呢。在起初「談公事」時候，對於管接管送管吃管住等的四管問題，都談得情形很好。是以剛被接到該小碼頭上時，還算能履行約言，尤其在開幕演出，總能上座客滿有十天半月的較好情況；如果天公不肯做美，連朝發生風雨，看客相率裹足，戲院老闆就此避不見面，而全劇團人員所住旅館的房錢被催討得緊緊的毫不放鬆。個個都變成困在天堂州的秦叔寶，所苦的是大家無馬可賣，無鐧可當而已。

在下自從遜清宣統二年跨出校門，即從事於新劇的跑龍套工作，時斷時續共歷四年之久。千難曾經，百苦遍嘗，至此決定轉行改業，與新劇工作，宣告絕緣。不料於十餘年後，又被汪優遊、徐寒梅這兩位好友相邀，以致馮婦再做，舊調重彈。最巧合而感訝異之事，那是有天貼演全本「山東馬永貞」，飾演劇中「跑龍套」一角的伍誠世，竟被他舊日長官鄂軍軍長夏斗寅偵知其落魄江南，在演新劇過活，遂派員來滬着其尅日歸隊，再列戎行，在於這陰差陽錯之下，迫得我這個跑龍套角色只有粉墨登場，代伍誠世飾演劇中的「跑龍套」了。其事經過，相當有趣，現在從汪優遊、徐寒梅要我組織曉風新劇社的新劇團體，爭取得新世界游藝場的新劇場子說起。

徐寒梅力勸重作馮婦

在英租界工部局買辦徐耀祥（海渡）於繼陸錫侯、孫雪泥之後，將接辦新世界游藝場的時候。有一天深夜，我正躺在床上看書，突然接得汪仲賢（優遊）的電話。他對我說：「此刻徐寒梅在我家裏，有事要和你商量，請立即就過來」。我和汪優遊同住在一條馬路上，相距祇有兩條半橫馬路的路程。所以不滿十分鐘，我們三人已相聚在一燈如豆、雙枕並峙的烟榻之上了。徐寒梅就問我對徐海渡接辦新世界的事情，是你知道麽？我即答以天天同工部局裏的這班人在一起，怎爲不知道這件事呢，不但知之甚審，而且知之較早。徐寒梅便以爲什麽你不對這新劇場子動腦筋爲問，後邊還綴以一句「耐格人呀，眞正是」。似乎他對我漠視有錢可賺的機會，任其放棄不理，頗引爲詫異而有隱然相責的那種神情意態。是以我忙即向他問說：「寒梅兄的，是不是你對新世界的場子有興趣？如果你要我幫忙的話，就開出一張「團體」（按：團體係新劇演員們的口語，即指新劇劇團之謂）的名單來我代你送去，相信有十之七八成的爭得希望。」

徐寒梅至此，不能不說出他心意上的眞實之話。他說：「不瞞你老兄說，董天民、胡恨生等這班人，今天到我家裏來商量。大家都躭心新世界的場子會落在別人手上，他們認爲由你來領導一個團體爲最好。並且他們已經摸清底子，只要由你出面送單子進去，必定成功無疑。所以他們要我來同汪先生商量好，請他來勸你仍然回到新劇圈子裏來。」董天民、胡恨生都是當時的新劇名角，汪優遊更隱然是其中領導人物。

原來當時上海的新劇公會發生有新舊兩派之爭，前者的會員是終年在外埠開碼頭的，後者的會員則是蹲在上海搭有長班子的。尤其對於佔有場子一個團體的領導人，在公會裏就是當然委員，此所以上海的場子之可貴而成爲爭逐之鹿了。我聽了徐寒梅的話以後，內心眞不願捲入他們公會委員新舊兩派之爭的漩渦裏去，遂以轉行換業年日已久之語作爲力辭。並且我還說：「當我吃這碗新劇演員飯時，一直在趕東奔西，專開碼頭過活。對於我們鳴疚新劇社出身的上海地方，是我從未登過一次場，漏過一次臉。恐怕這次貿然由我出面把團體名單送到新世界去，萬一你們公會會員羣裏有人對我的身份資格，發生懷疑問題提出反對，不是要鬧成大笑話麽？因爲我脫離這個工作崗位的年月，實在覺得太久長了。新陳代謝，前後浪推，他們因不相識而產生疑念，這也難怪其然。但不過依稀記得在新劇公會所訂立的現行組織章則，明明載着一條『凡非本公會會員，不得出面接洽新劇場子』云云，對於這條章則所定，你們兩位老兄可曾遺忘麽？」

汪優遊便接口對我說道：「爲什麽今天你行爲拘謹到這種樣子，要知道新劇公會不管新舊兩派會員，大多數都認識你。大家也多知道你參加新劇工作的年日頗早，只要由你出面組織團體、領導工作，我就可以向你保証決不會有人對你會員的身份資格，發生疑問，提出反對的。」徐寒梅也從傍一力相勸要我接受朋友的一番好意。所以他說：「剛才到我家裏來的人數總共十七人，現任公會的執監委員就佔了十五名之多，即席表示大家對你老兄屬望的殷切。張四維是出名的一隻大喇叭，對任何人他都有批評的話說，當時會有人先後提出五個人來，却都給他這點不對、那點不行的全批評掉了。惟獨是你由董天民、胡恨生兩人提出，張四維竟第一人首先表示贊成，大家認爲這是難得的異數。但不過他們都說你不會喜歡再出來幹做新劇工作之事了，因爲你行業轉換得極好。所以大家要我連夜趕到這裏來，非要請汪先生幫忙，代爲向你作勸進。『不看佛面看僧面』，定要你出面組織團體，期在必須爭得新世界的新劇場子。」自經汪優遊、徐寒梅兩位要好朋友的力勸之後，對新劇工作久已冷靜淡漠的一腔意志，不由得爲之動搖起來。

於是，我就說：「好罷，準定由我來負責出面，進行辦理這件接洽場子的事情。不過日後如有什麽困難問題發生，要請你們兩位老兄多多幫忙，非予大力支持不可。因爲

汪優遊題名曉風劇社

我已經棄行了十多年，今朝教我重做馮婦，實在感覺一切非常陌生。眞不知道如何着手做起？」

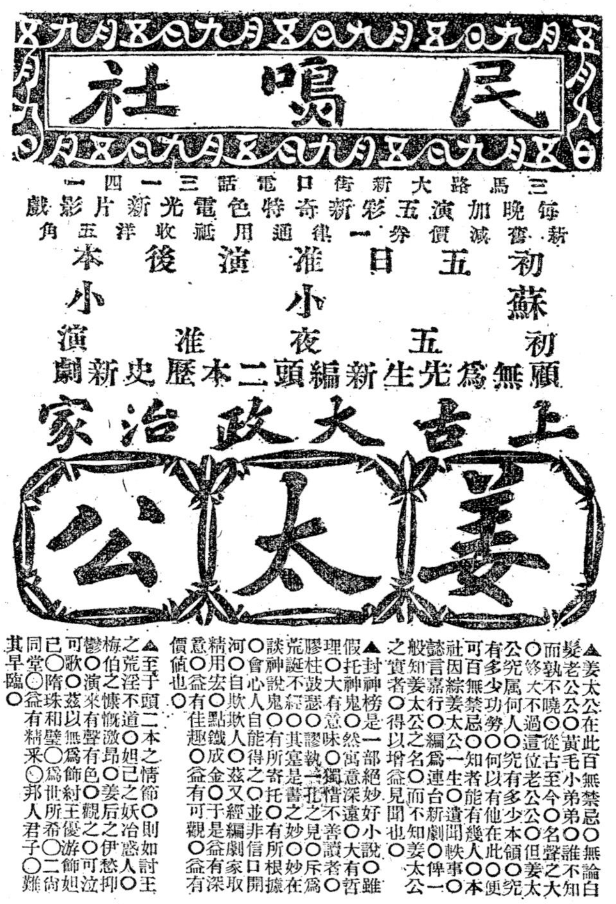

民國四年八月民鳴社在上海由顧無為汪優遊主演新劇的新聞報廣告

汪優遊和徐寒梅竟不約而同的對我致以慰勉之語，勸我不必爲後台的任何事情，發生憂慮。概由他們二人自會替我安排定當，只要我專門對付新世界方面的接洽場子問題就是。其實若論處理前後台事務的本領，汪優遊遠不及徐寒梅的高强，這對於個人的賦性有關；尤其是徐寒梅對於這種接洽場子商談公事，諒以他經辦得多，已到熟極而流的程度。不過汪優遊一直蹲在新劇圈子裏，對後台事務只懂得熟門熟路到毋須思考，但他有一點好處，就是說做就做。因此，他便對徐寒梅問說：「今天已是臘月二十邊了，開碼頭的同行朋友已經囘來的有那幾個人？寒梅，你且說說看，待會我們排名單時，可以選擇錄用」。原來徐寒梅的家，就在北海路的精勤坊，因爲交通便利，所以開碼頭囘來新劇演員們，對五馬路的新劇公會裏可以不去，對天蟾茶樓的新劇茶會也可以不去，惟有徐寒梅家裏則非去不可，所以有關新劇演員的行踪，他的消息最爲靈通。

徐寒梅經汪優遊問及開碼頭囘來的新劇演員時，忙即好像對我訴說，也像向汪優遊囘話：「名單已經擬就，名單與人大概不會有任何變動。眼前舉辦一個新團體最成問題的，就是一位女性的當家花旦，這個角色非要色藝雙全不可，於是乎遂有材難之嘆。因爲已經成名的女性旦角，跑碼頭的不是給前台老闆情願「加紅」（按：加紅即增加包銀之謂）留住不放，即是給別個碼頭戲院老板早早挖請了去，你搶我奪，吃香非常，所以開碼頭的坤角們一個沒有開囘轉來。上海雖爲新劇發祥之地，男女演員人才輩出，但終因待遇不高，包銀菲薄，是以近幾年來男女主角人才大有日趨寥落之概，男的固屬絕跡，女的亦未有新人才。因此擬就這張單子，眞正擬得我夠苦，搜索枯腸就是找不得一位當家花旦角色。後來聽說城裏小世界的陳明珠，有被大老闆陸錫爵辭班的消息。因爲她的丈夫彭德惠脾氣粗暴，行爲乖張，專在後台興風作浪，爲人有欠安寧，遂被大老闆對他們兩夫婦辭班了。現在我把陳明珠列在單子上，從城裏小世界提高超升到租界新世界來，雖覺得她的身份以及演出份量不夠，但還不致太離譜，總算穩穩當當地過得去。」徐寒梅說完話後，探懷摸出單子，隨手遞交給我。

就在烟燈傍邊，借燈光一看，只見三塊頭牌角兒，那是王无恐的老生，胡君安的小生，陳明珠的花旦。至於配角演員，男的計爲彭德惠、沈悲天、張雙宜（著名的潑刺旦）、伍誠世、陳太瘦、沈鶴影、常友石、袁一鶴等等。女的計爲王婉貞（按：王婉貞爲王无恐的大女兒、以閨門旦應行。個性溫順、貌亦妍麗，且頗能做戲。後來某年，我去南嶽作遊，道經漢口，時王无恐父女在新市場演出。已成並立的雙頭牌角色，我曾經兩度到後台探視她們父女。及至民國二十三年，是我再去漢口開辦紹興戲院時，據伍誠世告稱王婉貞曾嫁一共產黨籍的青年男子。後來一家人同去長沙演戲，該男子即以丈人老婆的新劇演員身份作掩蔽，但終被該省政府主席何芸樵偵查出來，王婉貞夫婦遂同遭鎗決，至於王无恐老夫婦雖未曾受到株連之罪，但却也不知所終了。）劉一新、虞小翠等等。連同拉幕佈景衣箱等工作人員，共有三十七人之數，全部包銀數額爲一千二百元。因爲劇團名稱，猶未取定，便即向汪優遊作研討商量。以我的意思，要題取得與我們今夜的眼前風光有關，而名詞字面又須文雅一些以示有歷史性而兼有紀念性，汪優遊的才思畢竟敏捷，立即答說：「宋人柳耆卿的詞，有『楊柳岸曉風殘月』之句。在我們這裏的亭子間裏，雖沒有『楊柳岸』的景色，但却有的是『曉風殘月一燈紅』的景物。我想就題名爲『曉風新劇社』罷？」汪優遊說時，還一手指着烟場上的一盞烟燈，於是相與拊掌而笑。

汪優遊在文明新劇中的一幅造型照

陸錫爵電話中開玩笑

因爲徐寒梅所給我那張「未是草」的單子，於各人名姓之下，一一註明職位應行的類別以及包銀份子的數額。但祗能備作團體領導人的自已參考之用，不可能送到新世界游藝場籌備處去作應徵求售之需，這對於戲劇游藝界所送名單的定例式樣不合。徐寒梅是深懂此道例規的內行人，所以他自告奮勇，重寫一份以備我遞送應用。他的字體寫得極好，不論小楷行書，無不挺秀工緻，令人喜愛。原來他的父親是蘇州藩台衙門裏主管田畝錢糧冊書的主要人員，這項差使在遜清政府時代，却是世襲罔替的。只因工作悠閒，收入豐厚，所以徐寒梅的父親一生所享，就有「三絕」之號。那三絕即是寫得一手好字體，拍得一口好曲子，抽得一筒好大烟。徐寒梅却是個克紹箕裘之兒，對他父親的三絕，都能門門承襲下去，未嘗稍有遜色。至於他的參加新劇工作，爲期甚早，倒可以稱爲少爺班子出身的人物。蓋當清代末葉年代，在文藝作家中有「笑匠」之稱的徐卓呆去日本留學體育回國以後，除在他故鄉蘇州各學校担任教授體操這門功課之餘，就把他在東京所看見李息霜（按李息霜名叔同，中年落髮，皈依我佛，即弘一法師）所演「巴黎茶花女」的白話劇，大爲讚賞，回國後力謀提倡。於是，在蘇州城內創設「中國新劇研究會」，首先申請入會的便是徐寒梅，却不料後來恰恰成爲他的終身職業，這不是他始料所及的事。且說當下徐寒梅把寫好的單子，雙手拱交給我，滿臉喜氣着對我說：「以後的戲，全要靠你接唱下去了」，我也微笑答說：「好，瞧我的罷」！此時，天上的曉色已開，東方的晨光熹微，殘月在天，曉風砭骨。我即和徐寒梅披上大衣，向汪優遊說聲再見，拔脚下樓就走。同淘一出里門，他就跳上人力車急急的於「曉風殘月趲歸程」而去。

上海的白相人有兩句口語，叫做「光棍好做，過門難逃」，這兩句口語實是至理明言。他們所謂「打過門」，那屬對朋友一種坦白無隱的行徑，但不過還要察看對方動機和出發點而定。如果眞心誠意地「打過門」，其行可嘉，否則就其心可誅了。因爲徐寒梅說我們單子所開的當家花旦陳明珠是在小世界被辭班出來的，我就怕此人還有疑問存在。但不管陳明珠是否自動辭班或被動辭班，總覺得我對陸錫爵不能不打個過門。原來小世界並非陸錫爵所開，係其弟陸錫侯所經營。錫侯歷開新世界、神仙世界、小世界，以及法租界的大千世界等游藝場，概請其兄當家，人稱大老闆的即是。就因爲他主持游藝場的年日久長，以「近水樓台先得月」的關係，所以他娶了最早期女子新劇家謝桐影爲簉室。這謝桐影的小生，在沒有男女合演的租界時代，她眞正的出盡風頭，紅到發紫。當時與她同台同團體的，有林如心的悲旦，有王情夢的閨門旦等等，此話說來該是距今有一個花甲子的年代之事了。所以我睡了一覺起來，便打電話到英租界總巡捕房「譯報間」給陸錫爵。告訴他關於我要組織新劇團體，以及要想聘用陳明珠之事，從而問及陳明珠現下與小世界的合約問題。陸錫爵立即在電話機上答覆我說是「陳明珠爲人極好，脾氣溫和，心機靈巧，戲也會做而且肯做；最惡劣的是她丈夫彭德惠，總要搬弄是非，酗酒打架，所以我把他們夫妻兩人都停歇生意了，大概合約到小年夜打住。」

最後陸錫爵還對我戲嬉着說：「老兄，你要記住，陳明珠的貌相生得宜嗔宜喜的非常討人歡喜，不過她自頭頸部份以下却是骯髒齷齪得很，令人見之欲嘔，大約她平素懶得沐浴之故」。這幾句話陸錫爵說得好像和我開玩笑，也好像對陳明珠尋開心，但是我總算對他過門打過了。其實陸錫爵這位先生的天賦性格，就是蠻喜歡開玩笑、尋開心的，尤其對於女性的新劇演員們爲尤甚。但不過他的向女演員們的說笑打趣，並不十分思想齷齪和言詞污穢，只是輕描淡寫，似諷而婉的說幾句幽默話而已。有時往往被他幽了一默，使受者當塲毫不覺得，但在事後思量，却能情不自禁地也爲之啞然失笑，所以她們都對這位大老闆的印象只留好感，沒存惡念。料想他有這點能耐好處，也許使得正在走紅時代的謝桐影，竟會下嫁給他，心甘意願做他妾的了。可是話該說回來，謝桐影嫁後的風光所享，着實佔盡了春滿玉臺，月圓綉榻之至。就是夫婦生活所度，也像「打花鼓」戲中的那句「鉈不離秤秤不離鉈」戲轍兒，極盡其唱隨之樂。因爲陸錫爵後來斥資在新閘路和卡德路的轉角間，開設了一家照相館，全權交給謝桐影管理主持。每夜於照相館打烊以後，她必等候陸錫爵前去接她，於是他們雙携歸去金屋，度其教人羨煞的春宵。是以有時因有事接洽，我同邱子嘉兄到新世界（按：在陸錫侯主持時代）賬房間看訪陸錫爵。我們談話到了他要歸去的規定時間，必定起身告辭要先走，子嘉和他開慣了玩笑，明知其故而故意阻不教行。陸錫爵就會笑說：「子嘉請弗要打綳哉，放開一條路讓我走罷，你該知道我還要去上夜班寫字間工作呢。」這上夜班寫字間工作一語，如果把他和謝桐影湊合一起作揣忖測想就感覺他說得多麽的風趣，多麽的幽默啊。總而言之，在當年謝桐影得嬪陸錫爵於同班同台的姊妹輩中，就我所知可說是福慧雙修，克享人生美滿至樂的有福之人。

張菊蓀提出三個疑問

且說當下於電話機中，與陸錫爵打過門以後。我就趕到江西路英租界工部局的買辦間，去送曉風新劇社的單子給徐海渡，在抵達時，先到收發處看望張菊蓀。這位張菊蓀是城裏三牌樓的張家弄本地人，也是徐海渡最得力的助手，其爲人行爲爽直而廉明，脾氣却又生得隨和而友好。就因爲徐海渡的汽車夫阿毛，很想趁籌備時候對於新世界各塲子的游藝部份，賺取十分之一的介紹費。便在他吸烟所在的燕子窠裏大放野火，說是任何游藝節目、地方戲劇只要由他介紹無不成功。其實他祇把各種兜攬來的各種游藝組織和戲劇團的單子，就向游藝部主任張劍飛手中一塞。隨後再關照一聲，那是老闆娘娘叫我交給你，要你幫忙非要錄用不可。阿毛這種槍花所掉，手腕所玩，倒不能說他的小有才，祇不過不足以語君子之大道而已。原來張劍飛那是天蟾舞台顧竹軒四老闆的小舅子，亦即是囊歲在此間海隅死去電影女明星樂蒂的外祖母之胞弟。這當然他的游藝主任職位全靠他姊夫的力量，至於阿毛口中的老闆娘娘這也不是徐海渡的正室夫人，那是他的姨太太名妓「黑牡丹老七」，而老七的下嫁徐海渡也是顧四老闆做的大媒。阿毛把他們錯綜複雜的關係渾合一起，認爲大可利用，是以翻變出這一套的花樣景來。他那裏知道張劍飛的游藝部主任，毫無獨立的權力，只有奉他姐丈之命行事而已。

因此，該汽車夫阿毛沒法有準確的消息回報他們，大概他吃喝了人家的酒飯和鴉片烟的次數太多，甚至於向人預借介紹費的也有。須知道世人們有兩句口語，叫做「吃開口飯的嘴，混堂大湯的水」，蓋比喻這兩種的嘴和水，都是臭而不可聞也的壞東西。他們爲了得不到準確的消息，同時眼看過年的日子越來越近，內心着急苦悶到慌亂起來，對阿毛由友好而成仇恨，怨懟之聲不絕於口。大概吃開口飯的人，如果有叫座的能力，有領導的慾念，十有九人都屬癮君子之列。他們與阿毛相識成友，勾搭交好，全在這家燕子窠裏。現今反顏成仇，棄好成怨，仍在這家燕子窠裏，這倒符合了「窠裏翻」的那句老話了。後來他們實在沒法對付阿毛，在心有所不甘之下於是聯合簽名寫信寄到徐海渡的寫字間去。去信的大意，那是告訴他的汽車夫阿毛藉端說謊賺食、詐欺騙錢，却害苦了我們這幾個游藝界同人的損失不貲。因此要請徐海渡對他們特別照顧，賞口飯吃，給他們得有上台獻藝的機會，彌補損失等語云云。

究竟徐海渡是現任工部局買辦的身份，自然重視令譽，珍惜羽毛。對所接到的那封聯名信，相應不理以外，就把全部游藝戲劇的一切審別和取捨之權，都授給了張菊蓀負責主持處理。

所以當我去看望他時，說明來意之後，還掏出單子給他瞧看，以示我今天專誠爲送單子給徐海渡而來。張菊蓀一邊瞧看單子，一邊笑問我說：「老兄，這曉風新劇社，眞的是你主辦麽？」那我也立即笑答以「單子上的出面領導人，不是堂而皇之地寫着我的大名麽，哪能還會錯呢。」張菊蓀連聲說：「好，好，這倒正是好極了。眼前恰巧尚有幾個場子的『送客』游藝班子，未曾定局，這文明戲班子就是其中之一。如果你肯幫忙，承接了去辦理，那我可以安放關於送客的文明戲場子的這條心思了。只不過此刻讓我和你先來做一次初步接洽工作，隨後再同你去見徐先生作決定，你意以爲如何？」我就掉着書本子兩句成語的語彙說：「不敢請耳，固所願焉。菊蓀兄，你說：我們要做初步的一次接洽工作，怎樣做法，就請你吩咐罷。」張菊蓀就說：「我所謂初步接洽工作，並沒有什麽好說的事情。祇不過對你所承接的文明戲班子，我却有三個疑難問題，該得向你先行舉說出來。只要請你把三個問題逐個解釋明白，交待清楚便是了，這也是我的所持主見和所應該做的工作。」我說：「對的，也應該的，請你就提出來罷。」他說：「我所說的問題、那即是（一）你的單子上演員名字，將來上演時是否會發生人名不相符合的臨時大變動。（二）是你的單子全部包銀所開比別人送來的單子包銀額要超出二百五十元到三百元之數值，是否你也可以減少一些。（三）是你的曉風劇社，日後所排演的連台長篇新戲的戲名是什麽？這便是我所要問明知曉的三個問題。

等待張菊蓀說完他所提出三個問題以後，我就逐個予以答復。當時我對他說：「請你放心，對於曉風新劇社的單子上所列演員名字，決不會有掛羊頭賣狗肉，那種名不符實的臨時掉包事情出現的。因爲，我的團體中，所有演員全由汪優遊、徐寒梅兩人代爲安排，相信不致於有差錯之處。要知道近幾年來，在新劇界中的汪優遊已經成爲偶像人物，而徐寒梅也着實起了新劇界領導人作用。試想由他們兩人替我代爲延邀角色，那會有名不符實之事發生的呢？」張菊蓀當下就向我說明道：「此次送來接場子文明戲的單子，連同由你所送的共有三張之多。奇怪的是那三份單子，無一份不是列名第一的頭牌角兒，那是言論正派老生王无恐，正教我看了有些迷惘費解之感。難道說王无恐對你們三個劇團的邀請，竟會個個接受的麽？萬一發生何去何從的問題時，那怎麽辦呢？」於是我就想起剛纔張菊蓀對我所以提出第一個問題來，原來是他發現三份單子上都有王无恐名字所引起的疑念。因此便即向他解釋道：「王无恐在眼前新劇家中，早被視爲第一流人物，別說三張單子上有他名字，就是送來三十張名單上，必然都可能有他名字。一般新劇從業人員爲要爭取場子地盤，把王无恐名字在單子上你寫我寫的大家寫，最後結果惟有『得』者有之。因爲新的場子地盤祇有一處，新劇團體也只需一個，所以事實情況，雖覺複雜，但糾紛問題決不會發生的。菊蓀兄，是你儘管放心罷！」

王无恐的包銀與風義

此時張菊蓀已從他公事皮包裏，檢出別人所送來兩份新劇團體的組織名單，隨手遞交給我觀看。我於接過在手畧經瞥視之下，只見一份單子上所列開全體演員和工作人員的名字以外，後邊寫明包銀總數額爲九百五十元。可是在王无恐的名字下邊，特別用墨水鋼筆寫着一行英文字樣，那是說明王无恐的個人包銀爲四百二十元。另一份的單子上邊，則寫着全劇團的包銀總數額爲九百元，但對王无恐個人包銀竟出到了四百五十元之鉅。這兩份單子都有英文字句寫在上面，也認得是出於張菊蓀的手筆，可見他對送單子來的出面人，都做過一次研探性的詳細盤詰。此亦足以證明張菊蓀做事的循規蹈矩，一點也不肯亂來，是他非要詳爲比較，方能定局。他之所以將兩張單子交給我看，覺得我自己還是一條「玲瓏心」的光棍，是以立即感到他這些行動，有些像「項莊舞劍，志在沛公」的那種意圖；再說得明白一點，就是說張菊蓀對於我的一份演員名單，已經看得滿意，苦於包銀總數額定價較大。所以他把兩份單子給我瞧看，雖不會向我提出要求減少之話，但已盡在不言中了。大約他的示意在希望，要我自動減削包銀數額到一千元爲最合心意不過之舉，這是我私下作猜測而已。

當前的情勢演變至此，便想着只有採取「賣瓜說瓜甜」的話，力向張菊蓀爭取得新劇場子的承包權。因此，我說：「菊蓀兄，這兩個新劇團體，相信他們都演不出什麽成績來。因爲主角和配角們的劇藝高低，才能深淺有着兩不相稱之故。試想祇憑王无恐一個人能演得出好戲來麽？俗諺說得對，『牡丹雖好，全仗綠葉扶助』。這兩句俗諺實爲對劇藝人的至理名言。但看他們單子上所列名的配角演員，大多數爲名不見經傳的新起人物，不過這也難怪該兩個團體主辦人的措施失當，單以王旡恐個人就佔去了全包銀總和的半數，若不起用新出道的人物，還能用誰來呢？且請你看看我們曉風社所定全體同人的包銀數字罷」。於是忙即向袋裏掏摸出徐寒梅所給我備作參考用的那張單子，遞交給他過目。

王无恐（中）歐陽予倩（左）鄒劍魂（右）合演新劇一幕

張菊蓀看見所開王旡恐的包銀只有三百二十元，不禁輕輕地吐出「嘩」的一聲，似乎他感覺得大爲驚異。於是，我就說：「這大約他們所開給他的包銀，那是開頭的定價，而我們所支給他的包銀，實爲在上海搭長班子的定例。要知道新劇舊劇，是事同一例的，對於這點包銀大小差別的自然規章所定，那是瞞不了你的？現在我坦率的告訴了你老兄一句眞話，我們對王旡恐所開包銀數字，雖然特別低小。但是除掉同行定例以外，還加上我們三人和他有一種同班同台的友誼交情。不由他不欣然接受。別說歷年間來，汪優遊和徐寒梅與他同班同台的機會，多至難以枚舉。就以我個人來說與他在小碼頭戲館裏，也同班同台過有三四次之多。雖然，我是「跑龍套」的起碼角色，既沒有天天日夜登台之必要，即使登台，實因我的劇藝低劣，口才笨拙，輪不着要我扮演重要的「劇中人」，跑龍套坯子只配做跑龍套而已。但僥天之倖，是我總是兼任着編戲的撰總綱寫幕表，宣傳的起稿子，擬廣告的工作任務。因此，王旡恐和我的交情友誼，也是與衆不同的。

當我話說至此，把話頭輕輕一轉，就轉牽到徐海渡身上。强調着說：「是我料想徐海渡先生看見我們曉風社的包銀單子，必定把他們的兩張單子作比較，便會感到對曉風社新劇多吃虧了支出二三百元的包銀損失。而這筆損失的利益，也定必錯認爲我所佔得，當然要對我會發生不滿意的憎惡。其實可能他沒有瞭解我所運用的是取之於包銀，但看我們單子上所有對於舞台生活有修養，有經驗的大小男女配角的色銀，無不開列得相當公允，以期謀取全面平衡發展，自會演出美滿好戲的成績出來。這就所謂一分行情一分貨！但我相信他們對於這些配角，根本未曾想到做到，是以也無能在台上達到配合完善的目的。同時，我們的演員也要比他們增多三五人之數，菊蓀兄，關於這兩點却要託你代爲向徐先生聲明一聲。請他作個三方面的仔細對照比較，便知道曉風社的包銀，在表面看來要比他們爲大，在實際計算却比他們要低很多呢。張菊蓀向我點點頭，滿嘴邊掛上笑意地對我說：「這點你請放心，要我代爲聲明的說話，是我毋須叮囑，自會盡力幹做。就只是問你我所提出三個問題，自經聽了你一番答話解釋以後，對於一二兩個問題已經全部瞭解淸楚。此刻希望你答復我第三個問題，即爲日後你們所編演新的連台本戲是些甚麼的劇情故事，劇目名稱擬定了沒有？」

這句問話於乍聽之下，的確使我頓時爲之怔住，幾乎答不出一句話來。因爲昨夜我與汪優遊、徐寒梅三人都未會連想到這個問題。後來不知如何於剎那之間，竟給我想出一個劇本故事，於是忙即向他回說：「新的連台本戲早已想定，那是準備編導滿淸十三朝的宮闈秘史，從努爾哈赤崛起於滿州地方排演起，直到辛亥革命成功爲止。相信這部新本戲的劇情故事，覺得圓幅廣大，題材豐富。恐怕編排連演三年五載，也不愁會有史窮事盡，難於爲繼之弊。其實因前歲我爲廣益書局編寫淸宮四大美人的董小宛、香妃、杏花春，劉三季等四本章回說部，搜閱過不少有關淸宮史實的記述書籍。有的是史家官書，有的是私人野乘，是以當時自我心理常想，我若開辦戲館，不管它上演的爲舊劇，抑爲新劇。總該把滿淸一代史實編成劇本，搬上舞台，逐朝逐事挨次表演。這樣可以使中國老百姓都曉得那些皇帝到底是個何等樣的人物，與明瞭淸宮裏邊究竟是怎樣的情形。次則使他們對本國歷史知識也可以吸收得豐富些，以及對前朝朝政的得失史實，也可以懂得增多一些。是我認如此主張所定，方不負『戲劇爲社會教育』這個最美麗的語彙。菊蓀兄，你說我的主張對嗎？就因爲要想實現我這一主張，恰巧有徐先生開辦新世界遊藝場的機會。所以我渴欲謀求新劇場子的承辦權。同時，已把張雙宜這位乾旦，我也延邀定了，因爲他以前在民鳴社連續編演三十幾本長的『西太后』一戲時代中，別人的承飾『劇中人』和『扮演人』的角色，往往於前本與後本戲中會發生前後更易，上下易位的兩不相同情事。例如某一個演員於前一本劇中飾演的是常熟翁同龢相國，在後一本劇中所承扮的却是合肥李鴻章軍門了。這是如所衆知的戲劇角色支配上的一種定例，惟獨張雙宜的西太后却是一人直扮到底，實因他把當年「那拉氏」扮演得活龍活現之極。此爲新劇界同行們所公認共許之事實，尤其是他旗裝台步的工穩大方，瀟灑風流。一般人評說，張雙宜扮演清室的太后一角，正足與京劇梨園行中，以扮演遼邦蕭太后著稱的王瑤卿、趙桐珊（即芙蓉草）師徒兩人相匹敵，決不會遜輸到那裏的。此說誠然之至，恰恰滿清宮中歷代皇太后的天賦稟性，都是兇勢潑辣，殘虐不仁，絕無一個慈祥溫和，賢淑端莊的模樣，說到張雙宜原是以『潑辣旦』（按：新劇界的角色類別中，有此潑辣旦的一行專有名稱，爲任何劇種所沒有的）應行，他扮演清宮十三朝的皇太后，就成爲他所擅長的應工戲了。總而言之，我們曉風社全團演員所邀定的各行角色，都爲要排演這部新的連台長本戲儘量做了精選且挑，縝密且周的準備工作。所未擬定的只是戲碼名詞而已，我不知道採用『滿淸三百年』的戲碼名詞好呢？還是採用『十三朝清宮秘史』的戲碼名詞好？請你老代我做個決定性的選擇罷。」大約我這一大篇的言語編造得具有挑逗性、誘惑性的力量，相當巨大。早已把張菊蓀的心扉打開，但見他喜形於色。連連點頭說：「好極了，實在好到極點，是我忖想你們連台本戲的戲碼名詞就用後邊的一個『十三朝清宮秘史』，較爲美好。因爲前邊的『滿淸三百年』這個名詞，書坊已經出書，行銷市上。戲館也將編戲上演，我們不要拾人牙慧」。他於說完話後，一看腕間手錶就說：「現在徐先生已經回到他的寫字間了，由我陪你去看他吧」！張菊蓀對我正是個極夠交情的朋友，我見到了徐海渡以後，是他話不多說。簡潔了當地指點着我說道：「我們的文明戲班子準定用他所領導的曉風社吧！因爲該社的男女演員，比之先前送來的兩張單子，多而且好。總包銀額作對比，雖多超出了二三百元，但實際我們還佔得便宜，毫不吃虧。」於是他接着把曉風社的幾種優點，一一作了簡單的介紹說，倒正可以說是好話說盡了。徐海渡也不多答話，只是點頭稱好，大概他聽到曉風社要演清宮秘史的連台本戲大感興趣。便即對張菊蓀說：「老張，是你既然決定了用曉風社的新劇團。那麽，我們應當把包銀，全部撒放了給他們算數。不必先撒定金，後發包銀，把一次手續分兩次做。好在大家都是相交有年的要好朋友，何必按步就班地對手續定規的認眞過份呢。」但張菊蓀聽後還是循規蹈矩，要教徐海渡在曉風社的單子上簽了字，再陪我仍然回到他的寫字間裏辦理一應文件的簽字手續，誰知手續尚沒辦完，徐海渡却親自把一千二百元的一張即期銀行支票送來，隨手遞交給我。覺得他對朋友的熱情信任，對他自恃的氣度溫和，在現代買辦階級中似乎甚爲少見。試想我爲了爭取新世界的新劇場子，於張菊蓀牽引安排之下，與他當面接觸。僅僅一刻鐘的時間，他就把我造成爲曉風新劇社的法定領導人，並且教我相離十多年的新劇生活圈子，却成爲今又來的前度劉郎。人生世事，變幻莫測，就是這樣的像天際風雲一般。

當將支票向銀行兌取得現金以後，就分別打電話給汪優遊、徐寒梅兩人。告訴他們曉風社的場子已經接洽成功，包銀也已全部收到，總算「旗開得勝，馬到功成」般的凱歌歸來。特別囑託徐寒梅要他代爲分別通知曉風社的所有男女演員和工作人們，於今天下午四時起，在新世界飯店二樓某號房間撒發包銀。原來這個房間爲我與幾個要好朋友黃春蓀（南洋廣告公司）、陳希林（陳森記鑄字所）、胡雄笙（樂鄉飯店西餐館）、王颺慶（中華皮鞋公司）等所開的長房間，作爲每夜聚會遣興之所。這所謂聚會遣興也無非搓麻將、叫堂差的幹做那種荒唐事情而已，不料今天却給我派做正經用處了。時到午後三點鐘，覺得情緒眞自不知如何爲之緊張起來，有些像在十餘年前第一次上台做「跑龍套」一樣。於是，認爲自己既然不安於室，倒不如早點到新世界飯店去等候人們到來吧。誰知推門進入，只見滿房間都是來領包銀之人。其人有男的，有女的，有坐的，有立的，更有相識的，有不相識的。眼見這班新劇圈子中人，而我自己覺得大有像出嫁多年的女子，今番歸寧母家相逢舊時的鄉鄰戚友之概。對內心而言，似有怯意，也有快感，對視覺而言，既感陌生，亦感親切。更於是我的思維，如潮浪的奔騰澎湃，起伏靡停，而神智一時也陷落於迷惘恍惚中，這是我當時重回新劇圈子所感覺莫明其所以然的情形。

幸而徐寒梅恰於此時推門而入，他看見當前房間裏擁擠熱鬧的狀況，也爲之啞然失笑起來。他向來對同行朋友是說笑話慣了的，所以他操着蘇州方言的吳儂軟語，慢條廝理着說：「聽說是四點鐘發包銀，教我過來幫忙。想想我只要三點鐘離家出門，辰光總規搭得夠哉。那哩曉得唔篤一排裏人，都是心急火拉得眞正忒嫌厲害，啥格兩點鐘還勿到，已經到此地來哉。害得我倒是成功『清早起來碰見隔夜人』，想想末，阿要難爲情。現在也罷哉，早來早回去，此刻就撒發包銀末是哉。」徐寒梅這個人，從他外型看來那是心靜氣耐，動作滯緩，但他實際行動起來時，其工作的效能和速率，並不會過於緩慢。就以今天撒發包銀爲例，全部包銀撒發清楚，一小時都不到，原因他的手法熟練，計算敏快之故。此外，一般撒發包銀的習慣定例，總是從拿大包銀的大角兒發起，發到苦哈哈們的小角兒爲止。他則不然，却是從苦哈哈的乏角兒們發起到大角兒爲止。據他說這是「砍開茅草便是路」的最好辦法。因爲我們把包銀的早發早散，是以王无恐同他女兒婉貞前來領取包銀時，房間裏只剩我和徐寒梅兩人了。其實他此次開碼頭回來，就定居在派克路九福製藥廠斜對面一家烟紙店舖的樓上。在理他到新世界飯店的路程，比之任何人都近，眞正只有一箭之路。怎爲反而落在人後，實因他不知道我們臨時提前半小時撒發包銀之故，遂致王旡恐深深地抱着「來遲了」的歉意。

就因爲人去樓空的關係，王旡恐便即和我促膝閒聊，共話十餘年來兩不見面的各人遭遇情況，我們海濶天空，毫無定向，正是說到那裏是那裏。我與王旡恐閒坐聊天，他竟訣我爲新劇沒落問題的先知先覺者，話雖說笑，事若有理。當時他的話是這樣說的：「老兄，我到今天眞正佩服你的聰明智慧了。在你離開新劇團體的時候，無論上海以及各地各碼頭，差不多都是我們新劇的天下。只覺得祇有欣欣向榮的盛況，毫無出現衰落的現象，可是你竟對這碗戲飯一些也沒有戀念的管自拋却了。不知道你從那一點察看出來，已知中國的新劇其將趨於沒落消失的途徑。也幸而是你轉行得早，換業得快，現在生活問題自可安定無憂。我就是沒有想着在早些日子也像你改行轉業那多好呢！」我笑着向他回說：「喂，老大哥，我是跑龍套的資格啊，對任何一種行業都可以隨意改換無所顧忌。橫豎改來改去，總是一個跑龍套的脚色，比較上改行容易，轉業便當。你却不要忘記你自己是頭牌角兒的身份，即使你想改換行業，但是人家不肯饒放過你呢。如各碼頭開戲舘的前台老闆，領導團體的後台經理，他們橫說情，豎懇求，要你幫忙演出一個時期。我問你可以不答應麽？更何況改換行業以後，所賺取薪金數額，有那一家會給你能像包銀般的多麽？」王旡恐連連稱「你說的對」。並且無限傷感着說：「近多年來，生生地被這個頭牌角兒新劇家的虛名頭銜，害得夠苦。從前我們對開碼頭認爲不算一回事，諒以鄰縣近市，彼此距離的路程非遙。現在各碼頭的形勢大變，專演新劇的戲舘，已不像往昔的多見。因此，往往爲着更換戲舘，轉移碼頭，非但要遠隔多縣，甚至要歷經數省。於是便受盡了旅行途中車馬舟楫的勞頓，也嚐遍了天時氣候風霜雨雪的困擾。說老實話，是我對於開碼頭，換戲舘的一事，不僅深感厭倦，簡直極懷痛惡。這一次我的機會委實太好了，得能在你老兄的領導之下安心効命，努力演戲。但是我總希望從此以後，搭着幾年長班子，太太平平的做幾年戲，正是天大的喜事了。」聽着王旡恐這番說話，此時却引起我的注意，對他作了個正視。覺得我們十多年不見，的確他老了一些，而且滿面有風塵憔悴之色。向來是我生有一種淺薄可哂的觀念，就是對境遇欠佳的老朋友，往往會發生綈袍垂愛之情。其實我自己實情境況，何嘗不是需人深憐窘寒的范叔呢？不過在我淺薄觀念中，總認爲「我比他人好，我自有辦法。」所以當時對王旡恐也就在這種情感衝激下，不覺垂愛之情，油然而生。便對他說：「老大哥，幫忙幫到底，就請你担任曉風社的後台總管事罷。」

原來戲班後台的定例，做管事的另有一筆管事費可領取，自然管事費的數額遠遠不及京戲班的鉅大。因爲我們新劇團體的管事費所定數額，多則二十元，少則十元，這也是例行公事。並且十有其九概由後台領班人自己兼任這一份總管事職位，這樣對他的利益可以確保得十元或二十元了，而我這次非但沒有確保，而且破例的反而增高到三十元之數，當塲聲明全部撥給了王旡恐。不料這一個措施却得罪了胡君安，他向人說我有偏見，對待王旡恐父女太好。甚至還編造和散播其他謠言，歸根一句話，就是後台總管事不給他做而給了王旡恐做之故。本來胡君安這個人生得度量褊狹，出言刁刻。可是他在台上扮相非常俊秀，頗具有倜儻風流之概，至於演出的劇藝如何，却要看他興緻而定。凡此皆爲新劇團子裏人所共知的事實，所以那夜汪優遊曾知照我指說胡君安生有反骨，難免要做現代魏延，須要對他小心提防。徐寒梅則力說眼前實無較有名氣的小生，可以延邀列名單子上邊，只得把他勉强湊集的苦衷。不料終因後台總管事一事，就揭發了他的叛變之心，他以怨我故也連帶恨着王旡恐，是以一經開幕演出，他就採取了不合作的陰陽怪氣態度。王旡恐在碼頭上和他同過不少次數班，深知道他的爲人行爲，所以排演「馬永貞」一戲時，就派他飾演「吐血四宮」這個角色。

且說曉風社全體人員領着包銀，歡天喜地的回家去做準備過年了。惟有我於送走王旡恐父女以後，便與徐寒梅商量正正式式組織曉風社新劇團體，所應該急需着手幹做之事。當時我提出兩個問題：（一）是衣箱道具可向何處租借？（二）是新本戲十三朝清宮秘史的男女服裝，應作怎樣的準備？徐寒梅倒也答覆得乾脆爽快，他對第一個問題的答覆，那是無處租借，且租借大不合算，只有由你自己置備，另收租金管理。他對第二個問題的答覆，那是新戲的男女服裝置辦用費，概由塲方負責支付。我忙即說：「對這點我不能，也不便向新世界方面提出此種非份的要求，誰教我爲要爭取新劇塲子，說甚麽劇本已經選有爲全部的歷朝清宮秘史。故事如何的好，情節如何的妙，才把塲子爭得過來。如果再說第二句話，那就太對不起徐海渡、張菊蓀兩個朋友了，現決定也由我來置備。」徐寒梅說：「既然決定由你自己置備，那我可以告訴你兩句話，作爲你自己所掌握的主張定章。那兩句話是：『男備女不備，頭備脚不備』。這『男備女不備』就是說凡男演員所穿着承扮清朝上自皇帝貴胄，下至大小臣工的服裝，如蟒袍補褂、馬蹄箭衣，一切無不皆備。惟獨女演員所穿着承扮的上自后妃，下至宮娥的服裝旗袍，概不置備。至於『頭備脚不備』，就是說不論男演員頭上所戴的纓帽、緯帽和翎毛、頂子、朝珠等。以及女演員頭上所戴的旗裝「兩把頭」，都得要置備齊全。祇有脚上所穿着的，不管男演員的薄底朝靴，女演員的「花盆底」旗鞋，可以毋需置備的。因爲每個人的頭寸大小，都差不多，大家可戴。祇有脚寸大小，各不相同，就非要認定私有不可。這便是新舊戲班中所謂「官中行頭」與「私房行頭」這兩個名詞的造因由來。」

徐寒梅話說至此，無限慨悔地接着說：「說來說去，曉風社這次所吃虧的，就是一班女演員們都沒有演過清朝的宮廷故事戲。可說扮飾旗籍婦女的旗裝行頭，一個人都沒有置備，包括陳明珠在內。只有張雙宜一人，以歷年來專飾清宮中的皇太后一角，他的私房行頭置備得多而且好。當年民鳴社排演「西太后」一戲，他的西太后不要說他的劇藝熟練精湛過人。就是他所穿着的幾套旗裝行頭的富麗華貴，亦有睥睨一代，領袖羣倫之概。」我接着說：「你說張雙宜的私房行頭，有這麽的好，那我們的官中行頭也該置備得要好點，方能配合相稱。寒梅兄，託你關照他們和她們，誰要朝靴，誰要旗鞋，都到五馬路南恒泰那家戲靴舖去量脚寸定造。這錢我自會對南恒泰老闆說定，都上在賬上，概由我代爲塡給，到下一月發包銀再算。」於是，和徐寒梅商量置備新劇的道具衣箱之事，到此便宣告打住結束。

於第二天起，出空身體，專門幹辦購買有關曉風社所需要的各種物件。第一個採購處就是開設在老北門城內穿心街春申君廟斜對面的一家舊貨店。這家舊貨店在我眼光中看來，覺得貨物稀少無用得可憐，但它在新劇圈子裏却很有名氣，有人要籌辦一副新劇的行頭衣箱，不論本埠或外埠都要到這裏來採購服裝道具。這是上海「祇此一家」的舊貨店，也是「獨一無二」的專門行業。自然它於遜清光緒末葉年代，新劇這個劇種從日本移植來上海時，應運而生的一個新興專業。不過，這家舊貨店唯一好處就是定價低廉之極，差不多每件服裝道具概以銀毫論價，很少以銀元計價。那天我的採購統共化了八十幾塊銀元之數，論看眼前滿堆舊物，件數實在不少。如果是個馬馬虎虎的新劇團體對開碼頭也罷，落游藝場也罷，都足以應付在台上演出時的所需了。但在我的觀感，覺得如今以陳舊服裝上台，試問有甚麽好看呢！不是要教人看了，錯認爲在搬演叫化子戲咧。況且我們曉風社此後的生命線，全部繫維在「十三朝清宮秘史」新本戲的主體上邊。倘使大家穿着陳舊的服裝上台，怎能有好戲表演出來呢？所以忙即付清了錢，把買就之服裝道具，便託該舊貨店老闆派人僱車代送到我家裏去。

馬永貞叫座力仍强烈

離開那家舊貨店以後，我就去了新北門外老天主堂街，到一家公吉棧裏，探訪我的朋友林璈然，此君那是丹陽幫經營「提莊」業務的主持人。當時就以想要購買所有「包底貨」一事，與他相商談，且以承辦新世界的新劇場子之事實經過作談助。這「包底貨」是他們提莊業中人的一種商業術語。蓋凡提莊向當舖收買過期不贖所沒收當品的男女服裝，有的因式樣失時，有的因衣料變質。以致受主無人、賣出無法，提莊把這種衣服貨品，逐件檢出，集聚包裹，就叫做「包底貨」。必須到了歲晚時候，削價售與江北幫的貨客，成爲提莊業務中的一個無形定例。林君今以半送半賣的方式，把他們莊中一年所積聚四大包的「包底貨」，掃數出賣給我，售價祇有二百元。這一次腦筋總算給我動得正着，這四大包的「包底貨」極收價廉物美的果實。因爲共計一百三十幾件男女衣服，單夾都有，件件合穿，衣料多爲絲織品，只是式樣剪裁縫綴得古老過時一點而已。但移作官中行頭之用，非僅合時，而且合式，因是則衣冠優孟，結束登場，無不令人有望之儼然之感。不過前後兩次赴蘇州，向護龍街幾家古董店，購買高級清朝官員的各樣衣帽服裝以及頂帶翎毛等各種飾物。却大做洋盤，並且洋到發綠，因爲他們索價高貴，聽了爲之駭然。所以當時同這些古董店的老闆和夥計們說笑話。我說：「你們蘇州人何以今日都變成了杭州人？」蓋俗諺有「杭州人專刨黃瓜兒」之語。只因我爲了對徐海渡、張菊蓀兩人酬答「情面」，爲我自己爭取「面子」更爲曉風社同人所演「十三朝清宮秘史」一戲硬綳其「場面」。於是心安理得地甘願做黃瓜兒，任由蘇州人大刨而特刨，共刨取我近八百銀元之數。而所買得的物件除掉幾頂紅纓帽、緯帽比較容量龐大以外。其餘的袍套補褂以及馬蹄袖的龍箭等等服裝，正是集成一大包，手裏拎了就跑。

此時之我，已如箭在弦上，不得不發，因此便在除夕之日，我把衣箱道具用車送到新世界新劇場子的後台。指揮工作人員正在安放行頭衣箱、化裝枱子的時候，柯同椿把子店已送眞刀眞槍和另碎道具來了，自然按單給錢，誰知錢還未曾點數清楚，南恒泰戲靴店的夥計送四雙朝靴，十一雙的「花盆底」旗鞋來了，他靜立在我身後，等着付賬。在打發他們走後不到五分鐘，王榮泰戲衣店的矮子王老板和他徒弟已送來十隻「兩把頭」的旗裝頭飾，以及桌帷椅帔、宮燈提鑪等物來了。這樣此來彼去，如串龍燈般的熱鬧場面，在此時間，我眞有幻想「我若爲王」的快感。因爲我這個人一向以來，總是伸手接受人家的錢，從不伸手授予人家的錢。今朝一反常例，由我慨當以慷的掏錢給人，怎不要自我陶醉，胡作幻想。但於刹那之間，就有「不過爾爾」的覺悟感來了。因爲警覺着此刻固屬主人的資格，眨眼便會變成奴僕的身份，這正是「人生如戲劇」、「戲劇如人生」的那種循環矛盾論了。

上海獨立戲院和游藝場的附設各種劇場，自有一種年常舊規的定例。就是在新正五天的所演日夜兩齣戲，必定搬演應時的吉利戲碼。初六開鑼的戲碼選擇，亦必以少有殺傷流血的情事爲定則，及至元宵節以後，一概不管不理，各演其新本戲了。我們曉風社當然事不例外，是以貼演「金玉滿堂」、「家和萬事興」等那些吉利口彩戲碼。初六日祇演了「三笑姻緣」和「碧玉簪」這兩本傳統老戲，從初七日起，便推出「山東馬永貞」。這是我的主張而通過前台賬房關係的破例之事，因爲這本戲的故事情節，便是大殺傷、大

劉復雯改名曰嘉凌拍電影主演馬素貞

流血的。但不過此時上海人看戲的觀念、思想已開明得多多，不理會吉利不吉利這個迷信問題。一經開演，該戲的叫座力量，仍然非常强烈，日夜觀衆總是擠得水洩不通。新劇場子設在自由廳的樓上，有南北兩門的水泥梯級可以出入場中。此次馬永貞的一戲演出，南北上下無法在場中走通，即演員亦非於開幕前進入後台不可。實因此戲叫座力太强烈到欲罷不能的地步，所以我們新本戲直押後到二月初的「龍抬頭」日方始演出，僅此一事就可知了。

跑龍套代戲演跑龍套

曉風社在新世界游藝場的新劇場子搬演「山東馬永貞」一戲，得能如此叫座，日夜客滿，實出於一般人意想不到之外。其最具吸引力的還全仗王无恐一人之力，因爲他於民國三年在民鳴新劇社連演三個多月之久。當年看過他戲的人，正不知有多少，大家都把王无恐的人名和山東馬永貞的劇名，無不深印腦際。如今於十二年後，王无恐到上海來舊地重遊，再演此戲，怎能不勾引起人們瞧看王无恐的新劇之戲癮呢。不過有三事，似乎對我戲劇生活史上，畧爲有一談之價值。撫述於下：一是劇本問題，王无恐之爲人行爲頗有點懷舊情深，守貞志切的樣子，此我於他所收藏馬永貞的幕表與總綱一事所見。因爲此戲是民鳴社對此一故事編得相當忠實，不敢十分欺騙觀衆，馬永貞在一洞天茶樓墜樓喪命以後，全戲就告終了。後因賣座太好，周劍雲想出假託馬永貞有妹素貞爲兄報仇，編爲續集。因此在這些年來王无恐跑碼頭演出此戲時，總是拿出他當年的老幕表總綱作藍圖，仍分兩天演完，從不苟且了事。此次曉風社準備演出，我對幕表總綱却向徐寒梅借來。還特地到王无恐家裏去親向他說明，不用他的幕表而要用徐寒梅的總綱。我說：「這本戲，我覺得兩本併成一本，改得極好，劇情濃縮，場子緊湊。我們在戲言戲，請老兄用我這份幕表和總綱罷。」王无恐點頭答應，他的夫人笑對我說：「我家无恐的這頭牛實在也祗配你牽的。」

（二）是佈景問題，此次我所主持的曉風新劇社有排演「山東馬永貞」一戲，頗想因利乘便，把這本故事發生在上海的戲劇，總想排演得像模像樣到眞實一點，藉以爭取觀衆們眼看得分外有本地風光之感。更欲使觀衆們瞧看以後，對於上海地方性的史地方面的知識，不但增長加深，而且認識也可以較爲正確翔實，方不負戲劇是社會教育的這句名言。所以要把該戲重要幾幕佈景，力求其像眞畢肖，尤以一洞天的茶樓佈景，是我自己當時所看見過南京路的風光景色，一洞天茶樓的外型輪廓，作了回憶追想，而後打好圖樣，繪就畫則，逕交到佈景去趕畫趕製。新世界的佈景間，一向設在北部跑驢場的間壁，牆間關有小門通入。大家叫做「三間頭」，其地爲三間兩廂房的一座高大樓屋。佈景間裏的一班畫師全是畫佈景、做燈彩、製烟火的潮州著名全能藝人桑陳臣的徒弟或夥計，與我是認識的朋友，桑棟臣爲應新世界前任老闆經潤三、黃楚九延請來上海之第一人，專爲新世界南部新屋落成，佈置開幕時的製紮燈彩而來，從此與他徒弟夥計們留居在上海珊家園，所以他們開玩笑的向我敲記小竹槓，要我請他們吃潮州燦鍋和酒菜，共化去我近二十元之數。但他們替我畫出四張佈景，趕上正月初七應用，而且畫得畢眞類似之至。

（三）是演員問題，我們對王无恐的馬永貞捧之唯恐不力，其餘像胡君安的吐血四官，陳明珠的馬素貞，彭德惠的白癩痢，伍誠世的跑龍套，一個個做得有聲有色，萬萬想不到伍誠世會被他的老長官夏斗寅招之即去，而且說走就走，當夜演出「馬永貞」就少了這一個跑龍套的脚色，王无恐却以點將方式點我臨時上台演跑龍套，我欲待推辭，王无恐却說他是我委任的後台總管事，派你上場，相信你老兄必能勝任，於是我這個跑龍套就被他們簇擁上台，宛如騰雲駕霧，上台對付到新戲「十三朝清宮秘史」上場，方才能卸下重責，所以用跑龍套爲筆名，即所以紀念當年救場如救火，臨時上台演唱跑龍套的一段小小的通俗話劇掌故啊！

舊聞趣事

財神爺晉京

·外史氏·

民國初年，梁士詒被稱爲財神，想不到九一八以後，山東也出了一位梁財神，自稱要輸財救國，到南京戲弄達官貴人，鬧得一天星斗！有人說這也是韓復榘的「傑作」，故意找出此人來跟政府當局首長開玩笑的。是耶非耶？現在都沒有人知道究竟了！

九一八事變後，山東忽然出現了一位梁財神，名梁作友，自稱將以家財之半共三千萬元，作救國費用，一時成爲新聞人物。

梁作友是山東人，先由山東省主席韓復榘把他介紹給委員長駐山東代表蔣伯誠，再由蔣伯誠專電中央，向軍政部長何應欽、財政部長宋子文分別介紹，由濟南出發直到南京。

梁作友到南京後，由財政部招待他住在中央飯店，先後謁見財次李調生、財長宋子文、黨國元老張靜江、實業部長陳公博、黨部首長陳果夫及其餘要人，紛紛信梁所言，以爲他眞的毀家紓難輸財救國。

最後才發覺這位「梁財神」大言不慚，實在是個「空心大老倌」，鬧了一塲笑話，茲摭拾當年報章消息，作一綜合記載如後：

（三十日濟南電）近有魯黃縣第八區梁家鄉人梁作友，字仁明者，到濟謁韓復榘，自稱以外侮當頭，國難緊急，願捐家資三千萬元，作救國費用，以十之二助軍費，十之二助災民，餘六成開發實業，並擬有計劃。惟對欵之所在及來源，秘而不宣，僅云已備妥分存各埠大銀行中。昨介紹謁蔣伯誠，一面電何應欽、宋子文報告，韓並繕兩介紹書，由梁面致。梁三十晨離濟入京，由韓代購頭等票二張。

到京

（一日南京電）山東捐金救國義士梁作友，一日晨八時到京，即至軍政部見何應欽。旋至財政部見次長李調生，由財部派科長招待。梁住中央飯店三百零一號，詳細俟財宋三日到京再接洽。

（一日南京電）記者頃訪梁作友於其寓所，梁爲華北大富翁，家資有七八千萬。梁光頭，衣布短衣，青布夾褲，白布襪，青布鞋，異常樸實。梁曾在本村及鄉村初小讀書五年，粗淺文字能通，談吐亦甚溫雅。

家世

（一日南京電）梁作友字仁明，山東黃縣人，現年三十二歲，世業商。父克溫，民六病故。母姚氏，今年正六十歲。有姊一，妹一，俱出嫁。弟一，年念二歲，業商。梁四歲間，偶患傷風病，一夕間，忽轉剛痙（病名），臥床四年，藥治未愈。八歲方能行，至筋骨發育感異狀。二歲即由父母定婚，至十八歲，女家因嫌梁有殘疾，梁父適已故，女家遂議離婚。梁以尚未娶，允其離去。現梁步履如常，惟身體覺稍弱，雖議婚者歲不乏人，但梁概皆未允。

（南京通信）梁住黃縣梁家村，全族約二百餘戶，男女一千三百餘丁口。曾祖屬仲，讀書，前清秀才。叔祖則在營口經商，設油坊甚大。父克溫，兄弟七人。母姚氏亦望族。其外祖廷樑，前清名孝廉。梁家以農商致富，自其曾祖即在東三省經營綢緞雜貨滙兌等事業，俄境海參威西比利亞一帶，俱有商號。梁自十八歲始，繼理祖業，初乃祖所遺不過數百萬元。自梁親身經營，乃十餘年間，竟增長十倍。梁謂彼致富亦無他道，但存心做其事，不以牟利爲目的。

抱負

（一日南京電）或問梁：「願做官否？」梁笑答云：「做官須有政治經驗，山野之人，甚不望此。惟救國之願，不敢後人，此來僅爲救國，不爲做官也。」

（一日南京電）梁貌極不揚，而語極豁達，奇人也。居中央飯店，財部招待，中西酒菜，恣意供之，梁皆無取，午與其友同餐，僅取一炒肉絲，一菜湯。茶房問其何不多取？梁但笑而不答，似鄙視茶房以富貴驕人者，其思想之高尚，於此可以概見。

（一日南京電）梁作友同來者，有一張德堯，係梁同里之友。蓋梁有病，恐不良於行，故邀張爲伴。

輸財

（二日南京電）梁以素不著名魯東一鄉下老，突來京向政府輸助三千萬鉅金救國，極引起人懷疑。有以「此次輸助，是方法，是實欵。方法則等於空言，實欵方是輸助」詢梁者。梁斷然答云：「不是空言。但非面見財宋，不能發表。」仍守其秘密。

（二日南京電）二日晨七時起，梁作友即有客往訪，絡繹不絕。

（二日南京電）或詢梁既如此巨富，何以在山東著名出盜省區，盜黨曾不一經意。梁答凡為盜所垂涎者，皆謾藏奢侈。梁自幼經商，即善藏其財，惡衣惡食，與尋常鄉人無異，即同里之人，亦皆不知其成如此鉅富。蓋高樓華屋，衣服車馬，皆為引盜之媒，即築堡垣，修械備，亦終不免於盜劫。梁家舍如常農，外視全無所有，即凡捐助善舉，梁亦每書無名氏，曾不向人耀富，人亦不知梁富。或更問梁，「財究藏何所？」梁則笑而答：「在此若能輕易告人，則為不善藏者矣，但亦必有所藏處。」藏財之法，梁甚重視，尚不洩露。

見宋

（三日南京電）財宋三日晚八時約梁作友至北極閣私邸，詳談梁輸財報國計劃。

（三日南京電）梁作友三日晨由李調生電約，至財部商談，梁捐欵分配辦法，內容如何，尚未得悉。初梁到京，至財部係乘一人力車，身既傴僂，衣復破舊，持何應欽函，稱謁財宋，有巨欵進獻，財部茶房以其衣貌不揚，睨之以目，毫不為禮。及聞其口氣甚大，更以為神經病而掩笑。徒重何函介紹，不得不為通報。三日李調生見梁，係派汽車迎接，梁到財部時，茶房皆改容。

謁陵

（四日南京電）魯民梁作友，四日謁宋財長商洽捐助政府經費，提出三點：（一）國家在名義上，許可公民捐欵救國，（二）欵項應作國家公用，（三）欵項用途之分配，權在本人（即梁），但政府可補充個人支配用途方法；宋均予以接受。聞俟用途分配方法商妥後，二月內即可滙三千萬元到京，財部四日，並派員導梁謁陵。

（四日南京電）梁四日往財部携有小皮篋一隻，行動甚為神秘，聞箱內即其報効政府之三千萬元鉅欵。

（四日南京電）財宋語梁提倡航空，梁對宋意見表贊同，惟補助數目未定。

晚宴

（三日南京電）東北義軍後援會，定四日晚宴梁作友，並製銀盾一枚致贈，上刻「毀家紓難」四字。

（三日南京電）又一說：梁素惡誇言，向極勤謹。初到財部，見李調生時，人皆不知，彼於事前即慮人知其致富，即求在部予以一席地下榻，以便保其秘密；李調生以部內無寄宿處，乃派人送之中央飯店，初非梁願也。梁見客談論，皆出於不得已，梁非欲事宣傳也。

謝客

（三日南京電）梁作友三日稱赴財部辦公，一切客皆未見。據聞昨往見梁者，有某某毫不客氣，開口即向梁要錢，口氣又大，梁頗不耐，以要做大事謝之。今不見客，即為避却此種麻煩。

（四日南京電）梁四日杜謝一切往見之客。因往者皆係為梁籌用欵方法，有請修鐵路者，有請辦工廠者，有請做地方事業者，口述函陳，不一而足。以此輩皆係會用錢之專家，不敢接見，以避麻煩。

撲滿

（四日南京電）頃有消息，梁欵尚未交出，並以撲滿出示人，稱每年每人共積節金五角。有人疑其巨欵，即或此撲滿計劃之謂。恐希其出巨欵者，或會失望。但謂如果似此，梁無巨金，則由縣保至省，由省保至京；京人不知梁底細，當地縣官，則非知梁底細不保；故仍信梁有眞欵者居多。

謁張

（六日南京電）梁作友六日八時，謁張靜江，談三小時，至十一時始出，張靜江對梁願其盡力開發實業，謂實業為國家根本。

（七日南京電）張靜江六日與梁作友談三小時之久，張甚折服。梁出後，張語人，梁談皆非虛泛，極有道理，是奇人。

（八日南京電）某要人談，梁作友非尋常商人，發言絕有分寸，對答絕有條理。未見梁者，疑梁欵或是虛，凡見梁者，則俱謂梁欵可信是實。然梁欵僅云在調滙中，始終未悉其寄存處。

（八日南京電）梁作友八日晨八時謁陳公博，接洽開發實業事，談至十一時始出。

（七日南京電）梁語記者（一）欵在滙寄中，第一批不日可到京。節約計劃，即撲滿法已貢獻政府，聽政府採擇。（三）尚有一更大計劃，名特强法，能以一百〇八天收回東北，此話更驚世駭俗，說出人更不信，故暫不發表。政府若有收回東北誠意，不以無辦法三字不要東北，梁却極有辦法。

（七日南京電）梁作友日內擬招待報界，報告其救國計劃。

大計

（八日南京電）輸財救國義士梁作友，昨日兩次晤宋，對其捐助政府鉅金三千萬，已擬詳細辦法。據財宋意，對梁欵不欲有何主張，聽其本人自定一切計劃進行。今晨九時，梁至中央黨部晤陳果夫，會談頗久，至十二時梁始辭出，當由財部派員驅車送回中央飯店。梁與陳果夫在中央黨部樓上第二會議廳走下時，梁氏面露笑容，惟不願向記者發言。梁氏則由交際股幹事陪送，當時走廊上以至階前，站滿黨部職員數百人。梁氏身矮背駝，一足跛，面長而蒼黃，手則甚秀，記者當詢以計劃已否決定，梁答昨與宋部長見面兩次，已擬定辦法。今日往晤陳部長，因請其指導組織捐助委員會，並商量分配計劃。現在先擬成立委員會，請求立法院制定法例，然後實行辦法。

葫蘆

（六日南京電）梁作友晤記者，渠欵已在滙寄中，並陳明政府，以渠本人名義在中央交通中國三銀行存放。最短期內，即可一部份事實證明。至由何處起滙，則仍守秘密，謂至相當期間，不相信渠者，可到上三銀行查詢。

（六日南京電）六日梁向中央飯店賬房，移洋五十元零用。並語茶房，渠帶有洋三百餘元，施諸人已盡，但茶房向人言，向渠借錢者雖有人，惟未曾見梁給人一元。此一大悶葫蘆，不到揭曉時，實看不出。

（六日南京電）近數日京中，街談巷議俱無不談，梁作友有無欵，揣測紛紜，舉城若狂。六日某部中竟有某某兩部員，因梁欵是無是有，打賭起衝突者，此可見京中人對救國之熱情。

（六日南京電）政界消息，財宋延見梁時，在財部大客廳，並盛陳兵衛。梁嘗語人，藏欵處非見宋子文不談，但是日見宋時，似亦未談及其藏欵處所。

（十七日南京電）梁作友十七日晨同財部派員温梁，同赴漢謁蔣，尙留秘書李某，與同來之店夥張某。據張談：梁確有錢。梁在哈爾濱有麵粉廠，在龍口有錢莊，有襪廠。張並云聞其襪廠同事，謂梁欺騙決無是事，但梁欵確有多少，其來京報効動機，與財部如何接洽，張亦不甚悉。

洩秘

（南京通訊）昨正氣社發表韓復渠代表唐襄談話，稱韓並未見梁，皆因民政廳長好奇，爲言於韓。韓乃轉爲介紹蔣伯誠，而蔣爲電軍何、財宋，即召之來京。而據黃縣縣長查稱，梁作友非黃縣殷商。唐代表之言必有所據，而大道社則更稱其據查梁在黃縣，僅有田數畝。至此，素信梁者，遂亦不能無疑梁。梁近日已不甚見客。

記者以此事關係中外聽聞，乃於晚十一時，至中央飯店訪梁，强而後見。詢以所傳諸說，（一）傳梁欵於十三日，已滙到六百萬，（二）傳梁十五日晚將離京他去，（三）向中政會索回撲滿計劃之用意。梁俱爲一一解答，且言時聲色甚壯。（一）欵已滙寄在途，但到六百萬元未確，惟最短期內，即有一批可到，全數兩個月滙齊，所言如前未變。（二）一時決不離京，如謂當晚離京，更有事實可證，不必渠言。請看事實，究其當晚離京與否也。（三）向中政會索回節約計劃，渠原係草稿，擬印出廣徵意見於衆，而未知可否能行，故先送中央黨部，請爲審核，預定兩三日，即求發還。今已過期，故向中央索回付印。事既聲明在前，索回實無足異。至對外間傳言其欵，是有是無，渠一概皆不置辯。蓋言其有欵者，渠欵實尙未到，言之反失信用。言其無欵者，渠無神經病，又非發瘋癲，何以如此誑人，並誑世界！並謂是有是無，此時皆不必問渠，且待事實證明，渠所不願見客者以此，信者謂其有，不信者謂其無，於渠皆無所損益。

渠來非求名利，於人疑信、毀譽，固絕所不計，亦絕對不辯；將來自有事實證明，此時謂渠有欵，欵尙未到，何以信人；謂渠無欵，渠確有欵，且不久即到，安能變更事實。其言如此斬釘截鐵，若謂梁欵爲無，則理所未可。若言梁欵是有，則迄今梁欵未到，又不能有所證明。且昨（十四）盛傳梁搭夜車，即將離京，記者臨夜特爲此事，至中央飯店探詢。據賬房中人云：梁離京事，並無所聞，梁刻仍住店如舊。

至其店賬則係由財部招待。初到店時，財部即爲先付洋二百元，至今計欵約尙有餘。但梁在賬房借去洋有一百八十元，亦財部招待員允可借給，梁借此欵，皆十元念元，送給人用，梁亦不言，此茶房爲梁送信者言之。每日致梁電報函件甚多，內容俱不詳悉。惟前日（十三）中央銀行，有一函致梁，有人詢梁是滙欵到否，梁漫應曰然，其函梁藏甚秘，故傳梁欵到六百萬者，或即出此。後有人詢梁，欵果到否，梁又否認其事。至傳賬房向梁索房金，並無其事，蓋房金既有財部招待，當然不向梁索；惟因梁借欵，財部允再送二百元來，尙未送到，故賬房對梁借欵，在財部欵還未送到前，不無予以限制。此昨日（十四）情形。至梁欵之有無，必待事實來證明。則惟（一）梁欵交到銀行，即證明梁欵是有，（二）梁出中央飯店而無欵，則證明梁欵是無。此時無論對梁信與不信，皆不能作肯定斷語，傳信傳疑，大概亦僅有數天，不能長此迷離而不變也。

（廿五日漢口電）盛傳自稱願捐三千萬元救國之梁作友，抵漢後，已由陳希曾查明，全係烏有，藉此招搖，聞已將其驅逐出境云。

大白

（南京通訊）梁作友捐欵事，自在漢被逐，社會上已知彼是一場騙局，而彼本人亦以黑幕經已揭穿，不能再事招搖，乃於日昨窮一夜之力，草擬一篇解釋書，內容大意自承他捐欵三千萬，實爲烏有之事，不過借此惹人重視，得以拜見當局，使彼平生研究之救國計劃，得向當局面陳，固知事類招搖，有干國法，惟愛國情殷，粉身碎骨，亦所不計云云。此篇文字，似通非通，謂其有神經病者，似爲可信。梁作友又云，在漢謁蔣，尙未知政府已知其隱，最後陳希曾先生示下，謂姑念殘廢，不予深究，遂遵令離漢來京。目下一切計劃，均告失敗，如政府不加體念，我實無面目見故鄉父老。我現向財部請求給我私人二三十萬元，營一局部地方，實行我之計劃，使我計劃，不致完全失敗，則爲不幸中之幸。如請求不准，我只得忍辱還鄉，效法蘇秦，埋頭研究，失敗全由自取，決不怨天尤人云云。茲悉財部對梁，已不招待，其在中央飯店住宿期內之欠費一百餘元，亦有不承認表示。該飯店賬房乃頻向梁討索，梁謂待財部給彼回信再說。該飯店見此情形，已促彼遷出。至梁之所謂秘書李某，亦垂頭喪氣，若不勝其悲戚，且資斧缺乏，每餐購燒餅饅首等物，與梁背人吞咽，窮窘之狀，難以形容云。

（京訊）捐資救國之梁作友，前赴漢謁蔣未晤，被驅逐來京，仍住於中央飯店，昨日上午八時，往訪財次李調生，請求補助川資。適因星期例假未晤，梁回寓付出二日房金（原住之房金早由財部付訖），於十二時，偕其同來隨員一人，乘汽車出城，渡江乘昨日下午七時津浦車，北返山東黃縣原籍。

關公大戰秦瓊

【對口相聲】

·侯寶林·

甲　看戲是藝術享受，也是一種娛樂。

乙　所謂生活藝術。

甲　你看劇場裏多好，座位舒適，空氣流通，設備完善，秩序良好。

乙　哪兒的劇場都是這樣。

甲　過去可不是這樣，我小時候，天橋幾個戲園子，什麼歌舞台、燕舞台、樂舞台，我都常去。看一天戲能把你亂死。

乙　怎麼？

甲　先說戲園子門口那賣票的。還沒有開場呢，他就嚷「看戲吧，看戲吧，有文戲，有武戲，有坤角，有男角，又擦胭脂又抹粉兒，又翻跟斗又開打，眞刀眞槍玩了命啦！」

乙　玩兒命啦？

甲　「兩毛一位，兩毛一位。花兩毛錢看玩兒命的！」

乙　這叫什麼玩意兒？

甲　這就是他們的藝術廣告。

乙　就這麼亂？

甲　這是戲園子外邊兒。

乙　裏邊總得好一點吧？

甲　比外邊還亂。

乙　比……都有什麼呢？

甲　有打架的。

乙　打架的？

甲　有時候樓上樓下就打起來。

乙　那爲什麼？

甲　樓上沒有護樓板，一條一條的欄杆，什麼都往下掉，掉個戲單兒、手絹兒不要緊，掉了茶碗，把人家頭打開啦！打破了頭，那還不打起來！

乙　好嘛，眞危險！

甲　還有亂的呢：茶房帶座兒的，砌茶灌水兒的，賣報的，賣戲單兒的，賣瓜子兒的，賣糖的，賣瓜果梨桃兒的，賣餑餑點心的，讓人的，找座兒的，最突出的是打手巾把兒的。

乙　對，那陣兒有「手巾把兒」。

甲　其實熱天擦擦汗是好事。

乙　就是影响看戲。

甲　最討厭的是來回扔。

乙　嗯。

甲　十多條毛巾用開水一澆，擰乾了，上邊撒點花露水兒，從這個角扔到那個角兒，還得有技術，講究房梁房柱什麼也碰不着。

乙　（諷刺地）這還有技術！

甲　（學扔的動作），

乙　跟擲標槍一樣。

甲　有時候一個在樓上，一個在樓下，還來個花招兒。

乙　什麼花招兒。

甲　扔的這位來個「張飛片馬」，接的那位來個「蘇秦背劍」。

乙　嘿！

甲　有時候扔散了還來個「天女散花」。

乙　這戲還怎麼看呢？

甲　還有亂的（學各種聲音）：「瞧座兒，裏邊兒請。」「當天的戲單兒。」「薄荷涼糖烟捲兒瓜子兒，水果糖餑餑點心。」「頭兒前邊兒坐！」（學女人喊聲）「二嬸兒，我在這兒哪！」

乙　這是多亂啦！

甲　「您怎麼剛來呀！」「可不是嗎？您早來啦！」「啊，聽半天了也不知道他唱的什麼！」

乙　那還聽得見！

甲　「您看今兒這天兒還不錯，一點雲彩都沒有。喲，挺好的天兒怎麼下雨啦？（往樓上看）喂，你們孩子撒尿啦！」

乙　這就快打架啦。

甲　你說那年頭兒戲園子裏多亂。

乙　有人說堂會戲還好點兒。

甲　你說堂會戲呀？更亂了。有一回我在山東濟南看了這麼一回堂會戲。

乙　什麼人辦的？

甲　大軍閥韓復榘給他爸爸辦生日，找了很多有名的藝人，一共唱三天，頭天戲碼兒就好。

乙　都是些什麼戲？

甲　開場「百壽圖」，二齣「御碑亭」。

乙　三齣？

甲　紅淨戲，「千里走單騎」。關雲長過五關斬六將，一直到古城訓弟……

乙　好戲！

甲　「關公大戰秦瓊」。

乙　「關公大戰秦瓊」？

甲　關公就是關羽關雲長。

乙　戰哪個秦瓊啊？

甲　就是那個山東好漢秦瓊、秦叔寶呀。

乙　你別說了，這倆人見不着。秦瓊是唐朝的，關公是漢朝的。

甲　我聽了。

乙　聽了？

甲　啊。

乙　這是怎麼回事呀？

甲　是這麼回事。「千里走單騎」的關公唱得好，做得也好，馬童翻得也好，台下不斷喝彩。唱着唱着韓復榘他爸爸站起來了：（用山東話）「別唱啦，把他們管事的叫來！」

乙　什麼事呀？

甲　誰也不知道哇！一會兒管事的來了：「哈哈（苦笑地），老太爺您有什麼吩咐？」（學韓父，用山東話）「你們唱的這是嘛戲？」

乙　好嘛！聽半天還不知道是什麼戲呢？

甲　「是關公千里走單騎，過五關斬六將。」（學韓父）「關公是哪兒的人？」

乙　「他是山西蒲州人。」
甲　（學韓父）「他是山西人為啥到我們山東來殺人？有我們的命令嗎？」
乙　啊？
甲　（學韓父）「為啥不唱我們山東的英雄？我們山東有好漢秦瓊。」
乙　關公也是英雄好漢。
甲　（學韓父）「他們倆個誰的本事大？」
乙　他們倆呀，沒比過。
甲　（學韓父）「叫他們倆個比比看！」
乙　沒法比。
甲　（學韓父）「來一齣『關公大戰秦瓊』。」
乙　啊，一個唐朝的，一個漢朝的，那能擱一塊兒嗎？
甲　是呀，那管事的不敢這麽說呀。「是，老太爺，這齣戲我們不會。」
乙　誰也不會。
甲　（學韓父）「不會？那就別唱了！全不讓走，餓你們三天，看你們會不會？」
乙　這像話嗎？
甲　管事的一聽害怕啦。「是，老太爺您別生氣，我到後台問問他們去。」
乙　問誰也不會呀。
甲　管事的到了後台跟大夥兒一說：「諸位老板，剛才這戲唱出漏子來啦！說咱們唱山西英雄，為什麽不唱齣山東英雄？現在韓老太爺點下戲來啦：『關公大戰秦瓊』。」
乙　問問誰會？
甲　大夥兒就火啦：「你撐胡塗啦！一個漢朝的，一個唐朝的，能唱得到一塊兒嗎？」
乙　誰也不會這齣。
甲　（學管事的）「不會也得唱，他說啦，如果不唱，全不讓走，餓三天不管飯。」
乙　這眞是仗勢欺人。
甲　老板一想來二百多人，三天不管飯，眞餓死幾個怎麽辦？給他唱！
乙　唱，沒詞兒呀！
甲　（學老板）「上台現編！劉備，把衣服脫了扮秦瓊，扎硬靠，披蟒，戴帥字盔。」
乙　怎麽啦？
甲　被困天堂州，那是秦瓊倒霉的時候，您得照瓦崗寨那麽扮，秦瓊露臉的時候，天下都招討兵馬大元帥。
乙　關雲長呢？
甲　還是軟靠扎巾。
乙　怎麽唱呢？
甲　（學老板）「秦瓊頭場『點絳唇』，唱一場想一場。前邊唱，後邊給想。」
乙　這叫什麽藝術呢？
甲　（學老板）「告訴『場面』，『點絳唇』。」（學打鑼鼓，學出場動作）「倉且倉且倉。」動作特別多，走得特別慢。
乙　？
甲　想詞兒哪。
乙　對呀。
甲　演員心裏火大啦：「這叫什麽玩意兒啦！走到台前唱『點絳唇』：將士英豪，兒郎虎豹，軍威浩，地動山搖，要把狼烟掃。」
乙　行啦，「點絳唇」完啦。
甲　還得想定場詩呢！
乙　什麽詞兒！
甲　你聽，詞兒都不像話呀：「大將生來胆氣豪，腰橫秋水雁翎刀，我本唐朝一名將，不知為何打漢朝？——噠噠噠倉來且來倉！」——「本帥，姓秦名瓊，字叔寶。」
乙　「倉台。」
甲　「混世魔王駕前為臣，官拜天下都招討兵馬大元帥之職，奉了魔王諭旨，帶領一支人馬，大戰漢將關羽。衆將官！」
乙　「有！」
甲　「起兵前往！」
乙　「啊——」
甲　「倉且且且……」這場完啦。
乙　關公怎麽辦呢？
甲　從下場門兒上，一手托着靠排子，一手拿刀。（學打「水底魚」鑼鼓）「俺，關雲長。不知為了何事，秦瓊犯我疆土，軍士們！」
乙　「有！」
甲　「迎敵者！」（學打鑼鼓）秦瓊上來，倆人見面兒啦。秦瓊拿着雙鐧：「來將通名！」「漢將關羽。」「你是何人？」「唐將秦瓊。」
乙　這倆人湊一塊兒啦！
甲　（關問秦）「為何前來打仗？」（秦答）「為……」
乙　為什麽來打仗？
甲　「我知道為什麽？」演員心裏一生氣：「唉！……」這一「唉」，壞啦。
乙　怎麽？
甲　演員一「唉」，就是示意給場面，他要開口唱了，名為「叫板」。
乙　是呀。
甲　打鼓的一聽，「怎麽樣？秦瓊還有唱哪？」（學打鑼鼓「扭絲」）拉胡琴一聽，「還有我哪？」（學拉胡琴）
乙　唱什麽呀？
甲　現編的，（唱西皮散板）「我在唐朝你在漢。」
乙　這句編得好！
甲　你聽這第二句，「咱倆打仗為哪般？」
乙　是呀，你們一個是關公，一個是秦瓊，說什麽也打不到一塊兒去，為什麽打仗？
甲　「聽了：（唱）叫你打來你就打，你要不打——，」（指韓父）「他不管飯。」

臥遊記窨

……新浮生六記之三……

・大方・

「臥遊」二字的一般解釋，係指一個人不能親身徧歷各地，祇能在書本上領畧各地的山川文物之勝，用釋想望，以廣見聞，並非眞的於睡夢臥寐中，能瀏覽各地之意；但本篇的題意，又和上面所述並不相同，那是指筆者本身年輕時的一段私人遭遇。筆者曾困於鴉片之害，時間長達十二載，一直沉淪到滅頂邊緣時，纔獲得憬悟，痛改前非，終於毅然戒絕，趨向新生，再度享受了數十年的正常和愉快的生活。這數十年愉快生活的重新獲得，可說是基於本人還有一種知耻的勇氣而一念回頭，否則的話，也早已成爲黑籍冤魂，絕沒有今日的舞文弄墨和讀者們細說當年的機會。

吸鴉片在五十年前，有些人的心目中，並不以爲罪惡，富庶人氏稱之爲「福壽膏」，有些富戶，認爲子弟吸上了鴉片，可以保持財產，不致盡隳所業，風氣所及，甚至鼓勵子弟去吸烟，因之在筆者弱冠時代，眼見一般有錢的濶少爺，也都是標準的癮君子。筆者那時少不更事，追隨流俗，以嘯傲烟霞爲風雅之事，却不知嘯傲烟霞，初期固然是一種樂事，但在上癮以後，它却是一條毒蛇，也是一條鎖鍊，將你牢牢困住，永無超生的機會。筆者是此道中人，深知此中甘苦，並鑒於目前香港吸毒人士之多，因以過去本人經歷，現身說法，志在勸導一般沉淪毒霧中的人，提高警惕，及早回頭是岸。因之本文題目之所謂「臥遊」，並非是一種風物山川的遊記，祇是本人躺在短榻之間，十餘年來所有嘯傲烟霞的夢影，既是癮君子的寫眞相，也是道友們的血淚史，凡屬黑籍中人，或白粉同志，不妨靜靜地一讀此文。

今日香港青年們的大量吸毒，已成爲一個嚴重的社會問題，不過追源禍始，還是從一百餘年前的吸鴉片開始，因之吸鴉片實在可稱是吸毒的鼻祖，它的侵入，和本港也有着聯帶關係，我們今日如談吸毒，也不能不從吸鴉片說起。

早在一百四十年前，英國人自印度輸入鴉片，使國人大量吸食，謂有提神醒腦之效，謂之洋藥，漸漸輸入的數字很大，成爲一種漏巵，清廷爲抵制起見，曾下令在雲貴川滇等省，自行種植，但有識之士，認爲這不是辦法，非予禁絕不可，大臣中，尤以林則徐主張禁烟最力。道光十八年，即公元一八三八年，清廷通過禁烟議案，派林則徐赴粵主辦其事。林到廣東後，以强硬手段和英人交涉，迫英方交出烟土二萬零二百八十箱，共達二百數十萬斤，舉火焚之，並驅英人出澳門，彼此中止交易。這事使英國人老羞成怒，於一八四〇年，竟公然出兵攻打粵閩沿海區域，遣使北上遞戰書，提出所謂國際交涉。清廷恐懼，罷林則徐，以旗人琦善代之，願訂休戰之約，英人要求割香港，清廷不允，另遣楊芳、奕山等代琦善，未幾，英軍佔領虎門要塞，粵兵大憒，組平英團拒之，但卒非英軍之敵。自此戰事日益擴大，英軍移師北指，陷厦門、定海、寧波等海岸。一八四二年，續陷乍浦、寶山、上海，泝江而上，據鎮江直叩南京，至此清廷大恐，派伊黎布南下議和，訂了所謂喪權辱國的南京條約。

這一場南京條約，不僅割去了香港，及賠償兵費二千一百萬兩，商業損失三百萬兩，烟土損失六百萬兩之外，並需開闢廣州、福州、厦門、上海、寧波等五處爲商埠，造成所謂五口通商之局，也開了不平等條約的先河。自後法、美、德諸國援其例，先後和我國訂立了通商條約，在當時來說，可算是爲了鴉片，造成了我國外交史上的唯一恥痕，這些恥痕不僅都爲鴉片而起，同時因吸鴉片的關係，也使中華堂堂大國的人民，遭到了東亞病夫的雅號。

冷籠蘇膏色香俱勝・高燈平斗風味無窮

人們爲什麽都樂於吸鴉片，說實話，吸鴉片的風味之佳，可說是有錢人的最大享受，因爲任何食品都是坐着吃的，祇有鴉片則是躺着來吃。豪門富戶，家裏都有紅木坑床，在坑上放着高高的軟枕，墊着野鴨絨的毯子，中間放着紫檀烟盆，兩個人靜靜地對面躺下，一連抽上幾口，使人飄飄然如入雲霧之中，也有如登仙境之樂。接着便是精神抖擻，展開了天南地北的談話，談得口渴，可以喝上一杯上好的龍井茶，或者大逾拳頭的汕頭蜜橘，有些喜愛吃另食，更會準備着蘇州采芝齋的高等糖菓，松子糖、棗仁糕應有盡有，這種享受，眞是舒適絕倫，任何人對此都會戀戀不捨，這還是未會上癮前的情狀，一經上癮，自然更會對它刻骨傾心，無論如何也難以擺脫。

至於鴉片的種類，更是名目繁多，最高的謂之大土，產自印度，五十年前的代價是每兩約銀洋二十元，等於三担白米之數，這是屬於富室巨商之用。優等的名小土，產自加爾各答，癮君子都叫它爲「疙里疙瘩」，每兩約大頭六七元，屬於高尙人士所用。中等的則爲雲土，產於雲貴各省，每兩代價約三元，適合普通人士所用。等而下之，則有川土、紅土、亳州漿、北口土等等，代價均低於雲土，在經濟力量較差的癮士，都以吸食川、紅等土爲佳。

鴉片本身不僅種類繁多，而吸食鴉片，在燒煑和道具方面，更有種種花樣。鴉片在未經煑熬時，像一堆爛泥，故名烟土，燒時需拿烟土和水搗爛，放在紙上濾過，取其濾清的烟汁，燒煑成爲烟膏，這種紙統稱爲籠頭紙。老槍們的經驗所及，煑烟膏以冷水爲佳，故有冷籠之號。至於蘇膏如何做法，至今已記不淸楚，惟知一般烟膏，煑成後都是黑色的，但冷籠蘇膏，製成後帶着金黃之色，香味更濃，吸起來使老槍們倍感興趣。

關於吸鴉片所用的道具，分烟槍、烟燈、烟斗、烟籤等幾種，富庶人家，其道具也極爲講究，烟槍有用翡翠或象牙做的，竹製的次之，但不論其爲任何品質所製，均以用的歷史愈久，愈爲名貴，這就是一般人口中的所謂老槍。若爲新槍，則吸來不能過癮，遂也不値一錢。此外，烟燈、烟斗，均有兩種，燈有高低之別，斗有平凸之分，平斗又號雌斗，多數屬於老槍所用，以上那些道具，都以製自雲南者爲最佳，該地所製烟籤，不易彎曲，烟燈則堅而且亮，用高的燈罩吸烟，會發出一種匡匡匡的聲响，使癮君子們聽來精神愉快。

再要談到供給鴉片吸食的所在，聽老一輩人所說，公開的有一種謂之花烟間，顧名思義，當屬有女人和鴉片的所在，但到筆者弱冠時節，淸廷已開始禁烟，人們祗能在家裏和秘密所在吸食，那些秘密吸烟所在，統名之曰「燕子窠」，係形容其黑而且小之意。舊日之所謂花烟間，則淪爲下等的賣淫妓寮，聚集於滬南小東門、十六鋪一帶，筆者在開始投身社會時，常以不能躬逢當年花烟間的盛況爲恨。

不過天下事，往往常會出乎預料，筆者少年時雖未曾看到花烟間和烟間的盛况，又誰想到不及十年之後，上海竟新開了近千餘家的烟間，本人且做了烟間裏的常客，幾乎斷送了一生，這眞是所謂意外遭遇。

法租界三害俱全．東新橋城開不夜

回憶我在大世界捧角期間，認識了幾位在「大世界報」寫作的朋友，一個叫朱奚望，一個叫陳鎖骨。某次我們在一起閒話，忽然談到鴉片問題，鎖骨表示說：像我們這一班朋友，終其身可能不會吸上鴉片的了，奚望意見相同，我則獨持異議，我說天下事往往出乎預料，來日方長，又何能保證我們之間的朋友，將來不會有人吸上鴉片；但我可以換一句話來說，我們這一班朋友，將來不會有人犯槍决之罪，那倒是可以保證的。這在當時祇是一句戲言，不想事實的結果，我們那兩個預測，不僅鎖骨未能料中，連我也沒有料中。

民國十六年後，北伐完成，中原初定而國庫空虛，當局爲應急起見，在上海發動了新的捐稅，除於法租界開賭外，更設立所謂槍捐公司，准許人民大量開設烟間。於是東新橋一帶五步一樓，十步一閣，發現了大大小小的千餘處燕子窠，堂而皇之，供人爲吸食鴉片之用，到了晚上燈火通明，城開不夜，寶興里、寶裕里各處，塞滿了大批遊人，都是來尋求嘯傲烟霞之樂的。加以數年前英租界開始禁娼，鶯鶯燕燕都遷來法租界營業，賭娼三大同行，集乎一起，眞可謂之盛況空前。這種盛況雖好景不長，却已爲許多青年子弟，帶來了嚴重災禍，筆者有許多青年朋友，都因烟間公開設立之故，吸上了鴉片，證實了我的預測不差。而我的另一預測也失敗了，因爲其後在抗戰期間，有好多新聞界朋友參加地下工作，有些爲敵僞方面所殺，有些附逆的則爲重慶方面所殺，這些人都死在槍彈之下，甚至有一位朋友蔡釣徒，爲日本人所捕，竟慘遭殺頭之痛，在此以前，又誰能相信，我們這班斯文一脈的安善良民，竟會遭到殺頭和槍斃的後果，眞是做夢也沒有想到。

不殺伯仁禍延朋友．欲爲阮籍初試烟霞

我爲什麽也會吸上了鴉片，開始屬於好玩，接着可說是適逢其會，而引我親近鴉片的，則是一個女友。我那個時候方抛棄了捧角，以打詩謎爲主要收入，也在報間寫一些作品，生活帶些神秘性，外界對我是如何一種印象，可以用張秋蟲所寫的一篇小品文爲證。這篇小品，題名「嫵媚」，列舉了他當時相識的朋友十二人，描述他們的可愛處，他解釋着說：「嫵媚」與美，有所不同，譬如張飛和李逵，都並不美，但使人覺得有些地方相當可愛，這便是所謂嫵媚。他筆下所述的十二位朋友，也即是富於嫵媚的朋友。那時候的張秋蟲，公認是海上唯一健筆，筆鋒足以橫掃千鈞，而我還是一個文壇小卒，不想在那篇文字裏，我居然榜上有名，列爲十二人中的一員，足證他對我頗有惺惺相惜之意。

我記得嫵媚篇中寫着如下的一段：「溢芳嬌小玲瓏，生就一張討人歡喜的面孔，使人樂於親近，他的身世是個謎，別看他外表隨和，却富於一種孤傲之氣，落落寡合。聽說他近來時常躺在××女相士的烟鋪上，嘯傲烟霞，大有阮步兵狂歌當哭之概，所不同者，阮是憂國，盧是思家，阮是酒後，盧是燈前。……」

張秋蟲說得不錯，我的吸鴉片，是由一位女友所引起的，那位女友也即是秋蟲筆下的女相士，她年長於我，我叫她大姊，她很好客，我不但天天到她家裏盤桓，甚至帶了許多相識朋友到她家裏盤桓，品茗談天，打牌飲酒之外，最後節目，便是躺在烟鋪上燒烟，情況很是熱鬧。雖然我和許多青年朋友，對鴉片都是沒有癮的，但接近的次數多了，漸漸養成習慣，遂覺得每逢集會，非吸幾口鴉片不歡。

我是一個意志頗堅决的人，對於鴉片，不會輕易上癮，但說也奇怪，我對鴉片極有緣。我去雪偃橋任稽征時，任所貯有現成的鴉片。我到徐州搞沙田事務時，入夜無聊，也跟局內的師爺們大吸鴉片。及後調任淮揚灘地局，酬酢頻繁，每天都可吸到鴉片。因之，及我在宦途鍛羽歸來，雖然

還沒有上癮，但對吸鴉片的花樣，已經是懂得很多。

自宦遊鍛羽歸來，一連串遇到打擊的事，最重要的是愛情方面受挫折，我不再在那位女相士的烟榻上盤桓，獨自走向法租界一個燕子窠，狂吸鴉片洩憤。

那個時候，上海舉行鴉片公賣，法租界新開了幾千家烟間，有一家是天蟾舞台老板許少卿所開，租了一所三層樓的房子，擁有烟鋪一百餘張，特別間內，布置得更爲富麗，銅床燦爛，錦枕輝煌，聲色飲食，應有盡有。那裏具備各種各樣的小吃，來往着各式各樣的男女，閒來時可以打上幾圈麻將，興到時召喚琴師，調上一段嗓子，女烟客內不乏北里名花，她們都打扮入時，足供男性擦眼藥之用。在這種富於娛樂性的環境下，頗感這種高級的燕子窠，也即是人世的安樂窩，使人會不知不覺地由迷戀而慢慢地沉溺下去。筆者那時作官歸來，宦囊還不致十分羞澀，便也在那裏一天天的鬼混下去，使自己的泥足愈陷愈深。最可怪的是有一種大家眷屬，她們放着家裏富麗的閨房不睡，到深夜還不想歸去，倦了便在烟鋪上蜷伏終宵，甚至一連數天不想回去，由此可見鴉片困擾人的一種魔力。

筆者在燕子窠中過着胡天胡帝的生活，漸漸投入漩渦，這是我孽由自作，初不足惜，但有一事，很使我感慨和傷心，我有好多青年朋友，由我帶他們寫作，由我帶他們捧角聽歌，更由我帶他們走上吸鴉片的路徑，我實在是他們的魔鬼，而他們則認我是唯一朋友，他們聽說我返滬後常在那家烟間駐足，便一個個的都來找我，也一個個時常留連不去，從此那家烟館也便成爲我許多朋友集會的大本營，和我一起過着胡天胡帝的生活，不久，他們都吸上鴉片，若干年後，都進入了墮落邊緣。消息傳來，朱奚望因吸鴉片，賣盡了他一條弄堂房子，自己變爲窶人；陳鎖骨困頓以死，他的兄弟更因吸毒而倒斃道上，賴朋友替他收屍。其他還有十幾個老友，在十幾年中，都難逃困迫而死的命運，這些惡耗，聽了不僅驚心動魄，更有一種深自悔恨的感覺，似乎愧對朋友。

筆者憑一念回頭，於沒落邊緣，躍登彼岸，但當時好多跟我一起玩的青年朋友，終因缺乏毅力，遭到滅頂之兇，這雖然不能完全怪我，但他們如果不認識我這一個朋友，也許不致吸上鴉片，而遭遇不良的結果。想到這裏，老是耿耿於心，筆者生平初無罪惡，如果說有罪惡的話，便祇有這一樁，因我個人的吸鴉片而禍延了朋友，所謂我雖不殺伯仁，伯仁却由我而死，這一罪惡，由我一手造成，我是不能辭其咎的。

老淫蟲偏多鬼計・小媳婦慨送皮杯

吸上了鴉片又將如何，可說是沒有一個人不想從事戒掉的，可是鴉片就像一條毒蛇，把你纏得緊緊，無法擺脫，根據以往實例，一百個癮君子，能夠永遠戒掉的，祇多僅有一二人，原因何在，且看下面事實。

最近本港有一位吸毒青年，戒毒以後，在報上發表談話，指出吸毒以後，會汨滅人的羞恥之心，人而無羞恥之心，則笑罵由人笑罵，毒品我自吸之，當然更難以戒絕。這情形不僅目前的吸毒如此，過去的吸鴉片也是如此，當癮發之時，這人如果無錢購買毒品過癮，便會不顧羞恥，不擇任何手段，即使當着自己的面，讓老婆跟別人上床，在他也是無所謂的；像這種人吸上鴉片，便很難戒掉，孔老夫子有言，「知恥近乎勇」，可證有勇氣的，都是懂得羞恥的人，如果這個人跡近無恥，如何會有勇氣決心戒毒呢？寫到這裏不覺想起一則故事，大可作爲烟鬼的現形記，也可供不吸烟者知所驚惕。

當我在無錫雪偃橋任稅務工作時，開始在局內學吸鴉片，後來住得稍久，藉知那個所在，暗中開設燕子窠的很多，間有營私門頭（即暗娼）業務者，這情形很普遍。由於鄉下地方，缺乏任何娛樂，便在烟娼方面發展，一條街上，開着好幾家燕子窠，他們爲招徠顧客，展開了業務競爭，有些是以吸烟地方乾淨號召，有些是以烟土份兩充足取勝，筆者是個最富於好奇心的人物，每到一處，必定要去找一些特殊刺激，不久，我便由一位熟人的引導下，踏進了一家當地最出名的燕子窠。

這一家燕子窠，房屋並不寬大，臥室裏安放着一張寧式大床，床上躺有烟客，也許因我是第一次去，前客就起身讓我這位後客，我也老老實實地躺下了。在引導者口內，我得知這家烟館是翁媳兩人所開，這一位老翁的兒子遠客在外，由於不寄家用，翁媳二人便開設了這一家烟館，聊以謀生。公公的任務是替來賓裝烟，媳婦的任務是招呼烟客，我去時情形也不例外，公公替我裝烟，那個小媳婦居然絕不羞澀地爬在我的背後，替我做着搥背工作。我見這位小媳婦，約有二十多歲，粗眉大眼，帶着一些鄉土氣，雖然不算難看，却也不算什麼漂亮，可是那裏生意很好，川流不息地有人光顧，我爲了不願妨礙他的營業，吸了幾口烟便匆匆走了。回到局內後，我詢問引導的朋友，那家烟館何以生意特別好之故，朋友笑着說：這裏面有一個秘密，他們翁媳間的醜事，早已公開，這個小媳婦更是大胆，可能由公公想出鬼計，但凡上門的客人，每天吸烟滿三元者，可享受小媳婦奉送皮杯之樂，因之色迷迷的服友，都爲之紛至沓來。

談到所謂「敬皮杯」，雖然這名詞很冷僻，但筆者則是淸楚的，故事出自「品花寶鑑」，在這部書內，寫北京相公堂子的情形，指出那些相公，爲媚客起見，有時會喝了一口酒，然後嘴對嘴的向客人灌下去，其名就叫「敬皮杯」，不想這位老翁師其故智，以茶代酒，令他的媳婦向客人大送皮杯，以資招徠，也可說是一記絕招。

我聽了朋友所述的那種怪事，其先祇是付諸一笑而已，不料相隔不久，這一只皮杯，居然會送到我自己頭上，原因是我第一次去時，吸了一塊錢的鴉片，付了三塊大洋，這在他們看來是當地唯一的濶客，於是便對我動上了腦筋，不懷好意地想撈一些油水。

一天晚上，是個風雨之夜，並且風雨很大，我正想上床歇息，忽然聽到敲門，開門後，進來的竟是那位開烟舘的老者，他穿着簑衣和箬帽，左手提着燈籠，背上揹着一個包裹，我弄不清楚他揹的是什麼，及到放下，那個包裹忽然活動起來，仔細一看，赫然是那位小媳婦，身上披着雨衣，臉上也搽着脂粉，我不知他們要幹什麼，旋由公公申明來意，一是專誠探望，二是送一些鴉片，聊表寸心。接着他拿出一小盒烟膏，即在我的床上展開了道具，照例是公公爲我裝烟，媳婦爲我搥背，迫得我拿局內幾個人叫起來，替我壯壯聲勢，也免瓜李之嫌。我明知這一對翁媳，深夜冒着大雨而來，決非光是探望，一定另有作用，果然，在臨走之際，小媳婦開口向我提出一個請求，她說：因爲明天有一樁急用，數字是銀洋二十元，別處無法可想，祇有來求盧師爺，暫借一用，將來這筆錢，可以在您吸烟的賬內扣除，我想盧師爺一定肯幫忙的。說到這裏，也不管我答應與否，隨向她公公做了一個眼色說：還不謝謝盧師爺，那公公不加思索，即刻就地跪了下來。

這是我生平所見僅有的怪劇，這一雙翁媳，也是我生平罕見的無恥之徒，可是在這種尷尬的局面下，實在無推託的餘地。祇好立即取出二十元，叫他們趕快離去。

這翁媳二人，何以如此不知羞恥，事後聽人談起，他們都染有烟癮，並且烟癮很大，爲了拚命弄錢，迫得不顧一切，說穿了也祇是受了鴉片之害而已，其最使人感到懊喪者，局內同人，見我慨然出二十元爲贈，以爲我也曾吸過小媳婦的皮杯，這眞是天曉得，試想我見到一個鄉下大姑娘，不管生張熟魏，亂送皮杯，噁心還來不及，焉有親加嘗試之理，但別人背後的胡言亂語，使我聽了很難受，幸爾相隔不久，我離開了雪偃橋，對這翁媳兩人，也不再相見。

白面書生初嘗白粉．紅粧相士偏嗜紅丸

由鴉片、紅丸、進而至於白粉，毒害了千千萬萬的人，這裏面包括了我所認識的男女兩個朋友，從這兩個朋友的關係，也幾乎毒禍了我本人，這一段過程，似也值得記錄。

那位男友是滬紳葉澄衷的文孫葉仲方，也是上海人口中津津樂道的小抖亂，我認識他時彼此都有二十餘歲，一起在書寓中玩，屬於標準的酒肉朋友。小抖亂絕頂聰明，外型丰神俊朗，是個標準小白臉，但行動和思想都不正常，我討厭這樣的人，對他不大理睬，偏偏仲方有一種怪脾氣，我不理睬他，他偏要和我來往，在感情難却下，彼此做了朋友。好多年來，我眼見他的家道漸漸中落，本人也由鴉片紅丸進而再吸白粉，終至於不可收拾。

某年，他自蘇州搬出來，和陸小妹妹住在法租界的賡餘里，時常打電話給我，邀我到他家裏去玩，這是他放棄鴉片，改吸紅丸和白粉的開始。普通人吸紅丸的道具很簡單，祇用一根竹管，但他則有特製的紅丸槍，烟燈和烟籤更特別考究，都屬於雲南昆明產品，他裝紅丸的手法更極爲高明，能將十餘粒紅丸，叠在一起，長逾一吋，吸時一口氣呼完，在這樣吸過四五筒後，精神抖擻，於是他便表演餘興節目，拿床上的被褥鋪在客廳空地上面，先來一個「打棍出箱」中的吊毛，再來一個「戰太平」中的虎跳，最後還翻上幾個「跟斗」，他說讓我開開眼界，一個三十餘歲的人，做出這樣天眞的舉動，使我看了眞有些啼笑皆非。

一般人的吸毒步驟，大都是因環境關係，迫得由黑轉紅，由紅轉白，但仲方的吸食白粉，並不如此，純粹基於好奇，也基於任性，那時他已吸上紅丸，但紅丸的持久力很短，每隔三小時，必需再吸，他白天在家裏吸紅丸，晚上便不肯躭在家裏，常和陸小妹妹到舞場去玩，我常做他們的陪客，我們玩得正高興，但他烟癮發了，非回去吸食不可，這會使別人掃興，於是由他自己想出一法，隨帶白粉到舞場吸食，他的吸白粉道具也很考究，有一個銀製的小盒子，內貯小匙、小鈎、小剪刀等物，先用小鈎鈎出香烟頭部一些烟絲，再用小匙投入一小撮白粉，開動打火機，就火焰一吸而盡，隨着用小剪將燒焦的烟頭剪去，進行第二次吸食，這一辦法，他自詡是生平得意之筆，因憑這種方式，不怕癮發必需回去吸烟，儘可玩到舞場打烊始行歸去。不知是否我三生有幸，交上了葉仲方這樣一位好友，我到他寓所，他一定要請我吸紅丸，我陪他上舞場，他一定要請我吸白粉，偏偏我也是富於好奇的人，紅丸白粉，都來者不拒，也許是我命中不該墮落，吸過紅丸，時感喉頸來癢，很不舒服，吸了白粉，即會感到頭昏，也非常難受，憑此兩點，我纔不致爲紅白所牽纏，墮入阿鼻地獄。

在抗戰期內，仲方下了最大決心，戒絕嗜好，投身中美合作社，爬到了少校軍職，其後隨軍經過印度，經不起大土的誘惑，再度吸上鴉片，在第三次發現時，他怕受到軍法審判，竟然自殺身死，死後的殯儀頗爲光榮，我還替他出了一張特刋，以紀念亡友，憑仲方的聰明，和他優厚的家世，如果不吸毒，無論如何也不致以自殺作爲結局，他的犧牲，當然也是誤於鴉片。

另一位吸毒的女友楊文英，由朋友某君取柳浪聞鶯之意，替她易名爲楊聞鶯，曾拜菱淸女相士爲師，習相人之術，偏嗜紅丸，她絕頂聰明，乃使我對她有「卿本佳人，奈何吸毒」之恨！

（上）

高尚風雅倜儻不羣

畫紙印刷精美而已

天下事巨細無遺

小品文清新雋永

星報

半開玫瑰花落時

圖為「半開玫瑰」黃笑馨在三十餘年前，拍攝「半開玫瑰」影片時所攝，當時被認為香艷、肉感、新潮作風的劇照。

・呂大呂・

大約差不多四十年前，廣州市西關地方出了一個盡人皆知的美人。大家都替這美人改上一個名，叫做「半開玫瑰」。常言道，好花看到半開時，這朵花却是半開的粉紅色玫瑰花，美麗可知。拿這個來形容一個女人，這個女人的美麗就更可知了。

又大約差不多三個月前，香港跑馬地的養和醫院有一個留醫了兩個多月的女病人死了。這個女病人是誰？正是艷名傳播的「半開玫瑰」。一代名花，香消玉殞，正合着那一句老話——「聞者惜之」！

「半開玫瑰」在廣州，固然是無人不知。在香港，更是無人不知。她的生前，有許多值得說的地方。而現在香消玉殞，也有許多值得說。說她的生前，是要說她的美容，說她的死後，是要說她的美德。

像這樣一個一代美人，好些人也對她「存而能彰」，現在這一代美人香消玉殞，自不可「沒而不彰」，這裏說的，可以說是替她的生前死後作傳。

母名生觀音 夫號生雞公

四十年前的廣州市，西關是富庶的地方。西關的富家子弟，大都是公子哥兒，西關的太太小姐，也自有其華貴漂亮。那裏有一家姓胡的富家，生了個女兒，美貌得很，在西關地方，人們替她題上了「生觀音」一個名來形容她的美。後來嫁了個姓黃的人，也是個富有的人家。她生了個女兒，「生觀音」生的女兒，當然也美麗了，她的小名是叫做少卿。長大後，亭亭玉立，美麗得很。母女一同出外，西關的人都說，「生觀音」生的女兒還要美麗。便有人私底下替黃少卿這位黃家小姐題上了「半開玫瑰」之名。從此人們說起了西關美人，從前是說「生觀音」，這時是說「半開玫瑰」了。即使依然說「生觀音」，也得連帶說着「半開玫瑰」。大家都說：「靚母親生了個更靚的女兒！」要是她們兩母女置身在戲院裏，看戲的人見了她們，幾乎看她們的多于看戲。

「生觀音」是個粵劇迷，這毫不為奇，當時是粵劇全盛時代，西關的太太小姐不少是經常在戲院裏定着了幾個座位，晚晚也去看戲的。有些是揀戲班看，她們和戲院票房訂妥，每逢某一班戲來開演便定着第幾行第幾個位。無論她們到不到也一樣付錢；但事實上是決不會不到的。「生觀音」正是這一類戲迷，她喜歡看的是「人壽年」。就為了這個，黃少卿便自小也常常跟着「生觀音」看戲，直至她長大，給人稱她為「半開玫瑰」時也如此。

當時的「人壽年」是第一班，老倌沒一個不是天字第一號的人物。其中一個當小武的名喚「靚新華」，戲迷們都叫他做「生雞公」，原因他的嗓子尖銳，像鷄啼似的，才有此名。「生觀音

「半開玫瑰」一九四七年攝贈其知友黃曼梨的照片

」看「人壽年」，最喜歡看的便是「靚新華」。

後來不知怎樣，她會把她的女兒黃少卿，憑着她做主嫁了靚新華，和靚新華做起了親戚，成爲岳母娘女婿的關係。而「半開玫瑰」便是母是「生觀音」，夫是「生鷄公」了。奇怪的是「靚新華」和「半開玫瑰」這一雙夫婦，年齡却相差了十多二十歲。爲什麽「生觀音」却把女兒許配了「靚新華」呢？

芙蓉與玫瑰 靚新華兼得

當年好些做戲的大老倌，他們都是吃大烟、染上了芙蓉癖的，靚新華自不能例外。半開玫瑰嫁給了靚新華後，西關的人都認爲靚新華認眞值得羨慕。他一生睡在烟床上，現在却多了一個半開玫瑰伴着他在烟床。他面對着一朶半開玫瑰來享受着阿芙蓉，這樣的人還不值得羨慕麽？

靚新華是值得人羨慕，但好些人却替半開玫瑰不值。好些人都說，這是把一朶半開的玫瑰花插在烟泥上面。原來這時候的半開玫瑰是給廣州人把她來代表西關的。當時的廣州人，既稱她爲半開玫瑰，也稱她爲西關美人。在廣州，無不知道有個西關美人，也無不知道這個西關美人便是半開玫瑰。靚新華做小武的時候，還有點英武的樣子，烟癮越來越深，年齡越來越大，連那股做小武的英俊樣也沒有，在人壽年這一班中可站不牢這小武的位，只好改爲武生。不是做黑鬚戲，便是演白鬚戲。以半開玫瑰而嫁了個戲班小武，人們已經替她不值了，現在却是嫁了個戲班武生，在舞台上掛鬚以老人姿態出現，這更使人替半開玫瑰大大的不值。

一雙年齡有了距離的夫婦，給人們認爲是一朶半開玫瑰花插在烟泥裏。漸漸地，他們是由佳偶變而爲怨偶。終于，他們是離婚了。到了這時，這「生鷄公」的靚新華就只有對着阿芙蓉，再沒有半開玫瑰給他在烟床上欣賞了。

女友戴小姐 男友麥嘯霞

半開玫瑰離開了靚新華後，她已經不是天天坐在烟床那類人了。她有一個女朋友姓戴，人稱戴小姐。這一位戴小姐和電影中人有來往。半開玫瑰在離婚後，和她過從更密。而戴小姐却有一位過從更密的男友，他名麥嘯霞。這人在粵劇戲班中是編劇家，也是宣傳好手，在電影界也有點關係，是個戲班和電影圈中活躍的人物。他和戴小姐交厚，也就因而識到半開玫瑰。半開玫瑰和戴小姐是要好的女朋友，對于麥嘯霞，可就成爲她的男朋友了。

由于半開玫瑰是西關美人，是眞的一個美人。可能當時的電影女明星中，不容易有一個比得上她的美。因之戴小姐和麥嘯霞都時時慫恿鼓勵她做明星，現身銀幕，半開玫瑰也因此而意動。

當時的電影，廣州就大大比不上香港。半開玫瑰有意投進電影圈中，便决定到香港來。麥嘯霞乃自告奮勇，和她一起到了香港，更爲她在香港的電影界中打地位。因之好些人都說，半開玫瑰是麥嘯霞帶她來香港的，是麥嘯霞把這株半開玫瑰移植到香港來的。其實廣州和香港，只是幾個鐘頭船。廣州的太太小姐們常常來往港穗之間，半開玫瑰在過去更是經常「隨班」來香港。因之她要來香港，自無須由麥嘯霞帶來，只可說，她的進入電影界中，多少是麥嘯霞之力。

半開玫瑰這時候正是最艷麗的時候，因之她一進入電影界，立刻便主演一部電影。這部電影就以她的美麗名字「半開玫瑰」爲「戲匭」，男主角是吳楚帆。片拍好後，在香港廣州放映，頗爲哄動，尤其是廣州。大家都說，西關美人半開玫瑰做起電影來了，因而她的處女作，在廣州就收得過香港。但半開玫瑰這個名，在香港也越來越多人知道，越來越多人知道她便是廣州的西關美人。

這時候半開玫瑰黃少卿這個名已經改過了兩個字，這便是由「少卿」改爲「笑馨」。替她改過這名的是麥嘯霞。他認爲「少卿」兩字，又庸俗又封建。應該改上「笑馨」這漂亮的名才像個電影明星，同時她也有個英文名是叫做Winnie。

與吳楚帆由 友誼而同居

半開玫瑰主演第一部片「半開玫瑰」，男主角是吳楚帆。吳楚帆對于半開玫瑰，認爲她美則美矣！但一個由舊時代走進新時代的人，一切新時代的條件還欠缺。因而對半開玫瑰循循善誘，指導她如何在服裝上漂亮，儀態上又應怎樣，化裝要用什麽化裝品？另外連健身術，如何使身段苗條、健美，也都不厭求詳的時時對她說，半開玫瑰對他自然衷心感謝。

不多時，半開玫瑰已經判若兩人，以前是只是伴着個舊時代人物的靚新華在烟床，一切也不會漂亮，不會走上時代去，這時候從吳楚帆學得了時代女性的一切，這一朶天賦美麗的半開玫瑰，更是動人了。

吳楚帆還未結婚，半開玫瑰却失婚，他們有上這一段友誼一個時候，進入了彼此相愛的階段，終于，他們同居了，成立了夫婦關係了，不過，他們還是沒有經過註冊結婚。

她們同居之後，愛情甚篤，十年如一日。不過半開玫瑰在這一段時期，祇拍過「半開玫瑰」和「同心結」兩部電影，後來就息影了。主要她自已覺得，影迷對她只是讚她的美，對她演技上可沒有讚一詞。她是個好勝的人，影迷既然對她這樣，這就不如不再現身銀幕了。反而吳楚帆在這時候就連續不知拍了幾多部片，成爲一個最忙、最紅的明星，而半開玫瑰呢，却拍了這兩部片子以後，就類似「收山」了！

香港淪陷後 勞燕惜分飛

半開玫瑰和吳楚帆同居了一段悠長的日子，不幸大東亞戰爭爆發，香港淪入日本人之手，吳楚帆要入自由區去，却是半開玫瑰可不能和他同行，原因半開玫瑰的父母還在，全仗她一人照顧奉養，她一直也是個孝順父母的好女兒，因而只好大難臨頭各自飛，吳楚帆單身入內地，半開玫瑰却奉父母離開香港去澳門居住。

當然在澳門這一段時期中很是艱苦，就在這個時候，許多影人不是入內地的便都走到澳門去。像黃曼梨、小燕飛、張雪英這三個人也都逃難到澳門去。大家都是電影圈中人，異地棲留，自然過從很密，但四個人的生活都不很好。

有一樣是彼此惺惺相惜，頗有同命相憐之意的，便是她們的愛人都入了內地，都留下她們在澳門居住。半開玫瑰是吳楚帆，黃曼梨是謝益之，張雪英是馮峰，小燕飛是鄺山笑。她們平日是雙雙對對，現在却勞燕分飛。大家都是藝術界中人，大家都在電影圈中有了名，因之便在澳門都日夕相見，過從很密。

在這一段時期時，這四個人曾經合作在一個劇團演出，這是由黃花節領導的。黃花節在粵劇、電影兩圈中都有名望地位。在戲班中，他是個班政家、策劃人。在電影界，他是光榮公司的主腦，先後拍過了不少部片。這時候他也避難澳門，也常和她們四人聚在一起，因此便動了腦筋，把她們四個人拉攏在一起，組成了一個「四美劇團」，專演趣劇和折子戲。

當時最哄動的折子戲是「胡不歸」迫媳的一場，由黃曼梨飾演媳婦，黃花節反串飾演家姑，薛覺先的弟弟薛覺明飾演男主角。這戲很收得，原因是薛覺先曾以「胡不歸」拍成電影，由黃曼梨和薛覺先演出。另外一套趣劇是「妻多夫賤」，這戲由半開玫瑰演出。小燕飛和張雪英都是以唱聞名的，就由她們來靠唱收錢。結果在澳門的清平戲院演唱了一個月，收入很可觀，一個月後，趁熱收兵。

四美劇團解散後，大家以長居澳門究屬非計，乃有三美離澳會夫之舉，她們知道她們的愛人都同在廣州灣，因之便聯袂到廣州灣去，同行的是黃曼梨和張雪英，小燕飛却沒有同行，她是後來才到廣州去的。

廣州灣回澳 情海起波濤

在廣州灣見到吳楚帆，住了一個時期，半開玫瑰還是惦記着她在澳的父母，便又別了吳楚帆返回澳門。吳楚帆當時是苦苦求她留下來，半開玫瑰怎樣也不肯，結果是獨個兒返澳，去時是黃曼梨，張雪英和她三個人，返是就只她一個。黃曼梨是留下來，和吳楚帆輾轉各地演話劇，張雪英也一樣。

半開玫瑰返回澳門，經過一個時候，在這一段時期，吳楚帆也不知寫過幾多次信來，要求半開玫瑰到他那裏做一雙患難夫妻。却是半開玫瑰就始終要做「患難母女」，在澳奉母而居。

一九五六年，吳楚帆寫過自傳，關於這一段時期曾說：「今天這裏一杯離酒，明天那裏一餐別宴，客中送客，那份情味眞夠辛酸難受。大夥兒好好地住在一塊兒，如今東飄西泊，想到這場戰爭，不知將蔓延到何時，而我和雲妮之間，是不是就此一發不可收拾，千般煩惱，萬種心事，午夜讀郁達夫毀家詩記，不禁泣下！……」

「半開玫瑰」戰後返港與黃曼梨（右）攝于聖誕舞會中

又經過一個時候，吳楚帆再沒有信來了，再有信來可就不是催她離澳前來，而是指責她貪慕虛榮，不能吃苦。最後的一封信，寫的是七張信箋，說出他已不能等待，他得到了一個同情他、愛他、願意和他同甘共苦的人，他因而和她正式結婚，現在他就要和半開玫瑰正式脫離同居關係，各不相問。

就爲了這個，半開玫瑰和吳楚帆過去的關係就此結束了。後來圈中的老友們說起了這件事，還拿七紙離婚書一句話來取笑吳楚帆。但吳楚帆今日却和這位賢妻良母，老夫老妻過着活，兒女也到外國留學去了。

半開玫瑰在這段日子中怎樣過？當然有男友，當然也有人追求她。終于在勝利後，吳楚帆和她也復員回到香港，雖然彼此也有見面，但離別數載，固然誤會重重，且吳楚帆確已在離亂時結婚，也有「七紙離婚書」給過半開玫瑰，當然不會復合了。

大約是過了一年光景，香港的報紙不少刊出

「半開玫瑰」告別影壇之作，一張廿五年前的電影廣告

了一則啓事廣告，是某人與黃笑馨啓事的這幾個字，內文大致說他們二人并無密切關係。這正是「此地無銀三百兩」似的，當時的人就意味到他們的過去，甚至有人說，這是一則「變相分居」的聲明。

不管半開玫瑰在離開了吳楚帆後怎樣，至少可以說，她是已經有了兩次以上的情海波瀾了。

最後一部戲 是歡喜冤家

半開玫瑰的一生，有一樣最妙的，便是她似乎和一個「何」字最有緣，她們的女友中以影星陳若何最合得來，她們簡直是情同姊妹，她和陳若何相識、訂交是在澳門，她們兩個一見如故，原因陳若何的樣子，倒有點兒像半開玫瑰，驟然看來，會以爲她們是兩姊妹，而陳若何有好些時也模仿着半開玫瑰，至少在服裝上便常常要和半開玫瑰一模一樣了。半開玫瑰前幾月住養和醫院的時候、陳若何和黃曼梨、紫羅蓮都是輪流着侍奉她，不離病榻的，可見有緣。光復後，陳若何出資拍了一部片名「歡喜冤家」，女主角是陳若何和半開玫瑰，男主角是黃河，成爲半開玫瑰最後獻身銀幕的一套電影。

光復後，半開玫瑰由澳冋港，由于父母已經雙亡，她在香港就先後住在黃曼梨、陳若何家。她這時最要好的姊妹就是這兩個人，後來却多了個紫羅蓮。紫羅蓮在粵語片全盛時代是個紅星，後來却去了美國，而半開玫瑰却在這廿年中都居住在澳門的。

老去顏猶艷 一病染肺癌

半開玫瑰在澳門住了二十多年，自然有時也來香港玩玩，見見她的情同姊妹的陳若何和黃曼梨，紫羅蓮去了美國後，少見面了，這只有大家遠洋通信。在這一段時期中，當然大家都有老去年華之感，但奇怪的是半開玫瑰就像駐顏有術似的，她已經是望六之年，却是憑她的天生艷質，她的裝飾，總覺她實在是沒有老，雖然這一朵玫瑰，已經不是半開而是開盡，但顯然還未開殘，這是最難得的。

凡是藝人，不論男女，年齡總是報少。半開玫瑰在三個月前病逝時，根據她的身份證計算出是五十九歲。但誰也相信她身份證所報的年齡是報少好幾歲，事實上她壽終內寢，估計她至少是享壽六十五六了。但從她的容顏來看，無論如何也祗像個五十許人。她在去年的中秋節，曾經把一張近照送給陳若何，從這照片看來，確像個五十開外的人，她面上的梨渦，還是一樣見到。說她是天生艷麗也可以，說她是駐顏有術，也未嘗不可以。

就在去年，她發覺身體有點不妥，便在澳門照X光。醫生認她體內可能是生了一樣東西，但不能決定是什麽東西。半開玫瑰不以爲意，終于趁來港之便在港看醫生，由于她沒有對醫生說出澳門醫生對她說的話，也沒有把X光照片帶給港醫看，因而把病拖延着。

原來半開玫瑰患的是肺癌，這雖然是絕症，却是及早療治，也未嘗不會有一線希望的。可憐她自已不知患的是什麽病，最初以爲是肺積水，後來又以爲是風濕病，經過一個時候，香港醫生已經斷定她是患了癌症了，對她的老朋友和她的姊妹說知，大家好不担心，但還不敢當面對半開玫瑰說。

到了相當時期，她越來越覺得不妥，便進入養和醫院留醫。醫生就對她的老朋友說明白她的壽命不會過得多久，叫她的老朋友對她說明白，好使她不至曚在鼓裏，也好使她好好安排她自已的事，人是總有些心願未完的，她會因此而吩咐着後人。

不過，對一個病人說出她患的絕症，又說出她的死期，這實在一件很難開口的事，因之她這幾位老朋友終于還是遲遲不敢說。

陳若何够胆 紫羅蓮難得

在這兩個多月的留院期中，在她逝世前的個把月中，有許多事情都是說來令人感動的。這時她已經臥床不起，剛好紫羅蓮去美國回來，因而她們三個，陳若何、黃曼梨、紫羅蓮便都輪流在她的病榻前，伴着她，侍候她。

為了醫生認為時日無多，必須對她說出她的病症，她的死期來，這是一件最感困難的事，很難有胆，也很難對她說。為的大家都考慮到，她在醫院病了這許久，身體已經弱得很，要是她一聽到了自已的死期，她會不會由于一時的刺激反應而至窒息，又或者還會有其他無法想像的不良效果？因而大家還是不敢担負這責任，而結果終于由陳若何大着胆來担承着這件事。

陳若何也承認對她說的時候，很有可能會引起不可想像的效果。但退一萬步想，醫生是斷定她的壽命只不過還有三星期，就算她一聽到後便刺激死去，自已也不過是使她早死三個星期而已，因之便大着胆決定由自已對她說出來。

陳若何決定了後，她先吃下一點鎮靜劑的葯丸，一瓶鷄精，這才在她單獨對着半開玫瑰時，戰戰兢兢的說了出來。事情很出陳若何意料之外，當陳若何說了後，她發覺半開玫瑰并沒有半點悲哀，并沒有意料中的刺激反應，也沒有痛哭或是流下一點眼淚。而且還怨着陳若何通知得太遲，說道：「如果我能夠早點知道，每一樣事我也可以親自做好而無須假手于人了。」陳若何乘機就問她有些什麽事要做？是不是錢銀問題？主張她應該有多少錢便拿多少錢出來用在醫葯上，好得病情惡化時不會有什麽痛楚。半開玫瑰當即表示她決計這樣做，而且還要把餘剩下來的錢捐給社會。

事情就這樣決定了，在大家也知道這朶半開玫瑰快要凋謝的時候，也都難過得很。所有她生平的友好，除了陳若何、黃曼梨、紫羅蓮外，餘如張雪英、曹達華太太、劉愛梨、蘇太太、蘇小姐、會惠卿、裳姐和霞姐等等，都無日不在她的病榻前車輪式的侍候她。尤以紫羅蓮的伺候她為最難得，簡直是能人所不能。為的紫羅蓮對她的大便，也不辭動手來替她解決，這是看護們也做不來的。紫羅蓮這樣的對半開玫瑰，使到她感動得很。

「半開玫瑰」一九七二年所攝，當時她應是六十多歲了

本是信菩薩 將死信基督

紫羅蓮是個基督教徒，常常在她的病榻旁和她說教，也常常在病榻前為她祈禱，因而感動到半開玫瑰在她的死期將至時洗了禮，信奉基督，為基督教徒。

半開玫瑰麗質天生，而她也天性愛美，在她住養和醫院的時候，病勢危殆，不能行動，依然還不忘修飾，她會兩次把美容院的人請到醫院來替她洗頭，三次請人來替她修指甲，可見她的如何愛美。依美容同行的規定，出門美容，照價加倍，如果進醫院美容，可能價目還要貴，但現在的「半開玫瑰」根本不在乎用錢，祇求如何舒服，便如何做，一切都聽她本人的意思。

另外她生時很講究吃喝，在陳若何已經對她說出她患肺癌，僅有三個星期壽命之後，她既不忘修飾，也不忘吃喝，那日，她對陳若何說，想吃蟹。結果陳若何還是如她所願，當着她的病榻剝了蟹肉給她吃。

她有一隻玉戒指，估計時值該可值二萬元，這隻戒指她決定賣掉它，拿來捐給社會。結果由她的主診醫生代她賣掉，而且是賣了二萬五千元，她就用五千元來作為請看護之用，其餘二萬元請主診醫生代她分配捐給幾家學校。

她日夜都聘用「特護」，「阿媽」，又用了一個從大陸來的看護，日夜都在她的房中。因而很舒服，稍一感覺痛苦，「特護」便替她打止痛針，因而她雖然患的是肺癌，但一直也沒有受過痛苦。從這個看來，肺癌這個病症，看來就并不如世人傳說的可怕，只要隨時注射，便會連痛苦也沒有，但她終于不治的逝世了。

死前甚清醒 一切親處分

在半開玫瑰將死前的幾天，她很清醒。她對着在她病榻的人說出，第一是感謝醫生的盡力調治關懷和安慰；第二是感謝一班姊妹朋友的體貼，使她一直也不會感到寂寞，她喜歡吃什麽也可以吃到什麽。關于她死後的處分是要每一位親切的姊妹，她都要送她們一點紀念品，以留為永遠紀念，結果她一一做到了。

她委託主診醫生替她捐給各學校的錢是二萬元。主診醫生把這筆捐欵分配了四間學校，一是循道中學，一是聖保羅工人子弟學校，一是眞光女子中學，一是華英中學，她應該含笑于九泉之下了。

她死的時候，像是很安詳的離開這個世界，息勞歸主，臨終叫了幾聲上帝上帝！便瞑目了。一代美人，死後却不願意留下她的臭皮囊，她是火葬的。她之所以要來香港留醫，她說是為了澳門沒有火葬，因之她雖然住在澳門二十多年，她也要來香港，在她說這話的時候，她還未知她是患了個絕症的肺癌，現在她是得如所願了。總計她這一次的病，連同捐欵給學校，醫葯費和種種就剛用去了七八萬元，而這七八萬元都是她自已的。同時醫生為了她要把一筆錢來做善事，對她的醫葯費實在收得很少，這也是一件難得的事情，都值得一提。這一代美人的西關美人半開玫瑰是萎謝了。當時對這位美人很有印象的西關人，想還有不少現在香港，聽到了這不幸的消息，當然會不免于唏噓嘆息一番罷！

我的編劇史（中）

陳蝶衣

「第二吻」引起仇視

自從政治舞台上出現了左右對立的壁壘之後，影响所及，在文化藝術的圈子裏，無形中也有着楚河漢界的劃分；彼此之間雖不至以兵戎相見，勢成水火的情形却是存在着的；此種狀況縱在海外，亦所難免。我爲「邵氏」編寫「第二吻」，由此而招致了某一方面人物的嫉忌，即是種因於此。

「第二吻」的劇本編寫於一九六〇年，當時的經過是：有一天傍晚在九龍太子道的咖啡屋，巧遇前輩名導演卜萬蒼，偶然對他說起：我想到了一個片名，叫做「太太是人家的好」，預備寫一齣時裝戲。卜導演不待我詞畢，連聲說：「給我！給我！」其時卜導演與「邵氏」訂有合約，他對我說：「最好給我兩個故事，我交給公司寄到星加坡去，等他們總公司審核，批准了就接着拍，過去我也是用這個辦法。」我立即領首應諾，同時並對他表示：另有一個「第二吻」故事，也可以寫就奉獻。

大約一週之後，我把「太太是人家的好」與「第二吻」兩個故事擬就綱要，仍然是在咖啡屋，一併交給了卜導演。後來接得星加坡「邵氏」總公司的回覆，兩個故事全部通過，卜導演得訊後立即打電話找我，通知我趕寫劇本。事實上「太太是人家的好」一劇我已抽暇先寫，稿成大半，續完之後，再接寫「第二吻」，不出旬日，後者也繳了卷。但提前開拍的反而是「第二吻」，正應了兩句俗語，叫做「龍船快過馬，遲來先上岸。」

「第二吻」由趙雷與丁寧、范麗分任男女主角，整個故事不脫三角戀愛的形式，而故事中心則以「錯誤的一吻」作爲轉捩點，因此而引起了變生意外的情塲角逐，最後則仍以「錯誤的一吻」作結。

十二年以前，國語電影中的接吻鏡頭猶屬罕見，而「第二吻」則有兩次接吻的表現，算是比較大胆的；到了現在，自然是不足爲奇了。

陰謀破壞的內幕揭露

「第二吻」的攝製順利完成，表面上並未發生事故，實則已啓仇視之漸。緊接着「太太是人家的好」宣告開鏡，便立即觸發了躲在暗隅的某些人之怒火；因爲難得替卜導演寫一個劇本，屬於客串性質，問題還不算嚴重；但「第二吻」之後又有「太太是人家的好」，劇本一個接一個，都是出於我的手筆，那些人便不免大起恐慌，認爲我之加入，是堵塞了他們的出路，妨礙了他們的生存，於是就蓄意要對付我，拔除我這個「眼中釘」。

湊巧的是：「太太是人家的好」拍好了幾塲內外景之後，「邵氏」當局看過樣片，對演出的成績不甚滿意，這就給他們找到了一個「伺機出擊」的罅隙，立即採取行動，通過一位陰謀家的安排，假手於「邵氏」的外圍顧問，把我的劇本多方竄改，然後印成「修正本」，交與卜導演處理，實際上就等於要「重拍」。

如果經過竄改後的劇本，較之我的原作爲高明，卜導演自會樂於接受，照拍如儀。無奈「修正本」的內容，不但破壞了原作的統一性，並且還加進了許多「耶穌講道式」的說教文字。假使全盤接受，只能增加「沉悶」的效果，對戲劇性絕無裨益。可知若輩之主要目的僅在於「破壞」，而並不是爲了要搞好這個戲。

「太太是人家的好」由張冲、李香君、范麗聯合主演，其中有一個女童角，所佔戲份十分重要，而這個女童角的演出則極不理想，與預期之效果相去甚遠，也難怪會引起「邵氏」當局的不滿而授人以隙。

有一點值得敬佩的是：卜導演對劇本素向尊重，他不肯接受亂命，寧願無戲可拍。後來，「太太是人家的好」終於半途而廢，不了了之。躲在暗隅的陰謀家，算是打了一塲勝仗，完成了對付我的中傷計劃。但他們並未能取我而代之，因爲此後卜導演就離開「邵氏」，不再効力；蓄意破壞者雖得逞快於一時，也只是枉作小人，落得個「損人不利已」的下塲而已！

打擊並未能使我氣餒

關於以上的陰謀詭計，初時我一無所知，還以爲眞是劇本出了紕漏，內心倒甚感愧疚。後來經由相識者的透露，這纔恍然大悟，原來個中別有情由，內幕並不簡單。

因此經歷，也使我領悟到香港這個彈丸之地

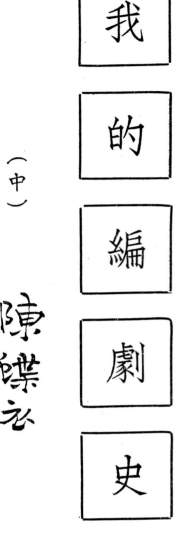

，一樣有「文化戰線」的存在。對我個人來說，「太太是人家的好」之被扼殺，自然是一個意外的打擊，但並未能使我氣餒，此後我仍有新作供給「邵氏」，搬上銀幕；其中有一個劇本，並且還開了民初武打片的風氣之先，那就是由岳楓導演，林黛、趙雷領銜主演的「燕子盜」。

「燕子盜」的故事，最初是由古典畫家兼服裝設計師盧世侯（已故）與「電影皇帝」趙雷閒聊起來的。其後由我參加了討論，添出了銀妞冒充燕子盜，從而揭露了燕子盜眞相的幾場戲，纔算構成了整個故事的綱要，並由我編寫劇本，交與岳楓過目。

岳老爺（電影圈中人對岳楓的通稱）是「邵氏」的基本導演，他很喜歡這一個以刼富濟貧爲手段，揭露北洋政府時代政治病態爲目的所構成的故事，特地向「邵氏」製片部門徵取同意，排出了趙雷飾演燕子盜，林黛飾演銀妞的「卡司」；此外並由王元龍飾江大爺（銀妞之祖父），賀賓飾偵緝處長侯寶山，姜南飾偵緝隊長魯老乙。現在已成名的導演胡金銓，亦以演員身份在片中担任一個角色，參與演出。在當時的「邵氏」出品中，也算得上是一部陣容堂堂的大製作了。

我必須向亡友盧世侯的英靈致敬，要不是他當年發生了興趣，閒來與趙雷（那時是盧的居停主人）琢磨「燕子盜」的故事，並允許我從旁加入，我就不可能成爲民初武打片編劇的「先鋒大將軍」。

「第二吻」中，丁寧（右）范麗（左）爭吻趙雷（中）

有一首七律詩，是「燕子盜」劇本脫稿後所作，玆附錄於下：

城狐社鼠滿燕京，獨讓凡夫作俊英；
入手黃金還盡散，當街赤棒但多驚。
公卿在彼皆孩視，風雨乘時壯俠行；
顧乞宵燈長伺我，一波三折寫奇情。

「明裏點火暗吹燈」

「燕子盜」劇本第五場，敘述偵緝處長侯寶山邀請他的盟兄江大爺協助，打聽燕子盜的下落，要將他緝拿歸案。有一段對白，也算是我的「涉筆成趣」之作，因亦附錄如次：

得標：報告！江大爺到。

寶山：請！

（江大爺進入辦公室，侯寶山迎上）

江爺：處長老弟！

寶山：哈哈哈！大哥，您來得正好，（指着身上的新制服）看看我這身打扮，新做的，像不像做了官？

江爺：（恭維着）像！簡直像個將軍。

寶山：哈哈哈！大哥，不瞞您說，我本來不喜歡穿這種「號衣」，綁在身上一點都不舒服，可是廳長一定要我穿，廳長說，不打扮不像個「大人物」。

（江大爺帶着玩笑的口吻說：）

江爺：你叫我來，就是要我看你新做的「號衣」？

寶山：噢！不不！我們這邊坐。

（侯寶山、江大爺坐定，）

寶山：大哥！您以前勸我別當什麼處長，我後悔不聽您的話，現在攪得我的頭都快要炸開了。

（江大爺拈起案頭的燕子鏢，問：）

江爺：就是爲了這傢伙？

寶山：是呀！這傢伙，這回偷到孝順胡同去了！您是知道的，那邊住的洋人多，萬一有一天，連外國公使館也偷了，洋大人一生氣，麻煩就大了。

江爺：燕子盜不是普通小偷，他幹的是「刦富濟貧」的那一套，得到他好處的人不少，平時一定有人暗中掩護他。

燕子盜（趙雷）鋼刀在手女主角林黛欲阻不能

寶山：（擊桌）對！一定有人在掩護他，就不知道是誰？

江爺：（笑）這個我們可以不管，現在我們先來個「明裏點火暗吹燈」。

寶山：「明裏點火暗吹燈」唔！對！（其實不懂）這句話是什麼意思？

江爺：（解釋）我們表面上，裝着到處去找燕子盜，如果真的找到，最好；實在找不到呢，也無所謂。

寶山：無所謂？……噯！你別繞着彎說話呀！

江爺：（笑了笑）要是北京城裏一點不出事，老弟你的偵緝處，可以用不着了！燕子盜最好是永遠找不到，那你的處長，倒反而可以一直當下去。

寶山：（恍然大悟）哦！這麼回事呀！好！我們就來上个「明裏點火暗吹燈」，那麼這个火，您也得幫我點呀！

江爺：（應諾）當然！這還用說嗎？打明兒个起，我就走遍大街小巷，幫你去點火。

——這裏的「明裏點火暗吹燈」一語，是出於我之杜造，用意在針砭時弊。實際上，這一句話也是「放諸四海而皆準」的。

「飄香引蝶」改了名

繼「燕子盜」之後，我又續爲「邵氏」寫了一個「飄香引蝶」劇本，後來被改名爲「桃色風雲」，由何夢華執導，丁紅、杜娟、喬莊會同主演。

這一個故事，是針對社會上的女子職業及家政問題而寫。劇中的關鍵人物，由杜娟飾演，她原是一家百貨公司的售貨員，爲了要學習家政而改名梅香，混入一個男同事的家中充當女傭，劇名「飄香引蝶」，便是由此而來。「桃色風雲」四字雖亦能與整個劇情相吻合，但遠不如「飄香引蝶」之易於記憶。對於此一片名的更改，我自無反對之權，但私心實極不謂然。

在歷來所寫的喜劇中，這是一個我比較偏愛的作品。「邵氏」機構出版的「南國電影」畫報，推薦此片時曾作了如下的評介：

『不管是輕鬆的笑片，或是沉重的悲劇，主題總是不能缺少的，因爲主題就是電影的靈魂。

「桃色風雲」的主題在那裏呢？

它提出一個女子的職業問題，應怎樣處理纔算正確？多年來，社會上就在爭論着——家庭婦女究竟應該留在家裏主理家務，還是應該走出家庭，到社會上去做事？但結果仍舊得不到答案。

「桃色風雲」不用說教的方式來解釋這個主題，而是通過一個眞實的、可笑的故事，來剖示問題的橫切面，使觀衆在笑聲中獲得新的啓示。

劇中的丁紅，是個護士小姐，也是喬莊的太太。他們有一個孩子，總找不到適當的傭人來照料，所以常常鬧出許多麻煩，因爲喬莊也是每天要上班的。雖然丈夫時常勸告太太，不要再去做護士工作，但丁紅總覺得一個年輕女子，不在社會上服務是不對的，她寧願把孩子帶到醫務所去，可是她在醫務所又不肯承認這是自已的孩子，因爲她起初跑到這家醫務所去就職的時候，曾對醫生說謊，說她尚未結婚，故此她不能承認那孩子是自已的孩子。

於是，複雜的問題來了。第一：醫生覺得丁紅可愛，拚命追求。第二：喬莊爲了找女工，竟把一個百貨公司裏的女同事杜娟請到家裏來了。杜娟一向對喬莊有好感，所以樂於接近。其次，她爲着吸取做主婦的經驗，竟不惜降低身份，到丁紅家來做女工。因而，桃色的糾紛更層出不窮。喬莊誤會妻子愛上醫生，丁紅又誤會丈夫愛上了女工。另外有位百貨公司的男同事蔣光超，對杜娟百般追求，但她一點也不喜歡他；當他失望之餘，却發現喬莊跟杜娟來往，就以向丁紅告密來威脅他，要他退出戀愛的角逐。

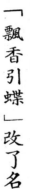

最後局面澄清了！丁紅發現放棄家政而就業，可能得不償失；於是，夫妻和好如初。

這指出了：——婦女就業，必須先要解決家庭問題，如果婦女工作不妨礙家庭的話，是可以到社會上去做事的。如果純然為了職業，而拋下家政，往往會引起桃色風雲的。

從這個現實的故事中，觀衆已明白「桃色風雲」這部影片的主旨所在了。而影片的笑料，更是極其豐富的，為喜劇片中不可多得的佳作。』

——以上所言，雖脫不了宣傳的色彩，但尚能語中肯綮，不失為相當精到的分析。

民間故事的改編嘗試

曾經風靡一時的民間故事黃梅調古裝片，我也曾對付着寫了兩個劇本，一個「陳三五娘」，另一個是「賣油郎獨占花魁女」。

「陳三五娘」是著名的潮劇戲寶，我在仔細研究了這一民間故事的過程之後，發現劇情方面有兩點與時令不合，後來在着手改編的時候，都曾作了適當的修正。

第一點是：我把元宵觀燈之際，利用「落金扇」的方式作為陳三與五娘相見之媒介的劇情改掉了！因為即使是南國的元宵，天氣也不會如何炎熱，劇中人帶了扇子出遊，不管是陳三抑或五娘，都是不近情理的。

第二點是：五娘重見陳三之時的「贈荔」一節，在時間上我也把它移後了！因為陳三與五娘初次邂逅是在上元之夜，後來陳三行經五娘樓窗之下，五娘再次見到陳三，其間至多不過相距三五日，此際五娘即在窗口把荔枝投贈給陳三，若謂是摘自樹上的鮮果，那麽「荔熟」之期也未免太早了。

「陳三五娘」一劇是受命為「邵氏」所寫，由淩波飾演陳三，方盈飾演五娘。劇中有一個黠婢春桃，則由今日的電視紅星，大家稱之為「肥肥」的沈殿霞飾演，由於有她參加，曾使此劇平添了不少諧趣的氣氛，收到了「惹笑」的效果。

在編寫此劇時，我已膺聘進入「邵氏」，担任基本編劇的工作。劇本脫稿後，我曾有如下一詩之作：

影城試筆

從來鞣底業非專，塗抹工夫自勉旃；
言採一家何補藝？筆援三品忽成篇。
世方爭羡麒麟楦，我且強調鵓鴿旋；
將作監邊閒署在，未妨砌末互鑽研。

詩中的「鵓鴿旋」故事見於「東京夢華錄」，原文謂：『御輦團轉一遭，倒行觀燈山，謂之「鵓鴿旋」，又謂之「踏五花兒」。』我之引以入詩，即是由於「陳三五娘」一劇，係以上元觀燈為起點也。

修正「賣油郎」形象

另一個「賣油郎獨占花魁女」劇本，則是徇聯合影業公司主持人胡晉康（已故）及老友王龍之請而編寫。此劇攝製於「陳三五娘」之前，我在改編工作方面，未能作出多大貢獻，主要的修正只有一點，即是故事中的賣油郎秦重，原著寫他仰慕花魁女的豔名，曾積蓄了十兩銀子前往嫖院，值花魁女深宵醉歸，秦重侍候了她一夜，未得眞箇銷魂，但却因此感動了花魁女。

這一段情節，下半截是個好安排，上半截的嫖院則未免貶損了賣油郎的品格，使他的忠厚老實之形象打了折扣。

我的改編方法是：花魁女在西湖畫舫中遭惡客欺凌，情急之下赴水以避，但却因不諳水性而幾遭滅頂；適值賣油郎送油歸途，經過其地，救了花魁女；事後花魁女為了答謝救命之恩，以紋銀十兩贈之，派人送到賣油郎的店裏去。賣油郎固辭不獲，過了些日子，帶了十兩紋銀去往妓院，預備交還給花魁女。鴇母見他携銀而來，誤會他是為圖一夕之歡，硬叫丫鬟們簇擁着他，把他送上樓去。賣油郎拙於辭令，倉卒間有口難辯，就此被丫鬟們推進了花魁女的香閨。

如此一改，賣油郎之涉足花叢，便成了被動而非自動，比原來的蓄意嫖妓，至少在品格方面是提高了。而花魁女之器重賣油郎，並且終於委身以事，也就有了較為堅强的理由。

「賣油郎獨占花魁女」由趙雷、李湄分担男女主角，老友屠光啓負責導演。使我最愜意的是劇中唱詞未易隻字，悉遵原作。光啓兄出身於南京的國立「劇專」，有文學修養，懂得鑑別，從

董天野繪「紅樓二尤」圖

早年委託我爲「龍鳳花燭」（陳燕燕、馮喆主演）一片寫歌詞開始，直到彼此先後來港再合作，從未要求我寫「小熱昏」式的歌詞，這是老友的識見過人之處，值得在這裏附記一筆。

過去所寫的民間故事劇本，當然不止「陳三五娘」與「賣油郎獨占花魁女」兩個。此外還有爲「電懋」所寫的「金玉奴」「鸞鳳和鳴」「描金鳳」等等，有的是導演嫌我的歌詞不夠「通俗」，（其實祗是不夠「庸俗」而已！）因而「另請高明」竄改一過；有的是導演爲了要討好製片大員的馬仔，讓他們賺一筆「外快」，請他們替我的「拙作」塗脂抹粉化了妝，以致面目全非，難以辨認；有的則由於導演「加工」的道行較淺，拍出來的戲似是而非，變作了「完全不是那麽一回事」。好在以上種種，原非不朽之作，對這些「癩痢頭兒子」，我也就懶得理會了。

「紅樓二尤」主題曲

從事於第八藝術工作逾二十年，有兩位名導演都是我的平生知已，一位是方沛霖，經由他的慫恿，我纔開始爲電影寫歌詞；另一位即是屠光啓，經由他的鼓勵，我纔濫竽充數，開始寫劇本。

在「賣油郎獨占花魁女」之前，由我編劇，光啓兄執導的古裝片，前文所未提及者，還有李湄、利青雲、陳厚、羅維主演的「鴛鴦刧」，李麗華、黃河主演的「萬里長城」。

「鴛鴦刧」又名「紅樓二尤」，是一個獨立製片機構「良友影業公司」的出品。我承受了編劇的工作，劇情自「膏粱子懼內偷娶妻」起，至「覺大限吞生金自逝」止，大體上都忠於原著，未敢作大幅度的改動。此片有一首主題曲，即以「紅樓二尤」爲名，我倒還記得，茲照錄如下：

（二姐唱）嫁夫要嫁金滿箱，選婿要選笏滿牀；富貴榮華誰不愛？簪纓門第有風光。

（三姐唱）金滿箱，笏滿牀，說不定轉眼剩空堂；彩雲易散琉璃脆，團扇只怕九秋涼。

（二姐唱）管什麽將來改模樣，眼前有福要先享；王孫公子你不嫁，莫非情願守窮鄉？

（三姐白）我的想法和你可不一樣！

（三姐唱）嫁夫切莫嫁膏粱，選婿要選有情郎；膏粱子弟情意薄，只有那至情能久長。

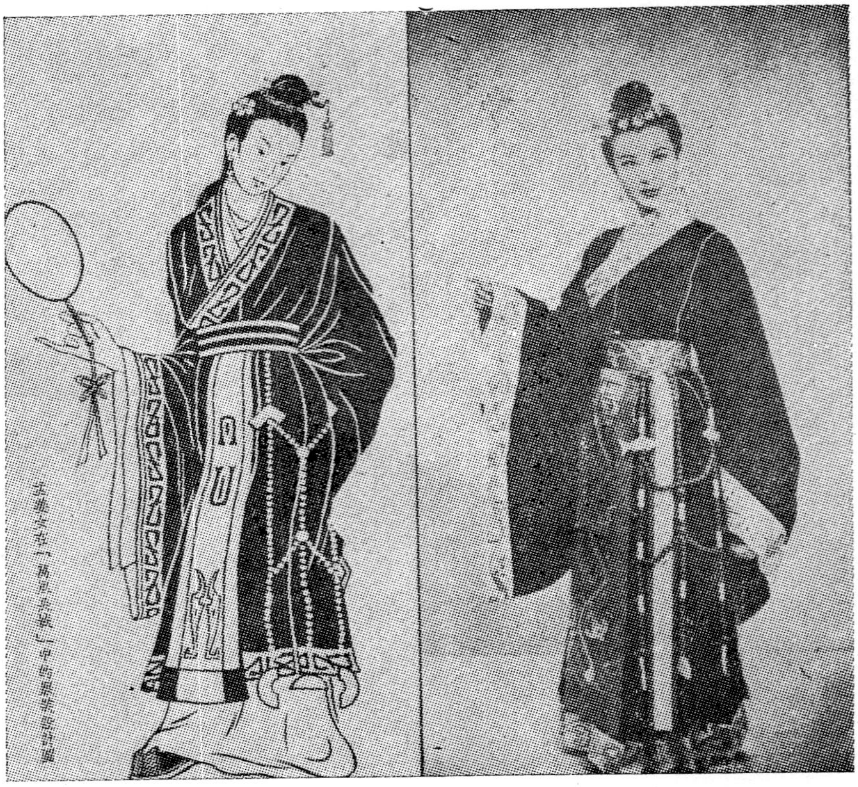

李麗華（右）在「萬里長城」中的造型照，左爲服裝設計圖

此片由李湄飾尤三姐，利青雲飾尤二姐，羅維飾賈璉，陳厚飾柳湘蓮，唐眞飾王熙鳳。還有衆口尊稱的「粉師傅」粉菊花，亦在片中客串演出，飾尤老娘一角，使此劇爲之增光不少。

「萬里長城」小掌故

影壇「長春樹」李麗華，曾一度自組「麗華影業公司」，攝製了一部以孟姜女萬里尋夫爲題材的古裝片，最初擬定的片名即是「孟姜女」；我覺得氣派太小，在受託編寫劇本之時，建議改名爲「萬里長城」；長城之名，舉世皆知，氣派自較「孟姜女」爲大。當時李麗華「咦」了一聲，隨即拊掌稱善。執導此片的屠光啓兄，也同意了我的建議，於是一致通過；這也算是海外電影史上的一個小掌故。

「萬里長城」的分場大綱，先已由光啓兄擬就，我之編寫劇本，不啻是「照辦煑碗」，並沒有花費多大氣力。唯一的旁生枝節是曾想把陳勝、吳廣這兩個歷史人物寫入劇中，以冀增加一些反抗嬴秦暴政的力量；但此一企圖未被接納。記憶所及，這個戲拖延了很多時日，纔得開鏡；我的劇本，似乎曾經過婁以哲教授（已故）的一度修改，所以把陳勝、吳廣這兩個角色給刪除了。

「萬里長城」由李麗華飾孟姜女，黃河飾萬喜良。以「桑簡流」爲筆名的名作家水建彤，曾在片中客串，飾演秦始皇帝一角，這也是當時的一段佳話。

（未完·待續）

馬場三十年

老吉

上期本刊，我先將香港馬會從一九四七年恢復賽馬以來，一連廿五年的「打比」頭馬馬名，騎師、練馬師，路程與時間列表刋出，然後又追溯到一九五四年的「打比」馬「金谷鈴」贏了頭馬之後，馬主孫麟方與騎師莊洪康雙方互相餽贈紀念品，雙方的禮物，都是別開生面的，麟方兄已作古人，但我在五月廿七日本屆最後一次賽馬的最後第九塲剛剛跑完，便遇見了莊洪康老弟，他已讀過了我這篇蕪文，他謬讚我的記憶力，可是他說過去的事，不堪回首，還是不提也罷，因為他高掛馬靴，迄今已有十二年多；他是在一九五九年十月十七日騎第二班馬「美光」Maytime參加「廣東讓賽」，在過終點後墮馬，頭部為尖石所傷，以致昏迷不醒，住院幾達一年，痊癒後不能乘騎，否則洪康在今日，恐仍能馳騁草地也，大有英雄不提當年勇之慨，現在我再講「金谷鈴」的「打比」宴。

孫麟方兄對於這一次的「打比」宴，籌備得十分隆重，可以說得為香港自有賽馬以來，對「打比宴」從來未有的創舉，起先是計劃請帖的設計，麟方為了參馬關係，一早就請了一位識馬的英文秘書，他是個肥佬，他的大名叫艾迪．蘇沙。（是一九五二年「打比」冠軍馬「博落」的馬主湯尼孖生兄弟的叔父），艾迪當時担任馬會讓磅員，他做協興機器工程公司英文秘書是兼職，麟方為養馬而請馬會讓磅員在他寫字樓工作，可見自有深意存焉。

麟方兄先請艾迪蘇沙起稿一份英文請帖，大意是『孫麟方（大衛）先生，敬請閣下於某月某日下午八時，在大道西金陵酒家五樓，參加為慶祝「金谷鈴」獲得「打比」榮譽舉行的慶祝宴會，宴會前並設鷄尾酒會，貴賓一律便服，能否蒞會，請賜回示。』

這份請帖我本來是一早保存了多年，可惜在一九六七年吳松坤兄的「福來」贏了「打比」，因也要大宴貴賓，便向我借去。除了這一張之外，還有一九五五年馮天玩昆仲的「神行太保」，五八年李子浩兄的「成吉思汗」，六三年黎仲賢兄的「大玩意」等請帖，松坤兄參考之後，一切都已預備，並且精益求精，用七彩精印，由二天堂印務公司承印，就差日期未定。不料香港發生暴亂，由七月一直到十月賽馬時，尚不能完全復原，吳老二這餐「打比」宴，無法舉行，一早在海天酒樓預定的六十桌翅席，親友們無福消受，而我的這幾份舊請帖，便留存在吳老二寫字間中未取，忽忽過了兩、三年。有一次到他九龍廠裏去坐坐，乘便取回這幾份紀念品，大約臨行匆匆，結果這幾份請帖，完全不知道放到了那裏去，是否會在的士中遺失，至今也想不起來，不然，還可以製版刋出呢。

「金谷鈴」宴的請帖起了稿之後，便交到印刷所裏去排字，打了樣子送給麟方兄時，他立即打電話給我，要我去看一看有甚麽不妥之處，我到了參核行他寫字間裏之後，麟方兄鄭重其事的拿出這張樣子給我看，並且還有一份白硬卡（廣東話叫咭），兩折的，約有六寸濶、四寸半高、封面正中畧高一些，印上「打比」銀馬連座的精製細網電版，約二寸濶、一寸半高，用的大紅色，裏面右邊就是請客的文字，左面則印上「金谷鈴」贏「打比」時的圖片，用草青色，全張照片放大至和白卡一樣大小，「金谷鈴」跑到終點時，因為贏了第二的「雪蹄仙」幾乎有十幾個馬位，所以圖片中，祇有莊洪康與「金谷鈴」單人匹馬，二馬已在照片範圍之外，因而無法見到，也可見牠對此賽之易勝了。

至於後頁，則為全部白色，並不印上任何圖案和文字。

這張請帖的樣本給我仔細一看，却看出毛病來了。

原來，裏頁請帖的文字之中，孫麟方（大衛）先生底下，却漏去了「夫人」MRS字樣，因而我即刻對麟方兄道：請帖上，「嫂夫人」何以沒有列名，如果現在我看不出來，等印妥之後，如果發覺，便須重印，萬一不發覺，給你太太看見之後，你的麻煩就多了。

麟方一看不禁啊喲連聲，「錯了，錯了」，一面立即打電話總機，請蘇沙肥佬入房，並對他話兩人都疏忽了，不是老吉看出來，請帖印好就多事了，肥佬一看稿樣，也連連搖頭，並即在枱面取筆加入與「夫人」兩字，變成了MR & MRS. DAVID, L-F. SUNG，然後再打電話叫印刷所派人來取去。

可見麟方眞的十二分認眞，等印刷所的人來取稿時，叫他們先印一張樣子來看過然後付印，因為他在排好的字體上、下、左、右，都用畫圖畫的直規來量過度過，算準分寸，一絲不茍，眞正隆重之至。

宴會的日期，我因事隔十八年，而且請帖又不見了，所以約略記得是在七月半左右，那天下午四時許，麟方兄已命公司中職員，先往金陵酒家五樓佈置，他預早已經畫了一張草圖，金陵酒家五樓出電梯門後左右是橫濶的，所以在右面盡頭中間，搭了一張約有七八尺長、六七尺濶、一尺高的台。上面鋪了紅布，台中間安上一張長方形的枱子，也鋪了紅布，枱上就安上了這具「打比」銀馬座，後面則掛了一張大紅綢作爲背景，紅綢的上面約在三份一地位，是一條一尺濶十幾尺長的金色緞子的橫條，頂上一尺之下還有金緞做成狗牙形的邊，佈置得十分華麗，到五時之後，麟方兄便與我及麟方兄公司裏的高級職員張先生（會計主任，孫氏最親信人員）等。一同到「金陵」，指揮鷄尾酒枱的佈置等等，同時還請我做總招待員，因爲我對馬會方面的高級人員，馬主、練馬師、騎師等，尤其重要的是文化界人士，比較上熟悉一點也。

六時左右，貴賓絡繹而來，中西人士，不下三百多人，麟方則換了白色的禮服，他太太當然打扮得好像孔雀一樣的美麗，他們兩人的胸部左邊，還輟上了一朵特製的金紅緞花，此花只有四朵，還有兩朵的佔有者，當然是騎師莊洪康與練馬師王筱紅了。

當晚，馬會高級人員蒞員者，記得有主席賓臣、董事黑先生、周錫年（當時還未被封爵士）、依雲士、高登（也未受封爵士）、麥基利哥、潘恩、砵士、士丹頓、端納（滙豐總經理、當時未封爵士）等，塲地主任都必根上校，（此老已故世多年，他住在馬塲宿舍裏，獨身，酷愛花草，他在生時，馬會盆花燦爛，賽馬日會員席前面草坪，每一角落都有非常美麗的盆花十多廿盆，令人心曠神怡，他故世之後，花草就少得多了。他老人家每早出房門，左襟必定插上了一朵大紅花，這，好像是他的標記，老在會員席看晨操的會員們，差不多人人都知道的）。司閘員梅倫，（這位好好先生，惜馬如命，可惜也已逝世多年了）。計時員羅比士、小蘇沙，秘書美沙，電算機經理包維，獸醫羅拔臣。（以上各位，早已離開了馬會多年了）。練馬師皮洛夫、趙阿毛、蔣名有、蘭斯考夫、林雲福、林雲亮、羅達尼、托麥考夫、王阿四、王筱紅，（以上九位已先後退休）、貝爾波夫（今年退休）。加羅諾夫、董阿林、蕭寶義，（以上三位已故世），以及現在尚在馬會任職的美圖惠利，寫到這裏，不禁感慨系之，十年人事幾番新。到現在，當年的練馬師，現在祗存一位美「矮仔」了。

一九五四年五月莊洪康騎「金谷鈴」榮獲打比冠軍

騎師方面，有屋利（現任獸醫），布迪盧、裴谷（當時譯名，現在他叫鮑愛克，任馬房經理）、加士圖、湛兆霖、陳毓麟、陳鴻禧（已故）、陳威穆、陳霖禧、陳春生、陳仕高、鄭鴻鈞、陳博、招基繁、周森（已故）、洪燮康、葉鉅英、郭子猷、林國樑、國强兄弟、林敬德、劉家麟、劉士達、繆六順、陸志和、范義德（即是老騎師烈打）、吳祥輝、奧利華、阿圖茂、畢浩清、李耀文、布林利（已故）、保亨、藺飛、司馬克（已故）、謝文玖、徐國祥、鄧肇垣、陶柏林、戴維藝、蔡克文、陳杰、陶祖培、馮國華、祁葛利、胡伯明、徐文奎、杜元凱、應凱兄弟、余錦倫、（現在已是「酒」師傅，他是已故「糖薑大王」余達之先生的哲嗣，現不做糖薑小王而開了一家學校，專門教授調配各種鷄尾酒。）温石明、韋耀章、威林臣、黃展、黃清濂（已故）、鄔毓祥、嚴清蘭、楊必達等數十人。

各位須知，在這數十位騎師之中，現在尚在馬塲馳騁的，以前的冠軍大師傅郭子猷已見退化，反而「飛機」陳毓麟這棵長春樹，今季却仍有五塲頭馬可得，「飛機」順風旗不拉到頂，所以至今仍能屹立不倒，我在這裏所以將當年參加宴會人名寫出來的理由，就是請各位看一看，這幾十位騎師，現在能在馬會裏仍能贏頭馬的，祗有陳毓麟一位了。

那一晚的宴會，眞可以說得一聲極一時之盛，一共開了約有廿六席，因爲用的是「金陵」的排翅席，所以鮑魚及參、肚等，都用上等貨色，記得每一席是當年的四百多元。麟方兄這一次的全部化費，在一萬五千元左右，同時還請攝影名家嚴章原攝有十六咪的電影，留爲紀念。

麟方在一九五三至五四年度中共有八駒得獎金，那是：「金髮女郎」二千五百元（頭馬一次），「含英」一千二百五十元（二馬一次），「地利車里士」一千元（三馬一次），「地利」一千五百元（二馬一次），「第一夫人」一千元（三馬一次），「金谷鈴」一萬二千三百元（頭馬三次），「凱旋門」六千元（頭馬兩次），「赤兎」六千元（三馬一次），十幾匹馬之中，祇有八匹得獎，共爲二萬六千五百九十元，這一個數目，在當時馬主得獎是第一名，第二名則是「芍葯」馬房，（關奮發、陳南昌（已故）與陳啓昌三位合股，他們的「金芍葯」，在一九四九年贏了「打比」之後，是第一名中國人發起在「金陵」大宴賓客者，不過當時沒有後來麟方的這一餐隆重耳），得獎二萬三千五百元，其中「鑽石芍葯」五千五百元（頭馬一次，三馬兩次），「金芍葯」四千二百五十元（頭馬一次，三馬一次），「太子芍葯」六千五百元（頭馬一次，二馬三次），「銀芍葯」七千二百五十元（頭馬兩次，二、三馬各一次）。第三名是馮慕英兄的一萬九千七百五十元，其中「安興」六千元（頭馬兩次，三馬一次），「雄心」三千五百元（頭馬一次），「苦後甜」三千七百五爲元（頭馬一次，二馬一次），「半月灣」六千五百元（頭馬兩次），我之所以連得獎第二、三名都寫出來的原因是，「芍葯」馬房祇有四匹馬，可以匹匹得獎，馮二哥當時也祇五、六匹馬，得獎也不少，但麟方的馬房中，却有很多馬匹是全季並未獲得分毫獎金而開支却特別多，這也是他養馬的弱點，人家貴精不在多，而他却貴多不理精，如果不是買進了「金谷鈴」，他馬房中，可說一無光輝可言，因爲，他在有了「金谷鈴」之前之後，再也沒有一匹頭等好馬也。

「金谷鈴」其實也不能說得是一匹特別標靑的好馬，毛病是在這是一匹體健不十分强的馬，前速不十分快，而且跑不起，跑了一次，無論勝與不勝，都要休息一個時期方能再跑，這是馬塲術語中的所謂「先生馬」，不過，此馬勝在鬥志旺，然後方有成就，在一九五三至五四年度三戰三勝，當時當然是好馬之一，又何況馬圈中人人皆知這是一匹售價最高的馬匹耶。

「金谷鈴」在當時的三萬多元售價，已是聽見了令人一嚇的階段，到最近，馬會董事士丹頓先生因年老退休在即而將他的兩匹愛駒拍賣，士丹頓是香港美國大富商，當然不在乎這兩匹馬的十萬二十萬港幣。可是，這兩匹馬拍賣所得到的價錢，眞可以令人大大吃驚，並且預感到將來馬兒的身價會更見高漲，也即是港幣更不值錢，原來他的兩匹馬，現在降到第五班的「心寶」，已得到獎金前屆一萬四千五百元，本屆一萬二千元，共得二萬六千五百元，今年七歲，雄性，此馬鬥志極强，下屆在第五班必有頭馬可得，却祇售得七萬九千元，可是另一匹七二年新馬「祖兒」，却售得了十萬〇二千元，眞是高價出奇蹟。（這匹「祖兒」，一看便不是好馬，本屆上陣三次，不是不肯出閘，便是遲出閘而跑到不知所謂，可是却拍得了香港拍賣馬價的新紀錄價格，以前價格是「有利」的十萬元正）。這兩匹馬共售得十八萬一千元正，士丹頓先生將這筆鉅欵，完全捐給公益金，爲市民造福，可謂難得之至。

唯其因「金谷鈴」是「先生馬」，所以在一九五四至五五年全季祇上陣了三次，與上一季不一樣，但，却兩次跑了第一，第一次是五四年十一月十三日跑香港「聖立治」大賽，路程一哩七五，這個路程今後絕對不會再有，實在太長了。「金谷鈴」以大熱門姿態易勝，獨贏祇派六元一角，可謂少之又少，牠跑過此賽，休息了四個月再跑第一班一哩一七一碼，負磅重至一五九，又是大熱門，却祇能僅勝二馬「露明山」（阿圖茂）短馬頭，要煩勞電眼分勝負，因爲「露明山」祇負一三九輕磅，「金谷鈴」要讓二十磅也，這一次的獨贏票，派彩也祇得七元八角耳。

第三次在一九五五年四月廿三日跑「香港冠軍」賽，也即是跑「馬王」，這一次大家平磅一四七，「金谷鈴」仍是第一大熱門，可惜，牠雖然休息了又有一個多月，「先生馬」到底頂不住再跑一哩二五，結果敗於老馬王「螢火」，竟連「雪蹄仙」與「露明山」兩匹以前的手下敗將都跑不過而跑了一個「梗頸四」，這一回，令麟方兒大失所望了。

「金谷鈴」到底是一匹不能勤拚之馬，因而第一季贏了三塲頭馬之後，第二季再出，兩勝一亞軍，到第三季再出，因已編在第一班中，負重就不夠「螢火」這匹鐵馬跑，（「螢火」一季可以出六次，至少四次），於是乎在這一季中，祇能出早期的一兩次，第一次跑一哩一七一碼，祇有四駒上陣，「螢火」、「快的盧」等一流一班馬不報名，「金谷鈴」以大熱門易勝，第二次隔了四個月再出此程，大熱門連第四都跑不到，此次就全季休息，體健出了毛病了。

此後，牠在五七至五八、五八至五九一連兩季，每次都祇能出兩次，皆是無位，於是乎降下第二班了。

到五九至六〇年，這是「金谷鈴」到港上陣的第六季了。牠忽然迴光反照，那一季的季初，莊洪康騎「美光」墜馬昏迷，不能再騎「金谷鈴」，於是乎請阿圖茂主策，第一次出，居然在第二班中贏了六化郎，而且出了冷門，獨贏居然有四十六元四角派彩，可是贏了這最後的一塲之後，再出兩塲，一次第四，一次第三，再也不能贏頭馬了。

六〇至六一年，牠上陣四次無位，由第二班再降到了第四班。

六一至六二年，全季祇出三次，馬態衰老，大走下坡，由第四班再降至第六班，都不能跑得位置，麟方兄覺得「金谷鈴」已爲他立了大功，既然再不能效力，加上又降至如此低班，無謂令牠再受賽跑時鞭策痛苦，於是便致函馬會當局，在一九六二年賽事終了後將之退休。

總計「金谷鈴」由一九五四年四歲零到港，跑至一九六二年十二歲退休，共得獎金三萬五千八百四十元。（二十五）

銀色漫談

「獨臂刀」官司到倫敦

・馬行空・

五月十二日，當李小龍還在羅馬拍着「猛龍過江」之時，鄒文懷從那個地方悄悄的飛到了倫敦。此去不是爲了「嘉禾」影片在英國發行的業務，也不是鄒總經理忽然動了一遊「霧都」的雅興，而是專程去物色一位律師，要把「獨臂刀」的官司從香港打到倫敦，沒完沒了，不罷不休，北方人打話，叫做「豁出去幹上啦！」

提起「獨臂刀」這件官司來，發生於一年多以前，如果是健忘的朋友，恐怕到現在連想都想不起來了。但「邵氏」的記性可沒有那麼壞；他們在敗訴之後，立刻就決定了上訴合議庭，原來打官司這件事，是需要有耐性等候的，「邵氏」一等就是一年多，終於在五月底的時候，高院合議庭正式宣判：「上訴人得直，原判予以撤消，邵氏公司免繳有關堂費等賠償。」根據一位熟悉法律的朋友，把上面的判決翻譯成普通的文字，解釋給筆者聽的就是：「上訴人贏了，前次的判決不算，邵氏公司不用像前次判決中所規定的需要付出堂費以及其他費用。」如此說來：「邵氏」這一年多沒有白等，總算又贏回了漂亮的一仗。

話說去年的四月中，「邵氏」把「嘉禾」給告下來了，理由是「嘉禾」侵犯了「獨臂刀」的版權。那一場官司，打得有聲有色，法庭上還出動了陪審團，連邵逸夫帶鄒文懷都親自出庭，報上排日刊載法庭上的過程，以及雙方代表律師的滔滔雄辯，倒也頗能吸引讀者。

一場官司 一拖年餘

審訊到五月七日打住，法官就得問問各位陪審員的意見了。陪審團在經過研討之後，作出裁定如下：「獨臂刀」影片中之角色造型，並非邵氏公司獨創，同時嘉禾公司之「獨臂刀大戰盲俠」片中之角色，與「獨臂刀」片角色並非完全相同。如此一來，堂上無話可說，馬上根據上述之裁定，判決「邵氏」敗訴，「嘉禾」取得了第一回合的勝利。

「邵氏」對於那次的敗訴，倒並不十分重視，因爲邵逸夫早已胸有成竹；無論勝負，官司總是要打下去的。所以他祇對代表律師們說了一句話：「上訴！」態度好像輕描淡寫之至。相對的「嘉禾」方面，可就因爲打贏了頭一仗而人人額手稱慶，因爲這一仗對於他們可說是重要非凡，絕對許勝不許敗的。

鄒文懷不怕打官司

我們不懂香港的法律程序，祇曉得就在這事隔一年有餘之後，「邵氏」始能於本年三月裏上訴到合議庭。「邵氏」所持的理由是原審法官未能正確引導陪審員，而雙方應有更合理之磋商。「邵氏」並在上訴狀中指出：「前次陪審員的判詞是曲解、不合理、不公平和違反証供之份量的。」簡單一句話：初判不對，我們要重新來過！

合議庭由高級副按察司百里渠、副按察司碧克靈及李安納三位大法官組成，看樣子相當鄭重。據說：合議庭的決定就是決定了，用不着再開庭審訊，聽取雙方的供詞，因爲在前次的庭訊之中，早已留下詳細的紀錄，三位大法官祇消把舊卷調出來，加以深入的研討，再聽一遍雙方律師的陳詞便可判決。所以此次沒有証人之上堂，沒有陪審團之參加，也沒有律師們的唇槍舌劍，當然更見不到報上發表消息，好像不如前次那麽熱鬧似的。

大概經過了一個月的功夫，合議庭終於宣判「邵氏」得直，（就是贏了官司的意思）首席法官百里渠形容原判是「完全的曲解」，一句話使「邵氏」扭轉乾坤，反敗爲勝，局面整個的改觀了。

百里渠又說：「但我們考慮到應否再傳雙方到庭再審，因其會引致消耗雙方的金錢和引起麻煩。故此，一次新的審判並不會提供任何新意義，最低限度，這是不必要的，証供顯示理直在於邵氏一方，本人認爲應判邵氏在要求免付費用方面得直。」外面如此傳說：官司之勝負，尚在其次，主要的關鍵，就是在於「免付費用」那一句話上。

沒想到的是：「嘉禾」此次早已有了心理上的準備；合議庭判定「邵氏」勝訴的那天，鄒文懷馬上發表申請上訴英倫樞密院的決定！這場官司，要橫渡大西洋，把戰線給拉得老長，眞正名符其實的「決勝負於千里之外」了。而鄒文懷的決定，既迅速又堅定，正如廣東人打話，「幾大就幾大」，那倒是一般人在事先所未能想到的。

據傳：在合議庭尚未開庭之前，鄒文懷已經有了「預感」，好像此戰之敗，無可避免。所以他在事先與律師商討過這個問題，而律師的意見是：「假如你敗了，那就變成騎虎之勢，除了請閣下到倫敦去觀光一番之外，別無其他更好的辦法。」所以鄒文懷索興把心一橫，拿定主意必要的時候要去闖一闖「刑部大堂」了。

鄒文懷的「預感」沒有錯，「嘉禾」在第二仗中敗下陣來。五月初，鄒文懷率領李小龍等到羅馬去拍攝「猛龍過江」的外景，五月十二日鄒文懷飛到倫敦去接洽一切，五月三十日，「嘉禾」仍延余叔韶及胡禮兩位大律師代表，向合議庭申請上訴英倫樞密院，結果當堂獲得批准。這一回：棋逢對手，將遇良材，好一場緊張刺激的龍爭虎鬥也！

為了王羽「獨臂刀」，雙方律師哈哈笑

上訴英倫 勢不可免

這就該談到外界傳說的有關這次官司的內裏詳情了。

合議庭的判決，附帶的引起了三個結論，那當然是外界人士所不能瞭解的。現在根據「影城」中人所透露，逐條的分析如下：

一：此一判決，使「獨臂刀大戰盲俠」永遠不能在香港上映，除非是「嘉禾」在英倫贏回決定性的一仗。不過，這第一個結論，並未能給予「嘉禾」任何打擊，因為「獨臂刀大戰盲俠」在香港早已映過了，一百多萬港元已經入了院商和「嘉禾」的口袋，今後的能夠重映與否，可說是完全無關痛癢的了。

二：此一判決，據說是可以使「嘉禾」付出全部在「獨臂刀大戰盲俠」時所獲得的利潤，給予「邵氏」作為賠償。不過，這第二個結論，對於「嘉禾」說來，也算不得是什麼重大的損失，因為「獨臂刀大戰盲俠」的出品人是台灣的黃銘，出品公司是在台灣註冊的「永聯」，表面上與「嘉禾」無關，「嘉禾」祇不過是該片的香港代理發行者而已。雖然大家都曉得：黃銘也是「嘉禾」的股東之一，「永聯」可能是一塊擋箭牌，但誰也無法否定片頭上的幾行大字，所以祇能肚裏明白，而嘴裏則說不出口。好了；假如「嘉禾」被承認是「永聯」的香港代理發行，那麼所得到手的代理佣金，祇不過區區數萬元而已。

三：此一判決，即使全部賠償出來又待何妨？全部堂費與雙方的律師費，據說連帶的要「嘉禾」負担，這纔是真正的關鍵所在，逼得「嘉禾」非得把訴訟時期拉長了不可。

傳說中是如此的：在香港幾庭的堂費，數目不會太大，「嘉禾」也不放在眼裏，但是雙方的律師費，則為數相當可觀，要叫「嘉禾」一口氣都拿出來，不是沒有，而是多少有點心痛。律師費要多少呢？據「影城」中人談：「邵氏」方面大概是港幣三十多萬，「嘉禾」方面不詳，但相信亦接近此數，如此說來：律師費已經要六十萬以上了，再加上堂費、雜費，以及這個費那個費的，就算不到百萬，反正也差不了許多，擱在誰身上也得心痛好半天，你道是也不是呢？

以上是「影城」中傳出來的點點滴滴，我們局外人聽了東家的，不能不聽聽西家的。「嘉禾」方面，自然也有些零零碎碎的意見傳出在外，現在我們把這些意見給綜合起來，歸納如下：

「嘉禾」的上訴樞密院，是勢在必行，因為事已至此，「大丈夫祇有向前，焉有退後之理？」何況這件官司到了倫敦之後，誰勝誰負？尚在未定之天，那又何必在合議庭判決之後就此服輸呢？言下之意：初審時是經過陪審團的裁定的，按照法律上的習慣，像這樣的裁定是並不容易被推翻的，所以就算官司打到樞密院，勝訴的希望依然存在，不管怎麽說，總之值得一試就是了。

打官司的這件事情，本來就是雙方都有自已的看法的，否則的話，官司也打不起來了。以上已經把「邵氏」與「嘉禾」的看法約畧的分析過了，現在讓我們再瞭解一下外界對這件官司的看法。

觀察家們認為「邵氏」與「嘉禾」各有一套戰術：「邵氏」使用的是「消耗戰術」，而「嘉禾」所使用的則是「拖延戰術」，雙方面的勾心鬥角，纔把這場官司給拉長了。何謂「消耗戰術」？說來話長。

「嘉禾」成立之初，使出的第一個絕招就是邀得勝新太郎的合作。「盲俠」參加到國片裏來，是一個穩賺錢的買賣，所以此事關係「嘉禾」的前途甚鉅，是祗許成功不許失敗的。「邵氏」看準了此點，於是「打蛇打在七寸上」，借這個題目大作其文章，目標祗有一個，就是多方面的設法去消耗「嘉禾」的力量。他們的戰術是；交手的回合次數越多越好，因爲他們自恃有着用不完的「氣力」，早晚有一天可以弄得對方筋疲力盡，自動罷戰的。說出來也許沒人相信；「邵氏」如果在「獨臂刀」官司的第一回合中就取得勝利，倒並不是他們所希望得到的戰果，因爲戰鬥終止得太快，叫他們反而沒有辦法去盡量發揮「消耗戰術」的威力了。

結果，「邵氏」在初審之中失敗了，使他們抖擻精神，按照預定計劃，一步步的做來，上訴合議庭，也早在他們未雨綢繆的安排之中，總之：節節進逼，永遠置對方於困擾之境，在「邵氏」想來，那纔是一件有意義的工作。

根據一般的預測：此次上訴樞密院的結果，雙方無論勝敗，反正是成爲永遠的定局了，因爲在英國沒有什麽「告御狀」的規矩，就算跑到白金漢宮前面去喊寃，也是白費那個氣力，沒人會得睬你的也。「邵氏」此次如果勝了，無話可說，因爲他們已經把「嘉禾」的元氣給「消耗」得很可觀了。（這場上訴的費用不知，反正敗方的負担不輕）但「邵氏」如果敗了，則今後定然還有另一種官司出現，至於是何種的官司？目前不得而知，反正「邵氏」是不會就此罷手的，因爲他們尚未達到「消耗戰術」的最終目標也。

另一方面，「嘉禾」的「拖延戰術」也夠厲害的。在他們的想法之中：香港地院到高院的訴訟時期，已經拖了一年有餘，現在告到最高的樞密院裏去，還不知道要開多少庭？要費去多少時間？假如能夠拖上個兩年的話，則到了判決的時候，國片事業還不曉得已經演變成什麽局面？是勝是敗？到時候再說了，反正目前不必操心，自顧拍片可也。

「嘉禾」認爲拖延時間對於他們是大有利的，而且已經有過去的事實可以作爲証明。這話就要扯到一年多以前去；當「獨臂刀」官司剛剛開始的時候，老實說，形勢是「邵氏」比「嘉禾」强，勝面也以「邵氏」居多，所以在「嘉禾」說來，最好的辦法就是向「邵氏」提出和解，以免到後來一敗塗地，不可收拾。但「嘉禾」並沒有那麽做，相反的他們延聘律師，奮起對抗，雖然不能算是「螳臂擋車」，但冒險性確是非常之大的，當時很有許多人替「嘉禾」揑上一把汗哩。

「嘉禾」爲什麽要冒這個風險？那就是鄒文懷的「山人自有道理」了。按照我們的猜想：鄒文懷大概在一開始的時候就決定了他的「拖延戰術」，用以來對抗「邵氏」的「消耗戰術」。（當然也得詳加考慮，權衡利害，然後纔能作出這樣重大的決定）鄒文懷曾經追隨過邵總裁十一年之久，豈有不瞭解「六老板」的心理與「戰畧」之理？用兵之道，貴於「知己知彼」，鄒文懷這纔想出一個「拖字訣」來，確也高明得很。

鄒文懷的滿腹密圈，到目前已經很顯明了。假如當初他要求與「邵氏」和解的話，在鄒文懷的猜想之中，差不多也要花上個數十萬元，否則的話，「邵氏」是不會答應的也。那個時候，「嘉禾」成立伊始，經濟基礎尚未完全建立起來，製片成本，已經佔去資金的大部，如果再要付出額外的數十萬元賠償費用，則等於是雪上加霜，「嘉禾」就算不垮台的話，反正也是焦頭爛額，元氣大傷的了。因此之故，鄒文懷認爲在這種形勢之下，除了「拖」字「掛帥」之外，別無良策，所謂「拖」者，就是硬起頭皮來打官司，勝訴最好，敗訴之後好在還有上訴，怎麽也可以「拖」他個一兩年，總比馬上就「現出底牌」來强得多。

事實証明，「嘉禾」的「拖延戰術」已經贏得了很大的成功，尤其幸運的是：他們在初審之中得到勝利，對於公司以內士氣的鼓勵，起了很大的作用，再加上「獨臂刀大戰盲俠」的得以順利上映，售座紀錄超過一百萬元，這一部片子，使一棵「幼苗」生了根，否則的話，其後果就很難想像了。

在這個訟事糾纏不絕的一年多之中，「嘉禾」的發展非常迅速：先是「獨臂刀大戰盲俠」的成功，後是一九七一年的平均賣座冠軍，繼之而來的則是連續突破香港有史以來的售座紀錄，計有「唐山大兄」的三百餘萬，與「精武門」的四百多萬等，所以現在的「嘉禾」，已經不是一年以前的「小樹秧子」了，而是一棵數人合抱、根深蒂固的「參天古樹」了，能夠禁得起一些狂風暴雨，不怕官司打到英倫去也。

短短的一年多，已經有了這麽許多重大的變化，鄒文懷就要想上一想了；再給他個一兩年的功夫，祗要幸運之神永遠跟着他們走，誰知道還有什麽奇蹟可以出現呢？（李小龍的成績，就是鄒文懷在最初的時候所未能想到的）因此他纔決定了一「拖」再「拖」，爭取時間好像是對於他們大有利的，那又何不與「邵氏」週旋到底呢？

總而言之：「邵氏」與「嘉禾」俱有廣大的神通，結果如何？那是很長一段時間以後的事情，電影圈內，意想不到的變化很多，等到這兩家公司的官司打完，可能一切都改觀了，還是那句話：「到時候再說啦！」

有人彈冠 有人憔悴

五月份裏，香港電影界裏又出現了另一個奇蹟：一部由新導演吳思遠製作，由初無藉藉名的新人陳星主演的「蕩寇灘」，竟然抽冷子的冒出了頭，轟轟烈烈的創造了一百七十三萬的可驚紀錄！同期的一部「邵氏」出品，由三大導演——張徹、程剛、岳楓——以及全體明星合力製成的「羣英會」，也祗不過能賣到一百零六萬而已，這一下子，又引起了圈內一陣熱鬧的震動。

導演吳思遠，憑這一部片子擠進了「百萬大導」的行列，倒也罷了，因爲他自己有一家「富國」，所以還沒有人動上他的腦筋。至於「蕩寇灘」的男主角陳星可就不得了也；四面八方也不知道從哪兒出來的那麽許多製片家？把個陳星給包圍得風雨不透，東拉西扯，恨不能把他給分成幾個纔好。由此觀之：拍電影要想賺幾張鈔票，說來也眞不容易哩。

　幾個月以前，陳星還是「邵氏」裏的一名基本演員而已，所担任的角色，無非是姜大衛狄龍的「下把」，專演大反派一類的人物。陳星從「邵氏」裏出來了，除了吳思遠請他主演「蕩寇灘」之外，其他的製片家們對於他並不十分注意，所以陳星就飛到泰國去參加了陳銅民與楊易木的兩部戲，在當時說來，陳星也是抱有「闖天下」的意思，所以祇好隨遇而安了。

　幾個月之後，你說變化有多麽快吧，陳星的吃香程度，幾乎都有追向王羽及李小龍的趨勢了！（當然片酬還未能一下子漲得那麽高）聽說陳星還在泰國拍片的時候，香港打去的長途電話叫他來不及接，陳星回到香港之時，連飛機塲上都有拉角的在等候他，我們就不能不對此事發生興趣了；請問陳星上飛機的時候，到底有幾位去送行來着？常言道得好：「窮在鬧市無人問，富在深山有遠親」，此乃人之常情，祇不過電影圈裏表現得更「天眞」一點罷了。

　「富國」爲「蕩寇灘」祝捷，擺下盛宴，彈冠相慶，眼看那種熱鬧高興的塲面，使人不由得連想到那位武俠片的大功臣胡金銓來了。

　胡金銓自組公司，籌拍一部「迎春閣的風波」，原說是三月裏開鏡的，後來沒有了動靜，又說四月裏動工，但結果還是說說而已。五月到來，又有「迎春閣的風波」二十五日開鏡的消息傳出，現在聽說已經延期到六月十號了，至於到了那個時候，是不是能夠如期實現？誰都說不上來。外界的評論，對於胡金銓很是不利，都這麽說：「你們瞧瞧，小胡又犯了老毛病，一個勁的往下拖！」其實這纔眞叫寃枉，他確實有着不得已的苦衷，祇是不好意思對外發表而已。

製片家們恨不得把陳星分成幾個

　在最初籌拍「迎春閣的風波」之時，（很早很早以前了）胡金銓的確是充滿信心，好整以暇的。因爲他在「聯邦」裏合約滿期之後，曾與該公司簽了一紙新約，寫明把今後「金銓影業公司」出品的台灣版權賣給「聯邦」，並且還訂明了每部片子的售價，（好像簽了三部，不太詳細了）祇要胡金銓在香港一動手，台灣「聯邦」的支持就會得來到，開鏡費用，不愁沒有着落。還有，就是此地的「嘉禾」亦曾與他作出口頭上的協定：「金銓」拍片，「嘉禾」決定購入星馬兩地的版權，而且還爲「金銓」代理香港的發行事宜。胡金銓有了這兩個「靠山」自然高枕無憂了。

　按說起來，「聯邦」與「嘉禾」對於胡金銓的支持都是應該的。想當年胡金銓的一部「龍門客棧」，非但給「聯邦」賺了大錢，而且還爲該公司培養出上官靈鳳、石雋、徐楓等人材，功勞可算不小。現在胡金銓既然自已拍戲，「聯邦」助以一臂之力，還有什麽話可說？至於「嘉禾」方面，當鄒文懷剛剛脫離「邵氏」之時，胡金銓就是首先响應而表示擁護者之一，（其他還有王羽、徐增宏、張翼等人）何況鄒文懷與胡金銓在過去的交情亦不錯。現在「嘉禾」已經站直起來了，而「金銓」則尙在學步的階段以內，「嘉禾」拉他一把，自然是義不容辭的了。

　最近，聽見胡金銓對朋友嘆道：「一直聽見你們說製片難，我起先還不知道如何個難法，到現在我自已製上了片，纔曉得你們所說的都是實話。」不用問，「迎春閣的風波」準是受到了阻礙，胡金銓又說：「我都失業一年多啦，還有個不着急的嗎？可是……」他攤攤手，苦笑幾聲，不說下去了，可見其中確有難言之隱，祇是「不足爲外人道也」而已。

迎春閣上　風波迭起

　據筆者所探得的消息：胡金銓的這個第一砲，所以遲遲未能開出來的緣故，就是因爲「聯邦」與「嘉禾」都好像抱有觀望的態度，所以此事就被吊在半空，難怪胡導演牢騷滿腹了。

　胡金銓的這部新片，眞可以說是萬事俱備，因爲他自已就是寫劇本中的高手，這一步籌備工作不成問題，演員有現成的徐楓與石雋，已經來到香港候命多時了，片塲亦有斧山道的「嘉禾」可借，一切都相當方便，所以目前的胡金銓是「祇欠東風」，而所謂「東風」也者，就是各方面諾言之實現也。

　約莫在新春過後沒有多久，胡金銓已經籌備得七七八八，所以先向「聯邦」的張陶然打個招呼，表示隨時可以開鏡，請他們準備按照合約條文行事。張陶然的答覆是：茲事體大，要等總經理沙榮峯來港，與胡導演當面會談，然後纔可以

演員時代的胡金銓，自右起金銓、沈殿霞、樂蒂、姜大衛之妹、杜娟

進行。此話說得倒也有理，胡金銓除了寫信給在台灣的沙榮峯之外，祇可耐性等候。

沒想沙榮峯為了與印尼合作拍片之事，忙得不可開交，胡金銓在此地左等不來，右等不到，這裏頭又躭誤了不少的時間。總算到最後，把個沙總經理給等到了，但是當胡金銓與他談起新片開鏡之時，沙榮峯的頭一句話裏就有了變卦！

據說沙榮峯對胡金銓表示：該合約是在幾年以前簽定的，現在台灣的市面壞極，與幾年前大不相同，所以關於台灣版權的售價，似有加以調整之必要。這是胡金銓所萬萬沒有想到的一件事，當場使他呆住了。

沙榮峯所講的確是事實：國片在台灣上映，多則台幣百萬以上，少則三五十萬至七八十萬不等，再沒有像「龍門客棧」那樣四五百萬的紀錄出現了。但市面好壞是一件事，履行合約又是另一回事；可能「聯邦」與胡金銓所簽的合約之中，訂價稍微高了一點，不過白紙黑字，似乎是沒有反悔之理，何況「聯邦」是一家具有規模的大公司，逢上這種情形，更應該「打落牙齒往肚裏咽」的纔是，怎麼可以提出調整改低的要求來呢？

當下胡金銓呆過半晌之後，自然向沙榮峯據理力爭一番，怎奈沙榮峯好像早已打定了主意，不管胡金銓怎麼說法，他反正是連水都潑不進去。爭論到最後，胡金銓有點沉不住氣了，反問道：「沙先生，假如現在台灣的市面比以前還要好，你們貴公司可會給我加點價錢？」沙榮峯對這個問題不置可否，始終堅持要減價，這頭一次的會談，自然是毫無結果而散。

又過了幾天，總經理與導演舉行第二次的會議。經過了幾天的考慮，胡金銓認為除了讓步之外，是實在沒有更好的辦法了，於是他對沙榮峯表示：合約可以「修正」，但要請「聯邦」方面指示一個削減的數目。這個要求也很合理，因為「迎春閣的風波」已經打出攝製的成本預算了，假如外埠的版權費有了變動，那麼整個預算也就得重新商量過了。但沙榮峯對於這個要求，還是沒有加以具體的答覆，他希望胡金銓自動的提出一個比較合理的數字，第二次，胡金銓又呆住了。

他暗暗在想：這不是沒有的事嗎？俗語說：「漫天要價，就地還錢」，所謂「還錢」也者，主動的自然是買方，現在「聯邦」要求賣方自願減價，那不像生意買賣的規矩呀。然而沒法子；現在的胡金銓，有求於人家，自然說話也得婉轉一點，當時他以半開玩笑的口吻說道：「沙先生，這你就使我太為難了；假如提出的價錢太高，你們一樣的不要，假如提出的價錢太低，我自已又好像吃虧了。你沙先生如果一定要我自已定價的話，老實說：我希望最好還是維持合約上的原價。」

沙榮峯當時也笑了出來，向胡金銓解釋道：「不是啊，胡導演，你如果給了我一個確實的價錢，使我心裏有個底，等我回到台灣之後，在董事會議上也可以替你說話呀。」胡金銓一聽，馬上涼了半截：原來這次的協商還不能算數，要等總公司裏董事會的議決！董事會如能順利通過，算是我小胡僥天之倖，萬一董事會裏有人反對，這不是又得重新談過，那得談到哪年哪月，纔能談出一個結果來呢？

胡金銓着急道：「可是我什麼都準備好了，急於要開鏡啊。」沙榮峯搖首道：「我很抱歉，愛莫能助，這是公司裏的章程，我個人沒法作主。」胡金銓生氣道：「公司裏的章程，難道簽了合約可以不算數的嗎？」沙榮峯道：「我已經解釋過了，這是形勢使然，萬不得已。」兩個人談了半天，非但沒能談攏，而且距離好像越來越遠了。胡金銓曉得多談無益，還不如暫時告一段落，下回再說吧。

等到胡金銓第三次到酒店裏去拜訪之時，沙榮峯已經因為公務緊急，回到台灣去了。胡金銓祇好再去找「聯邦」的駐港代表張陶然，張陶然安慰他道：「別着急，好在沙先生馬上就要再來的，你既然已經等過這麼許多日子了，再多等幾天亦不要緊。」輕描淡寫，毫不在意，眞個「急驚風偏偏遇上慢郎中」，胡金銓祇好嘆口氣，耐下性子等候。

誰想沙榮峯此一去，就好像斷了線的風箏，再也聽不到任何消息。胡金銓無法，祇有三天兩頭的去催促張陶然，這位張先生本來就是個慢性子，再說他也實在不能作主，所以每次都是「太極」一番，使出閃轉騰挪的諸般功夫，叫胡金銓拿他是一點辦法也沒有。如此的又拖了不少日子，等胡金銓再去找張陶然時，他已經悄然的飛到印尼去視察他們的拍片工作了，弄得胡金銓連個辦交涉的對象都沒有，自然「迎春閣的風波」也不能決定開鏡日期了。

這件事情，雙方各持一理，叫我們外人也無法分辨其中的是非屈直，不過看樣子非常棘手，胡金銓大概非得做出重大的讓步不可。直到現在，還沒有聽到有關此事的最後消息，不過「迎春閣的風波」既然已經決定在六月十日開鏡了，想來雙方總已經談出一些眉目來了吧？

話說胡金銓與「聯邦」交涉，不得要領之後，祇好再向「嘉禾」去「頒請救兵」。於是胡導演於某日親謁總經理鄒文懷，希望能夠把以前的口頭協定，給進一步的簽成正式合約，以便他在開拍「迎春閣的風波」之時，按照合約條文來支取攝製費用。鄒文懷的答覆是：「老兄的事情，絕對不成問題，可惜我這幾天以內，實在忙得不可開交，最好請老兄過些日子再來談談。」

鄒文懷倒並不是推搪；他那時剛被什麼三百萬、四百萬給鬧得頭暈眼花，手忙脚亂，接下來又要進行李小龍與羅維的雙方安撫工作，更要拉攏王羽與羅維的携手。除此之外，「猛龍過江」要到歐洲去，「冷面虎」要到日本去，此地的「合氣道」又要設法到漢城去迎接「金段大師父」池漢載前來參加……種種事務，有如千頭萬緒，使他實有應接不暇之苦。當然「迎春閣的風波」也很要緊，但總不能把別的事情都給擱下吧？所以胡金銓當時也很諒解，並沒有說什麼，約定後會之期而退。

不想鄒文懷這一陣忙亂，就延續了好多日子，「迎春閣的風波」說開又不開，也就是爲了這個原因。到後來，胡金銓實在等不下去了，總算千方百計的抓到了鄒文懷，十萬火急的向他提出早日簽約的要求。鄒文懷皺眉說道：「這些日子，公司裏大家都忙，再加人手也實在不夠，這麼辦吧：煩你老兄自己去把合約的草稿打好，拿來我們互相研究研究。」胡金銓滿意辭去，心中暗想：這回總該是「瞎子磨刀」，快了吧？

當下胡金銓把草約擬就，祇空白了星馬版權與香港代理墊欵的數目，以便「嘉禾」方面斟酌定奪。這又躭誤了好幾天，因爲鄒總經理出門去了，非得等他回來，此事無法解決。胡金銓興起「製片難」之嘆，也就是在那個時期以內。

好容易盼星星，盼月亮似的把個鄒文懷給盼回來了，但還得等他有功夫，因爲簽訂一紙合約，並不是三言兩語之事，必得騰出時間來從長計議也。這樣的又拖過了好幾天，把個胡導演給急成熱鍋上的螞蟻一般。終於有那麼一天，胡金銓與鄒文懷在辦公室裏單獨見上了面。

鄒文懷把胡金銓擬就的草約仔細的看了一遍，皺起雙眉來半晌沒有說話，胡金銓心頭小鹿亂撞，不知主何吉凶？

此一時也 彼一時也

結果，鄒文懷用很抱歉的口吻對胡金銓說道：「照我看來，還是讓我們公司來擬稿，寫成之後再請老兄過目吧。」使得胡金銓當塲有着天旋地轉之感覺，因爲白費功夫，不要去說它，至於躭誤這麼許多日子，對於胡金銓可是損失重大，現在又要由「嘉禾」方面來起草了，誰知道這張合約什麼時候纔能擬寫完成呢？

「聯邦」與「嘉禾」的兩大挫折，一度使胡金銓非常灰心，但事已至此，祇好逆來順受，委屈求全，任何困難，惟有咬緊牙關，一步一步的去克服了。五月底的時候，聽說胡金銓已經和「嘉禾」簽妥了一張香港代理的合約，而關於星馬版權的問題，好像還未能解決，其中原因不詳。幸而單單香港代理一項，使胡金銓得有數萬元的墊欵可支，雖然爲數甚微，但胡金銓至少可以先活動起來，否則的話，「巧婦難爲無米之炊」，胡金銓縱有天大的本事，也祇好眼睜睜的束手無策。

想當年，「龍門客棧」在香港造成一個不可能的二百三十一萬元票房紀錄之時，胡大導演在台灣呼風喚雨，得心應手，聲勢之盛，不在今日的李小龍之下。那個時候，「聯邦」除了付給他優厚的導演費之外，還供給他三房兩廳的花園洋房一座，小胡一個人所居，享受有如帝王，大型轎車一架，制服司機一名，在台灣的一百多名導演之中，他儼然是高高在上的一位領導者，所謂炙手可熱者，還未能形容他當年威風之萬一焉。

胡金銓在最走紅的時期以內，外面的確發生過這種傳言：「祇要叫小胡掛個名好了，拷貝可以値錢得多。」這都是過去的事，談之無益。本篇刋出之時，已經過了六月十日，「迎春閣的風波」到底開了沒有？寫稿時尚不得而知，但就算是如期開鏡的話，胡導演今後的困難恐怕還會接踵而至，要熬到完成之期，其中的艱辛困苦很容易想像得出來。

「金銓影業公司」不是普通一般的獨立製片公司，他們租有寫字間，僱有男女職員，再加上製片、劇務、副導演等人，都是長期支薪人員，這筆每個月的支出，已經相當可觀了。「迎春閣的風波」不是普通一般的片子，而是需要用富麗宏偉佈景的古裝片，眞正進得影棚之後，花錢就好似流水的一般，相當可怕。現在台灣版權不知談妥了沒有？星馬版權急待解決，泰國與印尼的版權亦有待胡金銓自己去努力……否則的話，製作費用大有問題，眞個弄到拍拍停停的地步，那就實在糟不可言了。

看到胡金銓此次的情形，叫人想起「三年河東，三年河西」的那句老話來了。我們都希望胡金銓此次爭一口氣，重整雄風，最要緊的是一個「快」字，因爲此時不比往日，是萬萬不可以再拖的了。

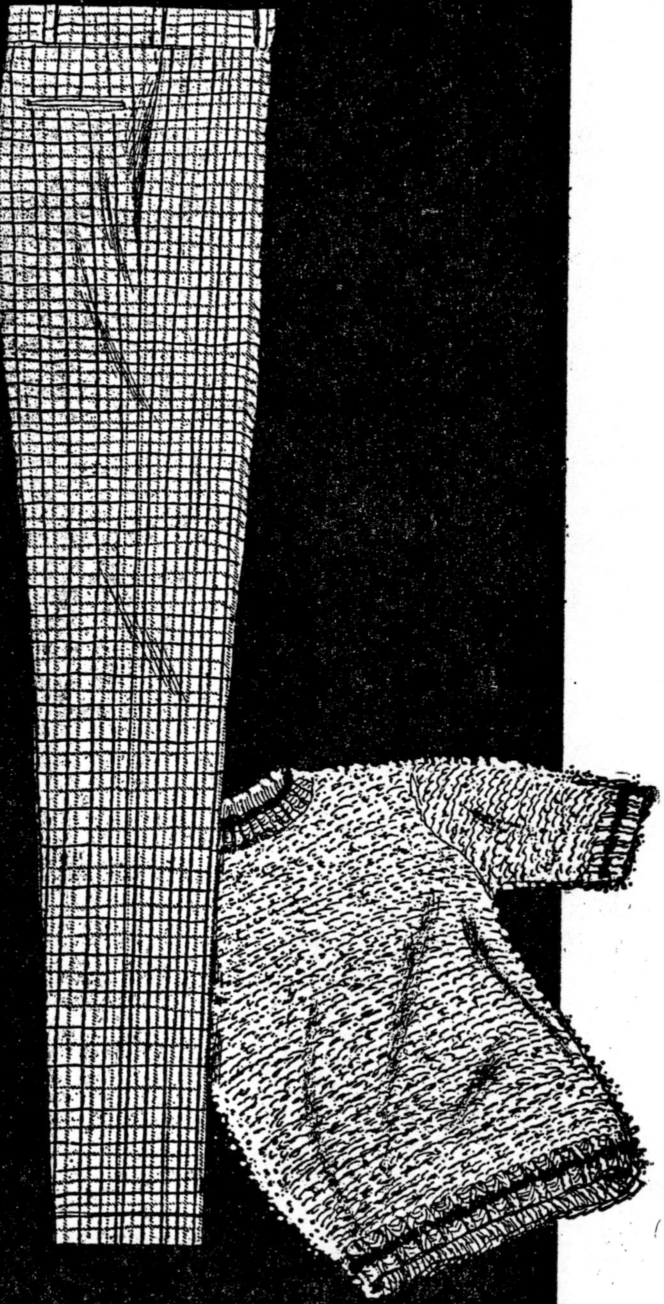

京劇場面及其派別

·張恭·

京劇場面和演員一樣，在藝術上是有很多流派的。由於樂師與演員長期合作的關係，往往互相影响，使得兩者之間所表現的風格逐漸統一起來。有些老觀衆收聽電台廣播，能夠不等演員的歌唱開始，只憑一段前奏的過門，甚至是一段鑼鼓，就知道這齣戲是梅蘭芳唱的、程硯秋唱的，或是其他著名演員唱的，很少誤認的時候。這說明梅、程諸家固然是各成一派，有其突出的特點，而爲他們伴奏的樂隊也都是自具一種風格，使人在聽覺上很容易辨別出來。

說到京劇的樂師，因爲缺乏文獻考證，很難從四大徽班那個時候談起。雖然也知道當時有樊三（景泰）、賈三（祥瑞）、李四（春泉）、韓明、汪桂芬（先業琴師，後始登台）、程章圃（程長庚之子、司鼓）、郝六等等很多名家，但是他們究竟有哪些藝術上的成就，可惜已經無從知道了。因此，這裏只能從梅雨田、孫佐臣、李奎林、侯双印等一些時代較近的樂師談起。

京劇樂隊，原來叫做場面，樂師則稱爲場面先生。又有文場、武場之分，文場以胡琴爲主，武場以鼓板爲主。其它樂器儘管不像胡琴和鼓板那樣對演員的關係更直接、更密切，但對於整個戲的演出所起的作用則也是相當重要，并且有很多傑出的演奏者値得介紹。

現在先從文場的琴師談起。

琴師中修養高，名望重，爲人所稱道的，過去有梅雨田和孫佐臣兩大家。他們同是一師之徒，同有深厚的造詣，然而所表現的風格則完全兩樣。梅的主要特點是綿密流暢，穩練熨貼；孫的主要特點是雄强奇偉，不拘小節。也可以說梅是柔多于剛，孫是剛多于柔。他們形成兩大支派，後起的琴師幾乎沒有越出這兩派的範圍，其影响之大，是可以想見的了。

胡琴大家梅雨田

梅雨田是四喜班主名旦梅巧玲的長子，梅蘭芳的伯父，幼年愛好音樂，拜當時的名家賈三（祥瑞）先生爲師，勤苦鑽研，享名很早。最初給他父親梅巧玲操琴，後來受到譚鑫培的邀請，兩位大師會合在一起，眞有水乳交融、珠聯璧合的妙處。當時很多觀衆都有這樣的感覺，就是聽譚的唱腔，必須輔以梅的胡琴伴奏，才算是最理想的。梅氏除了擅長操琴以外，更精于吹笛，對於曲牌的源流和用法極爲熟悉，往往以之移用在京胡的演奏中，豐富了胡琴曲牌。如『玉堂春』中王金龍迎送陪審的紅袍、藍袍，一般都用〔小開門〕，醫生診病時，用〔柳青娘〕，梅則以〔傍妝台〕和〔寄生草〕來代替。〔寄生草〕是梅雨田根據梆子曲牌改編的，沒有廣泛流傳；〔傍妝台〕則是最常用的鎖吶牌子，但是換了演奏的樂器，并把原來的凡字調改爲乙字調，就顯得十分新穎，直到現在還有不少琴師在沿用着。

『貴妃醉酒』本不是京劇所有的劇目。在清代末年，有一位叫吳笠青（藝名月月紅）的演員，由武漢到了北京，他從漢劇裏移植了這個劇目，準備演出，但當時北京的樂師沒有人能夠伴奏。最後請來梅雨田，由他先把唱腔記出譜來，并在許多舞蹈場面適當地選用了各種曲牌，這齣戲才獲得如期演出。

梅雨田的最大優點，在於他伴奏唱腔的細緻精密，善于掌握「尺寸」，舒緩、緊湊，安排得非常恰當，運用「墊頭」，更能結合演員的「氣口」，起着承上啓下的作用。特別是由於腔調、唱法和字音關係所產生的各種變化，他都加以反覆研究，某處應該烘托，某處應該并行，他早已胸有成竹，所以能夠應付裕如，格外顯得協調、精彩。

從梅雨田僅有的一張唱片『賣馬』和『洪羊洞』裏，我們不但能夠聽出他在伴奏方面的高度技巧，而且令人體會到他對每一個唱段，並不是逐字逐句地進行伴奏，而好像是一張名畫，有其整幅的章法、布局，許多小的片段、結構都能照顧到整體。這種音樂修養，在舊日的琴師裏確是罕見的。

京劇唱腔，過去沒有人給它記譜。梅曾仿照崑曲的辦法，把譚鑫培的很多主要唱段都用工尺譜寫出來。後來陳彥衡和陳道安（都是業餘的梅派琴師，有南陳、北陳之稱，南指道安，北指彥衡）受到梅的啓發，又繼續加以記錄，并整理出版，這對於譚腔的流傳，起了很大作用。

與梅雨田齊名的孫佐臣

上面所談的新曲牌的使用和用工尺譜記錄唱腔，現在看起來好像是很普通的事情，但在六、七十年前的京劇界，則應該說是了不起的創舉，梅雨田倡導的功績是非常大的。

宗法梅派的琴師，著名的有王雲亭、徐蘭沅、趙硯奎、胡鐵芬、趙濟羹、高連奎、李佩卿、陳洪壽、楊寶忠、王瑞芝……。業餘愛好而有深刻造詣的，則有上述的南北二陳，而北陳聲望尤高，內行如陳洪壽、楊寶忠等都是他的弟子；以擅長伴奏老生唱腔著名的琴師王瑞芝，也是屬于陳彥衡一派的。這些胡琴名家，由于各有不同的資質和發展方向，以及他們經常伴奏的演員有生、旦各行的許多流派，如梅蘭芳、程硯秋、尚小雲、余叔岩、言菊朋、高慶奎、馬連良等，在長時間的合作與相互影響下，有不少同是梅派的琴師，已經逐漸形成自已一種獨有的面貌，并各擁有很多後起的從學者，像徐蘭沅、胡鐵芬、楊寶忠就是學者甚衆的。

與梅雨田同時齊名的琴師孫佐臣，生有奇異的稟賦，他的手指比一般人長出很多，胡琴上的高音部位，能夠不需要「換把」，就直接達到，這可以說是具有超乎一般人的條件了。在弓法方面，也因為特別熟練的關係，往往不按常規而較隨意地加以運行，也是人所難能的。除此以外，他還有極為突出的好手音，每當演奏的時候，眞是聲如洪鐘，震動全場。

孫佐臣所用的過門和「花點」，也常有與衆不同的地方。如音階上的跳躍進行，或是在一個音上反復盤旋，都能造成很不平常的效果。

孫佐臣曾給很多演員伴奏過，熟知各大家唱法上的派別特點。他自已說：「做一個琴師，能拉汪桂芬的『文昭關』、孫菊仙的『逍遙津』、譚鑫培的『李陵碑』這三齣老生戲而能夠不『碰』，就可以算是高手了。」因為這三齣戲是汪、孫、譚三家的代表作，不但唱腔繁劇，而且速度變化無窮，所謂各有自已的「尺寸」、「氣口」。而且，那個時候，演員與琴師不先「對腔」，講究「台上見」，如果琴師缺乏耳聽手快的本領和經驗火候，是很難應付裕如的。孫氏作過汪孫譚三家的琴師，這三齣戲正是他經常伴奏，而且都有極大把握的。上面的話雖然是他「夫子自道」，但我們并不認為他是自誇。

孫派的胡琴藝術很不好學，因為即使有他的功力，而沒有他的天賦條件，也是難以問津的。曾為周信芳操琴的孫奕林，雖然是他的兒子，有一定藝術修養，但不能算是本門本派；只有陸硯亭與王少卿才能算是和他較為相近的。

陸硯亭與孫同時而稍晚出，曾給奎派老生許蔭棠和著名老旦龔雲甫操琴。最初專學孫派，而稍加流利、繁密，伴奏老旦唱腔極為相宜。龔雲甫一生對他非常倚重，他也對龔自成一家的美妙唱腔極盡輔佐之能事，而有相得益彰的好處。同時，他在演奏技巧上，不斷有所發展和提高，成為伴奏老旦唱腔的專家。直到目前為止，凡是為老旦托腔，絕大多數是採用陸的方法來進行的。為李多奎操琴的周文貴，就是陸硯亭的弟子，也是他這一派的繼承者。

王少卿的天才極高，早期宗法孫派，并吸收陸硯亭的長處，而多有所變化。他的過門與托腔都力求新穎，更能不失大方，伴奏老生和青衣的唱腔同樣具有特長。尤其着重弓法、指法，運行有序，輕重分明，揉、滑、沾、打，各得其當，故能發音純正圓足，絕不流于僻怪。梅蘭芳創造性地採用二胡這件樂器後，就由他來担任，臨場時，能夠同時兼顧演員和京胡，也就是說，既要為梅蘭芳伴奏，又要為徐蘭沅伴奏，這并不是一件容易的事情，他却能手耳并用，左右逢源，在二胡的演奏方法上，為後學開闢新了許多法門。

梅蘭芳的琴師徐蘭沅，青年時代即為號稱「伶界大王」的譚鑫培所賞識，約他作助手，說明他的本領是非比尋常的。他是以梅雨田一派作基礎，更廣泛的擷取諸家的優點，加以融滙貫通，形成了一種精密穩練、韻味攸長的獨有風格。王少卿與他合作以後，兩位大家得到時常交流的機會，新的創作，層出不窮，而在藝術表現方面，更起着剛柔相濟、奇正環生的效果。後起的青衣伴奏者，無論內行成是票友，大都仿效他們的方法，極一時之盛。有人襲用了『二進宮』劇中的成語「徐楊二家」，稱他們為「徐王二家」，後來宗徐的有杜魁三、靳文山、李德山、孟廣亨、周振方等；（現在香港的任莘壽，也是徐蘭沅的高足。）宗王的有何順信、黃天麟、沈玉才、倪秋萍、姜鳳山、樂朴孫、趙都生等，都是後起的名琴師。

胡鐵芬是程硯秋早期和中期的伴奏者，在托腔方面具有特長。程腔在京劇裏是獨標一格的，唱法的講究更是面面俱到，即屬于細微的小節，從不肯忽畧。在胡這種嚴格的要求之下，得到很大的益處，在進行伴奏時，總是循規蹈矩，一絲不苟，絕沒有矜才使氣自我表現的情況。演的風格，始終接近梅雨田，一般說來，是柔多于剛的。他的指法有特點，就是拉二黃也以用食指和中指為主，上下移動，無名指僅起輔助作用。如以中指按1，則以無名指按添（京劇界讀作去聲（字的2，幷且仍用裹弦發出這個音來。（西皮的3音，也常是如此的。）由于這種按弦方法和用短弓演奏的關係，就使人感到另有一種味道。這和趙濟羹因爲左手執弓，右手按弦，需要將胡琴反轉來用，因而產生的特殊味道，是一個道理。後來以擅長伴奏程腔著名的周昌華、鍾世章、唐再炘等，雖然各有很多發展，但基本上應屬于胡鐵芬一派。

楊寶忠以手法敏捷，發音流利，能勝任速度很快的樂曲，受到觀衆的歡迎和同業的推許；但他演奏時却能游行自在，不慌不忙，顯出很坦然的樣子，不愧爲大方家數。這是得力于平日的音樂修養和眼界的比較廣濶。他除了曾作過演員以外，幷對西洋樂器的小提琴和京韻大鼓的四胡下過多年的學習苦功，又經常欣賞音樂演奏，這些都對他操琴藝術有很大的幫助。他曾經給言菊朋、馬連良、楊寶森三位風格逈然不同的演員伴奏，而都能非常融洽，這說明他的資質、學力都是很好的。屬于這一派的，有李慕良、黃金祿等，其中李慕良取法較博，造詣也較深，已經有自成一家的趨勢。

胡鐵芬獨標一格

京劇文場的月琴演奏者兼吹哨吶、曲笛，幷打文戲的鐃鈸，近來已改爲專人担任，過去以曹心泉最爲著名。月琴原有四弦，不知什麽時候改爲一弦，曹則仍用四弦，但繼起無人。曹更爲人稱道的是具有淵博的古樂知識，幷通曉戲曲音韻，著述很多。琴師王少卿曾向他請教，在曲牌方面得到不少益處。月琴名家其他還有孫惠亭、陸寶琳、郭宗耀、羅萬金、高文靜等，都有相當深厚的功力，從學者甚衆。

担任三弦的樂師，要兼管哨吶、曲笛、海笛、武戲中的堂鼓和偶然使用的雲鑼。負有聲望的如錫子剛、程春祿、霍文元、徐寶泉等，或兼學幷擅，或專精一門，爲後學者奉爲取法的楷模。

鼓師是戲曲樂隊的指揮，不但各種樂器的演奏要按他的意圖來進行或停止，增强或減弱，而且演員的動作、歌唱也要在一定程度上受他的點子和「尺寸」的約束，所以鼓師所處的地位非常重要。當然鼓師的意圖是根據戲劇內容的需要，以及演員所作出的各種「交待」來决定，而不是隨意行事的。鼓師雖然列入武場，實際上他是身兼兩職的，既要指揮武場的打擊樂器，也要指揮文場的管弦樂器。

京劇使用的鑼鼓點子，大都來自比它更古老的劇種，特別是崑曲與河北梆子。在清代末期，京劇的演出常和崑曲同場，所謂「兩下鍋」，相互之間，影响很大。因此，較早的京劇鼓師，從他們的藝術源流來講，似乎可以區分爲崑曲和梆子兩大支派。崑腔派崇尚文雅，有韻味，鼓點寬綽大方，使用鑼鼓要有較固定的一套辦法；梆子派則講究敏捷、迅速和使用鑼鼓的靈活多樣。前者適合于打文戲，後者適合于打武戲，或偏重做工的文戲。至于怎樣才能更好地結合劇情和演員的表演、歌唱，在這兩派的要求是完全一致的，而後者好像比較更突出一些。如武戲的各種開打、亮相的密切結合，以及製造舞台上極爲强烈的戰爭氣氛，則是梆子派獨擅勝場的地方。更有一派介于二者之間，有人稱之爲二黃派。

崑腔派的人才很多，稱得起是極一時之盛，其代表人物應推沈寶鈞。他由民間藝術人選充宮廷樂師，能打崑劇數百齣，京劇裏所用的曲牌，有些是從他開始吸收過來的，光緒皇帝是一個戲曲愛好者，更擅長打鼓。京劇常用的曲牌有所謂（小朱奴兒）的，又名（御製朱奴兒），據說就是出于這位皇帝的創作。在藝術上對他輔導的也就是沈寶鈞。沈的本領既高，聲望地位尤重，及門弟子爲數頗多，其中以楊小樓的鼓師鮑桂山、余叔岩的鼓師杭子和最爲知名。屬于沈寶鈞一派的，除鮑桂山以外，還有唐春明、郭德順、汪子良等。

鮑桂山是近幾十年來衆望所歸的一位鼓師。他的特點，除了繼承崑腔派的傳統，對于使用鑼鼓非常講究，某戲用某種鑼鼓或曲牌，都有一定的規矩以外，更注意整個戲的節奏，要求所謂「一塊板」到底。即是說既要有遲、疾、頓、挫，更要很好的掌握「尺寸」的連貫性，避免折板，或是驟快、驟慢，忽輕、忽重的毛病。楊小樓有「武戲文唱」之稱，是于勇敢矯健之中要有威嚴、有氣度、有細致的表情動作；鮑的鼓點也是「

博學多才的樂師曹心泉

武戲文打」，在風格上極爲協調一致。

唐春明的鼓點簡潔大方，是純粹的崑曲家數。梅蘭芳演崑劇和北崑老藝人韓世昌都曾約他伴奏。郭德順和汪子良都以淵博著稱，又都是名教師，培養出來的人才很多，近代著名鼓師白登雲、松文明、張繼武、李瑞斌、王德元、賡金羣等即分別出于兩家之門。

梆子派的名家有侯氏父子與何氏父子。侯名双印，也是「內廷供奉」，當時宮廷的演出，凡是梆子戲或京劇的武戲，多數由他担任，以嚴緊、火熾著稱。他的兒子長山、長清，繼承了家學。長山專門擅長武戲，曾經担任俞振庭、九陣風、周瑞安、孫毓堃等著名武生和武旦的鼓師。他的手法之好，有如琴師中的孫佐臣，爲同業所推許，突出的表現是「放撕邊」和「捻磋兒」（鼓上的滾奏，時間長的叫「撕邊」，時間短的名「磋兒」）。如『金錢豹』劇中，配合豹精耍鋼叉的表演，要用長達幾分鐘的「撕邊」，他能始終保持兩手的平衡，幷隨着演員的動作有輕重疾徐的變化，觀衆經常報以熱烈的掌聲。侯氏用「磋兒」多在鑼鼓的進行中，特別是開打時的（急急風）裏，更爲顯著，它的好處是能夠控制着其它打擊樂器，使它們維持一定速度和音量，就是行話所說的「不走尺寸，不落調門」。他對于武戲所用的鑼鼓點子，有不少發明創造，都得到普遍採用。侯長清除武戲之外，對文戲比較擅長，尤其是于連泉（小翠花）的花旦戲，經他伴奏，顯得格外精采。打起武戲來，雖然比他老兄稍有遜色，但具有準、狠的特點，『鐵龍山』『挑滑車』等劇，都能舉重若輕，有條不紊。屬于侯派的鼓師有蘇連溪、馬玉山、王長貴等等。

何把是回族人，「把」是回族對人的尊稱，好像漢語的「先生」。他本是梆子劇團的鼓師，兼通京劇，與侯双印幷時齊名。他的兒子名斌奎，人稱何小把，青年時代曾打過梆子戲，又在京劇團中打武戲，以「手衡」著名。後來一度担任譚鑫培晚年的鼓師，而與梅蘭芳合作過的時間最久，參與了梅所有新戲的排演工作，有很多貢獻。（何在一九三六年因病退休，旋即逝世。梅也迄未再排新戲，直到最後才有『穆桂英挂帥』的演出。）他雖然是梆子劇團出身，但鼓點非常舒展「欵式」，與梅派的風格爲相近。他的兒子名增福，也是鼓師，曾代他父親隨梅劇團赴美國、蘇聯演出，藝術上別有師承，不屬于任何一派。

六場通頭的徐蘭沅試琴圖

二黃派的代表人物有李奎林、劉長順、王景福、扎大立、杭子和、喬玉泉、魏希雲、白登雲諸家，分別簡介如下：

李奎林就是京劇界素負盛名的李五先生，較長時間爲譚鑫培打鼓，與梅雨田號稱譚氏的左輔右弼。他的最大特點的所謂「尺寸」好，即能適當掌握鑼鼓的速度，使它緊密勻稱，不渙散拖沓的意思。尤其他的鼓點無論强、弱、快、慢，總是恰當地結合着演員的表演、唱腔和胡琴過門，把它們連成一個整體，這說明他的藝術修養達到高深的境界，其爲譚鑫培所倚重的原因，也在于此。前面談到的鮑桂山，雖然出于沈寶鈞之門，繼承了崑派傳統，但風格上則和李更爲接近。杭子和則完全屬于李五一派。

劉長順又名劉順，他繼李奎林之後爲譚鑫培的鼓師。他除了講究「尺寸」以外，更擅長的是對鑼鼓使用上的變化多端。如『黃鶴樓』劇中周瑜上場以前，一般都用（快長錘）先將站門的龍套打上來；等周瑜出場亮相以後，下面仍接打（快長錘）唱（西皮搖板）。但是，劉認爲連用兩次（快長錘），未免有重複之嫌，于是他把第一次上龍套的改爲（串子鑼），使人感到很新奇。又據梅蘭芳先生說，當他二十歲左右的時候，幷沒有專人司鼓，每次演出歌舞繁重的『昭君出塞』，總感覺相當費力。只有一次與劉鴻聲、龔雲甫等同台，仍演的是這齣戲，正當天氣很熱的夏季，而一直演到終場，幷沒有覺得勞累。後來研究一下它的原因，才知道這一次給他伴奏的鼓師是劉長順。由于他的鼓點所開出的「尺寸」，與唱腔和身段非常合適，甚至某些地方鑼鼓能爲演員作响導，不是跟着走，而是在前面引路，所以無形中省了很多力氣。梅先生這段話，具體地說明了劉長順的本領。這一派的鼓師最有名的是喬玉泉，曾經爲馬連良伴奏很長的一個時期。

王景福比較近于崑腔派，熟悉各種曲牌的結構和用法，同一曲牌、過門或鑼鼓名目能打出多種不同的變化，幷且結合得很緊密，這是他的很大優點。他的徒弟魏希雲和他的兒子振綱，基本上屬于這一派。

杭子和是鼓師老前輩了，十二歲即能打鼓。偶然在一次觀摩譚鑫培演出中，發現李五先生的超妙技巧，使他衷心欽佩，從此以李爲學習對象，不斷得到提高，并熟悉了很多譚派名劇。自余叔岩重登舞各，約他合作，一是譚派老生，一是李派鼓師，彼此之間，十分相得，直到余氏再度退休爲止。其間有時爲余門的衆弟子伴奏，更有駕輕就熟之效。楊寶森逝世以後，他也放棄舞台生活，改任戲曲學校教員。杭的藝術風格與鮑桂山有相似之處，鼓點簡捷流利，節奏緊密勻稱，快不匆忙，慢不空疏。『定軍山』『文昭關』等劇，運板如飛，而「尺寸」十分準確；擊鼓方法多用指、腕的巧勁，不必使勁用力，發音自能渾圓沉着。因此，他雖然已經年過七十，但是臨場演奏并不感覺手有遲鈍現象，這尤其是值得學習的地方。

喬玉泉是崑旦喬蕙蘭的第三子，本是老生演員，後來投入鮑桂山之門，改業鼓師。他曾在富連成科班與劉長順一起工作，得到有利的觀摩機會，學習了很多劉派的鼓點和伴奏方法，加上他作演員的體會，并不斷進行鑽研，很快地享有較高的聲譽。由他伴奏的演員，有不同的行當和流派，如老生的言菊朋、王鳳卿、貫大元、馬連良等，青衣則有王幼卿、李香勻等，他都能掌握特點，應付裕如。特別在馬連良演出的許多做工戲裏，更能顯出他們的合作成績，達到無處不「嚴」的程度。

魏希雲行三，是王景福的弟子，學識很淵博，文武崑亂都能勝任，而尤爲擅長的是旦角戲，曾經爲程硯秋、尚小雲、徐碧雲、言菊朋和早期的馬連良等伴奏。他的鼓點是比較柔美的，對于『奇雙會』『花田錯』『得意緣』等劇都很有把握，能爲演出增加光彩。王瑤卿先生生前有鼓界三傑之說，指的是杭子和、喬玉泉和魏希雲，這個說法，代表了當時的輿論。孟小冬在二十餘年前在上海演「搜孤救孤」，就是魏三打的鼓。

繼三傑而起的名家爲白登雲。在他的青年時代經過艱苦鍛鍊，兼通河北梆子和京劇，後來專工京劇一門，以鮑桂山、杭子和兩家爲主要師承，并採取喬玉泉的變化多樣，文戲、武戲都很擅長。上述的崑、梆、黃三種主流都或多或少地對他有所影響，并起着一定的作用。尤其是較長的時間與程硯秋合作，藝術上得到經常交流而更有顯著的提高。他的手法既能剛勁爽脆，又能柔軟纏綿，因戲、因人而異，不拘一格。許多同時和後起的鼓師向他效法，形成一支很大流派。如著名的裴世長、譚世秀、王德元、劉宗聲、李長有、高明亮、張森林（李麗華表兄、已故）諸家，基本上都可以算是這一派。

王燮元是上海的著名鼓師，以精博穩練見長，曾經和梅蘭芳、周信芳、蓋叫天諸大家合作，都能根據他們不同的流派特點來進行伴奏，取得卓越的成績。他的藝術造詣，也是兼採崑、梆、黃的優點加以融合，而不限于一家一派的，所以成就較高，與白登雲并峙南北，稱爲南王北白。

天津的名家周瑞先，曾爲尚和玉打鼓，尚生前對他深爲贊許，說周打戲格律嚴整，當用「四擊頭」配合亮相時，其「底鼓」和「提鑼」都有準地方，即在交戰中亦不例外。

大鑼、小鑼、鐃鈸和堂鼓，這幾種打擊樂器，在武場中固然是屬于從屬地位，但也各能發揮很大作用，從業者當中也出現不少優秀的演奏家，爲同行和觀衆所稱道。

六十年來，有所謂大鑼陳九，他不但腕力、「尺寸」都好，能適當掌握鑼聲的輕重長短，而且熟知許多劇目的情節、場次，以至所用的曲牌和唱腔等等。遇到鼓師有「不淸頭」的情況，他可以一面打鑼，一面從旁加以提示，使一齣戲圓滿終場。這種本領行話叫做「報場子」，大半是資格老、經驗多的樂師們，才能勝任。後來的大鑼耿四（名永壽，綽號耿老道）、羅文田和文場的霍文元都有這方面的專長。

原來以打大鑼著名，後來改爲鼓師的也很多，如侯長清、陳寶生、張繼武、松文明、張世寬、王長貴、王景雲等等。專門名手則有羅文田、侯長松、方立善、呂成順（毓五）、劉泉海、馬連貴（馬連良之弟）、周慶麟等。

過去的小鑼名手有潘壽山（後改大鑼）、汪子良（後改打鼓）、羅文翰等；後來則有陳文興、盧鳳年等。

鐃鈸這種樂器，過去多爲彈月琴者兼管，專門名家很少流傳。自崇恩山開始，表現了卓越的演奏技巧，才被人重視起來。他在這一方面，確有很多心得和創造發展，成爲代表人物。繼崇而起的，有鮑錕（後改打鼓，已故）、鮑銳、杭世偉、胡寶立等。

堂鼓在武戲裏是重要的打擊樂器，它和文場的三弦由一人兼管。以此著名的有錫子剛、霍文元、徐寶泉、李善卿、高文成、全雨禾等，其中最有代表性的是錫子剛。他的演奏方法也是以腕力爲主的，發音渾厚圓潤，能與銅樂器溶爲一體。李善卿、全雨禾都是他的繼承者，而各有心得。徐寶泉、高文成則以雄壯强烈見長，另具一種風格。

這些武場名家，基本上也和鼓師一樣，分屬于崑、梆、黃三大支派。其中更有不少自成一家，表現出比較顯著的風格、面貌的。

上面談的不難看出京劇樂師的派別繁衍是非常興盛的，而且大都是崑亂不擋、能文能武的淵博之士。可惜很少人提起，使們所懷的絕技也往往是與身俱杳，繼起無人，這是多麽值得惋惜的事情。舊時藝人拜師的目的不在學藝，而是爲了「帶道」，沒有師傅的，永遠算作外行，不准「搭班」，當然更談不到「傍角」；即令有師傅而不是權威人物的，也要受到種種歧視，甚至無法工作。琴師周昌華因爲沒有拜老師，曾經當場被人拉下台去；白登雲已經成名，而受少數內行的掣肘，只能在天橋一帶活動，不許進入大劇場，直到投入名師之門，才取消了限制。楊寶忠改業琴師，亦經馬連良提議，拜三絃名家錫子剛爲師，方克登台的。

大人

論天下大事
談古今人物

第廿七期

袁寒云

封　面：黃君璧畫松鶴圖　封面內頁：大千居士刻印
鉅幅彩色插頁：吳昌碩、齊白石、張大千三大家畫荷（定齋藏）

大人　每逢月之十五日出版
The Chancellor Publishing Company Ltd.
出版及發行者：大人出版社有限公司
督印人：王朝平
編輯者：大人雜誌編輯委員會
總編輯：沈葦窗
社址：九龍西洋菜街三號A 即彌敦道六一〇號後座
電話：K八五五七三〇
印刷者：立信印刷公司 九龍新蒲崗伍芳街緯綸大廈十一樓
總代理：吳興記書報社 香港租庇利街十一號二樓 電話：H四五〇五六一 H四五〇七六六
星馬代理：遠東文化事業有限公司 新加坡廈門街十九號 檳城杳田仔街一七一號
泰國代理：集成圖書公司 曼谷耀華力路二三三號
越南代理：聯興書報社 越南堤岸新行街二十二號
其他地區代理：
澳門：可大文具店　漢城：汎亞書籍公司
亞庇：利民公司　寮國：永珍圖書公司
千里達：中華公司　斗湖：光明書店
菲律賓：華安書局　菲律賓：玲瓏書局
倫敦：東寶公司　紐約：友聯圖書公司
芝加哥：杏林春　紐約：大方圖書公司
波士頓：中西公司　洛杉磯：永安堂
三藩市：新生圖書公司　檀香山：大元公司
三藩市：益智圖書公司　三藩市：文化商店
加拿大：香港商店　加拿大：新國華公司

新的美國革命已經開始

李璜

香港美新處一本小冊子

今日（七月一日）早郵遞到此間美國新聞處爲紀念他們「七四」國慶而致送的一本小冊子。這一薄薄八頁論文冊的封面上有大標題是：「新的美國革命已經開始」，右角署「壤——佛朗厦·侯維爾著」，左下角又註「一位法國哲學家兼報人曾游美國而發表其旅中所遭受的社會氣候之一個有挑動性報告」。致送者美新處主任還附一短信，說：「今年七月四日是美國革命的一九六度紀念日，這一個革命，我們感覺到美國還在繼續進行中。信內附上的論文，是一位法國觀察家所寫，他也有同樣的感覺。我將是尊重你對之或者能有的任何評釋。」

原來這位法國觀察家侯維爾（Jean-Francois Revel）遊美多次，於一九七〇年八月在美國加州聖達巴巴娜城寫成一書，在巴黎印行；迅即譯成英文，暢銷於美國。其書法文本原名：

「沒有馬克斯也沒有耶穌

新的世界性革命已在美國開始」

顧名思義，這本書的內容當然爲極右派與極左派兩所不喜。去年十一月承好友周謙冲兄自紐約法國書店購得此書，航寄了來，我已翻閱一遍，久想寫一個書評。今趁又讀到美新處這本英文摘要小冊，且在長夏假期之中，更增加我寫這一評釋的機會與興趣。

我想，最省事而又明白的評釋，莫過於先將這本書的每章標目譯出，即足以見著者的致思理路；然後再就美新處的英文摘要選譯幾段，進一步展示著者的觀感所及；最後方贅以我個人在美遊歷的觀感，藉作一個比較的評釋。因在一九六六至七〇年之間，我大半時間也在美國，與侯維爾的觀察時間相同，而由印象所得結論，則彼此似有相同與互異之處。

距今一百三十五六年，法國有位政論家托克威爾（Alexis de Tocqueville 1805-1859），寫過一本民主政治在美國（De la Democratie en Amerique 1835）。他也曾在其書中，據其觀感所及，在美國人的自由與平等的愛好上，說明美國的動力主義與實驗精神，將在世界民主政治中取得先導地位。托克威爾在書中說：「我觀察，我討論，我用力於判斷之先去緊緊抓住眼前的事象，來從其中抽出普遍的眞實所在。」——這是一類社會學方法，故托氏之作後來成爲我們在巴黎大學研究社會學的學生必讀之書。美新處在這本小冊子中介紹侯維爾，也曾首先提到托克威爾，認爲托氏與侯氏這兩位學人，在約一世紀半之間，其對美國之觀察，同樣深刻，實可稱爲後先輝映。然而是否侯氏能如托氏之眞能緊緊抓住眼前事象，而不爲其主觀幻想所移？這就有待於評釋了。

侯維爾書的十六章目表

侯維爾此書法文本共二六三頁，用報導文字方式寫成；每章夾叙夾議，其中所徵引的四五年之間親身見聞大小故事甚夥。因之未經在美就近如是留心者讀之，自然感到厭煩。幸而美新處這個小冊子摘錄得法，將瑣事大半畧去，只留有重要陳述，以便利一般讀者。這種用六七頁紙將二百餘頁內容去蕪存精，頗費却一番剪裁工夫。

不過侯維爾書的前半部，雖站在一個美國事象觀察者的立塲，而寫作的思路乃是以美國比較世界各國，以便展示美國現象的特殊地方的。美新處的小冊子中鈎勒侯書的大要雖甚得法，然而對於其比較立論之點，則未遑及之。我亦無暇及此，故我打定省力主意，將其書的十六章目表譯出如後；報導文字的標目方式本來習於顯明，足使讀者易於想像得之：

一、美國的第二次革命
二、一個革命的五種條件
三、革命未能實現於共產國度
四、革命將不能實現於西歐
五、革命不可能的一個例子：法國
六、革命亦將不能實現於第三世界
七、從第一次到第二次的世界革命
八、二十世紀之人們恐怖與舊式對外政策之應予終了
九、人們可以從自由到社會主義但不能從社會主義到自由
十、暴力與革命
十一、反美主義與美國革命
十二、從一個新的動力去看革命
十三、報導——革命（案指自由與快捷的刊物與電視報導是一革命現象而同時足以引致文化上與政治上的革命）
十四、美國是爆發革命的信管

侯維爾原書法文版封面

標題之下所繪馬克斯與耶穌像，均着自由神裝，手掣自由火炬，但炬上火燄已不順風而倒吹了！

十五、各式民權與各式途徑
十六、沒有馬克斯也沒有耶穌。

現在必須就本書章目中所列示，而來說明兩點：（一）為著者對革命一義的解釋，（二）為新的革命如何才可能開始；否則，章目上所標那一連串的革命字樣，及其可能或不可能的若干區別詞，終究在想像中有點模糊。（其實本書的「革命」一辭有時用得太寬泛了。）

革命之義，通常是指被統治者去以暴力推翻統治者，至於推翻之後，是否以暴易暴，是否有新的自由、和平生活與普及的文化建設，則未能在革命義中被重視。著者認為這一通常所指的革命，乃在注意實行革命的手段，而往往未能特重實現革命的目的；因是大都以暴易暴，推翻了外在的强力統治，又引致內在的强力統治；永遠是獨裁的與反動的制度在少數支配多數，這只能說有解放的戰爭勝利，而並無革命的實質成果。著者說：『……如果我們承認不把革命的手段與革命的目的相混淆，如果我們不認為革命只是令人眼花撩亂的重複變動，如果我們重視只有在空間與時間上能發生長遠的影响力才是眞實，如果我們將革命黨的重大工作指定在其長期有目的之文化形態的轉變上——然則甚麼以往的革命事變，在我們心目中，方能算得是一個世界性的革命？』（長期的文化轉變不宜一例稱為革命。）

在這些前提之下，著者認為在近代一直到今天，只有一個革命算是為人們所期待及為人們所希望他仍舊進行着的：這就是包含着眞而且久的政局轉變，實現於十八世紀後期的英國、美國與法國革命。　著者說：『……雖然這一革命也會屢次逼向後轉，經過復辟與反革命的浪潮，甚至將這第一革命所產生的新文化目標有時改了方向，然而終究從此將政治權威的基點易位，將神權的假借變為民約的原則，將强者始有理變為人人都有權，將階級的社會變為平等的社會，將宗教與民事分開，將已往被政府與教會所獨斷和把持着的文化教育予以普遍解放，……：這是在此以前的地球上所未經見過的。總之，這個革命算得是唯一的將大體願望保存下來，雖然有不免於被損害的地方，但可以說已實現了一個比較符合革命目的的最初想法。質言之，一直到今天，還只有這一次革命算得是成功的。』著者在這一章的末尾雖指出，如果說這一次的革命未成功，而未將民主政治的權威目標保有下來，則何以今天的獨裁極權者還得要假借民主做招牌，盜取選舉方式與議會方式的外表，去愚弄其被統治者及世界上人，以圖鞏固其自私的統治權呢！（見原書九一——九二頁）

至於說到第二次革命的可能與不可能，著者於此大大發揮其自由主義的澈底主張了！書中第二章歷陳革命的五條件，大都奠立於自由批判上面：「（一）對經濟的、社會的與種族的等等不公平的批判。（二）對政府的干擾與浪費的批判。（三）對政治決策權力的批判。（四）關於道德、宗教、文哲、藝術等權威及其教育的批判。（五）對以傳統文化為教條而妨害個人自由的批判。」——著者並認為這五條件乃是互相關連，缺一不行。因之著者以此五條件衡量世界各國，他認為只有美國已經開始這第二次革命的五條件；並且這種種自由批判一經在美國開始，勢必傳遍世界，故他將本書的小標題為「新的世界性革命已在美國開始」。（見原書一八——一九頁）

選譯美新處摘錄的幾段

著者立論的基點說明如上述、現在可以將美新處所摘錄的專對美國的著者論斷，選譯幾段如下：

二十世紀的革命將在美利堅聯邦共和國發生，也唯有這裏才可能發生，並且已經在這裏開始了。這一革命除非先行在北美洲成功了，然後才會在世界其它地方發生。我知道我這一認識會引起歐洲左傾的所有流派以及第三世界的驚異與懷疑。為甚麼呢？帝國主義的領袖，負責越戰的罪犯，會與黨獄的麥卡塞參議員的鄉邦，世界資源的搾取者，這樣的美國又怎能成為革命的搖籃呢？人們總是習慣在想要是革命就必得反抗美國，一切革命的前進都得使美國權力往後退這上面去比量。今天我們又何能承認我們的革命前途上立脚在這一可疑的基礎上呢？（摘自原書第九頁）

然而如果我們要尋藥方去醫治人類的現今病困，則我們必須將人類所需的鼎新革故的方案開列出來：戰爭的消滅，以及國家主權至上的消滅以根絕帝國主義的關係；為達到前項目的所必需，更要消滅任何行政上極權獨裁的可能性；全世界的經濟與教育的平等；適合大地生存的全面節育；完全的思想、教育與道德的自由，使一面可以保障個人幸福與多方擇業，而一面又可使人類智慧盡量發揮其創造功能。

很明瞭的，這是一個烏托邦的方案，現世界沒有一事足能與之相應的，只是人類要得到長遠生存就少不了它。但是我感到在政治文化的演變上，美國正在實現這一方向，並且，一如以往的大革命，美國這一趨向似乎可能作為榜樣的起點，以便在世界上潛移默化。

美國作為樣品看待的製成形式是如下式：經濟生活的繁榮與其不斷比例增長，如果不如此則不是眷戀過去，風俗習慣在不斷的革新且在其間革命的計劃將是沙上築室；科技的能力特強且基本的研究水準特別高；文化的耕耘是向着未來而一直承認每個人的自由與平等；輕視權威性的支配而因之在各部門有日新月異的創造試驗，特別是在有關思想自由的部門：文學藝術，生活格調，感性方式，並且容許無一序列的相互補充交替的無數附屬研究同時並存。（以上三段摘自原書二〇一——二〇二頁）

從上面所述，我們可以看到一個革命的各個方面之間都有一個關聯存在着，而如果缺乏一面，則其餘便失誤了。政治的革命，社會的革命，技術與科學的革命，習俗價值與文化範疇的革命，國際關係與種族關係的革命，五者不是去同時進行，便是完全不可能進行。在我看來，現今只有美國是唯一的地方，在那個社會裏同時進行着，並且有機地聯繫着，去構成一個眞正這樣的革命。至於其他地方，則我認為或者五個革命都不存在，那就不在話下；或者其中有其一二而缺乏其三其四，則其所有者也將被視為所願成虛。（摘自原書二〇三頁）

我們所知的革命方案，一向為人們所習於昭示者，是奠基於對立與反抗的存在：以農民反地主，以工人反廠主，以殖民地反殖民主義者。然而美國現今的革命，則不大似兩個對抗者相拚的場合，而類似大家離開固定中心點在旋轉，圈子愈轉愈大的形勢。固然在美國也有與舊式所認識的革命見解存在着：這裏也有壓迫者與被壓迫者；搾取者與被搾取者；富人與窮人；並有在精神上對現狀無法滿足的若干人——一個根本的革命條件——以及知識領導分子當中一個深深的裂隙。（旋轉似欲轉到世界主義與無政府主義。）

然而在這一些情勢之中，關於美國又却有新的意義：確有窮人，然而這裏的「窮人」是奇怪的，他能賺得一千五百到三千美金一年，如果未能收入夠這個數字，則公家救濟金會為之補足，這在一九七〇年合法幣已是八千到一萬七千佛郎一年，而西歐的大城市生活並不比美國便宜，這豈不要令我們奇怪。無疑的今日美國的革命是歷史上第一次革命，它比較不大求滿足於生活實際問題，而是為滿足於生活的價值與目標問題。美國革命者並不以僅僅每人平均分得相等的一份蛋糕為滿足，他們是在要求來一個全新的整個蛋糕。這種感情甚於理智的價值批判精神，使自由報導成為前此所未有侵犯一切，為任何文明所不能容許者，不但不顧統治階層的利害，而且不計及羣衆的程度。其結果使美國文化印上一個有罪的標記，而有時一種自責自貶已近於自虐狂。這也是在歷史上前此所未有的現象：一國輿論自訟其外交政策有帝國主義的傾向比敵國還要來得厲害。（這仍在幻想美國輿論是世界主義的。）

還有革命的進行，是美國對於黑人的問題，沒有一個民主國家像她如今這樣關心的。一從這問題在國內傳遍開來，非——美共同生活的强調，直使美國社會已分成派別，且已在進行多元中心的文化，而將砲彈直向種族隔離的保守觀念四面攻打。美國確在十分緊張的努力不使他的社會再行分裂。

另外還有一個前此未有的美國革命特色，就是青年學子的爆動，而且迅即傳染於世界，而於一九六五至七〇年之間顯出它的驚人狀態。這個新的特色是在形成革命期中領導階層從內部分裂，既然這些青年叛徒本身多數是大學生，換言之，社會領導分子。尤須特別指出者，這後一個「領導階層」是至少須依例外看待，如果不說我是自相矛盾去形容，他可稱為「領導羣衆」。因為動亂流行起來，所引人注目者，不只是青年學子數量之大，比之於美國全體國民，而尤其比之於全體青年。在二億人口之中現已有七百萬學生，而估計一九七七年則將有一千一百萬學生了啊！（以上四段摘自原書一六五至一六七頁）

將我對美觀感贅述幾行

我讀到著者原書第十三章談「美國自由與快捷的刊物和電視的報導，是一革命現象，而同時足以引領文化上與政治上革命」，這一章的若干敘述，令我回想到近五年之間，三次赴美，共住了兩年零十個月，無一日不用大半時間在讀報刊與看電視。這使我感到自己是一個生活在世界中的一分子，對當天世界上發生的事大體有一個實地感覺，而判斷世事也比較能從世界趨向着眼。但回到香港來，也在每日讀三五份日報與晚報，看電視的新聞報導節目。然而究竟差遠了。我不是要苛責香港的報刊沒有像紐約時報等的世界各地專訪，而是香港大報所譯的外國專欄以至專電，都有點模糊不大清楚，有時難於理解；而香港有線與無線電視又甚少通行衛星的轉播（Via Satellite）或現場即景（Tape alive），因此印像差得太遠，我於是又成為一個香港人了！至於在台灣我的若干老友，二十年來未離本省一步者，我已感到他們已成為「羲皇上人」，大有福氣！更可嘆者，大陸七億同胞好像耳目還圍困在延安窰洞裏一樣！因此我應該贊成周恩來的開明外交新政策，將竹幕開放一角，與外人交往交往。

至於侯維爾在其書中驚異美國報導與批評的自由，「侵犯一切，已近於野蠻狀態，為任何文明所不能容許」，我認為這不完全是新的革命狀態，而是美國人有其尊重言論自由的歷史傳統）

茲不擧例，請翻美國史上此類例子來一看便知）；且要是民主，就得容忍（Tolerance），沒有容忍，便無民主。美國的總統及其屬下，對議會的質詢及言論界的指責，那一種容忍的氣度，在其他國度裏，自來是少見的。就以我在美國電視中所常見的「公開聽訊」（Public Hearing）來說，議會專門委員會對國務卿、國防部長及其屬下那一種審判官式疲勞轟炸的質詢，動輒兩三點鐘，眞的夠受！——然而美國政治的有前途，能改進，就在這一容忍的勁兒上面！

侯維爾對於美國的工商業及其經濟政策，沒有他的同事巴黎快郵週報（L' Express）的創辦人也同時是該報專欄作家斯爾汪——時乃白（J. J. Servan Schreiber）內行，斯氏曾寫一書，名美國的挑戰（The Amerisan Challenge 1968），有數字的說明美國的電子工業凌蓋世界，到三十年後的二十一世紀的世界將成爲美國人的天下。斯氏這本書震驚歐美，其暢銷應比侯氏本書要來得大，其理甚明，因其書中所述，有統計數字，才足稱爲實感。

不過，斯氏特別是侯氏對於資本主義的工商業及其經濟政策，似乎都過於傾向樂觀方面。侯氏談到美國作爲世界新革命的樣本的製成形式，其第一個條件便是，「美國的經濟生活的繁榮與其不斷的比例增長」，並且說，「如果不如此則革命的計劃便是沙上築室。」然而在最近三幾年中美國的經濟不景氣，侯氏應該如我一樣，在美國親眼見到的，到了今年春直使美金貶值；而且美總統尼克遜的新經濟政策一反傳統的自由主義，而在國外限止別國貨物入口，在國內凍結工資與物價。——這是不是與侯維爾先生的希望相反了呢？

只是一個大國的經濟繁榮與不斷增長，這個資本主義的工商發展時代已經漸漸過去了啊！因爲這一種發展在十九世紀中工業國之富强是需要殖民地的便宜原料與猛向落後地區去傾銷的兩個必要條件的。幸而美國本土自有其豐富的若干必需原料，而且因若干年來提倡美國人大量去消費的原故，美國工業產品方能至少有一半是被自己國民把它耗用了去。否則美國也將像英國一樣要隨時打飢荒的。一向如此其大方的美國人，爲世界所崇敬者，而今竟限制到香港這個殖民地所製成的紡織品進口；如此其一向寶貴的美金，爲世人所願存儲者，半年前竟也貶了質。我願侯維爾不要太樂觀。固然侯氏的理想是要以美國的貧富在力求相當均等，美國的種族在力求相對平等……種種方向（見前），來影响世界人類一律向這理想前進，我並不反對著者這一看法與想法，然而談何容易，侯氏也自稱他立的方案是「烏托邦」的。

最後談談美國的學生的校園騷亂並順帶及於嬉皮士。我在美國電視裏及親自訪問各有名大學時所見的大學生騷動次數甚多，然而我在示威中所貼的標語及所喊口號中細細作統計式的研究，十之九皆是爲的「反戰」：反越戰，反徵兵，反軍火商，甚至反大學研究去爲政府設計戰時科學製造。我認爲美國之干預越戰，乃是與美國外交傳統與立國精神是不相符合的，質言之是反動的，何況又被中蘇共把她拖住脚，拖得這樣長久；死傷的美國軍民比大戰時反納粹還要多！而且如侯維爾所指的「美國那種特別自由而快捷的報導」中將美軍參加越戰的戰況，就地繪影繪聲的寫映得那樣詳細，使我這個東方人見到血肉橫飛，都看得觸目驚心，則美國青年知識份子又何能對之而心安理得！我每看罷，便感到美國青年大學生是有其騷動的充份理由的；我一讀這死傷人數統計表（每日報上都有此一陸續增加的死傷人數統計表），便知道越戰實是打不下去，尼克遜必千方百計的使美國人脫出越戰。——果然美國人在越南的五十多萬人，而今減退得只餘六七萬，而美國大學生的校園騷動也就大爲減少了。然而在美國這個酷愛自由的社會，要說越戰停後，就不會再有青年大學生的騷動，那是不可能的。我是一個從五四運動起一直從事校園騷動與街頭示威的青年大學生以至青年教授，當時是二十三歲到三十歲，而今已七十七歲。我有一個並不切合一般情形的見解：如果一個知識分子，不能在青年時期去不滿現實，挺身出而犯難鬥爭，這個青年知識分子是沒有多大出息的。如果他到中年以後，還只覺得校園騷動與街頭示威便可以解決國家社會的問題，那嗎，他又是老不長進了啊。

至於說到嬉皮士，則我們又不當與前義同等看待，要下深的一層工夫去了解他們。我在美於一九六七年九月在洛杉磯的加州大學與嬉皮士領袖長談了一度，得到他一句話：「我們不願永久當一架機器的螺絲釘，跟着機器不停的轉，轉到自己的心臟停了完事。」我已了解其人生觀的一大半。我又於一九六八年四月，在紐約市去訪問過克林威赤村的嬉皮士集中地，同這些長髮赤脚的男女青年喝啤酒後談論甚久，他們表示他們所求乃在「和平與眞愛」。因之我於一九六八年的五月十三日發表一篇「談嬉皮」，港台報刋都曾登載，茲不再細談。我只感到嬉皮的遁世行爲，是美國機械人生之一大諷刺。

末了，我要將話說囘來。我雖在前面將侯維爾的主觀多所評釋（大半寫在其每段文字後的括弧之中）。然而革命一辭，在一世紀半以來，本被使用得愈來愈寬泛的：其初只限於政治的，繼而已擴爲社會的；後再擴至文化的領域。凡是一切反權威的批評都被稱爲革命行爲，已不自今日侯維爾開始。早在法國一八九八的德列甫斯一案（Affaire Dreyfus），有名小說家左拉攻擊當局，發表「致總統一封公開信」，就已稱「左拉之信爲本世紀最大革命行動」。侯氏强調自由批評爲革命行動，或即本此。至於今日中國，仍在强調不斷的革命，且不革命就是反革命，更令人對革命一辭惶惑了！

寫畢于蘇珊風姐未來時

胡筆江徐新六飛渝殉難經過

李北濤

我在大人雜誌二十五期「吳鼎昌由商而政」一文中，曾畧述各銀行之簡史。有老友來問，抗戰期間，銀行界有一大事，何以忘却？我問何事。友云：胡筆江、徐新六兩位金融領袖，應召飛渝，遇難身死，此爲我銀行界爲國效忠之一大事，經過詳情，明白的人在當時已不多，現在今日，君如忘寫，則以後恐更湮沒不彰矣。我答：身與其役，何致遽忘，特一念及，餘痛猶在，不談其他，即當日送殯時，長途緩行，廣東樂器尖厲悽慘之聲音，一路飽聽，至今尚縈腦際，無法滌去，故不忍再提，既承明教，何敢偸閒，謹當憶述其經過，由我與胡公之前後因緣敘起。

一、敬恭桑梓　初次識荊

胡筆江先生，吾邑鎮江之洲上人。所謂洲者，乃係水鄉，介於鎮江揚州之間，其地之人，精于握算，往昔票號錢莊以至銀行，多有鎮江人，號稱鎮江幫，大半係此洲之人。胡氏行四，人稱之爲胡四爺，爲人古道熱腸，鄉情尤重，里中善舉公益，或友朋遇有困難，輒往上海向胡呼籲，十之七八有求必應。鎮江對岸瓜洲，沿江有圩田，常爲江水冲壞，關係江北一帶水利，年深日久，非大修不可，乃由本省官紳，集議募修。省長韓國鈞（字紫石，蘇北泰縣人）偕鉅紳徐州黃伯雨、高郵馬士杰（皆係前清藩臬）及隨員等人，自南京乘早車赴鎮江視察。時我在蘇寧教書，因韓省長係我之年伯，委我在省署兼一差事，是以亦隨同前往。抵鎮江車站，揚鎮官紳，羣來迎接，中有一人，嗶嘰夾袍，加黑坎肩，戴鴨舌帽，經人介紹與韓省長相見，乃上海中南銀行總理胡筆江先生。一行先乘小火輪，到對岸沿江視察，午刻始回到鎮江商會，筵開數桌，韓省長黃馬二紳及我與當地官紳等居中一桌，胡氏與商會會長于小川次席相陪。席間談及如何籌欵，隨由鎮江及瓜揚商會會長各地士紳，當塲認捐，但甚微末，離題尙遠。黃伯雨說：尙有江北各縣未曾通知，不過恐不容易足額，總要請省庫多担負點，方可完成。韓省長撚鬚沉吟不語，胡筆江先生起立說：「請省長放心，這本捐簿，讓我帶到上海，總對省長一定有個交代。」韓省長連忙拱手說：好極好極，我代江北鄉民道謝。其時我等來人，都是長袍馬褂，正襟危坐，必恭必敬，出言拘謹，以視胡氏之輕裝瀟灑，談笑自如，不覺自慚形穢矣。

胡筆江（一八八一——一九三八）

我對筆江先生，聞名已久，至是方得識荆。相與寒喧，承其對我說，久仰北翁文名，所以能爲韓省長倚畀，我遜謝不遑。心中覺得這位鄉長，雖是生意人出身，何以一無鎮江人之土氣，而如此的善於辭令。另一方面，又覺得胡氏外表時髦，內裏沉着，態度凝重大方，不像其他在上海得意之同鄉少年，海派氣重，一到家鄉，即要擺濶，如在茶館早茶，不過吃點餚肉、白湯麵之類，而乃自帶白色餐布，牙筷毛巾，令到全樓茶客，爲之呶嘴注目。堂倌小帳，例不過幾角錢，而動輒五元鈔票不要找，堂倌嘻笑道謝，鄰座相顧愕然。

自此之後，我亦常到上海，與吳蘊齋、徐靜仁、陳光甫等過往，在十號俱樂部，亦偶遇到胡氏，不過同鄉應酬，未有過事件接觸。但知其經營之中南銀行，業務懋盛，待人厚道，御下有恩。我有知交許季實兄，在中南銀行任記室，文采風流，頗得胡之信任，文人積習，到處留情，每到年底，債台高築。據其告我云，每逢爲難之際，輒被喚進經理室，胡四爺開口問：怎麽樣，年底可以過去了吧？許只得以實告，尙缺若干，總是被罵一頓，喏大年紀，還要荒唐，再不覺悟，將來如何得了，許氏只得自責糊塗。如此挨罵之後，照例領到支票一張。此種作風，在今日新潮時代，恐怕不多見了！

二、交行南遷　任董事長

中國交通兩銀行，原有商股，從前股東會開會，其權甚重，憑之決定行中一切大計。民國十八九年，國民政府實行管制金融，先命兩行之總管理處，由北平南遷上海。財政部頒布「中交兩行管理條例」，中行之領袖，原稱總裁副總裁，交行之領袖，原稱總理協理，此等名目，均予取銷，一律改稱為董事長總經理，由股東會開會，選出董事若干人，由政府就其中選定核派。如此一來，兩行成為純粹之國家銀行。交通銀行在滬改組，胡筆江先生出任董事長。胡氏早年本係北京交通銀行經理，後因赴滬創辦中南銀行而脫離，至是再回舊家，行中同人無不鼓舞。而我乃得不時親近，中南銀行距交行甚近，相隔只一馬路，遇事常到中南，向胡董事長報告請示。及宋子文任中國銀行董事長時，對於銀行業務金融情形，多賴胡氏為其左右手。中交兩行業務，本多關聯，胡氏每日親到交行，竭盡智能，使兩行業務溝通，以輔助宋之不及。夫以梯維宋之個性，忽中忽西，有人謂其有事有人，無事無人，凡與共事，鮮克有終，而獨能對胡氏始終相交無間，締交甚篤，此則筆江先生處事周密，至誠待人，有以使其然也。

胡筆江徐新六遇難地點張家邊珠江水域

三、抗戰退漢　相士無言

民國二十六年八月十三日，淞滬開火，抗戰軍興，即所謂「八一三之變」。是年冬，放棄首都南京，政府轉移武漢，中、中、交、農四個國家銀行總行，亦隨之西遷，交通銀行自董事長胡筆江、總經理唐壽民以次，即在漢口湖南街交通銀行分行內辦公。財政部長孔祥熙、次長徐堪，亦在一小洋房內，常開會議，處理要務。戰線日漸蔓延，餉糧告急，四行惟有多發紙幣，以應急需。而外滙日短，遂於民國二十七年春，在漢召開貨幣金融會議。議決：（一）政府管制外滙，設立外滙管制委員會，及平準基金委員會，（二）改定滙率——原定法幣百元兌換美元三十元，改為法幣百元兌換美元十六元。此時前方戰訊，頻多不利，有一天，陳誠等要人，在交通銀行午飯，席間，陳誠去聽電話，回來大聲說：好消息！台兒莊大捷！群為歡呼。胡董事長馬上關照速買炮竹，燃放慶祝，立時消息傳遍，闔市歡騰。不意幾天之後，反而徐州失陷，人們一團高興，變成愁雲，每天要逃警報，情緒均甚低落。漢口時有相士胡紹陶，負盛名。一日，在行午飯後，胡氏說：去找胡紹陶談談，於是唐壽民、湯筱齋及我隨往。此相士年已七十外，鬚髮稀長，兩目有神，手持旱烟袋，對胡氏看了又看，半响未發一言，忽自稱病發頭昏，不能看相，對不起，進入內室，我等只得掃興而去。但次日湯筱齋遇其鄉人項某云：昨日亦在老相士家，見其又代人看相，乃問適才何以發病？則云：來人相貌堂堂，大約是軍政界要人，惟其心思煩亂，神敗氣衰，必有大難，不好明言，只得稱病不看耳。

不久，馬當險要，已告吃緊，政府機關及各銀行，不得不作退步之準備，分別將重要文件運往重慶，一方面關於外滙業務之機構，則移設香港。各銀行總管理處，亦分設渝港，故在民國二十七年之夏，各銀行重要人員，已離漢口來港。政府遷渝，財政更緊，其間曾有上海商業儲蓄銀行總經理陳光甫赴美借款之行，此役大為成功，借得二千五百萬美元，實是當時一大補劑。陳光甫與美國財長摩根韜，為賓夕凡尼亞大學之同學，有此因緣，政府乃商請陳氏赴美一行。陳氏赴港，電召該行工業部經理童侶青來港商量，決用商業借款方式辦理。童氏為紡織專家，年富力强，博聞强記，能將西南各省之生產數字，背誦得出。乃草擬分年攤還之借款方案，即以西南物資如桐油、猪鬃、鎢沙及其他等物，每年運美，作價還本。童氏以三日三夜之功夫，趕成草案。陳氏帶到重慶，配合政府國策，然後赴美商談，幸而大功告成。其時此等物資出口，年約一千多萬美元，故此筆借款，三數年即本利還清，對美信用，克自樹立。

四、奉召飛渝　胡徐同行

迨至秋間，財政部有電到港，召集各銀行人員赴渝，預備再開貨幣金融會議。交通銀行在胡筆江、唐壽民二公會商之下，決由胡董事長前往。時適浙江興業銀行總經理徐新六，由滬來港多日，亦接到孔部長電邀赴渝，遂約好與胡氏同行。當時飛機票甚為難買，中國政府所轄有兩家航空公司，一為歐亞，一為中航，後得金城銀行商讓，始訂得八月二十四日起飛之機票兩張，飛機係中航公司之「桂林號」。報載孫科亦定於該日飛渝，係在晨間八時乘歐亞航機飛往漢口，而桂林號稍後始開，胡、徐兩公，同乘而去，時為民國二十七年（一九三八年）八月二十四日也。

五、霹靂一聲　飛機遇難

飛機開後，約一二小時，忽有謠言，飛機失事，再後陳彬龢（申報駐港人員）、鍾秉鋒（中央銀行代表）來報說，桂林號被敵機射擊落海，地點在中山縣張家邊。全行聞之，大為震驚，急打聽胡徐二公消息，一無所聞，傳說紛紜，凶多吉少。中山縣之所在地為石岐，由石岐乘小火輪，約行一小時，方是張家邊，係珠江流域，江面甚濶，水流湍急。逾時，宋子文等均來行集議，由宋出面，電託廣東省主席吳鐵城，及中山實驗縣縣長張惠長，儘量援救飛機遇難者。一面派交行秘書裴延九、業務部副理周叔廉偕同胡氏長公子惠春、中南交通兩行庶務員、醫生李樹培、殯儀館護士等，急赴中山縣。中南銀行經理章叔淳，熟悉香港情形，由其在港接洽各事。裴等一行，午後動身，到了澳門，已過下午六時，因在戒嚴時期，關口關閉，不能越赴華界，只得住宿一晚，次日方抵石岐，打聽一切經過，電告香港。彼時只見機身已陷在水中，惟機尾浮在水面，生還者的除正機師（美國人）電報生及乘客樓兆念（望續，六河溝煤鑛公司職員）三人之外，俱遭不幸，胡徐二公，亦未獲救。行中同人聞之，天崩地裂，震悼異常，由是每天以電報不斷接洽。

綜記失事之經過，則桂林號飛機開出不久，即有敵機四架，分在四角，跟踪掃射，機師無法躲避，乃急俯降水中，敵機仍緊追不捨，飛機落在水面，尚未下沉，而敵機即輪流低飛射擊。正機師美國人，急跳下水，隱在水中約一小時之久，奮力游至岸上。樓君矯捷，急由窗口躍出，胡氏繼之，但又回身，去取皮包再出，已受槍傷，跳落水中，吉凶莫卜。樓君能游泳，但亦受傷，只得仰臥水面，再三掙扎，靠近稻田，乃得鄉民來救。先尚遙聞機中呼救之聲，極為悽神寒骨，後則呼聲已絕，救已無及。（以上樓君所述）。

徐新六（一八九〇——一九三八）

又據張縣長言，當天曾派水鬼（即能游水之人）潛水察看，發現多人遺體，浸在水中，無法搬出。乃電香港運去起重機，將飛機吊起，方得陸續取出，但俱漲水，身首臃腫，非復本來面目。聞訊來認領之人，多方辨認，才得認識。各死者之中，有前中國銀行總裁徐恩元之夫人及其外孫亨利鍾。上海名醫陸仲安之子陸懿，留德學成回國。孔部長之機要秘書王亮甫。副機師劉崇，乃駐德大使劉崇傑之弟，在美國學空軍，回國投効，因其妻係美國人，不能服務軍役，詎此君不能効命疆場，而乃死在民航機內。另有聚興誠銀行少東楊錫遠夫婦，新婚歸里，重慶家中，當日大宴親朋，尚在癡望此一對新人回家。又有熊克武之女公子，上機時，服裝華貴，容光煥發，身懷有孕，母子俱殤，可嘆昨日之紅粉佳人，今日成為腐尸爛骨。其他許多慘不忍覩之事，不堪再贅。

在張家邊飛機下沉處用起重機將飛機吊起

最後幸在艙首駕駛室內，尋到徐新六遺體，尚未損壞。惟胡公遺體，遍尋不得，乃由張縣長通飭各卡，多方打撈，後經在送來遺體之中，惠春公子與裴延九等，詳細檢驗，由其中裝衣履及腰際尚存有自備手鎗，已可證明係胡氏之遺體，隨由同來之殯儀舘護士用藥水拭洗，又尋到墨水筆一枝，上刻有周佛海之名，係於行時，周佛海夫人託帶與周氏者，有此證物，則可斷定確係遺體無疑。於是電告香港，在港購辦衣衾、大禮服、銅棺等，由胡四太太親自帶到石岐，護士將遺體用藥水洗淨，換着新衣，禮服禮帽俱備，妥愼成殮後，棺上用綢製之國旗覆蓋。徐新六與王亮甫，亦用銅棺裝殮，徐氏各事，有浙江興業銀行之王兼士君辦理，王亮甫氏有財政部駐港人員辦理。皆是幾經週折，一行人等乃得於八月二十九日，將三銅棺安運到澳門，雇定「綏泰輪」，安置輪上，預備夜間開行赴港。

六、靈柩抵港 送殯追悼

八月三十日晨，綏泰輪抵香港，天陰微雨，胡府家屬親友，包括中南、交通兩行同人與及銀行友好，均已鵠立碼頭迎候。有愛爾蘭樂隊吹奏哀樂，其音悽慘。胡徐王三靈柩，緩緩移岸，分別抬上靈車。胡家仍沿舊禮，胡四太太及惠春已經換了孝服，同已來碼頭之家人，一同跪接靈柩登車，諸事齊畢，方行出發，音樂前導，逕赴東華義莊。賓客及家族，均緩緩步行，宋子文、唐壽民、鍾秉鋒諸位，在最前列，胡四太太則由周佛海夫人楊淑慧扶掖而行。天暗未雨，惟陰雲密布，似更形成一片悲哀氣氛。路線甚長，約走二三小時。我一路行來，百感交集，想到我與胡氏自在家鄉初次識荆起，及在交行一同流徙，乃至漢口相士背後之話，覺不幸而言中，胡氏現年不過五十八歲，建功立業，前途方長，胡天不弔，竟令去世，追思之餘，傷感不已。後一抬頭，看見宋子文在我前行，忽然觸及前塵。民國十八年，在南京，參加孫中山先生奉安之役，宋子文亦在我前緩行，不意今在海外，又復同送胡氏之殯。正在沉思迷惘，不覺已到永別亭，送殯到此爲止，各親友等乃行禮而退。胡氏之柩，當時即暫厝於東華義莊。

殯事既畢，交通銀行在跑馬地東蓮覺苑，舉行佛事，超度胡董事長，總行同人，全體均來祭奠。旋由政府發表派錢新之先生繼任董事長，開董事會議決，對于故胡董事長，致送奠儀港幣十萬元。

又一日，在孔聖堂開大會，追悼胡徐王三位被難者，到者很多，座無餘席，開會後，先由遇難生還者樓兆念君登台，報告遇難情形，甚爲悽慘。次由宋子文演說，用上海話謂胡徐二公之死，不獨金融界損失，且是國家之大損失，語極沉痛。中間似尚有人演說，已記不淸，最後由羅雁峯先生登台，誦讀祭文，（羅名鴻年，鎭江人，與胡爲同鄉好友，與徐爲留英同學，北洋時代的財政次長）。歷述事績，一字一淚，讀到後段，老淚縱橫，嗚咽幾不成聲，全塲爲之飮泣。嗚呼！人生至此，天道寧論。

胡氏靈柩上覆國旗由綏泰輪運來香港
圖為靈柩抵埠，由船上啟運時之情形

七、孫公奉安 迴憶往事

民國十八年春間，孫先生奉安之役，今在此附記其大畧。孫先生靈柩，從北平迎接南來，黨政要人，往浦口恭迎過江，安置在丁家橋中央黨部大禮堂。各要員輪値，留宿黨部。凡各部院會簡任以上人員，均須分班敬禮，瞻仰儀容。時我在財政部任秘書，部長即係梯維。（部中人背後多以此稱宋子文）財部人員，由兩位次長鄒琳、李調生率領前往。孫先生銅棺在大禮堂中央，各人行禮三鞠躬後，繞棺瞻仰，見孫先生安臥其中，着中裝常禮服，白襪緞鞋，面容如生，唇上短髭，花白齊整，似頗堅硬。三天之後，由各要人紼護送到紫金山中山陵。到時，各部院簡任以上各員，亦均伴送。淸早，即須到預先排定地點報到會齊，財政部排在鼓樓附近，仍由鄒、李二次長率領，一律步行。各單位人數，連軍警音樂隊，幾達千人，行列長達數里，各要人及靈柩，列在最後。在黨部啓程扶柩上車時，鳴禮砲若干响，各要人手執連於靈車的長白布，在前緩行。坐馬車者僅兩人，一爲孫夫人宋慶齡，轎車中似有女人相陪，另一人爲譚延闓院長。馬路兩旁，老百姓全在繩欄外竚觀，繩欄內不時見有西人及日本人，均着禮服，緩緩步行。我等行列清晨出發，至午刻，前鋒始行抵中山陵山脚，即止步停進，分列兩旁竚候，此時各人始得署爲休息喝茶，同行之徐堪、賈士毅各司長，俱感困乏，只好坐在路旁草地。良久，聽見音樂，各執紼之要人及靈車，緩緩而來，經我之前走過者，有蔣委員長、孔祥熙、陳果夫、宋子文、戴傳賢等多人，均是長衫馬褂，孫科亦在其內，惟未穿孝服。各要人護送靈柩，登中山陵，直至奉安時再發禮砲，然後一般行列，始各解散，其時但覺一片莊敬肅穆的氣氛，與胡喪之悲悽情况，大不相同也。

八、敵機肆虐 原有秘因

事後研究，民航機桂林號，何以被敵機圍攻。多方探索，方知確有秘密原因。當初推測，以爲敵人要害孫科，此說並無根據。又聞徐新六之被召赴渝，係資源委員會錢昌照所保，欲徐代陳光甫赴美，此說亦屬子虛。今次先述徐新六與政府之關係，遠在抗戰之前，英國人李滋羅斯，在中國任財政顧問，頗多貢獻，中國時正爲抗戰之準備，關於財政，李滋羅斯建

胡筆江氏之喪，宋子文親臨執紼，步行恭送，右第一人即爲宋氏。（本文圖片均由胡惠春先生供給）

議，使用法幣，不再以銀幣爲通貨，集中發行，限於中、中、交、農四國家銀行，茲事體大，計劃須極精密，由財長宋子文密託浙江興業銀行總經理徐新六氏草擬方案。徐氏與李滋羅斯，爲英國同學，徐能通數國語文，學行夙負時譽，在上海任工部局華董，態度温和，發言公正，極爲西人推重。徐氏受託，擬成法幣方案，事極秘密，無人得知，徐氏絕不告知別人。以往政府遇有改革，政府要員或參與機密者，往往事先在滬投機，買進賣出，飽入私囊，逍遙海外；徐氏獨能守口如瓶，最妙者爲浙江興業銀行董事長葉揆初，事後對人說，徐新六總經理經手此事，連我都未談過一次。徐氏死後，該行報告其身後一無積蓄。可見徐氏律己之嚴，持躬之正，眞可以風後世。

李滋羅斯立此大功，抗戰後亦在重慶，仍任財政顧問。曾斡旋英國政府借欵，英問中國有無可以信賴之人，管理債權，李即以徐新六對，於是英政府即告中國，可借欵四百五十萬鎊，附帶條件，須以徐新六爲中央銀行總裁。故孔部長與李滋羅斯，與徐新六頻有密電接洽。豈知彼時日本間諜，到處密佈，我國朝中大計，許多事爲日本所知，此一金融秘密消息，亦復如是。而來往密電，則經常被日人盜譯，中國人尚不知道，自以爲機密，眞是可嘆。我在太平洋戰爭時在香港被日人拘解到上海，晤見汪政權中人，周佛海即對我說，你們重慶發密電的技術太幼稚了，總是被日本人將密碼盜譯出來，隨取出舊電稿一束，我一看果然。故中國朝野要人之行動，全在日本人鳥瞰之中，此次胡徐二公之行踪，自然不會例外。胡筆江先生爲宋子文之心腹，日人最忌者，爲親美派之梯維宋，今胡與徐既在同一飛機，遂即一同下手。觀其對於一架民航機，而出動四架軍機圍追掃射，顯見其爲有計劃之行動。當桂林號飛機出事之次日，香港尚未清楚胡徐吉凶，裴延九等次日方抵中山縣，發來電報，須次晚始收到，而在上海之浙江興業銀行董事長葉揆初，則已有日本特務，前去通知，此又可見其爲整個之計劃也。

桂林號飛機出事之消息傳到重慶後，朝野大爲震驚，政府對於胡徐二公爲國捐軀，深致哀悼，特發明令褒揚，並致送撫卹金各一萬元。英國顧問李滋羅斯，其時心境，大爲難過，對於徐新六先生，認爲伯仁由我而死，常在家中，咄咄呼天，在各房間皆張貼徐新六的照片早晚祈禱。這位英國先生如此的具有正義感，在功利主義之西方民族中，倒可以算是少有。

九、天佑善人 其後必昌

今者，事隔三十多年，胡徐二公，墓木已拱，而其哲嗣等，事業隆盛，克振家聲，足慰二公在天之靈。胡惠春大兄，疏財仗義，饒有父風，當代畫宗張大千，人謂其富可敵國，貧無立錐，與惠春交稱莫逆，輒有通財

之誼。惠春富收藏，尤精鑒別，此地收藏家及大會堂古物陳列所，均常以惠春爲南針。一次，有日本東京博物館陶瓷部主任某，特來寒舍過訪，欲看名家瓷器。我於此道，一竅不通，只得求教惠春，承其招待日人一行，到其府上。初時看了幾件普通瓷器，惠春一見來人把玩之手勢，即知其爲內行，乃取出宋元珍品相示，並將其年份特點，一一說明。來人大喜過望，深致欽佩，彼固亦係識家，故能應聲作答，細加鑑賞。原來瓷器大有考究，譬如元朝時代，有元人管轄區域所燒者，有漢人區域（元人未管到之地帶）所燒者，同一元窰，而其年份、地域、瓷質，均有不同。後世之人，莫名其妙。惠春腹笥淵博，解說如數家珍。來人亦坦白陳說，某種品在日本某某爵府亦有收藏，係八國聯軍時由中國取去，某種品係甲午戰爭時取得，此元窰有某某等名稱，某年有彼國領事，特往某地搜購，帶回日本，紀了大功，此物現藏東京上野博物館。他們主客二人，問答頗爲合拍，我這外行，在他二人之間，代爲傳譯，方知玩古董有如此之學問，不覺自慚淺陋。後來此日人回國之後，分別來函道謝，尚欽佩惠春不置。徐新六先生爲楊士琦（袁世凱屬下大員）之婿，夫婦伉儷雖篤，而楊氏無出。迨徐死後，發見其在滬有一外室，且育有一子，親友快慰，足見天不絕善人之後。其子名大椿，早已留美學成，在保險界負有盛譽。

十、結語

我此文乃應老友一言而作，既經動筆，則報導必須翔實。顧以年未老而記憶已衰；遠年之事，反而記得清楚，故爲昭慎重起見，特請教胡惠春大兄，承以其當時日記及照片見示。又蒙裴延九、章叔淳兩兄，給我以親身經歷之珍貴資料，連我自己追想得到者，前後融會，拉雜成篇。文之工拙，已非所計，惟求事實經過，得免訛誤。筆者私意尚有一點，特再提明者，乃胡徐二公對於抗戰經濟偉大之貢獻是也。慨自七七蘆溝橋事變以來，我政府處心積慮，積極備戰，最緊要者，莫過於經濟問題。西諺有云：戰爭所需，第一是錢，第二是錢，第三仍是錢。故其時所訂之金融政策，皆是爲了備戰，如施行法幣，不過其一耳。而此種任務之執行機關，則爲中國交通兩銀行。於此我須坦白一言，中交兩行，自北洋時代起，業務人事，向不合作，而且時相齟齬，總行如此，各地分行亦如此。今面臨抗戰關頭，如兩行步伐，再不一致，則必抵消力量，勞而無功。自胡董事長入主交行，即從大處着眼，各事力與中行合作，推行國策，故在彼一時期，一切設施，配合得宜，中交兩行，克盡使命，此則筆江先生在戰時經濟方面，無形中之偉大功績。至于徐新六先生擬成法幣方案，功成不居，尤足媲美前賢。凡斯種種，恐非一般人所能盡知，故不嫌辭贅，特爲闡揚。倘後之修史者，採及葑菲，則固筆者之所馨香禱祝者也。

大人小語

值得紀念

六月是不祥之月，父親節的一場雨災，使多少兒女失去了爹娘，多少爹娘失去了兒女。

一場大雨所引致的人命損失，幾與一次戰役相等，若非死於天命而係死於戰爭，港九兩地，值得各建陣亡將士紀念碑一座。

二十個頭獎

各方雨災捐欵，超過一千萬元。

一千萬元的數目，相當於政府獎券二十個頭獎，此事用以証明香港人情不薄，比諸証明民間財力充沛更為重要。

彩票獎金

政府彩票獎金，愈來愈少，頭獎不足五十萬元。

一九七二年之五十萬元，亦即十數年前之三十萬元。

新「南北和」

南韓北韓，傳將和平談判，共謀統一。

電影曾有「南北和」，這部韓語對白的「南北和」，拍得好與拍不好，尚待下回分曉。

左右為難

聯合國世界地圖，今年暫不出版。

不是為了任何其他原因，而是為了避免涉及港澳地區時，左右為難。

應勝不勝

韓戰應該打下去而不打，越戰早該打贏而不贏。

美國在戰爭上的失敗，不是敗在三軍將領手中，而是敗在政治家手中。

戰爭與和平

越南戰爭，可望於三四個月時後間結束。

發動一場戰爭易，終止一場戰爭難；普通的戰爭帶與人類以災難，苟且的和平帶來的也不一定是幸福。

和平何來？

人間無永遠不散的筵席，世上無永不終止的戰爭。

賓主應於快樂歡笑中分手，和平應於坦白誠懇中得來。

水漲船高

電車漲價，巴士漲價，電燈的士可能都要漲價。

在商言商，在牌言牌，以前之打一元兩元者，今後非打兩元四元不可。

水長流

時代曲有「水長流」，打牌人中亦有「水長流」。

打牌的「水長流」又有兩種：一種是「流進不流出」，一種是「流出不流進」。

港日不同

報載日人嗜賭，世界第一，尤以打麻將為最。

好在他們少則四圈八圈，至多不過十二圈；不像香港人少則二十四圈，多則四十八圈，一日三餐，不離牌桌，乃屬家常便飯。

法律之妙

某先生認為麻將不算賭博，某夫人不予同意。

法律的聰明之處，乃在其明文規定，勝負以籌碼出納者，並不違法，枱面以現金收付，即可拉人。

關於剪髮

海外某地，長髮青年剪髮，三倍收費。

和尚剃光頭，似須另有優待辦法，否則不算公平。

樂園處處

老人已有「老人樂園」，兒童則有「兒童樂園」。

對於有野心的人，全世界都是「冒險家的樂園」。

如果開賭

香港如果開賭，最好一律公營。

有若巴黎典當，乃係市立，泰國押店，概為國立。

上帝安排

旅行社新計劃，單身男客出門旅行，可有靚女伴遊。

上帝預作安排，凡是男人所到的地方，必有女人。

寂寞的心

婚姻介紹所，乃為寂寞的心服務。

我人須知，世人有因寂寞而結婚者，亦有因結婚而寂寞者。

難忘的日子

本期「大人」出版，遲於「七七」盧溝橋事變一星期；下期出版，後於「八一三」上海事件兩天。

筆者若非「七七」「八一三」，今天不會在香港，所以對這兩個日子刻骨難忘。

・上官大夫・

Fiesta by Crown
Made in England

英國皇冠牌旅行喼

大人公司有售

年羹堯者大特務也

·林熙·

年羹堯是清代一個會用兵的文臣，也許可以說是文武全材的人物，根據雍正說他的野心很大，圖謀不軌，要搶奪他的江山，自立爲帝，所以雍正才不得不先發制人，削去他的兵權，還認爲不妥，進一步把他殺了。但雍正降旨殺他，只說他有大罪九十二欵，其中却沒有說他要造反，不知是什麼緣故？

年羹堯在康熙末年已手握重兵，在青海、西藏討逆，雍正二年（公元一七二四年），西藏、青海平，年羹堯大功告成，驕縱越來越厲害，而雍正也佯作不知，一味縱容，等到事機成熟，把他殺了。年羹堯固然是功高震主，但他不懂得鳥盡弓藏、明哲保身之道，自尋死路，也可說是下愚不移了。

清代皇帝殺功臣，以雍正的手段最爲毒辣，因爲他和年羹堯的關係太深，要殺他滅口，就不得不加重他的罪名，才可以把年羹堯的功勞一筆抹殺，以便師出有名，使在朝臣工、在野百姓都覺得年羹堯罪有應得，就不認爲雍正的手段太厲害了。本來年羹堯是雍正未登位仍是雍親王時代的一個特務人員，他們互相利用，待到年羹堯的利用價值減低時，雍正便把他宰了。所以本文的題目便點明了「年羹堯者，大特務也。」

年羹堯字亮工，漢軍鑲黃旗人，並非滿洲正種。他的父親名叫遐齡，羹堯出世時，他的父親的官職一日大過一日，已做到工部侍郎，出任湖廣巡撫了。有人說年羹堯是遐齡的私生子，出生後把他拋棄在北京城外荒僻之處，經手辦這件傷天害理事情的人，是年遐齡的心腹家人。過了一晚後，這個家人心有不忍，想把出生的孩子抱回家中，或送給育嬰堂撫養，天未亮就走出城外，找到年羹堯被棄的地方，但不見有嬰兒的踪跡，正在猜疑間，忽見草叢中一物躍起，腥味撲鼻，定睛一看，原來是一隻老虎，那家人嚇到面無人色，以爲這次一定死了，老虎見了他不但不向前撲去，反而轉身便走。老家人驚魂甫定，即聞嬰兒啼哭之聲，連忙上前一看，正是他的少主人，草地上有四隻老虎脚印，他好生奇怪，爲什麽老虎不把年羹堯吃掉呢？於是抱起嬰兒，只見嬰兒口中吐出奶汁。他又覺得奇怪了，少主人一離娘胎，他就奉命執行拋棄工作，從未有人餵過他吃奶，奶從何來呢？他想了一下，哦，是了，一定是那頭大蟲昨夜一夜之間看護着嬰兒，餵他吃奶，並且以身護着他，不使他受到寒氣而致死，那麽，這個嬰兒將來必是非常人物。

老家人不管許多，抱了少主人回到主人處，把老虎餵養的事一五一十說了。到底是否是老家人搗的鬼，我們不得而知，總之官宦人家，幾乎個個都迷信神權、怪異、祥瑞的，年遐齡自然也不例外。他認爲此子異日貴不可當，便把他的生母接回家中居住，正式「入宮」。這回年遐齡不怕老婆了，向老婆直認在外邊的事，現在生了貴子，不能留子去母。年太太聽說是有老虎餵奶這件事，也很高興，便特准年羹堯的母親入宮，定了名份。

年遐齡愛惜這個孩子無微不至，溺愛的結果，就不免事事縱容，因此年羹堯從小就性情暴戾、梟强、任性，什麽人都不放在眼裏，甚至哥哥也欺負，一言不合，就伸手打人。他的哥哥吃了他的虧，哭訴於父，做父親的不責罵弟弟，反而埋怨做哥哥的不愛護他。年羹堯對自己的兄弟都這樣，他的奴僕就更要受鞭責之苦了。

到了五歲，年遐齡就送年羹堯入書房讀書，特地聘請一位名師專教導他，不同其他兄弟在一個書房。第一天上學，老師就教他讀「三字經」，第一句是「人之初」，第二句是「性本善」，從前的小孩子上學讀書，三字經是第一課。老師教年羹堯讀這兩句後，正要接下去讀「性相近，習相遠」，年羹堯連忙用手撥開老師的手指（老師是指着一個字一個字讀下去，其意是使學生一邊讀，一邊認字，此古法也），突然問道：「老師，爲什麽人是性本善呢？」老師見這個五歲的小公子太聰明，小小年紀便會發問，便對他說，聖人說，人的性是善的。年羹堯搖搖頭說：「不對，人性是惡的，並不是善的，如果性善，我的爸爸還要請你來坐冷板凳嗎？」

老師聽了，爲之吹鬚碌眼，大罵可惡，一手抓起戒尺，就要打他的手心，但戒尺尚未打下，年羹堯眼明手快，已一手搶過，先給老師個下馬威，老實不客氣，打了老師的手背一下。老師這一怒非同小可，即日向東家辭館，怎樣留都留不住，年遐齡沒法，只好另請高明。後來有人介紹過四五個老師，多者十日八日，就被年羹堯趕走，最少也只三四日，沒有一個老師可以教誨這個小孩子，人家一提到年家請老師，就替被聘請的人躭心。

年遐齡請不到老師，只好讓他心愛的兒子荒廢學業，等待他年紀稍大，再作打算。這麽一來，年羹堯更得其所哉了，他每天都在後花園中練武，學打拳脚，還要教一班家丁學工夫，自己雖然沒有人傳授武藝，但他對於此道好像是夙世已經學會了，今世只要一伸拳，一伸腿，就合法度，居然像經過名師指點似的。

轉眼之間，年羹堯已是八九歲的孩子了，在官宦人家，這樣大的孩子還不上學，將來怎能讀書求功名呢。年遐齡到了此時，就不免爲他的前途憂慮。一日，有一位六十多歲的老者求見，他對門房說：「聽說你們的老爺要請一位敎書先生敎你們的公子是嗎？」門房說是的，問他是不是你老人家來敎？老者說不錯。門房的人笑道：「老先生，你的年紀不小了，你經得起我們的少主人凌辱嗎？他趕走過的老師起碼也有七八位了，你要認眞考慮才好。」老者說：「老漢自有分寸，請大哥代我通傳一聲便好。」

年遐齡聽說有人上門求敎書，不勝歡喜，連忙請進客堂相見，問客人高姓大名。老者說姓胡，名山人，湖南武陵人氏。主人便把年羹堯那種桀傲驕矜、不受敎誨的劣跡向胡先生說了，胡山人笑道：「公子是個絕世聰明的人，將來功業不可限量，故自與常人不同。從前那班老師宿儒那是平凡的人，自然不能敎誨這位天才傑出、不可一世的偉大人物。只要閣下肯把令郎交給老漢，包在老漢身上，十年之內，可使令郎成爲一個文武全材，手握數十萬人生死之權的將相；但有一個條件，一切都不能過問。」年老爺聽後也一一都答應了。

繡像小說中的年羹堯，他和雍正隆科多稱爲三位一體

從這一天起，年遐齡就聘請胡山人做家庭敎師，負責管敎年羹堯，又吩咐家中上下人等，都要服從胡老師的命令，不得違背。

年羹堯見老子又請了一個敎書先生來管束他，使他很開心，那不是歡喜得到良師，而是高興來了一個老頭兒，可供他捉弄。老師搬入年府居住時，沒有一件行李，除了身穿的長袍以外，可說兩手空空。家中一干人都覺得很奇怪，這個怪人何以竟然受到主人如此看重。年羹堯在歡喜之餘，也心中非常納罕，往年父親請到一個老師，必定親自帶他到老師跟前叩頭，請老師嚴厲敎導，並送上鞭子，可以隨時鞭打不聽敎的學生的，爲什麽這回不見有這種「禮節」。

更奇怪的是，胡老師到舘三日了，亦不見他叫學生來上課，不知他葫蘆裏賣的什麽藥。不管他，他既不來管我，樂得玩他幾天再說。一連半個月，年羹堯不見動靜，爲了好奇心，便偷偷到書房外邊，從窗眼望進去，窺探老師的行動。只見老師也和常人一樣喝茶、抽水烟，有時攤開一本書來看看。

這樣，年羹堯放下了一條心，原來這個老頭兒是這般老實的，他既不來犯我，我也不去犯他，橫豎父親有的是米飯，養他十年八年也不要緊。年遐齡倒也很開通，果然什麽事都不過問，只是一心一意上朝伺候君王，家中養了這樣的一個西賓他很少理會。

光陰過得很快，轉瞬又是半年，年羹堯幾乎忘記了書房裏坐有一個老怪物了。新年時候，胡山人仍然在書房，亦不見他出來同東主拜年，簡直和住在深山的隱士那樣，罕與世人接觸。那天元宵佳節，年遐齡以大官身份，入內廷參與上元筵席，並觀烟花，年羹堯則在花園裏舞弄槍棒。他在月明之下，正在耍槍玩到入神之際，忽聞有人大聲喝采，就連忙停了下來，回頭一望看是誰人，原來是胡老師。年羹堯一見就不高興，很鄙屑的哼了一聲：「難道你也懂這些嗎？」胡山人連忙打躬道：「不敢，不敢，公子耍的是只堪看、不堪用的花槍，觀賞有餘，實用不足。」年羹堯忙問：「你是不是也懂得這個？」胡山人又忙打躬說：「畧知一二，如公子不信，不妨同老拙玩兩手。」

年羹堯想不到在新年中得到一個同玩的朋友，立即拿了一枝長槍遞給老師。胡山人接過了就說：「公子發招！」年羹堯使出一個毒蛇出洞的招勢，一槍就向胡山人的心窩刺過去，但撲了個空，不見山人了，原來山人已躲在他背後，他又再發一招，又是撲了個空，他便發急了，很生氣的說：「你這老頭兒，爲什麽不接招啊！」胡山人笑道：「公子再發招吧！」年羹堯兩次都刺不中他，已經恨到牙癢癢了，現在又見他在笑，更

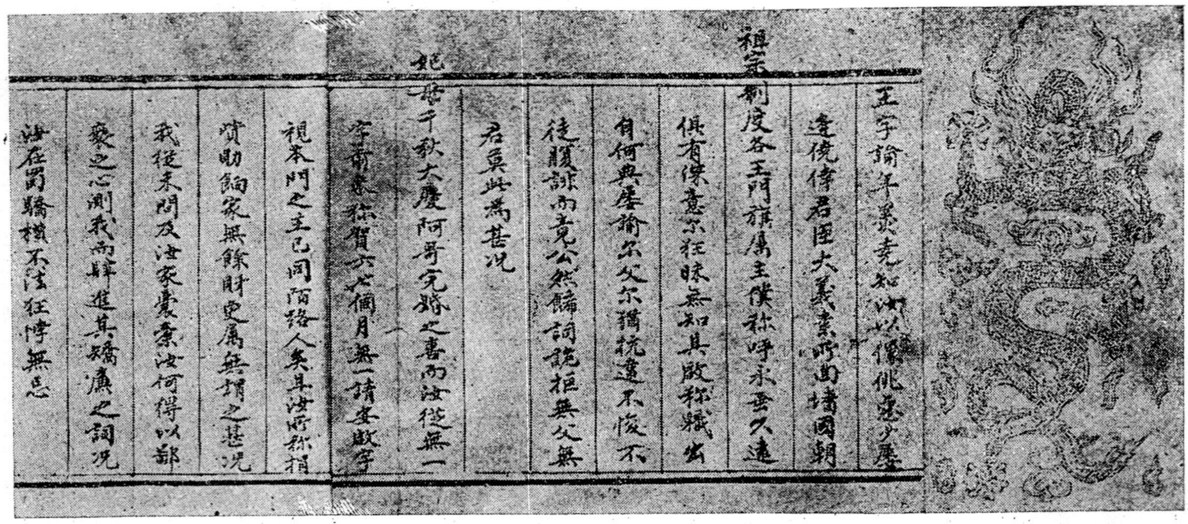
王字諭年羹堯知汝以儇佻恣肆
遂僥倖君臣大義素所面墻國朝
祖宗
制度各王門旗屬主僕稱呼永垂久遠
俱有深意爾狂昧無知具啟稱職出
自何典屢諭爾父爾猶抗違不悛不
徒腹誹而竟公然饒詞詭拒無父無
君莫此爲甚況
妃
母千秋大慶阿哥完姻之喜而汝從無一
字前來稱賀六七個月無一請安啟字
視本門之主已同陌路人矣且汝所稱捐
貲助餉家無餘財更屬無稽之甚況
我從未問及汝家囊橐汝何得以鄙
褻之心測我而肆進其矯廉之詞況
汝在蜀驕橫不法狂悖無忌

雍親王致書年羹堯真蹟

恨不得一槍收拾了他的老命，便使盡平生力氣，又一槍向他的心窩刺去。這回倒沒有撲個空，祇是覺得虎口震裂，給胡山人那枝長槍輕輕一撥，他手上那枝槍不知飛到哪裏去了。

胡山人站着不動，看年羹堯怎樣。年羹堯也不服氣，說是一時失手，不能算輸，問胡山人敢不敢同他玩玩大刀。於是從大刀以至劍戟鐧鞭，無一不是敗到一蹶不振的，年羹堯這才知道老師的厲害，連忙跪下，請老師教導。老師把他拉起來道：「公子，你所學的只不過可以同一兩個人交手的工夫，其實你還未有窺見武功的粗淺門徑，這樣的學習一世，也沒有用處，不如不學更好。」年羹堯又再跪下叩頭，一定要老師教他。老師這才正色對他說，學鎗棒只能敵十人八人，要學嗎就得學萬人敵。但萬人敵仍然不是打仗最高的藝術，非學兵法不可。精通兵法，就胸中自有十萬甲兵，取敵將如探囊取物那麼容易了。

年羹堯玩了幾年槍棒，自以爲身手不凡，僅恃一股牛氣力打敗家丁家將，自以爲身手不凡，從未受過虧，更未曾聽過什麼萬人敵、兵法這些名詞，現在聽老師所說，頓開茅塞，即晚就搬進書房，同老師一起生活，跪地懇求老師教他武藝和兵法。於是胡山人就對他說：「你是個很不尋常的人，我同你令尊並不相識，因爲知道你生性桀傲惡劣，衆人都說孺子不可教，故此我特地下山來到你家，在暗中窺伺你的行動已經好幾個月，看出你果然不凡，才上門求見令尊大人的。」年羹堯聞言不勝詫異，說道：「老師幾時見過學生呢？自老師來後，學生從未來拜見過，而今老師說在未求見家父之前，會經注意過學生的行動，眞使學生莫名其妙了。」

胡山人掀髯大笑道：「我看見你，你當然不能看見我。我蹤身在你屋頂上，望下來觀看你的一切，瞭如指掌，你的脾氣性格，我一一摸清楚後，打定了怎樣教誨你的主意才登門求見的。這半年來，我既不叫你來見，你也不來見我，這樣，你忘記了書房裏有我這個人了。於是你的驕氣日盛，自以爲懂得好多工夫了。現在你才知道你所學的，所懂得的僅是皮毛罷了。」

自此之後，年羹堯日夕隨侍師父，胡山人也教他學習各種武藝，舉凡飛簷走壁，刀槍劍戟之功，無不悉心傳授。如是者六年，年羹堯的武藝進步得很快，胡山人同時又教他研究兵法，並說，一個人武藝怎樣高强，只不過可敵百數十人而已，衝鋒陷陣，是不能靠一個武藝過人的人便能取勝的。會運用兵法的人就不同了，他不必靠武藝在前線打仗，他坐在營盤裏運籌幃幄，指揮帳下熊貔，這才是做大將的才具。康熙三十一年，年遐齡外放湖廣巡撫，羹堯未隨往，年遐齡是三十一年十月簡任，至四十三年二月病免的。

過了一年，胡山人又教訓年羹堯了，要他學作八股文。年羹堯笑道：「老師，八股文這牢什子於世何用，不過是腐儒借以獵取功名富貴的橋樑罷了，學生家門貴盛，又是在旗的人，何須學此？」老師扳起面孔說：「這樣你就錯了，尤其是你們富貴人家，更要求個正途出身，不應專求門蔭。一個人如果文理不通，胸中沒有經綸，就算你力敵萬夫，亦不過是匹夫之勇，如楚霸王的結果而已，何足貴？」

胡山人即日起就教他讀書，學作八股文，年羹堯一學便會，學會了無不精通。胡山人贊他孺子可教，叫他可以去考秀才了。年羹堯果不負老師之望，春天考到了秀才，秋天就考中舉人，下一年是康熙三十九年（一七〇〇年）庚辰，年羹堯會試中式，殿試成進士，選庶吉士，散館後授檢討，是個太史公了。他授職謝恩後回家，不見了老師，只見書案上老師留下的一封信，告誡他以後做人要謙虛，不可任性，驕矜兩字，尤應切戒，二年後，他會派他的一個遠房姪子名叫胡期恒的來找他，期恒還要讀書求功名，但他很有材幹，深悉朝章掌故、山川地理，將來對他有很大幫助。

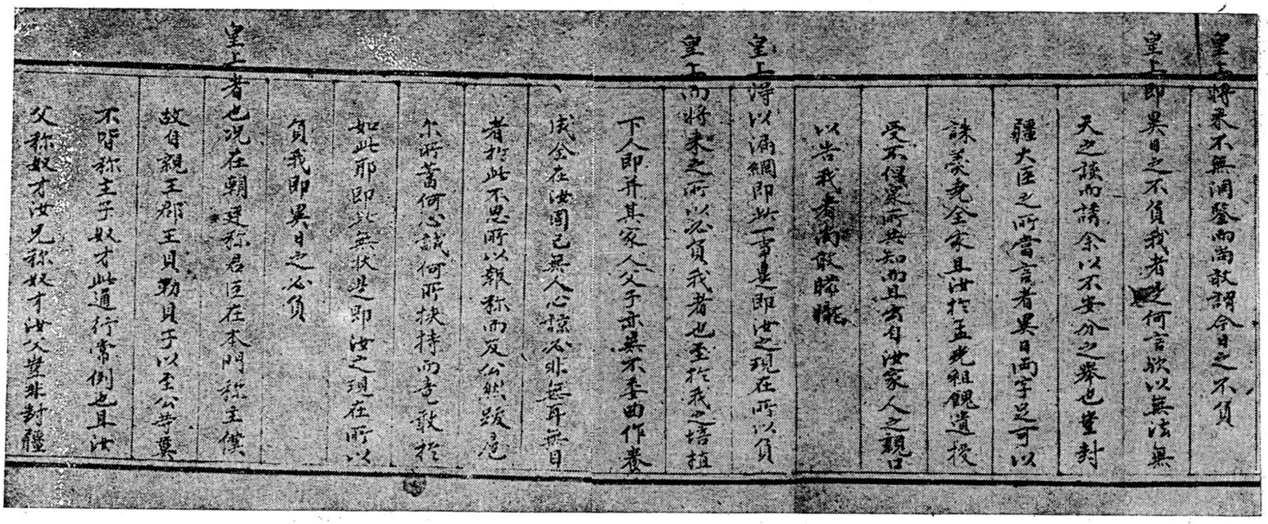
皇上將來不無洞鑒而尚敢謂今日之不負
皇上即異日之不負我者又何言欲以無法無
天之談而請余以不安分之舉也豈封
疆大臣之所當言者異日兩字足可以
誅羹堯全家且汝於王兆祖覲遺授
受不得眾所共知而且出自汝家人之親口
以告我者尚敢賴耶
皇上得以滿綱即此一事是即汝之現在所以負
皇上而將來之所以必負我者也至於我之培植
下人即并其家人父子亦無不委曲作養
成全在汝固已無人心諒必非無耳無目
者於此不思所以報稱而反公然跋扈
尔所蓄何心試問所挾持而竟敢於
如此耶即此無狀之即汝之現在所以
負我即異日之必負
皇上者也況在朝廷稱君臣在本門稱主僕
故自親王郡王貝勒貝子以至公等莫
不皆稱主子奴才此通行常例也且汝
父稱奴才汝兄稱奴才汝父豈非封疆

年羹堯在師父走後，一心在翰林院供職，更結交了英雄豪傑，見有特出人才，就羅致在家中，結爲死黨，退食之餘，與一班英雄好漢研究武藝兵書，從此他的眼界又擴大了，功夫日益進步，只是未有機會讓他一顯本領，但他相信終有一日他會一鳴驚人的。

翰林官多數清貧，他們只希望三年一次考差，派往外省做鄉試主考，可以撈一兩千銀子，以助家計。年羹堯是顯宦公子，當然不必爲了生活而考差，但做了翰林官如果沒有差事，是一個倒相的黑翰林，在資歷上就很差，升官的機會就少了。因此他也得循例去考差，康熙四十四年（一七〇五年）乙酉，年羹堯以翰林院檢討，放四川鄉試正考官，內閣中書曹鼐（字怡園，直隸左衛人，康熙三十六年進士，高年羹堯一科）副之。年羹堯高興到了不得，一來可以衡文取士，大展文才，二來四川有名山寶刹，峨眉青城，三峽等地，都有很多異人，正可以主考的身份同他們來往，暗中結識了，將來可留爲己用。這科他取中的解元是筠連人曹龍文，年羹堯很賞識他，後來年羹堯做四川巡撫、四川總督都很重用他。

北京四川往返路程，最快也要半年，加上在成都考試的兩個多月時間，年羹堯此行在外已將一年了。他請副主考官先行回京覆命，並替他請假三個月，在成都治病，原來他另有目的，他靜悄悄地瞞着地方官，到峨眉山住了兩個月尋師學道，希望遇到劍俠，傳授劍術。到底他是否在此行中得遇貴人，不可得知，根據後來他的死黨胡期恒透露，當他在青城山時，忽然遇到一個老和尚，老和尚對他說，胡山人前幾年曾到過這裏，告知他今年某月年羹堯到此訪友，請老和尚傳以「神行」之術。年羹堯獲授之後，苦心練習，三年之間成功，一日可行二百里，如果加速飛奔，可以至三百里，一丈高的圍牆，能一躍而上。據說所謂「神行」之法，無非以鐵條紮在腿上，逐漸增加重量，去鐵後，便可以速如千里馬了。不過要經名師傳授秘法，始能有優異成績，否則只不過成爲普通的賽跑運動家而已。

年羹堯四川之行，很有收獲，回京後仍然任職翰林院，過了一年多，升爲翰林院侍講學士，是個從四品的大員了。不久，又簡放康熙四十七年戊子科廣東鄉試正考官（副爲內閣中書劉日珪，河南新鄭人）。這次他在廣東得人頗盛，取中程鄉的李恒燻爲解元，雖然沒有在廣東尋師學道，但後來他居然在廣東血食百餘年，稍可爲他鳴不平了。

廣州有一所龍王廟，始建於雍正三年（公元一七二五年），地點在巡撫衙署的東轅門。雍正五年奉旨，龍神散佈霖雨，福國佑民，京師業經虔供，復造各省龍君大小二像，命守土大臣迎奉，因於是年遣韶州府通判陸標國赴京恭迎到粵奉祀。乾隆元年（公元一七三六年）改建於粵秀山，在巡撫署後，每年春秋二祭，朔望行香。到咸豐七年（一八五七年）丁巳，英軍攻陷廣州，廟毀於炮火，同治五年（一八六六年）修復。舊日廣州人士相傳年羹堯死後爲廣州龍王，故廟中塑其形。據光緒壬申「南海續志」引「恭巖札記」說：

> 龍王神像清臞，皙面修髯，不作龍形赤髮，相傳爲撫遠大將軍年羹堯，不知何據，然萬口一詞。考康熙戊子廣東鄉試，羹堯充正考官，取中解元李恒燻等七十一人，士論翕服，豈其門下士撰此齊東野語，以推重其師歟？（按：「國朝貢舉考畧」李恒燻作李恒熉。）

廣東考試事竣回京，年羹堯即擢升內閣學士爲從二品矣，其升遷之速，甚爲同列詫異，這本來不足爲奇的，他是滿州翰林做官比漢人稍佔便宜，何況他又爲康熙皇帝所賞識，升他做內閣學士，正是要提高他的地位，以便簡任封疆大吏也。果然，康熙四十八年（一七〇九年）即外簡四川巡撫。原來他在四川試差回來後，曾向皇帝

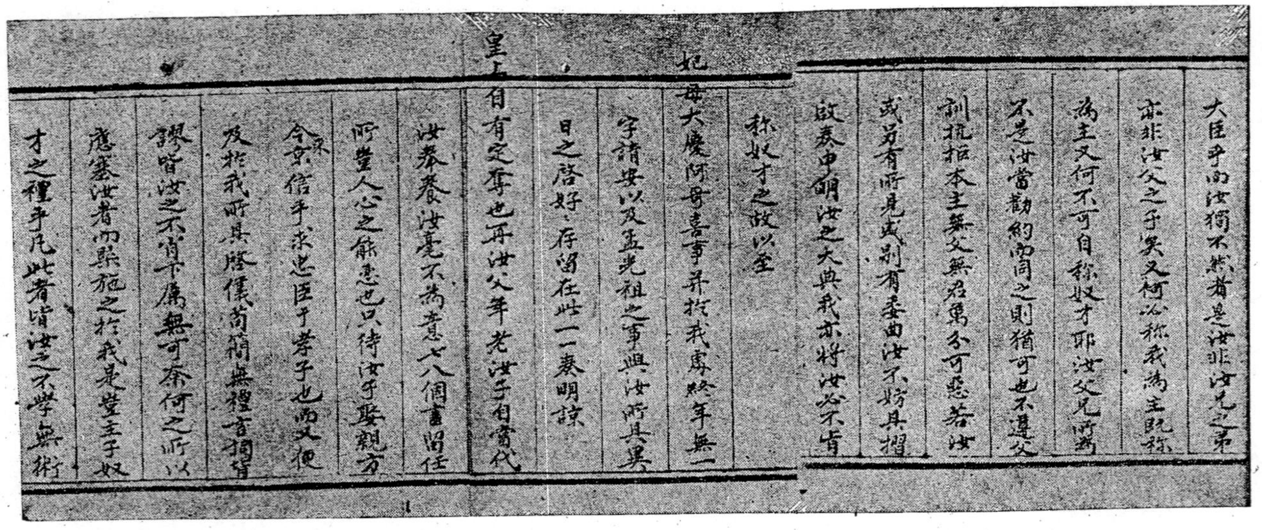
大臣乎而汝獨不然者是汝非汝兄之弟
亦非汝父之子矣又何必稱我為主既稱
為主又何不可自稱奴才耶汝父兄所為
不是汝當勸約而同之則猶可也不遵父
訓抗拒本主無父無君萬分可惡若汝
或另有所見或別有委曲汝不妨具摺
啟奏申明汝之大典我亦將汝必不肯
稱奴才之故以至
妃母大慶阿哥喜事并於我處終年無一
字請安以及孟光祖之事與汝所具奏
日之啟好存留在此一一奏明諒
皇上自有定奪也再汝父年老汝子自當代
汝奉養汝毫不為意七八個書留任
所豈人心之所忍也只待汝子娶親方
令來京信乎求忠臣于孝子也而又使
及於我所具啟儀尚簡無禮言詞皆
謬暗汝之不肖下屬無可奈何之所以
應塞汝者而躲施之於我是豈主子奴
才之禮乎凡此者皆汝之不學無術

密陳四川與西藏的關係，並把四川地形，繪成地圖，詳注險要，恭呈御覽。康熙初時以爲年羹堯不過是個翰林官，文學侍從之臣罷了，放他做一任四川主考，是主子恩典，無非調劑一下，怎知這個翰林竟然是有經濟軍事學問的人，從此簡在帝心，不次升擢，直到此時便派他往四川做巡撫，使他有機會可以爲國家服務。

這一年（康熙四十八年）十月，皇四子胤禎（即後來的雍正皇帝）由貝勒封爲雍親王，時年三十二歲，他的王府就是後來著名的雍和宮，蓋造之時，不惜物力，材料力求精美，而規模之宏偉，尤爲當時各王府之冠。到雍正嗣位做了皇帝之後，才將此潛邸名爲喇嘛寺，亦以胤禎生平迷信佛法也。

康熙晚年因爲諸子爭立，使他非常煩惱，他本來已經立嫡長子胤礽爲皇太子（他的長子是胤禔，然非嫡出），到四十六年九月，把太子廢了，幽禁在咸安宮，於是諸王覬覦儲位，各養術士、俠客，又盡量招攬海內有名譽地位的文人，植黨營私，無非爲將來爭奪皇位的資本。康熙四十八年三月，皇帝又把胤礽釋放出來，重新立爲皇太子，使到那批爭奪皇嗣的皇子，個個都面面相覷，心中憤憤不平，更增加他們要互相鬥爭的決心了。

衆皇子中，以皇八子貝勒胤禩的表現最爲顯著。這樣，康熙就認爲前此之廢太子胤礽，恐怕是別有緣故，遂派年羹堯爲之秘密偵查。年羹堯有一身本領，武工出衆，手下又有一批三山五嶽人馬，一查便查出是皇長子胤禔搞的鬼，胤禔府中養有一個蒙古喇嘛名叫巴漢格隆，精通法術，能念咒使人神經錯亂，行爲瘋瘋顛顛，甚至夜間窺伺康熙，有不軌行動，故康熙廢他的詔書有說：「使朕日在危險之中，晝夜戒愼，未遑寧處……」於是把胤禔的王爵革去，軟禁在其府中，故有再立皇二子胤礽爲太子之舉。

在這個時期，諸皇子明爭暗鬥，無非欲得立爲嗣君，獨有皇四子胤禎置身事外，故沒有爲父皇所責。後來他知道年羹堯爲父皇查出乃蒙古喇嘛的「傑作」，就認爲年羹堯是一個了不起的人，恰值此時他分府，移居宮外，年羹堯又是雍親王府門下人，與胤禎有主子奴才的關係，皇四子便傾心與年羹堯結交。年羹堯勸他千萬不可捲入爭嗣位的漩渦，靜待時機，他一定會爲他設法取得大寶的。皇四子大喜，請教他有何妙計？他說，不日就要到四川就職，蜀爲天府之國，山川險要，形勢天成，而且地多異人，可圖大事，如果將來皇位爭不到手，也可以此爲根據地，出兵東下，爲清君側之舉，此乃前明燕王之遺法也。

年羹堯在四川做巡撫，果然不負雍親王的委託，留心當地豪傑，凡有一長，必留爲己用。四川遠離京師，一件政府緊急公文到達北京，就算用最快的驛遞，也要二十多天，如稍有阻礙，就要一個多月，至於例行公文，動不動就一月以上了。年羹堯在四川正是天高皇帝遠，而且康熙又信任他，特旨賦予便宜行事之權。因爲他在康熙四十九年討平斡偉生番羅都的變亂，生擒羅都，康熙大喜，對他更爲信任。到康熙五十六年（公元一七一七年），越嶲衛屬番，與普雄土千戶那交等作反，年羹堯剿平之，接着西藏又發生亂事，年羹堯親赴松藩指揮作戰，事平後，康熙大贊年羹堯辦事明敏，能速應事機，本來巡撫無指揮兵事之責，特授羹堯爲四川總督，兼管巡撫事。五十九年，他自青海率大兵入西藏，朝廷封他爲平西將軍，封延信爲平逆將軍爲之助。康熙問他在他入藏時，四川總督誰人可以署理，年羹堯覆奏，一時未能得相當人物，不如暫以平西將軍職務交給護軍統領葛爾弼代理，康熙許之。於是羹堯自己選擇四川、青海的官員，他要用哪一個，就用哪一個，使用後，只用一封公文知照北京的吏部，備案了事。這麽一來，吏部之權被奪，但因爲他正在得寵的時候，也沒奈何他。從此海內又多了一個名詞叫做「年選」，與「西選」、「

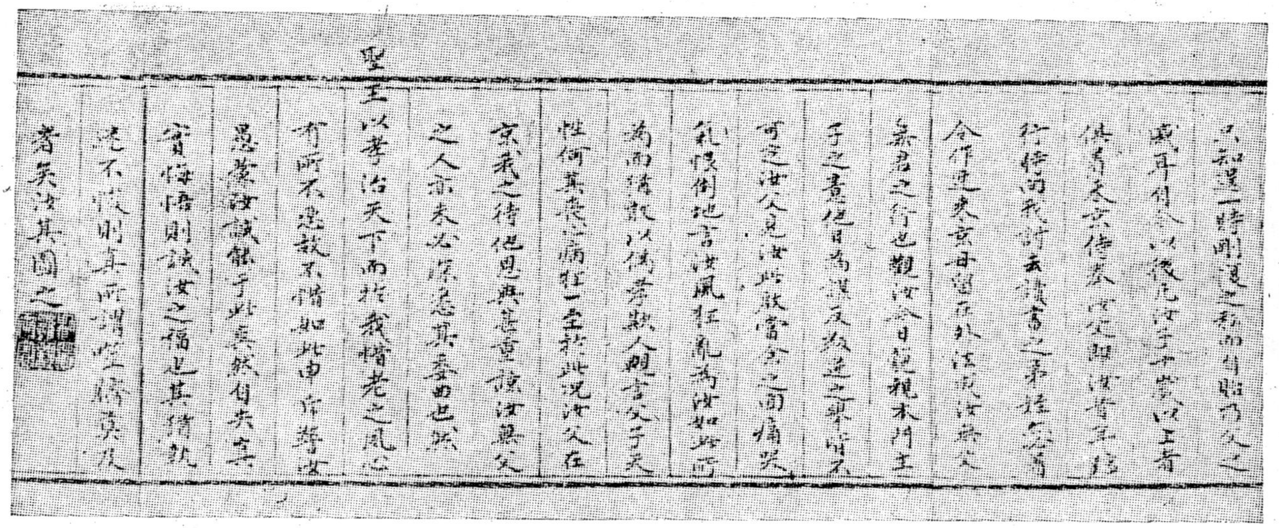
只知逞一時剛愎之私而自貽乃父之
戚耳自今以後凡汝子十歲以上者
俱着來京侍奉汝父即汝昔年臨
行時向我討去讀書之弟姪亦必着
令作速來京毋留在外法成汝無父
無君之行也觀汝今日藐視本門主
子之意他日爲謀反叛逆之事皆不
可定汝父見汝此啟當為之痛哭
氣悞倒地言汝風狂亂爲汝如此可
爲而猶說以侍奉數人朝言父子天
性何其喪心病狂一至於此況汝父在
京我之待他恩典甚重諒汝具父
之人亦未必深惡其為西也然
聖
王以孝治天下而於我猶老之風心
有所不忍故不惜如此申飭汝
愚蒙諒誠餘于此矣然有未
實悔悟則諒汝之福也其猶執
迷不悟則真所謂怙惡不悛
者矣汝其圖之

佟選」鼎足而三了。（西選爲吳三桂以平西王鎮守雲南時，佟選爲隆科多長吏部時之銓選官員，隆科多乃佟國維之子，康熙尊國維爲「舅舅佟國維」者，及雍正登位，亦尊隆科多爲「舅舅隆科多」，襲一等公。）

康熙五十七年（公元一七一八年），年羹堯以四川巡撫兼任四川總督，聲勢之盛，一時無兩，對他的旗主雍親王不免有驕矜之意，甚至例行的禮節，他也漠不關心。雍親王爲了要圖謀寶座，非外結年大將軍爲助不可，初時還忍耐，後來覺得不妥，因爲皇十四子胤禵剛剛在這年十一月以撫遠大將軍領重兵駐西寧，防準喀爾對西藏侵畧，年羹堯則駐成都爲後援，如果年羹堯投向皇十四子懷抱，將來對大事就發生威脅，貽禍無窮，不可不防，於是親筆寫封書信給年羹堯，責他無禮，先給他一個下馬威，然後親往成都，同他拉緊關係，使他死心塌地做他的鷹犬，看緊在西寧的皇十四子。雍親王這封信的眞蹟，於民國十八年（一九二九年）故宮博物院文獻館整理景陽宮檔案時發現，今將全文錄於後。

王字諭年羹堯知：汝以儇佻惡少，屢逢僥倖，君臣大義，素所面牆。國朝祖宗制度，各王門旗屬主僕稱呼，永垂久遠，俱有深意。爾狂昧無知，具啓稱職，出自何典？屢諭汝父，爾猶抗違不悛，不徒腹誹，而竟公然飾詞詭拒，無父無君，莫此爲甚！況妃母千秋大慶，阿哥完婚之喜，而汝從無一字前來稱賀，六七個月無一請安啓字，視本門之主已同陌路人矣。且汝所稱捐貲助餉，家無餘財，更屬無謂之甚，況我從未問及汝家囊橐，何得以鄙褻之心測我，而肆進其矯廉之詞。況汝在蜀驕橫不法，狂悖無忌，皇上將來不無洞鑒，而尚敢謂今日之不負皇上，即異日之不負我者，是何言歟？以無法無天之談而誘余以不法之舉也，豈封疆大臣之所當言者，「異日」兩字，足可以誅年羹堯全家。且汝於孟光祖餽遺授受，不但衆所共知，而且出自汝家人之親口告我者，尚敢朦朧皇上，得以漏網。即此一事，是即汝之現在所以負皇上，而將來之所以必負我者也。至於我之培植下人，即並其家人父子，亦無不委曲作養成全，在汝固已無人心，諒必非無耳無目者，於此不思所以報稱，而反公然跋扈，爾所蓄何心，誠何所挾持而竟敢於如此耶？即此無狀，是即汝之現在所以負我，即異日之必負皇上者也，況在朝廷稱君臣，在本門稱主僕，故自親王、郡王、貝勒、貝子以至公等，莫不皆稱主子奴才，此通行常例也。且汝父稱奴才，汝兄稱奴才，汝父豈非封疆大臣乎？而汝獨不然者，是汝非汝兄之弟，亦非汝父之子矣，又何必稱我爲主？既稱爲主，又何不可自稱奴才耶？汝父兄所爲不是，汝當勸約而同之，則猶可也，不遵父訓，抗拒本主，無父無天，萬分可惡！若汝或另有所見，或別有委曲，汝不妨具摺啓奏，申明汝之大典，我亦將汝不肯稱奴才之故，以至妃母大慶，阿哥喜事，並於我處終年無一字請安，以及孟光祖之事，與汝所具異日之啓，好好存留在此，一一奏明，諒皇上自有定奪也。再，汝父年老，汝子自當代汝奉養，汝毫不爲意，七八個盡留任所，豈人心之能忍也？只待汝子娶親，方令來京，信乎求忠臣于孝子也，而又便及於我，所具啓儀，苟簡無禮，言詞背謬，皆汝之不肖下屬，無可奈何之所以應塞汝者，而概施之於我，是豈主子奴才之禮乎？凡此皆汝之不學無術，只知逞一時剛愎之私，而自貽乃父之戚耳。自今以後，凡汝子十歲以上者，俱着來京侍奉汝父，即汝昔年臨行時，向我討去讀書之弟姪，亦必着令作速來京，毋留在外，法成汝無父無君之行也。觀汝今日藐視本門主子之意，他日爲謀反叛逆之舉，皆不可定，汝父見汝此啓，當余之面痛哭，氣恨倒地，言汝風狂亂爲。汝如此所爲，而猶敢以僞孝欺人，覥言父子天性，何其喪心病狂，一至於此！况汝父在京，我之待他恩典甚重，諒汝無父之人，亦未必深悉其委曲也。然聖主以孝治天下，而於我惜老之夙心有所不忍，故不惜如此申斥，警汝愚蒙，汝誠能于此爽然自失，眞實悔悟，則誠汝之福也。其猶執迷不悛，則眞所謂噬臍莫及者矣，汝其圖之！

（文末蓋陰文「和頤雍親王寶」一印。）

這封信措詞極爲凌厲，據所知，雍親王故意給點顏色給年羹堯看，使他緊記是雍親王門下的奴才，主子奴才的身份已定，不能隨便投到十四皇子那邊去的。

當時雍親王府內養有很多江湖異人，有一個渾名「草上飛」者，能日行千里，他的眞名叫什麽，已經沒人知道，據說草上飛本來就是西域一個善走的人，投到雍親王門下後，經過西藏喇嘛施以法術，遂能日行千里，雍親王派他送這封信給年羹堯，限十日來回，並叫他通知年羹堯，雍親王不日將往成都一行，同他商量事情。

年羹堯接到雍親王信後，知道皇四子將要來成都同他議事，就連忙回復雍親王一信，這回不敢自稱「職」，而稱奴才了。畧說，主子欲來成都，未嘗不可，只是路途遙遠，往返需時數月，且皇子不能出國門一步，乃祖宗成法，恐離京日久，自易惹起謠言，恐影响將來大事，况且九阿哥胤禟（此人後來於雍正登位後，爲排除異己，將他削爵監禁，並改名「塞思黑」，削去宗籍，到乾隆繼位後，始復原名，迎宗籍。可見雍正之子亦不值其父之骨肉相殘了。）與八阿哥胤禩結黨窺伺神器，並製造祕碼字如番書形，秘密通信，其心叵測，故此，主子千萬不可遠離京師，致招物議。奴才將於日內到京，造膝密獻計劃，對將來大事，當有貢獻，一切皆容面稟云云。

這封密函到雍親王手裏不到半月，年羹堯已化裝到了北京，先命一個心腹部下甘天福改裝和尚打扮，先到雍親王府遞一密稟，告知年大將軍已到京城，今晚初更後入府叩謁。雍親王即時下令府中上下人等，如非呼喚，不能擅離崗位一步，並於黃昏時分，禁止任何人出入，以免走漏風聲。

雍正皇帝圖像

屆時，年羹堯化裝爲西藏喇嘛，直入雍親王府，由府中的親信侍衛一員，長史二人帶領到宮中密室叩謁他的主子。這個時期，雍親王仍是一個未經世事的青年貴族，思想行動，尚不免浮躁，未到深沉之境。首先，年大將軍向他解釋爲什麽數年以來他沒有一字向他請安，並說他有失主僕之禮的原因，其用意無非在使主子生氣，以便外人知道他們鬧翻，皇上也不致懷疑他和四阿哥雍親王的關係。他並勸雍親王將那封申斥他的密函謄錄多份，分送內閣、六部各長官和外省督撫，使京內外大吏都知此事，這樣，便可使海內人士皆知他和雍親王的關係破裂，而皇上也不留意及此了。年羹堯又說，自從十四阿哥胤禵到西寧後，私自招兵買馬，延納天下名人異士，培植個人勢力，無非是要爭奪大寶，他手上現有精兵十萬，一旦京中有事，這支軍隊就是他的資本，主子無兵無權，將來怎能同他爭一日的長短？所以，「奴才認爲這件事很傷腦筋。况且十四阿哥又和八阿哥結成黨羽，與西寧密通消息。奴才探得皇上已寫有硃筆密諭，謂升遐之日，傳位于十四阿哥，十四阿哥的底下人都盛傳此事，這是確實的，但現今還不知皇上的密諭放在什麽地方，主子一定要同舅舅隆科多拉好交情，請他暗中察訪，探知密諭存放之地，到必要時，奴才即可命人偷取出來。如果眞的寫是『傳位十四阿哥』，只要把那個『十』字添多兩筆，改爲『于』字，成了『傳位于四阿哥』，那還不是主子嗎？」

雍親王覺得年羹堯所說的很對，深怪自己粗淺，對事的觀察不能深入細微，以後應該多入民間體驗社會，遇事尤應沉着，不能浮躁，始能幹大事。於是同年羹堯密誓，他日得登九五，富貴與共，決無虛言。年羹堯連忙叩謝主恩，誓言蹈湯赴火，爲主子將來的大事犧牲性命亦所不惜。

年羹堯在雍親王府住了一晚，主子奴才密商大事，到第二天早晨才停止，各自休息，回寢室睡覺。到了黃昏後，年羹堯拜別主子，同甘天福一起回四川。臨行前，年大將軍又對雍親王說道，甘天福有一個胞姪名甘鳳池，與天福同學拳術於張長公，後來與呂元結拜兄弟，更得明朝宗室朝元和尚眞傳，能飛簷走壁，與聞名大江南北的俠客了因和尚，曹仁父、路民瞻、周潯、白泰官、呂元等齊名。現在這些武術家都爲他羅致在帳下，爲國宣勞，將來可助主子入紹大統，十四阿哥雖擁有重兵，但手下沒有傑出人物爲輔，到時主子一登寶座，只消下一道聖旨命他移交兵權，諒他也不敢反抗。况且他打算回四川後，打發呂元、了因和尚、曹仁父三人投効十四阿哥，作爲內應，打探他的一舉一動，不斷向主子密報，如遇必要時，不惜先除十四阿哥，以絕後患。

甘天福同年羹堯都是日夜能走千里的健者，他們趁內城未下鎖之前，悄悄溜出了雍親王府，離開北京，漏夜趕回四川了。年羹堯在成都立法極嚴，他的命令，儼同聖旨，在他左右供職的人，無論衛士、厮僕，都要依照他所定的時間、地點工作，不得稍越一步，清代筆記記他軼事一則云：「年大將軍軍法極厲，一言甫出，部下必奉令唯謹。嘗與從出府，值大雪，從官之扶輿而行者，雪片鋪滿手上，幾欲墜指，將軍憐之，下令曰『去手！』蓋欲免其僵凍也。從官未會其意，竟各出佩刀自斷其手，血涔涔偏雪地。將軍雖悔出言之誤，顧已無可補救，其軍令之嚴峻有如此者。」此事是否確實，可以毋庸研究，但年大將軍是一個做事有頭腦有計劃的人，他御下嚴峻，就是他的保密計劃的一部分，這樣一來，他離開總督衙門幾個月，休說外間的老百姓不知道，就是四川省裏的大官，還以為大將軍忽然往前線視察軍情呢。即使平時常有機會見到總督的大員，無非是藩司和臬司，而這兩司又是他的心腹，平時靠大將軍提携的，怎敢亂說一句話。

康熙六十一年（一七二二年）十一月初七日，皇帝又往暢春園居住，第二天就覺得身體不大舒服，傳旨：「偶感風寒，本日即透汗，自初十至十五日靜養齋戒，一應奏章，不必啓奏。」康熙帝本來沒有什麽大病，不過是老年人常有的感冒，靜養醫治，十日八日就可以痊癒的，到十三日，忽然病勢轉惡，下午七點多鐘就死了。根據宮廷的官書所載，後來見於王氏「東華錄」者，有云：

甲午（即十一月十三日）丑刻，上疾大漸，命趣召皇四子于齋所，諭令速至。南郊祀典，着派公吳爾占恭代。寅刻，召皇三子誠親王胤祉、皇七子淳郡王胤祐、皇八子貝勒胤禩、皇九子胤禟、皇十子敦郡王胤䄉、皇十二子貝勒胤祹、皇十三子胤祥、理藩院尚書隆科多，至御榻前諭曰：「皇四子人品貴重，深肖朕躬，必能克承大統，着繼朕登基，即皇帝位。」皇四子聞召馳至。巳刻，趨進寢宮。上告以病勢日臻之故。是日，皇四子三次進見問安。戌刻，上崩於寢宮。

這是光緒年間湖南人王先謙根據政府文件編纂的「東華錄」所載，皇四子即位後，大權在握，他可以隨意指示撰擬政府文告的。因為康熙大漸時所說的什麽「皇四子人品貴重」云云，皆皇三子及隆科多等人親耳所聞，其時皇四子尚未入寢宮，故未聞父皇說由他「繼朕登基，即皇帝位。」到巳刻（即上午九點，十點），皇四子才由齋宮趕到暢春園，入寢宮問安，皇帝只對他說「病勢日臻之故」，對這個繼位人物，沒有一句提到「繼朕登基」。其時康熙尚能講話，不致於連「繼朕登基」四個字都講不出。後來到雍正七年，雍正頒布的「大義覺迷錄」中有諭旨一道，所敘康熙臨終諸皇子入侍情形與「東華錄」大致相同，中有一段說：「及朕馳至問安，皇考告以症候日增之故，朕含淚勸慰。其夜戌刻龍馭上賓，朕哀痛號呼，實不欲生，隆科多乃述皇考遺詔，朕聞之驚極，昏仆於地。」

據此，則雍正在隆科多口中得知遺詔，指定由皇四子繼承大統，我們就有一個疑問，隆科多在這一剎那間，可不可以偷龍轉鳳把「皇十四子」說成為「皇四子」呢？這時候，隆科多以理藩院尚書兼任九門提督，理藩院尚書沒有什麽特別大權，起不了什麽作用，但九門提督（正名為步軍統領）是負責京師地面治安的，聽他指揮的軍隊有二萬多名，類於後來的京師衛戍司令，隆科多兵權在手，諸皇子有什麽勢力敢說他的話靠不住？隆科多述遺詔時，如給予皇十四子，則胤禵即帝位，予皇四子，則胤禛即帝位耳。何況雍親王早在兩三年前已經同隆科多結成死黨，故自即位後，凡有諭旨皆尊稱之為「舅舅隆科多」了。（雍正即位翌日，諭內閣云：「舅舅佟國維襲公奏摺，蒙皇考收貯機密事件之內。敬思皇考必另有主見，始行收貯。考懿皇后，朕之養母，則隆科多即朕之親舅。此公爵着隆科多承襲。交與該部，修理舅舅墳墓，加祭一次。」按孝懿皇后為佟國維之女，入宮後於康熙二十八年由皇貴妃冊為皇后，翌日即死。雍正之生母為德妃烏雅氏。照道理，他應稱孝懿皇后為嫡母才是。其實嫡母之弟，亦親舅也，不必在諭旨中特別聲明，其如此者，無非對隆科多特示私暱以籠絡之耳。此豈非「感恩圖報」乎？）

康熙晚年，最愛第十四子，自五十一年起，每逢出京往熱河，或出塞外狩獵，皆携之同行。康熙五十七年封撫遠大將軍，出師西征，宮廷中人多數認為皇帝已屬意此子，將來繼皇帝位的，必十四阿哥無疑。傳說康熙自廢太子後，不立皇儲，親筆書寫他死後要立哪一個兒子做繼位人的諭旨，密藏大內某一個宮殿的匾額之後，到他彌留時，才叫大臣取親筆諭旨前來宣示天下。雍親王與年羹堯早知有此事，亦認定康熙御筆所書者必十四阿哥無疑。但大內宮殿衆多，匾額尤難勝計，到底哪一個匾後藏有金匣，直如海底撈針，無從着手。但雍親王對於這件事是不肯罷手的，自年大將軍秘密來京相見後，即曾進行此事。喜得康熙一年之中，多住暢春園、圓明園、西苑、南苑，夏季則住熱河避暑山莊，在大內不過是冬季那三四個月時光，所以雍親王要推進他的計劃尚屬容易。

年羹堯手下的白泰官，飛簷走壁，如履平地，又精壁虎工，數十丈的高牆，他能一身貼牆，沿攀而上。年羹堯回到四川後，即派白泰官入京，交雍親王差遣。雍親王覷着父皇到熱河避暑時，半夜以後，就叫白泰官飛入紫禁城，逐個宮殿查察金匣所在。首先雍親王自己繪了一張大內的詳細地圖，每一宮殿都注明所在地，叫白泰官細心研究，三個月後熟記在胸，然後分作若干組域，每晚只去一組。如是者半年，才在乾清宮東暖閣一個匾額後找到那個金匣。白泰官交給雍親王一看，果然不錯，連忙打開先覩為快，怎知出盡氣力都不能揭開匣蓋，原來此匣係西洋貢品，由意大利一個科學家製造，如果不知道暗碼，無法打開的。

雍親王一團高興，到此有如冷水澆背，望着匣子無可奈何，只得仍命白泰官送回原處，立即找隆科多商量。隆說：宮中有個首領太監，從小即深得皇帝歡心，侍左右已四十年，今已年老，故未隨往熱河，留在宮中主管一切庶務。據說當日皇帝曾命他指揮兩個太監將此匣收藏起來，到底匣中是什麽東西，沒人知道，他們只知是西洋出品的玩意，叫做魔術箱，懂得魔術的就能夠打開。雍親王知道內廷有很多外國科學家做供奉的，其中必有懂得此匣製造的人。于是派人訪查，查出有兩個意大利神父都是科學家，但又不便自己出面，即由隆科多暗中請他們到家裏，假說從前有個西洋人送他父親這個金匣，現在父親死了，沒有人懂得開，請他們幫忙，他們費了好幾個鐘頭，才探索出密碼，將匣蓋輕輕揭起。隆科多連忙按住說：「夠了，夠了，費心得很，請休息一下吧，待我自己打開。」於是叫神父將密碼寫在紙上，傳家人設宴待客。他囘到私室，打開一看，果然有御筆寫着「朕百年後傳位十四阿哥」的硃諭。

隆科多連忙到雍親王府，將金匣交還，並報告經過，又說，已在食物中放了毒藥，神父吃完後，尚未囘到家門，半路就急病死了。雍親王大喜，大贊年羹堯的情報準確，早知有這件事。即晚仍派白泰官送金匣子還宮，但並不改變硃諭一字，等待時機到時，然後更改，以防康熙忽然改變主意，另看中別個皇子，說不定還是屬意於皇四子，那就弄糟了。

雍正私用印璽

到了康熙六十年將盡，其時皇帝春秋已高，但身體還很好，少有病痛，只是性情浮躁一點，而諸皇子各自結黨，爭奪大位，隆科多暗中告知雍親王，叫他在明年年底之前，把硃諭改定才好，因爲從這一年開始，康熙精神差了。隆科多以外戚關係，康熙對他特別寵信，偶有微恙，在寢宮伺候的有隆科多，而無皇子，則以康熙平時暱於妻黨（隆爲其內弟），待妻黨子弟寬於諸皇子，雍親王當然久已知道，故此內結隆而外結年，做他可靠的特務，所以很輕易就把大位拿到手，衆兄弟無如之何了。隆勸雍親王辦妥這事，恐怕突有變故，來不及做手脚，但雍親王却靜如處子，不慌不忙，認爲時機尚未到。其所以如此安詳者，無非是他身邊有個白泰官，隨時可以扮成太監混入宮中行事，在康熙傳旨取金匣時，往取的人尚未到達目的地，而白泰官已經先把金匣打開，添加兩筆在硃諭上了。

康熙六十一年十月二十一日，康熙往南苑狩獵，到十一月初七因病，自南苑囘暢春園，十三日上午兩點鐘（丑刻）之間，病勢轉惡，隆科多忙通知雍親王，白泰官馬上行事，到上午四點鐘，康熙在寢宮召見皇三子等人，根據「東華錄」所說是康熙叫諸皇子到御榻前，諭曰：「皇四子人品貴重，深肖朕躬，必能克承大統，着繼朕登基，即皇帝位。」這是後來所做的文章，出自文學侍從之臣之手。實際情形，據說是康熙病重，隆科多問他後事？康熙說，派他同馬齊、馬爾賽三人輔政，即命人至乾清宮取金匣。取到後，康熙神智尚極清醒，口授隆科多密碼，打開匣蓋，康熙伸手取出硃諭，欲向諸皇子宣讀，怎知一看是「傳位于皇四子」，登時氣惱痰湧，暈了過去。御醫奉命趕到急救，一個時辰後才漸漸清醒，但四肢無力轉動，亦不能發聲，延至晚上戌時死去。原來在御醫急救時，已放下藥物，讓他安然「龍馭上賓」了。（乾隆間蕭奭所著的「永憲錄」，一九五九年由上海中華書局出版，原藏者鄧之誠跋中，有云：「世之罪憲帝（按即雍正，死後的謚號）者，弒父、迫母、奪嫡、殺功臣數端。『大義覺迷錄』斷斷剖辯者，亦此數端。此書於阿、塞、年、隆諸大獄，所述纂詳，且謂文覺禪師爲助惡者。文覺無考，予于查爲仁『蔗塘未完稿』，得其所爲序，頗有文筆。……」雍正弒父，久已著於人口，此尤可證。有一說，文覺禪師即年羹堯軍中的了因和尚。）

雍正登基後，即日下諭旨召皇十四弟撫遠大將軍、固山貝子胤禵馳驛入京哭臨，大將軍印務交總督年羹堯，同時又進封輔國公延信爲固山貝子，赴軍前署理大將軍事。過了一個多月，就是雍正元年了（故事，新君即位，即使在正二月，也得沿用大行皇帝的年號，到下一年才改元，雍正登基之日，首先就布告天下，以明年爲雍正元年）。正月，即召川陝總督年羹堯馳驛赴京，叩謁梓宮。其時，皇十四子已遵旨，於二十四日內到了北京，從此兵權盡削，只封他一個徒有尊銜的郡王，還派特務監視其行動。

年羹堯與隆科多皆有擁戴之功，兩人相較，年之功尤大，因爲他在四川箝制皇十四子，使他不敢異動，當日皇十四子接到哀詔後，知道四阿哥已登位，接着又奉到諭旨，限於二十四日內到京，當時他就想起兵聲討，布告天下，揭穿雍正弒父奪位的醜行，怎知他的一舉一動，早已爲年羹堯探悉，投效在他帳下爲心腹護衛的那三個特務——了因和尚、呂元、曹仁父——立即把撫遠大將軍扣押起來，宣讀聖旨，謂奉命伴送十四阿哥入京。年羹堯此功，最爲雍正「欣賞」。

年羹堯到京後，追叙他從前安撫西藏之功，封爲三等公爵，並進太保。自此之後，年大將軍不斷受到雍正的賞賜，年有所奏，雍正皆有硃批答復，有時竟如家人父子的情話，其恩寵之隆，一時無兩。雍正二年六月十五日，年有謝賜詩扇摺，硃批云：

朕已將年熙過記（繼）與舅舅隆科多作子矣。」年熙自今春病只管添，形氣甚危，忽輕忽重，各樣調治，幸皆有應，而不甚效。因此，朕思此子非如此完的人。近日着人看他的命，目下並非壞運，而且下連數十年上好的運。但你目下運中言刑尅長子。所以朕動此機，連你父亦不曾商量，擇好日即發旨矣。此子總不與你相干了，舅舅已更名得住，從此自然全愈健壯矣。年熙病，先前即當通知你，但你在數千里外，徒煩心慮，毫無益處。但朕亦不曾欺你，去歲家中，皆諭你知，老幼平安之言，自春夏來，惟諭汝父健康，並未道及此子也。朕實不忍欺你一字也，汝此時聞之，自然感喜。將來看得住功名興業，必有口中生津時也。舅舅聞命，此種喜色，朕亦難全諭。舅舅說：「我二人若少作兩個人看，就是負皇上矣。況我命中應有三子，如今只有兩個，皇上之賜，即是上天賜的一樣，今合其數。大將軍命應尅者已尅，臣命應得者又得，從此得住自然全愈，將來必大受皇上恩典者。」爾父傳進受旨，亦甚感喜，但祖孫天性，未免有些眷戀也。特諭你知。

此種懇切的話，豈但從古君臣所無，即家人父子之間，也很少有這樣的情話，可見此時的雍正皇帝對年大將軍萬分寵眷，以養成他驕矜之氣，到時機一熟，就要殺他全家了。

雍正二年三月十八日，年羹堯有奏謝自鳴表摺，硃批除旁批外，摺後又批云：

寬卿奏謝，知道了。從來君臣之遇合，私意相得者有之，但未必得如我二人之人耳。爾之慶幸，固不必言矣；朕之欣喜，亦莫可比倫。總之我二人做個千古君臣知遇榜樣，令天下後世欽慕流涎就是矣。朕實實心暢神怡，感天地神明賜佑之至。

像這樣的米湯，年羹堯被灌者將二年，到雍正三年以後，京內外的大臣先後奏參年大將軍種種不法之罪了，首先是年黨直隸總督李維鈞劾年羹堯心跡悖逆諸罪，雍正亦降旨申斥年羹堯奏摺內，將「朝乾夕惕」寫作「夕惕朝乾」，且字體潦草，旨謂：「年羹堯非粗心辦事之人，直不欲以朝乾夕惕歸之於朕耳。然則年羹堯平青海之功，亦朕許與不許之間……觀此，年羹堯自恃己功，顯露不臣之跡，其乖謬之處斷非無心，着原本發還，令其明白回奏。」

不久，即將年羹堯的撫遠大將軍革去，調補杭州將軍。這時候，雍正還不敢殺他，怕他在軍隊中有潛勢力，只是解去他的兵權，使他不能作反，同時又用柔軟手段，暗中收買他手下一班江湖豪俠，許以高官厚祿，收爲已用。年羹堯已失勢，這班人跟着他也沒有出路，有些淡於名利者，乃遁跡山林，亦有一部份投入朝廷懷抱，另事新主。

雍正三年七月二十九日，署浙江巡撫、按察使甘國奎奏報年羹堯到杭州任事，有云：

年羹堯於七月初二日到任，仍似大將軍氣象。且聞年羹堯語旗人云：「汝等窮苦，我所深知，能隨我者斷不令汝等窮苦。」雖屬撫慰旗人，然意指含蓄，非所以勉勵之也。其所坐之船，先到者已三十餘隻，聞未到者尚有四十餘隻，而家奴復有家奴，到杭者男女不下千人，後來者不知其數。所住衙門，人已居滿，閒長隨等類，分住外城。夫杭州五方什處，游手無賴，藉以生事，地方殊有未便。……

數月後，又派欽差到杭拿年大將軍入京治罪，雍正三年十月十七日，署理杭州將軍鄂彌達及巡撫傅敏合奏，有云：

雍正三年九月二十八日申刻……阿拉錫到杭，賚捧上諭，鎖拿年羹堯欽此欽遵。臣等即於是夜同都統阿拉錫，傳呼年羹堯到臣鄂彌達衙門，臣敏宣讀上諭畢，即時鎖拿看守。臣敏恐伊家財產有藏匿遺漏之處，不敢刻遲，立即親自同內監二人赴年羹堯家內點查，婦女盡行押入。……

十二月初十日，議政大臣等臚列年羹堯九十二大罪，請誅大逆，以正國法，其中「大逆之罪五」、「僭越之罪十六」、「狂悖之罪十三」、「專擅之罪六」、「貪黷之罪十八」、「侵蝕之罪十五」、「忌刻之罪四」等。奏摺末云：

猶祈皇上將年羹堯立正典刑。其父與兄弟子孫，伯叔父兄弟之子年十六歲以上者俱斬，十五歲以下及母女妻妾姊妹若子之妻妾給付功臣之家爲奴。……

但雍正並沒有將年羹堯凌遲處死，只賜他自盡，斬其子年富及術士鄒魯于市。上諭云：

年羹堯不臣之心顯然。……鄒魯乃無知小人，相與謀逆之情雖實，而事迹尚未昭著。朕念年羹堯青海之功，不忍加以極刑，着交與提督阿齊圖，令其自裁。年羹堯剛愎殘逆之性，朕所夙知，其父兄之教，不但素不聽從，而向來視其父兄猶如草芥。年遐齡、年希堯尚皆忠厚安份之人，着革職寬免其罪。一應賞賚御服御筆等物，俱着收回。年羹堯之子甚多，惟年富居心行爲與年羹堯相類，着立斬決。其餘十五歲以上之子發遣廣西、雲南、貴州極遠烟瘴之地充軍。年羹堯之妻係宗室之女，着發還母家。……年羹堯嫡親子孫將來長至十五歲者皆次第照例發遣，永不許赦回，亦不許爲官。日後有隱匿過繼年羹堯之子孫者，以黨附叛逆治罪。着內閣明白記載。……

傳說：年羹堯連續降級，降爲杭州府守城門官，同僚相譏，不敢由他管的城門經過，還是怕他的積威，大特務年羹堯竟然是如此下場！

世界各國間諜秘聞

萬念健

間諜工作和這一項行業，古已有之。兵法曰：知己知彼，百戰百勝，而「知彼」比諸「知己」尤為重要。要知道敵人情況，唯一方法是派遣人員，利用一切機會，無孔不入的搜集一切資料，加以分析判斷，估計敵人目標行動，然後决定應付方法。在歷史上多次戰爭中，我們聽到過許多因為間諜制度健全，情報工作成功而扭轉戰爭、取得勝利的故事，此類故事，見諸於電影小說亦復不少，使我們不能不相信，在戰爭中，决定勝負的因素，除了將帥多謀，三軍用命之外，諜報工作的重要亦屬不可漠視。

美國情報機構共九個·特工人數超過十萬名

美國常以世界警察自居，可是，對於間諜活動一向粗心大意。一九二八年，美國國務卿史汀遜獲悉美國務院內設有一個「暗碼局」，專責密碼函件，大為震驚。他認為「君子永遠不閱讀或偷看別人的書信」。為了維持這項「美德」，他下令革退該「暗碼局」的創立人。由這一件事實，可以想見當時美國對間諜活動的重要性毫無認識。

美國在這方面所受到的最大教訓是珍珠港被偷襲，損失慘重，此一創傷，主要應歸咎於情報失敗，軍事當局有鑒於此，立即成立「戰時情報局」，對情報工作，急起直追。

一九四五年，二次大戰結束，國際冷戰，日甚一日，由於實際需要，成立中央情報局。而將原有的「戰時情報局」則改組為美國新聞處；成為一個文化機構而非情報機構。

中央情報局每年的經費超過五億美元，駐華盛頓職員達一萬五千人，至於派到全國和海外地區的工作人員為數亦以千計。不過，中央情報局只是美國九個蒐集情報機構之一而已，其餘八個情報機構的名稱是：（一）原子能委員會——蒐集所有核子活動情報。（二）國家安全總署——負責繙譯密碼、暗號，及蒐集軍事通訊衛星情報。（三）國務院情報與研究局——蒐集國外政治及經濟趨勢情報。（四）聯邦調查局——監視外國大使館活動，防止一切有損國家利益的活動。（五）國防部情報署——負責估量世界性軍事局勢。（六）陸軍的G——2。（七）空軍的A——2。（八）海軍的海軍情報局。最後三個機構負責檢討世界各國海陸空三軍部隊的實力。

美國間諜人員總數超過十萬名，全部預算數字為一機密，其中中央情報局規模最大，聯邦調查局歷史最久。

CIA名為獨立機構·實際上須受軍方操縱

中央情報局（簡稱CIA）活動，向來嚴密守秘，不久前有一個名叫維克多·馬徹提的人，曾在中央情報局工作十多年之久，在兩年前，因為不滿中央情報局的所作所為，憤然辭職不幹，並且還撰寫了一些文章，大爆該局的內幕，從他所揭發的材料中，人們可以多少看到中央情報局內眞實情形。

馬徹提在他的文章中指出現在白宮花在搜集情報的金錢，一年為六十億元（官方承認數目為五十億元）。他說：「國家安全局」是美國的另一個特務機關，它負責攔截外國政府的電報，並將它的密碼譯出。僅在這方面，每年就要花去五億元。他還說：今天美國特務機關越來越多，經費支出龐大，為掩人耳目，白宮將這些經費大部份隱藏在國防預算案裏；以中央情報局為例，它的開支有百分之八十五列在國防費中。最近美國國會一項供證透露，中央情報局在印度支那的活動，一年要花四億五千萬元。

馬徹提說：中央情報局表面上是一個獨立機關，實際上是受軍方操縱。他舉出軍方與中央情報局之間，對六十年代後期「越共」數目估計發生衝突為例。軍方要將「越共」數目報少，藉以顯出「戰功顯赫」。但中央情報局要把「越共」人數報大，好讓白宮有理由繼續讓美軍賴在南越，結果是中央情報局首腦向軍方低頭。

設立了航空公司多家·以便利特工人員活動

中央情報局奉命到處進行顛覆活動，製造一個國家發生內戰，以便美國藉口派兵干涉。據馬徹提供認美國用這一套手法挑起越戰之後，又施用於柬埔寨和寮國，從而使戰火燃遍印度支那。為了方便在東南亞進行活動，中央情報局還設立一個掛名的民用航空公司「美國航空公司」，該「公司」現在擁有「職員」一萬八千人之多，但全部都是中央情報局的特務。

馬徹提說：中央情報局的秘密活動重點，現已擴伸到拉丁美洲、印度、非洲和菲律賓。現在，除了「美國航空公司」之外，中央情報局又在邁阿密設立「南方空中運輸公司」和在鳳凰城設立「洛杉磯航空公司」，準備隨時用來對拉丁美洲取半軍事行動。中央情報局更在世界其他地方收買航空公司，以便掩飾它的活動。尼泊爾和東非各有一家航空公司已被收買了。馬徹提還說：中央情報局在美國的中西部擁有一個大倉庫，「他們在那裏擁有一切類型的軍事設備和不標明國籍的各種武器」，這些東西除用來在外國進行顛覆活動之外，更用來對付美國國內進步人士。

聯邦調查局名滿天下・大小事竟然無所不管

聯邦調查局（簡稱ＦＢＩ）的工作範圍及權力很微妙，它是美國甚至全世界無人不識的機構；它不是軍隊也不是警察，但他無所不管，樣樣可管，一個外國人申請移民美國，聯邦調查局要管；黑社會、綁票、刼機、間諜，事無大小，要管就管。

胡佛就任聯邦調查局期間，對國家當然有功，但也有人對他指摘。

當他決心自一九二四年接任聯邦調查局長時，他已決心要將調查局的工作自政治壓力下解救出來，而造成一個有效能的機構。

當他開始不接受人情介紹，公開了選擇標準時，曾使許多人震驚。他要求的是，廿五歲至卅五歲間，要有大學學位，不能有任何不良紀錄，而且要被證明是一個「紳士」。

當首批工作人員出來執行任務時，美國其他警察及治安單位人員譏笑他們是「童子軍」。可是當「童子軍」以優雅的態度，斯文的調查而獲得良好成效時，所有人都不再恥笑了，而且他們逐漸成爲人們崇敬的英雄。

這些工作人員都是經由良好訓練的，他們都是從胡佛最得意的聯邦調查局國家學院出身。這種訓練學院的畢業生中，早已不再僅是聯邦調查局自己的人員，而且協助訓練其他來自各地的治安單位人員。

許多人以爲胡佛是一個神秘人物，事實上，他一點也不神秘。每天早上九時，他來到辦公室，審閱各種公事和對調查案件發展的報告；十點鐘，他開始與許多特別任務工作人員晤面；他的記憶力極佳，大部份的資深「政工」人員的名字他都能叫出來。午餐時分，他喜歡獨自走過十條街口去到一家餐室，他從來不帶護衛，也從來不武裝，在他來回的途中，唯一會打擾他的是：搜集名人簽名的人們。

從胡佛的老友們所知，胡佛不抽烟，自然也沒有藉抽烟來壓抑精神緊張的習慣，因爲，他從不緊張。他的朋友和同事們都說，越是緊張和刺激的局面，胡佛反而越冷靜。

在他接任聯邦調查局長後十二年的一次，有一位參議員問胡佛是否親自逮捕危險的罪犯？胡佛承認說：這種工作大都是由訓練有素的幹員担任，他自己的工作主要是在行政方面。

公文往來一概用鉛筆・唯獨局長可以用鋼筆

調查局有一個傳統，即全局人員祇有局長一人可用藍墨水批示，其餘公文任何他人簽呈意見一律均用鉛筆。當局長最後用藍墨水批了「准」與「不准」時，各人就要用擦字膠把鉛筆所寫的意見擦掉。

胡佛在局內之獨裁專權，由此可見，但是胡佛本人却說：「我們只是一個合乎人性的機構，工作效力發揮在一種範圍上，那就是——錯誤產生較高，人羣脾性較敏感，而個人安全被認爲是至高無上的這種地方。」他對ＦＢＩ的性質是這樣加以解釋的。

如今，聯邦調查局在各地的分處已超過一百個左右，它的邀請人民隨時提供可疑情況的標籤已遍貼在全美的所有公共電話亭上，它每年收到來自各地的報密信件已超過數百萬封，它破獲的案件不可勝數……ＦＢＩ對美國人民，尤其是胡佛所强調的工作人員，已不僅是一個羣英萃集的地方，還是他們所崇拜並嚮往的機構。

偷聽電話曾大受攻擊・對外關係已漸趨孤立

聯邦調查局對所有政府、實業界各式各樣人物都握有極龐大的資料；獲得這些資料的手段與方法，不一而足，而「偷聽電話」，則是最主要的一條途徑。此一辦法雖曾大受批評攻擊，但在歷任司法部長優容默許之下，始終未受干預。歷任司法部長對偷聽電話一事並且加以辯護，他們說：基於國家安全原因，他們有權未經法庭同意之前偷聽電話，例如聯邦調查局偷聽黑豹黨的電話，已是公開秘密。

前總統詹森也想到聯邦調查局用偷聽電話的方法獲得的資料可能外洩，所以已經下令，除了「國家安全事項」（即反間諜）原因之外，不得偷聽電話；可是詹森一方面下令，一方面却不能不予胡佛以優容，因爲聯邦調查局呈上來的各種秘密報告，確實十分動人，非看不可，其中資料來源，不少得自電話。

由於近年來胡佛和他的高層助手的局內鬥鬨，使許多置進於夾層中的職員紛紛辭職，恐防捲入漩渦，避免在火網之內受到危險。一位法院的官員說過：「胡佛簡直向ＦＢＩ的任何人員攻擊，至使人人自危找尋逃難的地方。」胡佛使到調查局孤立起來，在一年半的時間中，他命令調查局切斷了每天和ＣＩＡ中央情報局的例行聯絡，這樣美國的反間諜任務受到嚴重打擊，他發出這錯誤的命令，由於一九六九年度一位ＦＢＩ人員在國外洩漏給ＣＩＡ工作者一個情報，那情報後來給新聞界刋登出來，胡佛老羞成怒，下令局裏職員除他本人特別批准之外，與ＣＩＡ人員用文字聯絡、電話交談、秘密會面，都在禁止之列。

可是在複雜的間諜案中，兩局人員齊心協力去偵查是事半功倍的一回事，於是ＦＢＩ與ＣＩＡ的工作人員依往時的習慣一樣不顧胡佛的禁令，仍然暗裏合作，互相交換情報。

ＣＩＡ另一位退職人員說道：「胡佛的做法極爲不智，他受各方面攻擊後，就以爲少做一件事，便可以減少一些錯誤，甘心令一個調查局的效能低落。」

一九七〇年七月，胡佛廢除了FBI的「七人小組」而使調查局越發孤立，不再和其他情報機關聯絡——甚至連國防部情報署與個別軍方情報網也一樣不相往來。

觀察家認爲胡佛這樣做是想表示FBI不單只不與CIA交往，他簡直要孤立調查局，他是從來都不高興與他人交換情報的剛愎自負的人物，他歡喜獨享光榮。去年因爲在一位TWA航空公司駕駛員批評過FBI的處理提防刼機事項，胡佛不只下令所有屬員杯葛乘坐該公司的航機，更施壓力要該公司開除那位駕機的機長。他又因涉嫌一家影印公司偸竊FBI的文件而建議將局裏的影印機通通換IBM出品電子影印機，但因費用過於龐大而未蒙允許。

聯邦調查局在系統上，隸屬於司法部長；不過人所共知，局長可以影响到司法部長的去留，司法部長却反而莫奈他何。

羅拔．甘廼迪於一九六一年就任司法部長，成爲調查局的頂頭上司，銳意於消滅有組織的犯罪及黑人公民權的提高，但聯邦調查局並沒有給他多少協助。

據說羅拔上任後，查悉單在紐約一區，便配有聯邦調查局人員數百名之多，可是專責對付有組織犯罪者，只得二人，不禁大爲驚訝，後來暗中調查，才知道調查局局長胡佛自一九五〇年以來，即力主「有組織犯罪」不存在之說；既然沒有有組織犯罪，也就不需要派更多人專司其事了。

其次是該局局長歷來不主張查究聯邦調查局中是否有人貪污，他認爲調查這種事，適足以損失聯邦調查局的聲譽。

後來羅拔．甘迺迪終於設法使他的目的達成，一九六一年在國會通過了一項「紛擾法」，規定有組織犯罪及貪污都列入違反聯邦法範圍。

元老局長連任五十年．新人新政將具新面目

詹森做總統時，胡佛已屆七十的退休年歲，詹森准許他無限期地繼續在調查局再幹下去，尼克遜上塲後不好意思推翻前任者的舊建議，可是總統先生和最高法院院長米歇爾却想用一個有體面的光榮儀式待胡佛退休。但當去年春天民主議員轟擊聯邦調查局時，尼克遜的行政人員又迫得替胡佛辯護，連帶要他退休事件也只得暫行擱置。

去年初，尼克遜行政人員在白宮召開了一個以胡佛作主席的會議，開幾星期的會希望找得對「外國間諜」、「種族問題」、「左派份子的蠢蠢欲動」和「學生事件」的有效對策，議決了尋取大量使用電話偸聽、嚴密檢查郵件、廣泛地入屋秘密搜查嫌疑人物的家庭及以外的其他方法，事後胡佛心有不甘，找米歇爾陳情，結果推翻了白宮的議案。

表面上尼克遜總統還讚許胡佛，骨子裏所有人士都對他不滿，自去年夏季開始，司法部已着手約束胡佛，公共關係部門人員將以往由胡佛起稿的FBI「罪惡報告」與發表的「新聞」審核。胡佛接受新的命令，但心中極不樂意。

現在胡佛經已去世，局長一職由司法部民事部主管葛瑞暫代，正式局長，則待下屆新總統委任，此一「藍墨水筆」制度是否繼續下去，將由下任局長加以決定，而聯邦調查局於一人專政四十八年之後，必將有所更換，則爲勢所必然。

情報體系已秘密改組．赫姆斯將獲更大權力

美國的情報機構，單位不可謂不多，組織不可謂不龐大，但其效率如何，尼克遜總統本人對之亦常心存疑問。在尼克遜指示之下，一個有基辛格在內的小組早於半年前秘密成立，負責研究改組美國全國情報機構事宜，將來的結果將爲：一、加强總統對這個每年耗資五十億美元的情報體系的直接控制權，此舉主要的目的在避免近一兩年來所發生的一連串美國情報的錯誤。二、盡力裁減五角大厦所管轄的軍事情報繁複重叠的單位，以節省經費。三、現任中央情報局文官局長赫姆斯將被授予較大職權，統一指揮美國整個情報網，包括軍事與非軍事的在內。

這位赫姆斯，是一位約有三十年情報工作經驗的老手。他是於一九六六年六月接任中央情報局局長職位，而且兼任所有情報的總統主要顧問。赫姆斯在去年十一月五日尼克遜的命令下，已獲有更大的權力，以支配情報人員、經費與其各種機構。

同時尼克遜授予白宮國家安全顧問基辛格一項新的權力，即此後基辛格有更大的發言權以決定美國情報將採取何種方針與估計其最後結果。

據政府內幕人士說：總統採取此項行動的主要原因，是對於過去搜集到的情報的處理與判斷情形，日益不滿。這些人士說：總統所收到的情報，經常是他已不需要的，而他認爲重要的情報，却又得不到手。一位白宮助理透露，最近的一個例子是，總統對於中共大陸最近的發展，無法獲得可靠的情報，頗感不愉快。正當華盛頓與北平間商談尼克遜訪問中國大陸之際，中共領導階層正進行着權力鬥爭，但是歷時甚久，美國情報人員迄今仍未能向總統提出明確的資料。

另外一個例子是，一九七〇年十一月廿一日，美國陸空軍聯合大舉出動，營救河內以西廿三英里處一個北越俘虜營中的美國戰俘，但由於提供情報過遲過舊，而使這次空降突襲徒勞無功，原來美國戰俘早已被遷往他處，該俘虜營中竟空無一人。

政府人員透露，尼克遜總統對於他的情報人員，未能準確地預測北越

對去年二月與三月間越南進兵寮國的反應，亦頗爲惱怒。尼克遜未曾想到美越聯軍入寮後，會遭遇到北越如此頑强的反抗，最後且迫使越軍退出寮國境界。

國會對於軍事當局亦頗有煩言，衆議院撥欵委員會於去年十一月十一日宣佈，「整個情報經費必須予以緊縮」，並提議削減國防部軍事情報撥欵一億八千一百萬美元。該委員會說：同一個情報而由各種不同的機構從事搜集，純屬浪費。

尼克遜希望授予赫姆斯較高的權力，以計劃檢討所有的情報活動，而克服這些短處。中央情報局多年來名義上已負責協調軍政兩方面的情報，但實際上由於官僚門戶之爭，而未能如意推行。

赫姆斯現在亦兼任新成立的一個海外情報委員會的主席，這個委員會將就海外情報工作的預算提供意見。

成立間諜新機構多個・基辛格地位更見重要

尼克遜並採取以下措施，以加强美國情報系統的功能：一、改組「美國情報委員會」，負責處理情報的需要與優先問題。這個委員會以赫姆斯爲首，以下包括中央情報局、聯邦調查局、財政部、原子能委員會、國防部，以及國務院等單位的各情報機關的代表們。二、成立一個國家安全會議情報委員會，由基辛格任主席，除赫姆斯外，這個委員會包括司法部長、聯合參謀首長會議主席、副國務卿、國防部副部長等人。他們向赫姆斯提供意見，並向總統提供所需要的情報，以便作外交政策決定。三、成立一個「純評估小組」（Net Assessment Group），由國家安全會議的幕僚人員組成，檢討所有情報，評定世界各强國（包括美國與蘇俄）的相對實力。四、成立一個情報財源顧問委員會，授權赫姆斯，全權處理政府的整個情報預算。五、裁併三軍情報機構。

據國防部人士表示，國防部高級官員們對於情報系統的中央集權化並未表贊同。國防部長賴德於去年十一月九日說：「有些人認爲裁減軍事情報機構會節省數十億美元經費，可是我將來坐在辦公桌旁可能看不到情報文件了。」

國防部副部長派卡德亦對情報體系之改組，表示關切。他承認情報機構過去因報導失誤與浪費大量金錢而遭到指責，這是事實。但是解決之道僅增加最上層某一個人的責任，或由白宮某一人（指基辛格）統一指揮整個情報事宜，就認爲情形會改善，他說：「我實在不同意這種看法，但是這只算是我個人的意見。」

國會大多數議員們對於尼克遜的改組情報機構，皆持觀望態度。然而參議員薛明頓（民主黨籍）却於十一月十日，要求白宮方面就改組之事加以解釋。參議員傅爾布萊特抱怨尼克遜因此又爲基辛格增加職權。

尼克遜的改革計劃是否比他的前任者能獲致更多的成就，現在尚難定論。不過情報機構的內外高級官員們强調一點的是，現在白宮已決心加强對情報系統的控制權，將來的任何情報錯誤白宮也將承担較多的責任了。

各國情報之工作評價・蘇與英其高法國較差

專家認爲，如果要將世界各國間諜制度的質素作一項孰優孰劣比較的話，那是很困難的。拿美國中央情報局來說，由於這個情報大本營從美國各蒐集情報的機關方面歸納各種資料的緣故，因此在情報的質素上可能較佳，而且較爲靈通。不過，西方國家的情報官員却認爲蘇聯秘密警察的專業水準及紀律十分難得。

就另一方面來說，雖然在第二次世界大戰以後，英國有若干著名的特務官員投奔蘇聯，可是，美國情報當局對英國的情報機關及工作人員的質素，經常給與甚高的評價；至於法國的情報機關及人員的活動，美國情報當局則認爲較差。

許多專家指出：如果以特務人員一個對一個地作比較，同時以活動經費一元對一元作爲比較基礎的話，那麽在全世界內，情報工作做得最有聲有色的並不是美國，也不是蘇聯，而是以色列。爲什麽以色列的情報工作如是傑出呢？主要的原因可能是爲了猶太人的特別團結，再加上他們的國家陷於被阿拉伯人包圍的狀態中。爲了生存，爲了克服種種困難及陰謀，因此從事特務工作的猶太人極爲提高警惕力，特別賣力，而他們的成績也被專家認爲特別出色。

以色列情報人員獲致的顯著成就，包括下列數項在內：（一）獲悉蘇聯總理赫魯曉夫於一九五六年向第二十屆蘇聯共產黨全國代表大會發表的解除史太林化演說內容，而且獲悉的速度勝過美國情報。（二）一九六七年六月發動那項「六月戰爭」的時候，以色列的情報人員對於埃及空軍部除的每一架飛機位置瞭如指掌，而且幾乎知道每一駕駛員在什麽地方。

以色列間諜最爲出色・阿拉伯國家談之色變

關於以色列的間諜活動，知道得比較多的當然是埃及。埃及當局曾經下過一個結論：在一九六七年的以阿戰爭，以色列的間諜人員，扮演了重要角色。

半官方的中東新聞社在一篇文章中指出，埃及利用「電子」竊聽裝置、空中偵察，以及衛星的長程拍照，諜報工作可以做得相當的技術化。不過該新聞社說，在以阿衝突中：「傳統的間諜活動仍是最重要的。」

該新聞社說：若是沒有地面的間諜活動，「以色列不可能在以往的數次戰役——其中包括一九六七年的六月戰爭中戰勝阿拉伯。」

埃及報紙連篇累牘的刊載了以色列間諜的活動情形，有許多報導讓人看來覺得這些間諜就像是眞占士邦一樣。好笑的是，占士邦片集正是備受阿拉伯影迷喜愛的影片之一。在最近的一部「鐵金剛勇破鑽石黨」中，占士邦曾在埃及停留片刻，該片在阿拉伯地區上演時，還大爲客滿。

阿拉伯報紙已經刊載了不少在一九六七年以阿戰爭之後，因在埃及從事間諜活動而被捕的許多人士的特殊案件。

有位名叫納非的埃及人，據說是在國外被以色列收買，再派回埃及工作；他在錄音機中密藏有發報機。另一名間諜據說叫非爾斯，根據報紙的描述，「他因迷於酒色，而被以色列人利用上，他發覺在回到開羅時，手杖中竟藏有一部發報機。」

中東新聞社表示，以色列間諜利用諸如小孩玩具、髮梳和阿斯匹靈盒子之類的東西藏匿他們的發報裝置，他說以色列正竭力在網羅住在歐洲的埃及人，在這些地方，負責徵集新成員，而阿拉伯語流利的以色列間諜，總在各運動中心、慈善機構和文化組織之類的「掩護組織」下工作。

根據埃及這家新聞社，以色列間諜在仔細調查這些埃人的行動、背景之後，便和他們接觸；然後招待他們吃喝，再以女色來迷惑，慫恿他們做間諜工作。

根據一則故事顯示，對於「卑劣，急需錢用，鋌而走險」的那些人，以色列間諜最爲成功。這些報導警告說，一旦到了埃及，間諜人員就專事利用那些粗心大意的人物。

中東新聞社說：「以色列間諜就利用一般埃及人的忠厚本性，這些人很容易坦白說出一切而不知道他說的可能正是對敵人很有幫助的情報。」

該新聞社說：「每一個人都應該加倍努力，爲即將展開的殊死戰奮鬥，國家的安全需要全民的合作。」

「每一個人都應該自行承當衛護國家重要設施的責任，不要談論他所知道的任何國家秘密，不傳播謠言，並應向警方報告他認爲可能危害國家安全的任何活動。」

雖然以色列的間諜，除了在它國家地理位置以外地區，活動甚少。

美蘇間諜雙方有成敗．收買情報豈能談合作

美國的中央情報局和蘇聯秘密警察總部的活動，一樣地有值得誇耀的成就及悲慘的失敗。美國中央情報局在「賓可夫斯基間諜案」方面引以爲榮，因爲該案揭發蘇聯軍事情報網的活動和許多特務人員。美國中央情報局同時獲致蘇聯軍事發展的高級情報及中共核子武器發展情況。美國中央情報局甚至就越南局勢作合理的估計，可惜他們所作的估計，往往被美國政府的決策者所漠視。

美國中央情報局的挫折，包括下列數項重大的事件在內：（一）古巴「豬灣」事件——這雖然是情報上的錯誤，也是美國政府最高層決定的錯誤。（二）一九六一年共黨東德建築柏林圍牆的時候，美國中央情報局事前毫無所悉。（三）一九六四年赫魯曉夫垮台前，中央情報局同樣地一點情報也沒有獲致。

時至今日，大部份國家的政府的文件越來越官僚化及神秘化。美國國防部差不多對每一項文件列爲「密件」這項事實，就是最好的證明。事實上，如果少用「密件」蓋印的話，則間諜可能沒有那般活躍。

一九五九年赫魯曉夫訪問美國時，曾經向當時的中央情報局局長阿倫杜爾斯表示：「我們應該共同收買我們的情報資料從而節省金錢。屆時我們只需向供給情報的人士付欵一次就夠了。」赫魯曉夫當時的建議充滿無法拒絕的吸引力。然而，這個世界根本不願意向這種途徑發展，在可以預見的將來，或者永遠，貌不驚人的人物可能在任何地方等候乘虛而入的機會。同樣道理，駐蘇的其他非共黨國家大使館人員，便有一部份繼續秘密地進行蒐集情報的活動，他們所供給的資料遠不及總數百分之四十以上，當然其中也有一部份乃係失實。

雖然蘇聯秘密警察總部的對外特務活動機構所擁有的職員人數較少，可是，動用的特務人數却比美國的中央情報局爲多。一位美國情報官員表示：「蘇聯的情報人員質素不單只十分良好，而且人數最少比我們要大兩倍之多。」

僞裝間諜滿佈全世界．無孔不入亦防不勝防

間諜的主要工作，包括搜集各種軍事、政治、經濟情報，破壞敵人交通、武器及防衞工作，策反歸順，散佈謠言，動搖人心，掠奪糧食，利用金錢與男女關係收買一切，他們不一定要親臨敵後，深入要塞。他們在大酒店、飛機場、火車站、夜總會，甚至電梯中和與不重要人物的談話中都能取得寶貴資料、機密消息。從事此項工作的人員，也不一定要是三頭六臂的英雄好漢，身懷絕技，也不一定是傾國傾城的絕色美女，他們看來可能是富商巨賈，紳士淑女，可能是流氓、無賴，也可能是貧苦無依的老弱婦孺，他們在行人道上拾起的一張廢紙，可能大有用處，他們在廢紙箱中檢起的一個烟盒，可能就是無價之寶。

他們有的以此爲職業，有的以此爲嗜好，有的以此報効國家，有的以此尋求刺激，他們看上去有一個固定的職業，有些是甚麼事都不做，或者甚麼事都做，而其眞正的職業，則是間諜，情報人員和特工，人數不易估計，却無孔不入的散佈於每一塲合，每一角落，使你防不勝防。

LLOYD

HANDMADE QUALITY

World's proudest, most expensive, elegant, comfortable & durable men's footwear

西德名廠「利來」男裝鞋

飲誉全球·鞋中權威

大人公司 平價市場 人人百貨 大方公司 來路鞋公司有售

我訪問了川島芳子

謝冰瑩

民國三十五年的冬天，我在北平一所監獄裏，見到了川島芳子。事前我和監獄的負責人聯絡好了，目的是要寫一篇「川島芳子訪問記」。

那是一個很冷的冬天上午，九點鐘的時候，我到達目的地，監獄中一位職員，領我走了許多曲折的過道，來到川島芳子的房門口，那位先生開了鎖讓我進去；同時他用命令式的口吻對川島芳子說：

「芳子，這是我們中國的名作家謝冰瑩女士，特地來看你；她如果有什麼問題，你要好好地回答，不可狡猾，或者只是搖頭。」

說完，這位職員先生又對我說：「你出來後，請你把門鎖上。」

「不，請你把我也鎖在裏面，三刻鐘後，再請你來開門。」

我這時眞有點胆戰心驚，我害怕川島芳子突然逃走，說不定先將我打傷，然後狂奔出去，不知道內幕的還以為我是來表面作訪問，暗中援救她的，豈不是天大的冤枉；我要求連我也鎖在裏面，那就可以放心談話了。

那位先生聽了我的話，微笑着說：

「那眞對不起你，請你原諒！我就站在外面很近的地方，你什麼時候要出來，只要敲敲門，我就來開。」

他眞的鎖上門走了。

一副憔悴的面孔，皮膚黃中稍帶黑色，一對無神的眸子，望了我一下，又垂下了。她好像很不高興的樣子，我呆呆地望着她，心裏想：這怎麼會是川島芳子呢？一定不是。她是那麼一個轟動中外，甚至使世人注目的偵探之花，一定很漂亮，很風流，這樣一個又醜又老的女人，怎麼會是舉世聞名的川島芳子呢？

遲疑了一會，我用日語問她：

「川島樣，你好嗎？」

「好的。」她也用日語回答我。

「你在這裏每天怎樣打發日子？」

「看書。」

「看日文的還是中文的？」

「中文。」

「你可以告訴我現在看的是什麼書嗎？

女扮男裝的川島芳子

「紅樓夢。」

這眞出乎我意料之外，川島芳子認識中文；而且會看「紅樓夢」，我不相信。

正在我用懷疑的目光注視她時，她從枕頭下面拿出一本平裝的「紅樓夢」來了，看樣子很舊，可能她眞的在翻閱。

「你覺得『紅樓夢』有趣嗎？」

「有趣。」

「你喜歡書中的那一個人物？」

「我不知道。」

「書是誰給你的？」

「向監獄借的。」

「你可以把你被捕後的感想告訴我嗎？」

「我沒有感想。」

這句話就是狡猾了，一件這麼大的事，不會沒有感想的，於是接着我又問道：

「你家裏還有些什麼人？」

「……」

她低着頭，根本不回答我。

「你是從什麼時候開始做間諜的？」

「……」

仍然不理。

「你也想和我談談你心裏的苦悶嗎？」

「我沒有苦悶。」

這倒是一句令我驚奇的話，她在監獄裏居然沒有苦悶。

一個當記者的人，最怕被訪問的對象，什麼都不說，遇到這種完全「冷場」的時候，是最難過的。於是我改變方式，和她聊起家常來：我告訴她曾經兩次去過日本，還在東京目黑區警察署，坐過三個星期的牢，比她現在的生活苦得多了。

她只是靜靜地聽着，有時用她那無神的眼光望望我，有時則望着那本

「紅樓夢」。

「我打擾你看書嗎？」

我故意禮貌地問。

「沒有關係。」

從這時候開始，隨便我問什麼，她都置之不理，試想在這種情形之下，我還能問什麼呢？於是只好敲敲門，果然，那位先生便來開門讓我出去。

「她眞的是川島芳子嗎？」

我懷疑地問那位先生，還特別注意他臉上的表情。

「怎麼？你懷疑她嗎？」

「當然！川島芳子不論在報紙、雜誌上，在銀幕上，她都是個又年輕、又活潑、又美麗、又聰明的女間諜；而這個又老又醜的女人，怎麼會是川島芳子呢？說不定是她的替身吧？」

我自認那次說話太孟浪了，幸虧那位先生並不見怪，他只笑了笑回答我：

「她眞的是川島芳子，你說的年輕漂亮，完全靠化裝術呀！」

不錯，這話也有幾分道理，今日化粧術是神通廣大的，它可把一個十七八歲少女，變成七八十歲的老太婆，也可以使鷄皮鶴髮的老太婆，化粧成年輕的少婦；不過說什麼我也不相信，她眞的就是那位神出鬼沒的川島芳子。

那天，我走出監獄時，感覺到空虛、悵惘、懷疑、失望，一直到今天我還在想着，我那次會見的一定不是眞正的川島芳子，而是她的替身。

川島芳子，本名金壁輝，為清肅親王善耆之女，年青時曾受軍事及間諜訓練。後隸土肥原屬下，專事對華間諜工作，稱金司令，本人精于化裝術，抗戰後被捕。

為什麼我這樣說呢？

第一，川島芳子關在北平監獄，為什麼沒有記者去訪問她？替她照相？

第二，川島芳子槍斃時，只有第二天在報紙上看到新聞，並沒有登相片。照理，一個這麼聞名世界的熱門人物，她死了之後，一定有相片為證的，然而事實沒有；因此當時就有很多人議論紛紛；有的說的眞正的川島芳子早已遠走高飛，死的是她的替身；有的說，川島芳子不關在北平，另外禁閉在一個秘密的地方；還有的說：川島芳子並沒有這個人，是日本軍閥故意製造這麼一個的人物來聳人聽聞的……

種種傳說，不知應該聽那一說的好；但對於川島芳子之判死刑，的確是一個謎，為什麼槍決她時不讓記者知道？不讓他們把相片登在報紙上？為什麼凡是見過川島芳子的人都要懷疑呢？她眞的是川島芳子嗎？

總之，究竟川島芳子是否死了，還是活着，可眞是一個謎。

男扮女裝的兩個警察

·林慰君·

當街搶刼已成爲美國近年來司空見慣的事情。因此紐約和舊金山這些大都市，都有專門負責的警察，常常在街上捉那些搶皮包的罪犯。

在舊金山市的監獄裏，有一個罪犯，他對他自已被捉時的那一幕情景，老是不能忘記，因爲那簡直是一場噩夢！但却是一個很特別的噩夢！事情是這樣發生的：

有一天，他決定在海特街做案，他的職業是搶皮包。天已經黑了，有一個小老太婆，頭上繫着一塊頭巾，灰白的頭髮有點露在頭巾的外面，手上拿着一個大皮包，她沒有把它掛在臂肘上，這是很好的目標。

這個搶皮包的人，走到那小老太婆的身後邊，搶到了皮包，立刻就跑，這就是他那場噩夢開始的時候！

那個小老太婆忽然抓住了他的上衣，把他提起來，轉了一圈，然後把他摔到地上，臉朝地背向上的扒在那裏，她的舉動，完全是一個柔道專家的內行舉動。

一分鐘以後，這個强盜已被戴上手銬，於是他被帶上了一輛不知從那兒忽然出現的警察車，坐上了後座，到警察局去，以搶刼罪登記在警局的登記簿上了。

那位小老太婆又回到街上去工作，她的職務是捕捉盜賊，她是舊金山警察局的警員。

「她」其實是個「他」，他名叫丹尼沙蒂，是兩個孩子的父親，五呎七吋高，體重一百五十磅，同時還是空手道和柔道專家。在他的大衣裏，總是斜掛着一把自動手槍，

他受過很好的訓練，專捉搶皮包的罪犯。他有一個同事，名叫傑姆斯特克，也是捉强盜的警員；不過他總化裝成少婦。

他們的化裝室在警察廳的五樓。他們的臉上擦了濃厚的粉膏，爲的是遮蓋臉上那發青的鬍子的影子。他們的眼睛上畫着眼膏，眉毛上有眉膏，唇上塗着口紅，頭上戴着假髮。那假髮梳得很小心很整齊，而且噴了許多膠水。

他們的腿上，穿着兩層絲襪，裏面是一雙厚絲襪，外面再罩上一層普通的尼龍絲襪；（因爲怕人看見他們腿上的汗毛太多太重。）

在他們那平板的胸上，戴着乳罩，乳罩裏塡上橡皮假乳，假乳裏再塞上一團絲襪，以增加這個胸脯的曲線美。這外面，穿上女人的長西裝，掛上皮帶和鎗，這枝鎗就藏在他的左腋下。他們脚下穿着平底女皮鞋，衣服外邊穿着新式的女大衣，長僅及膝。

這兩個男扮女裝的警察，有他們局裏的體育指導員敎他們怎麽自衛。給他們化裝的人，是一個巡邏警員，他從前曾做過舞台的演員。

那位體育指導員告訴我說：「化裝成女人的那兩位警員有時在公共汽車站，有時在交通要道的街頭工作。在他們對過，總有一個便裝的警察，身上帶着無線電話機，隨時聯絡。如果化裝的警察打不過那個搶刼犯，而讓他逃脫，那麽那輛汽車中的工作人員就可以把那個搶刼犯截住。」

丹尼沙蒂和傑姆斯特克兩人本來都是巡邏警員，他們平時還常做巡邏的工作。但必要時，他們就化起裝來，到搶犯較多的地方去捕捉，這兩個人都是志願做這種工作的。沙蒂說：

「搶皮包的人最無耻，他們多半欺負老太太，常常把她們推倒，她們如果拒絕，他們還踢她們。」

「他們有時兩個人一夥，有時三五個人一夥，但其中總有一個人會打那被搶的人。所以我們的目的，是要給他們一點兒教訓。」

沙蒂還告訴我，有一次，他化裝老太太乘公共汽車，他在車尾，另外一個便衣的警員則站在車頭，在短短的時間之內，他們竟捉住三個搶皮包的犯人。

在街上搶皮包的人很聰明，他們早已調查清楚那條街有多少出去的路，那兒有什麽樣的巡邏車，一切都調查得清清楚楚。所以，唯一對付他們的方法，只有化裝成女人來引他們上鈎。

所有的警員中，不是每個都能化裝成女人。他們必需年輕，窈窕，個子不太高，體重不能超過一百六十磅。有些自動參加化裝女人的警員，經過幾次訓練後，被拒絕了，因爲他們學女人走路，總是學不像。

斯特克說：「化裝時最討厭的事，就是在頭上噴膠水。我眞受不了那膠水的味！還有，那些女人的鞋，多半也都太窄，我總是等不及把它們脫下！」

這些警員，不在有妓女的街上工作，因爲那些妓女很妒忌別的女人。她們看見別的女人在她們的區域裏慢慢的扭來扭去，常常狠狠的用眼睛瞪他們，好像在說：「妳是什麽東西？怎麽跑到我們這個區域來了？」

沙蒂和斯特克兩人，由於經驗，自己研究出來不少好方法，讓人看着更能相信他們。他們會假裝不知所措，並且看着好像很着急的樣子，這種迷惘與不安，就像一個從外面來的觀光客，在這大城市裏走錯了路一般。

他們有時在街上看報，把皮包掛在手上，好像在故意引誘那些搶犯。斯特克有時甚至還斜掛着一個照像機的盒子（裏面當然是空的）。

「這種做法非常有效。」斯特克說，「我只有一次被街上的人認出是假裝的。」

所以，如果你看見一位小老太太（沙蒂）或是一位漂亮的少婦（斯特克），在街上等公共汽車，手裏拿着一個大皮包走來走去時，她其實並不是眞正在那裏等汽車，「她」可能是個「他」！這個「她」可能是正在執行「他」的任務呢！

美國通訊

政海人物面面觀

——左舜生、楊杰、蕭振瀛——

馬五先生

左舜生（仲平）

吾友左舜生才足以濟世，學足以立人，而志行卓犖，不屑直尺枉尋以趨附權勢，不尙小廉曲謹以取悅塵俗，皦然獨往獨來，我行我素；一生立身行己，皆以吾湘諺所謂「不信邪」之精神爲本，不憂貧，不畏病，蓋非致於命不已也。

舜生出生湖南長沙縣，初名「學訓」，有昆仲三人，長學古，次學萬，舜生最幼，家道淸寒。淸末入長沙高等小學堂，於民國初年畢業後，迫於寠人之子，肄業長沙縣立師範學校，免繳學雜費，非其志也。越民國三年，長兄學古在江蘇江都（即揚州）縣府司理簿書之職，可供舜生學費，乃棄師範學校，馳赴上海考入法國教會創設的震旦學院，與川人曾琦、李璜，皖人黃仲蘇（即曾在台灣任總統府副秘書長黃伯度之弟）等同期，且與曾、李同一寢室，這便是後來曾、左、李三人成爲「中國青年黨」三鉅頭的基本因素。在震旦讀了兩年書，舜生時已成年結婚，對法文殊少興趣，然國文冠儕輩，每星期作文皆貼堂示範，黃仲蘇亦負文名，兩人交誼甚深。某次作文試題「白魚躍於王舟」，諸同學少年皆茫昧不敢下筆，然舜生議論風生，迅速交卷，敎師更稱讚不置。未幾，乃兄學古去世，學費來源斷絕，祇好輟學作還鄉計，旋由同學黃仲蘇推介，赴南京作家庭敎師，專授國文。

舜生肄業震旦時，有王光祈、李大釗等青年智識份子，創立「少年中國學會」，舜生亦加入爲會員，且負責編輯學會發行的刊物，對會務甚熱心。迨他赴金陵執敎後，少中學會會務失去重心，日趨叢脞，王光祈等認爲非舜生回滬不可，爲着維持他的生活計，乃設法推荐他到中華書局編譯所担任編輯員。時上海商務印書館發行涵芬樓叢書，皆係彙集古籍，頗受社會重視，中華書局基於生意經，不甘落後，主持人陸費伯鴻乃決計發行新文化叢書以相競爭，命舜生董理其事。他悉心籌劃搜羅各種新著作，自編輯、印刷以至校對，皆躬身自任之，成績斐然可觀，最難能可貴的，就是叢書中沒有錯字，這樣工作了十年，他亦乘此機會，閱讀了不少的新舊書籍，他所編著的「中國近百年史料叢編」正續篇，即在此時完成出版的。舜生的侄兒左幹丞，學名「敬」，已故國大代表，係舜生的長兄之子，年方十五歲，以失怙而告失學，即由舜生介紹入中華書局任校對工作，他指導幹丞乘暇讀書，十年之後，幹丞居然能在上海某中學暨專科學校担任講席了。至於舜生校對工夫之卓越，尤堪欽佩，十年前，他在香港主編「聯合評論」，以寫稿人皆係高級知識份子，規定初校由作者負責，他只看大樣而已。諸寫稿人細心校勘自己的文字，用力甚勤，認爲決無錯誤了，但舜生將大樣瀏覽一遍，即指出某處有錯字，某處有漏字，歷歷不爽，同人相予嘆服不置。

他在中華書局苦幹了十年的編輯工作，依勞績升任爲總編輯，且由書局資送他到法國考察文化事業，歷時一年有餘。這時候，曾琦、李璜等正在法國以青年黨領導人關係，跟中共份子周恩來等鬥爭甚劇烈，舜生當然亦參預其役。迨曾、李、左回國後，即在上海發展黨務，出版「醒獅週刊」，編輯校對之任，自非舜生莫屬。時在一九二七年大革命期間，執政黨倡言「黨外無黨，黨內無派」，嚴禁青年黨活動，舜生仍于役中華書局，「醒獅」停刊後，得免潛入地下活動，旋又應私立復旦大學之聘，講授中國近代史，甚受學生歡迎，據他太太黃竹生所寫悼念舜生的文字中，亦說是由於聽舜生講近代史而傾慕不已，最後乃以師生而成爲夫婦的。一九三四年（民國二十三年）北平政務整理委員會主持人黃郛，奉國府命令與日本軍閥簽訂「塘沽協定」，輿論斥之爲喪權辱國，然舜生泯却黨見，曾以「左仲平」筆名在上海晨報上發表論文，認爲能藉此項協定以保持華北不淪於「特殊化」的日本軍閥鐵蹄蹂躪之下，亦殊不易，國人應該予以諒解。黃氏閱及此文，多方訪查左仲平係何許人，嗣經其妻弟上海工務局長沈怡查知爲青年黨領導幹部左舜生的手筆，大爲感紉，特邀左氏晤談，引爲知己，這就是舜生愛國心切，公爾忘私的磊落光明節操，殆與今日民主黨人對越戰問題，不分靑紅皂白而對政府當局的措施，盲目攻擊情形，大異其趣，誰說中國人缺乏民主風度呢？

黃郛在北平與日本軍閥周旋有年，洞悉日方鑑於多年來利用吾國舊有的失意官僚政客與軍人，作爲分化中國的工具，效用不大，擬改從勾結中國在野黨派而擁有羣衆者入手，靑年黨即其唯一對象，甚可憂慮，乃獻議國府最高當局，應聯合國內各黨派一致抗日，而第一步即須解除黨禁，彼此精誠團結。繼而上海「八、一三」事變發作，日本侵華面目咄咄逼人，對外戰爭勢不可免，最高當局採納黃氏意見，邀約青年黨首領赴廬山協議

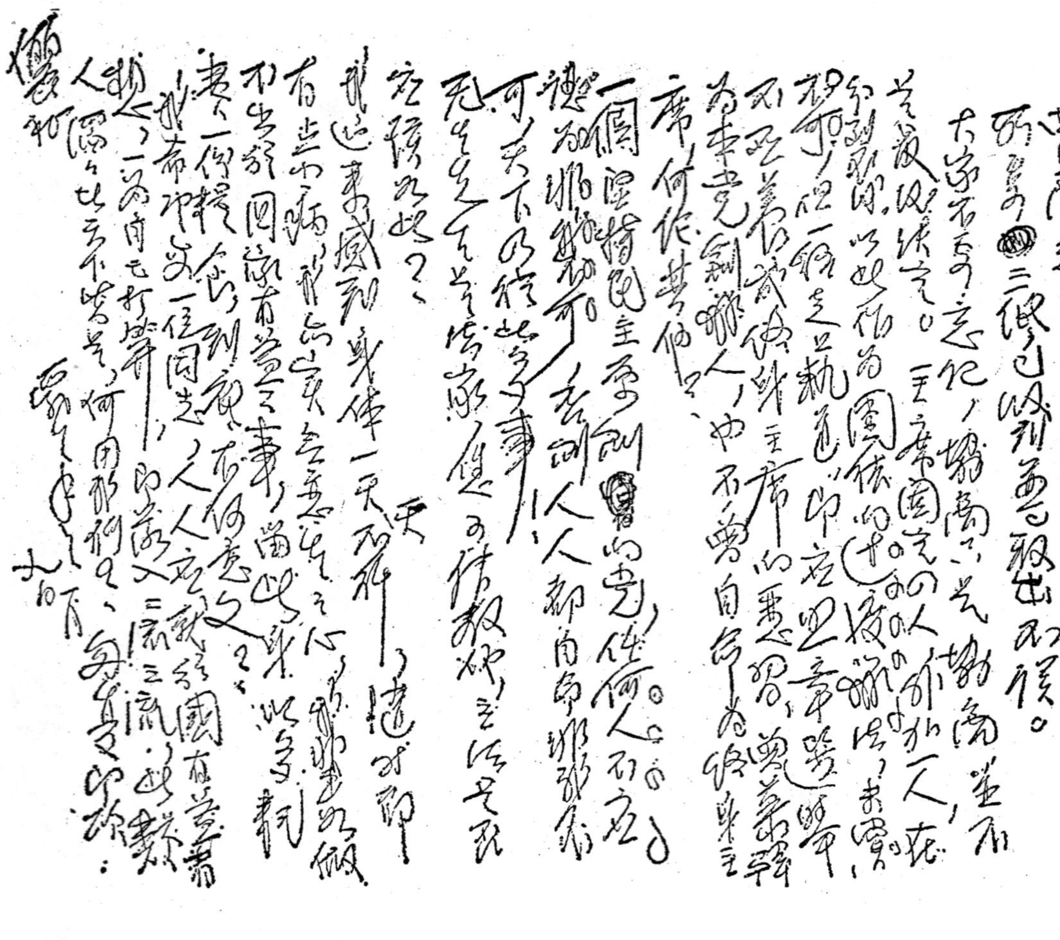

左舜生先生遺墨

合作救國方案，然其黨魁曾琦在天津不即南下，指派舜生出面周旋，而以「個人不失身份，團體不失立場」為合作基準，舜生到廬山盤桓數日，本其公爾忘私的愛國素志，除倡述實行民主政治外，別無所求，頗受當道嘉許，兩黨即交換正式文書，從此青年黨公開活動，共同抗禦外侮，往後左舜生之能入南京「中央黨務學校」——即今之政治大學——執教，亦即導源於此。

對日抗戰軍興，政府創設「國民參政會」，網羅諸在野黨派人士，以及所謂社會賢達充任參政員，舜生當然亦在其列，且被推為主席團主席之一。某次會議時，他在台上担任主席，因發言者甚多，又不依會議規則進行，次序凌亂，互有爭執，台下有人大呼：「主席未曾看過『民權初步』嗎？」舜生怫然作色道：「我不曾看過」，隨將議事日程擲置講台中，聲言「老子不幹了！」即走下會員座位，猛抽香烟，不勝衝動之象，可見他是個陽份人，遇事表露眞性情；玩手段、弄陰謀的政客作風他是沒有的。參政會在重慶改組時，章伯鈞、羅隆基、李公樸之流，皆告落選了，舜生認為不合式，唯恐再次改組之際，其他在野黨派人士皆有被擯之虞。乃與張君勱、黃炎培等倡組「民主政團同盟」，目的只在維護在野黨派的參政權，係一以團體為單位的臨時結構，由舜生担任秘書長，另發行一種小型的報刊。不料後來沈鈞儒、梁漱溟、黃炎培，受着共黨份子周恩來、董必武、吳玉章等人的誘惑，將「民盟」這臨時團體，變質為跟共黨裏應外合的政團，處處與政府敵對，且改稱為「民主同盟」，而把原來標榜的「政團」二字剔去，舜生大不謂然，即聯合民社黨首領張君勱，宣佈青、民兩黨退出「民主政團同盟」，即等於解散了。厥後張瀾（表方）出面，串同川省舊軍人鮮英（特生），揭起「民主同盟」的旗幟，鮮英暗中供給經費，公然與共黨沆瀣一氣，反動到底，這是舜生最引為遺憾的事。

舜生在對日抗戰中期，曾與黃炎培等赴中共巢穴延安訪問過，他以湖南人的關係，自毛澤東以及賀龍、彭德懷、林伯渠、蕭克這些幹部人物，乃至文藝作家丁玲等，皆曾經分別晤談，對共黨瞭解較深，回到重慶後，確認國共決無合作建國之可能，對共黨少所許可，而與黃炎培之專為共黨張目助勢作風，逈然不同。迨日本宣佈無條件投降之日，黃炎培又率領一羣所謂民主人士，赴上清寺國民政府後面山坡上，高呼「蔣主席萬歲」，然舜生即不屑有此二三其德的小政客言行，其品概可知。既而毛澤東來到重慶，曾在司法院副院長覃振家與舜生暢述其釀亂意旨，說是「要替湖南人出氣」，但舜生并不衝動，對毛懇切規勸。他對國事問題能持大體，守大節，不斤斤於黨派觀念的胸懷，多類是。晚年他在香港塡的詞，亦有「思量未必他人錯」的警句，足見其風格為何如了。

從一九二四年國民黨採取聯俄容共政策後，沿襲俄共的黨政組織方式

，主張「一切權力屬於黨」，「黨權高於一切」，似置政黨利益於國家利益之上，習與性成，恬然安之，此與民主政治思想扞格難以融合，殆爲無可否認的事實。舜生於對日抗戰勝利，實施憲政後，出任政府農林部長，所屬單位主持人如有空缺，每物色專門人才承其乏，不問黨派關係，青年黨人頗責其缺乏黨性，他即以國家利益高於黨派利益的義理說服之。這種恢閎而容忍的民主思想，隨處流露着，他跟朋友們玩牌消遣時，常謂「別人能和出大牌，給我欣賞欣賞，我亦很高興的」，這便是民主精神。一般在政治上稍露頭角的官僚政客，平日的私生活儘管腐爛不堪，然表面上總是裝出一本正經的道學模樣，藉以欺世盜名，舜生却恥作僞君子，他幷不諱言玩牌的嗜好，而且聲述其所以然。他說：「我的母親平生別無嗜好，只喜歡玩牌。她老人家於高年易簀之際，兒女暨媳孫輩皆環立榻前，老母張目省視後，遺言此生了無遺恨，祇感覺麻將牌尙未玩夠而已。我是這樣的母親生出來的兒子，如果不會玩牌，豈非不肖之子嗎？」其言甚誠篤而風趣盎然，我認爲這就是左公的可愛之處，顧念一般假道學家，實糞土之不若矣。

我說左公不憂貧，不畏病，確非虛語。他自幼迄老，都是過着貧窮生活，却不肯攫取分文的非份之財。一九四九年中央政府撤離南京時，農林部所屬機構，遍及全國，國庫按照預算，撥下了大批的疏散費，左公全部分配於各單位，自己一介不取。嗣後政府從廣州撤往重慶，農林部亦解散了，此時若干青年黨人皆違難香港，左公曾向代總統李宗仁請求撥助經費，藉作維持青年黨人在海外的生活之資，宗仁命國庫付予現大洋兩萬元，按當時的兌換率，折合港幣爲十四萬元，茲事外人鮮有知者。左公領得此欵帶至香港後，如數交出，即在牛池灣創立「生生農塲」，租建一些克難房舍，使若干同志得免流落之苦。他自己仍貧乏如故，卜居鑽石山一椽樓上，又分租予易君左一間，且於門前設一小士多，用木板蓋成亭子式的小屋作舖面，專售飲料糖果，藉博蠅頭之利以營生。然左公固非商塲中人，而以玩政治的方法經營，每逢筆者赴當時與左公比鄰而居的成舍我兄家時，成夫人必請左公過來湊角玩牌，左公聞召即應命而至，且隨帶其小士多裏陳列的糖果飲料來饗客，我笑謂：「左公如此做生意，一定會做垮啦！」他即答以「大陸的錦繡河山都垮了，區區士多何足道哉！」結果大蝕其本，士多祗好關門，而左公夷然不以爲意。他手中稍有餘錢即買書，太太的衣衫陳舊褪色了，還說是很可穿，不必更新，但在牌桌上决不願拖欠贏家半文錢，認爲非如此即失去娛樂趣味了。左公雖然喜歡方城之戲，然决不因小道而損及做人的風範，如一九五〇年冬月某夕，我們四個人在香港「六國飯店」闢室玩牌，房子的間隔係半截木板，適有西洋旅客下榻於此，以吾儕深夜尙未歇手，擾彼睡眠，聲響貫徹鄰室，即來叩詢吾輩何時方可罷休？意殊不快，同道席君（立法委員）惡其唐突，乃以英語答云：「到明天再說！」該洋人笑謂：「哦，各位的精神眞了不起！」快快離去，左公即主張散塲，理由是洋人既表現着紳士風度，我們不宜示人以不廣而有忝泱泱大國民的氣質，這是左公立身行己的一貫方針，隨時可以見到的。筆者於一九四九年起，即與舜生海隅交往頻頻，常見他袋藏西藥粉或片，每按腹呼痛而吞服之，說是胃病，無關緊要，亦不願乞醫檢驗。迨三年前赴美國旅行時，疾遽大作，醫師診斷係肝病，應施手術，然他依然不信邪，拒不同意，終至陷於不治之症，根本原因是把肝炎看成胃痛，而又不肯輕於就醫，充分地表現着一股倔强之氣。

舜生和我接觸最多的時期，是在香港違難的生活中，初由每星期六的自由人士座談會，我倆從不缺席，說話亦最多，繼由座談而創辦「自由人」三日刊，我倆各担任一個專欄——自由談與時局漫談——的寫作職責外，又隨時撰寫政論。我二人的黨派立塲不同，但政治思想幷無二致，都是崇尙民主政治生活的。他在「時局漫談」中的所有議論，都看不出黨派的色彩，我却不免流露着一些國民黨人的詞氣。「自由人」這張小型報刊，原係當時旅居海隅各黨各派人士共有的發言塲所，每週末集會一次，交換意見，左公從來不拘拘於黨派立塲，一切皆以正義公道爲本。我曾經對他說笑話：「像你我這種思想與作風，如果組織聯合政府，担當國事，相信决不會演出『殺鷄聚會，打狗散塲』的醜劇吧？」他哈哈大笑道：「還須看你我到時候是否不犯權力中毒的毛病？」於是，他又舉出許多現代名人作例証，說某也曾是「五、四」運動的大將，某也以民主鬥士起家，某也發表過很多崇尙民主自由的文章，一旦涉足現實政治塲中，竟蛻化爲專政主義者，權力中毒之弊害如此，可不懼哉！

舜生以政黨首腦，亦曾官拜特任，但其意識形態和生活情況，仍保持着書生本色，沒有絲毫官僚習氣，燕居得暇，除却跟友好玩玩麻將牌外，即喜歡看電影，凡是他認爲好的影片，逢人即宣揚不歇，希望大家都去欣賞。我對電影的興趣很淡薄，然被他游說鼓動，有兩部影片竟連續看過三次，亦不厭煩，一是日本出品的「浮雲」，描述日本戰後社會倫理道德墮落的生活景象，令人感慨萬端；二爲台灣出品的「養鴨人家」，表現台灣農村的安恬快樂生活，良堪羨慕。另有一次他勸我去看由台灣女作家瓊瑤所著小說改編的電影，因事未及欣賞而過期了。此外，他曾經勸我購買大陸上新刊行的「資治通鑑」，說是沒有錯字，又加了新式標點，但我無錢，未買。他在海隅廿餘年的流落生活中，始終是君子固窮，以教書寫文章營生，有所不爲，會在「新亞書院」教授近代史有年，迨該院併入「中文大學」，接受洋人津貼後，對於教授須經過洋人甄審，洋人以舜生沒有學位，竟列爲二級講師，他一氣之下，拒絕應聘，雖經該院院長錢賓四再三挽勸，亦置不理，他對我說：「我的學生亦在新亞當了講師，豈能看洋人的臉色，再去講學嗎？」

我最後一次與舜生相晤，是在台北的雲南餐館「人和園」座中，那時他爲着青年黨團結運動，扶病入台，我見他滿面病容，眼神毫無，爲之大吃一驚，次日他遄返香港，未及一星期，報載他又飛回台北，進入榮民醫院了。心知他的生命已爲日無多，然預料尚不致迅速萎化，過了三四天纔赴醫院探視，他已閉目帶上氧氣，不能說話了。我站在他的病榻前，輕輕地喚了一聲「左公」，他沒有反應，我含淚凝立約十分鐘，在訪客簿上簽了名後，再向他省視着，要想說聲「再見」，但已嗚咽不成聲音了！他以七十八歲的高齡撒手人間，兒女皆能自立，而其著作允堪傳世，所遺恨者不見九州同耳。余獨惜其豐於才而嗇於遇，使曠代賢豪賫志以歿，黃壚之痛，寧有已耶？

楊杰（耿光）

楊　杰（耿光）

吾國現代軍人羣中，對軍旅之學具有相當修養者，據諳習兵學的內行人藻鑑所及，蔣百里和楊耿光允稱一時瑜亮。蔣氏一生多從事軍事教育，間或受當代軍閥吳佩孚、孫傳芳等徵辟，參贊戎幕，然其成就仍以關於國防軍事的著述最著。楊氏迭總師干，亦贊戎機，又曾出使友邦，而績業無聞，終且以政治因素，橫死異域，爲天下笑，視蔣百里遜色多矣。此無他，個性使然，殆所謂莫之爲而爲，莫之致而致者也。

楊杰籍雲南大理縣，民初自東洋習兵學歸國後，常投身南北擁兵稱雄的羣帥麾下，然落落寡合，多失意，亦嘗領兵作戰，每告敗績。蓋其人雖容貌魁梧，言談利落，而賦性崖岸自高，睥睨一切，事上傲而馭下驕，尤有好貨的癖性。民國十四年馮玉祥、胡景翼、孫岳等組織「國民軍」以抗衡直系軍閥勢力，楊受任爲國民第三軍孫岳部砲兵司令。時胡景翼之國民第二軍在河南與豫省土着部隊樊鍾秀、憨玉昆等作戰甚艱苦，缺乏砲兵，若干大礮竟落入敵人之手，楊率衆入豫應援，馳至洛陽一戰，而楊所屬的砲兵乃告盡墨，祇好黯然去職，南下入粵，參預國民革命軍的行列。越民國十五年粵中革命軍北伐，楊以與第六軍長程潛在日本同學關係，得任程部師長。迨革命軍佔領武漢後，積極進窺金陵、上海一帶，程潛以江右軍總指揮，率部坐鎮安徽，派楊所領一師人，會同四十軍賀耀組的谷正倫，李益滋各部進攻南京，克之。楊部進入城內，官兵受着第六軍黨代表林祖涵（即共幹林伯渠）鼓動，發生刼掠外僑的暴行，亂民又從而附和橫肆，釀成各國兵艦砲轟南京的慘劇，國際輿論大譁。國民政府亟亟採取外交行動，聲明保護外僑，查究禍首，幷願賠償外僑損失，而北平外交團認爲革命軍於刼掠財物外，尚有奸淫外僑婦女的强暴行爲，筆者在國府曾見到日本使館的抗議文中，於列舉日僑公私損失財物之後，另附註「尚有未便形諸公文的嚴重損害」等語，即係指日僑婦女受辱事。既而蔣總司令由上海蒞臨南京，澈查慘案經過事實，第六軍楊師的官兵，應負大部分責任，而程潛表示不服，且與武漢唐生智暗通聲氣，聲言反蔣，就任武漢政府新任的「軍事委員會主席」（是時武漢政府已下令免去蔣總司令職務），實行叛變，蔣總司令乃將楊所領部隊予以改編，撤去番號。迨南京國民政府成立後，蔣以楊杰係軍事人才，其思想原與共黨格格不入，即委楊以訓練工兵的新職，此民國十六年初夏事也。

工兵訓練處設在南京城內火神廟，蔣總司令特別注意此事，常於早晨八時前，赴該處視察一切，然每去皆不見楊杰，詢之員司，據報楊須九時左右方來辦公，蔣總座以創立工兵之始，精神即腐敗若斯，大失所望，旋將工兵訓練處撤消，擬另設砲、工、輜各種學校，俾宏造就。詎未幾，蔣總司令宣告辭職，前往日本游歷，南京政局頓起變化，程潛、李宗仁、朱培德、白崇禧等相繼入京，上海「西山會議派」人士亦告合流，改組軍事委員會，推舉程潛爲軍委會主席。斯時楊耿光住在南京，程潛對他固然另眼看待，而李宗仁與朱培德等亦認定楊的軍事才學出衆，不宜投閒置散，即由軍委會任命楊杰爲中央陸軍軍官學校教育長——校長仍係蔣先生——社會人士亦相信楊堪以勝任愉快，得展才能。不料未及三個月，軍校學生羣起反對楊杰，說他侵蝕學員的伙食費，有忝師道，事實如何，殊不可知，然楊始終無所解釋，師生間的情誼既告破裂，他祇好辭去教育長職務不幹了。洎是，楊杰閒居白下，生活雖尚安定，但牢騷滿腹，動則罵座，亦不管聞其言論的人係何來歷，筆者就是在此時識楊的。民十八年某日，我在南京衛戍司令賀國光（元靖）家遇着楊杰，主人爲之介紹姓名職務後，隨便閒談，楊大聲指出當時主管軍政事宜的某要人姓名對我說道：「他管理軍政，你問他軍政二字作何解釋，他懂得嗎？」我只好笑而不答。楊辭去後，我問賀公：「此人何以口不擇言呢？」賀謂：「他自命爲中國唯一的軍事家，誰也不在他的眼中啊！」我們正說着，楊杰又轉來要求玩麻將牌，賀即以電話邀請西北軍駐京辦事處主任熊斌（鄂人，號哲民）前來，堅囑我奉陪，我與熊亦相識的。楊一面玩牌，依然不斷地批評當代文武要人，語極尖刻，我三人皆不贊一詞，他却滔滔不輟，從此我認定此公將終身抱着「才大難爲用」之憾矣。

民國十九年夏，中原大戰發生，蔣委員長（是時革命軍總部已撤消，另設中央軍委會）親赴前線坐鎮指揮，任命楊杰爲參謀長，然閱時一個月左右，報載楊參謀長已解職回京了。我感覺奇怪，曾向老長官朱一民（紹良，前任革命軍總部參謀長）詢問係何原因？朱笑謂：「耿光怎末能作蔣公的參謀長呢？只有我差堪勝任其事。」我說：「楊杰乃著名的軍事人才，應該不會不稱職吧？」朱答：「毛病就出在他那套軍事天才上。參謀長是要製定作戰計劃的，耿光每擬一項計劃，不誇說這是魯登道夫的戰畧，即聲稱此係克勞威茨的戰術，表示他是學貫中西的軍事專家。你想，蔣先生肯聽受這種參謀長的說教嗎？」朱將軍還舉出許多作戰的經過事實，藉資印証，他此時担任第八師師長，剛從前線作戰歸來，所以言之鑿鑿可據，我爲之恍然大悟。後來對日抗戰初期，武漢失守後，我在重慶晤及楊杰，談到戰局前途，他又夸夸其談，歷述第一次大戰之際，法國福煦元帥如何挽回頹勢，反敗爲勝的各種戰畧運用之妙，暗示我軍這次抗日戰爭的整個佈署，都是失策的。我更相信朱紹良的話很有道理，楊杰似有劉備批判馬謖的那種性格，言大而夸，不切實際，他以砲兵司令在洛陽與土匪式的豫軍作戰，乃一敗塗地，連大砲都丢了，這又是什麽戰畧戰術呢？

自從一九二九年——民十八年——奉軍在中東鐵路線的諾門坎與蘇俄軍隊發生大規模衝突後，雖經南京國府循外交途徑，耗費了三年的時間，予以和平解决，而僞滿政權又由日本關東軍製造成立，日本聲言反共，氣勢甚張，蘇俄頗受威脅，對我國亟求修睦合作抗日。民國廿二年冬間，國府特派楊杰赴莫斯科訪問，他以軍事家的身份，跟蘇俄軍事首領接觸頻繁。他於民國廿二年三月由莫斯科我大使館向國府提出報告，謂蘇俄決心要把日本勢力驅逐於東三省之外，但希望中國莫袒護日本，俄軍必將東三省交還中國云云，見解膚淺，完全與事實不符。當時主持華北政整會的黃郛，即認定楊此項報告係不負責任的淺見，但我外交部却相當重視這項條陳，而主張改任楊爲駐俄大使。後來楊在巴黎竟鬧出一幕桃色笑劇，幾乎丢盡了中華民國的臉。事緣俄京我大使館僱用了一位法國籍的女職員，姿色不惡。西洋女人在交際應酬場合，對人總是笑顏相迎，嫵媚有致的，在楊面前，更表示着婉孌將順的姿態，楊對娟娟此豸，深具好感。據聞某次，楊赴巴黎旅行，即命她隨行嚮導，到巴黎後，楊與所率男女隨員一同下楊客舍。楊誤以該女職員或屬於「國際女郎」型的一流人，曾於深宵潛入女臥室內求歡，女大恚，訴之於警政機關，事爲我駐法使節顧維鈞所聞，急起調解，許以物質補償，而女堅拒不從，謂將招待新聞記者，公開宣佈其事，藉葆名譽。顧使感覺事態嚴重，非消弭即將大損國格，乃尋得巴黎黑社會頭腦出面，警告該女勿再無理取鬧，否則不許在巴黎社會立足。該女受着這種大壓力，無可抗拒，另由顧使給以名譽損害賠償，一場風波纔告平息，楊也祗好襆被回國了。

吾國對日抗戰軍興，政府號召全民團結，共禦外侮，凡屬智勇辯力之士，皆得隨份報國，人盡其才，以楊的智能，縱不獲統領大軍，出入沙場，然在中樞軍政與軍令各機構中，應有一席的職位，詎結果使他撫髀興歎，自傷淪落，因而抑鬱無俚，寄情於聲色之間。他在重慶曾娶一江南徐姓名姝，初甚繾綣，嗣以彼姝暗將楊儲存重慶「美豐銀行」的金錢，劃撥一部分歸入她的戶頭內，楊查覺後大爲震怒，立將該女斥逐門外，旋由友人楊虎（嘯天）調停，無條件協議離婚。既而國府以英國重行開放滇緬路，兩國竭誠修睦，彼此遣軍事代表團相互訪問，交換作戰意見，楊又奉命爲國府軍事代表團團長，訪問英倫，完成使命。迨公畢歸國之前，他在倫敦購買了許多日用貴重物品，帶回國內出售，冀獲鉅利，他以軍事代表團享有海關出入稽征的豁免權，相信萬無一失，不虛此行。但英國當局廉悉其情，一面固予以外交上的豁免權，任其細載而歸，同時通知駐華使館，將情形密告我外交部，我最高當局據報，認爲楊此項好貨行爲，損害國家榮譽太甚，却不便公開宣揚，貽笑外邦，祗好忍隱不發，唯對楊深滋痛惡，不復加以任使而已，朋輩中皆以楊因小失大，自誤前程爲不值得。他自己亦知道仕進之路已不通，但生活尚優裕，乃潛心撰寫了一冊「國防新論」，刋行於世，內容相當警闢，頗獲時譽。適中央陸軍大學代理校長蔣百里病故貴州宜山旅次，最高統帥棄瑕錄瑜，又擬任命楊爲陸大教育長，派人徵求同意，而楊峻拒不受。一日，筆者在重慶「大同銀行」主持人蕭振瀛氏宴會中晤及楊，問他爲何薄陸大教長而不爲呢？他怫然謂：「蔣百里既可以代理校長，我楊耿光那點不如他，就只能作教育長嗎？當然不幹！」一股悻悻自負的意態，憨然可掬也。此時他又另娶了一位少婦，出入與俱，說是卜居南岸，然我時時在渝市內的交際場中見到他，聽其言談，對政府很不滿，仔細打聽，纔知道他已加入了李濟琛創立的所謂「國民黨革命委員會」，爲領導階層之一員，負責聯結雲南方面各界反動人物。

對日抗戰結束後，他携眷回至昆明，在離渝之前，跟我晤談一次，我勸他不如去南京，允符「爭名於朝」之義，他答復我的一席話，却使我至今未忘。他認爲經過了八年對外戰爭，民窮財盡，軍隊疲憊不堪，而共黨的勢力日益膨脹，內戰必不可免，中央乃亟亟於對付龍雲，太失算了。

龍雲的目的祇在霸佔雲南而已，別無野心，更不會跟共產黨合作，他亦沒有造反的能耐，何不稍予優容呢？內有共黨釀亂，外有蘇俄大軍佔據東北，國運依然艱屯，眼看大局決無太平希望，所以寧願不求聞達，回到久別的家鄉去閉門休息爲佳云。洎是我和楊睽違鮮通音問，雲南方面自龍雲卸職入京後，社會上雖常有動亂情况，但多屬文教界人士所爲，報紙新聞紀錄，亦絕少提及楊杰。民國卅八年夏間，筆者由廣州違難香港時，曾遇李任潮之秘書湘人余覺於馬路中，就便提詢楊杰近况，余謂楊仍居昆明，別無所悉。是歲冬某日，香港報載有一剛從大陸來港的「老翁」，被人刺殺於住所，經詳細訪查，纔知道所謂「老翁」者就是楊耿光，不覺大爲驚異。據說他抵港後，住在朋友家閉門謝客，尤拒見生人。一日午後有客來訪，先從門隙遞入昆明方面楊友好的信件，謂有要事由來員面陳，楊信以爲眞，延客入室晤談間，即被槍殺於坐椅中，刺客從容逸去，迄未緝獲，一代名人，晚年喪生異域而莫悉其所以致死之由，可傷也已！

筆者常說，搞政治活動的人，別的毛病皆無關宏旨，却萬萬不能好貨，一有貪愛金錢的癖性，則一切都完了。楊杰的才學確屬不凡，在大陸時雖屢蹶而屢起，當道對他總算特加器重了，只因他好貨成癖，妨礙前程，終於毫無成就而枉遭非命，惜哉！

蕭振瀛（仙閣）

吉林蕭仙閣，出身大地主家庭，僅受初中教育，其爲人也嶠詰卓鶩，性粗獷，不學而有術，在吾國舊時的半封建社會中，不失爲亂世的術士之流，然在治世，則一棄材耳。他以吉林省議員起家，因事忤當道，亡命關內，展轉得入西北邊防督辦馮玉祥幕中，拜受參議之職。馮與東北王張作霖不相能，欲利用蕭對東北發生反張作用，蕭則藉馮庇蔭，少嘗流亡滋味。筆者與蕭仙閣論交，即在張家口馮軍總部，此一九二五年（民國十四年）冬間事也。

馮軍中聘有日本軍事顧問一人，名曰松室孝良（對日抗戰時期，担任日軍駐北平的特務機關長），住居西北邊防督辦公署所在地——張家口，松室以筆者係留日學生，特示親熱，常常約我到廁所閒談，亦嘗有正式宴會，邊防督辦署諸文武幕僚畢集，蕭仙閣亦預焉。松室對東北問題多所留意，每向蕭叩詢一切，然蕭不諳日語，松孝又不似土肥原賢二之能操華語，乃由我作舌人，因之交誼日趨深厚，我們三人幾乎每週必聚晤，無話不談，我亦發覺蕭學識譾陋而賦性不羈，他常常往來於熱河與平津諸地，生活極浪漫，嫖賭吃喝一齊來，致爲馮玉祥所不喜。未幾，馮以嗾使奉軍大將郭松齡舉兵反叛張作霖失敗，爲張氏嫉視指戟，不安於位，通電去職赴莫斯科，而由張之江代行西北軍總司令兼邊防督辦職權，時爲一九二六年（民十五年）春間。馮走後，蕭仙閣在馮軍諸高級將領中展開交際應酬，尤與綏遠都統李鳴鐘親近，因而得與師長宋哲元相識（時韓復榘爲旅長）。蕭的交際方法不外是送禮招宴，馮在張家口是嚴禁此種陋習的，馮既去國，張之江係好好先生，不復過問，蕭乃特別活躍了。此時張家口與北平的交通已阻絕，張作霖、吳佩孚合力進攻南口，蕭則常在綏遠徜徉。迨一九二六年秋八月，西北軍奉馮玉祥電令，撤守張家口，全軍向甘肅方面前進，綏遠所屬「五原」鎮乃必經之地，新置設治局，都統李鳴鐘即派蕭担任五原設治局長，旨在料理大軍過境時的兵站事宜，蕭對於供應伕役與張羅糧草，頗爲周到，宋哲元見之大加稱讚，對蕭特示好感。既而馮玉祥由俄歸來，揮軍進入甘肅，蕭知馮對他不滿，不願隨軍西行，辭去設治局職務，由蒙古經西伯利亞鐵路，轉至海參威前往上海，是時筆者亦旅次海參威，在客館遇着蕭，暢話別後，他說將從上海赴天津休息，順便替西北軍諸將領如宋哲元、石友三等安頓寄居津沽的家屬，傳遞消息。

越一九二七年春，西北軍先遣部隊由宋哲元統領馳抵三輔，擊走圍攻西安的北洋軍劉鎮華部，進佔西安，宋氏權理陝西省政，蕭仙閣馳赴軍次，即受命担任新成立的西安市政府首長，曾搜羅新舊出土的漢唐古物，設置「古物保管委員會」。旋馮玉祥蒞臨西安坐鎮，督勵全軍西出潼關，逐鹿中原。維時軍書旁午，戰事緊急，而陝省貧瘠特甚，餉糈奇絀，省府財政廳長薛篤弼，曾以羅掘俱窮、受逼不過而服毒企圖自殺未遂，其艱窘可知，蕭仙閣乃建議將市府保存的古物向洋人兜售，藉資挹注，但須至租界進行，方能尋得買家。馮固不喜歡蕭，即派蕭前去天津經營此事，蕭亦不辱使命，有所成就，然其市長職務已派他人接替了。嗣是蕭即在宋哲元軍中于役，馳驟於豫魯平津之間。迨一九二八年馮玉祥在南京受任行政院副院長兼陸軍署長，西北軍的文武幹部多在政治上嶄露頭角，如北平市長何其鞏（克之），原係綏遠都統李鳴鐘帳下的一名書記而已。蕭仙閣在馮軍的地位較何爲高，才幹亦凌駕何之上，且有勞績，然馮棄置不用，他心中自然抑鬱不平，宋哲元素性

蕭振瀛（仙閣）

謹慤，雖對蕭親善，亦不敢向馮氏晉言推轂，蓋馮治軍馭將，遇事獨專威柄，不容許左右干預人事問題也。

迨一九三〇年中原大戰之役，馮閻軍敗績，馮氏解除兵柄後，幽居山東泰山上，宋哲元率軍遠赴張家口，逕受中央節制，蕭常爲宋軍奔馳各方聯絡，其間馮氏曾以「抗日同盟軍」名義，親至張家口起事，藉宋部爲主力，蕭仙閣暗中反馮甚力，宋哲元對馮乃採取貌合神離態度，蕭以宋氏代表身份，至南京爲宋氏活動成功，馮之「抗日同盟軍」遂告崩潰了。未幾，宋部有古北口大敗日寇之役，旋奉國府命令，率部回駐北平，出任「冀察綏政務委員會」委員長，負責與日本軍方折衝，保持華北現狀。是時前任西北軍顧問日人松室孝良，亦隨土肥原賢二在平津一帶工作，蕭與松室熟識，即因松室關係而跟土肥原往來密切，成爲宋哲元對日方唯一發言人了。從此蕭以宋氏的廿九軍兼冀察綏政務委員會代表身份，常川駐在南京「中央飯店」，爲宋氏籌劃政務與軍需事項。中樞對蕭亦甚重視，知道他雅好嫖賭，密囑首都警察廳對蕭住居的中央飯店房間，毋令憲警前往稽查干擾，以示優待，因而當時社會人士說蕭氏住所是租界。詎蕭因此特權而貽害南京市府土地局長常小川，鬧出了一塲不大不小的政治風波，騰笑中外。南京市土地局長常小川，河北人氏，亦曾于役西北軍，與蕭仙閣友善，蕭住在中央飯店時，常每夕必至蕭處閒談。蕭恃有特權，隨時約集友好在房中玩牌，且徵召夫子廟歌女暨名妓助興，常係虔誠的耶穌信徒，固不沾染嫖賭嗜好，就以蕭樂此不疲，亦不反對，日久視爲尋常之事，毫無所謂了。中央飯店住有湘籍鄧姓女客，裝束作女學生狀，蕭仙閣出入相見，頗加識賞，即囑茶房從中說合，每夕來蕭房中伴宿，寖且不避嫌疑，且暮常陪侍蕭左右，儼若眷屬了，常小川與其他隨時跟蕭過從的朋友，皆洞悉其情，恬不爲怪。一夕，蕭因公務即須北上，需時兩三個月纔能夠重來白下，乃約集三數好友在旅舍玩牌抽頭，說明係贈予鄧女任生活費用，常局長亦在座旁觀。迨牌局終結時，蕭面前贏得若干現鈔，當主人將所抽得的佣金交付鄧女點收之際，常小川順手將蕭面前的現鈔推赴鄧女身旁道：「你這些盈餘亦送給她好了！」蕭說「可以可以」，鄧女即嫣然一併納入懷中。繼而蕭對鄧女作惜別之詞，說是「明天我就走了，須有相當的時間在北方躭擱，我未回京以前，你若有什麼事情需人幫忙，不妨找這位土地爺好了，他是我的老朋友，不用客氣」，說時以手指着常局長道：「老弟，拜託拜託！」常小川認爲此乃應酬話，漫然應之。過了一星期之後，南京警察廳頒令嚴禁私娼，凡在旅館居住的單身女客，一律須取具保人簽字証明爲良家婦女，否則即予驅逐出境。鄧女惶遽之餘，憶及蕭仙閣臨別贈言，乃赴市府土地局叩訪常局長，常固不知道鄧女的名字，閽者持鄧名片通報，以爲係普通的訪客，照例請進入客廳，比出見，知係鄧女，心殊不懌，問她有何事過訪？女具述怵於警廳嚴令，特來乞常局長作証明，俾免流落云。常以鄧女本係娼流，自己身爲市府單位主管，豈能妄爲私娼作保？乃告以公務員不能作保，請她另找別人，而女强聒不已，常不耐，佛然起立道：「告訴你不行就不行，何必嚕囌呢！」說罷拂袖進入辦公室，幷吩咐侍役「趕快請她出去！」此時女睜目對常大聲說道：「你這薄情郎，轉臉就不認人嗎？你和我有露水夫妻之緣，請你作個保亦不答應，太狠心了！」說着滾在地下大哭，常聞女言亦震怒，連聲謂「胡說八道，豈有此理！」急叫來在市府守衛的武裝警察，把鄧女曳出客廳，而女拚力掙扎不肯走動，竟在市府曠塲中偃臥哭訴常局長是負心人。時在下午五句鐘左右，市府職員陸續退値，見女滾地哭鬧，大家趨前問長問短，更有好事者以電話通知各報社，謂市府有大新聞，請速派人來採訪。於是，常局長的桃色新聞，轟傳九城，常無處申寃，啼笑不得。此等事情，市府本來可以查明是非，立予了結的，但因某市長早有意更換常小川，苦無理由，今見鄧女鬧劇，適符心願，亦就故置不問，使其形成大問題，以待常自動辭職。

事情既已鬧開，常小川爲保持名譽，澈究是非起見，急電蕭仙閣乞援，蕭立即乘飛機晉京，除向新聞界發表談話，証明常局長與鄧女無關係外，遍向行政院長、南京市長、首都警察廳長說明他和鄧女相交的經過事實，且指出鄧女身上某處有何特徵，儘可檢驗，藉以反証鄧女確屬流鶯，祇因對常局長所求不遂，信口誣衊，尤爲罔知廉恥。然某市長却謂事關風化，市府未便過問，還須常局長好自爲之。蕭即慫恿常小川不妨向法院控訴鄧女誹謗，他願意出庭作証。此時筆者服務中樞，亦主張循法律途徑究明是非，區區局長職位固不足介意，唯名譽攸關，未可默爾而息。最後常對蕭和我慨然謂：「我是虔誠的宗教徒，一旦與娼妓對簿公庭，實在大感羞辱，此案既含有濃厚的政治作用，那我就辭職回家好了。」言下不勝忿懣，亦可見政治生活之卑污而無是非公道，古今同然，可鄙已極。

蕭仙閣最後到南京來替宋哲元奔走的時間，是一九三五年（即民國廿四年），主要目的是經濟問題。華北局面自「塘沽協定」簽訂後，表面上維持和平狀態，但冀東廿餘縣仍由漢奸們夥同日本浪人和軍部特務，把持地方政權，察綏各省區更形同甌脫，宋氏管領的冀察綏政委會，對財政問題一籌莫展，而軍政各費開支不小，希望中央援濟，但中央以江西勦匪關係，費用浩大，亦感愛莫能助。蕭失望之餘，曾在上海對朋友發牢騷，說中央既不能照顧華北，那我們祇好去找土肥原幫忙了。他回到北平後，即與日方密切聯繫，理由是中央既不管我們，我們只有自謀生存之一途。蕭聯絡日本軍人與浪人的方法，就是送禮和宴會，對於日方提出的要求，不管內容如何，總是一口應允，表面上完全是親日派的作風，頗招致輿論指摘，他曾任天津市長，聲勢烜赫，好像日本人很支持他，實際却不然。他

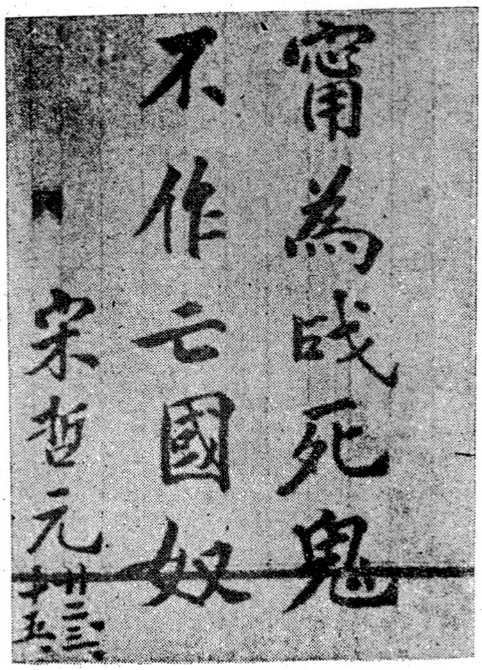

宋哲元將軍遺墨

接任市長後，爲着整頓稅收，擬將天津的屠宰稅收歸市府自行辦理，不復採用「包商制」，然屠宰稅係政府大宗收入，過去皆由日本浪人勾結華商包辦，獲利甚厚，自不願讓市府收回，曾經日本駐屯天津的軍事首長對蕭勸告不必改制，蕭未同意，特派市府參事雷季和負責主持改制事宜，期在必行，而雷參事即在旅館被刺殞命，主使者係日本浪人，蕭亦無法緝究。又蕭平日對日方要求每每輕諾而不能實現，亦使日方大起反感，以致日本軍方對宋哲元橫施壓力，宋則諉稱係蕭個人意見，并未報告他，蕭因此一度辭去現職，出國游歷，以避日人之鋒。對日抗戰軍興後，蕭仍回到宋哲元軍中，爲宋策劃一切。宋的部隊撤出北平，駐在冀魯邊境，與韓復榘所部處於同一戰線上。抗戰伊始，中樞曾派馮玉祥爲第一戰區司令長官，駐節保定，然蕭仙閣暗中反馮甚力，宋哲元亦聽從蕭的主張，對馮陽奉陰違，不受節制，馮氏洞悉內情，忌恨蕭不已。時蕭常乘小包車往來前線各重要地區，馮曾密遣左右親信，偵查蕭的包車踪迹，要截於途，即予亂槍擊殺，而諉爲敵方便衣隊所爲，詎包車雖然要截到了，而蕭竟不在車上。此事傳出後，蕭固振振有詞地攻訐馮氏殘害部屬，宋哲元亦對馮深滋不滿，至於韓復榘對馮，更經常敬而遠之，不敢接近。於是，馮氏在戰區的命令，絲毫不起作用，他憤而舉槍要自戕，中樞聞訊，急調馮回任軍委會副委員長，馮氏從此結束了戎馬生活，再亦沒有領兵機會了，對蕭仙閣當然恨之刺骨。

到對日抗戰中期，宋哲元以健康關係，辭去軍職，隱居四川緜竹縣，蕭仙閣亦不復參預戎機，優游大後方上海租界中。維時兼代行政院長職務的孔祥熙氏，唯恐蕭或受日寇利用，派人赴滬邀請蕭入川，有所借重，蕭欣然應命來到重慶，馮玉祥聞蕭已至渝，即於公共場所聲言「重慶來了一個大漢奸蕭振瀛，大家應該注意。」這樣乃使孔院長亦不便在政治上爲蕭有所安排，以免多生是非。是時萬縣下游大江之中，我方爲着預防敵軍入寇，曾沉下幾艘破舊的輪船，蕭乃組織「打撈公司」，由孔部長貸給公欵作爲資金，進行打撈工作，成績殊不惡，撈起的船隻，即以廢鐵作價賣給中央兵工署，獲利不鮮。蕭藉此資金又創設「大明酒精廠」，出產的酒精亦歸中央收購，不到三年，蕭竟成了富家翁，卜居重慶山洞，與國府林主席官邸望衡對宇，排夕車馬盈門，顯要人物畢集，又恢復當年在北平的氣派了。此時馮玉祥忽與韓復榘的侄女某發生曖昧關係，馮妻李德全大興問罪之師，家庭鬧得天翻地覆，馮每聞李德全聲音，即大呼「緊急警報」，從偏門逃走，風聲所播，盡人皆知，馮的舊部張之江、薛篤弼等苦勸馮氏與韓女斷絕往來，免貽「盛名之累」，馮却謂：「國家的軍事不讓我管，政治我管不着，經濟我不懂，難道我交個女朋友的自由亦沒有嗎？」這些情節蕭仙閣皆很清楚，視爲報怨的大好機會，每逢宴會或多衆集會時，他將馮氏這項醜事繪影繪聲地報告一番，結論是「他們馮家三代人的德，都被這小子缺盡了。」怨毒之於人，甚矣哉！

大明酒精廠亦很賺錢，蕭乃想開設銀行。這時候政府原不許民間新設銀行錢莊，但蕭獲得孔部長支持，特許他創立「大同銀行」於重慶打銅街。渝市的大小銀行已很多，大同銀行是新牌子，資金亦不豐富，要想循規蹈矩以營業，殊難維持開支，更不必談發展了。蕭即效法黃楚九在滬上開設「日夜銀行」的作風，除晝夜營業外，星期六下午亦不停業，禮拜天如有急需，亦可臨時接洽取欵，以期便利存戶。他又利用政治上的人事關係，使許多政府機構和公私立學校，皆到大同開戶頭，利息且比一般銀行的定率畧高，因此，大同居然吸收了相當的存欵。戰時幣值變動無常，總是逐漸低降的，他拿着客戶的存欵，經營投機事業，三個月就有一個對本。他所作最大的投機事業，就是購儲政府的美金公債和黃金，前者係政府發行的，決無風險，後者是美國借給我國的大批現貨，每隔三五個月即由海外以飛機運至重慶兌現，按照法幣價格計算，已超出原有購價幾倍了，可謂無本穩獲巨利，而存戶的欵項分文無損。

對日抗戰勝利結束後，蕭急遽摒擋大同銀行業務，不到一個月即携其家小與玉帛，離渝北上天津了。他從重慶帶去每塊重一百兩的黃金五十塊，其價值可知。空手入川，滿載而歸，若不是他不學而有術，又遭逢亂世的話，曷克臻此呢？他一聽得日本投降的消息，即亟亟作歸計，亦知道在重慶久留不得，免受銀錢上的煩擾，他把倰餘的財貨如房產等，慨然交由朋友或幹部們自由處理，落落大方。怎奈富潤屋而疾侵身，豪奢的生活享受未逾兩年，即以高血壓在北國逝世了。綜觀蕭一生的行徑，總是走偏鋒，下險棋，若在承平時代，他是沒有活動餘地的，可見人生的休戚榮辱，皆受着環境影響，蕭固不愧爲時代幸運兒也。

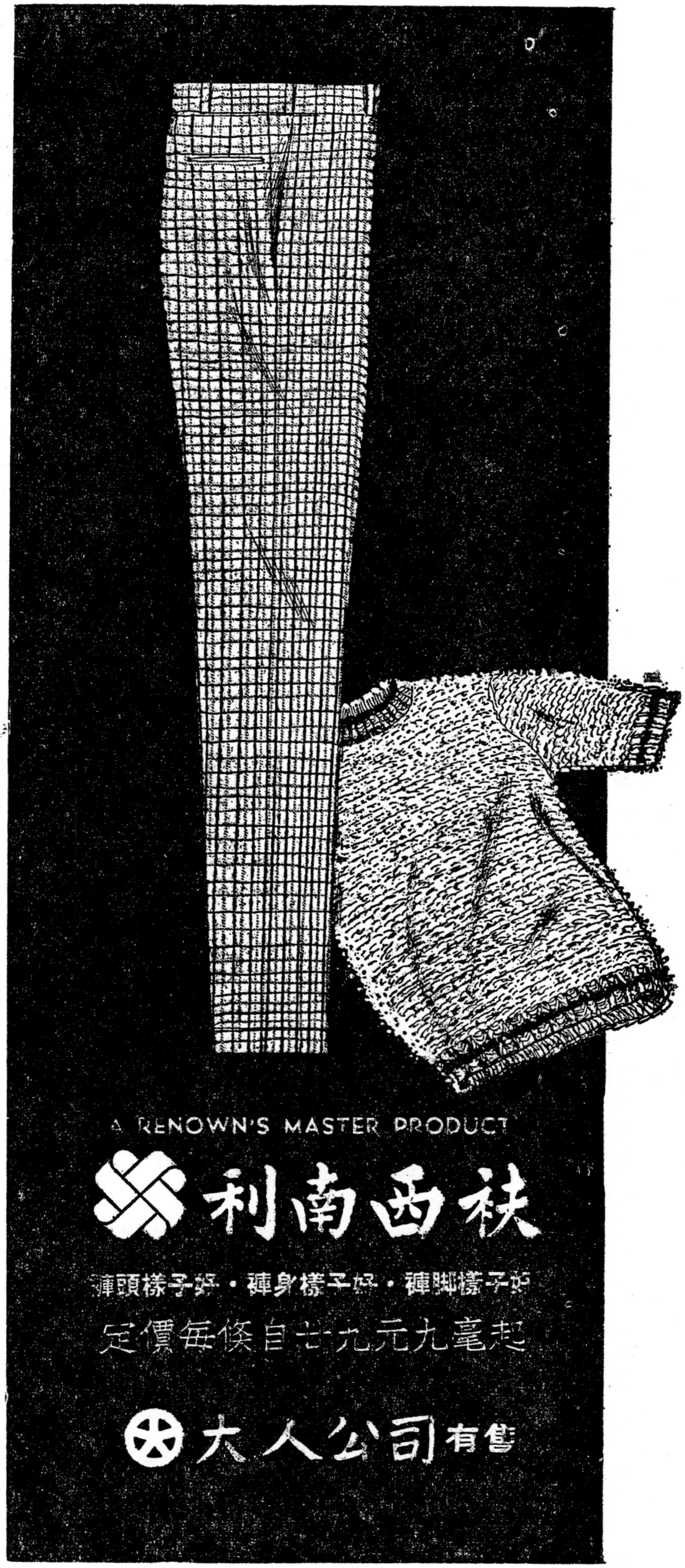
A RENOWN'S MASTER PRODUCT
利南西衭
褲頭樣子好・褲身樣子好・褲脚樣子好
定價每條自廿九元九毫起
大人公司有售

望平街憶舊

申報與史量才

胡憨珠

陳彬龢進入申報編輯部，由低頭服小，而出人頭地，起於九一八事變發生後之第二天，史量才突然召集申報總管理處同人舉行臨時緊急會議。會議中黃炎培慷慨陳詞，認爲申報此後的社論應對南京當局嚴加責備，反而陳彬龢期期以爲不可，於是這撰寫社論的責任，就由總編輯張蘊和指定了陳彬龢擔任，而且還是以白話文寫的長篇社論。

陳彬龢自從跟隨黃炎培進入申報館以後，對於他老闆史量才的知遇之感，極盡其歌頌揄揚的能事，竟擬之於三顧茅廬的劉先主之儔。他於事後，嘗語人聲稱：向來我與史量才先生既不認識，亦無淵源，得能踏進申報館的這座鐵門，純憑黃任之（炎培）先生的汲引之力與推荐之功。當黃任老介紹我和史先生見面晤叙之下，詎知史先生竟然以劉先主三顧茅廬的深度雅量，慨予倚畀重視，這爲我絕對所意想不到的事情。我自己知道生平爲人之道，缺點甚多，所以能夠吸引得住人心，只是我對於說話一項，稍能差强人意而已。因此，凡我與任何人一經接觸晤對，促膝談心，相與在反復的研討談論中，深自覺得我的態度是誠懇眞摯的，我的語調是感情豐富的，即使在理解方面與人發生有枘鑿之見，或者在觀點上邊與人出現了紛歧之處。那我決不會頑固地堅執己見，但也不會披靡地放棄己見，這便是我在現社會中還能立足的一點技倆。

同時，陳彬龢還說他之所以獲得見知於史量才，從而受到特殊賞識的自然因素，那是他於民國十七年乘張作霖在關外皇姑屯被日人炸斃之後，曾一度出榆關，作東北各地的實地考察之行的關係。他說自一九二八年的六月，張作霖離開北京，出關歸去，遂被日本炸斃於京奉鐵路線的皇姑屯地方。到了是年十二月，張學良不理日本特使林權助的警告，毅然決然宣佈東三省全部易幟。只不過經此激動之後，東北局面的危機自是越發增重；也就因此，我即於一九二九年開始研究日本問題。且於一九三〇年又去東北，作了三個月的實地考察，以期有助於我研究日本問題獲得更進一步的瞭解與辯証。是以我對東北的所有重要地點，包括遠至中蘇邊境的滿洲里在內，均曾留有我的遊踪屐痕。雖然只以時日的短促稀少，地方的遼濶衆多，這樣的匆匆旅遊，直同走馬看花，說不上有什麽深刻的認識。但對於日本人近數十年來，在東北地區所處心的隱秘經營，所積慮的週密佈置，凡我遊目所及，視力所經，總感覺得比之純從書報上閱讀得來的種種印象，究有所別的多多不同點。

當陳彬龢倦遊東北歸來，黃炎培就介引他往見史量才，大約此時的黃炎培早已對陳彬龢認爲他的心腹之人了。所以有如此安排，就是先爲他舖路，作爲汲引他同進申報館之門的張本。不過在他未進入申報館以前，那史量才、黃炎培、陳彬龢三人已經作了多次晤叙談話。而他們談話的中心課題，重要話柄，多屬之於東北問題，這亦正是中國當前最重大最緊要的安危問題。凡留心國是的朝野人士，無不對此問題，惴惴於心，引爲殷憂，史量才當不例外。於是，每次談話總是由陳彬龢以他研究日本問題所得，與東北之遊所見，把局面指陳得清楚如繪，把形勢剖析得明澈若鏡。更加之以他的口才辯捷，善於說話，作着娓娓而談，說得頭頭是道。他的一番言詞，頗能使得史量才聳動視聽，震撼心扉。也許史以爲他是個留心時務之人，因而再三堅約他加入申報工作，亦未可知。這是陳彬龢當時所作的猜想揣測之話，其實他早被黃炎培勾串一氣，把史量才都蒙在鼓裏，任意播弄而已。原來黃炎培正如上海人的口語，「邊做師娘邊做鬼」的所玩弄那一套手法。蓋他一邊在史量才面前，竭力高捧陳彬龢如何的才高學富，如何的精通時務，要使申報全面革新，實非他莫屬。另一邊暗事知會陳彬龢，要他對史量才說怎樣的話，做怎樣的事，才能把編輯部的實權爭取過來。但事實果然，只要一聽陳彬龢對史量才提出兩點條件要求，是他不自覺地竟變成黃炎培的代言人了。

陳彬龢說他在接受史量才堅邀他進入申報館工作的好意時，雙方是有不成文的條件的。他說他當時向史先生提出的計有兩點要求：（一）是說申報一如它的報齡，實在出版年月太於久遠古老了。無論關於形式和內容，若要和現代化的報紙作比，這新老距離的歷程差得太遠。如果要我參加，必須給我以革新的自由權力。（二）是說我於參加之後，所有我的建議和提供的文章，如認為合時宜的，必須採用，不得拒絕。按之以上陳彬龢所提出的這兩點要求，正是黃炎培向史量才所獻申報組織總管理處的方策中，為他自己作打算，要對編輯部奪權鬥爭最主要的一個焦點。可能他一再向史氏申說過，只是與陳彬龢所說的語意措辭，稍有不同之分而已。但時經數年，總管理處的組織未曾實現，更談不到奪權鬥爭的着手進行了。不料此次汲引陳彬龢之來，大獲史老闆的特殊賞識，眼看陳彬龢的事業和職業竟然一蹴而成。怎不要教黃炎培大為喜歡，而他的喜歡則在於他自己的所計得售，所謀得逞。

史量才對於陳彬龢所提出的兩點要求，却是毫不遲疑，全部接受。所以陳彬龢對史量才大為讚揚地誇說：史先生倒極坦然的接受批評，是他並且力言革新運動在辦報的原則上是應該的。不過編輯部的人手，還是原班人馬，從我接盤過來以後，從未調動一人。而革新應從編輯部開始，則為一定的理由，詎不知要點在此，而困難點亦在此。史先生話說到此，便向我問說，是你能否為了事業不要一切名義，毅然以「養媳婦」的身份，低頭服小，踏進編輯部再說。史先生在他話後，還像補充似的一句話說：這就是他所提反要求的一項條件。依照世俗一般的道理來說，史先生所提這一條件是不易辦到的。前哲們有兩句名言說得對「名不正，則言不順，言不順，則事不成。」準此而言，衡情度勢，所以說要辦成一事是非首要正名不可。倘無名義而要着手進行革新工作，即使承担其事的為一高手，亦將縛手縛脚，無從施展他高手的本領來。但是我却生有一個特殊箇性，那就是對任何難事，願意試做。又深信人總有理性的，如能眞誠相見，牛角尖也會走出道路來。此外，我還另行體會到一點，即為史先生的用意，是想通過我的努力，由滲進編輯部而掌握着編輯部，為他結束了這箇尾大不掉之勢，使其權力貫澈於各箇部門，於是我便斗胆地滿口應承了。

史量才在當時陳彬龢眼中的觀感，亦自有他一套的概念和定論。據他曾作這樣的稱說：我對史先生的認識，因為歷時甚暫，根本不配談論他的為人如何。但於第一次我與申報發生關係的一出一入之間，恰恰相近三年。而在此三年中時日所經的歷程裏，却屬每日接觸，時聆教言，自覺究非泛泛論交。因此以下所說的瑣屑言詞，雖為我觀感所及的一鱗半爪之談，相信尙能保証其有眞實性的。原來我在一九三〇年以前，聽得人家說史先生是秀才出身，辦過教育，做過小官，終於成為主持出版申報的文化人。在我的意想中，是他應與商務印書館創辦人的張菊生與夏粹芳，以及中華書局創辦人的陸費伯鴻等諸位出版商而兼文化人的同型人物。可是第一次見到他時，却很出我意外，只見他的帽子是歪戴在青龍頭上的，他的長衣穿着身上，必也捲其袖，翻其領的，他所吸的烟捲兒是常掛在嘴邊的。總之，是他那種湖海豪氣，與俠林風度，頗為十足道地。而他的談吐不俗，且善辭令，遇有問題討論時，則雄辯滔滔，從不下人，却不盡是讀書人的口吻。據說清末民初年間，在上海辦報的人都得帶點特殊背景，至少也得帶點特殊氣味。否則報館是惹事生非之場，上海是魚龍混雜之地，外來阻力，將致無法應付。時至今日，風氣漸變，眞正的大流氓都已袍兒褂兒，强盜扮做書生。可怪的是史先生却仍保持了當年報人的「風格」。噫！

史量才看申報

養媳婦怎樣變成主婦

在陳彬龢正式進入申報館以後，誇說申報原有的編輯部中有人才濟濟之話，這倒不是他嘩衆取信之說，而是眞實不虛之談。就筆者所知，申報自從史量才接盤進來掌握在手的二十年過程裏，編輯部中除掉少數幾位以高蹈關係自動離去之外。的確全是原班人馬，從來未調動一人，這點實為史氏的度量恢宏之處，對他值得讚美與歌頌。臆測其所以如此，一則是他在遵守决不過問經編兩部一切行政用人之事的諾言，尤其對於編輯部的諾言遵守唯謹。次則是他覺得編輯部所有新舊人員，個個都是名家高手，視為無一棄材。筆者可以舉出一事作為例子，當民國十五年間，通商銀行傅筱庵從李徵五的手中接收了商報館。一時商報館的編輯部全體人員集團離職，其中有潘公展、馮柳塘、胡仲持、馮都良等四人，就被申報館延攬而去。可是這四位不管編撰也好，翻譯也好，個個都是第一流的高手，是可見當年申報對編輯人才的容量和儲備之大之多。蓋在張蘊和歷年間來的審別密察之下，廣事延攬招收，這對申報整體的編輯部而言，大有「雖楚有材，唯晉用之」的那種豪邁氣概。毋怪乎陳彬龢要驚說申報館原有的編輯部其中人才濟濟之話了。

但不過當時申報編輯部的最大缺點，就是執掌申報出版路線的航行舵手張蘊和總編輯，他的思想忒嫌樸實，他的行爲太於端方，遂把整個申報導引得趨於過份的保守之路，也就因此只落得暮氣沉沉，萎靡不振，毫無一點朝氣勃勃的景象之可言。好像一幢建築陳舊的古老房子，外型輪廓，可能令人有美奐美輪的一種感覺。但終因窗門戶牖的緊閉原故，以致空氣不通，陽光不到，使人覺得有氣氛沉濁之感。要知時代在不斷的翻新，而申報各版的編務，還是仍循舊貫；尤其是每天要聞版中所刋的那一篇社論，依然是陳冷血（即陳景韓）任做申報總主筆時代式的一則短評。而短評的詞句和內容，吞吞吐吐的既不痛、亦不癢地不是暢所欲言，而是暢所不欲言與不敢言。這樣的每一篇社論文章，用之於大年初一可以用，用之於大除夕日也可以用，社論如此，其他的一切，更不必話說的了。此次陳彬龢奉受史量才的任命，作進展之謀，而其工作任務偏重於滲進編輯部方面。是他果然乃以「養媳婦」的身份，能得跨進編輯部的門檻，這已感事屬不易。至於安坐寫字枱更挨輪不到他，所以陳彬龢雖在編輯室裏，却沒有固定的座位。只得東跑跑，西站站，見有空椅子時就坐坐，藉以息足養力。可是他一見人來，便要立即起立讓位，那種苦痛情況，比之乍進夫家之門的小「養媳婦」都不如。但他爲了自己事業和職業的前途着想，同時，也爲了史老闆使命和任務的工作着想，只得咬緊牙關忍受，而且還要低頭服小的忍受。

是以在此期間，據說陳彬龢有些要好朋友知道他已經進入申報館任職，偶爾於相見時，總會問說他在報館担任的是何職務。他却含笑着答稱：是我嘛、在申報館裏的職位名銜，那是編輯部的「行走」，不是編輯部的「平章」。（按：行走即是遜清朝代的一種官制名稱，平章則爲唐宋年間的一種高官榮銜）陳彬龢於說完回話以後，定必綴以呵呵的笑聲，作爲他自我解嘲之話，其實也是他當時滲進了申報編輯部以後，所忍受的實際情形。終因他的滲透工作幹做得不差，尤其是他所表演那套低頭服小的身手藝術。實在表演到巧妙靈活，達於最高度拍馬工夫的藝術階段，既不火爆熱烈，亦不瘟冷漠，表現得平平易易的非常自然。並且他這套的身手藝術，不僅使之於張蘊和一人身上，同時也廣使之於全編輯部每個人身上。他的結果，非祗成績不壞而已，簡直獲得美滿無比的成功，蓋時不匝月，陳彬龢已不成爲「衆惡之」的人物了。後來他曾自承對於申報的革新工作，在滲進編輯部以後，就自己擬定腹稿藍圖，分作三個階段的推進計劃，每個推進計劃，則又分成爲三個步驟的漸次進行。是他首先所要推進計劃的第一個步驟，即爲着手於革新社論工作，蓋他認爲日報的社論，必須要針對時局，儘量獻替，一掃以前不談時事的積習。是以陳彬龢有這樣的一篇自白之話，那是說明他在申報編輯部中，從「養媳婦」身份、蛻變成爲主婦的所經歷程。其話如下：「因爲挨輪不到寫字枱和座椅，所以在編輯部同人大家據案辦公時間，那我只能傍住張蘊老的寫字枱，加把椅子，側身坐下，聽聽他的言論。」

「張蘊老是個心地那樣純厚溫和的長者，對我這樣的行爲動作，並不發見他有絲毫憎惡之心。他對我的青眼頻施，詞色仍假，久而久之，我倆習慣便成了自然。情形進展至此，我就感覺到時機已漸漸成熟，認爲可以着手推進。於是纔敢以試探的口氣，向他進言，可否讓我試寫社論，藉以代勞。張蘊老當聽我話說以後的表示，倒也是無可無不可的說是任憑於我的意念而爲之。更於是，我便依照他所撰社論原有的典型程式，亦屬引經據典，寫成一篇仿像陳冷血式的短評交卷。要知我之所以要在我的文中抖抖書袋子，引入運用幾句古人語錄的名句，目的在於要使他明瞭我也讀過線裝書的。這是我爲了要想迎合此老的心思脾胃，以堅他對我的信任，可以知道我不是一隻不舞之鶴。總算這一步的工夫不曾白費，從此以後，時常庖代張蘊老撰寫陳冷血式的社論了。過了一些時日，我又作第二個步驟的推進，乃是把一篇社論空泛的內容，改爲實質的評論，而對社論的題材找取，就以本埠當前所發生的重要事件，加以公正合理的評騭和發揮。再過些時日，我又作第三個步驟的推進，那是擴大範圍，盱衡局勢，對時政的得失，大做其申報一貫作風文言社論的批評文章。」

「可是，我當時在編輯部內，還是一個聽命於人的人，雖然，望之儼然似撰寫社論的主持筆政者。但是按之實際，難能自我作主，仍處於被動地位，蓋因張蘊老如不要我撰寫社論，我還是不便動筆，是以每夜必須要向他請示而後作決定。不過有一點，就是我所寫社論的文體方面，始終保持採用文言。每篇字數雖無一定限制，但亦類如改良天足，即使放大也放大不到那裏去。而我每次文成，必先請張蘊老過目，待他說可之後，才能交付排字房發排。原來張蘊老責任心重，賦性平和，對於文字的看察是很謹嚴的，也極審慎的。縱一字之微，如感有不妥當、不切實處，亦不輕予放過，非要改易到平穩妥貼方休。但是他的態度却也好到極點，例如對我所寫的社論中，發見文意含義有不妥當處，或者文句措辭有太激烈處，是他認爲有應予删改潤飾之必要，可是在動筆删潤以前必先徵我同意，才予删改潤飾。一點沒有總編輯的架子，這種克己服禮的精神，爲現代人海中所罕見的好人。如此經過多月，我都能耐住性子，努力工作，以期對史先生方面，得以達成任務，完成使命。及至九一八關外的中日事變爆發以後，由於時局的陡形嚴重，情勢的遽呈緊張。才把我這個養媳婦的身份予以改變，這一改變非但達到革新工作第一個階段的目的，而且我在申報編輯部的地位，也被提高成爲某一部份的主婦身份了。」

在前邊陳彬龢所說一大片的自白之話，倒是句句實言，事事皆眞，毫無虛假之處。只不過對於庖代張蘊和撰寫社論之說，却說得不情不實，如所傳言，陳彬龢是個沒有受過高深教育的人，所以無人知道他的學歷究屬如何。但不要以爲他於民國初葉年間，曾在上海有名哈同花園內附設的倉聖明智大學任當了教席，錯認他爲飽學之士。要知道他對這個職位獲得，並不是由於他的學問好與名望高，致被邀請而來，乃是全仗他母親的關係力量，汲引所致。因爲他母親一向在哈同夫人羅迦陵女士的身邊服務，極獲羅夫人的好感，是以經她一言，其子的職業問題，羅夫人即予安排在學校教席之列。不過他所担任的教課，屬於該大學所附設女學校方面的國文一項，對男學校方面從未担任過任何課程，只是爲期不過年餘，終因他行爲不檢，竟犯了有損師表的過失之愆，即被該校學監姬佛陀（覺彌）辭退。至於陳彬龢的文字究竟修養到如何呢？據朱子家兄對他有過這樣的評說：「我沒有讀到過他親筆撰寫的洋洋大文，而他批評別人的寫作，不能不說有他的見地。甚至寫給朋友的信札中，文言與白話雜出，決不類是此中高手。」

準此以觀、該陳彬龢確有自知之明，但看他所作的自白之話、一開端就坦白說他自己不學無術。其實他是個不學「有」術者，而他「有」術的表現，可於原不是寫文章的高手，竟能做出陳冷血式的短評社論一事見之。蓋他所施展的出術之處，就是張蘊和的思想方正，有以導致成功的。因爲張氏痛惡黃炎培的行爲惡劣，連帶及於與他有牽連關係的一班人們，於是便定出一條在編輯室內不准添設寫字枱和坐椅的防衛對策來。料不想滲進編輯部裏來的人，爲不學「有」術的陳彬龢。當在陳彬龢徵得張蘊和允許代做社論時，早已由黃炎培妥爲安排，替他羅致了不少捉刀人。好在陳冷血式的評論文章，既無時間性質的限制，又乏事實內容的空泛，今天可以用，明天仍可用。所以他身邊常備有好幾篇社論文章，只要張蘊和答應由他代勞的話，就到二層樓的寫字間裏檢出一份，抄寫一過，便像魔術師表演魔術似的變出一篇社論來了。如果張蘊和准許爲他在編輯室設置座位與寫字枱，則陳彬龢於衆目睽睽之下，反而無從施其技了！

申報開臨時緊急會議

在「九一八」事變發生後的次日下午，史量才突然召集總管理處組織中心的六位高級成員，舉行臨時緊急會議，準備於申報的社論中有所表示。該總管理處自從正式成立以來，規定有每星期召開一次的例會，這例會的召集人不是黃炎培，即爲陳彬龢。史量才雖屬申報館的首腦人物，但向來他祗做被召集者，從不做召集人。今天却一反常例，居然做起召集人來，而且是臨時緊急會議的召集人，顯得此次集會討論的事不尋常了。據說這天所開緊急會議的情形，所有應召與會之人，都是如以往一樣的動態自然、神情平常。惟獨黃炎培一人應召前來館中赴會時，人皆見他面色鐵青，眉峰緊蹙，滿臉的籠罩着憤怒之色，而又氣極虎虎地好像與人打架方罷、相罵才休的樣子。只見他一經跨下包車，進入大門，便即匆匆忙忙猛向樓梯跑上二樓去。連之等乘那部老爺電梯都嫌時不我待，心急得不願趁乘。所以當時有人說話，說是：「今天總管理處開會，如果他們像演唱京戲式的要用鑼鼓登場的話。別人個個都可以『打小鑼』上場，非打『急急風』的鑼鼓點子不可，此人實在太會做戲了。」此人話雖說笑，事却實情，黃炎培處處地方，都要玩弄一點詐術和手法的。

及至史量才眼見黃炎培到來，人數齊全，便即宣佈開會。不料黃炎培內心急想講話，爲要爭着先鞭，所以他就座之後，便不再坐下，以圖少却坐了再起立的一番周折。但等史量才說明會議宗旨的寥寥幾句話後，黃炎培忙即接着上去就此站着開口，滔滔不絕地痛罵國民黨，並說出他的主張，即是明天的本報社論，應對南京當局嚴加責備，督促政府，激揚民氣，成爲抗日的輿論中心。等他說完便由趙叔雍繼起其後，附和黃炎培的說法與主張。張蘊和則靜坐一傍，始終默不作聲，這是他一直以來對總管理處開會所取「靜觀其變」的冷靜態度。錢秘書照例除掉外來英文函件的事情，對其他的一切也是閉口噤聲，不發一言的。馬蔭良因其職位以專管業務的總經理，非有關於經理部的業務問題之事，向少發言以自重的。至於史量才則以維持其「垂拱平章」、「無爲而治」的態度，輕易不肯開口，隨便任意說話。因此，今天這次會議的前半截，却成爲黃炎培與趙叔雍相互唱和的局面。但不過任憑唱的如何熱鬧，演的怎樣精采，總不能一個表演藝人站在表演台上，自吹、自唱、自叫好的吧？非得要有第二者、甚至第三者挺身而起，大喝其彩，大叫其好，方合喝彩叫好的邏輯，否則會陷表演藝人僵立於台上，有下不了台的奇窘大辱。

此時，趙叔雍眼見黃炎培這樣的賣力表演，附和捧場的竟無第三者出現。他是捧唱戲角兒捧慣了的捧角家，對於捧之一事，非常的在行，覺得不管正捧也好，反捧也好，總而言之、必須要力捧到底，决不能半途而廢，給被捧者高高捧起，吊在半空，僵在台上。他就忖想着他在適纔間，曾熱烈地附和黃炎培，對他的主張大捧而特捧，已盡了捧場之能事。誰知當前所出現的局面情況，却像李清照所作那闋「聲聲慢」的詞句，所謂「冷冷淸淸悽悽慘慘戚戚。」視覺所及，心有所感，難於自己。同時趙叔雍靈巧活潑的腦海裏，突然又忖想到黃炎培向來在史量才身邊，以策士自居。如今僵在會議席上他的夸夸其談，竟無一人替他做出結論來。一時收不了場，下不了台，再看他有些神色倉皇，手足無措的樣子。他便想到自己既然對他熱烈附和於前，怎可以敲打「陰鑼」於後呢？因此，趙叔雍竟亦毅然的站立起來開口說道：「本人對於任之先生所提供他主張的意見之話，所得的結論，那是明天本報的社論，爲表示我們申報對於這次東北事變的看法，其中出入關係非常重要。我想眼前國中大事環繞在抗日與勦匪兩個問題上邊，爲避重就輕、舍難就易計，就即依照任之先生所提的意見，先向政府開炮再說。不知諸位先生以爲如何？」趙叔雍說完話後，便與黃炎培一同坐了下去，可是大家仍然默爾不語，無人出聲。

當其時陳彬龢內心實在感覺按捺不住，忍耐不了。迫得他只有起立發言，以便阻止黃炎培的提議先向政府開砲之話，以及趙叔雍相繼附和其議之說。陳彬龢的說詞，那是指出這次東北事變爆發，未能妥爲防範、消弭無形；政府固應負責。但以國難當頭，外患迫亟，則應以表示一致對外爲先。如因批評政府而有傷於對外一致，本人則期期以爲不可。若爲旨在評騭當局，往後的日子正多，機會儘有，何必定要在明天呢。要知明天却不是最最適當的日子，我想還是停止進行，較爲公正合理。否則人將誤會我們申報竟連「兄弟鬩於牆、外禦其侮」這兩句話都不懂，豈非天大笑話。史量才聽了，似乎對陳彬龢所說的話中含義因素，頓時有所省悟過來。便即轉問張蘊和的意見如何，張蘊和則要言不煩地只說了「我贊成彬龢先生的見解」這麽一句話。於是就把黃炎培「先對政府當局嚴加責備」的高論主張，全部推翻。並且由史量才以召集人的身份、當場宣佈一言爲定，明天的社論，即照陳彬龢的主張着筆落墨。在散會以後，陳彬龢跟張蘊和回到他的房間裏，不待坐下。張蘊和就對陳彬龢說：「彬龢先生，這篇文章是短不來的，就由你去寫罷。」這爲陳彬龢自進入申報館以來，張蘊和自動叫他撰寫社論的第一次，也是申報發表長篇社論係用白話文寫社論的第一次。從此以後，張蘊和便把撰寫社論的工作，純然全交給了陳彬龢担承，而他的這個「養媳婦」也算是熬出頭了。

陳彬龢的爲人行爲，有頗多地方天眞憨直、口沒遮攔，却令人對他發生好感可愛。例如他常掛在嘴邊的口口聲聲，自承爲不學無術之人，有這樣的不諱自承，反而賺得人們對他諒解了。又如有人說他的文章，多半出於別人的捉刀代筆，他也毫不諱言，坦白承認。但只因他的長於辯才、擅於詞令，有時對他文章的代筆問題，倒也要聲辯一番、爭回一點面子。他說他排日在申報上所發表的社論文章，並不是由皮到骨，全由代筆人一手包辦。是他作出這樣的辯說：「原來文章的主張多是我抓着的，文章的修正，亦多是我增刪的。自信是我尚能如柳宗元筆下的梓人『尋引規矩繩墨』、『視棟宇之制，高深圓方短長之宜』」試思陳彬龢這番辯詞，辯得多麽的巧妙漂亮，多麽的輕靈洒脫啊。陳彬龢還又作這樣的一番話說：「我認爲社論不是代表執筆者個人的片面意思，而是代表多數人的共同語言。所以遇到了一個問題，必須徵取多數人的意見、正面反面、面面顧到。然後寫爲社論，才得其正，而不爲感情所左右。又文字的使用，不必求其工整，但必須要簡明。所以我主張在社論發排以前，最好能經多人過目，以期每字每句，使讀者容易讀懂，輕便領悟。由於我對社論的主觀如此，所以我以私人的立場，特約了好幾位代筆的朋友如陶行知、章乃器、楊幸之諸先生都是，對於這件事史先生是不知道的」。

陳彬龢前邊所說之話，說得眞實正確麽？此項問話如果向我詢問，我必答說，他的話固然一點兒不錯，既翔實、又正確。只是對於他捉刀人方面的人物交代，却有點不清不楚，太於含糊而已。他曾說「特約了好幾位代筆的朋友」，但他所舉說出名姓來的只有陶行知、章乃器、楊幸之三人，這就是我說他交代不清楚了。他爲什麽要藏頭掩尾、遮遮閃閃，不據實說地作自白之話。在我的臆測猜想、可能他怕多舉說出捉刀人的名字，要受到兩種應响。一是怕越說多了，越發坐實一般社會人士的流言史量才之死，斷送在他和黃炎培兩人手中。這當然他們那是援用了「我雖不殺伯仁，伯仁由我而死」的過於刻薄之批評話。其次是怕多說出一人，在良知上要對史量才增多一層「內疚於心」的譴責。其因素他們兩人勾串一氣的所作所爲，上下其手的苟苟營營，都不使史量才知道的，據說透過了黃炎培關係，介引專爲陳彬龢寫社論任做捉刀人的，凡名列共產黨籍的計有凌其翰、胡風、艾思奇、高語罕、沈茲九（女）、楊幸之等七八人之多。非共籍而思想前進的，其人數更多，如沈鈞儒、陶行知、鄒韜奮、章乃器等凡有十餘人之多了。所以當時有人說申報館似乎成了左翼聯盟的盟本部呢。朱子家兄在悼陳彬龢的文中，也記述過這樣的一段話，「在他爲申報寫社論時，家中就延聘了不少有名的文士，由他口授大意，而由別人爲他執筆，胡風就是其中的一人。」特錄之作爲我所說之話的旁証。

鄭笑庵閒棋成了大用

陳彬龢的自白，提供他以私人立場，特約好幾位代筆的朋友，代寫申報社論之事。最後所說一句最重要的、最秘密的，也最眞摯的老實話，那是「史先生是不知道的」。的確在當年當時的史量才是不知道的，非但如此，即在三年以後，史量才以身殉報，於蓋棺論定之日，相信他還是不知道的。可見得陳彬龢不學「有」術的一斑，他能把一位極頂聰明，許爲英明之主的史量才，玩之於掌股之間，生死系之而不自覺，得弗奇怪。其實此事在當時一般「吃望平街飯」（按：吃望平街飯這句口語是指在望平街各報館工作之謂，此語四五十年前頗盛行於上海低層社會間）的人，知道的很多。只因大家都知道陳彬龢與黃炎培爲史老闆所寵信之人，而且他們二人又是總管理處的主要人物。深怕多言賈禍，所以經編兩部的工作人員，祇要進入申報館之門，大家就噤口不談陳彬龢和黃炎培二人的任何事情了。

在「養媳婦」身份的陳彬龢，蛻變成爲部分的「主婦」身份之後，他的思想行爲，却給一人拔出一點瞄頭來了。其人非他，就是坐在貼住張蘊和側邊另一隻的寫字枱上幫同審閱稿件工作，而編輯部同人對他大家都尊呼他爲鄺笑庵先生的便是。鄺笑庵名光寧，爲廣東台山人。原來他於民國初葉年間，跨出校門之後，即投身新聞界的這門職業工作。一經開始，歷在廣州、汕頭、香港等地三處地方的各報館供職，而他的職務工作，却是由校對、而採訪、而編輯。及至民國十一年，他於現任當地報館的新聞記者工作之餘，兼爲上海國聞通訊社任担工作。

這家通訊社也設在望平街上，（按：當時國聞通訊社的社址，在山東路外國坟山對面房屋的樓上）爲當年上海一家辦理得最出色、最像樣的民營通訊社。由胡霖（政之）斥資興辦，自任社長，李子寬爲經理，民國日報的記者嚴愼予主理編務（按：嚴愼予爲新聞報的「小記者」嚴諤聲之弟）。於按日分送各報館本外埠的新聞稿件以外，還每週出版一本的十六開本文藝雜誌性的「國聞週報」。這兩種印行的出版文物，都有聲於時，也大獲其利，是以在民國十五年胡政之說動他友人吳鼎昌施出財力，購盤了天津大公報。再邀來張季鸞投入才力，主持筆政，終於吳、胡、張等三人共同合作事業非常成功。不能不說胡政之是因由於國聞通訊社出版週報的成功，啓發他們三人合辦大公報的動機。其起初的形式與後來的旺發頗如史量才、陳景韓、張竹坪三人創辦申報一樣。只各人的氣質上不同，而報館的組織法有異，所以申報與大公報的最後結局就大有差別了。

且說鄺笑庵於民國十三年起，却又兼任了上海申報的香港通信工作，若說他與申報所發生關係，早在民國七年已經有過一次。原來鄺笑庵於這年上去了上海小遊，順道希望在上海打條出路，當然是想在報館方面找個特約通訊員的職位工作。他有一位朋友告訴他認識此間教育界名人黃炎培，並說在最近聽說黃已進入申報館做事，不妨由我陪你去見見他，也可能談出申報特約通訊員的機會來。於是，他們便趕到南市華界林蔭路的江蘇省教育會，造訪黃炎培會長，人固見到，事不湊巧，因爲他自己受到申報教育版主編人沈恩孚（信卿）的排擠，不給他工作任務，以致他空坐六天申報編輯部的寫字枱，便就自動不去了。但黃炎培還是行使結好感於人的作風行爲，所以他寫了一封介紹信，叫鄺笑庵持信到申報館編輯部去見訪康通一，只不過此時的康通一身份，還是一個普通的外勤記者，自然無能爲力，祇得說聲「銘之心版、容圖報命」而已。

直到民國十三年，康通一已升任爲申報的採訪部主任了，他便約請鄺笑庵担任華南地區的特約通訊員。以踐宿諾。鄺笑庵亦即以「銅駝」的筆名，專爲申報撰寫廣州與香港兩地的通訊稿件。他對每則要聞事件作有系統的叙述報導、不但寫得多而且好，而且詳而且周。一時與以「牽齋」爲筆名的華北地區的通訊稿件，成爲申報通訊員中、南北遙遙相對峙的兩枝健筆。及來歲的夏間，香港的工商日報出版，當其時該報的主辦人爲洪興錦律師與華字日報總編輯潘蕙嶠。只因時當國民政府在廣州成立以後，國民革命軍將要出師北伐的前夕，此後軍事與政治的新聞中心，已有漸向上海的趨勢。因此，香港的工商日報當局即派由鄺笑庵到上海，專爲主持該報駐滬拍發電訊工作事宜。直到該報於民國十八年秋間，讓售於何東爵士承受續辦，不過他的電訊工作却隨之休止。幸而他於數年間來，因採訪新聞關係，與康通一一直保持密切聯繫。每以採訪所得，供給康通一選擇採用，對於廣州與香港兩地的通訊稿件，並不因他本人身在上海，有所減少。其新聞來源的充足衆多，大有如珠江之水，取用不竭之概。

這次鄺笑庵的固定職業，發生問題以後，康通一意良不忍，便約他同去見張蘊和，請張幫忙護持，就在申報館編輯裏安插一個編輯位置，免致遭受失業的威脅。張蘊和原是心地仁厚之人，以數年來有鑒於鄺笑庵的工作勤奮、成績卓越。是以一經康通一代爲申述，話還未曾說完、張蘊和早已滿口承允。決定把鄺笑庵安置在通訊版裏，任當編輯。並且他還特地對鄺笑庵說明，要他坐在靠近他的地方，就是在他寫字枱的橫頭再擺設一張寫字枱和座椅，以便他安坐治事。張蘊和很坦誠的對他說：因爲有些冗長的稿件，他可以幫他代爲看看改改。萬一發生疑難問題時，他也可以向他問問談談，研討研討。尤其是有關於兩廣與港地發生的新聞事件爲然。他認爲鄺的各方人頭熟識，一切事情瞭解，這就是他要鄺坐在他身邊的原因。其實申報的編輯部裏，正是人才濟濟，人手衆多。別家報館編發一版稿件，編輯人員至多兩人，各版所刊的一篇短評概由各版主編人自寫，此爲望平街上各報館的一般情形。惟獨申報每版的編輯人員，往往會多至三四人。在「多尊神佛多枝香」的原則定例來說，這也是史量才所以要設申報總管理處的必要，而欲假手於人來割去這尾大不掉的編輯部。

陳彬龢踏進了申報，由代寫社論而建議改革副刊，各種提議，無不爲史量才所贊成採納，申報自由談副刊改由黎烈文編輯，並請魯迅參加寫稿，稿費貴至每千字三十元。（二十七）

藝術大師吳昌碩

此題目「藝術大師吳昌碩」七字為吳昌碩先生大弟子王个簃所書

薛慧山

一切藝術都是屬於抽象的。古今中外藝術流派不同，不過由於抽象程度上的差別而已。中國傳統的書法繪畫篆刻，乃可稱爲世界最古的抽象藝術，其中書法一項，尤屬突出。但近年此道日漸式微，而居然引起了日本人的大言不慚：「再過三十年後，中國人要想學書法或者要來日本留學了。」（註）這如何不令人警惕！在此，我敢肯定地說：這五十年來，中國還有一個人足以影響日本而使他們甘心臣服的，就是吳昌碩。

吳昌碩具備藝術家應有的一切優厚條件，而且能達到自得天機的最高境界。他的石鼓文，筆力扛鼎，古今一人而已。他的篆刻直追秦漢，而又參以新意，渾樸多趣。他的大筆頭寫意花卉，比齊白石要跨早了一步，說得上是自我創造。像這樣無論書畫篆刻各部門的造詣，都能表現其獨創一格，在近世就很難找到第二人。

他的藝術代表了中華民族一種至大至剛的驚人氣魄，足以傲視於全世界藝壇。這五十年來，在日本無論那一方面，還產生不出半個吳昌碩來。而作爲中國人的我們，對此一代大師所留下輝煌的業蹟，更能不衷心感到慚愧，而知所奮起！

平生刻苦自勵

吳昌碩名俊，俊卿，初字香補，中年以後更字昌碩，亦署倉碩，蒼石，別號缶廬、老缶、苦鐵、大聾、石尊者、破荷亭長等，一八四四年出生於浙江省安吉縣。安吉在深山環抱之中，風景清幽。他是獨生子，爲祖母所鍾愛，鄉俗怕小孩長不大，因取一個類似女兒的小名：「香阿嬌」，是壓勝的意思。幼時頑皮之極，又時常逃學。家中人把他關在屋子裏，他野性大發，把屋中傢具盡情的破壞，結果祗好蹲坐在磚地上。忽然給他發現壁間一條長釘子，便用盡氣力拔了下來，成爲他手中的玩具。開始在磚地上胡亂刻畫，從大頭鬼刻起，刻到山水花鳥以至他所識得的幾個字。整個屋子的磚頭都被他刻滿了，他的氣質也由浮躁變成了平靜，索性躲着不肯出來，孜孜不倦地在那裏刻下去。這樣纔養成了他的指勁腕力，以及後來習用「圓幹鈍刀」的習慣。自後延師苦讀，茅塞漸開，經常行數十里向人借書，把其中精義反覆研讀。到廿多歲時，從俞曲園遊，已詩文卓然有成，更學會了一手出色的篆刻。

在所有史料中，我們知道，大約一八六〇年左右，太平軍和湘軍在浙江進行生死爭奪的戰爭，昌碩全家罹難，只和他的父親逃出，在路上又被亂軍衝散。他一路幫人打柴做工，流離之中並以樹皮草根觀音泥充飢，吃盡了辛苦。亂平後返鄉，他的未婚妻章氏病夭，葬在一株桂樹下，從此他鬱鬱不歡。雖僥倖青了一衿，而鄉試迄不得中，便在蘇州做了一個小小的典史，生活偃蹇之極。其時蘇州名流雲集，他曾從楊見山遊，并在蘇州知府吳平齋門下作客。平齋收藏極富，所集鐘鼎圖拓及古印甚多，昌碩便一一獲觀，眼界大開，并相與討論品評，得益極多。祗是他太窮了，自稱爲「酸寒尉」，賦了不少牢騷的詩。并由任伯年替他繪了肖象，作清代衣冠，拱着雙手，酸寒之狀，活躍紙上。以後不斷地攻書學畫，曾做了一首詩：

蕪蕪草色春風前，渡頭老屋圍溪田。
牛羊鼓腹犬高臥，唯有白鷗餓看天。

伯年又替他畫了一幅，題爲「饑看天圖」。這時他四十二歲，日常以薄粥清蔬充飢。端午節，太湖枇杷熟了，因爲腰頭無錢，全家相戒勿食，後即誌其事於畫上。直到六十九歲生日，有「自壽」一篇，仍不免於歎老嗟貧。但詩文窮而後工，汪辟疆光宣詩壇點將錄上，點他是「地朽星玉臂匠，」并稱「老缶詩筆健舉，題畫之作尤工」，陳石遺在詩話中也說：「異哉！書畫家詩向少深造者，缶廬出，前無古人矣」。

西諺有云：「沒有終宵痛哭過的人，不足以語人生。」正因爲昌碩的窮，而能刻苦自勵，他的藝術境界，因之一天天的突飛猛進起來。其間曾做過江蘇安東（即漣水）纔一個月的縣令，即以不慣迎送，悄然掛冠而去。他的前半生，在宦途中一再遭到失意，體會到只有閉門作書寫畫刻印，潛心於藝術工作，是他唯一的出路。果然他的詩、書、畫、印，四美并具，都在他晚年大放了異彩。

他七十以後，從蘇州桂和坊遷居上海北山西路吉慶里，賣藝生涯轉佳，有「求者多於鐵門檻」之謠。這時他以耳聾自晦，可是遇到情意投合的朋友，往往又傾談忘倦。人問：「先生與人談話，却不重聽，莫不是有所託而故裝做的」？他笑而頷首。但人老了有時也很執拗，外面送請客帖來，家人怕他吃壞了，又要服「小兒淸導丸」，不再給他出門，他就天眞地像小孩坐在地上撒賴。平日他很愛聽平劇崑曲，愛聽歌女當筵低唱，于右任贈之以詩：「皤皤國老多情甚，嚼墨猶矜肺腑香」。有時且親自揮矛教兒童歌舞。又常赴河畔拾起瓦片，作削水之戲，居然童心未泯，眞是一個可愛的老人。

昌碩活到八十四歲逝世，葬於塘棲超山，日本人爲敬仰他，特地塑造一石像於墓前，手執書卷，神態蕭散。有兩副輓聯，傳誦一時。

朱古微輓聯曰：

江海有古心，自謚酸寒，垂花不餲文字性，

丹青忘老至，力窮依傍，憑生詎信甲辰雄。

袁伯夔輓聯曰：

作一月令，耕雙硯田，清節抗淵明，賃蕪更無五柳宅，

擅三絕名，踰八旬壽，高踪繼和靖，范金長傍萬梅花。

藝術大師吳昌碩

篆刻應列第一

篆刻這一項中國特有的藝術，始見於六國，著於秦而盛於漢，至唐宋已不振。迨元明又復興，浙皖兩派繼起。到了昌碩，即一手集其大成，上取鼎彝，下挹秦漢，旁及封泥陶氣漢碑額等，穆穆渾渾，大氣磅礴。他自己說：「人家說我善於作畫，其實我的書法比畫好；人家說我擅長書法，其實我的金石更勝於書法」。這樣自我評述，時人都認爲「所供是實」。日本人在淸末，最崇拜楊守敬，楊却推崇昌碩的治印，因此在彼邦聲名鵲起。

昌碩的治印工具，採用圓桿鈍口鋼刀，一刀入石，非有相當的腕力指勁不可，他却能運用自如，游刃有餘，這在別人都不敢嘗試的，其氣魄之大可知。一般人只會細雕慢琢，匠氣十足，而他就那麽一下子衝刺下去，頓時使石硝左右崩裂，朗然有聲，絕不加以修飾，所以特別見得渾成自然。方寸之間，其分布朱白，自有能收能放、虛實互見之妙。他於此道研習最深，在所刻壓角印上，刻有邊欵文曰：「勇於不敢，彊其骨，竅生鐵，聽有音之音者聾。」說明他不落尋常窠臼，而富有突過前人的創造性。其他在邊欵中刻有「勇於敢則殺，勇於不敢則活」。「漢碑額篆，有古茂之氣」。「三字有氣魄。」「老蒼臂恙雖劇，刻罷自視，尚得遒勁之致」。這些欵識，雖是議論刻印的，但也不妨看作他在書畫上共通的見解。

他有「刻印」詩幾首，如：「贋古之病不可藥保守，警句疊見，堅決表示反對，……但索形似成疲癃。我性疏澗類野鶴，不受束縛雕鐫中。少時學劍未嘗試，輒假寸鐵驅蛟龍。不知何者爲正變，自我作古空羣雄。」又云：「今人但侈摹古昔，古昔以上誰所崇？詩文書畫有眞意，貴能深造求其通。……」這些「自我作古空羣雄」與「貴能深造求其通」的句子，拿來形容他的刻印固可以，便移作書畫的詮釋又何嘗不可？

還有，在「削觚廬印存」中吐出了一句：老子精神本似龍，」他主張不斷地求變，但求變不是一宗輕易的事，藝術家可以「眼睛一霎，老母鷄變鴨」，說變就變；而詩書畫印，變的過程很長，是要有決心，有胆識，有永不自滿的虛心才行。一九一四年，西泠印社在杭州開會修禊立約，公推昌碩爲其盟主，出任社長之名，他便作謙遜表示，有「社何敢長？識字僅鼎彝甑甗，一耕夫來自田間」的自白。但事實上他所創的治印作風，從此海內翕然風從，迄數十年而不衰了。

昌碩的印，在四五十歲時已臻完美之境。他在晚年又說：「篆刻如串花旦，要求年富目明，老了便力不從心。六十歲後，便難以奏刀了。」他指六十歲後很少刻，是指字數多或小過一分不刻，自用的「老缶」「破荷亭」等印，縱橫歷落，古香盎然，皆七十以後所作。以前我在北平琉璃廠、蘇州護龍街，看到他的刻印何止數百方，但如今已不易見到一顆。

他之自號缶道人，是在光緒壬午，偶然獲得一個古缶，古樸可愛，上有斑斑駁駁的蝌蚪文，斷定是三代物，即以缶廬自名其齋。他一有空暇，以摩挲爲樂，且叩之聲如洪鐘，震耳欲聾，便笑着對人說「這像是我的化身。」

石鼓心摹力追

昌碩以寫石鼓文最出名。他以指實掌虛，懸腕中鋒作爲不二法門，寫得雄渾厚重，宛如鐵劃銀鈎，令人百看不厭。他寫的對聯，掛在畫廊之中，老遠就可以看到那付不可一世的磅礴氣魄，而其旁別人的字聯，在相形之下，就會顯得黯然

無色。

在缶廬集中，有「瘦羊贈石鼓精本」長詩，其中「後學入手難置辭，但覺元氣培肺腑。總歎刻畫年復年，心摹手追力愈努」之句，可知他對於石鼓用力之勤，偏愛之深。

查石鼓爲周代遺物，至唐代始被人發現，其時已殘缺不全，是故韓愈有石鼓歌詠之。後經五代之亂，散失民間，宋時代找回九個，其一已被人刳作石臼，作漬菜之用了。金人陷汴，石鼓被運至燕，存置北京國子監大成門左右。其文爲周之大篆，天一閣北宋拓本計有四百六十二字。這個寶貴的遺產，一直到了昌碩才心摹手追，把它在書法上發揚光大起來。

他爲友人黃葆戉寫石鼓集聯，題云：「石鼓書體，固當以蘊藉含蓄是尙，然須有氣以驅之，剛柔兼勁，方圓幷用，上契鼎彝，下符秦刻，乃爲能事，若依樣葫蘆，謂得神理，是直寫官事耳」。充分說明了此老對於石鼓「善入善出」的一番工力。他朝也寫，晚也寫，「寫畢黏壁自讀，意猶未盡，然其中自有我在，是可信也」。結果他用功至於眞的把一個常熟石硯都磨穿了洞。

看昌碩書，他每將石鼓結字加以變化，石鼓原文圓中帶方，他偏變之爲瘦長，又喜將右邊提高，且參以兩周金文，故蜿蜒恣肆，別創一格。符鐵年說他：「其結體以左右上下參差取姿勢，可謂自出新意，前無古人，要其過人處……」。沙孟海說：「先生作篆，不主故常，把三代鐘鼎陶器文字的體勢，揉雜其間，所以比趙之謙還要高明」。像昌碩這樣窮一生之力寫石鼓，却又「自出新意」，「不主故常」，還是由於他個性傲兀不羣，而不以摹仿爲滿足，故善於這樣創新求變，眞可說「性格決定作品」。

中國書法原爲高度的抽象藝術，但又是一項既廣且深的學問。自唐以來傳授的篆法，却弄成刻板的摹仿，了無眞趣，到了昌碩，「曾讀百漢碑，曾抱十石鼓」，結果竟能融會而貫通之，雖來自傳統，而仍不能不說是一項大胆的創造。近世欲求如昌碩之「渾金璞玉」「貌拙氣酣」的作品竟不可復得。

昌碩出名之後，海內外（海外指日本）都一窩風地去寫其字體，可是他們所學的，至多只是其字體中最通常之一種。至今看到昌碩書法眞迹，却件件各異，不能不驚服他老人家神通廣大。他的行書一度學過王覺斯，但後來以篆體滲雜之，自稱「强抱篆隸作狂草」，看來一氣連貫，饒有渴驥奔泉之勢，但也沒有人能學得像他。爲的什麼？昌碩不但是有磨穿了鐵硯的深厚工夫，最不可及的還是他那股天不怕、地不怕的，敢於破空而出的堅强性格與革命精神。

自稱畫爲健藥

三十年前，記得在上海蘇州這一帶，全國文物薈萃之區，還是陸廉夫畫風普及的天下。廉夫與昌碩同輩，專摹四王的青綠山水，兼仿惲南田花鳥，作風甜熟媚俗，易爲人所喜愛。而昌碩的畫，由於一片水墨斑斕，章法又忒奇特，在一般人看來，似乎不很悅目，以當時市場價格而論，它不像廉夫那樣賣錢。又記得我剛抵港那年，在香港大酒店一間畫舖裏，看到昌碩四條畫屛，索價每條僅百元而無人要，但到了今天，其價格竟一漲而爲萬金以上了。這爲了什麼？歲寒而後知松柏之後凋，要知任何藝術，决不在乎一時的毀譽榮辱，而必須經得起長時間的考驗。一個畫家成名固然容易，立名却很難，像昌碩歷時愈久，聲望愈高，終於有如眞金不怕火，即其一例。

任伯年為吳昌碩畫饑看天圖

但平心而論之，昌碩的畫幷非百分之百的完美，且瑕瑜幷見，好壞差得很多。他自己也常自白：「畫不如書，書不如印，」把繪畫作品列在其最末一項。且在畫跋上極坦白地說：「予素不知畫。衰弱多睡，慮傷脾，時以作篆之筆，橫塗直抹，醜態畢露。人謂似孟皋，似白陽，似清湘僧，予姑應之曰：特健藥而已，奚畫爲」？他對自己的畫，自謙是「醜態畢露」，祇是爲了調劑自己的身心，而把筆墨橫塗竪抹起來，稱爲「健藥」，似甚幽默。但另外有一首長詩，却又表露了他極其正確的理論見解：

我畫非所長，而頗知畫理，使筆撐槎枒，飲墨吐畏壘。山是古時山，水是古時水，山水饒精神，畫豈在貌似？讀書最上乘，養氣亦有以，氣充可意造，學力久相倚。荊關董巨流，其氣乃不死。剪可試吳淞，濤翻風聒耳，五嶽儲心胸，崢嶸出筆底。硜硜摹其形，莊弱類病瘡，請觀龍點睛，飛去壁立毀。……」

由此可知昌碩的畫，所以能創造一種獨特的風格，乃是由於他平生「讀書」「養氣」，與游歷等擴大眼界與胸襟而所結合下來的果實。

諸宗元論昌碩之畫：「以松梅，以蘭石，以竹菊，及雜卉爲最著，或作山水，摹佛像，寫人物，大都自闢町畦，獨立門戶。其所宗述，則歸墟於八大山人、大滌子。若金冬心、黃小松、高且園、李復堂、吳讓之、趙悲庵諸子，猶驂靳耳。……」這文中偏漏了一個徐青藤。昌碩的畫，實在受青藤的影響最多，他且曾爲青藤墨筆山水人物花卉冊作一長詩，幷盛讚其「墨趣可掬，神在箇中」。這八個字，正與昌碩自己的畫似相暗合。但青藤的畫雅而巧，昌碩却重而拙，而都一樣的奇趣橫溢。此外他在畫上，屢次註明學黃瘦瓢，學金冬心，也不過師其意而幷未師其迹。倒是趙撝叔畫的花果，在水法墨法方面，昌碩是吸收其精華，而更加潑辣了一些。照一般說法，他在五十歲後，受任伯年的啓發最大。可是在今日看來，伯年的技法固極純熟而且高明，昌碩雖跟他學過幾度散手，但依然我行我素，保持自家面目，若評衡其藝術價值，或竟有「青出於藍勝於藍」之處。

原因伯年還有些未脫作家氣，昌碩比較多讀書，多養氣，雖技巧不如他，而格調畢竟比較高了些，大醇小疵，正復可取。

任伯年提醒他

任伯年當年在上海賣畫，聲名藉甚。昌碩由高邕之介紹，常去造訪，因羨慕伯年翎毛花卉畫得生動多姿，願棄其五十歲前所習，從頭再向伯年學畫。伯年是靠作畫賣錢的，整天埋頭丹青，筆不停揮，連理髮吃飯都忙不迭，那有空暇教畫，任太太當她丈夫是部作畫機器，平日又監視甚力。因此昌碩拜師未成，祇得維持師友之間的交誼。有次，伯年畫了一幀墨竹紅梅給他，他回家苦習了幾天，抱着畫給任伯年看，伯年皺着眉說：「竹甚醜，而梅甚惡，奈何？但君既長於金石書法，何不以篆籀作花，以草書作枝，則別有古樸之味了。」昌碩大悟，自後雖摹伯年所作，而參以自己筆意，大筆淋漓，任意渲染，却自有其妙處。伯年一見大爲讚賞：「大令，你的畫，將來比我高十倍」。就這樣，幾句話馬上提醒了昌碩，竟然從此脫胎換骨，而終於如畫龍點睛，作破壁飛去之勢了。

這故事頗有趣，多少可予以信實。陳定山隨筆中，也寫過類似的一幕：昌碩取了伯年畫了未乾的畫稿，爲了逃避任妻視線，像跳加官一般踉蹌而去。據王个簃——昌碩的大弟子說：「先生是二十四歲開始學畫，但早期畫稿留存甚少，四十後才肯以畫示人，且曾自道：『三十學詩，五十學畫』，這句話意味着五十歲以前所作的畫是不夠滿意的，這是他一貫謙遜的態度。」其實昌碩學畫，具有「不薄今人愛古人」的看法，雖常有偸師之點，但他本身確實早下過多年工夫。我在蘇州護龍街怡園，曾一度看到他署欵俊卿的一幀細筆梅花，乃三十八歲時所作，一派規行矩步，學王元章的圈花點蕊，相當精能。又據褚樂三說，現在杭州西泠印社的白描雙鈎蘭花軸，係五十歲前作品，也可知道他的畫初期確從工細中逐漸化出來的。七十以後，才一變而爲全部大潑墨大寫意。一般人祇知昌碩祇會得粗枝大葉，任意亂塗那麼幾筆，幷無什麼作畫基礎乃是錯誤的。其實他在飽覽名迹深諳畫理之後，纔恍然悟出了古人所論「粗鹵求筆，狂怪求理」的一番道理而終於自成一家面目。

吳昌碩自刻印無須老人

他生前常對人說：「我生平得力之處，在於能以作書之法作畫」，眞是一言道破了此中奧妙。他以石鼓文和篆刻的筆法入畫，幷參以漢武梁祠石刻，南北朝造像等，因此其用筆如金剛杵，具有一種陽剛之美，那些蟠龍曲蚓似的線條，幾乎無往不習，無垂不縮，呈現了極其重、大、拙的金石氣味。從此以後，中國畫壇之上，突起了一支異筆而扭轉乾坤，就是開拓了清末明初的金石派。

更難得的是，他能深切領會到「畫中有詩」的旨趣，把他的一腔清新的詩意灌輸到畫面上去，更進入於相得益彰的藝術境界。說穿了，他畫的好處，不僅是畫的本身而已，而是在於他畫以外的修養學力到家了，而其精神內涵高度昇華，復更能那麼實大聲宏，冠冕一代。結果昌碩的大寫意畫，儼然與時代精神相結合，不但震撼了當時的畫壇，也開導了後來的畫派。可惜的是，一般人只知襲其皮毛，單學他的畫算了，却學不到那些不可及的金石味與詩趣，所以誰也無法眞傳其衣鉢。

以篆籀筆入畫

「青藤雪個遠凡胎，老缶衰年別有才，我欲九原爲走狗，三家門下轉輪來」。

這是齊白石追慕昌碩的詩，指他衰年別有才是很對的。昌碩到了晚年由於那些金石味的詩趣，深深滲透於畫面之中，大筆揮來，簡直比之青藤還要拙，比之八大更來得重，這可算是別開生面的創作。後來，白石到五十歲後，也確曾私淑過他，那時期畫的菊花紫藤甚至梅花，且都書明「仿老缶本」，其跡象令人一望而知。可是白石的書法篆刻，工力韻味皆遠遜於昌碩，祇有畫蝦畫蟹纔是他獨得之秘而已。

昌碩經常入畫的題材，無非松，柏，梅，竹

，石，蘭，荷，牡丹，菊，水仙，天竹，雁來紅，紫藤，葡萄，葫蘆，以及蔬菜菓品之類，平日他偏愛這些尋常花卉，最大的原因，該是可以放手用寫字的筆法來表現罷。正如他題畫梅云：「山妻在旁忽贊歎，墨氣脫手椎碑同，蝌蚪老苔隸枝幹，能識者誰斯與邕」。畫藤句云：「悟出草書藤一束，人間何處問張顚？」又畫荷花云：「離奇作畫偏愛我，謂是篆籀非丹青」。是書是畫，渾然一體，倘沒有他那份高度的書法工力，又那裏會畫得出如此抽象化的種種奇致來呢？

昌碩的畫，絕對不喜歡刻劃心機，描頭畫角。他常說：「信筆直寫，不欲如小學生埋頭伏案，刻意經營」。但却特別講究的是作畫的氣勢。據王个簃說：「先生作畫，先運構思，有時端坐，有時閒步，醞釀到一定的程度，然後展讀書畫名迹，吟諷詩篇，等到興致勃發，不可遏止時，便凝神靜氣，抽毫點染，一氣呵成。有時像快馬斫陣，筆底奔騰，若有節奏。及其體勢粗具，對部份的收拾，却又十分沉着，仔細地相其宜忌，刻意經營。常見其筆頭顫動，躍躍欲試，仍不着一筆。……」這描寫他作畫的神情活現。據我所知，他慣用的是「一枝長鋒羊毫筆，開始握在手中慢慢地抖動，但一着紙便如兎起鶻落，動作非常迅捷，所以能一口氣寫出奔騰挺拔的筆勢，且能力透紙背，控制得很有分寸。這不即是「大胆落墨，小心收拾」又是什麽？

他的畫，分開來看，筆筆是書法，合起來看，筆筆是形象，雖抽象化而沒有流爲虛空的符號。用墨大有變化，雖濃墨較多，但也特別强調乾濕，乾處如秋風吹裂，濕處似大雨傾盆。因此他替商笙伯題畫有云：「潑翻墨汁如雨淫，有時惜墨如惜金；畫成隨手不用意，古趣挽住人難尋」。實即是表述了他本人多年作畫的心得。

昌碩逝世前一年，賴敬程過上海去訪他，看他作畫，無論篇幅的大小，他總是站着畫的，這樣做有他的好處，一個人兀立揮毫，可以縱橫如意，取勢自然，免去板滯之弊。他對畫上的構圖，也有些特殊，往往愛在上角起筆，不專取順，而多取逆勢，或逆開而順合，巧與拙幷用，最要緊的是全局要求寫到一氣貫注，元氣淋漓。桌上那塊青氈子，已弄得五色斑斕，墨痕狼藉，連他老人家身上的衣服，也濕粘粘的染了一大片，他却不管這點。畫好了往往貼在壁上再細看了一會，或是走遠幾步按着眼再望着很久，這樣就實踐了他「奔放處離不開法度，精微處仍照顧到氣魄」的作畫要訣。

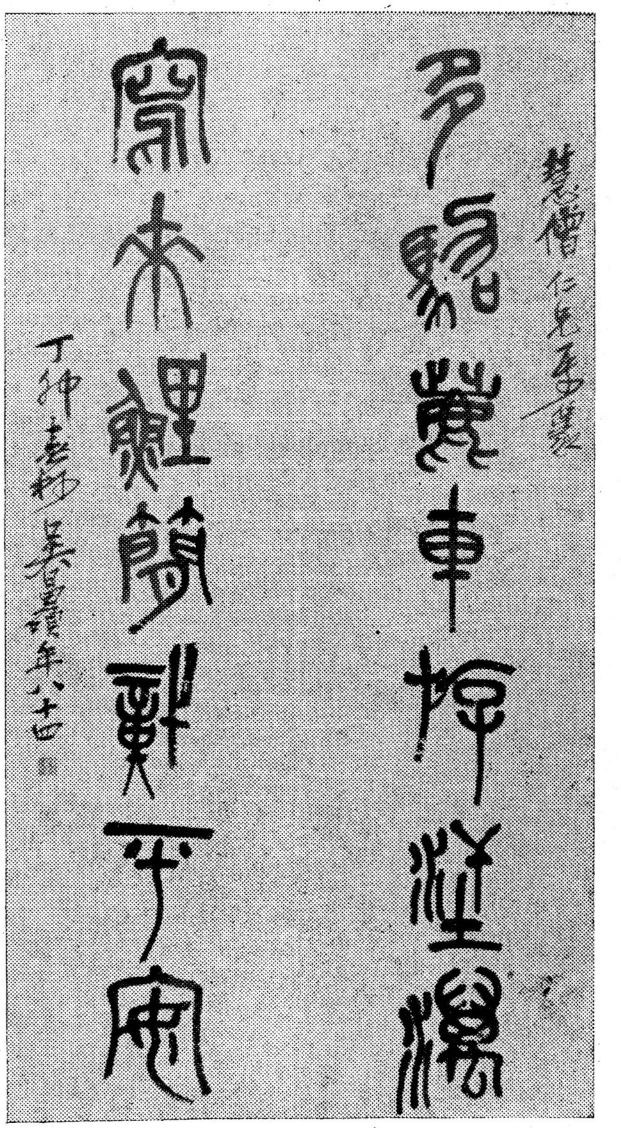

吳昌碩書石鼓文對聯

壽桃大逾西瓜

當年，沈寐叟在上海作寓公，題其樓曰「海日樓」，終日盤桓不出一室，倩昌碩作畫，幷作了四首詩。昌碩把詩誦了幾遍，倚榻默坐一會，忽然一躍而起，用筆在水盂中蘸了墨汁，狂揮一陣，一片雲靄裏，淡紅微抹若旭日方升，一僧巍坐花間，初觀之，似極草率，張壁以觀，生氣逈然，觀者嘆服。他在上面題了一絕云：

「望京樓上日日遲，手挽天河定幾時，
花葉四闌雲一縷，參禪無偈只攢眉。」

畫既稱妙，題亦絕佳。他的詩畫與沈詩若相呼應，打成一片。

昌碩題畫，字的大小多寡，以及位置都很講究。因此他的畫裏，多者一題再題，少者僅一二字，並不因空白多就多題，少就少題。有時正因於要疏，空處不加題，要密偏在緊凑處題字。印章的式樣，也必與之配合。所以他每一幀畫，都十十足足成了詩、畫、書、印綜合的藝術。

有一年除夕，昌碩畫「破硯水仙圖」，畫上的題跋甚妙：

缶廬藏漢魏古甓數事，苦寒冰凍，筆膠不能下，戲供水仙於其上，天然畫稿也。擁爐寫圖，題小詩補空：　缶廬長物惟磚硯，古隸分明宜子孫。賣字年來

生計拙，商量改作水仙盆。

我看歷來畫家所作畫跋，除了金冬心外，沒有比昌碩更有趣的了。

至於設色，曾提到「色難」二字，也有其獨到之見。他慣於明暗冷暖，互相攙雜，有時偏把平常忌配的顏色，大胆湊合，在矛盾衝突中，居然取得協調、統一，此又非高手不辦。一樣是歲朝清供之類應景作品罷，由於設色古艷不俗，令人愈看愈有味。他不喜敷重粉，說是「粉多容易使色調呆板，傷害了氣韻」。替王一亭題「黃華道人畫冊」一詩中云：「南田工設色，尚多煩膩痕，道人潑烟墨，瀟灑何精神！……」詩中還强調了古人看舞劍器而悟書法，游名山而通畫理的理論見解，正基於這點，他能以其一付剛健中帶婀娜的卓越手法，活潑潑地畫出一花一果的特徵所在。

吳昌碩畫石榴菊石

他常常畫的壽桃，其大逾於西瓜，顏色鮮紅得可愛，看上去一口可以咬得出蜜汁來。題云：

瓊玉山桃大如斗，仙人摘之以釀酒，
一食可得千萬壽，朱顏常如十八九。

又所繪大幅桃子，枝幹如虬，連葉子也肥碩逾常，題曰：「三千年結實之桃」。這本來很平庸的題材，却因他用筆老辣，設色古艷，與夫題句之妙，不由你不對之作會心微笑。

十年前在香港發現的昌碩一冊花果精品，共十二頁，是設色與用水俱佳之作。計有梅，瓶梅，枇杷，菊，牡丹，菜，瓜，葫蘆，荔枝，石榴，柿，葡萄，鳳仙花等。雖幅式很小，却畫得筆酣墨飽，而又拙樸成趣。現由張蓮清主編一冊「吳昌碩畫集」，在香港收羅了畫稿二三百幀之多，將在下月印竣問世。

記得以前在蘇州找到一幅昌碩紅梅八尺中堂，畫上題句甚多，有一節云：「畫紅梅，要得古逸蒼冷之趣，否則與夭桃穠李相去幾何」。我曾懸之於小倉別墅，初春時窗外幾株宋梅一齊開了，與此畫相映成趣，對之眞足以渾忘人間何世。當時專造昌碩假畫的趙雲壑，聞訊曳杖來看畫，他也老實表示：缶老的梅花筆氣剛而不獷，却最不易學到。

畫梅具吃墨量

梅花是昌碩最喜歡畫的題材，在他平生作品中，該是產量最多的一種。他從小愛梅，把梅花認做知己，作畫即比喻其人品的高潔。畫紅梅固是一絕，墨梅也能獨創一格，梅枝旣堅如屈鐵，而花苞亦以草篆圈成，灑脫可喜。他替梅蘭芳畫梅題句：

三年學畫梅，頗具吃墨量，
醉來氣益粗，吐向苔紙上。

想見其解衣磅礴得意之狀。事實上他長期苦練過梅花，從王元章到八大山人，先後歷四十年之久。最難得的是他住蘇州時，每年必去鄧尉山旅宿多天，往往在月明之夜，實行踏雪訪梅，由於長期觀察梅花的形態和神韻，所以能愈寫愈靈活，成爲近世畫梅聖手。他有首題畫梅花詩：

菜根齩不飽，枯腸生槎枒。吐向剡谿藤，即作羅浮花。羅浮山隔數千里，頃刻飛來素色紙。鐵虬屈曲翻墨池，縞衣翩遷舞仙子。老夫畫梅四十年，天機自得非師傳。羊毫禿如堊牆帚，圈花顆顆明珠圓。寫成換得玉骨酒，醉看浮雲變蒼狗，明朝更寫百尺松，海上風來怒濤吼。

其中一句「天機自得非師傳」，確確實實說明了他平生創作的關鈕，像偶然洩漏了天機似的十分奇妙，也不啻就是他的自傳罷。

說到畫梅，尤其學吳昌碩畫的梅，如其一味馳騁用力，那就未免霸氣剌露，所謂縱橫習氣，是要不得的。要知昌碩的畫，外貌看似粗疏，但其內涵渾厚自然，畫梅就一下子可以把梅花畫得人格化了起來。曾看到他畫的一幀平常用的油盞，上有折枝梅花，寥寥數筆，題句眞妙透了：

燈火照見梅花姿，閉戶吟出酸寒詩。
貴人讀書怒曰嘻！似此窮相真難醫。
胡不拉雜摧燒之，牡丹遍染紅燕支。

這幀畫是畫家本人在一個寒凍的雪夜，用筆來控訴社會貧富的不平，論者謂與杜甫「朱門酒肉臭，路有凍死骨」同一感慨。

昌碩畫梅之外，牡丹也畫了不少。星洲陳之初藏有他畫的牡丹大小二十餘幀。其構圖大小不一，虛實，俯仰，疏密，濃淡，具有多種的變化。以燕支或朱砂畫的牡丹，能艷而脫俗，頗非容易。他的題句，比徐青藤的牡丹詩更妙：

酸寒一尉出無車，身閒乃畫高貴花。
燕支用盡少錢買，呼將乞向鄰家娃。

原來畫家沒有錢買燕支，却不得不向鄰家的女兒借取了唇脂來畫牡丹了，可不是又風趣又極諷刺之至！

有次日本來客向他索畫，他以大筆畫葫蘆，襯以濃淡的葉，乍看也是淡然一片墨暈，他在上面題云：

摘得葫蘆依樣畫，畫成掩口笑葫蘆，
此中別有空天地，何必壺公賣壺藥。
長柄葫蘆衆共珍，我將乞種種蕪園，
藤長百尺壽千壽，此上葫蘆皆子孫。

日本人對此看出了神，他用筆在另紙上寫：「老衰無能，君觀拙畫，腹非乎？首肯乎？此問。」呵呵大笑。此人因請繪朝天葡萄，堅持弗去，昌碩作畫竟，輒然作字與言：「本國無此佳產，余塗就，君付裝池，倒懸壁間，不亦宜乎？」豈不令人發噱！

山水代筆之謎

昌碩的墨荷，也是常見的傑作。他喜歡荷花出汚泥而不染的君子之風，藉以自況。八十三歲題八大荷花時，表示對八大拜服，其實他自己的作品，與八大也不相上下。他以大筆潑墨法寫荷，看來特別的厚潤，一片水墨淋漓，眞像飽孕着仙露明珠似的。記得在台北見過一幀題爲「乾坤清氣」的昌碩墨荷，極簡而極有神。前年在星洲陳文希畫室，纔又見到了一幀幅式更長的昌碩墨荷，那是元氣充沛，無懈可擊的代表作。儘管此公的畫迹滿天下，但無上神品之流，却是可遇而不可求的。

他的畫竹也很特別，用其黑如漆的濃墨，颸地逆出幾筆，生辣之極，而自具飛動之勢，潘天壽說他：「儼然老將搴旗之概」。還有，昌碩與白石兩位，畫石都是較差勁的一門，他們經常以排筆一掃，雖有墨氣而輪廓不分，缺乏石的質感，有時那沒骨的石塊，看來像影子一樣模糊。

吳昌碩庚申自訂潤例

最後談到昌碩的山水，時人又聚訟紛紜，有的說有人代筆，有的說絕對沒有代筆。其實昌碩的山水畫，有他自己的一套特殊畫法，是有些擬郭熙的影壁法。畫的時候，先在紙上東一塊，西一塊的塗出不少墨點，然後再依着墨點的濃淡大小，畫山、畫樹、畫石、畫瀑、畫房屋、胸中自有丘壑，可以從心所欲。但在正統的山水畫家看來，他畫得幷不在行，所以也顯得有些生澀。他繪山水小景昜吳仲熊（此公爲任伯年外甥，現年近八十，旅居美國。）的詩中重覆那幾句云：「我畫非所長，而頗知畫理，山水饒精神，畫豈在貌似」。而當時的詩壇祭酒陳散原，題他的自寫山水冊，却說：「蟠胸萬怪那能馴，吐作巖巒潑墨眞。高處立公歸讀畫，蒼姿奇骨兩嶙峋」。這「蟠胸萬怪」四字，唯昌碩其人始當之無愧。

據葉公超說：「二十多年前我在上海朋友家裏，曾看見他兩幅簡筆山水，一幅是寫滿了近山與遠山，近山都是披蔴皴，遠山是一團團的重墨，未署欵，但一望而知是吳昌碩的筆墨。另一幅是用焦墨寫的極簡單的山水，上面題着『昔日作書，未知寫畫之難，××道兄屬試寫山水……愧甚愧甚』。」事實上，昌碩在五十歲前畫過不少山水人物，在日本東京孔廟畫舖裏，我也見過幾幀。近年在港看到他的一幅雪景，和一幅梧桐仕女，却不免尙有疑問。據說當年確曾有人畫了些山水，請他題句，幷效沈石田故事，由他署上了名字，欵是千眞萬確，畫却很費人疑猜。善於鑑別書畫的王季遷（己千），最近莅港對我

吳昌碩書隸書四言聯

表示：「昌碩的畫最不易鑒別，原因是捉刀或僞作太多了，所以一般爭論也是多餘的。」事實上，他的學生後來複製的畫流傳於世的，恐怕比老師的眞迹還多一些。試想，一個畫家死了不到五十年，便已這樣子被人魚目混珠，贋作滿天下，可見鑒畫之難了。

海內外受影響

看昌碩眞迹，畫幅上的筆情畫意，縱橫跌宕，蒼勁簡老，總覺得磊磊落落有一股躍動的藝術生命力，使人胸襟爲之一暢。但人們也常有一種錯覺，以爲寫意畫忒隨便，忒簡率，不如工筆畫那麽費事。殊不知寫意畫要求夠水準，就比工筆畫更難，難在一筆落下去，要馬上吃得準，絲毫不容修飾。若說書畫同源，寫意畫與書法，更同樣發揮了高度的抽象藝術手法。何况中國畫之抽象化，并沒有改變或超脫自然的物形，并沒有像西洋畫那樣浮光掠影的以純色彩純線條純圖案純構築爲法則，而僅抵於化繁爲簡，化細爲粗，化工爲拙，化濃爲淡，化形爲神，這一切都無非與中國書法藝術有關聯。說來中國書與畫，絕對是二而一，一而二，互爲因果。因此跟昌碩學畫，并不是一件太省力的事。

昌碩門下，以已故陳師曾的成就爲最佳，主因是師曾的文學修養較深，并擅篆刻之故。他的兒子東邁，和王个簃雖肯用功，而稟賦似皆平凡。諸聞韻、沙孟海、諸樂三等，其成就都無法與其老師比擬。此外，大概都是私淑他的，潘天壽雖能自闢蹊徑，但究嫌筆力太薄弱，昌碩贈詩：「只恐荊棘叢中行太速，一跌須防墜深谷。」不啻已爲之預言。倒是來楚生、朱屺瞻治印之外，偶作幾筆畫尚有可觀。早年較傑出而晚年不聞消息的是一個錢瘦鐵。星洲的黃葆芳、施香沱諸君，殆係其再傳弟子，故其畫風現在南洋極爲流行。在台北祇有王王孫、賴敬程、鄔企園二三人，都直接間接受到昌碩寫意畫或篆刻的影響。再說，當時追隨他左右的白龍山人王一亭，以及遙處北平的陳半丁，也該列入吳派之內。

最近，我看到台北畫壇保守與新潮兩派之論爭，不禁重有感慨。中國的書法繪畫，該屬我們的藝術「國寶」，而今倘不予以珍重將護，再等三十年後，即使日本人不能崛起，但中國人對此道確將每况愈下，甚至有湮沒失傳之一日。反保守，倡創新，固然是歷史的鐵則無疑，但千萬也不能因爲別人太保守，而就此全盤否定了中國藝術傳統存在的價值。要知有所法纔有所變，所謂「法」，是從傳統中汲取遺產；所謂「變」，是超越傳統，自爲表現。故不諳傳統，空言新派，失之於狂妄；墨守傳統，而不肯創新，失之於頑固。在此，奉勸大家向吳昌碩這般前輩學習，不談中國的抽象藝術則已，必需從讀書寫字的基本上痛下工夫做起。如其誰有眞工夫眞本領，把自己的內心世界盡情發揮的話，還怕不能獨創一格出來，還愁不能替中國人在世界藝壇上爭取光榮？因此面對現狀而要發出這樣的呼籲：

我願天公共抖擻，不拘一格降人才！

（註）一九六一年日本書道代表團團長高瀨莊太郎，參觀我國中小學書法教育後，曾怛然告有關當局說：「三十年後，中國人要想學書法或者要來日本留學了」。當時台北報刊均載其言。

原稿
缺頁

原稿
缺頁

原稿
缺頁

原稿
缺頁

原稿
缺頁

原稿
缺頁

原稿
缺頁

原稿
缺頁

齊白石作畫的特點

·李可染·

白石老人的畫，有細到纖毫畢現的草蟲，有粗到寥寥幾筆的蝦蟹，不管是粗是細，同樣的都表現事物達到了形神兼備的境地，試看老人畫的草蟲，那兩根敏銳的觸鬚，眞有一觸即動的感覺。這決不是僅僅靠着摹寫死的標本所能辦得到的。再看他畫的墨蟹，那脚爪活動的眞實狀態，更不是憑空臆造所能夢見。老人曾告訴我說，他自己畫的墨蟹，與那些僞作很容易分辨：他畫的蟹腿飽滿而扁平，僞作往往是滾圓的；他畫的蟹是橫行的。僞作常是蜘蛛似的向前爬行，這樣就完全失去了蟹的特性。由此可知老人對物像的認識和表現又是何等的深刻。他畫的小鷄，不僅畫出身上的茸毛，而且畫出了小動物可愛的稚氣。畫的蜜蜂，那翅膀食動，眞彷彿要叫你聽到了嗡嗡的聲音。……對着這些生動的形象，我想任何人都會承認老人的作品是寫實的。然而我們若把畫上的形象與眞實物象對比，當一定會感到這二者之間有着相當遠的距離，那畫面上的形象，都是經過千錘百鍊，脫淨了渣滓加過工的。他在作品上題着這樣的詩：「作畫妙在似與不似之間，太似爲媚俗，不似爲欺世。」那種毫無創造，完全以形色酷似來討好庸俗人的作品既爲他所不取，同樣「逸筆草草，不求形似」的文人墨戲也責之爲欺世。他的創作，從客觀事物出發，對眞實對象加以思想感情的鑄造，而後用他有力的筆墨表現出來。因此他的作品形神兼備，顯示出健康的特色，一掃當時文人畫的主觀偏頗、輕視形象的病態作風。

齊白石的刻印與繪畫

·李默存·

齊白石篆刻的師承和創造，他自己在「白石印章」的序言中有所敍述。序言如下：

「余之刻印始於二十歲以前，最初自刻名字印，友人黎松厂借以丁黃印譜原拓本，得其門徑。後數年，得二金蝶堂印譜，方知老實爲正，疏密自然，乃一變，再後喜天發神讖碑，刀法一變。再後喜三公山碑，篆法一變。最後喜秦權縱橫平直，一任自然，又一大變。憶自甲辰前摹丁黃時所刻印，曾經拓存，湘綺師賜以序；至丁巳鄉亂，余欲避難離家，因棄印章，僅取敍文藏之破壁，得免刼灰。然序文雖存，印拓全沒，余不忍辜負師文，乃取丁巳後所刻諸印實之，是等諸印，乃余偷活燕京，自食其力，無論何人求刻之印拓存之，共得四本，成爲印章，仍冠湘綺師序於前。戊辰冬十月，齊璜白石翁自敍，時居燕京。」

大家都知道，齊白石是木工出身，用慣斧頭鑿子，因此治印也是大刀濶斧，直往直來。憑着他作木工時在實踐中得來的技巧，再加上過人腕力，縱橫如意，氣魄沉雄，他在辛酉（一九二一）日記上曾寫道：「刻印，其篆法別有天趣勝人者，唯秦漢人。秦漢人有過人處在不蠢。胆敢獨造，故能超出千古。余刻印不拘古人繩墨，而時俗以爲無所本，余嘗哀時人之蠢，不思秦漢人，人子也，吾儕亦人子也；不思吾有獨到處，如令昔人見之，亦必欽佩。」這不但是他對於治印的自信，也可以說是他對於藝術創作的看法，他的一首題畫詩道：「逢人恥聽說荆關，宗派誇能卻汗顏。自有心胸甲天下，老夫看慣桂林山。」他對繪畫的意見和他對治印的意見是統一的。

題吳子深畫譜

陳定山

君亡已逾月。我淚酸至腹。臨窗目生翳。獨坐萬感觸。
恍惚七十年。初交纔總角。君騎竹馬來。明月滿華屋。
君家桃花塢。我寓紫陽麓。蘇杭三日程。一水通風俗。
租收及時令。場圃登新穀。不知陳俎豆。堂上競相逐。
父老見之笑。謂是雙蘭玉。稍長晤轉稀。各自勤攻讀。
似聞螢窗下。頗愛弄筆墨。書習米襄陽。畫成山水綠。
儒門侍親孝。岐黃具精熟。十五試文章。開口驚耆宿。
睽違七八載。綠髮已高束。君長我三年。君瘦我多肉。
握手各驚異。神態何磊落。目若巖下電。閃動不可捉。
身逾晏嬰子。我愧執鞭僕。叩之不可竭。詞源三峽瀑。
滔滔論餘事。天下不足牧。精靈薄玄宰。畫使吳生服。
廣交北海朋。囤分子敬粟。百萬買滄州。士有讀書樂。
一洗六如貧。美人在東閣。忽逢東海沸。魚爛莫余毒。
一舸下鴟夷。敝屣棄金谷。來爲東都客。垂老甘溝壑。
賃屋賣青山。兼炊太常竹。元氣沛兩間。魯殿推君獨。
世變正求新。君獨方古殼。上下五百年。此冊堪絕續。
惟我知君者。君去一何速。古調人不彈。掛壁生蛟殼。
風雷倘化去。決眥人上目。遙知千載後。老陽有剝復。
吾道終不孤。毋用唐衢哭。百歲猶可期。我今七十六。

吳子深畫譜學董香光山水

吳子深畫譜中之懸崖風竹

吳子深的命造

韋千里

一代大手筆吳子深先生，痛於本年五月二十四日病逝台北。噩耗傳來，港地親友，無不驚悼。茲將一九六三年拙編「呱呱集」所批吳造，重加刊載，以誌紀念。黃壚之痛，余豈無之。三年前，蒙吳翁函詢「鐵板數」，余因遠在印尼，竟以事冗未覆，負疚良深焉。

余下榻香港六國飯店之初，吳翁子深下訪，環顧四壁蕭然，曰：以君高雅，齋中豈可無書畫。翌日，惠賜親筆畫軸一幀。松風修竹，搖曳生輝。

吳氏為江南望族，翁幼秉庭訓，熟諳文史，弱冠從事醫術，侍其母舅遜清御醫曹滄洲徵君几案，垂十六七年之久，故識驗特富，活人無算。畫事亦臻化境，滬人所推崇之「三吳」，翁其一也。翁又涉獵星命諸書，間或為親友推斷，頗多獨到。而於余最為贊許，謂有儒家風度，絕無時俗，余唯唯不敢當。吳翁本人八字，為：甲午、甲戌、己酉、庚午。與趙文敏公子昂之命造，大體相彷。評者議論紛紜，余獨取食神，良以己土當令，又得祿於年時兩午，庚金雖透，傷甲而已。日坐酉金，發越秀氣，且為文昌，藝兼衆長，豈偶然哉。卯運冲酉，數百萬家產，零落過半，既交辛運，食神主事，用神得助，晚景堪娛。蓋醫則着手成春，畫則直追宋元，七旬老人，尚力學不倦，嘗撰「客窗隨筆」一書，或談醫事，或論畫理，盡洩精蘊，必能傳諸不朽也。」

（覆九龍任嘉禾先生）台造：辛酉、己亥、辛丑、己丑。論命，寒金無火，不易發達。論運，頗多木火，温飽有餘。尤以五十四歲至五十八歲，厚利大名，應接不暇焉。按滿盤濕土，必為痰濕之體，胃腸恐亦欠佳。

× × ×

（覆九龍何亨弼先生）台造：庚寅、己卯、辛亥、己丑。辛生卯月，為「偏財格」。承詢學業上有何成就？按春金少火，讀書恐難深造。身財兩停，經商反可致富。行踪以「東南亞」為最宜。二十七歲起，四十二歲止，多采多姿，所獲尤豐。

（覆九龍黃山石先生）台造：辛巳、己亥、甲申、甲子，函問婚姻、事業。兩甲一己，早戀失戀，早婚失婚。三十四歲甲寅年，尤以夫妻「脫輻」為慮，故婚事宜於三十四歲之後也。水木兩强，事業以屬火屬土為利。行運時有翻覆，獨立自主，不如依人作嫁，庶幾較少風險。

× × ×

（覆香港黃韋昌先生）台造：丙寅、戊戌、癸巳、辛酉。癸巳日，財官印透，富貴之命也。今年壬子，明年癸丑，平淡無奇。四十九歲甲寅年起，飛黃騰達，前程無量。台甫名「韋昌」，若易名為「午昌」，午與寅戌，暗會火局，分外生色矣。

× × ×

（覆九龍何荻桐先生）台造：丙寅、乙未、壬寅、庚子。精華在於庚子時，一金一水，為壬之根也。八字略嫌「駁雜」，正如來書所詢：「教育，商業，掌相，醫學，何去何從」？莫衷一是耳。但查今明年頗不俗，或可取捨明朗，知所抉擇矣。五十二歲丁巳年，既患血症，又防火災，愼之愼之。

× × ×

（覆九龍黃磊先生）台造：丁卯、丙午、壬辰、癸卯。水火不濟，喜金水相扶，而忌木火再旺。股票屬金，與五金事業，不妨雙管齊下。今明年收獲良多，不止「小局」。但四十八歲甲寅年起，六載困頓，宜未雨而綢繆。

× × ×

（覆馬來西亞陳書凡先生）台造：己卯、乙亥、庚戌、甲申。先生欲知健康及壽元。按時維小春，木旺金衰，幸有申祿為根，神經衰弱而已，壽達六十五歲。寫作及出版，現時尚可。四十歲起，應從事貿易，以圖實利，五載居奇，可致小康之富。余年事已高，不再遠遊，外埠通函批命，亦已限止收件。

× × ×

（覆曼谷陳紹先生）令郎命造：丁亥、丙午、戊辰、乙卯。官印皆得祿，命非下乘。據聞讀書毫不用功，作事顚三倒四。此殆木火兩强，而水份不夠之故歟。二十八歲至三十三歲，恐更糊塗。三十四歲以後，茅塞頓開，憬然有所悟矣。「來鴻去雁」，只限致函大人出版社，切勿寄至舍下。

× × ×

（覆馬尼拉周文龍先生）先生以鳥倦知還，將由菲返港，並擬投資旅業。但查台造：庚戌、甲申、壬申、庚戌。金太多，「母慈滅子」，後年甲寅，厄運當頭，天翻地覆，既云倦飛，又思出岫，得毋矛盾乎。

× × ×

（覆檳城石劍泉先生）先生戀兩女子，將進而議婚，魚與熊掌，固不可得兼，乃問孰命爲善。按岑造：庚辰、甲申、己酉、辛未。已受重金之洩，秀氣盡發，但甲木正官，臨於絕地，雖有傾城之貌，恐不安於室，或早賦孤鵠，彌可畏也。奚造：癸未、癸亥、丙申、己丑。初冬水旺，申金之財，洩土生水，夫星有力，宜家宜室之命也。俗云，「娶妻取德」，幸有味乎斯言。

× × ×

（覆九龍陳伯年先生）台造：癸丑、庚申、辛巳、壬辰。壬水透干吐秀，奈何少木，「才」大「利」小之命。過去都火運，表面得意。今年起，利路滔滔，四載收穫非鮮，尤以後年有變，變則大通。

× × ×

（覆九龍鍾平雲先生）台造：丙戌、戊戌、乙亥、丁亥。秋木喜有亥水，來歲癸丑，完姻之年。或萍水相逢，或親友介紹，總是神仙眷屬。大好運，即從今年開始，中晚年都不俗。惟三十二、三十三、三十四等年，肝病纏綿，健康大有問題。

× × ×

（覆香港程道明先生）台造：丙寅、乙未、壬寅、庚子。承詢擇業問題，財、經、交通，爲最佳。其次屬金屬水之貿易亦妙。過去運程，所如輒左。四十五歲行來亥運，繼以五十歲後之庚子兩步，源遠流長，利市何止三倍，快哉。今年四、七月忌遠行。

× × ×

（覆荃灣李惠玲小姐）台造：壬辰、丁未、癸未、辛酉。三奇，透財。精明幹練，足以創偉業，掌大權。但官殺複雜，婚姻欠佳。丈夫勝過我，不如我，都不滿意。明年癸丑，情海生波，尤爲可慮。二十三歲起，一路曼福無窮。

× × ×

（覆香港欲知人先生）先生最注意婚姻。按台造：壬辰、丁未、己卯、丙寅。火土太多，今明年必有所遇，從而結婚。否則須至二十九歲，方可締姻，宜配猴鼠龍之命，既遂「偕老」之願，亦且伉儷情深。

× × ×

（覆九龍伍鴻先生）台造：丙戌、戊戌、丙寅、庚寅。承示近年小有積蓄，然而依人作嫁，終非久計，亟謀自立。八字秋燥爲患，今明年歲運皆水，自宜力爭上流。今年之冬，明年之秋，頗有機緣，乘時崛起，如其經營金水商業更佳。

× × ×

（覆香港梁學樵先生）先生由滬來港，胼手胝足，茲與友人合資工業，未知前途如何？台造：丙有兩卯一戌爲根，用取辛財，經商可富。今明年凡事迎刃而解，但無厚利。七十二歲甲寅年起，急流當前，退也宜勇。

× × ×

（覆九龍阮景鎏先生）先生最近失業，而有「前途茫茫」之感。查台造：戊辰、戊午、甲辰、乙丑。從兒格。今年壬子冲午，縱有職業，亦惶惶乎不可終日。明年雖一枝可棲，興味索然。四十七歲以後，六年活躍，可致小康之富，其餘運程，大都乏善可言。

× × ×

（覆香港龍行水先生）台造：庚申、癸未、壬辰、甲辰。關於取用，星相家議論紛紜。余以爲金水似弱而非弱，應用甲木食神。近年來金水用事，所以諸難愜意。五十五歲甲寅年起，五十八歲丁巳年止，堂堂大道，坦坦亨衢，億無不中，謀無不通，幸其聚精會神，好自爲之。

× × ×

（覆香港劉勉吾先生）台造：丙戌、乙未、己亥、甲子。土多，再逢戊運（二十六歲至三十一歲），誠如來函所謂：「欲渡黃河冰塞川，將登太行雪滿山。」但查流年不惡，尚無大害。退一步想，天地皆寬。將來三十二歲至三十四歲，年運都不利，乃打擊更重。三十五歲起，如釋重負。安富尊榮，名利取之如寄矣。

× × ×

（覆九龍何文彬先生）台造：壬辰、戊申、辛亥、戊子。秋金當旺，妙有申子辰水局，憾於欠火，宜致力於文章藝事。二十八歲之後，大有成就。無火則清，有火則「俗」，但俗而顯赫，出路廣濶多矣。

× × ×

（覆九龍朱孝儀先生）台造：戊午、丙辰、戊子、壬戌。來鴻去雁，篇幅有限，恕不能詳論妻財子祿。至於行運，過去四十四歲至四十九歲之申運，水勢猖獗，應有挫折。如吾言不謬，則將來五十七歲至六十二歲，連逢木火土年，卓然有大成，老境極其亨通。

× × ×

（覆香港梁駒先生）台造：丙戌、癸巳、辛卯、癸巳。辛金弱極（無法從財或從兒），自幼多病。三十二歲之前，恐不能脫離醫藥。大運在於三十三歲至五十三歲，有守有爲。運途既佳，精神自然健爽，勿必鰓鰓過慮也。

一、讀者函問請郵寄大人出版社轉交
二、如蒙垂詢須剪寄上圖及姓名地址
三、筆者業務繁忙答覆較遲幸勿催促

雅仕

男仕修飾品

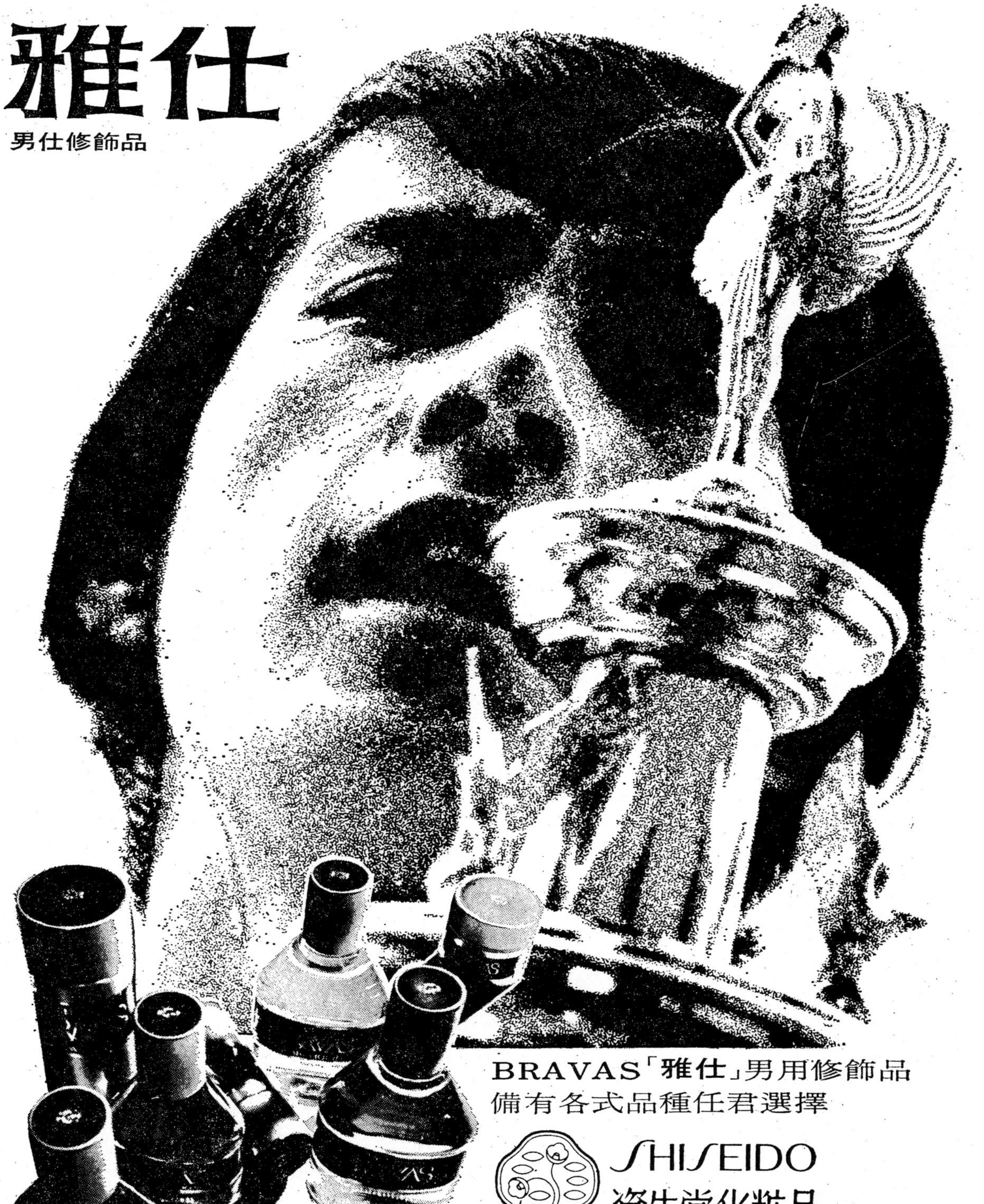

BRAVAS「雅仕」男用修飾品
備有各式品種任君選擇

SHISEIDO
資生堂化粧品

總代理：大昌貿易行有限公司　電話：H-234111

雅仕

男 仕 修 飾 品

下列各大百貨公司均有代售：

香港	九龍	
大人公司	大人公司	人人百貨公司
平價市場	大元公司	平價市場

S-005

我的丈夫高逸鴻

龔書綿

我的丈夫高逸鴻先生，杭州臨安人；生性樂觀而具幽默感，我則是屬於樂觀中的保守派，在我們二十一年的婚姻生活裏，眞是充滿了無限的情趣。

我是泉州晉江人，生在翰林世家，（註一）先祖的文章道德，見推於羣彥，人稱泉州翰林龔，是一個以忠義和名節傳家的著名姓氏，千百年來，備受敬仰。我自童年便學習灑掃應對的禮節，父兄之教，母儀風範都予我良好的影響，從小喜歡讀書，吟誦詩詞，醉心於樂章，有時也學學寫字，「芳草山莊」是我家的書齋。在那裏，渡過了美麗的童年生活，書齋壁上盡畫些杭州西湖的風光。圖中的字畫和美景，都令我感到興趣，稚心响往。

本文作者高夫人龔書綿女士近影

來台後，當我因一字之緣（註二）而認識了高逸鴻先生，而且知道他就是西子湖畔的杭州臨安人，高氏的祖先，世代都是地位最爲崇高的上卿，也是一個聲名遠播的大族，因而引起了我對「芳草山莊」的回憶——書齋、字畫、豐富的藏書，祖宗的光榮，特別是那西湖的畫景。

我丈夫是個風趣的人，懂得在生活中培養愉快的情緒，在羣體中製造輕鬆的氣氛，或笑話連篇，或妙語解頤；我少有幽默的天才，但我很能體會幽默的妙趣，常常爲他的一句脫口而出的說話，噴飯不置，大笑不已。他懷有利他思想的天性；凡事替人着想，憂人之憂，急人之急；心地仁厚，不與人爭，也不與世爭，過着自由灑脫的生活。

他鼓勵我練字，說我書法頗有靈氣；他鼓勵我寫作，說我對詞章植有根基，我向他學畫，他也教給我，但往往是我發表意見的時候多，有時惹急了他，他反問我：「我們當中，到底誰是老師？誰教誰？」我答：「聞道有先後，當然你是老師。」「但是，「師不必賢於弟子，」這一切才有進步，「我和你討論和研究，在你來說是教學相長，對我則加深印象，不是一舉兩得嗎？」經過一番辯論之後，他又用幽默的話語一笑了之，想起古人所以要「易子而教」，殆亦如此？

我幼學書法，從柳字入手，等到經過我夫指點後，才轉東坡、王覺斯，現在，我最欣賞的還是先生自創的一格，我喜歡取他的字來臨摹，若干字跡，有人認爲很近似。

藝術對一個人的性情，具有潛移默化的功效。從前，我偶而會爲一件小事生氣，現在，我有較充裕的時間來觀摩書畫，加强閱讀各類書籍，自覺胸境又比以前灑脫了許多。

今年的母親節，除了六個兒女合送了我的賀卡外；還有學生們也合送我鮮花一束及賀卡一張，卡上寫着：「我們發現：熱切的責備後面是一片關懷，嚴慈的面孔後面是一顆愛心」。面對着這些精神禮物，喜極而淚，兒女一股親情的慰藉以及學生們衷心的友善，人間還有比這更珍貴的嗎？我夫說這是我平日耕耘所得的利息，於是相與一笑。

我家的花園，有一座魚池和許多盆景，爲我夫精心所栽植，前些日子還飼養了六隻畫眉，終日吱吱喳喳，園中修竹參天，東坡說：「不可居無竹，無竹令人俗」，眞所謂好鳥枝頭，落花水面，尤其可愛的是那些悠游的魚羣，牠們在享受着林泉的幽趣。

提起魚羣，不能不介紹我夫一直和牠們友善的情形，每值清晨或黃昏，他總是一面餵着魚餌，一面唸唸有詞地對牠們說：「快點、快點，後面的小傢伙快些游啊！」每次小魚往往游不過大魚，他的家法就拿出來了，責備道：「木頭、木頭。」由此我聯想到人的情趣和物的姿態是往復相迴流的，換句話說：物的形相就是人的情趣所返照，這象徵着人生和宇宙的妙諦。我夫這種對魚嘮叨絮語，莫非是將自己的意蘊和情趣移入於魚羣當中，與牠們爲友，心裏感受美的意象，又浸潤着意象的情感，這在學理上叫做物我同化。

我深信，我了解，這時候，他心中是很快樂的！他常對我說：「聽，魚兒在跳，鳥兒在叫」，他對自然界的動靜，特具一種敏感和淸思，所以說藝術家有時也和兒童的情緒一樣，常把自己心中熱烈燦爛的幻想，外射到具體的事物上，造成另外的意造世界，因而創造出神奇的藝術品來。

我夫雖然作畫很忙，勤練書法，但他心中沒有謀慮，空靈一片，看到好吃的東西，常會垂涎三尺。醫生警告他，少吃些，少吃些！朋友的文酒之會又多，如果有我參加，多少還起一點規勸作用，將醫生對他說的話重提一次嚇阻，嚇阻！否則，他自己往往會忘記吃多吃少的問題。每日清晨，五時半起床，和三兩好友組織一個早足會，大家作適當的晨曦漫步，此一舉，原是爲了減少體重，結果三兩月下來，事實却正相反，因運動量增加，胃口反而大好，什麼生煎包子、油條燒餅都成了雙料食品。

他早年就有一個養生的本領，那便是隨時隨地可以休息，因爲白天從早到晚坐在他的畫桌邊作畫，準時得很，畫得不稱心或最滿意時，他都要加以思考。晚間市上有籃球比賽，或國劇公演，我們總往觀賞。輪到他認爲不大好看的地方，他照樣來個閉目養神，一旦當球藝表演到最高峯，或音樂彈奏到精彩處，他又鼓掌如儀。有幾次，他哄孩子睡，孩子沒睡着，他先打鼾了。更妙的是，每次臨睡前，將白天未閱完的書報收集床邊，彷彿有「大計劃」，結果，看不到幾行，紙聲已沙沙落地了。他常對孩子們說：「爸爸又做了童年的夢了，有時和祖父去釣魚，有時和祖父去打獵。」足見他童心未泯。

每次週末，兒女們都從學校回來，大夥兒加餐一番，飯後帶兒女們看場電影。有時候，女兒彈琴我唱歌，我夫也進來參加，形成二重唱。至於和聲不和聲，那就不管了，因爲他唱的是自己臨時的創作，兒女們聽了，每多捧腹。

高逸鴻凝神作畫

繪畫與文學及其他藝術一樣，都是個人靈性和風格的自然表現，我夫寫字、作畫，甚至題詩，都時刻不忘追求更高的境界。如果說，他心中存有一點不安的思慮，那就是企想自己的藝術能更上層樓。事實上，他畫的內容，範圍非常廣泛，尤其是表現墨韻的作品，寫來更是得心應手，形成傑構甚多，只可惜人們往往喜歡他的牡丹，一般人的意願和我夫的藝術理想大相逕庭。

我在此借用詩人劉太希的贈語來形容這翰墨世家裏的情景：「修竹高梛金色鯉，蘭香池舘合家歡」。（註三）

（註一） 翰林龔的賢名遠播，由來已久，尤其有清一代。據清代徵献類編記載：必第、大禹、守中、維琳與顯曾諸氏，都是出入於經史子集、文章道德見稱於時的翰林學士。按其次第是順治九年、乾隆三十六年、嘉慶七年、道光六年及同治二年。他們皆任職於翰林院，後或為監察御史，或為提學使司，或為提督學政。

同治二年癸亥恩科：龔顯曾列二甲一名進士。與一甲進士常熟翁曾源（狀元，翁同龢姪）、湘潭龔承鈞（榜眼）、南皮張之洞（探花）三人同榜。

歷代泉州晋江翰林龔世家都是以高潔志行，馳譽文壇，永傳家聲。

（註二） 民國四十年春天，高逸鴻第一次在台北開畫展，剛從師大畢業的龔書綿，平日喜愛文藝，因而前往參觀。她對每一幅畫都仔細欣賞，驚異地發現高逸鴻的字畫都非常精能，題跋富有新意，卽圖章的欵式也很考究。

忽然，在一幅柳燕的作品裏，龔書綿發覺其中題詩漏了一個字。原詩為：「文情消息兩何如，滿目干戈不勝書，為問南來新燕子，啣泥曾復到吾廬。」漏去了一個「息」字，她非常客氣地告訴在場服務人員說：「請你轉告高先生，這裏似乎漏掉了一個字。」不一會兒，高逸鴻過來向她道謝。因為這幅畫已經有人訂購了，第二天就要送出，幸好及時發現。因此，造成了他倆相識的機會，這便是所謂「一字之緣」的由來。

當高龔相識了一年後在台中結婚時，証婚人是前浙江省主席沈鴻烈先生送他倆一幅對聯，聯云：「千秋傳韻事，一字締良緣。」

（註三） 龔書綿是個虔誠的佛教徒，當她和高逸鴻談論婚嫁時，曾問卜於台北圓通寺的觀音大士，當時求的是第廿三籤，籤云：「福祿得安康，榮華保吉昌，所得皆遂意，千里共蘭馨。」高逸鴻認為「蘭馨」二字很富詩意，但不如「蘭香」來得合韻，於是將他的畫室取名為「蘭香舘」。

太太的文章

太太是人家的好，文章是自己的好，
太太執筆寫丈夫，這篇文章好不好？

魯班的故事

農曆六月十三日，亦卽國曆七月二十三日是魯班師傅的誕辰，魯班是我國工人智慧的化身，有許多關於奇巧工程的傳說，都和他有關。

・金受申・

誰都知道北京的天安門吧，進了天安門，過了端門，一直往北就是紫禁城的正午門啦。紫禁城是一座磚城，裏面在明、淸兩朝時候，是皇帝辦公和住家的地方。紫禁城有四個門，就是南面的午門、北面的神武門和東面的東華門、西面的西華門。四個門，不用談它了，單說紫禁城的角樓吧。紫禁城的四個城角上，每一個角上有一座九檁十八柱七十二條脊的角樓，建造的可好看啦，可美麗啦，誰走過這裏的時候，誰都要誇讚一句：「這四座角樓怎麼蓋的？畫都畫不上來啊！」這四座角樓怎麼蓋的呢？北方有這麼一個傳說——

叫哥哥籠子

北京人都這麼說：明朝的燕王（朱棣）在南京做了永樂皇帝以後，因爲北京是他做王爺時候的老地方，所以想要遷都到北京來，于是就派了親信大臣來修蓋北京的皇宮。永樂告訴這個親信大臣：要在皇宮外牆——紫禁城的四個犄角上，蓋四座樣子特別美麗的角樓，要蓋成九檁十八柱七十二條脊的角樓，幷且還說：「你就做這個管工大臣吧，修蓋不好是要殺頭的！」管工大臣領了皇帝的諭旨，心裏煩的不得了，他想不出怎樣修蓋這樣怪角樓的法子，他只是想：皇帝既然說出這樣話來，就得給皇帝蓋成了，皇帝的話就是「金口玉言」的旨意嘛，哪個敢駁回！自己雖然想不出什麼好法子。工頭們是一定能給修蓋成了的，等到了北京再說吧。管工大臣到了北京以後，剛打下了公館，就把八十一家大包工木廠（建築廠）的工頭、木匠師傅們都叫了來，跟他們說了皇帝的旨意，叫他們一定要修蓋成這四座奇怪樣子的角樓來，幷且又給了三個月的限期，還說：「蓋不成，皇帝自然要殺我的頭，可是在沒殺我的頭之前，我就先把你們的頭都殺了，你們當心你們的腦袋！」工頭跟木匠師傅一聽，心想：好，反正我們死你也活不了！可是誰敢說個不字。工頭跟木匠師傅們，對這樣工程，也沒準把握，只好常常在一塊兒琢磨法子，也有時候，各自盤算各自的主意。都說：「這種沒樣子的奇怪的工程，怎麼下手呢？檁怎麼上？柱子怎麼立？升斗（斗拱）怎麼安呢？」有的說：「這眞沒法子下手啊！」只好大家想主意吧。

九檁十八柱七十二條脊的故宮角樓

三個月的期限是很短的，一轉眼就是一個月，一個月過去了，工頭、木匠師傅們，還沒想出一點頭緒、一點辦法來，做了許多樣型，都不合適。這時候，又趕上六七月的三伏天氣，熱的人都喘不上氣來啦，加上心裏的煩悶，工頭、木匠師傅們，眞是坐也不合適，躺也不舒服。有這麼一位木匠師傅，實在呆也呆不住了，就上大街閑逛去啦，蹓躂蹓躂的走着走着，聽見老遠嘓、嘓傳來一片嘓嘓的吵叫聲音，又聽見一聲吆喝：「賣嘓嘓兒（南方名爲叫哥哥），聽叫兒去，睡不着解悶兒去！」等到走近啦，看見一個老頭兒挑着大大小小許多細草編的嘓嘓籠子，木匠師傅看見其中有一個細草棍插的嘓嘓籠子，細巧得跟畫裏的一座樓閣一樣，裏頭裝着幾個嘓嘓，他想：反正是煩心的事，該死活不了，買這個好看的籠子，看着也有趣。木匠師傅問了問價錢，就買了這個細巧玲瓏的嘓嘓籠子。木匠師傅提了這個嘓嘓籠子，回到了「鍋伙兒」（工地宿舍），大夥一看就吵嚷起來啦：「大夥兒都心裏怪煩的，你怎麼買一籠子嘓嘓來，成心吵人是怎麼着？」木匠師傅笑着說：「大家睡不着解個悶兒吧，你們瞧……」他的意思是：你們瞧這個籠子多麼好看，多麼奇巧，可是他還沒說出嘴來，就覺得籠子有點特別來啦，他急忙擺手說：「你們先別吵吵嚷嚷的，等我數數再說。」他把嘓嘓籠子的檁啊、柱啊、脊啊，細細地數了一遍又一遍，大夥被他這一數，也吸引得留了神，靜靜地直着眼睛地看着，一點兒聲音也沒有啦。木匠師傅數完了蟈蟈籠子，蹦起來一拍大腿說：「這不是九樑十八柱七十二條脊是什麼！」大夥聽了，都高興起來啦，這個接過籠子數數，那個也接過籠子數數，都說：「這個眞是九樑十八柱七十二條脊的樓閣啊！」大夥從這個籠子上面，琢磨出紫禁城角樓的樣子來啦，燙出紙漿做的模型來（**註**），修蓋成了到現在還存在的故宮角樓。後來，人們就傳說起來，說：「這個賣蟈蟈籠子的老頭，準是魯班爺！」這麼些年了，誰走到這裏，誰看見這四座美麗的角樓，誰就會想起這個賣蟈蟈籠子的故事來。

修理大傢伙

北京內城有九個門，誰都知道西面兩個城門，南邊的那個門叫「阜成門」，可是老北京人總叫它「平則門」，平則門原來是六百多年前元朝的老名字，爲什麼今天俗語裏還叫它的舊名字呢？這就是因爲有這麼一段「平則門裏修大傢伙」的民間傳說的緣故。

好幾百年啦，誰都知道平則門裏有這麼一座白塔寺（廟的正名叫妙應寺），白塔寺裏有這麼一座上頭大底下小的白塔，它和北海的小白塔形式一樣。這座白塔，不知道在哪一年，誰也說不上來的那一年，塔肚子上忽然裂了很大的縫，這個古老的白塔，眼看是有崩裂塌倒的危險啦。管塔的人，趕忙稟報地方官，地方官趕忙稟報他的長官，地方官的長官趕忙奏明了皇帝，皇帝一接到這個奏章，立刻慌啦，說：「這還得了！白塔可得要趕緊修好了，白塔是國都西面的『鎭物』，鎭物壞啦，就破了國都的『風水』，破了國都的風水，國家的氣數就完啦，那還了得？」不提皇帝怎麼想法子收拾白塔，單說白塔寺附近住的人家，看見白塔裂了縫，都說：「這個大傢伙一旦倒下來，那要砸壞了多少人家的房屋啊！」大家都發愁了，愁得都吃不下飯去啦，可是怎麼也想不出個好法子來，只好看着白塔乾着急罷了。

就在這個時候，白塔寺前面，有個賣斤餅斤麪的切麪鋪字號叫「勝友軒」，常常有個修補缸的老頭兒，到這兒吃大碗麪來，他總是不言不語的，吃完了麪，給了錢就走，也不說長，也不道短，也不和別人閑扯。有時候，有那愛說話的人就問：「老頭兒，您會修什麼呀？」「修大傢伙。」有的人就問：「老頭兒，您管修酒盅兒嗎？」「不管修酒盅兒，修大傢伙。」又有那更愛說話的人，問老頭兒：「您修的是什麼大傢伙呀？」「什麼大修什麼。」大家都愛這麼問他，因爲聽他說：「修理大傢伙。」天天問，天天說，天天大家聽了一笑，「修理大傢伙」的老頭兒，就沒人不知道啦。白塔這個大傢伙裂了縫啦，大家都發愁啦，誰也沒心腸再問老頭兒會修什麼啦，老頭兒還是不言不語的低着頭吃大碗麪。這天，大家正在這家切麪鋪裏議論着白塔裂縫子，有人說：「白塔裂縫子，這得要拆了重修啊！」有人說：「別胡說啦，拆了重修，那得多大工程啊！還不如把它修理修理算啦。」有人說：「這麼大的傢伙，怎麼修理修的了？」大家你一言我一語的，說着笑着。這時候，修補缸的老頭兒，掀帘子進來了：「喂，伙計，來一斤寬條兒麪。」大家瞧見他進來啦，有的就樂着說：「老頭兒，您會修什麼來着？」「修大傢伙。」「白塔這傢伙不小呀，您會修嗎？」「會修。」大家嘩的一聲就哄堂大笑起來啦。有的人忍着笑說：「您眞要能夠把白塔給修好的語，由我領頭，左近的街坊鄰居，一定請您喝一盅兒。」大家都笑着說：「對，對，喝酒是一定的。」說完話就散了。第二天——也有的說是過了幾天，白塔上眞有七道光華燦爛的鐵箍，這個老頭兒，可是從此就看不見他啦。後來，大家都說：「這一定是這個修理大傢伙的老頭兒給打的箍。」又有人說啦：「這位老頭兒，一定是魯班爺。」

現在，妙應寺的白塔，還文風不動的在那裏立着，光華燦爛的鐵箍是沒有了，塔肚子上却有幾條凸起的道兒，人們一看見這幾條道兒，就想起這個修理大傢伙的故事來。

北京白塔寺的白塔

鐘王要搬家

凡是到過北京的人，都知道有個「鐘王」，這就是距離西直門只有四五里地的大鐘寺大鐘。這裏不但有大鐘，而且鄉名也叫了「北京市海淀區大鐘寺」，它是文教區八大學院的近鄰。大鐘寺正名叫「覺生寺」，覺生寺有個鐘樓，螺旋的梯子，站在樓上，和鐘鼻子一般高，好大的鐘樓，好大的鐘啦。大鐘寺嘛，大鐘不大還稱得起鐘王？這口鐘有多麼重呢？不多不少，整整是四十三公噸半——八萬七千斤，不算小了吧！覺生寺因爲有了這口大鐘，覺生寺三個字，反倒被人忘掉了，連老北京人都有的說不上這三個字，都順口叫它大鐘寺。大鐘寺的大鐘，是這裏鑄的嗎？不是的。是從別處挪來的，關於挪這麽重的大鐘，大夥兒嘴裏又傳說了這麽一個故事：

這又是明朝永樂皇帝時候的事啦：燕王朱棣做了皇帝以後，老怕有人會推翻他的「寶座」，他爲了消滅民間反抗的力量，就派軍師姚廣孝收集了老百姓的刀啦、槍啦的武器，鑄了一口重量八萬七千斤的大鐘，上面刻着全部「華嚴經」，說這樣，老百姓聽了鐘聲，就都不會反抗他啦。這口大鐘，不知道因爲什麽緣故，會沉到西直門外萬壽寺前面的長河的河底下去啦。經過了明朝，又經過了清朝前一百多年，始終誰也沒想到撈它，甚至誰也不知道有這麽大的一口大鐘。這一天，誰也說不清是哪一天，忽然有個打魚的老漢，發現河底還埋着這麽一口大鐘，當時就傳說開了，當然，不多的時候，也就會當做一件稀奇的事兒，傳到清朝皇帝的耳朵裏去啦。清朝皇帝知道了這件事，馬上給管工程的工部大官下了道旨意，叫他們要把這口鐘打河底下撈出來，挪到覺生寺，修蓋一座大鐘樓懸掛這口大鐘。工部大官奉了皇帝的旨意，就派了一個監工員，幾個管工員，帶着工匠去撈鐘、挪鐘、掛鐘。鐘倒是打河底撈出來啦，掛鐘也不算是什麽太難的事，就是那八萬七千斤重的大鐘，怎麽樣能夠挪到五六里地以外的覺生寺去，眞想不出好法子來。夏天撈出來的鐘，快過了一個秋天，還想不出挪鐘的主意。工部大官就催監工員，監工員就催管工員，管工員就催工頭。工頭和工匠們，左思右想也想不出好法子，眞煩心透啦。到了九月天氣啦，外面下着小雨，工頭和工匠更愁煩啦，大夥湊起錢來，在窩棚（工棚）裏喝悶酒兒。窩棚裏只有一塊青條石，就當做了桌子，條石的一頭兒，坐着工頭，工匠們圍着這個石桌子坐着，從棚頂上往下漏水，漏水？還大得了挪鐘所以大夥誰也不在乎漏水不漏水了。石桌子這頭兒坐着的工頭，端起酒盅來，讓大夥喝酒，喝了好半天啦，工頭是越喝越煩，就對石桌那一頭的一個工匠說：「老李，你替我乾一盅。」剛端起酒盅，就因爲手上沾着有水，把酒盅滑倒啦，大夥兒說：「可惜！糟塌一盅酒。」旁邊一個平常不愛說話，人都叫他「啞叭」的工匠說：「盅兒太滑，推過去就行啦。」大夥誰也沒理「啞叭」，仍然喝着悶酒。這當兒，忽然一個工匠蹦起來，拍着手說：「對！有啦。『啞叭』的話有理！」大夥問他嚷什麽，這個工匠說：「盅兒不就是鐘，它不是挺滑嗎？假如咱們打萬壽寺到覺生寺，開一條淺河，放上他一二尺水，凍上了冰，把鐘從冰上推過去，不就行了嗎！」大夥都說有理，大夥又核計了半天，第二天，就稟報了管工員。管工員一層層地報到工部大官，工部大官叫他們趕緊平地、挖槽、放水、結冰、滑鐘。八萬七千斤重的大鐘，就這樣打冰上滑到覺生寺，現在那口大鐘，還在那鐘樓裏掛着呢。後來，有人想起這挪鐘的故事來，還說：「這出主意滑鐘的人，許就是魯班爺。」

這口鐘真不小，稱得上是大鐘

這口鐘就是從這段河裡撈起來的

走累了
乏塔

北京天壇的正東，龍潭湖的北面，有一座七層八面，高有十丈的大塔，就是金朝時候法藏寺後院的一座玲瓏塔。現在法藏寺的廟，是早就沒有啦，塔可還在那裏站立着，人們把「法藏寺塔」順口叫成了「法塔寺」，叫成了「法塔」，這樣就有了「乏塔」的故事。凡是坐火車經過豐台到北京的旅客，都要經過這座塔的旁邊，旅客裏有愛說話的老北京人，他會給你說一回「乏塔」的故事來。

說也奇怪：北京城自然是拿天安門的門縫中心，當做中軸線啦，中軸線東邊的是東城，西邊的是西城。奇怪的是：北京東城一座塔也沒有，西城却有雙塔寺兩座塔，萬松老人塔一座塔，白塔寺一座大白塔，北海山上一座小白塔，一共是五座塔，住在北京西城的人，就自豪地說：「說北京嗎，西城五塔，東城無塔啊！」好心的魯班爺逛了一回北京城，對這東城沒有塔很不高興，就跟他妹妹說：「妹妹，北京是多麽好的一個城啊，可惜塔都湊在西城去啦，我心裏有點不痛快！」魯班爺的妹妹說：「哥哥心裏不痛快，那好辦，咱們給東城添上一座好看的塔，不就行了嗎？」魯班爺說：「好，咱們走遍天下，也要找着一座好看的塔樣子來。」兄妹倆就雲游天下去啦。

原來這就是乏塔

這一天，魯班爺跟妹妹，雲游到了西湖，一眼就看見雷峰塔啦，妹妹說：「哥哥，這個塔多好看呀！」哥哥說：「那麽咱們就照這個樣子做一個塔吧。」兄妹倆動手，當然要快的多啦，兩個人坐在西湖邊上，從太陽偏西，到剛交定更，一座七層八面的玲瓏塔就做成啦。當下，魯班爺的妹妹對塔說：「老塔呀，北京城東城沒有塔，你願意上那裏去嗎？」塔發出嗡嗡的答話說：「我願意去！」魯班爺說：「那你就去吧。記住！一路不要休息，二更動身，四更到北京，不到五更可就要找好了地方，過了五更，你就永遠走不動啦！」塔應了應聲，登時變了一個尖頭頂，灰布袍的黑大漢，辭別了魯班爺兄妹，轉身往北，一下子就不見啦。果然，幾千里地只走了一個多更次，在還不到四更天的時候，就到了北京不遠啦。塔走在一座大廟（就是法藏寺）的廟後面，聽見院裏有人說笑聲音，他探頭往牆裏一瞧，原來是廟裏値更的道士，正在牆角上賭錢呢，他想，我半宵走了好幾千里，也太累啦，歇息歇息吧，好在路也不遠啦，看看耍錢的也有意思。他就在牆外，直着眼睛看賭錢，再也捨不得動身啦。看了一局又一局，正趕上這一局是大家都輸給一個人，贏錢的人，是哈哈的大笑，輸錢的人，是直嚷霉氣，他看了，很覺得有趣兒，就怪聲怪氣地喊了一聲：「好！」這一聲好，彷彿天空打了一個霹靂一樣，大夥回頭一看，牆外站着一個比牆還高的大黑人，大家顧不得再賭錢了，就往廟頭裏跑去啦。正在這個時候，廟裏的鐘樓的晨鐘響了，遠處的公鷄叫了，大黑人是一步也走不動啦，只聽轟的一聲，大黑人顯了原形，成了矗天矗地的十丈高的大塔，七層八面好看極啦。又聽嘩啦啦一聲，原來廟的後牆，叫塔擠塌啦。這時廟裏的老方丈，帶着徒弟們來了，瞧見這樣一座大塔，驚的都說不出一句話來啦，趕緊叫一聲：「徒弟們，快隨我給寶塔磕頭！這是天上賜給我們的寶塔啊！」大家剛一跪下，就都驚叫起來：「師傅，看，看，地上哪兒來的這麽些銅錢哪？」可憐那些賭錢的道士們，誰敢說一句：這錢是我們的。老方丈也看見錢啦，就笑着說：「這是隨着寶塔帶來的，給我們修牆用的。」牆修起來了，塔就永遠立在牆裏啦。現在廟沒有啦，牆更沒有啦，塔仍在那道邊上立着。北京人都說：「魯班爺修的塔，走累啦，站在這裏啦，眞是『乏塔』，咱們就叫它乏塔吧。」

倒蜜

加重鹽

北京說相聲的有這麽幾句：「出了彰義門（廣安門），過了小井兒、大井兒、蘆溝橋，就到了長辛店。」這個民間傳說，就是打大井村說起來的。大井村說是打北京到長辛店的一個站，打大井往南拐，就是有名的豐台，千百年來就是來往交通的大道，人走得多啦，故事就傳說的廣啦。

不知道是哪一年、哪一月的事啦，北京西邊西山的西邊老西山裏，有這麽個山裏住的人，他養了許多羣的蜜蜂，一天到晚的接蜜蜂羣，分蜜蜂羣，刮蜂蜜，蜂蜜刮得多啦，他想：山的東邊的東邊老東邊，不是北京城嗎？我把蜂蜜挑到城裏去，一定能賣個好價錢。他挑了兩簍子上好的棗花蜜，下了西山，直奔了北京城去賣蜜。北京城裏的大官們，吃蜜不吃蜜呢？吃啊！就是看不起這山村兒裏打扮的農民，他們認爲山村兒裏的蜂蜜，還能好吃的了嗎！大官家裏就誰也不買他的蜂蜜。他賣了三天，轉遍了北京城，盤費也花完啦，蜂蜜也沒賣出去，只好怎麽挑來的還怎麽挑回去吧。賣蜂蜜的山農滿心不高興地、滿心氣憤地挑着兩簍子上好的棗花蜜，頭也不回直撞撞地走出了彰義門，他走出了彰義門，嘴裏說：「彰義門，彰義門，咱們是永遠不用見面啦！」他走過了「五里一短亭」的小井村，嘴裏嚷說：「小井村，小井村，咱們是永遠不用見面啦！」看這樣子，賣蜂蜜的山農，是被北京城的大官家裏氣苦啦，他恨透了北京城！他過了小井村，走着走着，不遠來到了「十里一長亭」的大井村，他實在走累啦，也實在渴極啦，就放下了蜂蜜簍子，取了水瓢，在道旁井裏舀了一瓢水，端起來就喝，剛咽下一口水去，就苦的他再也喝不下第二口去啦。他坐在道邊上，嘆息起來：「唉！我好命苦啊！這麼好的棗花蜜，會賣不出去，想喝口涼水，又碰見是苦的，我好命苦啊！」他嘆息了半天命苦，剛想挑起担子來再走，他又一想：這口井不是附近的鄉親們，都喝它的水嗎？我命苦，他們也命苦啊！我命苦罷了，就別叫他們再命苦啦！他一頓脚說：「對，對！就這麼辦！」他舉起一簍子蜂蜜，向井裏骨突！骨突！骨突！這麼一倒，倒完了一簍，又倒了第二簍，倒完了兩簍子蜂蜜，他心裏舒舒暢暢地挑起來空簍子，邁着大步，走過了蘆溝橋，回西山去啦。打這兒起，這眼井的水，像蜜水一樣的甜起來啦，吃這井水的人，都詫異起來，說：「誰往這井裏倒了蜜啦？怎麼這樣甜啊！」大夥兒就給這眼井起了個名字，叫做「蜜井」。不知又有什麼人說：「有這樣仁義大方的人，往井裏倒蜜，咱們又不知道這位仁義大方的人姓什麼？叫什麼？咱們就叫它『義井』吧。」大夥兒都說：「對，對！好，好！」以後，這口井又叫蜜井，又叫義井啦。

大井村打從有了這口蜜井以後，又傳說出一個故事來。

倒了蜜的井，它的水是甜的

大井村的苦水井，變成像蜜一樣的甜水，那還有不轟動之理，這時候，有個大官想佔據這口好井，就說：「既然有仁義大方的人，把井水變甜啦，井叫了義井，就應當蓋個廟，供奉供奉這位仁義大方的人，或許這位仁義大方的人就是神仙呢！」鄉親們誰敢說什麼？打這兒起，就有了一座廟，廟叫「義井庵」，義井、蜜井就歸了義井庵啦。又不知道過了多少年，又出來一個比這個大官還大得多的大官，瞧見這座義井庵啦，嘗了義井的甜水啦，就存心搶奪這座廟、這口井，他說：「廟太小，報答不過來這位仁義大方的神仙啊！」義井庵的和尚們，誰又敢說什麼！這個比大官大得多的大老官，又攢弄出他的主子「皇上」，給廟起了個新名字，叫「萬佛延壽寺」，并且重蓋萬佛延壽寺，打這兒起，誰也也不再叫義井庵的舊名啦。修萬佛延壽寺嘛，就得比原來的義井庵大得多，大官又出了個主意：要蓋一座「大悲閣」，這座大悲閣要蓋三丈六尺高，要下雨淋不着門窗，叫工匠頭目快想法子，蓋不出來不行，他說：「你們不知道這座廟，『皇上』已然給它起了名字嗎？這就是『皇上』家的廟啦！蓋不起來大悲閣，該殺該剮，我也庇護不了你們！」工匠頭目心裏明白：蓋三丈六尺高的大悲閣，并不算什麼難事，發愁的就是木材太短，怎麼算計，怎麼差個一二尺；怎麼算計，這麼高的佛閣，下雨也不能不淋着門窗，這怎麼辦呢？工匠頭目發了愁啦。一天兩天過去了，這一天，大夥兒正在吃飯的時候，都覺得菜裏油太少啦，工匠頭目一眼看見牆上掛着油瓶兒，他趕緊說：「快摘下油瓶來，給菜裏加點油。」一個木匠聽說就跑過去摘油瓶，可是怎麼伸手也差一點兒，這時候一個小瓦匠說：「**掂掂**脚不就夠着了嗎？」工匠頭目聽了這話，心裏一動：**掂掂**脚就夠着啦，大悲閣要是墊高了根脚台階，不也就差不了那一二尺了嗎？不也就夠那個尺寸了嗎？他不但顧不得菜裏加油，連飯也顧不得再吃，急忙跑到工場地，量了又量台階高矮，量了又量木料長短，多加兩層台階，整整合適，整整夠三丈六尺高，工匠頭目高興極啦。三丈六尺的大悲閣，高矮尺寸算是解決啦，下雨淋不着門窗，又該怎麼辦呢？工匠頭目還是愁得了不得。這一天，又是吃飯的時候啦，大夥兒眼看着菜鍋裏放了鹽，可是怎麼吃怎麼覺着不鹹，又添了點鹽，還是口淡，大夥兒說：「今兒個眞奇怪，怎麼添了鹽，還口淡呢？」老火房頭兒微微一樂，說：「加一點鹽管得了什麼事，非加重鹽不可！」工匠頭目聽了這麼一句「非加重鹽不可」，他猛地一拍大腿，說：「有啦！」大夥兒一楞，工匠頭目早跑遠啦，等到幾位老木匠、老瓦匠追來的時候，工匠頭目正蹲在地上，用墨斗量椽子呢，嘴裏還說着：「要遮風雨，非加重簷不可！」幾位老木匠、老瓦匠看了，也就都明白啦。大悲閣加了重簷，果然雨淋不着門窗啦。萬佛延壽寺跟大悲閣蓋成啦，大官喜歡，工匠頭目喜歡，老木匠、老瓦匠也喜歡，可是誰也忘了小瓦匠跟老火房頭兒。事情不知道過去多少年啦，說故事的人，却說老火房頭兒是魯班爺，小瓦匠是魯班爺的兒子。

（註）明、清兩朝，凡是要修建「皇家」宮殿苑囿，都先用紙漿做出立體模型來，和真的宮殿樣子、比例數都一樣，叫做「燙樣」。明、清兩朝管燙樣的工人姓雷，輩輩相傳，人稱他為「樣子雷」。樣子雷家存的燙樣，在民國二十年卽已賣給了國立北京圖書館。

成家與毀家

圓慧

東戰場回憶錄

在東戰場上，我成了家，結婚生子，一如常人，但這歡好的日子，祇過了十八個月，我的家被敵機轟炸下摧毀了！才七個月的孩子失去了小生命，我的妻子亦受了重傷而逝去！

美國的阿拉巴瑪州州長華萊士遇刺，一顆子彈打在脊椎部份，聯繫下體的神經受傷，引致半身不遂，腰以下癱瘓，子彈是否能動手術取出，難題之一，取出了會不會使神經復接，下體恢復知覺，是第二個難題。

我的太太，在戰時也是脊椎受傷，受了半年苦難，大解脫求去的。惡耗傳到大後方，西南報紙以訛傳訛，報道上强調了一個「文人之家」的毀於神聖抗戰，專載與訪問，對後方同胞，刺激起同仇敵愾的心，尤以新民報趙超構的文章，彷彿和以血淚寫成，因爲他誤信我的「家難」是在敵人追擊下造成的。另一篇爲姚蓬子所寫，（傳說他的兒子即姚文元，中共「文革」放第一把火的人，蓬子生前未提過這兒子，未證實。）他是根據我的信作材料，較爲客觀，但也可看出此人的「沉摯」，論交往，我與趙超構未謀一面，他所以筆下如此衝動，則由於新民報「三張之一」的張慧劍是我朋友，有關我的「待人接物」，趙在張慧劍那裏可以就地取材。而姚蓬子自南路慰勞團回重慶後，經常寫信來要我寄鹵獲的日軍戰利品去，最多的是敵兵日記與「武運久長」的日旗及千人針布條。在我家難以後僅通過一封信，以後，他是「寂寞的死去」，我未報文字之德不寫一個字的悼文，也恐隔靴搔癢被譏爲客觀的哀悼。

不管大後方如何看待這「一彈之下，十八人喪生」的慘劇，如何宣傳敵機的盲目殺傷無辜人民，於我來說，家破人亡，影响了後三十年的生活，至今不貿然結婚，仍基於：有戰爭威脅時，家是不安全的。

什麼時候，世界眞正沐於和平共諧中呢？家，成於戰時，也毀於戰時，成家是在贛東上饒，毀家則於閩北崇安。

太太是安慶人，她父親在戰前任湖北蘄春郵政局長，全家信回教，抗戰開始，一羣年輕人結伴渡江至皖南，正值江西成立戰幹第三團，她們一夥六七人被送去受訓，畢業後派至上饒，在三戰區政治部（那時部長是谷正綱）第四組工作，她叫于陵，不大寫文章，但有個深谷的筆名。

差一些，我與她成爲同學，也差些「犯了天條」，我成爲可恥的逃兵。那是抗戰第二年，蘇南蘇北多數是沿京滬線城鎮的青年約一百五十人，被搶救出陷區，接待至長官部所在地的屯溪萬安，受了兩個月軍訓，正好戰幹三團在江西吉安籌備成立，三團的團長由蔣委員長兼任，副團長是唐冠英，負實際責任。集中東南各省青年，訓練半年，然後分派各地工作。長官部徵得這一百五十位江蘇青年同意再求深造，於是開始舟車運輸，從屯溪的新安江東下，在浙江的金華乘浙贛路車經南昌而至樟樹，再乘船溯贛江而上，止於吉安。

管理這支「青年軍」，行程達半月的，是不到十名的「文化班長」（實際無頭銜的），我也是這十名之一，當時感頭痛的是最難應付幾位蘇州地方報紙的編輯，文不文，武不武，從來他們不講軍紀的服從，千辛萬苦，總算到了吉安，團部還未正式辦公，各地的青年，正在陸續抵達先後報到。

唐冠英也是蘇北人，看到這一隊清一色的同鄉，非常高興，特地召集講話一次，不知如何，他看中了我們這幾位「帶兵官」，表示要留我們在吉安担任軍訓部隊長。當場我們回報，是受命於長官部，必須回屯溪銷差。唐說你們考慮考慮，就散隊了。

誰願意留此，這七八名班長作出不文化的準備，一是致電屯溪長官部，力爭歸隊，二是另設三人小組，策劃「開小差」，大家都信奉我是「參謀人才」，於是我擬出「開小差」路線，並推舉能言善辯的楊德，向唐冠英作最後請求。

這險着，相差不及一天，準備集體行動上夜，唐冠英接長官部「請予放行，並優給路費」覆電，貪夜召見我們，每人二十元與一張由蔣委員長具名發給的差假證，歡天喜地在吉安過了最後一夜，我還換上一襲藍布長衫，在書店買了涵芬樓的石印本，作爲紀念。

回到南昌，憑這差假證我們被招待在王陽明路一幢獨立小洋房內住了一個星期，每天伙食僅幾角，回屯溪時，每人只用了七八元，舟車全是免費的。

不到兩月，前線日報籌備出版，我才換了崗位，正式做「文化兵」了。接着來個大遷移，又是新安江、杭徽路、浙贛路，長官部遷至上饒、皂頭，前線日報安置於城郊荷葉街，政治部設於城外信江對岸汪家園，那時前線日報尚未隸於長官部，屬政治部一個單位，而荷葉街與汪家園相距約三里，安步當車，二十分鐘可到。

于陵已於戰幹三團畢業，與四位同鄉都派在政治部三組與四組（馬樹禮是三組主任），部的組織龐大，全體職員（不包括演劇隊在內）約二三百人，女同志佔十分之一，最風雲人物是于陵與黃啓華，一而二，二而一，總是在一起的。

追求于陵成功，馬樹禮的太太朱宗敬出的力最大，其次是一位軍政治部長常健的太太劉茀華，于陵是馬太太學生，在吉安受訓時，朱宗敬爲音樂教官。政治部的青年軍官不知有多少，但他們在朱宗敬眼光下不過爾爾，於是于陵聽老師的話，逐漸接近我，相戀不到一年結婚了。

這期間，人事組織有變化，谷正綱調回重慶，出長社會部，遺缺由副部長馮劍飛暫兼，新任部長李壽雍於明令發表後一月始到達就職。前線日報改直隸於長官部，于陵婚後也在報社經理部工作。

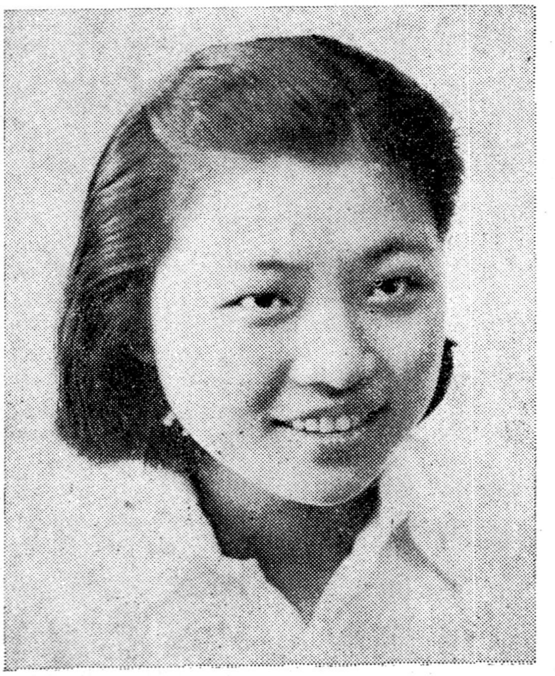

「成家與毀家」的女主角于陵

婚禮很簡單，馮劍飛證婚，馬樹禮、宦鄉代表男女家主婚人，劉茀華、朱宗敬是名正言順的介紹人，席間由第五演劇隊的表演助興。

孩子出生後七個月，浙贛路沿線發生大戰，日軍在這輔戰場調動五個師團大舉南犯，主因是杜立特的飛機由母艦起飛轟炸東京後，以中國戰區東戰場的衢州機場爲降落地（那次降落是失敗的，二十四架飛機每架都在汽油用罄前，機師跳傘，而忍痛使飛機墜毀，錯誤在於美國不信任中國人保密，又因提早起飛，所以通知更顯得過遲，是夜浙贛閩大雨，整個戰區上空，機聲不絕，當時必以爲日機夜襲，全部燈火管制，尙幸跳傘的美機師，有的墜在天目山附近，也有降落於撫河前線，反而浙閩沿海港口一架也未墜落，電影「轟炸東京記」所描寫的，全部錯誤可笑）。日人爲了不使美軍再利用衢州機場，乃有打通浙贛路會師南昌之舉。

戰區心臟大撤退行動，在敵軍越衢州再南進時開始，我的家（一妻一子一女傭）自然隨大隊先行，夏秋之間，正值雨季，車輛不敷分配，入閩只有一條公路，人山人海都是沿公路緩進的。我自願担任最後一批撤退，在上饒出最後一張報時，日軍已進入江西在玉山以南出現了。

于陵很能幹，沿途有消息傳遞（汽車輪送往還不絕，單是前線日報的五個機構員工已有千餘人），每到一地，她都能照顧到同行的太太們。江西至福建，在兩省交界處，有座分水嶺大山，山北的小鎭名紫溪，我追上了太太，在這裏小憩，晚上宿於民家，二十多男女，橫臥一個大坑上，我與于陵也作了男女分水嶺，孩子則又是我們夫婦的「中間人」，他也很辛苦了，七個月還是睡眠多於一切，拍幾下，來不及逗他樂一樂，已進入他甜蜜的世界裏去。

不時有敵機沿公路低飛偵察，相信過了分水嶺，掙脫戰鬥威脅半徑，踏上福建土地，心理會輕鬆許多。第二天計劃在中午前翻過分水嶺，在前站爲太太們佈置打尖，因此我先啓程，約定在山南的大安見面。自恃年輕脚下快，這樣一座高山難不到我，爬山未及一半，遇詩人覃子豪，一枝手杖幫着他，年齡似乎大了我許多，在山邊坐談一陣，我先走了，沒想到自此未再見面。五六年前，他安詳地在台灣逝世，這是眞詩人，從未與中共的地下分子有過「牽絲攀藤」，說來不信，共黨未得勢時，最想抓過去的是詩人不是舞台上的人物。

在抵最高峯前，有輛車子停下來問我：「上不上車？」一看是報社裝機器的，我搖搖頭，吃力得已懶於開口了。承司機好心，實在司機位旁有個空位，按規定是不能搭任何人的，以示一律公平。勉强情形下接受「寵邀」，也不知何以這「戰時人中之王」如此厚待我。沿途自然也遇到同事，司機先說：「我不怕他們，做事不能死板板的，誰跟我講軍法，誰就倒霉！」

我在福建境內的第一站大安等候太太，傍晚時才在郊迎三里處接着這一小隊，抱過孩子，他倒像劉阿斗那樣又睡着了。于陵的面上一大塊紅，太陽不厲害，但畢竟整整翻了一天的山，喘氣不勻，才有那氣色的。

同行的姚士彥太太已在罵司機不仁不義了，因爲她的眼睛一直有病，不良於行，車子來回時遇見過她，而她也要求過，却被那司機老爺用軍法從事嚇退，司機只說一句話：「你能保得住我的腦袋嗎？」

第二天自大安至崇安，像「談笑用兵」，大半天就到了。這裏是報社預設的聯絡大站，再下一站是準備復刊所在的建陽。打前站的總務主任，在崇安大街上找到一所三進的大民房，可以住百兒八十人，於是我的一家也住了進去，好好準備休息十天八天，待一二千員工全部抵達，再逐步推向建陽，交通可以解決一大半，是有條崇溪，南下建陽建甌，滙成建溪以抵南平，再會合北來的沙溪，東下而成閩江，在福州出海。

在崇安的一週，眞似「神仙眷屬」，第一，跋涉千里，有苦盡甘來的寄望，第二，崇安在武夷山東，地多赤土，與江西所見若另一天地，偸閒可望一遊武夷山，第三，物價不起波浪，生活程度低於江西，儼然我們是小康之家，這是成家以來第一次感到，錢是多多少少給一個家有安全感的。

太太忙於照顧孩子，又不放心把孩子交給女傭，假如夫婦倆同去遊武夷，經理部的人可能有閒話，因爲報紙雖未出版，部份經理部的人已在崇安工作。

好在武夷山距崇安約五十里，顧祝同太太和她的秘書朱馥檯與朱宗敬都住在山上，那一定另有副官等人在，不愁無處可住，所以眞的偸閒遊了二曲三曲，沒再上去，實在天不作美，下起大雨來了。

一星期後，太太抱了孩子送我上車，趕去建陽，她還在我上車時叮囑：「飲食當心，聽說先到建陽的個個水土不服。」

我吻着孩子，拍拍于陵的肩，像有什麽話要說，又說不出，這一感應，還是在出事後若有所悟，生離死別，就如此爲「神」捉弄。人是渺小的，因爲人有死亡，人也是可憐的，因爲人一生下來就有死的威脅，人更是愚蠢的，因爲人的生活過程是在製造戰爭。

在車子裏，不斷向窗外的妻子揮手，于陵很吃力的舉着孩子送到車窗口，又吻了吻他，催促她們母子回去。那會想到對這孩子是最後一吻，而以後也見不到太太能夠站在我身邊，她是癱瘓了半年才去世的。

住在建陽一座有柚子花香的院子裏，籌備復刊的工作不挺忙，閒下來時就想到家，婚後我們沒有分離得這麽遠過。

那天上午，崇安發了警報，這個山城不是軍事要地，若非這次浙贛路大戰，日機從未光臨過。心理上有此安全感，報社打頭站的所以在城內找最大的民房安頓員工了。日機僅是一架，出現崇安上空盤旋，我太太抱着孩子與女傭在一起，這一幢屋內還有十幾名男女同事，都處之泰然，沒想到敵機盤旋不去，我的孩子又哭了，于陵就席地而坐，拍着他睡眠。就是這一剎那間，沒人性的日軍飛行員，選在城內大街上投下一顆炸彈，沒有坐在地上的十七名男女（報社的助理編輯、資料室女職員、校對和我的女傭等），當塲炸死，只有我的太太和孩子未受彈片射傷，但那幢大房子倒下來時，巨大的正樑壓住她母子，當塲昏了過去。

事後搶救出來，送到崇安唯一的一所醫院，位置在一座小山上，教會辦的，設備還過得去，有三間獨立房子，四週建有防空洞。

當日我在建陽接到長途電話，只知太太重傷住院，沒提到孩子，那時沒有公路車，已經是下午，攔着一輛軍車去赤石的（武夷山下，距崇安二十里），天已黑了，我從赤石摸到崇安，上山走進醫院，不知凶吉，我已淚流滿面，護士領我進于陵病房，有同事陪着她，見她能睜開眼看我，心放下一半，斷續的她想講遇難經過，我掩住她的嘴，要她別理會這些，最重要是信任醫生，治傷要緊。

由於她還不知終究傷在那裏，只覺得下身有痲痺感覺，我不敢問孩子怎樣了，但意會到已不在人世，女傭也不見，換了一名勤務專職侍候。他姓舒，是否名「茂堂」，已記不清，原在南昌機場當高射砲兵的，于陵受傷後，報社派給了我。去年馬樹禮經已返台灣，談到舒茂堂，他是隨宦鄉任中共第一任駐英代辦一起去倫敦的，是宦鄉的厨師投向自由，才知舒茂堂成了宦鄉心腹，現在連宦鄉都不知下落，這位高射砲手出身的「忠僕」，更不知去了那裏？

我去找醫生談話，心頭籠罩一重陰影，他告訴我病人的脊椎神經大概壓斷了，所以下身開始痲痺，將來會逐步上升，成爲半身不遂，這個醫院沒有動大手術設備，而且脊椎部位也不易開刀，且看她痲痺到什麽地方停止。問起我的孩子，他才說是內部受傷致死，七個月的生命，怎禁得起天翻地覆的震盪，外表看是一點沒有傷的。

這是于陵傷後第一夜，下身疼痛不堪，不斷幫助她翻身，挨到天明，痲痺已自雙脚上升至腿膝間了。問題嚴重，如何搶救她，怎樣把她送到建陽或南平甚至福州找第一流設備的醫院醫治，交通是最先解決的問題，不能坐車，平躺在床上都痛，那裏可以長途乘車？

那知也是昨天炸崇安這個時間，一架敵機又在上空盤旋，醫務人員紛紛躲入防空洞（每間建築物旁有一座，屋頂扯有紅十字旗），于陵不能動彈，睡在床上閉着眼睛，她與我這時的想法是一致的：最多又像昨天那樣沒人性在城內投彈，這個小山上，就是一座醫院，目標顯著，但這是教會慈善機構，再殘忍也不會在此投彈。

舒茂堂當過高射砲兵，也是常識判斷，不必躲進防空洞的；但他坐在病房門口看敵機盤旋偵察，突然他說不好，叫我們伏在地上，我聽那聲音，也知敵機在打醫院主意，那時日軍投彈沒有瞄準器，要求着彈點準確，必須俯衝，這個勤務兼任監視哨，他看清日機的急降角度，不炸醫院炸山上樹木不成？于陵睡在床上動彈不得，爲安她心，我伏在床前，仍得抬起頭看着她。舒茂堂確是「義氣」之至，這時逃入防空洞要暴露目標了，硬着頭皮與我們同歸於盡。

這時敵機已俯衝而下，炸彈在半空的嘯聲比爆炸時的巨响還要難受，第一彈落在附近，只聽到一陣塲屋聲，顯然我們未受損害。舒茂堂爬起來，視線追踪敵機去向，他判斷方才只投一彈，必會再來，估計盤旋而再取投彈角度，有一分半鐘，可以從容逃往屋邊的防空洞內。于陵的眼睛看着我，有訣別的示意，但我不理舒茂堂的忠告，泰然無事的臥在地上，抬高了上半個身子，替于陵扯平床單，緊握着她的手，勇氣可戰退日機似的對她作無言的鼓勵。

「又來了！」監視哨發出警告，這才發現舒茂堂仍在病房外爲我們觀望敵機動靜。

又是俯衝，又是嘯聲，又是一聲巨响，又是塌屋之後烟塵滿面。

第二次沒有直接中彈，我帶點命令口氣：「舒茂堂你爲什麼還不走？」他反而走進病房，若無其事說：「怕什麼？醫院正屋都沒炸中，炸彈又不是炸機塲的那種！」他的意思，不是五百磅炸彈連續而下，一次投一彈，那是步兵的變相威力搜索，投彈後如果醫院內人潮湧出逃命，可能會召來眞正大轟炸的。可是敵機第三次對醫院俯衝時，我眞的精神要崩潰了，試想死亡之前，要經過「多少恐嚇手續」，一二次還可以强作鎮定，第三次投彈前我的想像是：自己成了一個死囚犯，綁着眼到法塲，兩次槍聲响過，那是判同罪的先我而去，這回一定是我了，我知道同犯是只有三個。

胡思亂想間，炸彈已下，落彈處距病房很近，牆壁倒下，幸未壓在床上，發覺一道熱流在我腿上往下而流。好在只投一彈，替于陵拍去床頭灰塵，告訴她我已被彈片傷了下部，血流如注。嗚咽着，她已說不出話，連眼淚也是在極度痛苦中流的，還能安慰我什麼呢？可惡的日機，還作第四次投彈，然後滿足獸慾般飛離武夷山。

舒茂堂在瓦礫堆中爬過來爲我搶救腿傷，他笑了，原來一個熱水壺倒下，淋了一條傷痕，當時只憑直覺以爲彈片割傷，血流是熱烘烘的。

醫務人員從各處防空洞中爬出，塌了房子算不了什麼，大家向我們夫婦道賀，因爲只有我們未躲敵機，居然四次被選目標而未曾遇難，醫生鼓勵我們戰勝環境，早日往南平、福州找大醫院動手術。

本文作者在東戰場時期

當天我們下山，于陵是由舒茂堂去雇用兩個人抬一張竹榻走的，崇安城內不能住，而我的家被炸後，已一無所有，細軟共裝四箱，不知去向。于陵很會管家，她當然知道我們這個家的「財產」一起炸完了，她幾次問起遇難塲所善後，同事約畧說了點，我則勸她不必掛念這些身外之物，治病第一。

在城外葬了的十八個人的墳墓（我的孩子當夜死後，也與他們葬在一起），匆匆趕去哭了一塲（有一對已訂婚青年，是于陵同鄉，又是戰幹三團同學和同事），報社留守崇安的人問我打算怎樣？我說去了赤石再作計劃，崇安是傷心地，決不能再在此逗留；還要計劃早日到南平、福州，找大醫院爲于陵動手術治病。

就在傍晚之前，一行五人沿公路趕了二十里。赤石是個小鎮，有座新建築洋房，是茶業產銷機構，去年此時，全國兩次觀看百年難遇的日蝕，南在武夷山，北爲蘭州，赤石在武夷山下，當時冠蓋雲集，都在這洋房內「打尖」，接着是閩江克復福州，集中在赤石這座洋房內的三戰區最高層人物，例如顧祝同、陳儀、劉建緒、黃紹竑等，又紛紛經建陽南平，向東路軍慰勞，並舉行軍事檢討會議去了。

這一年的戰事變化很大，日軍在太平洋開始挨打，盟機炸了東京以後，在中國戰塲才發動這浙贛戰役的；可是赤石這座現代化的洋房却與去年一樣，內部裝修未動工過一天。我們（連同兩名雇用的槓夫），第一夜住在這空洞的大屋內，于陵下半身的痲痺已上升至大腿，這樣反而減少了些疼痛。

天亮，必須把病人抬到山脚的小村去，鎮上就是這樣一個刺眼的大目標，天天有空襲，敵機偵察不斷（浙贛路戰局已成尾聲，日軍加强偵查贛閩邊境我軍動靜），所以非到傍晚不能回鎮上安宿。

在這「徐圖大計」的一週內，赤石發生了共黨於八年後發表的所謂「赤石大屠殺」，指責國軍撤退至福建的赤石時，將新四軍的幾百名俘虜，在山上掘坑活埋。

赤石確曾有軍隊駐過一夜，他們並不來打擾我們五人居住的大洋房（每層可駐一連，三層樓足以應付一營人居住有餘），也因半夜有逃犯，聽到密集槍聲；但第二天這小鎮仍是死了那樣，沒人談起昨夜發生了什麼事。事後我在有關方面得到消息，押解新四軍政工人員的特務連，槍殺了一批逃亡份子，這羣被俘的，不論生死與逃亡成功與否，在赤石是「瓦解」的了。（共黨宣傳的兩次大屠殺，一在四川紅岩，一即福建赤石，外國記者搞不清兩個英文地名差不多，常常張冠李戴。）

終於決定了在赤石沿水路先到建陽，報紙已在建陽出版，順水而下，這是窄溪上游，船行大概三日，那時我已學會了兼理護士工作，爲太太做導尿工作，她的痲痺也已到達臍下，幸而沒再上升。

我的太太于陵就是在這樣情形之下，脊椎受傷，受了半年苦難，儘管我學會護士工作也無濟于事，她終于因傷重無法挽救而逝世，在我心上留下了永久的創痕！（上）

奇人 劉髯公

・呂大呂・

劉髯公是個眞正的奇人，也是眞正是我的朋友，並不是「我的朋友胡適之」之類。好些人寫文章，要說某一個人，他們如果用「我的朋友」，一定加上了引號，以示這與「我的朋友胡適之」一般作用。我對劉髯公可不然，我說劉髯公是我的朋友便是我的朋友，決不能加上個引號。原因我和劉髯公相交日子深，關係深，他是我眞正的朋友。

和劉髯公做上了朋友，這不算是一件怎樣榮幸的事。但和劉髯公交上了朋友是有好處的：你會一直的感到愉快、有趣、和刺激。有個時候你會見了他而高興，不是使你笑口常開，便是使你作會心微笑。也有時你會對他恨之刺骨，當面罵他，或是頓足的怨他。但無論你對他的愛惡怎樣，當劉髯公的死訊給你知道了以後，你會覺得是一種損失。是一種什麽損失？可能一時說不出，總之你會覺得是忽忽若有所失。在社會裏少了這樣一個人，實實在在也算是損失。

我現在是要把劉髯公的一生寫出來，知無不言的寫出來。春秋責備賢者，這裏所寫，可能是貶多于褒。但我敢斷言，即使劉髯公泉下有知，他也只有笑，不會「撞火」。他的敢作敢爲，他的奇言奇行，從來高興人家議論他，「搶白」他而不以爲忤。他的奇，他的有趣，他的可人之處就在此。所以說劉髯公死了後，是友儕、是我輩這個社會的損失，便是這個緣故。現在，劉髯公來了！我筆下的劉髯公來了！

本是姓馮 認姓劉・

劉髯公本來就并非姓劉而是姓馮的，但他也并不爲諱，你不知道，他一直也對你認姓劉。你一知道，他便向你解釋，說他兼祧姓劉的。他會問你：「薛覺先那部自用汽車，爲什麽車頭有個白銅的『章』字？爲什麽薛覺先在上海和唐雪卿第一部拍的電影『浪蝶』，不用薛覺先這個名而用『章非』這個名？爲什麽薛覺先賑災義賣那副『海爲龍世界；天是鶴家鄉』的對聯，下欵署名是用『章非』這兩個字？這就是爲了薛覺先是兼祧姓章的緣故。我叫做劉髯公而不叫做馮髯公就是這個道理。」這樣一連串的廣徵博引，使到人們聽了只有佩服。事實上他家中供奉的祖先神位，是刻着「馮門堂上歷代祖先」的。

曾經有個和他相交了三載的朋友，一直也只知道他是姓劉名髯公。那日，這位三載相交的朋友第一次到他家裏要找他，發覺他正在爲了祖先忌辰，焚香點燭來拜祖先。一眼看到這祖先神位刻着「馮門堂上歷代祖先」。這位朋友就大大嚇了一跳，目瞪口呆。却是事後劉髯公就拿他的一套廣徵博引、能近取譬的言論來解釋，使到這位三載相交的朋友聽到出神。

但劉髯公兼祧馮姓，究竟是不是呢？這也是一個謎。這得引述他從上海回粵的一件事，當時他是以「劉大同」這個名來「嚇人」的。劉大同是上海一間大學的教授，是個學者。有人說，他既認了「劉大同」，以後就一直也認姓劉了。

由滬返穗 轉香港・

且說劉髯公是何方神聖？在粵劇界中，是著名的編劇撰曲人，在電影界中，是一個演員。在報界中，是個小說家、作者。但他也有過一段時間在港大講學。照理，他在港大講學是沒有這個資格的，只是他居然可以混上一個時期，這實在帶有傳奇性的一件事。

遠在多年前，大約是七七蘆溝橋事變前，廣州新聞界有一枝崛起的新軍，他們在廣州的報壇中以新姿態出現，十分活躍。突然有一天，接到了從上海寄來的一封信。自稱是劉大同，在上海小報中是用馬浪蕩的筆名。他現在要從上海回廣東來，他知道他們是廣州報壇的活躍份子，因此給他們一封信來聯絡。

那班報壇新軍的人物，對于這件事，很有反應，爲的他們知道劉大同和馬浪蕩這名字在上海是極有名氣的，便準備着歡迎他。後來他來到了，那班人和他見面，看到他一把長髯，完全是個學者風度，自然是相信。當晚在廣州第一間有舞池，最新式最高貴的「國民花園」設宴欵待，表示歡迎，而這個認是劉大同，認是馬浪蕩的人，他便作爲當時的嘉賓。

這個人不是誰，便是後來的劉髯公，當然他不是劉大同，也不是馬浪蕩，但要不是這樣，他怎會得到這班報壇新軍這樣對他盛大的歡迎？

劉髯公就憑着這個而混進了廣州的新聞界，也曾用馬浪蕩這個名來寫過好幾篇文章，但文章憎命，幾年來他留在廣州并不得意，甚至可以說是潦倒，而終于由廣州又來到香港。

鞋也爛了 穿馬靴・

這幾年來，他在廣州的報界混，也走進了軍隊混，都是鬱鬱不得志，報界沒有他立足的地位，軍隊裏也給趕了出來，顯然比起了流落在上海時還潦倒。但這種人是「冇死」的，憑着他的一張嘴，倒也騙到了吃午飯是在廣州的高貴茶室中，吃晚飯是在酒樓裏，當然這一日三餐，都不是他的錢，他總有辦法而作爲一個「齊白石」（白食）的人。

他是在他還未十分潦倒的時候識到我的，那時候我還未正式吃報業這碗飯，我在西關一間祖傳的葯油行叫做「廣萬泉」的充當司理。他知道我每天也在西關的十大茶室中「嘆茶」吃午飯，因此他在潦倒時便天天也從老城出到西關找我，好得天天和我一起到茶室去。

有個時候是他最困苦顚連的時候，他的鞋子爛了，也沒錢買，只好天天穿着他在軍隊混的時候那雙馬靴，平時也穿着馬靴，當然很異相，但他人窮志不窮，他對于他天天也穿着馬靴，也有一個解釋。

當時廣州近郊的沙河，有幾個馬房，有馬車和馬租賃，每天倒有些人去租了馬車去遊黃花崗的七十二烈士墳場；或是租了匹馬來練習騎術，在沙河的一條路上往來馳騁一番。好些公子哥兒、有閒階級會有這個嗜好，有這個玩意。劉髯公穿了馬靴見人，他便說是到沙河去跑了好些時的馬，還未囘家去換鞋，你看他說的是何等堂皇，就此輕輕抹過他的鞋子爛了，要天天穿着馬靴了。在他這「馬靴時代」，他就每天也來找我一起去茶室來吃點心、吃飯。當然每天他也要做「齊白石」。

抗戰軍興，廣州開始有日機空襲，劉髯公悄然離開了廣州，跑到香港來了。當然他走來香港的時候已經不是穿着馬靴四下走那副異相。他畢竟是個有「辦法」的人，因之他來香港是全副新裝備，足夠盤纏而來的。他是全家到來，在對海九龍租了地方住，就此在香港來闖天下。

打好了編劇基礎．

來到了香港，他首先向粵劇進軍，編過了幾套戲給粵班。這時候是粵劇的全盛時代，好幾班戲也在香港經常演出。經常演粵劇的戲院，有高陞、太平、利舞台，對海有普慶、北河。港九兩地共有五間大戲院。他打進了戲班後，薛覺先、馬師曾、白玉堂都給他打上了交情了。同為「開戲師爺」的陳天縱、麥嘯霞、徐若呆等，更是有着深厚的交情。後來還集合了幾個開戲師爺結拜兄弟。劉髯公居長，大家都稱他為大哥。他不擅于分場口，但撰曲很有一手。第一是快，趕起曲來，他是比其他的人快得多的。第二是「大審」場口，他的曲白也都警醒，針鋒相對，詞鋒犀利。一時成為「大審」場口最享譽的人。有一段時期，他在香港是打好了開戲師爺的地位了，倒算在戲班裏混得不錯。

卻是，經過一個時候，他就只能在戲班裏賺得個名，由他單獨主編的戲固然沒有，別的人主編給他打幾場曲的也少了。為的是什麼原因？這是經過一個時候才會這樣的。為的他在戲班裏得到了一個渾名，從這個渾名，可以想到他為什麼會把打牢的基礎動搖起來。

他的一個渾名是叫做「熟電」，是不大榮譽的一個名。廣東的俗語很妙：一個「電」字是用來形容給它觸着便會有損無益，因而把這個「電」字用得很廣泛。譬如向人要了點錢，可以說是「電」。給人要了點錢，也可以說是為人所「電」。電之中又分生電和熟電，生電是可以電死人，熟電卻可說有驚無險，因而大電就稱「生電」，小電就稱「熟電」。當時的「開戲師爺」中，有一個名「生電」，也有一個名「生熟電」的，這裏說的「生熟」兩個字，便又用于「生疏」和「稔熟」那裏去。那個有「生電」之號的便是專向生疏的客氣朋友來「電」，而那們有「生熟電」之稱的便是不管生疏稔熟的朋友，他都來「電」。劉髯公會稱為「熟電」，便是為了他有胆有本領，專向稔熟的人來「電」。雖然是比起「生電」和「生熟電」那兩位還要比較好點，但大家對他卻「怕怕」了。

就因為他的「電」的緣故，戲班裏有地位的老倌，都對他有戒心，尤其是「櫃枱」（賬房的人）。他編一部戲，曲還未交來便要錢，要了錢又不交曲，結果有時是「爛尾」，有時是一套戲支出了兩套戲的錢。他這樣的「電」，便使到他打好了基礎也由自己把基礎摧毀了。

既爬格子又講學．

劉髯公在粵劇界裏得到了「熟電」的一個名之後，在戲班裏漸漸失了信用，他只好再在刊物中寫稿。這時候已是抗戰的時候，廣州不少報人為了廣州常常空襲而來香港謀出路。在香港，不少辦着張小報。這些小報在當時很發達，市面上的報攤，一張張方塊報擺了個滿，比起了大報還多。主要這時候的出版條例，刊物報紙註冊都不需繳納保證金。因而違難來港的廣州報人便不是自己出版小報，就來替小報寫稿，找個地盤可不難。這使劉髯公由「開戲師爺」轉為爬格子，很容易便找得了地盤。他的得意傑作有「孝廉公講古」，有章回小說「滿宮春」，有一篇是用粵曲寫成的。稿費比之在戲班裏撰曲可就相差得遠，好在他撰曲和寫文章一樣快，他也就把撰曲當作寫文章一樣的「賤賣錢」了。

他那「孝廉公講古」，在「晶報」刊登，是寫清代的民間軼事、宮闈異聞，用北京土話來寫，不同流俗的「講古」。他的「滿宮春」，寫的是清宮裏香艷的故事，也是用北京土話，寫出正宗的章回小說，是在「成報晚報」刊登，我介紹他給報館當局的，可惜只寫了幾個月，也因為他的「電」，完了。那段粵曲是在「先導報」刊登，每天撰一段諧趣「班本」。記得有一篇是寫一個賣武的人，在筲箕灣賣武，整天得不到錢，想返回中環也沒有車費，那個賣武的人唱出「英雄被困筲箕灣，幾時才得到中環」？眞是妙句，一時傳「唱」，至今猶膾炙人口。

但劉髯公只得幾篇稿寫，他還是不夠的。他是個永遠動腦筋的人，他對于熟識他的人，再也不敢認什麼劉大同，但對于不知道他底蘊的人，他還是認他便是劉大同的。竟在此時，不知憑了怎樣的一條路，居然以劉大同之名在香港的最高學府得到講學，每週也有鐘點。

他寫稿自然勝任，卻是他會在大學來講學，這就眞的要佩服他有胆有識。有胆是他靠着劉大同這三個字來做這份講師，有識是他居然可以似模似樣的上堂有話說。

在這一段時期，劉髯公總算是在生活上勉强過得去，但當然沒法子一直也應付得來，結果這最佳收入，最高地位的大學講師又丟了，在收入上因此又大大的打擊，只是寫幾篇稿，要奉母養妻活兒，確是不夠的。

專演大亨人却窮・

這時候粵語片已經蓬勃，劉髯公以接近粵班關係，要接近電影圈中人自然是容易。起初他想編電影，也想做導演，但結果只是上鏡做閒角。劉髯公就本事在那裏，只要有錢，倒也不拘小節。結果他在好幾部片中當上了閒角，由于他的樣子、氣派，適合飾演富翁，幾部片担當的角色也是以大亨姿態出現，頤氣指使，充份表演出濶佬大亨的排場，當時電影界的人便把他叫做「劉員外」。可憐他在古裝片是做員外，時裝片是大亨、濶佬，但私底下却是窮得可以。因而在他的私生活中，無法稍改這「熟電」的本性。不過，大家對他那舖「電」法，已經改觀，只覺得他的有趣，而不會對他「怕」了。

劉髯公自來香港闖天下後，始終沒有拿他的一把長鬚來做幌子。人家問他爲什麽有此長鬚也會捨棄？劉髯公答人說：只留回一個髯字來做名夠了，我是在廣州時看到不對便立刻割鬚的。因之他在香港就只有劉髯公之名，并沒有長髯或美髯之實。事實上如果他還是像初從上海回廣州時的一把長髯，他可就連入戲班、入電影圈也成問題了。

由于劉髯公寫小品、小說，在出版界蓬勃的時候，他總算可以立得住足。至少可以說，雖然得不到利，也可以得到名。戲劇界、電影界和新聞界，不少人識得他，他也識得不少人。他對人說，一個個也是老友，當然，他識上了人，只要這個人有點名氣地位，便是相識了三天，他也要說是老友。

「熟電」術二三事

劉髯公這個「熟電」，有幾件事情是最爲膾炙人口的：有些給他「電」了，也只有覺得他很妙而付之一笑。有些眼光光看着他使出「電」術，只有敢怒不敢言，甚至是敢笑不敢怒。這裏且來說出他的兩件事。這兩件事是屢見不一見的，換言之，他常常把這個「電」使出來。明知人們知道，他也一樣的使出來，也一樣的「電」到手。

他常常在公共場所，當見到了「老友」時，故作匆忙狀，然後問人，有沒有碎銀？他是要趕着過海回家，或是說要到什麽地方去，沒有零碎錢。當然人們聽到他這樣說，可不會說沒有？事實上過海或是去什麽地方需要的碎銀，當然是不會多的。因此人們都對他連聲說有。跟着問他要幾多？他就說：「夠不夠九塊錢？」還差一塊便是十塊，十塊錢當然不可以說是碎銀了，却是他要的碎銀就多到只差一塊錢便十塊的。結果大家會心，也就索性給他十塊錢，彼此相視一笑作罷。我有一次和他在陸羽飲茶，他吃了一頓先走，跟着便走回來，使出這「碎銀電術」，說道：「可有碎銀沒有？」我笑着問他：是要九元？還是九元半？說着，就拿了一張十元鈔給他，他立刻放在口袋裏，說了一聲「你係得嘅」而去。

每逢有什麽宴飲，有劉髯公份的他無不到。有點錢的時候，他會一早便到，好得打幾圈牌。他的麻雀技術倒是很到家的。如果他沒有賭本的話，他可就等也要等到人家組局定了，他才會來。有次，有一個宴會，他身上沒有賭本，便遲遲才來到。有一棹圍坐了八九個人在打沙蟹，他一見即坐下來，然後伸手數數人家面前的鈔票，喃喃自語道：「四十幾，六十幾，最多的一個是一百一十元。」跟着從袋裏拿出一盒藥油來，拍的一聲拍在枱面，說道：「打起晒！」意思是他用這盒藥油代表了最多一位的一百一十元，也等如說他拿一百一十元來「沙蟹」；這便是「打起晒」！但他并沒有把現錢拿出來。

這一下，照理是不合的，尤其是打不是用籌碼、是打現金的沙蟹。却是他這樣說，有胆以一盒藥油爲記，作爲和座中最放着錢多的人看齊。在這樣場合中，自然大家都不便提出異議，要他拿現金出來。

但一點錢也沒有，如何講，如何跟呢？他就有法子，這法子可以說輸了他也會贏錢。固然也很妙，也虧他夠厚黑學這樣做。這是他充份利用人們不會在這場合來不客氣的提出要他拿現錢出來，這眞的是心理戰術。

他的講，他的跟是這樣的：譬如人家講一元，他就把人家的一元放在自己面前，記着他是跟了一元。人家再講兩元，合共是三元，他便把二元拿了去而拿外邊一張五元鈔票放在面前，說是按着五元。再出的話，他一定拿了零數的錢來湊足整數在面前按着來記着數。如果這一手牌，他贏了，當然通通吃進了。如果他輸了呢，他便計算一下，一共是按着三十元，便說：「好，欠你三十元。」却是他拿回去的零數已經有了十多元了。因之可以說，他輸了也等于贏，他輸的是口頭一條數，贏的是以零數作爲整數的錢。

這樣一直打到完場開席，贏了便贏，輸了呢，他有胆欠，更有胆把席上化零爲整的數目錢放進口袋。這樣的一個「電」術，他是不管人們同意不同意的，眞的是有胆有識之作！

上面這兩個「電」術，他經常使用。在友儕間，劉髯公要「碎銀」，和「一盒藥油打起晒」！已經無人不知，也無人不作爲笑話似的說了。

最巧妙的一次電・

劉髯公的「電術」，在友儕間確是膾炙人口。最難得是大家明知他的「電」，也樂于由他「電」，主要便是他已經成爲有趣的人物，大家把他認爲開心的對象了。却是他的生平有一件最巧妙、最大的「電術，」這是他在離開了粵劇界活動後不久的傑作。凡是認識他的人，無不對他這件事，佩服得五體投地。

粵劇的編劇人，每逢趕着撰曲，照例在酒店裏開了個房間，幾個人在酒店的房間趕通宵，習以爲常。而開房間的一應開銷，往往由戲班支付，有些是交了編劇人找數，有些是由戲班的管賬向酒店找數。劉髯公替戲班編劇，或是和其他編劇人合作時，往往是這樣，附近戲院的幾間中型酒店都認識他了。

劉髯公沒有在戲班活動時，就沒有到這些酒店去，這樣已經有了一年半載。那日，他和幾個編劇撰曲人，想着合作一個劇本賣給戲班，得點錢用用。他們去茶樓飲茶，商量了一會，又在街上逛了一會，進餐室飲下午茶，再逛一會馬路，夜了，要來吃飯，而且還想着大家再來詳談。却是大家也沒有錢，飲茶飲咖啡，大家的錢也用了個光。結果大家一路在馬路逛，逛到了九點多鐘，腹如雷鳴，其中還有一位是有大烟癮的，更覺難堪。大家商量着，看那裏找個「米飯班主」？

大家只管想也想不到，這時剛巧行到電車路一間酒店的門前，這間酒店便是他們常常在編劇撰曲時去開房通宵的。劉髯公看到這間酒店，突然有了靈感。對着大家說出他的靈感來，認定大大的吃一頓固然不會成問題，便是開個局抽大烟也會有可能。大家聽了劉髯公一番話，一個個都說他眞的不愧爲「熟電」。便大家一同進了酒店，到他們從前開房通宵打曲那一層樓。

那裏的管房是熟識他們的，便問他們可是要開房打曲？劉髯公道：「要不是爲了打曲，我們怎會一起來？」管房當即開了一間房間給他們。他們說：「一會覺先聲的『櫃枱』便會拿按金來？」說完，劉髯公便在櫃面當着管房打了個電話，對着電話說出他們開的房間號數，然後說：「最好不要等到煞科後才來。」有了這個電話，管房的更信了。其實這個電話是假打出去的，他只胡亂撥幾個號碼，便拿着聽筒來說。這樣的打假電話是劉髯公早就有名于友儕間，這時候他就使出來，當然一出便成功。他們就趁着這個機會，連聲說很肚餓，快拿菜牌來，寫幾個菜。寫了菜後，又叫管房的開上個烟局，拿一枚二錢庄的公烟來。（這時候還未禁烟，隨便可以開局。）大家先來抽一頓烟，再來大杯酒，大塊肉。然後由其中一個人暗暗出了外邊，把一個電話打來，叫劉髯公聽電話。電話在櫃面那裏，劉髯公故意大聲說話，表示覺先聲櫃枱叫他們到高陞戲院去拿錢。劉髯公放下了電話，入房去，一會幾個人同出，說這個烟局可不要動它。管房的一切信了，以爲他們眞的是到高陞覺先聲「櫃枱」拿錢，却是，他們離開了這酒店，各自回返家裏，一去不復返了。

這件事的結果如何？爲了無從追問，吃虧的還是這間酒店。而大家對于劉髯公這一次的大「電」術，就傳頌一時。難得這一次的「電」，是爲了大衆，不單是他個人。

上面說劉髯公這「大電術」，曾經當着酒店管房來打了個「假電話」。却原來劉髯公對打「假電話」是最爲拿手而到家的。這次在酒店使出來，只不過是小試其技。

劉髯公的「假電話」，他好像寫文章一樣，深得「忙裏偸閒」法。下面說他一件事，以見他的本領。如果不是個善于寫文章的人，可不會有這樣的傑作。

打假電話最到家。

一次，他向一個人借了一百塊錢。說他答應替馬師曾編了一個劇本。馬師曾就在這兩三天便要給他錢，他可以拿這筆錢來作爲還錢了，却是兩三天過後，還沒有消息。這個人當然追他，他就說，他約了馬師曾在今晚演完戲後，差「櫃枱」中人把編劇費拿來。他是約定十二時半在電車路的山珍二樓房座的。他叫這個人可以在晚上同在山珍消夜來等，「櫃枱」一拿錢來便還他，不必再等到明日再約了，這人當然信以爲眞。

到了這天晚上，這人和他同到電車路的山珍，在二樓的房間裏來等，叫了幾個菜，大家吃着消夜。劉髯公言笑自若，吃吃喝喝，充份表現出快要有錢的樣子。却不料一等等到一時，還沒有人來。這人好不急，他却光了通火，說道：「豈有此理！大老倌總是靠不住的。」一眼望見房門口走廊牆壁上有一具掛壁電話，便道：「非打個電話去追他不可。」原來劉髯公所以選擇山珍二樓房座的原故，就是爲了那裏的一個掛壁電話，他老早便準備使出「打假電話」這拿手好戲的了。

他走出去房門外，拿起聽筒，這時的電話號碼是五個字的，他就只胡亂撥了四個字便開始說話，一開聲便說請大哥聽電話，大哥便是馬師曾馬老大。過得一會，他說：「是大哥麽？爲什麽我在山珍等到現在還不見你的櫃枱有人來？你都累得我慘！」停了一停，好像是聽着對方馬師曾說話似的，然後道：「你眞係所託非人，他甩底不要緊，害了我坐了個把鐘頭。」又停了一停，這才道：「明晚我上後台找你？好的，由你交給我更好。我準來！」說完這要緊的話，便道：「大哥，你一定剛消完夜，你一面和我說話，一面剔着牙，剔牙的接接聲也聽到了。」跟着又一轉而談論到這齣戲，說道：「有錢佬大老倌話事，你話第三場要改過，無所謂，我就來改。明晚順手攪掂，但記得磅水也要攪掂至可以。」即從笑聲中收了線，然後回房間和這債主說。這債主是聽到他的電話的，倒不能不信。這個電話就一切都假，根本他幷沒有和馬師曾接頭過這戲。但他在電話中除了說出了有關錢的一回事，更節外生枝，說什麽消夜剔牙聲，什麽改戲，這正是深得寫文章的「忙裏偸閒」法，誰也不會相信他打的是個「假電話」，結果如何，當然這筆債是賴賬了。

劉髯公能驕人，也能諂人。他認爲這個人可以「傍」的，他便黐着你不放，作爲你的「傍友」。他的「傍術」很有一手，使被「傍」的人很舒服。這裏說他幾件有關做「傍友」的事出來：

傍友生涯稱一絕．

一位朋友，大家都是爬格子的。這位朋友很疏爽，劉髯公平日已經是「傍」着他，揩點油水。有一個時候，這朋友的稿路廣濶，收入比平時好得多，他就更是對他大傍特傍。那日對這朋友道：「你近來的氣色好得很！我如果有人找我攪報紙，攪什麽生意也好，我也得要轉給你，打張牌你上，希望靠你的運氣成功！」這番話，給這朋友聽了，當然是「化痰下氣」，舒服得很了。

又有一位生意中人，他和這人交上了朋友，便展開了他的「傍術」，天天飲茶、晚飯、消夜，都「傍」着這人。固然「傍」得這人每天也舒舒服服，還要令這人的太太、家人也很舒服，對着這人說他的好話。

他每次飲茶，除了自己大吃一頓之外，還要叫上好些點心，包上拿走。他對這人說：「不能只是你我吃便算，嫂嫂和伯母等許多人也要吃的。」他就是把這些點心，常常親自拿了去這人的家裏，對這人的家人道：「我們剛飲過了茶，特地要了這些點心拿回來。他太忙，一飲完了茶便得回店裏了。」像這樣的「傍」法，如何不是連人家的家人也覺得他好？

有次，他「傍」的一個人，差不多每晚也在石塘咀飲花酒。這個人很豪賭，每晚在廳裏先來豪賭一番。有次，他去的時候，這人已經賭了許久，正和席中一人爲了賭賬爭執。這人說席中那人是欠他二百，席中那人說是一百五十，彼此相持不下。劉髯公一來到，不由分說便道：「是二百。二百是眞。」席中這人爲了他剛到，便怒道：「你才來到，怎會知道是二百？」你道劉髯公怎樣答這席中人？他道：「我是他的傍友，我當然要幫他。他說的話是無有不是的，二百是眞！」席中人聽了只有轉怒爲笑。

可見劉髯公這人的「傍術」是如何的妙，如何的令人舒服，他妙在別的人也要佩服他。

一點孝心很可取．

劉髯公在外雖是「七都敢做」，但他一有好處，他是很孝心的，而對太太，對他的兒子倫仔，也很好。在他的家庭裏眞是一團和氣。他一回家便得大聲叫着媽！他排行第二，就說笑似的叫他的太太做「二少奶」。他在家中，但聽他不是叫着媽，便是叫着二少奶，眞的是融融洽洽。和他在外邊那種「七都敢做」，眞的是判若兩人。他的小名是「阿咄」，也常常聽到他母親「阿咄阿咄」之聲，不絕于口。

他的孝行眞的很難得，在外邊，有人請他吃，遇着一樣較特別的食品，他會說：「這是我媽沒吃過的，非拿一點回去不可。」又或者說：「我阿媽最喜歡吃，我要拿一些回去。」便泰然的拿了一部份回去。人們對于他要抬出他的一個母親來，自然管他是眞是假，也由着他了，而事實上他就眞的拿回去奉母的。

對于拿回去奉母，不祗吃得的東西爲然，其他也會一樣。有次，在一個朋友家裏打牌，朋友家中，有人送了他幾匹由暹羅帶回來的暹羅綢，朋友的家人正拿着來裁衣。劉髯公見了，愛不忍釋，朋友道：「這是女人才合穿的，而且還是古老女人才會穿，你怎會也引起興趣？」劉髯公道：「這就對了，就因爲是古老女人喜歡的東西，我母親多年來也想着，只是這裏沒有得賣，又沒有親友去暹羅，始終沒法子替他老人家還心願，現在見了，我倒要來求求你給我一套衣料，好得我拿回去奉母了。」這朋友的家人聽到他這樣說，便給了他一套衣料的尺碼，讓他拿回去。他便是這樣一個「眼見心謀」的人，但事實上他眞的孝順母親。

臨死以前行尾運．

劉髯公像是游戲人間似的，在香港混了一些時候，雖然混得相當活躍，但始終不算得是吐氣揚眉，却是到了香港淪陷後的幾個月，他却大大的交運。只可惜這是個尾運，這運還未行完，便一病嗚呼了。因此可以說，劉髯公是行了個尾運才死的。

當日軍佔領了香港後，爲了要點綴昇平，抓着許多留港的戲人組班演出。結果是皇后戲院、娛樂戲院也演粵劇，薛覺先、上海妹、馮俠魂、楚岫雲、黃超武、羅品超等都被拉分班演出，全港九就有四班戲。其中有三班戲由劉髯公做「坐艙」，這便是一班戲的司理人，一身兼上了三職，而且是班中最高的主腦，自然不可謂非行了個尾運。不必說什麽，當時是許多人都要賣傢俬什物過活，他却大買傢俬，單是電風扇便有十幾把，可知他這時的如何錢多了。主要是這樣協助大東亞共榮圈的繁榮，可不愁沒有米，而當時能夠有米，這便成天之驕子了，劉髯公在這時候就正合着戲班的一句話「拉直鷄尾」。

却是不幸得很，正當他「拉直鷄尾」的時候，却生了個病，就此一病不起。這個給人認爲是有趣，使人歡笑，小丑一樣而又極有才華，能詩能文能曲，寫得一手好字的人却撒手塵寰了。

當劉髯公正在行尾運的時候，我離開了香港到澳門去替廖俠懷的日月星劇團編劇。却是只編了一個劇本，日月星便散班，我從澳門回來香港，第二天便去找劉髯公。去到他家，只見他的白髮高堂。二少奶和倫仔也出了外邊，我問爲什麽不見劉髯公？他的母親指一指供奉着的靈位，哭着說道：「他是昨天才上了神龕的。」原來劉髯公已經死了七七四十九日，喪事剛做完，靈位供奉到神龕了。一時傷感得很，上了炷香，把故人拜了幾拜，安慰老人家一番，悄然而別。

現在，這遊戲人間似的一個人已經音容皆逝了，他的白髮高堂恐怕也已作古，只不知他的太太二少奶還在不在，他的兒子倫仔，幾年前還見過他，是做教員，但他是姓馮的，不是劉髯公這類人物。

馬場三十年

老吉

上期本刊，我曾將當年「金谷鈴」得了「打比」銀馬座榮譽後，馬主孫麟方鄭重其事，舉行了一次空前的「打比」宴會，在塘西已拆建爲大廈的「金陵酒家」，大排宴席，宴開廿餘席，費用萬餘元，卽以一紙請帖之微，其設計與印刷，也可以稱得一聲美麗而隆重，在當時，單是請帖，已化費了幾乎五百元，這個數目，在當年，可謂極盡奢華之致。在「金谷鈴」大顯威風之時，麟方兄對馬場博彩興趣，可以說得達到了最高潮，這時候他分佈在幾個馬房的馬匹，已有十餘匹，除了原有的騎師劉家麟與鄔毓祥兩位之外，他又請了莊洪康，再由莊君之介，又多請了一位藝高胆大的司馬克，有了這兩位馬場高手，凡是每場賽馬，如果他有馬匹上陣，或者有時同場有兩匹馬一齊出賽，左右大局的機會，當然大到極點了。

孫麟方兄贏了「金谷鈴」「打比」之後，他已是香港唯一的（當時）香港麵粉廠有限公司主人，而他原有的協興機器工程公司，幾乎是祇有其名，他致全力於香港麵粉廠，對這一點亦頗值得一談。

上文我已提過，麟方兄原籍安徽歙縣，因爲他老太爺老早就在江蘇無錫居住，而且在無錫榮家的「福新」麵粉廠中，担任了很重要的職務，並且老人家對麵粉事業，既有心得又有愛好，在麟方兄初初養馬時，我已經常常聽他說，總有一天，在香港開一家香港從開埠以來所從來沒有的麵粉廠，第一，完成了他先人的遺志，第二，可以在香港對南洋一帶，做其獨市生意。

香港現在，已有了幾家麵粉廠，可是香港麵粉廠已經有十八年的歷史，與繼起的祇有幾年歷史者來一比，它的的確確是老大哥，而麟方兄能發展到逝世以前，連星加坡和馬來亞都有分廠，而一個人能奮鬥時達千萬家財，運氣是一件事，而動腦筋則是更重要的事。（按：香港麵粉廠創於一九五四年九月中）。

在二十年前我認識麟方兄之後，有一個時期，他離港往英倫，時間足足半年有多，後來回港，便着手籌備香港麵粉廠。當時風傳人語：「孫麟方中了大馬票頭獎，得彩幾乎一百萬元」，再有一說：「老孫不在香港領獎而關照有關方面將欵項滙到倫敦，等他往倫敦收欵」，跟着一說：「老孫就將這筆欵子在倫敦定麵粉廠機器，運到香港來，開香港麵粉廠」，這幾個傳說，是眞是假，到後來麟方回港，我從未向他問過，原因是如果是眞的，他也不會承認，所以我不必做儍仔，不過，開麵粉廠要買地、建廠、購機器，這筆欵項不小，麟方的「協興」，在英倫方面雖然有機器廠聯系，可是要在香港獨資開一家麵粉廠，談何容易，雖然我知道該廠後來請馬會前主席賓臣先生担任董事長，可是這家有限公司仍是家屬公司，有了賓臣先生做「亞頭」，對「滙豐」、「渣打」和「有利」三家大銀行調動欵項，當然佔了便宜，可是，你的「廠產」如果沒有相當規模，銀行是不會給你信用透支的，而在我當時看來，麟方兄除非有天降鴻福，這家大廠是不容易開得成的，那麽，傳聞他中馬票頭獎的事，當是「空穴來風」或「查無實據」了。

孫麟方對在香港創辦麵粉廠，是早有計劃的，所以後來就事事順利而卒抵於成，西環干諾道西海邊廠房的進門處，有個他尊人的半身銅像，並且石座上還刻了一篇後人繼承先人遺志的文章，當然如果他令尊翁地下有知，「含笑九泉」這四個字，就用得到了。

原來一九四九年時，本港的工商管理處長晏加士君也是一位馬迷，當時他抽籤抽到了一匹中、下班馬，取名叫做「羅王蘭」（Rowanglen），這匹「羅王蘭」，來港時四歲，身高十四掌三，棗色，又是雄馬，生得一表「馬」材，晏加士當時非常歡喜。不料這匹「羅王蘭」，應了廣東人一句俗語，叫做「好眉好貌生沙虱」，竟然是「銀樣蠟槍頭」，而且在排閘時，脾氣惡極，加上了出閘快慢不定，前邊有馬就跟着跑，要牠自己放頭，永遠就沒有這一件事，這一下，可眞把晏加士這位「高佬」氣到一佛出世，一九四九年跑到一九五一年，足足兩季，從來都未曾跑過頭馬，而且已由第五班降到了第八班，再降兩班無功，就有趕出馬房的可能。（按：當時馬匹最低爲第十班而不是現在的第九班）。晏加士爲人正直清廉，可以說得是一位不會弄錢的好官，在一九五二年的有一次他露出口氣，大意是原本想靠「羅王蘭」能贏多些獎金，預備在他放大假時返英，可以多買些禮物回去送送親友，可是「羅王蘭」太不爭氣，兩季來祇跑第三，所得獎金，連養馬費都幾乎不夠，眞眞令人氣激，如果將「羅王蘭」出讓，恐怕連一萬元都賣不到，那末，到放大假時返英，祇能馬馬虎虎算了。

不知道這個消息，給肥佬蘇沙（麟方的秘書

）聽到了，馬上就報告給孫麟方，老孫時來運到，眉頭一皺，計上心頭了。

原來麟方有意結識晏加士，於是立即叫蘇沙去見晏加士，願以一萬五千元買進這匹從未跑過第一的「羅王蘭」。

這一下令到晏加士大出意料之外，當然對老孫感激不已，兩人相識之後，晏加士就很坦白地對麟方表示，如果老孫在合理上有所請求，他一定盡力幫忙，以謝盛意。

麟方見到機會來了，那裏還肯放過，當時便將有意在香港開辦一間本港所從來未有的麵粉廠，告訴了晏加士。

這一個提議，晏加士大為贊成，因為他是工商處長，在他任內而可以令香港有一家以前從來未有的麵粉廠，當然是晏加士個人的光榮，而且更其是香港的光榮，

麟方的計劃，是頂好在西環海邊，能夠設立他的麵粉廠，因為廠址在海邊，在廠內可以裝一架吸麥機，此機高過廠房，吸管橫過干諾道西路面，運麥船到港時，可以泊在廠房對面的海邊小碼頭傍，（這小碼頭由廠方建造專用），吸管便可以深入船上的麥倉，機器一開動，原麥就可以由吸管吸入廠中麥倉，這對於用小工搬麥入廠不知道要便利多少，可是難題來了，干諾道西近海的一帶，均益貨倉佔了大部份，那裏去尋能開麵粉廠的廠址，而且這一段地帶，政府是不准建立廠房的，這兩個困難問題，一日不能解決，麵粉廠便一日開不成。

曾任騎師而在本港現在擁有太平紳士與M.B.E.雙重銜頭者到現在為止，恐怕祇有湛兆霖兄一人。湛兄在一九五四年二月十三日初度以見習騎師上陣，騎的就是他的寶駒「獵狐者」（FOX HUNTER），此馬班次雖不高而鬥志雄極，從一九五三年到一九五九年一連出賽六年，由第八班升到第四班，共得獎金二萬九千元，這個數目，在當時已是了不起了。圖為湛兄自騎「獵狐者」得頭馬後，由他的兩位令弟兆德（肥的）與兆材（瘦的）引入頭門之影，時間是一九五五年一月一日的第一場，當時此馬在第七班，贏後升上第六班，祇隔兩個星期，在同年一月十五日的第一場，再由湛兄自騎，竟然又得第一。奇怪的是兩次路程都是一哩一七一碼，而獨贏派彩兩次都是十八元正，可謂無獨有偶。湛兄在一九六二年，因商務繁忙而高掛馬靴，但每次賽馬除非他不在本港，否則一定到場，現在他與他的令弟仍是馬主，兆霖的馬是「錦雲」，而兆德的馬則是「星月」。（老吉誌）

晏加士既然存心要助老孫一臂之力，以報知遇，並且可以在本人回國渡假心安理得起見，便令麟方寫上一封詳詳細細的計劃書，用掛號信寄到工商處，再由他自己帶了這封計劃書親自去見港督葛量洪爵士，陳述一切，並且對港督說明，香港如果能有一家麵粉廠，這是香港之光，既然有一位對這一項事業的內行人肯投資開設，是值得由政府幫助他成功的。晏加士婉轉陳辭，葛量洪頻頻點頭，的確，香港工商業界人士，以前從來未有申請做這一項事業者，一旦能批准開設，對香港能增加這一項出口貨品，吸收外滙，祗要價格相巧，可以獨霸東南亞，確乎是有百利而無一弊的，可是如果准他開設，對地點這一件事最最重要，於是在他們兩位商議之下，由晏加士與均益貨倉當局相商，要他們出讓一座貨倉給孫麟方組織的香港麵粉廠，然後再由港督運用權限批准在干諾道西開廠，當然為了發展香港工業這個大前題，均益倉的董事們是無法不答允的，由他們兩位本港第一、二級的大人物盡力相助，香港麵粉廠的地址，便順利成功了。

孫麟方兄一得到晏加士電話預先通知之下，這一喜真比再中頭獎馬票還要高興，於是乎親自飛英定機器和計劃改建貨倉為廠房等等工程，同時進行。費了幾乎一年時間，香港麵粉廠終於在一九五四年九月成立，那一年，又是「金谷鈴」贏「打比」的一年，正所謂人逢喜事精神爽了。

香港麵粉廠當年請了賓臣（當時他是有利銀行的總經理）做董事長，因賓臣的關係，又得到

滙豐銀行當時的總經理摩士特別幫忙，對運用經濟方面，可謂絕無問題。工商業管理處方面，又因晏加士的關係，處處佔到了便利，開幕後，一帆風順，獨家生意，當然年年賺大錢，近幾年來，雖有別家同業加入競爭，但賣買佔先頭，在這十多年來，也賺得夠了。

麟方兄經營麪粉廠，起因於收買「羅王蘭」而結識了晏加士，仍然和賽馬有關，所以對於「賽馬」，依舊興致勃勃，不減分毫。

他名下的騎師，從劉家麟而鄔毓祥而莊洪康，已共有三位，可是他創辦了麪粉廠之後，管理人事方面，非要有親信不可，（他廠中的工程師，是他自已特別從英倫聘來的麪粉製造專家，因而香港麪粉廠的十多種商標的出品，一出就風行一時，其中，「凱旋門」商標，還是用他的愛駒「凱旋門」的馬頭照片畫出來的呢）。因而他就請劉、鄔兩君在他廠中，主持高級事務，於是乎他的騎師便祇剩下莊洪康一位，麟方便和莊洪康商量，要請多一位靠得住的騎師與莊洪康拍檔，結果，終於看中了司馬克。

講起司馬克，他是法國人，騎馬搶閘頂本事，（當年尚未用馬閘廂，馬匹是照騎師與馬匹排位，先打圈，然後在網閘前排齊，網起開步，因爲沒有門，就可以偸步搶出，司馬克就憑這一點再加上他的騎術，於是他從一九五一年來港上陣之後，第一年因他是在下半年來港，知道他的馬主還少，可是他却爲「矮仔」練馬師美圖惠利（他現在是碩果僅存的一位老練馬師）看上了，因而他第一場贏馬，便是在爛地上騎當年的大馬主林俊璋先生名下的愛駒「捷利」爆出大冷門，獨贏派彩一百〇一元六角，此後又再贏了兩場頭馬，到十一月十二日，在大爛地下，又爆出大冷門「旋風」，派彩多至一百九十元正，司馬克初到香港贏四場頭馬，却爆出了兩場大冷門，而且「旋風」已是他的「連捷」馬，因爲他第二次贏馬，即是「旋風」，第四次贏馬又是「旋風」，他爲此馬兩捷而第二次大爆之故，原因是此馬由第五班跳升到第三班，大家以爲牠不夠班，不料這匹爛地好馬又撞正爛地，再加上司馬克擅於放頭，於是此馬便出了大冷門。此後，他又再贏了一場頭馬，初出，全年中跑了祇有四個月馬，贏了四場頭馬，此外，還跑了第二、三馬各四次，落第了廿九次，成績尚可以說過得去。

唯其司馬克身手不凡，到第二季，（一九五二至五三年度）他便贏出了卅一場頭馬而搖身一變成爲冠軍騎師，那一年度，第二名是阿圖茂與奧利華各得廿四場頭馬成爲雙亞軍，第三名雙季軍，是莊洪康與郭子猷，各得廿一場頭馬，而雙殿軍則是裴谷（當時的譯名，也就是現在馬房的經理鮑愛克）與蔡克文，各得十五場頭馬。

到一九五三至五四年度，郭子猷再度還擊司馬克而以卅一場頭馬得騎師冠軍，司馬克仍有廿四場頭馬成爲亞軍，他既有這樣的身手而由莊洪康介紹他爲孫氏騎馬，麟方兄那有不歡迎之理。

因孫氏之對小莊信任，在一九五五年以後的幾年，孫氏的馬匹，幾乎完全交由小莊主持一切，直到一九五九年十月十七日小莊騎「美光」墜馬，昏迷入養和醫院爲止，此後便不得不倚重司馬克爲他「打色」，可是，不到三個月，司馬克在一九六〇年一月二日騎「滿堂春」墜馬喪命，孫氏旗下的馬匹，便變成六神無主了。

這一個打擊，令到孫麟方對養馬與賽馬的心情，大大受損，幾乎好像從萬丈高樓跌到平地，所以從一九六〇年下半年起，孫氏的馬匹，除了留下一匹以往爲他留下不少汗馬功勞而令 Royal 馬房盛極一時的老退將軍「金谷鈴」之外，其餘的馬匹，全部出讓，對於「金谷鈴」的出場，騎師任由練馬師王筱紅支配，而他本人則也從此絕跡香港馬場。他們的三角聯盟，「一死」，（司馬克），「一重傷」（莊洪康），「一灰心」（孫麟方），當然也就此消滅於無影。

天下事往往奇巧之極，孫氏灰心而祇留下「金谷鈴」一駒，「金谷鈴」好像也有靈性，因爲牠也從此不再贏頭馬，而且連第三名都未跑過，這眞可以說是報孫兄的知遇之德。因的「金谷鈴」再跑了兩季，未得分文獎金，況且已由第一班降到了第六班，年齡已到了十二歲高壽，孫麟方既然不再在香港養馬，便將「金谷鈴」宣佈退休，送與馬會作爲脚馬。

孫麟方對香港賽馬灰了心，過了幾年，他的事業發展到星加坡和馬來西亞，司馬克之死，對他還沒有十分深切的關係；反而莊洪康，住了一年多養和醫院腦部開刀又開刀，注定小莊大命，在全港所有腦科大醫師儘力救治之下，居然將他從閻羅王手裏，搶了回來。這對孫氏方面，當然非常高興，（雖然小莊在「美光」馬上墜下，而「美光」並非孫氏的馬，和司馬克爲「滿堂春」喪生，後者也不是他的馬匹），這深刻的陰影漸漸淡出，孫氏便在星加坡與馬來亞養馬而再做大馬主了。

須知，在香港養馬，馬匹的來源和一切，都操在香港賽馬會手中（現在已是英皇御准香港賽馬會），這一點，與香港以外地區的賽馬會，完全不同。香港以外的地區，無論英、美、澳、紐，以及遠東各地區，除了香港，馬匹都可由馬主自己買來申請出賽，祇要服從當地馬會的賽馬條例便可以參加出賽，不像古老的香港馬會，馬匹全部由馬會揸主意，馬匹完全由馬會控制集中於馬會的馬房內，而且馬主不能向外地買馬在香港馬會賽跑，如果照道理來講，可謂專制之至，當年孫麟方養了十多匹馬，社會上便有一班人，稱他爲賭馬大王，馬會方面甚至爲了孫氏養馬太多而立新例限制馬主養馬數目，可是在香港以外地區，却並無這一個限刺，於此也可見香港馬會的門戶緊閉辦法之厲害了。

孫麟方後來便在星馬養馬，星馬的馬匹可以運來運去，星加坡、怡保、吉隆坡，檳城四埠，輪流賽馬，非常熱鬧。

（二十六）

我的編劇史（下）

陳蝶衣

歌詞拍成電影舉例

自一九四二年開始，前後三十年間，曾爲無數電影寫過插曲或主題曲。此外爲唱片公司所寫的「奉旨塡詞」之作，因流行於時而被採用爲電影片名者，也爲數不尠；如「給我一個吻」，如「情人的眼淚」等都是，「香格里拉」亦是其中之一。

「香格里拉」原是電影「驚飛人間」的插曲，由女主角歐陽飛鶯在片中唱出，是我的早期作品之一，歌詞如下：

（白）謝謝你，小白兔，你真是一個好嚮導，讓我看到了這一片好風光。

（唱）這美麗的香格里拉，
這可愛的香格里拉，
我深深的愛上了它，
我愛上了它……。
你看這山隈水涯，
你看這紅牆綠瓦，
彷彿是妝點着神話，
妝點着神話……。
你看這柳絲參差，
你看這花枝低亞，
分明是一幅彩色的畫；
啊！還有那溫暖的春風，
更像是一襲輕紗，
我們就在它的籠罩下。
我們歌唱，
我們舞蹈，
啊……！
啊……！
這美麗的香格里拉，
這可愛的香格里拉，
我深深的愛上了它，
是我理想的家。
香格里拉！
香格里拉！
香格里拉！

這一首歌的作曲者，是「時代曲」鼻祖黎錦暉的胞弟黎錦光。

十年之後即一九五二年，我從上海來到香港，正式投身於第八藝術的工作行列；其次年，義妹韓菁清組織榮華影業公司，攝製了「大衆情人」及「一代歌后」兩部影片，其後以編寫劇本之責見委，於是「香格里拉」的故事便由此而搬上了銀幕。

「香格里拉」搬上銀幕

「香格里拉」的故事發生於邊疆，劇情大致如下：

『天山南部的一個山村附近，有瀑布一道自山崖奔瀉而下，滙成青溪。溪邊，少女鳳娃正和同村姊妹們濯足而歌，唱出「香格里拉」一曲。歌唱終了，突然有一個漢族青年，策馬尋聲而至。少女們發見陌生男子來到，一下子都驚散了。

漢族青年見驚散了一羣山村蛾眉，深悔魯莽，想要道歉也來不及，只好怏怏地策馬自去。

少女們回到村中纔只一會兒，突然鈴聲大震。村人聽得了鈴聲，立即歡呼起來，紛紛持鈎執槍，趕赴山野。

山野之間，設有捕獸的陷坑，鋪在陷坑裏的網羅，繫有長繩，一直通到村前的高架上；高架的繩端，掛着許多銅鈴；鈴聲響起，就是有野獸墜入陷坑，正在掙扎的信號。

村人們循聲找到陷坑邊，用力把網拉起，發現墜入坑中的並非野獸，竟是一個人，不由大爲詫異，連忙把本擬扛抬野獸的担架，裝上了自投羅網的傷者，一路抬回村中，止於村長羅老老家門前的葡萄棚下。

羅老老有一個女兒，就是青溪濯足，帶頭唱歌的鳳娃。而傷者則更無別人，自然也就是那個驚散了衆村女的馬上青年了。

有一個住在鄰村的青年獵戶哈達，以鳳娃爲戀愛對象，平時常來探望，此日從村女傻丫頭的口中，聽到了捕獲一個野人的消息，匆匆趕來問訊，恰值鳳娃正在替陌生男子裹傷，方知傳說中的野人，其實是一個漢族青年。

裹傷完畢後，漢族青年以邊疆民族所珍視的

「塊鹽」，送給羅老老、鳳娃父女，表示謝意。

哈達看在眼裏，頗有妬意，把鳳娃拉到一邊，邀她出遊，但爲鳳娃所拒，哈達乃一怒而去。

漢族青年姓劉名漢中，本意要去往喀什（地名）瞻拜娘娘廟聖蹟，不料却誤打誤撞，來到了

韓菁清主演「香格里拉」的一個畫面

香格里拉。鳳娃在盤問之後得悉了漢中的意圖，加以嘲笑，謂娘娘已作古人，瞻拜又復何益？勸他不必捨近圖遠，旋即藉歌寄意，表示情有所鍾。但漢中則志在四方，佯作不解，氣得鳳娃杏眼圓睜，柳眉倒豎。

漢中爲了逃避鳳娃的糾纏，暗中收拾行囊，不辭而別；到了清溪之畔，停留下來入水沐浴，正在感到無限輕鬆的時候，偶一抬頭，忽見鳳娃手持火槍，兀坐在石塊之上；自己卸下的衣袴，已移在她的身旁。漢中失了槍枝，無法對抗，只得乖乖的做了俘虜，隨她回轉山村，中途被傻了頭看到，於是又成了搬弄是非的資料。

翌日，哈達得訊趕來，責鳳娃移情別戀，鳳娃不承認；同時，爲了要懲戒漢中的脫逃，在哈達面前大肆挑撥，於是引起了哈達與漢中的一場決鬥。

漢中負創揮拳，終將哈達擊倒，連帶鳳娃亦遭池魚之殃，跌入洗衣盆中，以致衣衫盡濕，狼狽不堪。

羅老老見漢中驍勇，大爲賞識，搬出一桶葡萄酒，作爲犒賞，並從中排解，勸二人化敵爲友。哈達因角力敗陣，自覺沒趣，拒絕不飲，懷慚而去。羅老老知道女兒用意，力勸漢中取消去往喀什的計劃。

漢中不明白羅老老何故亦加挽留；羅家的老長工薩圖拉，旁觀者清，道出原委，原來羅老老早年也是行旅到此，逗留下來，娶了山村女兒爲妻；現在羅老老想踵行故事，招贅一人爲婿，把產業傳給他，認爲漢中正是最理想的人選。漢中至此，方始恍然大悟，不由爲之失笑。羅老老以爲漢中已默允親事，心中暗喜。

一年一度的跳月盛會，轉瞬就要到來；薩圖拉告訴漢中，但等跳月期屆，即可締結百年良緣。薩圖拉以爲這是一個喜訊，豈知漢中的反應，却是憂心如焚。

就在跳月的前一天，漢中乘羅家父女不備，背起行囊，又作第二次的潛逃。不料行行重行行，正要穿過一片樹林，忽然伏兵四起，爲首一人，便是哈達，指揮衆獵戶，把漢中橫拖倒拽，俘擄而去。

到了村中，將漢中吊起，正待鞭打，哈達的一個幼弟，突然嚇得雙眼翻白，暈厥過去。漢中看在眼裏，自謂有法治療；哈達救弟情急，只得釋放漢中，請他救治。漢中用幼年時學得的一套老法子，施行急救，終於把這個孩子從死亡邊緣上拉了回來。

哈達見幼弟轉危爲安，認爲驚嚇是由漢中而起，仍不肯放過漢中。幸鳳娃與薩圖拉及時趕到，鳳娃自承過去挑撥的一番話，係出揑造，請勿加罪。同時哈達亦知鳳娃深愛漢中，終身大事不可强求，只得長嘆一聲，自甘退讓，任由鳳娃押解漢中而去。

跳月之夕，山村男女載歌載舞，趁此機會，各自擇耦。漢中與鳳娃，亦終成眷屬，遂了羅老老踵行故事的心願。

至於哈達，他也沒有落空，一向痴戀着他的傻了頭，此夜亦靚妝刻飾，參與盛會，顯示她已是個成熟少女；哈達失之東隅，收之桑榆，也就不愁寂寞了。』

「香格里拉」由歌曲衍成電影故事，在銀幕出現的仍是歌唱片類型。主題曲「香格里拉」，則曾改動局部歌詞，與過去歐陽飛鶯所唱的已不盡相同。

遺憾的是此片攝製於十餘年前，國語電影尚未進入彩色世紀，因此幻想中的世外桃源，也僅能在歌唱中作讚美之詞而已！

應邀飛往日本寫劇

進入彩色世紀的國語電影，我曾目覩其製作過程者，是新華影業公司的「毒蟒情鴛」「鳳凰于飛」「美人魚」三片，所有內外景都是去往日

本拍攝，其中「美人魚」的劇本是出我之手，也是我所寫的第一部彩色電影。

由於以上三片之外另有攝製一部歌舞片「銀海笙歌」的計劃，劇本需要我到日本去就地取材，於是我也有機會隨着外景隊逛了一次日本，時間是在一九五六年的十一月。

此行在我的生命史上有數項新紀錄，首先是第一次乘飛機，因此曾寫下了三首絕句，以記行程，原詩如下：

飛日機中

一轉轔間別海澨，此身不復戀紅塵；
平生本乏凌霄願，忽作飛行殿裏人。

琉球機場小憩

海外曾傳東鯷名，偶因浪跡駐行程；
神山夜色無從見，瑞露先嘗給客橙。

子夜抵羽田機場

碧雲深處罷翺翔，迎客宵燈分外光；
欲向昔賢誇一語：壯遊我已到扶桑。

其次，是第一次看脫衣舞，故復有如下一詩之作：

日劇五階看裸舞

輕紗全卸隊無遮，舞罷天魔見困花；
老去歌郎聲欲斷，殷勤猶唱玉鈎斜。

此外是第一次看到「電視」，第一次看到三機式立體電影，都曾記以絕句：

新宿驛食堂看「電視」相撲節目

土囊高築結場開，角觝遺風到眼來；
局外閒看爭勝負：人間到處有擂臺。

帝國劇場看立體電影

寬邊銀幕折三棱，假日風光遠可徵；
腰脚由來能濟勝，泠然試與共飛騰。

另有值得一記的是：在此之前我曾根據蘇曼殊所寫的「斷鴻零雁記」，改編爲「櫻都豔跡」劇本，由李麗華、黃河、鍾情、羅維主演。這一次，我乃有機會遊覽了「斷鴻零雁記」故事的發生地點——箱根，於是又寫成了如下一詩：

遊箱根懷曼殊上人

八里箱根樹色青，斷鴻往事認沉冥；
文星隕落詩人杳，何處重尋舊閒庭？

箱根是與日光齊名的日本代表性觀光勝地，位於神奈川、靜岡兩縣之間，亦即是伊豆半島的基部，原屬一座複式火山，據老友崔萬秋所著的「東京見聞錄」一書中載：『從前有「箱根八里」這句俗話，是以箱根關所爲中心，上山四里，下山四里。日本里的距離比中國里長，約合三．八里山路，在交通工具不完備的昔日，爬上爬下九公里。這，不是一件容易事。』我詩起句，便是引證日本的俗諺而寫。

「銀海笙歌」一天拍完

遊罷箱根之後回到新宿成城的「新華外景隊」宿舍，開始寫劇，先後完成了「熱海之戀」「銀海笙歌」兩個劇本。

在計劃中，新華影業公司主持人張善琨童月娟伉儷，都將在「銀海笙歌」一片中現身說法，作爲公司創立二十五週年的紀念製作。

意想不到的是：當「毒蟒情鴛」「鳳凰于飛」「美人魚」三部彩色片正在交替拍攝，將次完成的階段，善琨先生因辛勞過度，心臟病猝發，在國際觀光酒店租下的房間中醫治無效，突然逝世。

變出意外，對參與外景之役的同人來說，這是一個相當沉重的打擊。

及至善琨先生的身後之事料理完畢，擱置中的三部彩色片補拍未完成的部份，也終於次第竣事，我就單獨飛回了九龍，已是丙午年的農曆小除日了！當時曾寫了七律一首，玆附錄於後：

歲除前一日自東京飛返九龍度歲

萬里驂鸞一夕還，雲中歸客又登山；
家人相顧笑難斂，塵滓既湔身復閒。
破眼梅花瞯歲跨，飣盤飥果待春班；
衡門不廢熙朝樂，坐對杌盆傾小蠻。

事實上，這只是詩頁之佯爲歡笑；對於一位電影界巨人的音容頓杳，私心是非常傷痛的。

「銀海笙歌」一片在我離日之前草草了事，以整整一天的時間，在王天林導演的變通安排之下倉卒拍完，可說是電影史上的一個奇蹟。事先我曾將原劇本大事改削，以冀適應當時的環境。

至於另一部「熱海之戀」，（一名「蜜月在日本」）當然是胎死腹中，無暇兼顧了。直到現在，這一個就地取材的劇本，還躺在舍間的書架上，留作永久的紀念。

藍娣金峯主演「百鳥朝鳳」的造型

影壇小鳥藍娣崛起

此後數年間的新華影業公司，在童月娟師妹的堅苦支撐之下繼續拍片，前文曾經提及的「入室佳人」「百花公主」等片，都是這個時期的出品。

新華公司倚為台柱的鍾情，旋即自打天下，搞獨立製片，因而不再續約，於是又有另一女主角藍娣的崛起。

藍娣是張萊萊的胞妹，原名萊娣，月娟師妹想替她另取一個藝名，就商於我，我因利乘便，建議用音同字不同的「藍嫥」二字。月娟恐「嫥」字太陌生，這纔仍保留了她原有的一個「娣」字。

第一部由藍娣主演的影片是「小鳥依人」，公映後反應相當良好，緊接着續有「百鳥朝鳳」的攝製。

這是一部以芭蕾舞為中心的歌舞片，由「肥哥哥」王天林執導，藍娣、金峯、張意虹、賀賓、林靜、馬力、蔣光超等聯合主演。早年有「黑眼圈女郎」之稱的談瑛，其時剛從上海來香港，也在片中客串演出，飾姚太太一角。

「小鳥依人」與「百鳥朝鳳」，劇本都是出於我的手筆。藍娣在「百鳥朝鳳」片成公映後，已奠定了她在國語電影中的女主角地位，並獲得了「東方李絲梨嘉儂」的稱譽。

「百鳥朝鳳」公映之前，銀河畫報社曾為此片編印了一本特刊，其中有一篇推薦詞，原文如下：

『歌舞片如果沒有正確的主題，動人的故事，精采的歌舞，很容易流入低級、庸俗，被觀衆目為「胡鬧」。好萊塢的「美女霓裳」和「甜姐兒」，前者之所以供英女王御前映出，後者之所以能夠賣座鼎盛，就是因為是名符其實的歌舞鉅片，具備有正確的主題，動人的故事，精采的歌舞這三大成功要素。

新華公司最近拍攝的歌舞鉅片「百鳥朝鳳」，即是本着這三大原則，而達到成功之境。

「百鳥朝鳳」的主題，指出了天才決不會被埋沒的，同時要成功必須努力，正合上古話「多一番耕耘，多一分收穫。」它鼓勵人們向上的進取心，再配合了情節動人的故事內容，從劇中人姚中英偷拍吳靈鳳的照相開始，一直到靈鳳成為芭蕾舞專材為止，整個故事的戲劇性很濃厚，更富有人情味，親切感，眞可說是有血有肉，因而纔能緊扣觀衆的心絃，引起「喜、怒、哀、樂」的共鳴。

尤其難能可貴的是幾場偉大精采的芭蕾舞的演出。以芭蕾舞作為演出題材，在國產影片可說「百鳥朝鳳」是首創。因為芭蕾舞的藝技深邃，人材難以羅致，所以各製片公司均「心有餘而力不足」，不敢輕試。在觀衆們已看厭「查查查」，「加力騷」等舞蹈之際，能夠看到「百鳥朝鳳」中的精采芭蕾舞，必有一新耳目之感。』

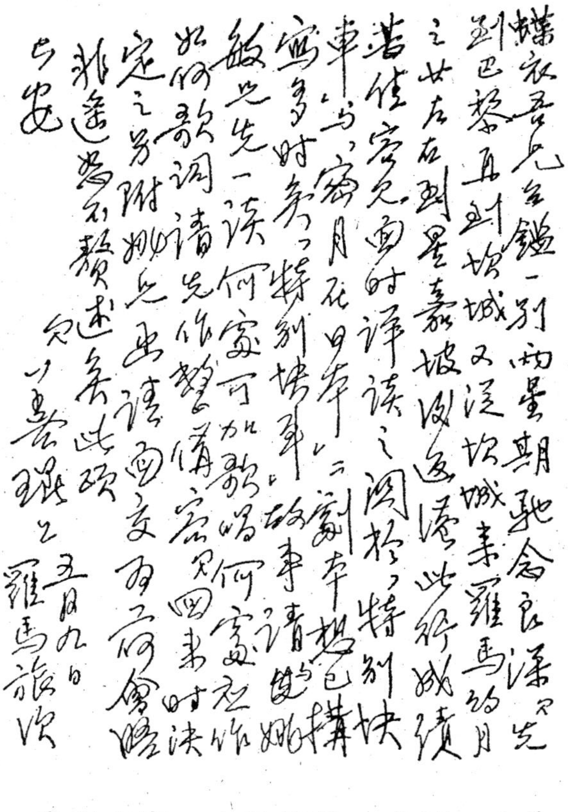

張善琨在羅馬致函本文作者催寫劇本

「百鳥朝鳳」的劇情

這裏，且容我再介紹一下「百鳥朝鳳」的劇情，然後畧述我的寫劇主旨。

「百鳥朝鳳」之內容如下：

『鄉村蛾眉吳靈鳳，年已及笄，而嬌憨天眞，猶不脫小兒女跳踉之習。所居一宅，在粉嶺附近，為香港富商姚家之產業。姚家主婦金氏，與靈鳳之母為表姊妹。粉嶺之屋，原為祖遺，因姚家在港經商，故以房屋託靈鳳一家照管。屋雖已舊，但位於水濱，開門即風景如畫，屋外圍以竹籬，每當春日，薔薇花蔓延殆遍。靈鳳善歌，常於操作之時，引吭一曲，歌喉殊宛轉動聽。鄉中頑童，往往乘其不備，戲弄靈鳳，以為笑謔，靈鳳亦不以為忤也。

一日，靈鳳在河濱浣衣畢，提籃返家，正曼聲唱「薔薇處處開」之曲，忽有一西服少年，命靈鳳止步，持照相機為鳳攝影。靈鳳以少年不徵同意，大為不悅，奪其相機，欲毀照片。少年亟令勿爾，正搶攘間，一少女突至，大呼「哥哥」；則姚家女秀珍也。靈鳳至此，始恍然少年即秀珍之兄中英，不覺大為羞澀。蓋中英出國留學，歷時六載，當時靈鳳猶在稚年，茲則已亭亭玉立，故中英見之，亦不相識也。靈鳳既悉為中英，以誼屬表兄妹，亟交還相機，並向中英致歉焉。

中英、秀珍兄妹，隨母返鄉掃墓，止於故宅。靈鳳父母殷勤招待，大為忙碌。中英與靈鳳談兒時情況，（補述靈鳳幼年時與父母同住在香港，曾習芭蕾舞，後因家道中落而中輟。）蓋一別已七八年矣，是晚，靈鳳之臥室讓與中英就寢，中英以鵲巢鳩佔，表示歉意。靈鳳則謂：「此宅原是你家所有，若言侵佔，則非你而爲我也。」中英聞語，恍然而悟，但仍互相謙遜，客氣非常。秀珍在旁，爲之笑不可仰。

次日，金氏率子女掃墓，靈鳳亦隨行焉。墓在山間，看墳老者陸駝子，居於鄰近一木屋，駝子貪杯好酒，方自粉嶺鎮上沽酒歸，遇於中途，亟奔返茅屋，負方桌至墓前，以供祭祀。及掃墓完畢，衆人止於木屋，陸駝子忙於待客，而中英、靈鳳，忽失踪影，蓋正徜徉於山間，把臂同遊也。靈鳳一曲高歌，大爲中英所贊美，蓋中英留學國外時，兼攻音樂，返港以後，恒以作曲自遣；且與教授芭蕾舞之梅夫人素稔，因慫恿靈鳳重求深造。靈鳳以不能遠離父母爲言。中英以天才埋沒，頗爲惋惜，然亦不便相强。已而秀珍尋覓而至，遂返茅屋，與金氏下山，回至靈鳳之居。

時近黃昏，金氏欲歸香港，中英藉口欲培養靈感，從事作曲，請暫留鄉間，母許之。秀珍亦以此爲言，母詰其欲留之故，秀珍以擬從靈鳳學結冷衫爲理由，母斥爲不急之務，不許，秀珍大爲快快。金氏臨行，諄囑中英早歸，然後携秀珍登車去。自此中英遂得與靈鳳共晨夕，山限水涯，時有兩人踪跡；頑童大牛，素有意於靈鳳，見兩人親暱之狀，爲之既羨且妒。

一日黃昏，中英與靈鳳登山游覽，暴雨突至，亟奔避於陸駝子之木屋，駝子適不在家，柱上所懸酒葫蘆，亦失踪影，知駝子必已下山買醉，遂守候其歸。不料雨驟風狂，久久不止，此一雙青春兒女，欲歸不得，惟有留宿木屋中。其初靈鳳與中英共處一室，不敢交睫，卒因困倦難支，沉沉睡去。及黎明，靈鳳悠悠而醒，則正枕於表哥臂彎中，不禁大爲羞慚。幸駝子亦爲風雨所阻，一宵未返，無人知其事，心始稍安。及返抵家中，則靈鳳二老，亦通宵未睡，蓋躭心兩人或遇意外也。中英恐二老責女，亟說明夜宿木屋，與陸駝子通宵暢談，並繪影繪聲，叙述駝子怪狀；不料陸駝子夜來避雨，正借宿於此，中英一番謊話，當塲揭穿；中英爲之大窘。

中英因此一事，深感不安，覺未便久留，遂辭去。姚母金氏五十歲壽誕之期在即，中英請吳家二老，屆時至港與宴，蓋二老苟至，則靈鳳必與偕來，藉此即可重聚也。

金氏之手帕交王太太，家頗富有，設有金舖，即中英之父生前與王家合資開設者。王太太有女名麗珠，尚未字人，金氏意欲與王家聯姻，中英既返家，金氏從容與中英言之；中英不欲負靈鳳，堅不同意。秀珍知阿兄鍾情靈鳳，向母剖陳其事，金氏大不謂然，認爲門第不當，中英則謂門第並無差別。秀珍知阿母之意，密告中英，謂阿母欲與王家聯姻，純粹基於經濟觀點，蓋如能娶麗珠爲媳，則此後經濟有後援，不致捉襟見肘也。中英知阿母持家不易，且又患有哮喘病，遂不敢復提靈鳳，而金氏壽辰，未幾即屆，靈鳳父女亦携禮物登門矣。

中英重晤靈鳳，頓忘愁苦，而金氏則因靈鳳爲姚王聯姻之障礙，對之殊落落。靈鳳天眞無邪，初猶不覺。其父則自知家道貧寒，所送禮物又非，料金氏態度冷淡，原因在此，乃藉口農忙，不及參與壽宴，欲與靈鳳俱歸。中英深恐靈鳳將去，大爲着急，秀珍知阿兄之意，亟藉詞欲學習編織冷衫，向母陳情。金氏不便當面使吳家父女難堪，只得允諾，於是父去而女則獨留。

是晚，某戲院有芭蕾舞（或歌舞）演出，中英請命於母，偕靈鳳及秀珍往觀。既歸，靈鳳亦以足趾着地，迴旋而舞，蓋靈鳳幼年時，固嘗一度習此也。中英以靈鳳爲可造之材，謂與梅夫人相識，提議送靈鳳入芭蕾舞校，再事深造，靈鳳大喜。其翌日，爲金氏壽辰，王太太偕麗珠來賀，靈鳳不以爲忤。金氏初意，僅欲委屈靈鳳，不料靈鳳送茶之時，一時忘形，作芭蕾舞步，金氏厲聲喝止之，靈鳳一驚，茶杯失手落地，茶濺麗珠之履，金氏乘機申斥，賴秀珍迴護，靈鳳乃含淚而返內室。

中英以靈鳳失歡於母，温語慰之。靈鳳自覺無顏，欲辭去，中英與秀珍竭力挽勸，謂翌日即送之赴梅夫人處。靈鳳自愧笨拙，恐未必能有成就，婉辭中英之好意，堅欲離去。中英固請，靈鳳始勉强打消去意。

次日，中英、秀珍詭稱送靈鳳返粉嶺，金氏不疑，實則送靈鳳至梅夫人處也。至夜，靈鳳得秀珍爲內應，自後院潛入姚宅，匿居秀珍室中；金氏偶至，幾爲撞見，幸掩護得法，始未敗露。

靈鳳重習芭蕾舞，孜孜不倦，大有進境，中英得暇，輒與靈鳳偕遊，兩人情感，亦與日俱增，其間靈鳳曾由中英駕車，伴送返家，但謂爲姨母所留，並在學校讀書。吳氏二老，知中英鍾情靈鳳，聞言默許之。

一日，靈鳳之父與大牛有事至港，順道來姚宅探女。金氏大爲詫異，謂靈鳳早已歸去，何得謂寄居於此；鳳父聞言，亦大爲詫異，與金氏爭辯不已。適中英秀珍自外歸來，金氏嚴詰中英，中英坦承知靈鳳下落，願導鳳父往晤，並請阿母秀珍及大牛亦偕往。

是晚，中英等一行同蒞某戲院，觀芭蕾舞演出，節目中有「百鳥朝鳳」一項，領銜演出者，赫然靈鳳也。靈鳳御華服登塲，載歌載舞，翩若驚鴻，麗如仙姝，金氏與鳳父在座，目瞪口呆，幾不信眞爲靈鳳。大牛更手舞足蹈，幾欲大聲疾呼。及演出終了，全塲掌聲如雷，久久不絕。散塲後，中英伴鳳父、大牛及母妹至化粧室，迎靈鳳歸；登車時，金氏命中英與靈鳳一車同載，而己則與秀珍及鳳父、大牛同坐一車；蓋於中英與靈鳳之一段姻緣，已默許而不復持異議矣！』

以「人情味」爲主旨

本文中，我特別選了「香格里拉」與「百鳥朝鳳」兩個電影故事，目的是在於揭露我之寫劇主旨。

寫劇雖然是受命於製片家，不免於娛樂性與藝術性並重，但仍可於劇本寫作的過程中，滲入編劇人自己的思想、意識，這思想、意識也就成了寫劇的主旨。

我的寫劇主旨很簡單，只有三個字，便是「人情味」。

繼日本之行後，我又曾於次一年參加「新華外景隊」，去了一次台灣。其時，姚鳳磐先生還是聯合報的記者，他在訪問我時曾詢及我寫劇的主旨，我即以「注重人情味的描寫」爲言。

次日，聯合報的副刊發表了鳳磐先生的訪問記，就將我所述及的「人情味」作爲中心，並加以更充分的發揮。鳳磐先生的筆下渲染，實在比我匆促表示的思想、意識更完備更中肯。現在，鳳磐先生已離開新聞界崗位，也參加了第八藝術的工作，成爲台灣著名的導演之一，想來他對於那一次的會見，當猶能有所記憶。

我在寫劇之外，還曾兼負「誤人子弟」的工作，於一九五六年接受王元龍發起創設的「中國電影學校」之聘，担任教授編劇的課程，從初級班一直教到高級班。

嚴俊林黛在日本鎌倉拍攝「菊子姑娘」一片時留影

去年，我又應邀擔任中文大學校外進修部開辦的「電影編劇原理與寫作」課程之主講；先後兩次忝爲人師，都曾對從學者特別談到「人情味」的主旨。

在暴力電影充斥市上的今日，侈談「人情味」未免有些「不合時宜」，但我仍願「我行我素」，凡屬「非人情味」的劇本，我寧可不寫的。「香格里拉」與「百鳥朝鳳」兩個故事，並無若何了不起的構思，不過至少可以在劇情的推展中，嗅到一些「人間終必有溫暖」之氣息，這是作爲一個劇作家之我，直到現在還認爲「差堪自信」的。

「亡魂谷」與「追」

二十年來編劇工作的經過，大致已如上述。在感慨之中，又想起了可資紀念而需要補述的，還有與嚴俊之間的交誼。

嚴俊在電影圈中，素以「埋頭苦幹」著名。與嚴俊訂交於三十年前的上海，在我「一身去國八千里」之後，彼此又重逢於香港，他對我一直另眼相看，曾屢次以寫劇見委。他在一九五五年自設國泰影業公司，去往日本拍攝了兩部黑白片，都是由他與林黛分任男女主角，一部是「菊子姑娘」，另一部是「亡魂谷」。後者的劇本是我負責編寫，前者則寫了一支插曲，就是林黛主唱的「雪山盟」。（在百代公司灌有唱片，由林黛親自唱出，錄音之日，嚴俊與我都在場。）

此外，又曾爲嚴俊寫過一個偵探故事劇本，片名只得一個「追」字，也是由嚴俊與林黛分任男女主角。現在，林黛物化已有多年，嚴俊亦因健康關係而減少了活動。記得前年的夏天，他從台灣回港，還曾翩然枉顧，要我爲他寫一個武俠片的劇本；我即以「有所不爲」而婉言辭謝；並介紹另一友人爲他寫作。

在我的印象中，嚴大哥始終是一位第八藝術的忠實工作者；但願在未來的歲月裏，電影製作的風氣有所改變，仍能看到嚴大哥再度活躍的一日。

純粹「鈔票掛帥」的暴力電影，正徘徊於「亡魂谷」中等待拯救；而「追」之一字，則應該是第八藝術覓得新蹊徑的復甦象徵了。

（全文完）

英國

珍履

Cheaney of England

高級男鞋

大人公司　平價市場　人人百貨　大方公司　來路鞋公司有售

白景瑞一時成奇貨

銀色漫談

・馬行空・

本年六月十八日，香港忽然大雨成災，山崩屋塌，死傷甚衆，銀色圈同人亦曾响應兩大電視台的救災運動，由粵劇界的慈善伶王新馬師曾和國語片的長春樹李麗華化裝表演京劇「四郎探母」之坐宮，兩晚共獲善欵總數港幣八百餘萬元之多，較之「公益金」籌欵目標一年收入，尤有過之。其中籌募方式，亦極盡其花式繁多之能事，譬如新近由美返港之陳寶珠親手所炒一碗炒飯，即售得港幣一萬元。台灣由青山、婉曲、冉肖玲、金晶、白嘉莉、秦蜜六大歌星專程來港，現身螢光幕，僅獲留港二十四小時，僑領莊清泉認捐每一歌星五千元，又爲其宗親在電視台大聲疾呼的莊元庸宗妹加捐二萬元，都屬此一盛擧中的插曲。按下不表。

再說六月初的時候，邵逸夫帶上易文，飛了一趟台北，公幹之外，還和台灣大導演李行與白景瑞，在「統一」的套房裏密談過幾次。據傳是「邵氏」希望二位大導演與他們公司合作拍片，而且已經獲得了口頭上的協議，不過李行與白景瑞都是以「部頭導演」身份參加「邵氏」的，並不打算簽訂長期合約，換句話說：也就是「邵氏」開放門戶，盡可能吸收外來的力量，如果成功，倒是好事一件。

較早的時候，在「影城」內已經醞釀着「門戶開放」的運動了，對於這一個計劃，主張最力的有「重臣」朱旭華、易文等人。經過一段考慮時間，邵逸夫也認爲此計可行了，首先出現的就是李翰祥的重返「邵氏」，震驚了香港的國語片圈，因爲以「邵氏」的人力物力來說，如果能夠「開明」的實行招賢政策，則所有的大小影片公司就都更不是他的對手了。

在五月底，邵逸夫還未到台北之前，曾經向易文問起李行與白景瑞的最近動態。易文的報告是：李行正在爲「邵氏父子」（由鄧仕樑出面）導演一部「風從哪裏來」，而白景瑞則爲他自己的一部「東南西北風」也正在工作之中。邵逸夫認爲：既然李行能爲「父子」拍片，爲什麽不可以和「兄弟」合作呢？至於白景瑞，既然已經走上了獨立製片的路子，則亦不妨找他來談談合作條件。這就是邵逸夫到台北後，馬上與二位大導演會面的最初動機。

據說：邵逸夫在台與二位導演談得甚爲投契。最初決定是每人先拍一部，作爲試驗，如果合作愉快，很可能再接再厲。至於他二人的導演費問題，邵逸夫當塲表示很難定價，所以主張在決定劇本之後，由導演開出攝製預算來，其中包括了導演費在內，其實也就等於是「包拍」的性質。關於這一點，二位導演也同意了，按說起來，應該很快的就可以付諸實現了吧？但事實上沒有那麽便當，還有許多大大小小的問題需要解決，所以兩大導演與「邵氏」合作之議，到今日還只是「閒話一句」而已。

話分兩頭，讓我們先來談談李行方面。

李行同意 劇本難求

李導演爲「邵氏父子」拍一部「風從哪裏來」，也是以部頭計算的，現在已經全部殺青，本來可以馬上爲「邵氏兄弟」工作起來的，怎奈最困難的就是他手頭上沒有理想的劇本，就算與「邵氏兄弟」簽好了合作的合約，也是無法開工的也。

新馬師曾（右）李麗華（左）在電視台義演「探母坐宮」

據說：邵逸夫與李行在擧行初步洽商之時，「六老板」表現得非常豁達。邵逸夫絕對沒有提出什麽題材上的限制，並且極力鼓勵李行去自由發展，不過他只提出一項要求，就是希望李導演千萬不要再蹈「秋決」的覆轍。邵逸夫說：「我看過『秋決』，的確是一部了不起的佳片，但我們在商言商，不可不顧到利潤的問題。我曾經替你計算過了，『秋決』的各地放映，成績再好的話，也不足以彌補你的鉅額成本，這就是違背了我們將本求利的原則了。」

李行當塲也坦白承認錯誤，但他又表示經

過那次的教訓之後他已經大有改進，像目前的這部「風從哪裏來」，就是以三十個工作天而迅速完成的，成本自然減輕不少。邵逸夫也曾問起何時可以正式簽約？李行則表示此時言之尚早，因為劇本難求也；他曾經答應過「邵氏父子」繼「風從哪裏來」之後再拍一部的，現在也為了劇本問題暫時無法進行。於是他倆就談到這個程度上為止，但等李行或「邵氏」物色到合意的劇本，雙方再商討合作上的細則，倒也乾脆得很，決不拖泥帶水。

在此，順便還要談談李行的今後動向。李導演曾於六月上旬，到過一次香港，主要的任務是來視察「風從哪裏來」的剪接配音工作，同時又與「邵氏兄弟」與「邵氏父子」雙方都接觸過了。「邵氏兄弟」方面仍然沒有什麼進展，而「邵氏父子（一說是鄧仕樑製片，「邵氏父子」只不過是香港代理，墊付一部分欵項而已）方面，則由李導演提出一個片名，叫做「我在海灘送夕陽」，至於劇本，仍在大編劇家張永祥的構思之中，不知何時可以寫得出來？所以接觸也就等於沒有接觸了。李導演返台時宣稱：七月份中再來，到時候有何「苗頭」？現在就說不上來了。

李行（右）在苦思，其傍為歐威

根據種種跡象看來：李行近來好像受到西片的影響很深，一部「風從哪裏來」，是以牧牛場作為背景的，不用說，當然靈感得自西部片了。雖然李導演一再否認，强調「風從哪裏來」是一部純中國味的電影，但據看過試片者言：該片的柯俊雄與唐寶雲，扮演的本來就是美國留學歸來的一對兄妹，所以洋味十足，不在話下，就是演牧場主管的歐威，也頭戴濶邊毡帽，身穿牛仔褲，而且在動作神態之中，盡一切可能去模做西部片中的墾荒英雄，中國味何云乎哉？關於他下一部的「我在海灘送夕陽」，雖然還沒有劇本，但他有個概念在腦中；聽說他曾在「邵氏父子」的寫字樓裏講述過大概的劇情，好像以台灣的高山族來代替了美國西部的紅番，那就當然更是「有所本」的了。

改編不是一件壞事，但要改得天衣無縫，不露痕跡，那才是「學問」，現在只等「風從哪裏來」上映之後，就可以曉得我們的李導演到底有多大的「道行」了。

白景瑞要拍暴風雨

撇下李行，我們再談白景瑞。

白導演之為人，一條肚腸直到底，性情容易衝動，所以當他初次與邵逸夫見面之時，就坦白的表示：在以前，他聽見「邵氏」兩個字就怕了，因為根據外界的傳說，如與「邵氏」合作，則條件非常苛刻，而且諸多限制，十分麻煩。現在他聽到易文所提出的合作原則，並不如外界所傳那樣厲害，故而很希望能和邵老板進一步的再談談。邵逸夫聽見此話，自然哈哈一笑，順便也給白景瑞戴上一頂高帽。

邵逸夫說：「我們公司很希望請你幫忙，至於所拍的題材，我們絕無意見，『新娘與我』也好，『家在台北』也好，總之，一切由你決定就是了。但是，以我個人的喜愛來說，撇開售座紀錄不談，在你的作品之中，我認為最成功的還是一部『再見阿郎』！」邵逸夫的這一番話，剛好搔到了白景瑞的癢處，使他心花怒放，樂不可支，馬上對於邵逸夫發生了良好的印象。

「再見阿郎」一片，正如白景瑞所說，是他的嘔心嚦血之作，是他的一個最新的崇高理想，但可惜啊可惜；國片的觀衆們却偏偏不能接受，使「再見阿郎」從台北一直垮到香港！售座紀錄之低落，低到難以想像的程度。為了此片，白景瑞的聲譽大受影響，而且也使他嗒然若喪，咄咄書空了好一陣子。現在，白景瑞突然聽見這位東南亞電影界裏的雄獅、港台國片界裏的至高權威「邵六老板」親口對他誇獎「再見阿郎」的成就，又怎能不死心貼地的認為邵逸夫確是「今世之伯樂」呢？

經過這幾句交談之後，雙方自然更為投機，白景瑞當場表示：他的一部「東南西北風」，好在很快的就可以結束了，完工之後，並沒有什麼新的工作有待他去進行，所以假如「邵氏」同意的話，他隨時可以簽約，絕無問題。邵逸夫看他說得痛快，也自高興，接下來就要談到劇本的問題了。

白景瑞與李行不同，他手中有着現成的兩部理想劇本，都是以前想拍而未能拍成的，一是「中國人」，二是「暴風雨」。當白景瑞向邵逸夫提出這兩個劇本之時，邵逸夫倒也表示得非常坦白，「中國人」需要到歐洲各地去拍攝，在預算上比較難打，所以只好暫時擱起，留待日後從長計議。至於「暴風雨」一片則可以考慮，但也不希望成本訂得太高，因為這次只是合作的開始，希望雙方都不用担起太大的風險，最好能夠輕鬆順利的拍成一部，作為日後繼續合作的良好基礎。白景瑞頭腦特大，絕頂聰明，六老板絃外之音，豈有個聽不出來之理？立刻又提出一個未定片名的現實諷刺喜劇，邵逸夫深感同意，說道：「那麼，就這樣決定了，請你儘快的籌備起劇本來，希望我們的初步合作獲得成功。」

其實呢，「中國人」與「暴風雨」都是好劇本，爲什麼邵逸夫會得猶豫不決呢？根據旁觀者的推測：這裏頭的原因，完全發生在白景瑞一個人的身上。

白景瑞有一個最大的毛病，就是視金錢如糞土，手筆之驚人，連億萬富翁聽見了亦爲之咋舌。但各位不要誤會了，白景瑞却不是一名揮霍無度的人，他的好像流水價花出去的錢，完全都在結交朋友，與無謂應酬上了，對於他自己，可說是一點也不實惠。譬如說吧，在應酬場合之中，有幾位朋友賭錢，邀他參加，他一定不會拒絕的。但是，直性子的人們，大多不精於此道，於是白景瑞的上牌桌，也就等於「賊骨頭進書房」，摸摸也是書（輸），碰碰也是書（輸）了。然而，這不過僅是許多例子中之一，其他還有：白景瑞不飲酒，但是他喜歡看着朋友們把最名貴的洋酒一瓶又一瓶的灌下肚去。白景瑞也不是一名好色之徒，但他到了舞塲或夜總會裏，就要請上許多位小姐，爲的只是使朋友們盡歡而已……，在這種情形之下，他的花錢名氣當然十分响亮了。

邵逸夫心細如髮，料事如神，雖然在以前與白景瑞並沒有什麼交往，但對於他的個性却早已摸得熟透。白景瑞假如在香港或台灣拍片，「邵氏」能有控制上的把握，但如果放他到歐洲去，那麼「天高皇帝遠」，只怕白導演又發起老毛病來，間接的就會影响到攝製成本的。總而言之，邵逸夫對於小白這匹「野馬」，實在的並不怎麼放心，所以「中國人」的拍攝，也就只能押後再說了。

至於那部「暴風雨」呢？本來白景瑞是爲吳源祥的「華聲」所準備下的劇本，原定計劃是繼「再見阿郎」之後立即拍攝的。可惜「再見阿郎」失利於前，使吳源祥縮手不迭，再者，「暴風雨」的成本預算極高，吳源祥在「再見阿郎」裏已經受到創傷，無力再投下鉅額的資本了，故而此事終於告吹。種種經過，俱被邵逸夫看在眼中，腹內也不由得暗暗盤算起來。「邵氏」的財力雄厚，不要說一部「暴風雨」，就算十部也拍得起。但這還不是主要的問題，邵逸夫口袋裏的錢，是要「花在刀口上」的！盲目的投資，他說什麼也不會幹。「暴風雨」是否值得投下去那麼多的資金？姑且不論，只因爲這是「邵氏」與白景瑞的首次合作，多少帶點試驗性質在內，前途如何，猶在未定之天，貿貿然的花了很多的錢，就算拍出來的成績絕佳，萬一白景瑞拍完之後另有高就，甩手一走，在邵逸夫想來，也是化不來的一件事也。何況影片之拍得好與壞，要到公映之後始能揭曉，像這種兩可之間的「冒險」，別家公司或者可以試上一試，但「邵氏」向來穩紮穩打，故而不屑爲之。還不如先請白景瑞導演一部輕鬆風趣的喜劇片，看看情形，但願合作愉快，日後再進一步的緊密携手，到那時，多花些資本也就無所謂了。

白景瑞（中）手持劇本正在與甄珍（左）葛香亭（右）相互研究劇情

這就是「邵氏」與白景瑞的初次談判的結果，計劃之能否實現？還是那句話：只看白導演何時可以交出劇本來。

柯俊雄親自任製片

話說邵逸夫與白景瑞談得高興，談來談去，不免就談到了那部「東南西北風」。

邵逸夫有意無意的問道：「你自製的這部片子，聽說快要完工了，不知已經賣出去那幾個地方的版權？」白景瑞的答覆，大出邵逸夫的意料以外：「全世界的版權，一處也沒賣過，我們要等看過成績之後，才可以訂出價錢來！」那種滿不在乎的口氣，使邵逸夫也爲之愕然。

事實上是這麼一回事，今年春季，白景瑞在香港與「嘉禾」談合作，連一點結果也未能談得出來，失意而返，幸而台灣「中影」請他導演一部「白屋之戀」，這位大導演才算是沒有投閒置散。某次，在拍着「白屋之戀」的時候，柯俊雄走過來和導演聊天，談話之中，白景瑞未免發了幾句「爲人作嫁」的小小牢騷。柯俊雄一直是白導演的「死黨」，當然對於他最近的遭遇十分表示同情，慨然說道：「拍完這一部，你自己製片好了，我來支持你，一兩百萬台幣，目前我還拿得出來。」白景瑞大喜，當時就與柯俊雄詳細討論起「東南西北風」的計劃來，此所以在這部新片的職演員表上，還特別加上了「柯俊雄製片」的字樣。

但是，柯俊雄的出資也是有條件的：他要親自來掌握着一切支出與開銷，每一筆費用，都要打從他手裏付出去。柯俊雄對白景瑞解釋道：「並不是我不放心，只因爲你老兄太不善於理財了，我們這是小本經營，不能跟大公司相比，這一點，想來你老兄也一定會得原諒的吧？」白景瑞自然連聲答應，樂得把帳目推給了柯俊雄，自己倒反而可以專心一致的去搞導演工作了。柯俊雄又說：「我們這次不受製片家的氣，每一塊錢的攝製費用都從自己腰包裏掏出來，絕對不需要外力的幫忙，但等片成之後，讓他們看看成績，不怕片商不遷就我們！」話裏的意思，好像有着絕大的把握似的。白景瑞自然非常贊成，這就是「東南西北風」所以不賣外埠版權的原因。

當邵逸夫聽見白景瑞的一番話之後，大感興趣，說道：「既然如此，我們是不是可以談談交易呢？」白景瑞和「六老板」談得投機，於是不加思索的答道：「這當然最好不過，就請你提出條件來吧。」

談到生意買賣，邵逸夫可就精打細算，頭頭是道了。他的條件是：「東南西北風」的映權，除去台灣與香港之外，全世界各地都歸「邵氏」所有，訂出一個總數來，由「邵氏」分期付給白景瑞，至於台灣與香港兩地，則「邵氏」亦樂於代理發行；「邵氏」在該兩個地區以內，都有着强大的影院聯線，對於白景瑞說來，是只有好處而沒有壞處的，「邵氏」只不過在其中抽取合理的佣金而已。以上的這幾項，白景瑞都表示同意了，談判進行，好像非常順利。

但是當他倆談到細則之時，就爲了一點小小的枝節，而發生了不同的意見，說來也是很有趣的。按照「邵氏」的合約內容，凡是賣拷貝給他們的，不論何人，一律是賣絕了的。那就是說版權永遠屬於「邵氏」所有，直到千萬年以後，亦是如此！這本來只是說說而已，因爲拷貝到了千萬年之後，早已化成灰了，還有什麽價值可言？普通的製片人，根本就不注意這一條，只要其他條件合適，簽上個字就算了。沒想白景瑞突然發起戇性來，偏偏認爲這一條大有問題，一力主張刪去「永遠」字樣，而「邵氏」的拷貝執有權，則祇限於三年以內，過了三年，他就應該有權全部取囘。

這是一個從未有過的例子，邵逸夫當然不肯答應了，而白景瑞方面也是堅决的不肯讓步，結果邵逸夫被他纏得沒有辦法，只好破例的把拷貝執有權由「永遠」而改爲五年，但白景瑞還是無論如何不依，使那項談判幾乎陷入了僵局。

邵逸夫安據寶座聽取各方大計其右爲舒佩佩

那時在場的還有柯俊雄與易文二人，看到白景瑞的固執堅决態度，也不禁暗暗感覺奇怪。到後來，柯俊雄實在忍不住了，背着邵逸夫問白景瑞道：「你這是什麽意思？我覺得三年、五年、與永遠，都不是什麽太大的問題，你爲什麽如此之緊張？」白景瑞把柯俊雄拉到一邊，悄聲說道：「你不曉得啊，也許再過個幾年，我們的片子可以在大陸上放映的話，那個市場可就太大啦！」柯俊雄這才明白，笑道：「你想得太遠了。就算有那麽一天，我們不會拍新的嗎？這種舊拷貝誰要看哪？」白景瑞「哦」了一聲，對柯俊雄呆呆的望着，似乎有點動搖了。那個時候，剛好李行也來到，問起是怎麽一囘事？柯俊雄一五一十的講給他聽了，李行也埋怨白景瑞道：「你眞是太婆婆媽媽了，管它三年五年呢，快點談妥了，別這麽拖泥帶水！」經過這兩位的勸解，白景瑞說不再堅持，總算答應了拷貝所有權五年的期限。總之：像這種枝枝節節的小問題還有的是，所以邵逸夫倒很費了一點時間，與白景瑞討論折衝，一直談到了很晚，才能夠達成圓滿的協議，邵逸夫很高興的拍手道：「現在一切都沒有問題了，我叫台灣分公司去擬寫合約，我們明天簽字，也可以先付給你十分之一的定洋。」出乎意外的是白景瑞突然說道：「慢來，我還得先向『嘉禾』打個招呼。」

白景瑞與「嘉禾」曾經有過一段密切關係，但現在已經好像因爲種種的關係而中斷了，邵逸夫肚裏很明白，所以當時並不在意，點頭說道：「那也是應該的，但不知要到什麽時候才可以簽約？」白景瑞道：「請你們等候兩天，合約不妨先寫起來。」邵逸夫道：「我可能一兩天就囘香港去，你有什麽事，可以跟我們分公司的吳嘉棣接洽，我已經都吩咐下去過了。」談話至此，告一段落，大家滿意而散。

趁這個空檔，我們再把白景瑞與「嘉禾」的關係分析一下。

預支款項是爲關鍵

今年春天，白景瑞興緻匆匆的飛到香港，正式與「嘉禾」商議起合作拍片的計劃來。該計劃的動機，發生於去年之中，只因爲白景瑞在台還有工作未曾結束，所以一直延到今年，方始舊事重提，促其實現。白景瑞受到「嘉禾」的盛情招待，下榻於「富都閣」，但等雙方同意，「白氏影業公司」就可以正式成立了。

白景瑞向「嘉禾」所提出的劇本，也就是「中國人」與「暴風雨」。那時的「嘉禾」，正有羅維準備到美國去拍片，（後來告吹），還有李小龍的歐洲拍外景計劃等，鄒文懷一打算盤，如果白景瑞也要率隊赴歐，那麽單單旅費一項也就不得了矣，因爲這個緣故，「中國人」被列入應毋庸議的檔案裏去。至於「暴風雨」一片，也沒能得到「嘉禾」的批准，因爲製片部門，有點意見也。白景瑞迫不得已，只好提出第三個劇本「七年之愛」，那是一部輕而易舉的喜劇片，應該配合「嘉禾」的口味，而好像不會再發生什麽阻礙了。外面傳說得最熱鬧的一段時期裏，還有苗可秀與許冠傑主演「七年之愛」的消息，緊鼓密鑼，幾成呼之欲出之勢。

結果，「七年之愛」還是「得個講字」，慢慢的又莫名其妙的「淡出」了。那時的白景瑞，開始有點手忙脚亂起來。另外又推薦一本香港出版的愛情小說，「嘉禾」答應加以考慮，白導演也只好悶在「富都閣」裏等候。

最滑稽的一次，是外面突然傳出白導演召集工作會議的消息，而且到了那一天，白景瑞與許多名工作人員，都準時到了斧山道的「嘉禾」片塲裏，如此一來，大家以爲此次絕對不會再是「空心湯圓」了吧？工作會議開始，席上並沒有男女演員，使有些人已經在心中暗暗納悶，覺得有點不妙了。白景瑞站起來說話，既沒有提出劇本，也沒有報告劇情，只那麽空空洞洞的談了半天的影棚工作綱要，倒好像給各位上課來了。事後，有一位參加會議的工作人員笑道：「我吃了二十多年的電影飯，還從來沒有參加過這麽特別的工作會議呢。」

這就不必細表了，反正白導演還是未能拍起片，屈指一算，在香港倒一事無成的躭擱了好幾個月！其中自然有許多「不足爲外人道也」的內情，只有白景瑞與鄒文懷兩個人肚裏明白，外人但見白景瑞每天急急忙忙的往東英大厦的「嘉禾」寫字樓裏跑，大導演的神情，已經很顯明的能夠看出狼狽來了。

過了沒有多少日子，白景瑞突然靜悄悄的回到了台北，行前並沒有通知任何人，到了台北也沒有發表什麽談話。記者們到「嘉禾」去探聽原委，自然更是不得要領。總而言之，白景瑞與「嘉禾」合作的這檔子事，立刻成了一個大大的「悶葫蘆」！按照這種情形看來，白導演的心裏是不會太痛快的，因爲躭誤了時間，倒也吧了，只是在香港忙碌了一陣，結果還是空手而返，面子上究竟不太光鮮也。

再說「嘉禾」方面，白導演一連提出好幾個劇本，可算十分遷就，但無論他怎麽努力，「嘉禾」還是無動於衷，一概不予接納。這也不用「打開天窗說亮話」了，任何人都可以看得出來，「嘉禾」對於這位大導演的興趣，好像已經淡薄得幾乎近於烏有了！所以當白景瑞向邵逸夫表示賣版權先要通過「嘉禾」之時，邵逸夫以爲那是例行的手續，所以一點也不在意，沒想後來又生出許多枝節，釀成這兩家公司的另一塲冷戰。

白景瑞與「嘉禾」打了幾個月的交道下來，就算不能說是「不歡而散」吧，但至少也談不到「盡歡而散」，雙方的心裏都揪上一個大疙瘩，至於各在何方？不得而知，反照按正常理來判斷：他們重新携手的機會到底是微之又微的了。那麽就有人要問啦，既然白景瑞與「嘉禾」之間的感情已經起了變化，那麽他正可以把「東南西北風」的版權斷然的賣給「邵氏」，因爲這部片子的支持者是柯俊雄，而不是「嘉禾」，在公事上說來，白景瑞似乎沒有給予「嘉禾」優先權的義務呀。此話當然不錯，但白景瑞也有他的苦衷，祇有這樣做，他才覺得心安理得。

是這麽一回事：白景瑞在香港「富都閣」一住好幾個月，他沒有隨身帶着台幣或美鈔而來，雖然食宿都由「嘉禾」招待，用不着他掏出一文錢來，但平時的交際應酬所費，就不得不另想辦法了。以上提過，白導演的出手一向非常濶綽，難得來到銷金窟式的香港，當然開支又比在台北時要高出幾倍去。聽說白導演那次來港，前後一共花掉了港幣數萬元之鉅！他有什麽辦法？就是向「嘉禾」去預支。

這一點，「嘉禾」倒是非常大方的；公事談得攏或談不攏是另一碼事，既然白導演是公司接得來的嘉賓，就不能眼看他在香港受窘。所以每逢白景瑞有什麽要求時，「嘉禾」是立刻開出支票，絕沒有說過一個「不」字。「嘉禾」的想法也有理由，假如此次公事談不成，不是還有下次嗎？「青山不改，綠水長流」，他們總有借重於白景瑞的一天，到時候再算帳，白景瑞也不會抵賴或否認的也。這就叫做「人心換人心」，放出去的交情，早晚能夠收得回來，鄒文懷之聰明，即在此處。

常言道得好：「吃了人家的嘴軟，拿了人家的手軟」，當然，在電影圈裏，有許多人是「吃了人家的白吃，拿了人家的白拿」之輩，但白景瑞的個性，又偏偏與普通一般人有別，他對於這一筆也不算太小的預支款項，一直耿耿於懷，雖然他對「嘉禾」多少有點子心病，但錢財往來與交情好壞是不應該混爲一談的。此所以，當邵逸夫要求他立即簽約之時，他就說了一句話：「我與『嘉禾』有約在先，還是通知他們一聲，比較來得妥當。至於要與不要，則是他們自己的事，咱們就管不着了。」

邵逸夫是六月五日飛回香港的，也就在那天

的晚上，白景瑞與鄒文懷通上了長途電話。此事說來十分可笑；白景瑞總認爲這件事多少有點對不起「嘉禾」，所以那隻長途電話，他就是央告柯俊雄替他代打的，很有點「醜婦不敢見公婆」的味道在內。柯俊雄與鄒文懷通上了話，開門見山第一句就說道：「小白的一部『東南西北風』，現在打算把外埠版權賣給『邵氏』，你們貴公司可有什麽意見沒有？」鄒文懷聽到這個消息，在驚異之餘，又有點憤怒，當時冷笑的說道：「我們倒是沒有什麽意見，只要請問白導演一聲，他這樣做法，在道義上可說過得去？」柯俊雄一聽這個語氣，曉得對方是不很高興了，急忙對電話裏說道：「就因爲這個緣故，小白一定要先經過貴公司，所以並沒有完全答應下來。」鄒文懷想了一想，說道：「這樣吧，在電話裏也說不清楚，你叫白導演千萬不可簽字，我會得馬上派人到台灣與他接洽的。」柯俊雄放下話機之時，「邵氏」台灣分公司經理吳嘉棣的電話也來了，他是催促白景瑞明天到分公司裏去簽訂合約的，白景瑞只得含糊以應，說道：「請你們再等我兩天，聽我的消息。」

嘉禾聞訊 大起恐慌

六月六日上午，邵逸夫在「影城」裏掛了一個長途電話給台北的吳嘉棣，問道：「白景瑞怎麽樣了？簽過字沒有？」吳嘉棣答道：「還沒有，他說要再等兩天，看情形恐怕會發生變卦哩。」邵逸夫吩咐道：「不要去管他，過了今天，你再去催！」

六月六日的中午過後，筆者在東英大厦門口遇上「嘉禾」的製片茅盧，順口問了一句：「到哪裏去？」茅蘆答道：「上機場，送梁風先生到台灣去。」本來應該再問一句：「他去台灣有什麽公幹哪？」但話到嘴邊又咽了回去，因爲筆者曉得這樣問是問不出所以然來的；「嘉禾」的保密工作做得好，白費那個唾沫可有點犯不着。

六月六日傍晚，邵逸夫在辦公室又接到吳嘉棣打來的電話：「報告六先生，白景瑞大概一定會變卦了，梁風剛剛飛到，他們正在旅館裏密談呢。」邵逸夫道：「哦，有這等事？你再去打聽消息，隨時向我報告！」

一塲冷戰，就此突如其來的燃起了戰火。梁風剛下飛機，就把白景瑞給請到旅館來，不由分說，搶先開口：「白導演，你在我們公司裏預支的數目，此時不談，暫且掛在帳上，日後再算。我們現在要談的是『東南西北風』的外埠版權問題；『邵氏』給你的是什麽條件？『嘉禾』完全一樣，絕不還價，假如你同意了，現在就請你先簽一張表示同意的初步草約吧。至於詳細的條文，我們商量一下，等我囘到香港，很快的就可以印好寄給你的。」梁風口若懸河，斬釘截鐵的這麽一講，白景瑞可只有點頭唯唯稱是的份了。

梁風自台灣飛返，一部「東南西北風」就算是屬於「嘉禾」的了。邵逸夫爲了此事，也頗爲感覺不是滋味，曾叫吳嘉棣傳話給白景瑞：「我們的初次交易，你就如此的不講信用，實在太不夠意思了吧？……」白景瑞有苦說不出口，在「兩大」之間被夾扁了頭，但同時心中也有點禁不住的飄飄然之感，因爲他的作品突然吃香起來，變爲「兩大」你爭我奪的目標，豈非很值得自傲之事乎？

邵逸夫又命令分公司去問白景瑞：「買版權之事不談了，但以前在台北口頭協定的另外導演一部戲如何？」白景瑞經過「東南西北風」的教訓之後，更不敢輕易的對「邵氏」許下什麽諾言了。於是他含含糊糊的答覆吳嘉棣道：「此事言之過早，等我放下『東南西北風』之後，我們再詳加討論吧。」直到目前爲止，白景瑞爲「邵氏」拍片之事，仍舊聽不到下文，大概在白景瑞沒有得到鄒文懷的同意之前，此事是不會進行出什麽眉目來的。

寫到此處，就算暫時告一段落。但是一定有很多讀者會得發生疑問：「嘉禾」的保密，是早已就出了名的，絕對不會有機密外洩，而邵逸夫在台灣時的種種行動，算來也只有在塲的幾個人曉得，外人難道其詳，但是看你寫得繪影繪聲，像煞有介事，莫非是閉門造車，瞎編亂造出來的不成？

這也難怪讀者們起疑，但以上所報道的種種經過，雖然不敢說百分之一百的準確，其可靠性則保證可以達到九成以上。筆者的這篇獨得之秘，是一名剛從台灣來到的朋友講給筆者聽的，而這位不願透露姓名的朋友，與台灣和香港的電影界，都有極深的交情與關係，他所講出來的圈內消息，非但準確，而且分析得相當中肯，所以筆者才肯不厭其詳的向各位報告，否則的話，筆者沒有生就的千里眼、順風耳，又怎能言之鑿鑿？好似目覩耳聞的一般呢？

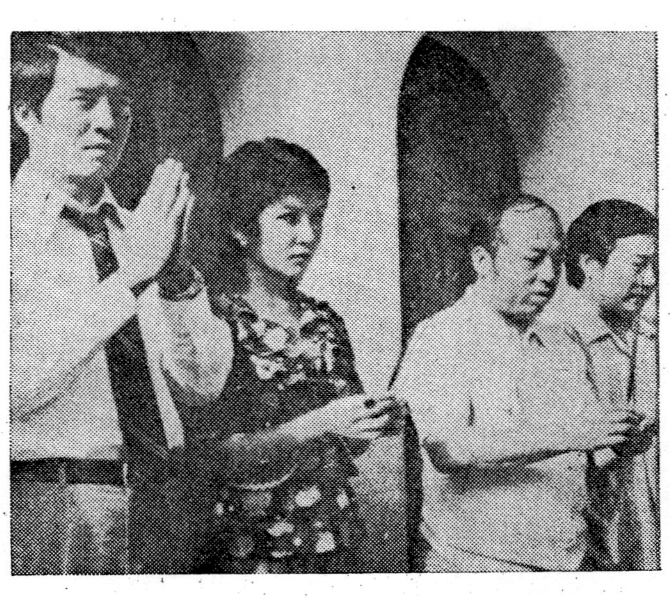

「東南西北風」開鏡小白小柯上香拜神

戲外之戲

——袁世海最近在北京發表一篇文字，提到譚富英還在從事戲劇工作，祇是早就不登台了。

翁偶虹

這是一個很奇怪而又不奇怪的現象。人們對於舊劇的欣賞，往往有一種不可思議的副作用，這種副作用，已經顯明的脫離了「欣賞藝術」與「掘發愉快」之外。如譚富英早年在天津唱「四郎探母」，半數以上的座客，眼巴巴地等着那句「叫小番」。他們對於這一句嘎調，並不希望他順利而高脆的「叫」上去，給他喝一個轟堂的倒彩。座客喊完倒彩以後，即紛紛離座而去，表示心足意滿。但「探母」的叫座力並不因屢得倒彩而漸趨薄弱。相反的，愈「叫」不上去而觀衆愈多。觀衆的心理，彷彿不是善意的鼓勵他；而是與他在打賭。「哦！這一次你又沒叫上去啊！我想你是叫不上去的！」看戲原在圓滿而愉快，像這樣，是以不圓滿而愉快了！若避免中國人的貴習慣而批評這種現象，只可以說是：在「探母」以外，觀衆與譚富英在唱「賭頭爭印」了。

現在舊劇之日趨沒落，第一，還是「神秘性」的剝蝕。從前看戲的人，對於台上一切，總感到無限神秘。希望知道神秘的所以然，而不容易探討明白。現在不然了，觀衆的心理，多一半是想由「前台跑到後台」，由「台下走到台上」。進後台的路徑，已然方便，到台上的過程，也不繁難；知道劇中神秘的人愈多，劇便不能神秘自守。試看，今日票友之多，即是一個明證。從前票友學戲，非常困難，二三路的內行演員，因為生活優裕，不希罕掙票友幾文錢而輕輕的出賣技術。頂兒尖兒的演員，只有那些「貝子」「貝勒」們有財有勢，才能使他們不得不傾囊傳授。記得我學戲的時候，向內行朋友要一份「天水關」姜維單詞，必須請吃一頓「爛肉麵」。而所得的還是「九六」。（九六，即不十足完整之意）。有一位「仁兒」，希望在台上漏漏，而生旦淨丑，一無緣分。他却妙想天開，實行票演龍套。他特別製了幾身龍套的私房行頭，每逢票演，聲請義務跑龍套。當紅穿紅，應綠換綠；而且口中曲子（從前作龍套的，須能唱各種曲子，如「一江風」、「泣顏回」、「五馬江兒水」等），場上交代（跑龍套有許多交代，如「走十字」、「倒脫靴」、「鑰匙頭」、「龍擺尾」等）頭頭是道。有時，他的朋友看他出場，也一樣的喊個「碰頭好」，跑龍套而得彩，恐非龍套票友，無此殊榮了。還有一位「仁兒」，喜畫臉譜，畫的「點」「線」，又特別忠實，不在紙上臨摹，而在臉上勾畫。但他本人却不能唱一句，也不希望上台。他天天到戲園，總有一個僕役，替他提着「彩匣子」，（即勾臉用的工具）。他不在前台看戲，而跑到後台，專找些二三路演員，作一回「勾臉交易」。勾臉而稱為「交易」，裏面確有生意經。他要求一個應當勾臉的演員，不必自己勾臉，而由他代勾，勾罷之後，以「兩吊錢票」為酬（二十銅板），即是被勾臉者，可以得到他二十個銅板的贈與。等到這位演員上場，他便跑到前台，在自己買好了的位子上，細心欣賞他所勾畫的臉譜，得意之狀，無法形容。有時他會扯着一個不相識的座上客，鄭重介紹那個臉譜是他勾畫的。這位不相識者若能識相的話，信口稱讚兩句，散場之後，起碼他會誠意的請你吃一頓「致美齋」的。我那時頗乖，時常稱讚他，所以致美齋的「紅燒魚頭」也叨光了好多次。

角兒唱戲唱得多了，常常會利用「戲」而演「戲」，那眞是「戲外之戲」，妙不可言。相傳程大老板程長庚，和徐小香分裂以後，經人說和，二次合作。頭一天戲碼子，程長庚要唱「鎮潭州」，徐小香却要唱「借趙雲」。為什麼這樣要求？裏面却有文章。「鎮潭州」是岳飛收楊再興，題外之意，即是徐小香被程長庚收服了。「借趙雲」是劉備因曹將之勇，無人抵擋，才向公孫瓚處借趙雲，紘外之音，即是程長庚沒有能力了，才求教徐小香的，這是傳說。我身經目睹的，有兩次很好的戲外戲，一次是馬連良與郝壽臣二次合作，在新新戲院頭一天唱「博望坡三顧茅廬」。連良唱孔明，壽臣唱張飛，三請孔明，倒不一定是郝壽臣非請馬連良不可，而博望坡負荊請罪，無論如何，是張飛因魯莽而失事，向孔明負荊請罪，郝張飛而馬孔明，這已無疑的是郝向馬請罪之意了。一次是李萬春金少山合作「古城會」（在淪陷時期某次義演），戲碼是萬春提議的，金少山在原則上也不反對，然臨演之前，萬春堅決的主張帶「訓弟」，金少山則不能再同意了。原因是：過去，金李之間，似乎有過一點小誤會，眞個唱起「訓弟」，那半截黑塔似的金霸王，跪在「小老爺」面前，聽他一頓訓教，便有了「戲外之戲」了。

借戲而戲，還有一種「考驗」性質的。像馬連良的扶風社，當張君秋脫離，而以李玉茹補充的第一天，特演「蘇武牧羊」，表面上是馬連良捧足李玉茹，骨子裏，却是「考驗」李玉茹的火候如何，因為「蘇武牧羊」末一場，只有旦角和老生在台上，單擺浮擱的唱作，火候不夠，便容易露出毛病來。還有：花臉劉硯亭抵補侯喜瑞，加入程硯秋秋聲社的第一天，在中和唱「寶蓮燈」，那秦燦是最後一個上場的，眞正為看程而來的觀衆，已知道後邊再沒有程硯秋的戲，很容易離座出院，唱秦燦的，若沒有火候，成績絕不會圓滿，無形之中，便有了考驗的答案。

「戲外之戲」，多半是有副作用的。

上海京戲院滄桑

・文翼公・

天仙茶園・丹桂茶園・新舞台

從清末民初起，要談上海戲院的盛衰和變遷，應該從天仙和丹桂兩茶園開始。上海戲劇世家的遞承和戲院的盛衰，也是息息相關的，所以我們談戲院的歷史，同時也就是談幾個戲劇世家和若干戲劇家的歷史，其中最著名的有夏氏和孟氏兩世家。

天仙茶園，地址在福建路、廣東路以北，朝西門面，對面有一家王仁和糖食店。天仙的園主叫趙和相，原是上海縣衙門的捕快，園務歸他兒子趙殿臣經理。

有一家丹桂茶園，距離天仙茶園極近，地址在福州路，園主劉維忠，做過松江府管轄的哨官，也就是企業家劉鴻生的祖父。

這兩家茶園的前後台勢均力敵，天仙的後台歸孟七當手，孟七有許多兒子，那時尚未出道，必須向外邀角兒，頂大樑；丹桂的後台歸夏月恒，夏氏一門四傑，個個賣座，光憑他們兄弟四人，就可撐持丹桂大局。

孟七是山東人，老徽班出身，逃難到上海落戶，擅演武淨兼武生。他的兒子當時雖未出道，但後來個個有名。長子鴻芳，從父學武生，好讀書，擔任武行頭，原先武行頭憑口說戲，鴻芳第一個寫武提綱牌，他是一個禿子，聰明絕頂，嗓子好，肚裏寬，不知何故，後來改演小丑；老二鴻壽，跛足，學塲面，當時的班子，大多是梆子二黃兩下鍋，所以他京胡、胡胡都拉得好，而且學會了一肚子的梆子戲，那時上海的科班爭先聘他當教師。民國初年忽然發戲癮，搭黃楚九開的新新舞台，專演「拾黃金」、「財迷傳」、「戲迷傳」、「十八扯」等唱工小丑戲，牌名「天下第一怪」，轟動一時；老三鴻榮（後改名小孟七），由老子領到王慶雲那裏叩頭拜師，王慶雲就和老孟七交換條件，說：「我的啞巴兒子王益芳，我爲了遷就他不能開口，命他學武旦（王慶雲原是武旦改武淨的），這小子老不願意，現在你既然叫老三跟我磕頭，我一定教他，可是您得造化小啞巴，讓他跟您學了武淨吧。」孟七慨然同意，於是兩個人就易子而教；老五鴻羣（坤角老生祭酒孟小冬的父親），演武淨武生都是老子實授，尤其神似的是「鐵籠山」、「拿高登」、「九江口」、「通天犀」、「收關勝」、「蘆花蕩」等戲；老六鴻茂（異母），金台科班坐科，本工銅錘，倒嗓後，改武淨，不夠條件，最後跟老大、老二學小丑，成爲南派唱工小丑，以嗓子響堂，稱紅一時。

夏氏一門，老子夏奎章，老徽班出身，逃難到北京落戶，唱武生，拿手戲「戰潼關」、「冀州城」、「賺歷城」、「葭萌關」等全部馬超戲，有活馬超之稱，兼演老生。兒子夏月恒（老二），是玉成科班坐科，演武丑兼武生；月珊（老三），父傳老生，兄傳武生；月潤（老八），父兄傳俞派（菊笙）武生，又得過俞菊笙實授；月華（老九）學武淨，拜王慶雲爲師（王外號「把子王」，打開把子箱，沒有一件拿不起，而且一件有一件的打法，絕不會拿了槍耍刀花，拿了劍當刀使）。其他是女兒，有一個嫁給武生張順來，就是張德祿的父親。

夏家父子在北京很叫得響，否則譚鑫培也不會把女兒嫁給夏月潤，俞菊笙也不會收夏月潤做徒弟，實授他「挑華車」。月潤專學武生戲，不兼演「鐵籠山」、「拿高登」、「金錢豹」等勾臉戲。他的靠把戲有一齣父傳的「冀州城」（原始唱二黃，由小孟七改唱西皮。）

夏家到上海後，全體搭丹桂茶園，夏月恒担任後台，把田際雲（玉成班主，文武花旦，藝名響九霄，亦作想九霄）、黃派鼻祖黃月山、汪派鼻祖汪桂芬、親家譚鑫培、夏奎章的把兄弟孫菊仙等請來演出，一掛牌總是「北京著名」、「京津著名」外加「初到上洋」（當時上海叫上洋）的小批（形容詞句），自有一番盛況。

這幾批角兒之後，月恒把夏家自己辦的科班弟子，花旦小子和、老生小保珊（後來改名諸保珊）、銅鎚小保成（後改小丑，名字也改爲邱治雲），和張國泰的全體「燈」字輩手把徒弟，會同演出，一個個都紅。

張國泰本工梆子，所有徒弟一律花旦開蒙，「燈」字排行，成名的是一盞燈張雲青、二盞燈李洪卿、三盞燈張錦文、四盞燈周詠棠、七盞燈毛韻珂、十四盞燈王福卿、十七盞燈趙文連，關山門徒弟劉玉琴，已不叫×盞燈，因爲當時「燈」的藝名過時了。

其中七盞燈紅得最長遠，丹桂本來靠京角兒撐台，現在有小子和、毛韻珂一班人，號召力長，而且省了接角送角的開支和麻煩，十分實惠，劉維忠很賺些錢。

當時老孟七還得不着幾個兒子的力，京角地界又不及丹桂夏家那麽兜得轉，目的只能轉到別的地方去。

果然在天津邀到小連生（潘月樵），在青江浦邀到三麻子（王洪壽），他們都演武生，都兼老生，可是大家不犯工，小連生是梆子底子，老生專工做派戲；三麻子是徽班底子，老生兼帶紅生戲。在山西邀到梆子青衣天娥旦，等到邀着從南京太平天國散下來的科班弟子趙松壽（嵩綬）父子、諸壽卿、周來全、呂小卿、謝沁泉等，就開排本戲，和丹桂茶園打對台，愛看單齣老戲的觀衆歸丹桂，愛看連台本戲的看客奔天仙，生意平分秋色。

五十八年前的一頁報紙廣告戲院名角戲目票價一覽無遺

丹桂由於京角有時接不上，看了天仙新戲源源不絕，而且很叫座，於是也改變方針，邀小丑何家聲，排演本戲。天仙有清裝戲「全部鐵公鷄」，丹桂也有清裝戲「左公平西」，天仙有燈綵「洛陽橋」，丹桂也有「斗牛宮」，大家旗鼓相當。

以後天仙就專排連台戲，計有八本「綠牡丹」、八本「雁門關」、全部「九美奪夫」等戲。

丹桂則多是一夜唱全的小本戲，計有「馬快捉臭蟲」、「佛門點元」、「雙蝴蝶」、（即梁祝，小子和飾祝英台，由此可見京劇演此戲之早。）「抱牌位做親」等戲，兩院競爭頗爲熱烈。

經過一番盛況，夏氏兄弟覺得排本戲比邀京角合算，而且能持久，於是對本戲大感興趣，取材廣泛，有歷史劇，有民間故事，有西洋名作，後來夏氏兄弟在十六鋪創辦新舞台，排「妻黨同惡報」、「拿破侖」、「明末遺恨」、「黑籍冤魂」、「新茶花」等戲，可說是繼承了丹桂的作風。

天仙主人趙殿臣，揮霍成性，天仙生意雖好，賬上老是沒錢，有時連包銀都發不出，可是後台一班人員，始終努力排演新戲，企圖挽回頹勢，不料有一夜正在演戲，前台不戒於火，從外面向裏燒，把一座天仙茶園燒得一乾二淨。那天火燒的時候，台上已演到大軸子「虮蜡廟」，是小連生的褚彪，趙小廉的黃天霸，李春利的費德恭，正在開打，馬上停鑼，看客都向後台逃，小連生趙小廉等見門小人多，提起長櫈，把牆頭撞開幾個大洞，終算大家出險，第二天報上登載，據說還燒死幾個人，是觀衆還是後台人員，不詳。

接着重行翻造，在翻造期內，演員和職工的生活發生問題，等不住的只得另謀生路，等到再開門，就人手不齊，營業一落千丈，結果報散。後台角兒們，在「將軍不下馬，各自奔前程」的情況下，有不少痛哭流涕的。

此後雖仍有人租屋起班，但却沒有做好，全是短局而已。有時候空關起來，後來九畝地新舞台被火，全班人馬曾借天仙唱過一時期，改名肇明茶園，等新舞台重建，夏氏搬回去，天仙又空起來，最後一次的班子是鄭藥風（即鄭正秋）領導的新劇（文明戲），他們原來在南京路謀得利戲院，因租約期滿，謀得利另外租給春柳劇社，正秋以藥風新劇社名義，搬到天仙，改名爲新民戲院，一方面等廣西路建造笑舞台，落成之後就搬過去，天仙不久翻造平房，結束了這座上海京劇發祥地之一的地盤。

丹桂茶園主人劉維忠和夏奎章相繼去世，同時發生兩件事情：一，夏月恒忽發官癮，决定棄行，對於經理戲院和粉墨登場，表示倦勤；二、有外行和夏氏兄弟合股，組織十六鋪新舞台，以振興南市市面，夏氏兄弟就向劉維忠的後人提出總辭班，劉家無法挽留，只得分手。

就在這個時候，天仙遭回祿，夏月恒馬上約妥小連生三麻子馬飛珠等角兒，所以新舞台開門時，等於是丹桂天仙兩班合併，第一天大軸子「長坂坡」，夏月潤趙雲，小連生劉備，小子和麋夫人，三麻子關羽，馮志奎張飛，馬飛珠夏侯恩，夏月華張郃，帶「摔子驚曹」，外加用彩頭，攜民渡江佈山景，台上開濶，麋夫人眞的跳井，跳下去不上來，觀衆詫爲奇觀。

丹桂茶園從夏氏走後，邀到一副全梆子的班子，很上座，不料也是一把火，燒成一片白地。房東何亶書斥資翻造新式戲院，就是後來的丹桂第一台。

十六鋪新舞台，賺了不少錢，股東們認爲大有可爲，因十六鋪地處外灘，住戶不多，城裏出來的，只有小東門一路，覺得不夠理想，因此在小北門內九畝地大境路口，另造一所新舞台，從十六鋪搬過去。

九畝地地處城中心，當時租界上的人要去看戲也很方便，前途大有希望，不料在排演三麻子「走麥城」的前晚，不愼於火，燒去了戲院的大部份，第二天就搬進空關已久的天仙茶園，不多時又搬到新新舞台的前身醒舞台，改名競舞台。

新舞台修理完成，重新搬回，一部「就是我」、一部「濟公活佛」、一本「閻瑞生」賺的錢着實可觀，這是夏氏兄弟的黃金時代。夏月恒改名夏鳴皋，過了一陣官癮，置有一份戲箱，供給新舞台使用，作爲股本。

「閻瑞生」賣了幾百個滿堂，最多的一個月，每股紅利分到包銀的十六倍半，所以夏氏弟兄個個置有地產。

夏月恒脫離後，夏月珊掌權，「江山」照樣鞏固，夏月珊去世，月潤繼位，漸漸多事，結果股東鑒於地價日高，認爲如果把戲院翻造市房、獲利可以更多，於是宣告散班；那知地價忽然狂跌，出售市房所得，付造價還不夠，夏家手裏的股票，等於沒有價值，只有二三兩房尙可溫飽，月潤月華過着不太好的日子，月潤後來出了家。

老一輩的都死了，下一輩只有夏月珊的孫子夏君庭，演武生。月潤的兒子蔭培，演老生。月華的兒子先利，演武生兼紅生，一度改名夏良民，棄伶從醫。

江南的京劇世家，數夏、孟兩家人丁最旺，事業是夏家比較大，月恒做的是清朝的官，沒有什麽可記；夏氏兄弟們在南市組織商團和救火會，參加革命，進攻製造局，加强梨園公所的組織，改爲伶界聯合會，提高「戲子」的地位，統稱藝員，他們領導本界進步的功勞，允垂不朽。

孟氏兄弟中，享名最久而更傑出的是老三鴻榮，他學武旦畢業之後，更從他父親學武淨、武生，從他大哥學老生，學成後，放棄武旦，改名小孟七，在天仙以文武老生兼紅生演出，文老生宗汪、譚、孫及奎派，武老生宗小連生，紅生及淨，學他父親及三麻子。他十分好學，能編劇，有不少戲流傳到現在，著名的是「鹿台恨」（高百歲以此打泡）、「脫骨計」（後來白玉崑改名「探地穴」）、「人不如狗」、「皮匠掛帥」，他最佩服周信芳，信芳也佩服他。他有兩個兒子，長子五歲出台，演武生，名五齡童，後來改名孟君武，又改名孟小帆（小孟七又名春帆），「越虎城」殺四門的四個下場花，和「螺螄峪」的鎚花，耍出手數他第一。次子六歲出台，演老生，名六齡童，後來改名孟君文，倒嗓後改文場。

小孟七演「十八扯」，最後演「殺狗勸妻」，踩蹻，蹻功奇佳，就是借武旦底子的光。

十六鋪新舞台，在夏家率領全班過九畝地後，改名申舞台，有一班人進去演過一個短期，以後就改作堆棧了。

申舞台時期，有幾個角兒值得一提，當家角兒是劉永春劉筱衡父子，和花旦小牡丹花，就是王蘭芳的師傅宋志普，他紅在河南，和青衣金琴仙（周信芳的父親），武旦劉長卿（劉奎官的父親），人稱汴京三美。

劉筱衡當時演老生，「打鼓罵曹」和「七星燈」，是他的享名之作。後來改旦，進天蟾，以「狸貓換太子」的寇承御走紅，成爲南方四小名旦之一（南方四大名旦是：小子和，毛韻珂，趙君玉，賈碧雲。四小名旦是小楊月樓，劉筱衡，王芸芳，黃玉麟），劉永春別名子衡，所以他叫筱衡。劉永春是穆派銅錘（穆派鼻祖是穆鳳山），他的嗓子，唱唸，功架，眼神都好，尤其能動武，極受觀衆擁戴，碼子老在壓軸，甚至大軸，以花臉挑大樑是他開始。劉筱衡拜邵寄舟爲師，邵是南方做工老生，髯口工夫和「三死」戲（即「七星燈」、「南天門」、「天雷報」）稱爲一絕，劉筱衡很得着他一些玩意兒；在營口倒嗓後，改花旦，學范天聲，范出身新劇，當小子和以馮春航牌名，進民鳴新劇社，任悲旦，演藝超絕，就有許多新劇旦角拜馮爲師。范天聲謝秋痕就是，小子和熔新戲舊劇於一爐，能戲不但多而且好，縱橫當時，眞是新是新，舊是舊，不敢說絕後，空前則是無疑的了。

湖州人許少卿，原是販賣珠寶和開茶館的，他的茶館叫富貴茶樓。他見新舞台、大舞台，都生意興隆，十分眼熱，打合了四個茶客開丹桂第一台，這四個茶客有兩個本是伶界中人，一名文鳳翔；一名王德全。其他一個名顧福齋，開過春貴茶園；一個尤鴻卿，小名榮福，又叫永福，商人。許自己是舞台經理，尤協理，又担任後台經理兼邀角，王後台協理兼派戲。

許很能幹，會利用人。他利用尤鴻卿有錢墊本，顧福齋在演員地界熟，尤其和劉鴻昇有淵源，——顧原來在湖北路漢口路轉角開春貴茶園，邀到銅鎚劉鴻昇，發現劉的嗓子好，如果唱老生，準紅，問劉會什麽老生戲，他只會「李陵碑」、「空城計」兩齣，就想出一個辦法，每逢星期

六、日演這兩齣老生戲，擱在大軸子，一炮就紅，包銀也掛紅了。期滿北返，劉對顧十分感恩知己，說：「我是您捧起來的，沒別的報答，以後我如有機會來上海，搭定您的班，您不當老闆，也得您一句話，我才來，否則誰邀我也不來。」

隔了一年，顧福齋二次邀到劉鴻昇，在一年之中，劉在北京請劉景然、王福壽（外號紅眼王四）、李順亭（大李五）說戲，老生戲目多了不少，綜合譚汪兩派而自成爲劉派，嗓子衝，中氣足，一致認爲汪桂芬後一人，這次到上海，更紅了。

期滿北返，顧福齋賺錢不少，他趁勝收兵，把春貴盤給李春來，李把園名改了一個字，叫春桂。

許少卿知道這個淵源，拉攏顧福齋，目的專在靠他邀劉鴻昇。劉四次到上海，初來上海，是跟老生德建堂、老旦富仙舫、架子花臉郎德山的，第二次在春貴走紅，第三次在春貴大紅，他本名劉鴻昇，第三次改名劉鴻聲，並且自帶配角，是銅鎚梅榮齋、青衣吳彩霞、老旦陳文啓，這期吳彩霞、陳文啓都紅了，劉自己更是紅得發紫。

許少卿覺得一期下來，和劉鴻聲已是很熟，以後可以直接談公事，不必讓顧福齋多吃一筆俸祿，等劉北返，隨即把顧福齋一腳踢出。

轉過年來，許少卿自己去北京接劉鴻聲，劉早已接到顧福齋的信，備知底細，當下對許說：「我只認得顧老闆，要談公事，還得請他來，否則不談。」許少卿碰了一個釘子，趕緊掉轉槍頭，邀來王鳳卿、梅蘭芳，這一下許少卿塞翁失馬，由於梅蘭芳極重義氣，自這次到上海之後，等於以後只搭許少卿的班子了。後來海上聞人之一的黃金榮開共舞台，財勢並雄，派人邀梅，梅還是不答應，結果把許請出來，托他向梅說項，梅才肯來。

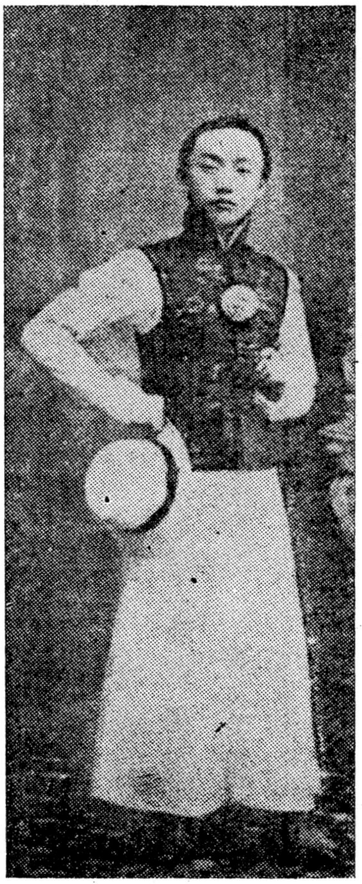

南方四大名旦之一——趙君玉

梅的不忘其舊，讓許少卿每月能向共舞台支一筆車馬費，最後一天，梅還給許唱一天搭桌戲，收入可觀，以後一直照顧着他。

許少卿仗着梅、王的招牌（第一、二次王的頭牌，第三次梅改頭牌），嫌丹桂第一台座位少，生意好吃不飽，上座壞要餓肚，於是想辦法租下了新新舞台。但是丹桂第一台要有個替身才好，否則沒法對付房東何亶書，於是用盡方法，慫恿尤鴻卿接盤，留下王德全當後台經理，他和文鳳翔退出。

尤鴻卿完全外行，加以王德全吃裏扒外，拿了尤鴻卿的錢，一心向着新新舞台，弄得丹桂營業一蹶不振，前後台許多人同情這個外行老闆，因爲他待人好，只是無法幫他轉敗爲勝。

那一年邀到麒麟童（周信芳）、三麻子、汪笑儂、賈壁雲、應寶蓮等，營業蒸蒸日上，尤鴻卿第一次賺錢，滿想可以喘一口氣，不想後台鬧人事，王德全對周信芳種種作難，尤忍無可忍，辭掉王德全，把後台全權交給周信芳，訂了信誓，「有你，我即使蝕到吃盡當光也不關門。」信芳也保証：「你做老闆，我儘苦不走。」果然相處了好幾年，彼此融合無間。

有一次，尤鴻卿忽然提議，把丹桂第一台讓給信芳，信芳說：「我如何可以奪你的天下」，一方面覺得尤的舉動奇怪，一打聽，原來外面傳說周信芳要過班去別處，所以尤用這條苦肉計，信芳一再對尤保証絕無此事，可是尤總有些不放心，定要信芳搭多少股子，信芳婉辭。結果尤送信芳兩成乾股，信芳爲使尤安心，只得接受。

信芳感尤知遇，整頓後台，不遺餘力。除原班角兒王靈珠、王金元、高三魁、郭春華、高秋顰、樊春樓、王蘭芳、宋志普、陳嘉祥、范敏兒等連他自己，再加聘了劉永奎。開支方面力求節約，一年之中排了一本「雷峯塔」、兩本「王華買父」、兩本「鍘判官」，足足賣了大半年滿堂，小半年八九成座。每月拆賬，兩成乾股，爲數倒也可觀，信芳自己取一成，還有一成歸王靈珠、陳嘉祥對分。這樣一來，惹動了一個人的眼紅，那便是劉鳳翔。

劉鳳翔是高三魁的師父，年輕時應摔打花臉，幫過高福安，因怕累改行，專門領徒弟成班，好幾年以後，天蟾舞台排演「七擒孟獲」的一期，和劉筱衡、常春恒排「貍貓換太子」的初期，都是他的老闆。尤鴻卿住在福建路同慶里，三樓三底房子，樓上住宅，樓下是丹桂第一台的事務所，同時作爲外來角兒的下榻處，劉鳳翔因爲高三魁的關係，就住在那裏，他見信芳雙重收入，十分眼紅，走內線和尤鴻卿的太太私下訂了由他全權管理後台的合同，直到年底方才宣佈，把尤鴻卿父子瞞在鼓裏。

尤鴻卿一知道這消息，大爲憤怒，他認爲信芳一年辛苦，替他賺錢，而且彼此有言在先，有你有我，現在做出這種不義之事，如何對得住信芳？他立迫太太取消和劉訂的合同，這場家務鬧得很大。事被信芳知道，他見劉鳳翔已在羅致班底人員，並派人各路邀角，木已成舟，無可挽回，更不願使尤鴻卿爲難，便自行告退，烟台的丹桂戲院聞訊，立即派人來滬，邀他去。尤鴻卿爲了對得住信芳，送行時表示，情願把丹桂第一台送給劉鳳翔，決不對院務插手。

新正開鑼，前台歸尤鴻卿太太，後台歸劉鳳翔一人，他大權在手，事事獨斷獨行，根本不把尤的太太放在眼裏，不像以前信芳當後台，無事不和尤鴻卿商量。

劉的新陣容是：高慶奎，何雅秋，高福安，劉奎官（他是宋志普從河南邀來的），王湹川，趙松樵，小小寶義（即曹藝斌），尹九霄，珍珠花等，又從天津邀來奎德坤劇社的社長楊韻譜，他年輕時演梆子花旦，藝名「還陽草」。

開幕用新角老戲打泡，紅了劉奎官，小小寶義，尹九霄三人。接着由楊韻譜排新戲「佟家塢」及「十粒金丹」，都不賣座，這一下就亂鎚了。前後台人心惶惶，角兒們見難乎其繼，便各找門路，高慶奎進大舞台，何雅秋、尹九霄進天蟾舞台，小小寶義進共舞台，珍珠花進新舞台，劉鳳翔也下了台，和高福安、楊韻譜一同北返。只賸下三個武生：劉奎官，王湹川，趙松樵。好的四樑四柱都走了，單仗三個武生如何成局？這時候尤鴻卿的太太後悔莫及，無法可想了。

前後台同人一商量，只有拉尤鴻卿出來維持，尤一看情形快要垮台，也不暇再鬧家務，一面電邀在營口的高百歲，在天津的碧琴芳、劉榮萱，先行撐持局面，一面電信芳速回，可是信芳業已期滿他去，電報退回。高百歲等難以號召，後來加入小楊月樓，也無起色。

到年底，實在難乎爲繼，只得各自分飛，劉奎官進天蟾，王湹川、趙松樵搭共舞台，小楊月樓去漢口搭大舞台，只留住了高百歲、碧琴芳、劉榮萱三人。

尤鴻卿正想上北京邀角（他以前邀過余叔岩、王長林、高慶奎、高秋顰）忽然得到信芳在濟南尙舞台的消息，趕緊派兒子去接，信芳一口答應回來，除同去的原班人馬之外，還帶來了裴雲亭、陳喜星、于蓮仙（本名小荷花）、秦鎖貴、周五寶、周長鑫父子等。

信芳元旦登台，日演「羣英會」，夜演「追韓信」，前者他是常演的戲，後者却是第一次和觀衆見面。

這齣「蕭何月下追韓信」，原是信芳替他的妻舅劉奎童編的折子戲，沒有紅，最初蕭何帶的口面是黑三，現在信芳自己唱演改爲黲三。他之所以拿這戲打泡，暗含有丹桂第一台追他回來的意義。

這一年他排的本戲是「漢劉邦統一滅秦楚」，角兒方面，添聘了歐陽予倩，這部戲對於信芳三十歲以後的前途有很大關係，第一，他後來從本戲摘出來的精采片段，當折子戲演，折折都紅，成爲他的本門戲，如「鴻門宴」、「追韓信」、「全部韓信」、「楚霸王九戰章邯」等都是。第二，「全部韓信」的內容，由韓信出世，到殷桃娘救韓信出走，二人結合爲止，這段故事是歐陽從外國書本上的記載，提供給信芳的。第三，是信芳走向前進的開始，他以後的卡爾登戲院演出時，組織劇藝講座，時常集合同行和電影話劇界人士，共同討論劇藝，並從田漢、洪深、唐槐秋等接受不少新知識，田、洪、唐等都是歐陽脫離舞台生活後，陸續由他陪到九江路天蟾舞台，和南京路大慶里信芳家，介紹認識的。他如不邀歐陽加入丹桂第一台，也許交不着這些朋友。

以後丹桂第一台又做了一年好生意，可惜到年底又發生了意外的變化。

這一年，尤鴻卿病倒了大半年，昏迷幾個月，他的兒子尤文魁聽了水菓間鮑炳生的慫恿，將丹桂第一台盤給了常玉清，到尤鴻卿冬天病愈起床，已經遲了。他扶杖到戲院對信芳說：「我又負你了。」信芳見了已成定局，也只得道聲後會有期吧了。到年底丹桂第一台尤家這一局報散。

以後丹桂歷經變故，旋翻造爲後來的「青蓮閣」。

新新舞台在九江路，北通浙江路湖北路，是住宅翻造的，它和新舞台大舞台等新式戲院不同的一點，在乎戲院上面蓋了座屋頂花園，叫「樓外樓」。

上海商場中有個出色人物黃楚九，他是中法藥房的大股東，認得不少伶界游藝界朋友，他聯合兩個股東——經營三、經潤三弟兄，開了這家新新舞台。

新新舞台的班底是上海組織的，角兒也是上海名牌，最別緻的是另外邀了當時新興的文明戲劇團，與京劇參互演出，主持人是激烈派言論老生任天知，劇團的名字叫「進化」，每晚的戲碼，京劇在前，新劇大軸，演出的劇目有「情天恨」（一名「恨海」）、「家庭恩怨記」、「不如歸」等，由於戲目不多，而且前面火火爆爆的大鑼大鼓，到最後冰清冷靜，日子一多，上海人看膩了，漸漸壓不住台，於是從大軸一變爲開場戲，最後歸於淘汰。

京劇方面，後台經理趙小廉，角兒是花旦小子和，老生麒麟童，武生趙君玉，小生龍小雲、姚俊卿。小子和排時裝戲「血淚碑」，他京戲造詣既深，刻劃入骨，又借鏡新劇的扮相說白，演來神情纏綿，內行信服，觀衆歡迎，那時他有兩塊榮譽牌子：「江南第一名旦」，「馮派首創鼻祖」，眞是轟動中「外」。他後來在丹桂第一台排演西裝戲「薄漢命」，服裝、舞蹈、歌唱完全西洋化，自己彈鋼琴唱外國歌，再加唸白也用英語，戲院說明用英文，吸引了上海不少歐美人士，每日座上的外國人不少。

過了一個時期，陸續邀請到的京津角兒，最著名的有譚鑫培，孫怡雲，金秀山，德珺如，李吉瑞，尙和玉，高福安，小福安等。

在新新舞台譚鑫培演唱這一局中間，還曾發生了軒然大波。（上）

葡萄美酒夜光杯
得其利是配佳人
DE LUXE
TUGARIS
SWISS
瑞士
得其利是表
CS-15

銀元時代生活史

——六十年來的物價追想——

陳存仁

一二八戰爭結束，老百姓思前想後，總以為中國方面，士氣有餘，可是軍備不足，難以取勝。誰知道最大的癥結，却在乎國內的幣制問題，錢莊銀行都怕有人興風作浪，憑紙幣來兌換銀元，一下子全國的金融就會崩潰的，所以在戰事未停之前，上海市金融界便宣佈停市，而且還經過兩次展期，始終沒有開業，這是金融界有自知之明。

勝敗關鍵　在乎幣制

一二八戰事既告停止，可是無數小錢莊仍然收購銀元，一批批的運往虹口，這些都是金融界的奸商敗類，貪圖微利，把市面上流通的銀元，搜羅一空。據報紙上報導，大批銀元都裝箱運到了日本去。

如此看來，一二八戰事雖告結束，而日本人的侵略行為，絕無停止之意，當時上海商界已經知道這是一個重大的隱憂，政府當局也認為這是將來再度發生戰爭時的心腹之患。

當時英國人已經看得很明白，中國要抗戰的話，銀元問題必須解決，大抵當時中外人士紛紛討論，我財政當局就聘請了一位英國幣制專家魯斯爵士到南京來當經濟顧問，研究改革幣制的方法。

白銀單位　說來可怕

現在的世界，大的集團如美國以黃金作單位所謂「美元集團」，英國聯邦以英鎊為單位，所謂「英鎊集團」，英鎊也是跟金價走的，因為都是以黃金作為準備金。

中國以銀両為單位，一切跟着銀價走的。從前銀両的價格，相當値錢，所以清朝時代，對外國的各種賠欵，訂立的條約，都是訂明要用白銀分若干年還清。

我曾為此披覽清代外交「辱國條約」書中，查到幾次關於賠欵的數目，都是以銀両來計算的，計有：

（一）道光二十二年（一八四二），即是「鴉片戰爭」的結果，中國賠欵二千一百萬両。

（二）光緒二十年（一八九四），中國和日本簽訂馬關條約，賠欵二萬萬両。

（三）光緒二十六年（一九〇〇），義和團之變，即是「八國聯軍」之役，簽訂辛丑條約，中國賠欵四萬萬五千萬両。

這種賠欵，外國人深恐清廷不能按期賠償，於是簽約訂明由外人管理海關，將關稅收入先扣除賠欵，多餘的欵項，叫作「關餘」。海關制度的訂立和江海關的建造，都是外人赫德經營的，後來就在上海海關門前立了一個赫德像，在英租界還有一條「赫德路」。

其實赫德是一位極善鑽營做官的人，慈禧太后六十歲生日，赫德送皇家式的馬車一輛，附贈四個馬伕，手法比官場的老手還要深一層，從此以後，中國為了要支付賠欵，連海關的稅收都操在外國人的手中，這真是喪權辱國達於極點了。

銀元的價值，對美元和英鎊，究竟怎樣算法

清代在上海設立的「江海大關」，是宮殿式的建築物，地點在南市大東門外大碼頭，後來海關的管理權，劃歸西人所管，舊關就廢棄不用了。

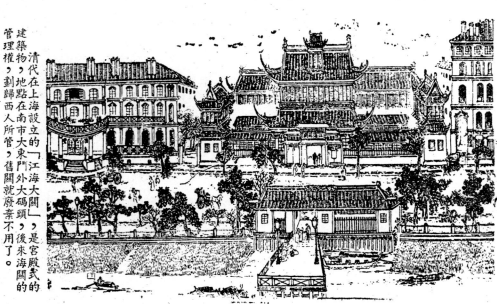

？我不是專家，實在講不出來。我因爲早期到過香港和日本，知道中國的一元，相等於港幣一元。中國的一元，相等於日幣一元六角，本來幣制極穩定，而且因爲供應的關係，有時「金貴銀賤」，中國的一元，就等於港幣九角五分；有時「銀貴金賤」，中國的一元，就等於港幣一元一角。我在早期到香港時，在滬港輪上碰到一個豪客，大家談得很投機，我問他：「貴業是什麼？」他說：「我是眞正的無業游民，就是家中有一些錢，把這些錢運用起來週遊世界，逢到銀貴金賤時，便把銀元到金本位區域換金子，逢到金貴銀賤時，就把金子換銀元。從前來來往往，海關對携帶金銀，不論多少，是沒有限制的，所以混了好多年，所積的財產，反而越滾越大了。」我聽了他的話，覺得此人很是聰明，從他的這段談話之中，才知道金銀的市價常有上落的。

　當時一般中國人都不明瞭這種情況，更不知道什麼叫作「外滙」的牌價，只有少數進出口商人，懂得外滙，連一般銀行錢莊都沒有外滙部。外滙的牌價，只歸在上海外灘的外國銀行掛牌出來決定一切。

錢莊發出的莊票圖樣

　上海的金融界，分「銀行」「錢莊」兩種，照理來說，銀行一開，錢莊應歸於淘汰，然而事實上並不如此，銀行一切以銀元和紙幣爲單位，吸收儲蓄存欵，放出商業貸欵，從中取利，是銀行唯一的生財之道，而且銀行對於往來存欵戶用支票的，即使存有現金，概不給息，支票存欵不足時，就要退票，這是必然的。

　錢莊就不同了，往來存欵都用莊票。莊票硬得很，凡是有資格在錢莊開戶口的人，必然是有身價的人，而且莊票是不會退票的，還有一個特點，錢莊與客戶的往來，如有存欵多餘，照給利息。就爲了有這一個特點，所以豪富之家都與錢莊往來，開出來的莊票，都是以銀兩計算，爲了以銀兩計算的關係，沒有什麼升「水」和降「水」，因爲那時節所有洋行管理的房屋，屋租是講每月多少兩銀子，付租的人就不會在「升水」時吃虧。

　還有一點，錢莊是無限公司組織，股東都是殷實的富戶，要是錢莊有不穩的話，都由股東攤派償還，一個錢也不會少的。

　銀行是有限公司性質，要是銀行倒閉的話，根據有限公司條例，賠償是賠不足的。當然那時節的銀行也極少倒閉，像日夜銀行的倒閉，屬於例外。

　如此說來，錢莊的勢力，在金融界中處於極優越的地位，不但歷史悠久，到了銀行興起，錢莊還是佔着很大的優勢。

　那時節，我因爲付房租要用銀兩，常常吃到升水的虧，但是要向錢莊去開一個戶口，須有殷實富戶担保，所以我沒有資格在錢莊中開一個戶口。（按銀行界中第一個開始創辦銀兩存戶的是上海商業儲蓄銀行，他們也發行一種支票，這種支票上寫明「九八規元」銀多少兩，這種存戶也有利息的，這是銀行採取錢莊的方式的第一家。）

　所謂「莊票」，有一部分根本是一本白紙簿，在正票與騎縫之間，由錢莊蓋上兩個圖章，所有銀碼，都是用墨筆臨時寫上去的，再在銀碼字樣上蓋上幾個圖章。另外由錢莊本身簽出的名爲「劃條」，也是在白紙上寫了幾個墨筆字，蓋上幾個章。

　所謂「劃條」，是錢莊與錢莊相互劃付欵項的一種單據，看來很簡陋，錢莊的圖章是木刻的，上面刻着「憑票向中國通商銀行南市分行收、他人拾得作爲廢紙」。毛筆字寫得有如龍翔鳳舞，雖然上面寫的銀碼只得五百五十兩，但是簽單人的筆跡，是無法能假冒得像的。

　又有一張劃條，是大德錢莊出的，上面寫的字，是「收敝號元十萬兩計正金劃元牲名下三萬

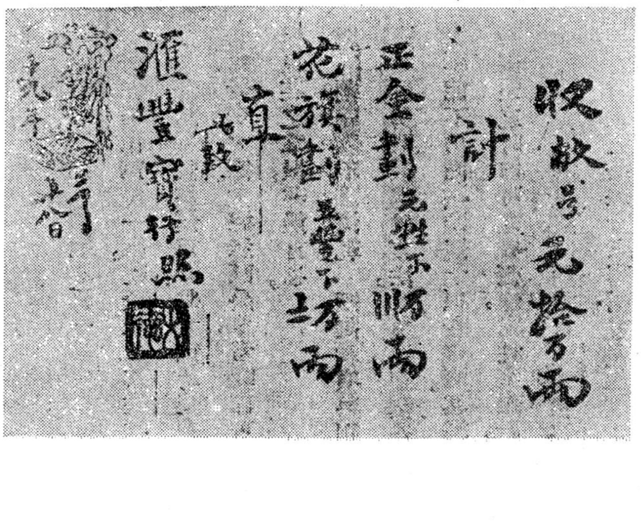
錢莊同業使用的劃條

兩，花旗劃五豐名下七萬兩」，中間還寫上一個「直」字，收尾的抬頭是「滙豐寶行照」，下面只蓋了「大德」兩字的一個小圖章，再寫了「三月十八日」字樣。

從這張劃條看來，知道是由大德錢莊開出，送交滙豐銀行轉託向日本正金銀行元甡錢莊戶下劃三萬兩，美國花旗銀行五豐錢莊戶下劃七萬兩。這樣一筆大數目的欵項，就憑這樣一張白紙寫成的劃條，只有大德兩個小字的圖章，就可以劃來劃去，可以證明錢莊與銀行的往來，都是講信用，來往只憑這般簡單的劃條。

支票不硬　莊票無退

這裏我要講講錢莊問題，莊票是怎樣的一件東西？

莊票往來是由錢莊方面派「跑街」向客戶，恭恭敬敬的送上一本「經摺」，又稱「摺子」，這個摺子專爲客戶存欵而用的，相等於現在銀行的解欵簿，但是這個經摺，並不是印刷品，僅是一個空白的摺子，有一個藍布製的套子，錢莊收到了客戶的銀兩存欵，就用毛筆在摺子上寫明收到存欵的數目，在數目上蓋一個章，就算收到欵子的憑證。

莊票並不是存戶自己開的，要向錢莊預先開定數目及張數。好在錢莊的跑街對大的客戶，他們早晚都來問候，所以客戶祇要拿出經摺，任由跑街拿去，把莊票開好了送來，祇有小的客戶才要親自到錢莊去跑一次，其實錢莊不往來則已，一經來往，多數是大客戶，況且跑街脚頭最勤，用不到大客戶親自到錢莊去的。

從前的富戶不肯自己出面向錢莊開戶，多數由錢莊派出「跑街」向富戶兜攬，總是要說上許多好話，如：「請某某翁幫忙和小號往來往來」，而富戶也總是似應非應的應付着說：「好的，好的，考慮，考慮。」有時跑街要連跑幾次，要是富戶應允了，跑街就伸出手指來代替往來的數字，譬如伸出兩個手指，就是表示可以透支二千兩；伸五個手指，就是表示可以透支五千兩等。這種方式，錢莊方面早已調查出富戶的身價和信用，無條件請富戶常來「用」欵子，所謂「用」的一個字，就是代表「透支」兩字。

富戶在某錢莊開了戶之後，例必先存進二三千兩銀子，作爲往來的開始，此後可以依照錢莊方面默許的銀碼，隨便透支用錢，這是信用往來，不需要什麽抵押品的。

要是富戶想用欵超過透支額，好在「跑街」是天天來閒談幾句市面行情或任何新聞，富戶只要拿出一些道契對跑街說：「這道契放在你們莊裏，以備不時之需。」那末，透支額就可以提高了。

庫房中所存的銀元寶

馬蹄元寶

邊緣極薄的銀元寶

這種方式，對富戶是便利得很，但是錢莊也很利害，對沒有身價信用的人，是絕對不會派「跑街」送經摺和莊票上門的。那末，有許多新的做生意的人，怎樣去和錢莊開戶呢？那就要請一個富戶來做担保人，担保用欵多少，所以任何一個人開出去的莊票，只要在「用」欵額之內，絕對不會退票，因此莊票硬得很，相等於銀行「本票」一樣，付錢的責任是在錢莊方面，所以稱爲「莊票」。

銀行的開戶口，便比較容易，只要有一個形式上的介紹人，介紹人是不負賠償之責的，所以銀行存欵不足，是必需退票的，因爲這個責任是在客戶方面，銀行不必負責的。

富戶向錢莊解欵，並不是眞的把銀両車來車

去，只是把自己收進來的別家莊票，解入自己往來的錢莊。錢莊與錢莊之間，從前是沒有交換所的，也是全憑信用，開出一張「劃條」，劃條的數字能大能小，小的數千兩，大的幾十萬兩，是不足爲奇的。

莊票的情況，已如上述，所以有身價的人，來來往往必開莊票，莊票的面額，不像支票有幾元幾角的，動輒必然是整數，一百兩或幾千兩，能開得出莊票的人，不問可知這是一個富翁或富商。現在我要講一些使用莊票的故事：

從前富商出門，口袋裏必然要開好一百兩或幾百兩的莊票數張，逢到豪賭時，大家就用莊票作賭本，因爲莊票實在硬。如果拿出的莊票面額爲五百兩，而輸去的錢不到這個數字，那末別人就爽爽脆脆的扣除贏錢，用現欵找足面額上的數目，如果拿出來的是支票，受者的面孔就不同了，也不會隨便收受對方支票的。

幾個人合夥經營商店，在合約簽定之後，大家認定的資本，都用莊票交訖，這是表示大家的實力和身價，因爲普通人是開不到莊票的。

當然也有人用銀行支票，不過形勢便比較軟弱，所以逢到合夥的場合，必定叫銀行開出一種銀行「本票」，那末也就絕無退票的事了，欵項的兌現，都是由銀行負責的。

豪富之家的子弟，如「祥泰木行」小開、「莊源大醬園」小開、「楊慶和銀樓」小開、「葆大參行」小開，整天混在歌場舞榭之間，身邊不作興帶現欵，拿出來的都是莊票，所以舞場、賭場、妓院、烟館，只要來人拿得出莊票的，都是豪客，絕對低聲下氣的招待他，一呼百應，氣燄萬丈。

我記得有一個人拿出一張莊票，此人也是海上聞人，莊票的面額是二萬五千兩，後來捕房查出，這張莊票的出票人是被綁架者用來作爲贖欵的。按理來講，持票人的責任就大了，當局雖然相信他不會做這種事，可是仍然派出一位高級警官向他調查此票的來歷，此人說：「這是由某某絲號收來的。」莊票是認錢不認人的，所以後來也就沒有事了。

從前上海的游俠兒，雖然擁有鉅資，但是認爲開不到莊票，總是失面子的；而錢莊方面，對這種人根本不歡迎，往往百端推托，不肯讓他們開戶口，直到後來，錢莊的業務漸見衰落，有幾家錢莊勉勉强强的給那些游俠兒開了戶口，他們總是一下子存入三五萬兩，叫作「開簿面」，從此以後，他們的身邊也開始有莊票了，賭枱上見到的莊票也就格外闊猛起來了，但是支票却仍然不受歡迎。

由這種情形看來，錢莊有錢莊的手法，所以一時要將錢莊廢棄的話，在廢兩改元之前，簡直談不到。可是錢莊只是少數大資本家所能運用，銀行可以接受大小客戶的存欵，儲蓄銀行連一塊錢都可以開戶。時代不斷在進展，錢莊存欵的數字也不斷增加，當然錢莊的勢力飛躍猛進，而且錢莊的用欵以銀兩爲單位，好多地方要用銀兩折合銀元，不但麻煩，而且升水補水令到大家受到損失，這是後來錢莊漸漸衰落的重要原因；還有一個主因，國家銀行以銀元爲單位，當然省立市立的銀行以及一切商辦的銀行也是以銀元爲單位，各方面的收支額越來越擴大，錢莊也就不得不急謀對策，逐步改良。在一二八戰爭之前，已經有衰落的現象了。

參觀庫存　都是白銀

我曾到福康錢莊參觀，這是一家很大的錢莊，一天，我參觀他們的銀庫，庫門是鐵製的，既厚且重，庫房四週也有鐵板縱橫圍着，牆壁還有無數鐵條，這是一種中國舊式的庫房，乃鐵匠所建成的，和現在大小銀行的保險庫是完全不同。兩相比較，顯然可以看到從前的銀庫是很簡陋的，但是那時治安好，從來沒有打刧錢莊銀行的事件發生過，庫房之內擺着三種存銀：

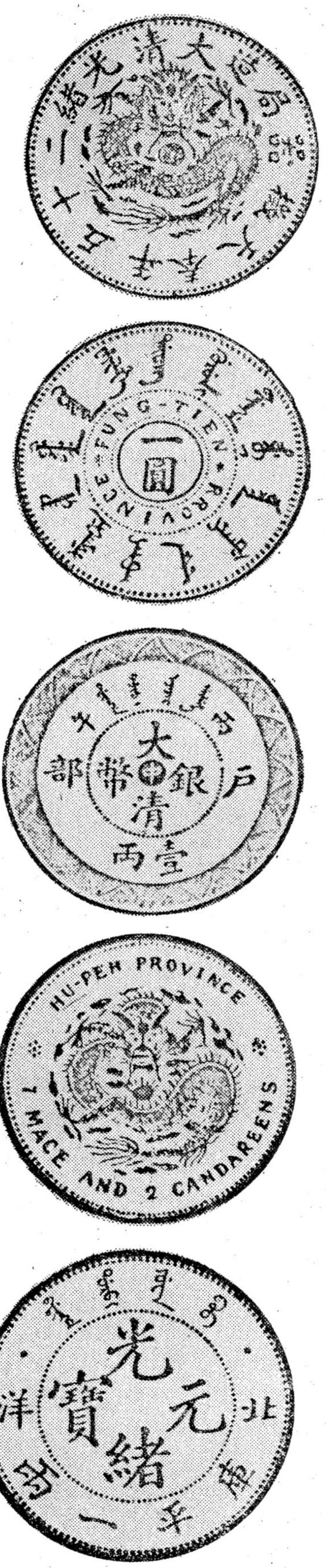

光緒二十五年時，有元銀重達一兩者，係稀有之品，爲藏家之珍品。

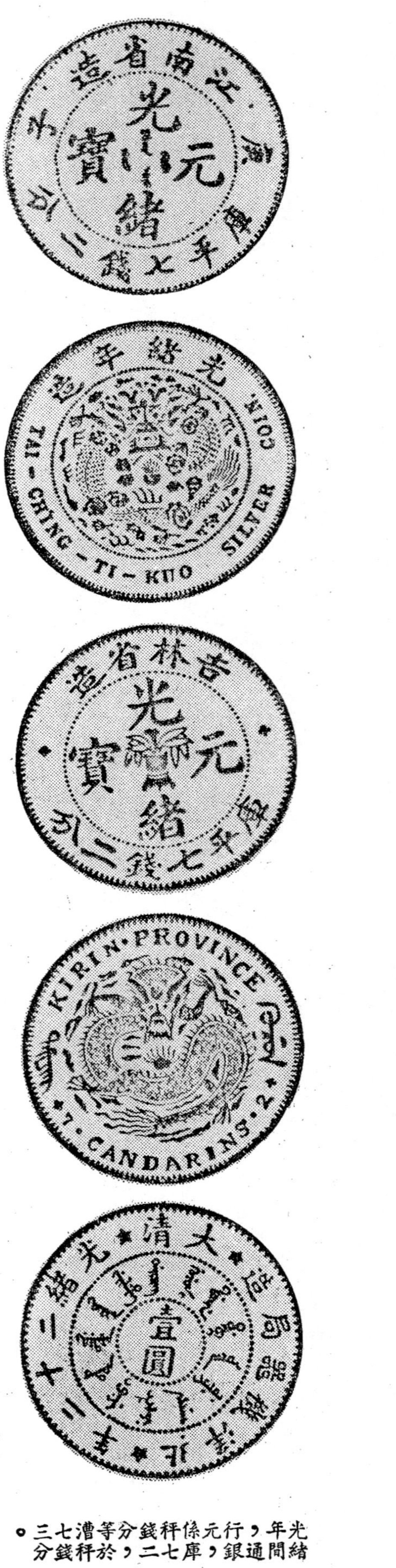

光緒年間，通行銀元，係庫秤七錢二分，等於漕秤七錢三分。

甲：是一種方塊長形的白銀，叫作「大條」，每一塊的重量是一千兩。

乙：是銀元寶，每一隻是白銀二百兩。

丙：是銀元，銀元都排列在凹形的木板中，大板一千元，小板五百元。

這些庫存，點數時一目瞭然。金元寶和客戶寄存的金飾也有。總之，那時金子是不作爲庫存標準的。

庫房裏面，又陰又窄，我畧畧看了一看，就走了出來，原來所謂銀庫，即是如此。

上海既然是金融的樞紐，白銀是交易的本位，各行各莊總共存儲的數字雖沒有正確統計，照理應該很多，但實際上是一個秘密，只有幾個銀錢業鉅子，心中有一個大約的數目，知道要是鈔票擠兌的話，這些存銀是遠遠的不能相抵的。

這個秘密，從前沒有一張報紙公佈過，我到現在才查到「民國百人傳」第四冊陳光甫小傳中，有一段記載說：

「所有上海中外銀行界的存底，合攏起來，大約銀兩爲五千二百餘萬兩，銀洋一億九千一百六十萬元，大條六千二百餘萬兩。」

這是廢兩改元成功之後，發表的眞實數字，而且還說：「每年市面上流通的數字，約在二十萬萬兩以上。」這二十萬萬兩，是大家來來往往流通的籌碼，要是眞的擠兌求現的話，是絕對不可能的，所以陳光甫傳中又說：「在上海，一家銀行有風潮，有人幫忙，便可以渡過，假使大家有風潮，就大家不能過去。」這癥結的所在，就是表明現銀制度，要是與別國開戰的話，便不能支持了。

銀樓缺銀　改用銀片

一二八戰役結束之後，銀元不斷被奸商收購，銀樓中作爲打銀器的存銀，也日益缺乏，這件事情，反映到了南京，國府就下命令「禁止白銀出口」，在船隻出口時，必須經過檢查，如果發現有人帶白銀出口，是犯法的。但實際上仍有許多白銀運往日本，因爲是裝在軍艦上運去的，海關是無權過問的。

銀樓中出售的各種銀器，必須要白銀做材料，這個時候，反而有許多「白銀片」由日本運來，這種白銀片，我在出診到某一家銀樓時，曾經見到過。銀片分爲六寸濶，九寸濶，十二寸濶三種，很薄的捲成一卷，那家銀樓的老板嘆息着說：「本來白銀是有一定的定價，大約每兩一元四角左右，現在白銀都被偷運出口，日本人將白銀再摻和一些銅質，用機器軋成銀片，成卷的運回來，價格每兩反而要貴到一元六角，這明明是中國人大大的吃虧，可是用銀片來打銀器，人工和時間比用銀塊便利得多，所以這個錢也只好由他們賺了。」

我聽了他的話，才知道日本人不但要破壞我們的白銀幣制政策，而且連銀樓中的用銀，也給日本人所操縱了。

到了民國二十二年，日本人收購銀元的手段，越來越厲害，當時鷹洋漸漸絕跡，有無數奸商，搜羅龍洋、大頭、小頭，以及東三省、四川、雲南、貴州所造的雜幣，都在搜集之列，另有一種一元以下的銀鑄輔幣，江浙人叫作「角子」，廣東人稱作「毫子」，上海所存的單角子、雙角子，廣東所造的雙毫，都有人長期收買，這些大小銀元，實際上質地有些合規格，有些不合規格，如北平的「公砝」，天津的「行在」，以及各省的雜幣，升算都有不同，但是奸商組織的兌換店（俗稱小錢莊），不問一切，儘量收羅，多多益善，小小無拘，這簡直是等於人身的血液，一天一天的有人做着抽血的工作。

國民政府見到這個情況，要應付的話，第一是錢莊以銀兩爲單位，倘然不廢除銀兩，幣制的統一就沒有辦法；第二是鈔票，一定要規定兌換銀兩，那末鈔票就受着銀幣缺乏的影響。爲了這兩點原因，在民國二十二年初發表統一幣制的法令，所謂統一幣制，實際上就是以法幣的「圓」作爲本位，將來也是「廢元改幣」的初步工作。

由國家銀行知照上海行莊，儘量避免銀元流出去，在銀庫裏面，銀元只能多不能少，國家銀行也設立了些機構，儘量的收購各省雜幣，以示對抗，這是暗中對日本的「經濟戰」。

大約這種政策，是英國經濟顧問魯斯爵士想出來的。

白銀收歸國有，各省紛紛响應，紙幣的流通額大增，所有白銀一批一批運往中央，唯有華北受到日本軍事壓迫，儘管政府宣佈廢除銀元，但是所收集的白銀，不肯運到南京，推說是要鞏固華北經濟基礎，所以華北的白銀始終被扣留着。

這個政策成功之後，政府的財富立時增加，到二十六年七月間，中美成立了「白銀協定」，根據這個協定，美國就把許多軍器和機器紛紛運到中國，這是中國國力最强盛的時期，日本人的警覺性很大，認爲這樣下去，併吞中國的計劃會受到破壞，所以就在八月十三日掀起了上海的戰爭，同時也是八年抗戰的開端，中國之能持久作戰，是全靠法幣政策，否則，無論如何拖不到八年時間的。

廢元改幣　幣值穩定

我的文字，許多地方是從小處着筆，反映出大處的情況。

我查明廢兩改元，是在民國二十二年三月九日公佈的，所有銀行錢莊庫存的銀兩，都紛紛送到國家銀行，掉換鈔票及各式各樣的公債票，凡是正式的錢莊和銀行，是沒有一家不遵從的，所以這一次的改革幣制，是完全成功的。

私家地窖中的藏銀，也有人從地下掘出來，送到國家銀行去掉換，這些銀兩都帶有霉變的氣息，但是因爲掉換鈔票的期限很長，所以有極充裕的時間，讓錢莊銀行陸續掉換。

其實市民不需要到中央銀行排隊輪換法幣，任何銀元，只要流入錢莊銀行手中，就不再發出來使用，所以市民手中的銀元，一天一天的少起來，大約經過一年之後，市面上的銀元差不多已經近乎絕跡了。

銀行和錢莊的庫存銀兩和銀元，在那時節每月要列表向中央銀行報告的，說明存有大條（每條一千兩）多少，元寶（每隻二百兩）多少，銀元多少。所以中央銀行對上海的存銀一目瞭然，一些也無法隱瞞的。

究竟這許許多多的銀兩搬動不易，所以中央銀行有一張表，排定某月某日某銀行交來白銀庫存多少多少，某月某日某錢莊交來白銀庫存多少多少。如是者由廢兩改元，直到廢元改幣，時間長達兩年之久。

上海是如此辦理，一些都沒有發生什麽困難，各省省會如南京、杭州、漢口、南昌都依此法辦理，辦得都很順利，連四川、重慶搜集到的銀元，爲數也極多。惟有廣州方面，當時因爲政治地位特殊，收集到的銀元，遲遲不肯交到中央，而北京方面，被籠罩在日本軍閥統制之下，以前文化界有過一個通電說：「北平是一個文化城，一切古物不准運出北平，以保持文化城的財富。」地方當局也依據此例，向中央申明，白銀保存在北平，屢經催促，置之不理，這筆白銀數目也是很大的。

全國有一種銀樓，是專門出售金器和銀器的，當然要儲備相當數字的白銀，以供打造各種銀器，中央又規定，銀樓要用白銀，可以向中央銀行申請，察看銀樓業務的大小，每月可以申請配給白銀若干兩。

這裏面有一種有趣的事實，白銀除了元寶、銀元之外，還有一些舊家庭儲存金、元、明、清朝代各式各樣方錠、圓錠、長錠、和馬蹄錠等，還有一些是邊緣極薄的元寶，這種東西已等於古董，成爲「中國貨幣史」的資料，又古又舊，一望而知是無法僞造的，通常有人要用錢的話，就賣給銀樓，銀樓升水三成收下來，只有少數搜古董的人向銀樓去搜購，那就要看元寶的年代論價了，價錢高到一倍以上是不足爲奇的。

我和南京路裘天寶銀樓中人很相熟，他們告訴我，在他們銀樓中，有一批金、元、明、清的

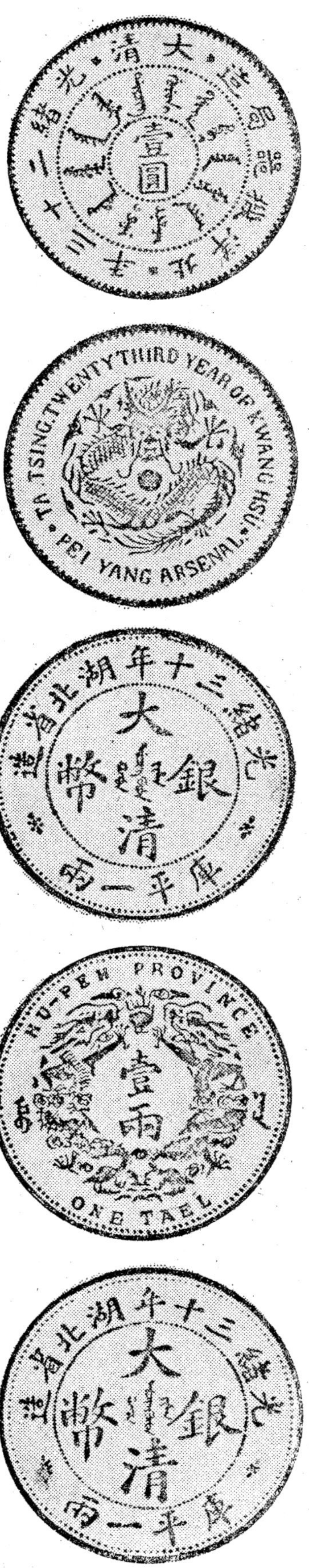

光緒一朝各省均鑄銀元，以北洋機局鑄銀最少，成爲稀有珍品。

元寶，欵式共有八十多種，白銀的純重達五千両左右，要升水二倍，問我有沒有人要收藏這種元寶作爲古玩？我雖歡喜，自已想想沒有這筆閒錢，可是病家中有幾位豪富的收藏家，如劉翰怡、龐萊臣、宣古愚等或者會要的，我在有意無意間的告訴了他們，他們說爲了遵守法令，恐怕私藏白銀有干法紀，所以不敢問津，只有宣古愚聽了笑而不言。一般傳說這些白銀，後來都放在爐中熔化了，作爲打造銀器的材料，這在保存古物方面來說，眞是一件重大的損失。

藏銀之家　秘密搜集

儘管政府宣佈，銀両和銀元不再通用，但是有若干舊家，仍然在地窖中藏有許多元寶和銀元，不過除了主人之外，連子孫都不知道的，這個數字也無從統計。我初時相信銀樓中有許多歷代不同的元寶，都放入銀爐中熔化掉，其實內幕也不盡然。

有一天我到宣古愚家中，爲他的女兒診病，宣古愚是研究金石的專家，那時他已有相當年紀，人很臃腫，在家穿的衣服，是古老的寬袖大領的布棉袍子，眼睛是老花眼，戴了一副遠視眼鏡，十足像一個鄉下老人。在我診罷之後，他對我說：「小世兄，我有些東西給你看看，大約要花一小時的時間，你要不要看看？」我說：「我診務已畢，你的寶物，我一定要瞻仰瞻仰。」

本來宣古愚收藏的古董，以古碑拓本爲最多，拓本的價值最貴的，一張紙值到幾十両或一百両銀子，這種古碑拓本，是墨拓白字，俗稱「黑老虎」，他是此種拓本收藏最豐富的人。

此外，他還有有關金石學的古書甚富，我們從前在書坊中看到的「金石索」和「金石續索」等書，只是極普通的通行本而已，這種東西非專家是不感興趣的，既承他要我參觀，我就很高興的留下來。

誰知道宣古愚把我帶到三樓一間鉅室之中，並且關照傭僕不必上樓侍候。然後把門鎖上，他就說：「上次你告訴我，裘天寶藏有歷代舊元寶，當時我對你唯唯否否，好像不加考慮，可是我對這件事，認爲是一個重大發現，機會不可錯過，於是冒充鄉愚，懷着一隻清代同治年間的元寶，到裘天寶去，要升水掉換法幣，裘天寶的夥計說照銀價升水一成，我當時表示升水太少，要見經理。經理說：「本店對這種舊元寶升水一成，已很客氣，我們店中有的是古代元寶，你要的話，也不過升水二成。」我明知這是欺人之談，但是裝着不懂，要求他們給我看看，經理也認我是鄉下人，當堂搬出八十多個元寶，我一眼就望見有兩隻元寶，是金代和元代的異樣銀錠，我就問他們，收進來的價錢是多少，賣出去又是多少，經理就說：「收進來升水一成，賣出去升水二成。老先生你的元寶還是升水一成賣給我們吧！」我就說：「你的話當眞不當眞？」經理說：「生意人講信用，說出的話，一言爲定。」我再問他：「這句話會不會撒賴的？」經理說：「說話要賴還成什麼正當商人。」於是我就說：「你所有元寶一齊賣給我。」經理聽了，面孔馬上變色，但是有言在先，只好忍痛把八十多個元寶一齊賣了給我，當時我就付出莊票六七張，經理也只好勉强的收下了，不過，經理講一句話：這種元寶，本來要照銀價一倍才肯賣，現在便宜給你了。」宣古愚說完這段故事，很得意的哈哈大笑。

接着他就從四個保險箱（此間叫作夾萬）中把那些元寶搬出來給我看，我一看，元寶的數字，竟然多到無法計算，圓的、方的、長形的，以及細小的碎銀塊和銀顆子，都給我見識一下，我說：「裘天寶你只買到八十多隻，何以有這麼多？」他又含笑的說：「我就是用這種方法，到各銀樓去搜購，所以得到這樣的成績，我因爲你一言提醒了我，所以給你看一看。」

宣古愚藏的碑文拓本，後來大部份賣給日本，因爲日本有一個名家叫作赤塚忠，在日本出版一部「書道全集」，初版全書只有四厚冊，第二次改版成爲八大冊，宣古愚寫信給這位編纂人，指出他的書中某一頁的碑文不是全文，並且說出

光緒朝銀元品類甚多，上列五品，係北方鑄造，流傳較稀。

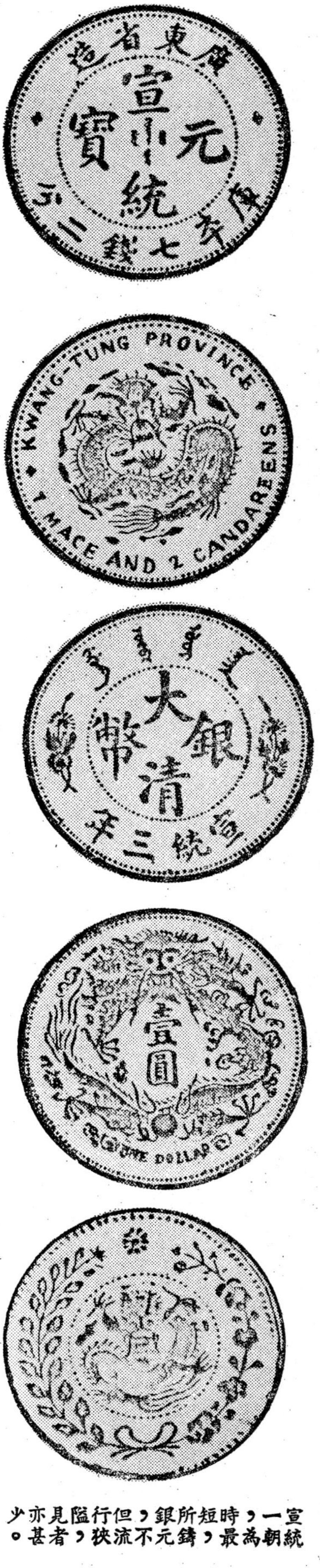

宣統一朝，為時最短，所鑄銀元，不流行，但狹隘，見者亦甚少。

這個碑在唐代時是怎樣的，到了宋代碎了一角，到了元代，碑的中間有一條大裂紋，各有一個拓本為證。宣氏這封信一去，那個編纂的日本人認為他是中國金石大收藏家，於是專程到上海登門拜訪，一看宣古愚收藏的金石藏品目錄，認為是東亞之寶，商討了好久，日本人花了不知多少萬兩銀子，把它全部買了下來，後來這部「書道全集」，不斷的補充，最近我買到的一部，已達二十六鉅冊之多。

後來宣古愚逝世，那些歷代的元寶，不知落在何人之手？我問過他的女兒，都說不知道，他有一個兒子叫作宣剛，是位歌舞名家，又是著名的佈景師，也辦過歌舞團，是黎錦暉之後歌舞團中的活躍份子，我也問過他那些元寶的下落，他也說不出所以然，眞是一件憾事。

屢經戰亂　人口大增

在一二八前後，上海聚居的人口，究竟有多少？向來沒有準確統計。不過英租界工務局的年報上，規定每五年統計一次。人口的數字，我有一本「上海通志」，裏面附載有英租界工務局人口的記錄，今轉錄如後：

一九二〇年（民國九年）華人七十五萬九千八百三十九人，西人兩萬三千三百〇七人。總共人口七十八萬三千餘人。

一九二五年（民國十四年）華人八十一萬〇二百七十九人，西人兩萬九千九百四十七人，總共八十四萬餘人。

一九三〇年（民國十九年）華人九十七萬一千三百九十七人，西人三萬六千四百七十一人，總計一百萬餘人。

一九三五年（民國二十四年）華人一百十二萬〇八百六十人，西人三萬八千九百十五人，總計一百十五萬九千餘人。

後來的統計，就查不出。但當年華人的統計，究竟怎樣調查出來？也莫測高深。只是西人的數字，是極準確的，其中十分之八是屬於日本人，十分之二是眞正的英國人和各國人士。

從上面的表看來，一二八是在民國二十一年，戰事一起，四鄉的富戶和難民都逃到英租界來避難，所以人口大增。戰事停止了之後，有些人找到房屋，有些人找到了職業，也就落地生根不再回鄉了。

前面的統計，只是英租界一區。法租界和南市閘北的居民數字，照我的推想，總數要比英租界的人口加上一倍多，所以那時上海人口總數，應在二百萬人以上。

（按在我到香港來之前，上海人口號稱五百萬，據後來的記載，上海人口超過一千萬，這是以大上海來計算的。連上海四鄉都計算在內了。）

銀元滄桑　拓本留影

丁福保先生在編纂「古錢大辭典」時，請到一位來自蘇州的拓本工人，拓本的技術，大有高下之分。這位工人，只會拓平面的。但是在山東、西安一帶的拓碑工人，是會把石馬、石龜、石獅、石像拓成立體形式，可是這種工人，南方少得很。在蘇州只有一二人，在杭州也僅兩三人，這種拓碑的高深藝術，快要失傳了。

丁福保請的這一位拓工，專拓古錢，供給食宿，月薪三十元，在當時已算高得很。

這類拓碑拓工專家，在上海已找不到，但是一般高雅的富紳們都知道這件事，某次，青浦朱家角地下掘得一塊石碑，那裏的士紳，就來懇求丁福老借用拓工，請它到青浦拓了幾十張。又有一次，滬紳李平書也要求丁福老借拓工一用，準備遍拓上海各處寺院的石碑，丁福老認為會妨礙自己的工作，而且不勝其煩，因此決定以後不再出借。

不料有一次，蔡孑民（元培）在江蘇角直發現某一個寺院有唐代吳道子塑像，蔡氏又轉托吳稚暉來向丁福老借用拓工，一去一月有餘，因此他極不滿意。

宣古愚所藏的八十多個歷代元寶，我向丁福老建議要把它完全拓一份，因爲元寶上面，都有年號官廳或商家字樣，這件提議他倒應允了。只是宣古愚古怪而吝嗇得很，說：「拓儘管拓，我要監視着，每種只能拓一張，只能拓一套。」因此，這一批古代元寶就沒有拓成，至今也未見到有拓本的流傳，眞是可嘆之至！

丁福老有一天忽發奇想，說：「元寶拓不到，銀元種類繁多，現在由官方收羅熔化，要是我不把這些銀元購買或商借來拓一份，那末以後這些銀元的眞面目，將來也沒有人知道了，所以你今天診務完畢之後，該到我這裏來，商討如何收購或商借？」

這天是星期五，是舉行「粥會」的日子，江南耆老參加的經常有六七十人，我對丁福老說：「這些老紳士，正是收購的對象。」丁福老說：「好極了。」於是他就在粥會上宣佈想要收集各種銀元，當時只有陳小石說：「他有北方銀元二十多枚，」還有一位說：「收藏舊銀元，以前國務總理張國淦爲最多。」我就暗暗告訴丁福老，張國淦是丁仲英老師的親家，現在寄寓在霞飛路沙發花園原址分宅出售的小洋房中，我可以代爲設法。

忽然間又有一位老翁說：「袁世凱的二公子袁克文（寒雲），也有不少湖南造幣廠鑄造而成未經使用的洪憲銀元，至少總有一種洪憲皇帝的紀念幣。」丁福老一聽，手舞足蹈的叫起來說：「袁克文是我的老朋友，他有一部宋版的『魚玄機詩集』，以二百銀元押在我處，本來可以乘機和他交換或商購，可惜他已死了，現在不知這些銀元流落在何人之手。」他要我去打聽下落。

袁寒雲家　獲洪憲幣

袁寒雲大約是在民國十二年來到上海，寫得一手好字，又擅長鑑別古董，初到上海時，震動文壇，大家莫不以一見寒雲爲榮。周瘦鵑編的「半月」，余大雄編的「晶報」，都拉他寫稿，他寫過一部「洹上私乘」，後來曾印成單行本，這是他唯一的著作。我由小說家張春帆（即九尾龜小說作者）引見，曾到他住的寓所裏去拜訪過一次，只見寒雲身材瘦小，但舉止很瀟灑，斯文雅致，一望而知是一個王孫公子的典型，特別是他的小帽子上，還釘着一方玉，談話時彬彬有禮，一些兒架子都沒有，他與客應對，都在烟舖上，吸烟用的器具，相當精緻。

依照他的「洹上私乘」說：袁世凱一共有十七個兒子，長子克定，是嫡母所出，次子就是他，他的母親是韓國人，姓金，所以他不是嫡出的。三弟至十七弟，名叫克良、克端、克權、克桓、克齊、克軫、克久、克堅、克安、克度、克相、克捷、克和、克藩、克有等十七人，由九位庶母所生，可見袁世凱的妾侍實在多，不但兒子有十七人，女兒也有十四個，孫兒更多，他們的名字，都是「家」字輩。在香港清華大學同學會有一位會長袁家麟即是孫兒之一。

袁寒雲小影

袁寒雲也生了三個兒子，叫作家嘏、家彰、家騮。我到他寓所見他時，只有一位太太，也不知道她是何許人，我聽他在烟榻上大發宏論，問起他的兒子是否在上海，他很斯文的說：「我到

民國銀元亦有多種，最後一枚為光緒廿二年發行之龍洋。

上海來，孑然一身，只有我的太太作件。所以現在我已成爲『龔半倫』了。」（按龔半倫的故事，是指東亞病夫在『孽海花』書中寫出龔定庵的兒子，對人生五倫：君臣、父子、夫婦、兄弟、朋友，什麼都沒有了，只擁着一個妾侍，所以自號爲龔半倫。）我聽見他這些話，不便接口，只好談談其他的話題就告別了。

寒雲沒有政治頭腦，他的大哥克定倒是一個小政治家，慫恿他父親做皇帝，有很大的力量。寒雲有文名，常爲克定所忌，他爲了本身安全計，自請冊封爲「皇二子」，表示將來不做「儲君」，不繼承皇帝的大業。

袁世凱在未登基前，已着人策劃鑄造洪憲紀念幣，天津造幣廠造了一個欵式，奏請皇帝鑑定，不料拍馬屁的人多得很，湖南造幣廠已先將洪憲皇帝紀念幣試製了四百元，獻呈袁世凱核定，不到袁世凱的皇帝只做了八十三天，所以沒有核准的「洪憲紀念幣」都投入爐子中熔化掉了（見商務印書館出版中國貨幣論第六章，英國耿・愛德華〔Edward Kann〕著，蔡受白譯），寒雲臨走時，從北方隨身帶了十塊這種紀念幣，還在晶報上寫過幾首紀事詩，所以大家知道他是藏有洪憲紀念幣的。

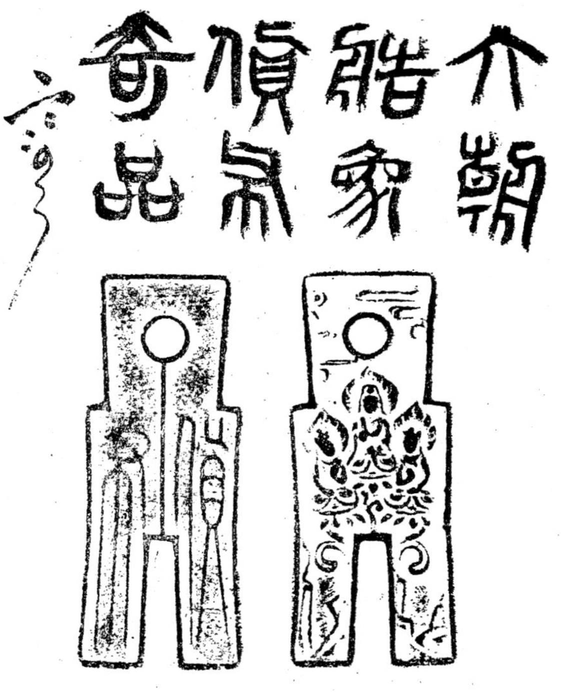
袁寒雲之書法及其藏品

寒雲到上海，所帶的財物並不多，所以一到上海就以賣文爲生，訂出潤格，請他寫文章的人不多，請他寫字的人却絡繹不絕，他的字實在寫得有才氣，而且有特別的本事，可以叫兩人張紙，自己躺在烟榻上以筆蘸墨，仰天作書。但是他奇懶無比，生性散漫，常常收了人家潤筆而不交件，因此賣字的生涯，日漸清淡。而且在上海又一連串弄了幾房妾侍，有一位名叫梅貞，乃遺少劉公魯的侄女，不久鬧翻了，又續娶了一位，就是有名的袁唐志君（她是平湖的水果西施），能寫得一手蠅頭小楷，還會做小說。

後來還娶了幾個小老婆，我實在記不清楚，只知道還有一個叫作佩文（外號小巧寶），據說仍住在白克路侯在里舊居，我因去過寒雲舊居，所以不問三七二十一，闖到他家去，房子已極簡陋而陳舊，在內碰到一位半老徐娘，也不知她的名字，她自己承認是袁太太，我就問她「寒雲先生遺留下來的文物是否還有餘留，可以出讓？」她說：「作孽嚜！袁先生死下來，只剩幾副對聯，儂要，可以隨便撥幾鈿。」我就買了一副有上欵的對聯，接着我問她：「袁先生從前收藏的銀洋鈿，可不可以出讓？」她隨手把抽屜角落裏的舊洋鈿拿出幾個來，其中有一塊，正是丁福老要尋的洪憲皇帝紀念幣，我就花了十五倍的代價，把它換過來，那位徐娘色然以喜，其實我心中比她還要高興，只是表面上不露出來而已。

這般的方式收集舊幣，眞是困難到極了，爲了一塊洪憲紀念幣，要花這麽多週折才取得到，所以我進言丁福老，不如委託小錢莊代爲收集，定出價格，凡是稀見的銀元，以雙倍價格收買，可是在那時小錢莊收購銀元，完全供給日方，本來一塊錢可以升水到四成，所以你出雙倍價錢，他們也不放在心上，有許多名貴雜幣，只問分量不問欵式，都送進日本幾家銀行，有誰願意拿來拿去供你挑選呢！所以這個辦法也行不通。

洪憲紀元銀幣

丁福老就用這種辦法，向銀樓中去收集，搜集到的銀幣很多，原來銀元並不是始於墨西哥的鷹洋，在清朝早期已經有公私機構發行銀元，在清代還出過一種一両重的大銀元，這些銀元，都拓成拓本，今時不知流落何方，大抵日本人所出版的「中國銀幣圖鑑」中，有不少是有丁福老的心血在內。

我爲了要充實本文內容起見，曾經在星島晚報副刋上徵求從前上海出版的文物，不料有一位讀者送來一本銀元圖說的殘本，是戰前蔣仲川君編纂的，可惜這本不用原來的拓本，只是將各種拓本用單線條繪成圖樣，線條也很工細，現在我把這些銀元，分類刋入本文，也好讓大家認識一下從前的銀元是怎樣的？

携款來滬　學洋涇浜

政府公佈廢除銀元的消息，對上海人來說，

毫不介意，因爲那時節大家往來都用支票和鈔票，只有一些零頭錢，三元五元，或是七元八元，那就要用銀元來湊數。然而一元紙幣，已經通行，所以很少人的口袋還帶有鏘鏘聲的銀元。

上海人使用銀元，範圍越來越狹，大抵喜慶送禮，就要封四元或二元銀元。年晚小孩子的壓歲錢和新年的拜年錢，也須要用銀元，給一塊錢的人，已經算是很濶綽了。所以政府把元寶銀元收歸國有，上海人一些也不覺得有什麼不便。

倒是上海四鄉的殷富起了恐慌，大家紛紛說此後銀元再不能通用了。有些人家把隱藏着的銀元都搬出來；有些店舖把做生意往來的銀元，都到縣城中去兌換紙幣；有些人因爲四鄉不靖，屢次戰爭如齊魯之戰，北伐軍佔領上海，一二八日軍打到蘇州，四鄉每次都受到驚擾，沒有上海租界來得安定。

他們經過屢次逃難到租界，也不勝其煩，於是爽性遷居到上海租界來，因之，租界日趨繁榮了。

從前上海的中小學校，都有英文課程，但是中學生到了畢業之後，使用英文的機會很少，只有若干人考入海關、鐵路、郵局，就用得着，這些職業雖然薪水不大，但是一般都認爲是「鐵飯碗」。

上海大學有好多家，英文的發音，以聖約翰大學、中西女塾爲最準確，在這兩間大學校畢業的學生，大多數當外交家，或外交家的夫人。

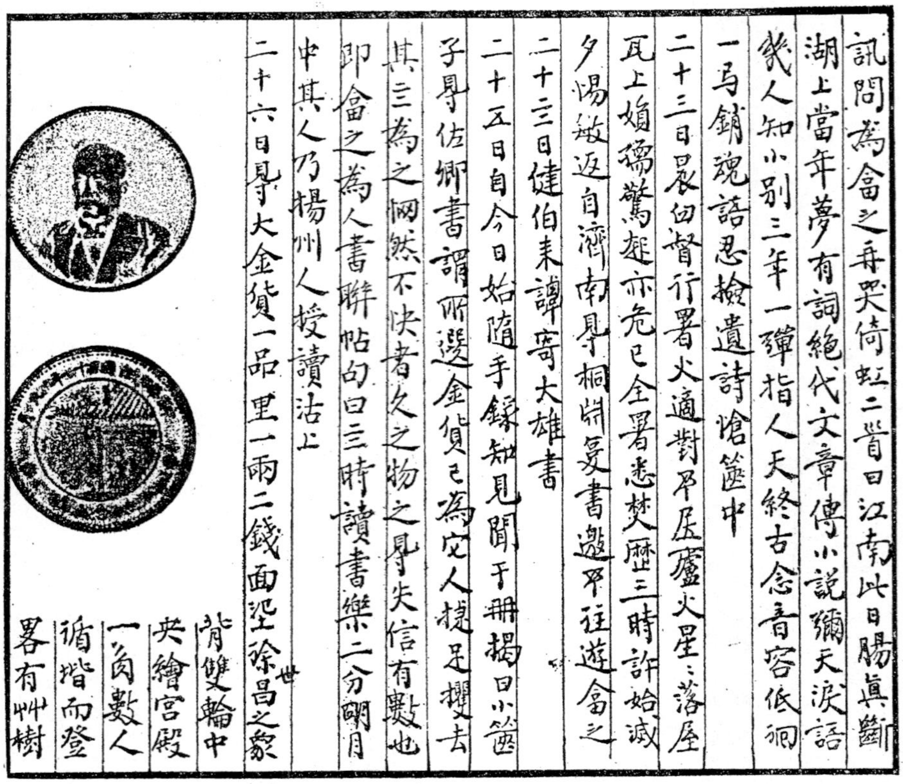
訊問爲畲之再哭倚虹二首曰江南此日腸眞斷
湖上當年夢有詞絕代文章傳小說彌天淚語
幾人知小別三年一彈指人天終古念音容低徊
一弓銷魂語忍檢遺詩愴篋中
二十三日晨白督行署火適對予居爐火星星落屋
瓦上媮彌驚起亦危已全署悉焚歷三時許始滅
夕陽敏返自濟南見寄桐崗旻書邀予往遊畲之
二十三日偕伯未謁寄大雄書
二十五日自今日始隨手錄知見聞于册揭曰小箴
子見寄佐卿書謂所選金貨已爲定人撻足攖去
其三爲之悃然不快者久之物之見失信有數也
即畲之爲人書聯帖的曰三時讀書樂二分明月
中其人乃揚州人授讀沽上
二十六日見寄大金貨一品里一兩二錢面涇徐世昌之象
背雙輪中
央繪宮殿
一角數人
循堦而登
畧有卄樹

袁寒雲日記一頁

倒是有許多世襲的洋行買辦，仗着自己的經濟力量，與西人週旋做生意，他們從未讀過英文，只是懂得幾句最簡單的會話，說的話就叫作「洋涇濱英文」。

不要說別人，大名鼎鼎的虞洽卿，會說得一口極流利的洋涇浜英語，細聽他說的話，眞是好笑得很，但是西人都能領會他的意思。所以他即使在大庭廣衆之間，也說得很響亮，不懂英語的，以爲他的英語程度好得很。

至於勞工階級，如西人家中的廚子、花王、女傭、車夫，以及專跑西人家的裁縫、送貨員，他們的洋涇浜英語又低一級了。

何以這種英語叫作洋涇浜呢？

上海英租界最初和中國訂的條約，叫作「洋涇浜章程」，所謂「洋涇浜」，的確有這麼一條河浜，後來被塡沒了，就成爲上海英法租界之間的一條大馬路，叫作「愛多亞路」。

洋涇浜雖然塡沒了，但是「洋涇浜」至今上海人猶未能忘懷，特別是對一些不倫不類的英語，叫做「洋涇浜英文」。這種人多是早年未曾正式讀過英文，而吃的是洋行飯，或打洋行人住家工的，在迫不得已的情形之下，說出發音不正、文法不對的英文，任意拚湊，也會講得流利非常，而洋人居然懂得，這是極滑稽的一種言語，我舉出幾個例子如後：

有一個在西人家中當廚師的，報告主人廚房中老鼠太多，因爲貓捉老鼠之故，打碎了好多杯碟，他用洋涇浜英語，對主人說：「吱吱 Too Much，咪咪 Run run，布碌打碎 cup。」

又有一個男廚子，上工時對女主人論工價和食宿，他對主人說：「Twenty Dollar One Month，Eat You, Sleep You。」意思是說：「月薪二十元，吃你的，住你的。」女主人聽了這話，面孔都紅起來了。

又有一個管家，陪着他的主人遊邑廟，主人指着炮仗問管家這是什麼東西？而管家不知炮仗的英文名，只好把炮仗之爲物分開來說：「Out Side Paper, Gun Power, Make Fire。」接着還說着「砰砰砰彭彭彭」六個字，主人聽了也意會的明白他說的是「炮仗」。

還有一些極滑稽的話，如：「You know, I know」你知我知。諸如此類都稱作「洋涇浜英語」，凡是久居上海的英美國人，他們也都聽得懂。現在我到了香港，廣東人也稱不純正的英文叫洋涇浜，都是起源於上海的。（十四）

1969
THE QUEEN'S AWARD
TO INDUSTRY
英國
樂頓
男仕皮鞋
一九六九年
特別獎
榮獲英女皇
款美價廉·舒適輕便
特別選用
法國野狼皮製造
NORTON
MADE IN ENGLAND
大人公司有售

大人總目錄

第一期（一九七〇年五月十五日）：

第二期（一九七〇年六月十五日）：

第三期（一九七〇年七月十五日）：

第四期（一九七〇年八月十五日）：

第五期（一九七〇年九月十五日）：

第六期（一九七〇年十月十五日）：

第七期（一九七〇年十一月十五日）：

第八期（一九七〇年十二月十五日）：

第九期（一九七一年一月十五日）：

第十期（一九七一年二月十五日）：

第十一期（一九七一年三月十五日）：

第十二期（一九七一年四月十五日）：

第十三期（一九七一年五月十五日）：

第十四期（一九七一年六月十五日）：

第十五期（一九七一年七月十五日）：

第十六期（一九七一年八月十五日）：

第十七期（一九七一年九月十五日）：

第十八期（一九七一年十月十五日）：

第十九期（一九七一年十一月十五日）：

第二十期（一九七一年十二月十五日）：

第二十一期（一九七二年一月十五日）：

第二十二期（一九七二年二月十五日）：

第二十三期（一九七二年三月十五日）：

第二十四期（一九七二年四月十五日）：

第二十五期（一九七二年五月十五日）：

第二十六期（一九七二年六月十五日）：

第二十七期（一九七二年七月十五日）：

第二十八期（一九七二年八月十五日）：

第二十九期（一九七二年九月十五日）：

第三十期（一九七二年十月十五日）：

第三十一期（一九七二年十一月十五日）：

第三十二期（一九七二年十二月十五日）：

第三十三期（一九七三年一月十五日）：

第三十四期（一九七三年二月十五日）：

第三十五期（一九七三年三月十五日）：

第三十六期（一九七三年四月十五日）：

第三十七期（一九七三年五月十五日）：

第三十八期（一九七三年六月十五日）：

第三十九期（一九七三年七月十五日）：

第四十期（一九七三年八月十五日）：

第四十一期（一九七三年九月十五日）：

第四十二期（一九七三年十月十五日）：

大人（七）

數位重製・印刷　秀威資訊科技股份有限公司
http://www.showwe.com.tw
114 台北市內湖區瑞光路 76 巷 65 號 1 樓
電話：+886-2-2796-3638
傳真：+886-2-2796-1377
劃　撥　帳　號　19563868　戶名：秀威資訊科技股份有限公司
讀者服務信箱：service@showwe.com.tw
網　路　訂　購　秀威網路書店：https://store.showwe.tw
網路訂購：order@showwe.com.tw

2017 年
全套精裝印製工本費：新台幣 30,000 元（不分售）

Printed in Taiwan　ISBN: 978-986-326-369-2　CIP: 078

本期刊僅收精裝印製工本費，僅供學術研究參考使用

ISBN 978-986-326-369-2
9 789863 263692 30000

讀者回函卡

感謝您購買本書，為提升服務品質，請填妥以下資料，將讀者回函卡直接寄回或傳真本公司，收到您的寶貴意見後，我們會收藏記錄及檢討，謝謝！

如您需要了解本公司最新出版書目、購書優惠或企劃活動，歡迎您上網查詢或下載相關資料：http:// www.showwe.com.tw

您購買的書名：＿＿＿＿＿＿＿＿＿＿＿＿＿＿＿＿＿＿＿＿＿＿＿＿

出生日期：＿＿＿＿＿年＿＿＿＿＿月＿＿＿＿＿日

學歷：□高中（含）以下　□大專　□研究所（含）以上

職業：□製造業　□金融業　□資訊業　□軍警　□傳播業　□自由業

□服務業　□公務員　□教職　□學生　□家管　□其它＿＿＿

購書地點：□網路書店　□實體書店　□書展　□郵購　□贈閱　□其他

您從何得知本書的消息？

□網路書店　□實體書店　□網路搜尋　□電子報　□書訊　□雜誌

□傳播媒體　□親友推薦　□網站推薦　□部落格　□其他＿＿＿＿＿＿

您對本書的評價：（請填代號　1.非常滿意　2.滿意　3.尚可　4.再改進）

封面設計＿＿　版面編排＿＿　內容＿＿　文／譯筆＿＿　價格＿＿

讀完書後您覺得：

□很有收穫　□有收穫　□收穫不多　□沒收穫

對我們的建議：＿＿＿＿＿＿＿＿＿＿＿＿＿＿＿＿＿＿＿＿＿＿＿＿

＿＿＿＿＿＿＿＿＿＿＿＿＿＿＿＿＿＿＿＿＿＿＿＿＿＿＿＿＿＿

＿＿＿＿＿＿＿＿＿＿＿＿＿＿＿＿＿＿＿＿＿＿＿＿＿＿＿＿＿＿

＿＿＿＿＿＿＿＿＿＿＿＿＿＿＿＿＿＿＿＿＿＿＿＿＿＿＿＿＿＿

請貼
郵票

11466
台北市內湖區瑞光路 76 巷 65 號 1 樓
秀威資訊科技股份有限公司 收
BOD 數位出版事業部

（請沿線對折寄回，謝謝！）

姓　　名：＿＿＿＿＿＿＿＿　年齡：＿＿＿＿　性別：□女　□男

郵遞區號：□□□□□

地　　址：＿＿＿＿＿＿＿＿＿＿＿＿＿＿＿＿＿＿

聯絡電話：(日) ＿＿＿＿＿＿＿＿ (夜) ＿＿＿＿＿＿＿＿

E-mail：＿＿＿＿＿＿＿＿＿＿＿＿＿＿＿＿＿＿